METRÓPOLE

BEN WILSON

Metrópole
A história das cidades, a maior invenção humana

Tradução
Odorico Leal

Companhia das Letras

Copyright © 2020 by Ben Wilson
Originalmente publicado como *Metropolis* por Jonathan Cape, um selo de Vintage.
Vintage faz parte do grupo Penguin Random House.

*Grafia atualizada segundo o Acordo Ortográfico da Língua Portuguesa de 1990,
que entrou em vigor no Brasil em 2009.*

Título original
Metropolis: A History of Humankind's Greatest Invention

Capa
Bloco Gráfico

Foto de capa
Cristiano Mascaro

Preparação
Osvaldo Tagliavini Filho

Índice remissivo
Luciano Marchiori

Revisão
Jane Pessoa
Ana Maria Barbosa

Dados Internacionais de Catalogação na Publicação (CIP)
(Câmara Brasileira do Livro, SP, Brasil)

Wilson, Ben
  Metrópole : A história das cidades, a maior invenção humana /
Ben Wilson ; tradução Odorico Leal. — 1ª ed. — São Paulo : Com-
panhia das Letras, 2024.

  Título original: Metropolis : A History of Humankind's
Greatest Invention.
  ISBN 978-85-359-3568-4

  1. Cidades e vilas – História 2. Civilização – História I. Título.

23-174383	CDD-307.7609

Índice para catálogo sistemático:
1. Cidades : História 307.7609

Cibele Maria Dias – Bibliotecária – CRB-8/9427

Todos os direitos desta edição reservados à
EDITORA SCHWARCZ S.A.
Rua Bandeira Paulista, 702, cj. 32
04532-002 — São Paulo — SP
Telefone: (11) 3707-3500
www.companhiadasletras.com.br
www.blogdacompanhia.com.br
facebook.com/companhiadasletras
instagram.com/companhiadasletras
twitter.com/cialetras

Sumário

Introdução — *O século metropolitano* 9

1. O alvorecer da cidade — Uruk, 4000-1900 a.C. 22
2. O jardim do éden e a cidade do pecado — Harappa e Babilônia, 2000-539 a.C. 50
3. Cosmópolis — Atenas e Alexandria, 507-30 a.C. 79
4. Megacidade imperial — Roma, 30 a.C.-537 d.C. 104
5. Gastrópoles — Bagdá, 537-1258 128
6. Cidades da guerra — Lübeck, 1226-1491 154
7. Cidades do mundo — Lisboa, Malaca, Tenochtitlán, Amsterdam, 1492-1666 178
8. A metrópole sociável — Londres, 1666-1820. 205
9. Os portões do inferno? — Manchester e Chicago, 1830-1914. 228
10. Síndrome de Paris — Paris, 1830-1914. 255
11. Almas de arranha-céu — Nova York, 1899-1939 281
12. Aniquilação — Varsóvia, 1939-45 305
13. Sons do subúrbio — Los Angeles, 1945-99 340
14. Megacidade — Lagos, 1999-2020 380

Agradecimentos 419
Notas. 421
Créditos das imagens 445
Índice remissivo 447

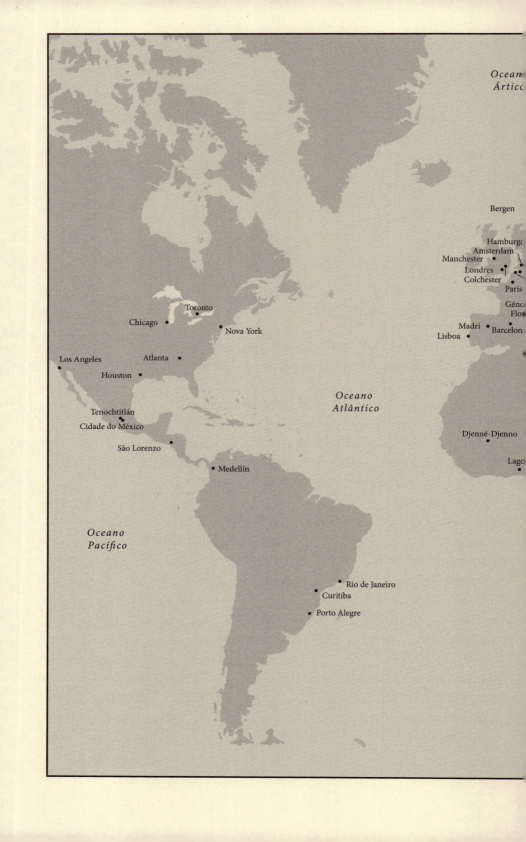

Introdução

O século metropolitano

A população urbana do mundo testemunhou hoje um acréscimo de 200 mil pessoas. O mesmo acontecerá amanhã, depois de amanhã e futuro adentro. Em 2050, dois terços dos seres humanos viverão em cidades. Estamos assistindo à maior migração da história, o ápice de um processo de 6 mil anos pelo qual, ao fim do presente século, teremos nos tornado uma espécie urbanizada.[1]

Como vivemos e onde vivemos são duas das perguntas mais importantes que podemos fazer. Muito do que entendemos acerca de nossa história e do tempo presente vem de nosso embate com esse tema. Desde os primeiros assentamentos na Mesopotâmia, por volta de 4000 a.C., as cidades têm operado como gigantescas centrais de informação; é a interação dinâmica de pessoas em metrópoles densas e populosas que engendra as ideias, as técnicas, as revoluções e as inovações que impulsionam a história. Até 1800, a parcela da população global vivendo em áreas urbanas significativas oscilava entre 3% e 5%; essa minoria, contudo, exerceu uma influência desproporcional no desenvolvimento do mundo. É que as cidades sempre foram os laboratórios da humanidade, os espaços onde a história se desenrola e se acelera. Cativado pelo poder magnético da cidade — o poder que seduz milhões de indivíduos todas as semanas —, comecei a pesquisar e a escrever *Metrópole* tendo em mente a seguinte premissa: nosso passado e nosso futuro estão ligados, para o bem e para o mal, à cidade.

Mergulhei nesse tema vasto, multifacetado e inquietante justamente numa época em que testemunhamos tanto um espetacular renascimento urbano quanto o surgimento de desafios inéditos ao tecido social das cidades. No começo do século xx, a cidade tradicional era um lugar de pessimismo, não de esperança; a metrópole industrial aprisionava seus habitantes, envenenando-lhes o corpo e a mente; era o arauto da ruptura social. Na segunda metade do século xx, a resposta aos horrores da industrialização foi vigorosa: parecíamos adentrar um processo de dispersão, já não de concentração. Grandes metrópoles globais, como Nova York e Londres, experimentaram um declínio populacional. Carros, telefones, viagens aéreas acessíveis, o fluxo desimpedido de capital pelo planeta e, mais recentemente, a internet permitiram que nos afastássemos uns dos outros, desocupando o tradicional centro da cidade, sempre abarrotado e intenso. Quem precisava de redes sociais urbanas, quando se tinha redes sociais virtuais ilimitadas? O centro das cidades — que, de todo modo, vinha sofrendo sucessivas ondas de criminalidade e dilapidação física — era agora substituído por uma série de alternativas nos subúrbios: áreas comerciais, centros universitários, home offices e shopping centers. Os anos finais do século passado e as primeiras décadas do presente milênio, contudo, viraram essas tendências de cabeça para baixo.

Sobretudo na China, uma série de cidades antiquíssimas — e outras novinhas em folha — ganharam força, impulsionadas por um êxodo rural que mobilizou 440 milhões de migrantes ao longo de três décadas, coroadas por uma orgia de edificações. Ao redor do mundo, as cidades reconquistaram sua posição econômica central. Em vez de estimular a dispersão, a economia do conhecimento e os sistemas de comunicação ultrarrápida encorajaram grandes corporações, pequenas empresas, startups e trabalhadores autônomos da economia criativa a se amontoarem como abelhas numa colmeia. O que não deve causar surpresa: inovações tecnológicas, artísticas e financeiras ocorrem quando os especialistas se aglomeram; os seres humanos prosperam quando compartilham conhecimento, colaboram entre si e competem cara a cara em certos ambientes — especialmente em lugares que facilitam os fluxos de informação. Se antes as cidades procuravam cortejar grandes fábricas ou capturar uma parcela do comércio mundial, agora elas competem pelos melhores cérebros.

Essa dependência em relação ao capital humano e os benefícios econômicos da densidade urbana em sociedades pós-industriais estão remodelando a metrópole moderna. Cidades bem-sucedidas transformam economias inteiras — como bem demonstra o invejável crescimento chinês, puxado pela urbanização. Sempre que uma área dobra sua densidade populacional, ela se torna de 2% a 5% mais produtiva: as energias contidas nas cidades nos tornam coletivamente mais competitivos e empreendedores. Essa força é multiplicada não apenas pela densidade, mas também pelo tamanho.[2]

Uma das principais mudanças que tomaram de assalto o planeta nas últimas três décadas é a forma impressionante como grandes metrópoles vêm transcendendo seus países. A economia global enviesa-se na direção de algumas poucas cidades e regiões: em 2025, 440 cidades com uma população coletiva de 600 milhões (7% da população do planeta) responderão por metade do produto doméstico bruto mundial. Em muitos mercados emergentes, cidades como São Paulo, Lagos, Moscou e Joanesburgo produzem sozinhas algo entre um terço e metade da riqueza total de seus países. Lagos, com 10% da população da Nigéria, responde por 60% das atividades industriais e comerciais do país; se declarasse independência e se tornasse uma cidade-Estado, seria o quinto país mais rico da África. Na China, 40% de toda a produção econômica do país é engendrada por apenas três regiões, todas marcadas por megacidades. Não é um fenômeno novo. Na verdade, estamos vendo um retorno a uma situação comum à maior parte da história — o papel desmesurado da cidade-estrela nos assuntos humanos. Na antiga Mesopotâmia ou na Mesoamérica antes de Colombo, durante a ascensão da pólis grega ou no auge da cidade-Estado medieval, um grupo seleto de metrópoles monopolizava o comércio e superava meros Estados-nações.

Ao longo da história, essa ascendência das principais cidades não tem sido apenas econômica. O sucesso desenfreado faz com que elas suguem o talento e a riqueza de cidades e regiões menos favorecidas, dominando a cultura; na condição de cidades repletas de história, são mais do que nunca caracterizadas por uma diversidade sem paralelo em outras partes. A proporção de residentes estrangeiros em algumas das metrópoles mais poderosas de hoje fica entre 35% e 50%. Mais jovens, gozando de melhores índices educacionais, mais ricas e mais multiculturais, as cidades globais têm cada vez mais em comum umas com as outras. Em muitas sociedades modernas, a maior divisão não se dá entre faixas etárias, raças, classes ou entre regiões rurais e urbanas, mas entre grandes metrópoles e vilarejos, subúrbios, pequenos municípios e cidades que foram deixados para trás no contexto da economia globalizada do conhecimento. A palavra "metropolitano" conota glamour e oportunidade, mas sugere também certo elitismo — político, cultural e social —, que é cada vez mais alvo de ressentimento. Não que a aversão à cidade grande seja novidade: passamos boa parte de nossa história preocupados com o efeito corrosivo da metrópole sobre nossos valores e nossa saúde mental.

A propagação incrivelmente rápida da covid-19 em 2019 e 2020 ao redor do mundo foi um sombrio tributo ao triunfo da cidade no século XXI; o vírus espalha-se por redes sociais complexas — tanto dentro das cidades quanto entre elas. Tais redes são o que torna nossas cidades, a um só tempo, tão bem-sucedidas e tão perigosas para nós. Quando os urbanitas começaram a desertar de cidades como Paris e Nova York em troca da aparente segurança do campo, muitas vezes depararam-se com hostilidades, desprezados não apenas por levarem doenças, mas também por traírem seus antigos concidadãos. A reação negativa era um lembrete do antagonismo entre cidade e não cidade que percorre a história — metrópoles como lugares de privilégio e fontes de contaminação; lugares que oferecem a promessa de riqueza, mas dos quais fugimos ao primeiro sinal de perigo.

Pestes, pandemias e doenças percorreram rotas comerciais e devastaram impiedosamente densas áreas urbanas desde o surgimento das primeiras cidades. Em 1854, 6% da população de Chicago foi abatida pela cólera. Mas isso não impediu que as pessoas continuassem afluindo em grandes manadas para a metrópole milagrosa do século XIX: a população de Chicago passou de 30 mil habitantes no começo dos anos 1850 para 112 mil ao final da mesma década. Em nossa época, a força motriz urbana não dá sinais de arrefecimento, mesmo em face da pandemia. Sempre pagamos um preço elevado pelos benefícios da cidade, até quando sua abertura, sua diversidade e densidade se voltam contra nós.

A escala de nossa urbanização recente pode ser vista do espaço nas luzes que salpicam a superfície do planeta à noite. O renascimento urbano também é aparente no nível da rua. Perigosas e um tanto maltrapilhas entre a metade e o final do século XX, muitas cidades se tornaram mais seguras e atrativas, mais descoladas e caras, revivificadas por uma miscelânea de restaurantes sofisticados, comida de rua, cafés, galerias e casas de show modernas. Ao mesmo tempo, a revolução digital nos promete uma enxurrada de novas tecnologias que erradicarão muitos dos pontos negativos da vida na cidade, criando "cidades inteligentes" futurísticas, com milhões de sensores tornando possível que uma central de inteligência artificial, de posse dos nossos dados, administre o fluxo do tráfego, coordene o transporte público, elimine o crime e reduza a pobreza. As cidades voltaram a ser lugares para onde se deve acorrer, não de onde se precise fugir. Esse renascimento urbano contemporâneo pode ser prontamente vislumbrado nas inquietas paisagens citadinas: na gentrificação de áreas decadentes, nos aluguéis cada vez mais caros, nos edifícios de uso redirecionado e no exército de arranha-céus que vão se erguendo por quase toda parte.

Nevoento "pântano do Terceiro Mundo" (de acordo com um jornal local) até inícios dos anos 1990, Shanghai transformou-se em um ícone da revolução metropolitana pós-industrial no século XXI. Imitando Shanghai e outras metrópoles chinesas, a construção global de arranha-céus cresceu em torno de 402% desde a virada do milênio, levando o número total de edifícios com mais de 150 metros e quarenta andares de pouco mais de seiscentos para 3251 em dezoito anos; pela metade deste século, haverá 41 mil torres dessa natureza dominando as cidades do mundo. A verticalização abrupta da paisagem urbana é evidente em todo o planeta, tanto em metrópoles de construções tradicionalmente baixas, como Londres e Moscou, quanto em cidades de crescimento acelerado, como Adis Abeba e Lagos, que compartilham o mesmo desejo compulsivo de publicizar a própria virilidade no contorno dos edifícios no horizonte.[3]

Enquanto se esticam para o céu, as cidades também conquistam novos territórios. A velha divisão entre centro e subúrbio se desfez. Longe de serem lugares enfadonhos e monolíticos, muitos subúrbios têm se tornado cada vez mais urbanos desde a década de 1980, com maior oferta de empregos, diversidade étnica, vida de rua, epidemias de crime e drogas — herdando, em outras palavras, as muitas virtudes e os muitos vícios dos centros urbanos. A cidade tradicionalmente compacta cercada por arrabaldes de casas suburbanas se libertou, alastrando-se velozmente. O resultado são metrópoles que ocupam regiões inteiras. É difícil perceber, em termos econômicos, a divisão entre Londres e boa parte do sudeste da Inglaterra. A cidade de Atlanta, no estado da Geórgia, Estados Unidos, estende-se por mais de 5 mil quilômetros quadrados (Paris, a título de comparação, ocupa pouco mais de cem quilômetros quadrados).

A maior megalópole do mundo, Tóquio, abarca 40 milhões de pessoas em quase 14 mil quilômetros quadrados. Mas mesmo esse verdadeiro colosso será superado pelas megarregiões planejadas da China, tal como Jing-Jin-Ji, um aglomerado de cidades interligadas, compreendendo Beijing, Hebei e Tianjin, que juntas cobrirão 217559 quilômetros quadrados, englobando 130 milhões de habitantes. Quando falamos da "metrópole" no século XXI, não estamos falando do centro de Manhattan ou de Tóquio — a ideia clássica de onde residem o poder e a riqueza —, mas de vastas regiões interconectadas em que as cidades fundem-se umas nas outras.

É fácil se inebriar com a visão de cidades novas e assertivas. O furor da vida vertical, contudo, vai se tornando privilégio dos muito ricos, sintoma de um desejo de escapar das ruas confusas e congestionadas da cidade, buscando refúgio entre as nuvens. De acordo com as Nações Unidas, favelas e demais ocupações informais carentes de infraestrutura e serviços básicos têm se tornado "o tipo dominante e distintivo de assentamento" da humanidade. Os estilos de vida futuros da maior parte da nossa espécie podem ser entrevistos mais prontamente nas áreas superdensas, auto-organizadas e de construção espontânea de Mumbai ou Nairóbi do que nos reluzentes distritos centrais de Shanghai ou Seul ou nos pródigos subúrbios de Houston ou Atlanta. Hoje, 1 bilhão de indivíduos — um em cada quatro urbanitas — vivem numa favela, num *slum, barrio, campamento, kampung, gecekondu*, ou como quer que chamemos essas áreas urbanas não planejadas e autoconstruídas. Em torno de 61% da força de trabalho global — 2 bilhões de pessoas — ganham a vida na economia informal, boa parte ocupando-se em alimentar, vestir e abrigar populações urbanas em expansão. Esse urbanismo do tipo "faça você mesmo" preenche um vazio deixado pelos governos das cidades, incapazes de lidar com a torrente de migrantes. Nesse ponto, é preciso dizer que damos muita atenção aos agentes de inovação da economia do conhecimento que prosperam nos centros das cidades globais. Mas há outros inovadores: os de baixo, os que mantêm a cidade funcionando por meio do trabalho duro e da inventividade.[4]

Tanto a proliferação de arranha-céus quanto a de favelas anunciam o presente "século urbano". Mesmo os cidadãos que vivem nas megacidades mais abarrotadas ganham mais, educam melhor os filhos e desfrutam de maiores confortos materiais do que seus primos do campo. Para a primeira geração de pessoas que migraram do campo para as favelas do Rio de Janeiro, a taxa de analfabetismo era de 79%; hoje, 94% de seus netos são alfabetizados. Nas cidades subsaarianas com mais de 1 milhão de habitantes, a mortalidade infantil é um terço mais baixa do que em povoações menores. Só 16% das garotas indianas da zona rural entre treze e dezoito anos cuja família ganha menos de dois dólares por dia vão para a escola; em Haiderabade, o índice é de 48%. Desde a urbanização vertiginosa da China, a média de expectativa de vida subiu para 83 anos, dez a mais do que nas províncias rurais da China ocidental.[5]

Entre as 200 mil pessoas que migraram hoje para alguma cidade do mundo, contam-se as que o fazem para fugir da pobreza rural. Expulsas da terra, a cidade se torna a única opção para ganhar a vida. O fato é que as cidades oferecem oportunidades não disponíveis em outros lugares, desde sempre. E demandam engenho e força mental. Favelas insalubres em cidades em desenvolvimento contam-se entre os lugares mais empreendedores do planeta, estimulando elaboradas redes de apoio mútuo que suavizam os choques e as durezas da vida na megacidade. Dharavi, em Mumbai, uma das maiores favelas na Ásia, amontoa quase 1 milhão de pessoas em pouco mais de vinte quilômetros quadrados. Algo em torno de 15 mil oficinas de um cômodo só e milhares de microempresas respondem por uma economia interna de 1 bilhão de dólares por ano. Ao mesmo tempo, multidões engajam-se na reciclagem das montanhas de lixo descartado por mais de 20 milhões de concidadãos de Mumbai. Apesar da superdensidade e da falta de policiamento (e de outros serviços básicos), Dharavi, como outras megafavelas indianas, é marcadamente segura.

No final dos anos 1990, um punhado de geeks autodidatas transformou uma rua em Lagos no maior mercado de tecnologias de comunicação e informação da África: a Vila de Informática de Otigba, que conta com milhares de empreendedores e um faturamento diário que ultrapassa os 5 milhões de dólares. O efeito da aglomeração de cérebros não beneficia apenas banqueiros de Wall Street ou da Nova Área de Pudong, em Shanghai, ou publicitários do Soho, em Londres, ou engenheiros de software no Vale do Silício ou em Bangalore; transforma também a vida e o estilo de vida de milhões de pessoas ao redor do mundo, à medida que a urbanização se alastra e se intensifica. Essa economia urbana informal no estilo "faça você mesmo" — seja nas ruas de uma cidade como Lagos, que cresce aceleradamente, ou numa metrópole mais rica, como Los Angeles — atesta a capacidade humana de construir cidades do zero e organizar sociedades funcionais mesmo em meio ao caos aparente. É a essência de uma experiência urbana de 6 mil anos.

Apesar de todos esses sucessos, as cidades não deixam de ser ambientes hostis e implacáveis. Se oferecem a oportunidade de rendas maiores e educação, também podem distorcer nossas almas, desgastar nossas mentes e poluir nossos pulmões. São lugares onde é preciso lutar para sobreviver, sempre negociando: caldeirões de barulho, poluição e superlotação que põem nossos nervos em frangalhos. Um lugar como Dharavi — com seu labirinto tortuoso de becos, a absoluta complexidade das atividades e interações humanas, a luta constante pela sobrevivência, a concentração paralisante de pessoas, a bagunça aparente e a ordem espontânea — guarda reminiscências da vida urbana ao longo de toda a nossa história, seja no labirinto de uma cidade da Mesopotâmia, na feia anarquia da antiga Atenas, no congestionamento emaranhado de uma cidade medieval europeia ou numa favela do século XIX na Chicago industrial. A vida na cidade é opressiva; suas energias, suas mudanças incessantes e seus incontáveis inconvenientes, grandes e pequenos, nos levam ao limite. Ao longo da história, as cidades foram vistas como fundamentalmente contrárias à nossa natureza e aos nossos instintos, lugares que nutrem o vício, incubam doenças e gestam patologias sociais. Não por acaso, o mito da Babilônia ecoa através dos tempos: por mais que sejam assombrosamente bem-sucedidas, as cidades podem esmagar o indivíduo, e, apesar de tudo que há de atraente na metrópole, há também muito de monstruoso.

As maneiras como nos valemos desse ambiente hostil e como o moldamos para os nossos intuitos são fascinantes. Minha abordagem em *Metrópole* não consiste simplesmente em ver as cidades como lugares de poder e lucro, mas como habitações humanas que tiveram um efeito profundo na formação das pessoas que nelas viveram. Este, então, não é um livro apenas sobre urbanismo ou grandes edifícios; é sobre as pessoas que se estabeleceram nas cidades e sobre as formas que elas encontraram para enfrentar e sobreviver à panela de pressão da vida urbana. Não que a arquitetura não seja importante: é a interação entre o ambiente construído e os humanos que está no cerne da vida urbana — e deste livro. Mas meu interesse é, acima de tudo, o tecido conjuntivo que conecta os vários elementos do organismo, não apenas sua aparência externa ou seus órgãos vitais.

Por se construírem sobre camadas e camadas de história humana, no entrelaçamento quase infinito e incessante de vidas e experiências, as cidades são tão impressionantes quanto insondáveis. No que têm de belo e de feio, em sua alegria e miséria, na amplidão desordenada e desnorteante de suas complexidades e contradições, as cidades são um tableau da condição humana, criações para amar e odiar em igual medida. São zonas voláteis, num processo ininterrupto de transformação e adaptação. É claro que mascaram essa instabilidade com grandes edifícios e marcos históricos; mas, em torno desses símbolos de permanência, abundam mudanças implacáveis. As sucessivas marés de destruição e reconstrução tornam as cidades fascinantes, mas frustrantemente difíceis de entender. Ao longo de *Metrópole*, procurei flagrar cidades em movimento, não em estase.

Durante a pesquisa para este livro, viajei por várias cidades da Europa, das Américas, da África e da Ásia — lugares bastante diferentes entre si, como Mumbai e Singapura, Shanghai e Cidade do México, Lagos e Los Angeles. Para a cronologia da minha narrativa, escolhi uma série de cidades que nos contam algo não apenas sobre seu próprio tempo, mas sobre a condição urbana em geral. Algumas delas — como Atenas, Londres ou Nova York — são escolhas óbvias; outras — como Uruk, Harappa, Lübeck e Malaca — talvez não sejam tão familiares. Ao examinar a história das cidades, busquei material em mercados, *souks* e bazares; em piscinas, estádios e parques; em barracas de comida de rua, lanchonetes e cafés; em lojas e shopping centers. Interroguei pinturas, romances, filmes e canções tanto quanto os registros oficiais, sempre em busca da experiência vivida nas cidades e da intensidade de seu cotidiano. Uma cidade tem de ser experienciada por meio dos sentidos — é preciso olhá-la, sentir seu cheiro, tocá-la, caminhar por ela, lê-la e imaginá-la — para apreender sua totalidade. Durante grande parte da história, a vida urbana girou em torno da vida sensorial — a comida, a bebida, o sexo, as compras, a fofoca, a recreação. Todas essas coisas que constituem o teatro da vida da cidade são fundamentais para *Metrópole*.

Em grande parte, as cidades são bem-sucedidas porque oferecem prazer, diversão, glamour e intriga tanto quanto oferecem poder, dinheiro e segurança. Por mais de 6 mil anos, como veremos, a humanidade não cessa de realizar experimentos com as mais diversas maneiras de viver no redemoinho urbano. Somos bons em viver nas cidades, criações resilientes, capazes de enfrentar guerras e desastres. Ao mesmo tempo, somos péssimos em construí-las; em nome do progresso, planejamos e construímos lugares que nos aprisionam em vez de nos libertarem, empobrecem em vez de elevarem. Muitas tragédias desnecessárias resultaram da ação de especialistas buscando o sonho da metrópole perfeita, cientificamente planejada. Ou, de modo menos drástico, o planejamento não raro cria ambientes higienizados, esvaziados das energias que fazem a vida na cidade valer a pena.

Numa época em que temos mais cidades grandes, bem como grandes áreas do mundo habitado em processo de urbanização, a questão de como devemos viver nas cidades nunca foi tão urgente. Só entendendo a estupenda gama de experiências urbanas ao longo do tempo nas mais diversas culturas é que podemos começar a enfrentar um dos maiores desafios do terceiro milênio. As cidades nunca foram perfeitas e nunca serão. Na verdade, muito do prazer e dinamismo das cidades deriva de sua bagunça espacial. Com isso, refiro-me à diversidade de edifícios, de pessoas e de atividades alocadas no mesmo lugar, obrigadas a interagir. Uma ordenação perfeita é essencialmente antiurbana. O que torna uma cidade atraente é seu desenvolvimento incremental — o processo pelo qual ela vai sendo construída e reconstruída do zero ao longo das gerações, produzindo um tecido urbano denso e rico.

Essa confusão está no cerne do urbano. Pense numa cidade como Hong Kong ou Tóquio, onde arranha-céus pairam sobre ruas repletas de pedestres, mercados, lojinhas, vendedores de comida de rua, restaurantes, lavanderias, bares, cafés, indústrias leves e oficinas. Ou pense num assentamento como Dharavi, encravado numa megacidade cacofônica, cenário de uma atividade contínua e frenética nas ruas, fornecendo todas as necessidades básicas a uma curta distância. Como argumentou Jane Jacobs na década de 1960, a densidade de uma cidade e sua vida nas ruas produzem urbanidade — a arte de ser um cidadão. Bairros pelos quais se pode caminhar são um dos principais ingredientes da vida urbana. Agora pense nas cidades modernas ao redor do mundo, onde o varejo, a indústria leve, as áreas residenciais e os escritórios são rigorosamente separados. Em muitos casos, essa compartimentalização de funções em distritos distintos tem o efeito de higienizar cidades, tornando-as limpas e organizadas, mas sem energia e vigor. O planejamento pode ter esse efeito. Assim como os carros. O advento da cultura do carro particular — primeiro nos Estados Unidos, depois na Europa e, mais tarde, na América Latina, Ásia e África — remodelou fundamentalmente as cidades. Não apenas as vias expressas facilitaram a suburbanização e a transferência do varejo para fora da cidade, como também, no próprio centro da cidade, ruas congestionadas e muitos hectares dedicados a estacionamentos ajudaram a matar o que restava de vida nas ruas.

Quando falamos de mais de 50% da população mundial vivendo uma existência urbana, podemos muito bem estar cometendo um erro. Uma grande proporção dos urbanitas modernos não vive estilos de vida urbanos ou marcados por certa urbanidade — se com isso nos referirmos à vida em bairros caminháveis e onde se tem fácil acesso à cultura, entretenimento, recreação, empregos, espaços públicos e comércio. Muitos dos mais de 50% vivem estilos de vida suburbanos, seja em residências unifamiliares vistosas cercadas por belos gramados ou nas chamadas "cidades de chegada" — acampamentos informais agarrados às bordas das metrópoles em rápido desenvolvimento.

Diante disso, o problema para o século XXI não é que estejamos nos urbanizando rápido demais; o problema é que não estamos nos urbanizando o suficiente. Por que isso importa? Não importaria tanto se pudéssemos ser dispendiosos em relação aos recursos do planeta. O fato de que 200 mil pessoas mudam-se para as cidades todos os dias — ou de que nos tornamos uma espécie predominantemente urbana por volta de 2010 — chama, sim, a atenção. Mas não conta a história toda. Muito mais alarmante é saber que, enquanto a população urbana deve dobrar entre 2000 e 2030, a área ocupada pela selva de concreto triplicará. Nessas três décadas, teremos acrescentado à nossa ocupação urbana uma área equivalente ao tamanho da África do Sul.[6]

Essa expansão urbana global tem empurrado nossas cidades para regiões pantanosas, áreas selvagens, florestas tropicais, estuários, florestas de mangue, várzeas e terras agrícolas — com consequências devastadoras para a biodiversidade e o clima. Movem-se montanhas para dar lugar a esse surto épico de urbanização. Literalmente: desde 2012, mais de setecentos picos de montanhas foram impiedosamente decepados no remoto noroeste da China, seus escombros sendo despejados em vales a fim de criar um planalto artificial onde uma nova cidade de arranha-céus cintilantes chamada Nova Área de Lanzhou, posto intermediário da Nova Rota da Seda, está sendo construída.

As cidades chinesas — como as americanas antes delas — estão se tornando menos densas em seus núcleos à medida que estradas e edifícios de escritórios empurram as pessoas de bairros urbanos de uso misto, intensamente povoados, para os subúrbios. É parte de uma tendência global de urbanização e expansão de baixa densidade, atrelada à dependência em relação aos automóveis. Quando ficam mais ricas, as pessoas exigem mais espaço para morar. Se os urbanitas chineses e indianos escolherem viver nas densidades generosas típicas dos americanos, o uso de veículos e a demanda de energia aumentarão as emissões globais de carbono em 139%.[7] O surto do novo coronavírus em 2020 e a ameaça de pandemias futuras podem virar a maré contra as cidades mais uma vez, incentivando as pessoas a fugirem das metrópoles, espaços em que os longos períodos de quarentena e lockdown são quase insuportáveis e onde os riscos de infecção são mais elevados. Se isso acontecer, os danos ecológicos serão graves.

Em um clima mais quente, úmido e hostil, as cidades podem oferecer uma saída para o problema. Como mostro nesta longa história delineada em *Metrópole*, as cidades são entidades resilientes e maleáveis, capazes de enfrentar e responder a todos os tipos de desastres, e nós, de nossa parte, somos uma espécie urbana adaptável, há muito tempo acostumada às pressões e possibilidades da vida urbana. E é melhor continuarmos inovando. No século atual, dois terços das grandes metrópoles com população acima de 5 milhões, incluindo Hong Kong, Nova York, Shanghai, Jacarta e Lagos, estão sob a ameaça da elevação do nível dos mares; muitas outras cidades estão sob a inclemência de ondas de calor e tempestades destrutivas. Nossas cidades estão na linha de frente de uma catástrofe ambiental iminente; por isso mesmo, cabe a elas a vanguarda da mitigação dos efeitos das mudanças climáticas. Uma das coisas mais notáveis nas cidades é sua capacidade de metamorfose. Ao longo da história, as cidades se adequaram às mudanças no clima, nas rotas comerciais, nas tecnologias; adaptaram-se a guerras, doenças e convulsões políticas. As grandes pandemias do século XIX, por exemplo, moldaram as cidades modernas, forçando o desenvolvimento da engenharia civil, do saneamento e do planejamento urbano. As pandemias do século XXI trarão mudanças às cidades que mal podemos imaginar. Por necessidade, elas se adaptarão em uma era de crise climática.

Como se dará essa evolução? Desde o início, o tamanho das cidades foi determinado pelo modo predominante de transporte, pelas ameaças externas, pela disponibilidade de recursos e pelo preço das terras agrícolas adjacentes. Durante a maior parte da história, esses fatores restringiram o crescimento das cidades; apenas sociedades ricas e pacíficas podiam se esparramar mais à vontade. Neste século, a ameaça à segurança das cidades não virá de exércitos invasores, mas de um clima instável.

Cidades densamente povoadas, com linhas de transporte público, bairros onde se pode caminhar e uma variedade de lojas e serviços produzem muito menos dióxido de carbono e consomem muito menos recursos do que grandes assentamentos em expansão. Sua forma mais compacta diminui, em certa medida, a colisão direta com a natureza, pois evita os males da expansão. Não estou sugerindo que nos aglomeremos nos centros das cidades: é óbvio que não há espaço suficiente. Falo da urbanização dos bairros metropolitanos — os subúrbios e bairros periféricos —, para que assumam as formas e funções, a densidade, os usos diversos e o embaralhamento espacial associados aos centros das cidades.

Durante a pandemia de 2020, a densidade urbana passou de benefício à ameaça. A sociabilidade — uma das alegrias da vida na cidade — tornou-se algo a ser evitado a todo custo, como se nossos concidadãos fossem inimigos mortais. Em vez de agrupar-se, bilhões de pessoas receberam ordens para se afastar; a vida na cidade virou de ponta-cabeça. Contudo, a vulnerabilidade das populações citadinas a doenças e os efeitos do lockdown não devem nos cegar para o fato de que a densificação é uma forma essencial de alcançar sustentabilidade ambiental. Economistas e planejadores urbanos elogiam com razão o "efeito agregador" que tornou as metrópoles modernas tão bem-sucedidas na economia do conhecimento. Mas isso funciona das mais diversas maneiras, não se limitando a startups de tecnologia. Áreas urbanas compactas estimulam todo tipo de inovação e criatividade, inclusive no nível do bairro — o nível não das altas finanças e da bruxaria tecnológica, mas da vida cotidiana. A história mostra isso. Em outras palavras, comunidades funcionais e expeditas podem ajudar a tornar as cidades mais resilientes neste momento em que precisamos de cidades adaptáveis, prontas para enfrentar os novos e graves desafios das mudanças climáticas e pandemias. A energia de Dharavi, da Vila de Informática de Otigba, em Lagos, e de milhares de outras comunidades informais demonstra essa engenhosidade urbana em ação todos os dias.

Esse tipo de solução clama por uma urbanização da vida numa escala verdadeiramente descomunal. Acima de tudo, requer que ampliemos nossa imaginação para abraçar a diversidade do que podem ser as cidades. Nesse ponto, a história é uma maneira vital de abrir nossos olhos para a extensão total da experiência urbana.

1. O alvorecer da cidade

Uruk, 4000-1900 a.C.

Enkidu vive em harmonia com a natureza. Forte como uma "rocha caída do céu" e possuindo uma beleza divina, seu coração se deleita quando ele corre livremente na companhia dos bichos selvagens. Essa é sua vida, até que ele vê a figura desnuda de Shamat banhando-se numa cacimba. Hipnotizado pela primeira visão de uma mulher, Enkidu faz amor com Shamat por seis dias e sete noites. Saciado com a união sexual desenfreada e extasiante, Enkidu busca retornar à liberdade das estepes, mas descobre que seu poder sobre a natureza desvaneceu. Os bichos fogem dele; sua força diminuiu; e, pela primeira vez, ele padece das dores da solidão. Confuso, regressa para Shamat, que lhe fala de seu lar, a lendária cidade de Uruk, um lugar de edificações monumentais, casas sombreadas por palmeiras e grandes contingentes de homens e mulheres, protegidos por muralhas poderosas. Na cidade, os homens trabalham com o cérebro, não apenas com a força. As pessoas se vestem com lindas roupas, e todos os dias há um festival, quando "os tambores marcam o ritmo". E lá também estão as mais belas mulheres do mundo, "agraciadas com charme e repletas de deleites". Shamat ensina Enkidu a comer pão e a beber cerveja. Na cidade, diz Shamat a Enkidu, seu potencial divino se traduzirá em poder de verdade. Raspando os pelos do corpo, a pele untada com loções e a nudez escondida sob ricas vestes, Enkidu parte para Uruk. Renunciou à liberdade e aos instintos do mundo natural, atraído para a cidade pela fascinação do sexo, da comida e do luxo.

De Uruk e da Babilônia a Roma, Teotihuacán e Bizâncio, de Bagdá e Veneza a Paris, Nova York e Shanghai, as cidades deslumbraram as pessoas como se fossem as cidades idealizadas da imaginação tornadas enfim reais: os pináculos da criatividade humana. Enkidu representa a humanidade em um estado primitivo da natureza, forçada a escolher entre a liberdade das estepes e a artificialidade da cidade. Shamat é a personificação da cultura urbana sofisticada. Como ela, as cidades enganam e seduzem, prometendo a realização de nossos poderes, de todo nosso potencial.[1]

A história de Enkidu aparece no início d'*A epopeia de Gilgamesh*. Obra literária mais antiga da humanidade, sua forma escrita remonta a pelo menos 2100 a.C., produto dos sumérios, povo alfabetizado e enormemente urbanizado, que vivia na Mesopotâmia, atual Iraque. Alguém que se aproximasse de Uruk em seu auge, por volta de 3000 a.C., como o Enkidu fictício, teria seus sentidos desafiados. Com uma população entre 50 mil e 80 mil habitantes, ocupando cerca de oito quilômetros quadrados, Uruk era o lugar mais densamente povoado do planeta. Como um formigueiro, a cidade assentava-se sobre o topo de um monte criado pela atividade de muitas gerações, guardando camadas de lixo e materiais de construção descartados, criando uma acrópole artificial que dominava as planícies horizontais, fazendo-se visível por quilômetros.

Muito antes de chegar à cidade, o visitante se dava conta de sua presença. Uruk cultivara toda a área que a circundava, explorando o campo para atender às suas necessidades. Centenas de milhares de hectares de campos e plantações, irrigados artificialmente por fossos, produziam o trigo, as ovelhas e as tâmaras que alimentavam a metrópole e a cevada que garantia a cerveja das massas.

O que mais impressionava eram os templos imponentes dedicados à deusa do amor e da guerra, Inanna, e a Anu, deus do céu, construídos sobre plataformas gigantescas no alto da cidade. Como os campanários e cúpulas de Florença ou a floresta de arranha-céus na Shanghai do século XXI, os templos constituíam uma assinatura visual inconfundível. Construído com pedras de calcário e coberto com placas de gesso, o grande Templo Branco de Anu refletia a luz do sol de forma tão impressionante como qualquer arranha-céu moderno. Erguendo-se como um farol em meio às planícies, irradiava uma mensagem de civilização e poder.

Para os antigos mesopotâmicos, a cidade representava o triunfo da humanidade sobre a natureza; a paisagem artificial dominante deixava isso bem claro. As muralhas da cidade, cravejadas de portões e torres salientes, contavam nove quilômetros de circunferência e sete metros de altura. Entrando por um dos portões, o visitante logo atestava como os habitantes da cidade haviam conquistado também sua própria vitória contra a natureza. Em torno da cidade propriamente dita, havia belos jardins, com frutas, ervas e vegetais. Uma extensa rede de canais transportava água do Eufrates para o centro da cidade. Um sistema subterrâneo de tubos de argila descarregava os resíduos de dezenas de milhares de pessoas para além das muralhas. Aos poucos, os jardins e as tamareiras davam lugar ao centro da cidade. Os labirintos de ruas estreitas e sinuosas e becos cheios de pequenas casas sem janelas talvez parecessem terrivelmente apertados, oferecendo poucos espaços abertos; no entanto, essa disposição havia sido projetada para criar um microclima urbano em que a sombra e a brisa oferecidas pela estreiteza das ruas e a densidade do conjunto de habitações mitigassem a intensidade do sol mesopotâmico.[2]

Barulhenta, apertada e movimentada, Uruk e suas cidades-irmãs na Mesopotâmia eram únicas na face da terra. Numa obra literária quase da mesma época d'*A epopeia de Gilgamesh*, o escriba imagina a deusa Inanna certificando-se das amenidades de Uruk:

> Os armazéns seriam abastecidos; moradias seriam fundadas na cidade; seu povo comeria comida esplêndida e beberia esplêndidas bebidas; os que se banhavam para os feriados se alegrariam nos pátios; as pessoas abarrotariam os sítios de celebração; os amigos jantariam juntos; os estrangeiros passeariam como aves raras no céu; [...] macacos, poderosos elefantes, búfalos, animais exóticos, bem como cães de raça pura, leões, íbex e ovelhas de pelo alongado se ombreariam nas praças públicas.

O escriba descreve uma cidade com enormes celeiros de trigo e silos de ouro, prata, cobre, estanho e lápis-lazúli. Todas as coisas boas do mundo fluíam em direção a ela para o desfrute de seus habitantes, num relato altamente idealizado. Enquanto isso, "dentro da cidade, soavam os tambores *tigi*; fora dela, as flautas e o *zamzam*. Seu porto, onde os navios atracavam, era cheio de alegria".[3]

"Uruk" significa, simplesmente, "a cidade". Foi a primeira cidade do mundo e, por mais de mil anos, o centro urbano mais poderoso. Quando as pessoas se concentraram em vastas comunidades, as coisas começaram a se transformar numa velocidade incrível; os cidadãos de Uruk foram pioneiros na invenção de tecnologias que mudaram o mundo e experimentaram maneiras radicalmente novas de viver, de se vestir, de comer e pensar. A invenção da cidade às margens do Tigre e do Eufrates desencadeou uma força nova e irreprimível na história.

O fim da última Era do Gelo, há cerca de 11700 anos, alterou profundamente a vida humana na Terra. Em todo o mundo, sociedades de caçadores-coletores começaram a cultivar e domesticar variedades silvestres que se beneficiaram com o aquecimento do planeta. Mas era o Crescente Fértil — um semicírculo que se estende do Nilo, a oeste, até o golfo Pérsico, a leste, abrangendo, em termos modernos, Egito, Síria, Líbano, Israel, Palestina, Jordânia, Iraque, a parte sudeste da Turquia e a margem oeste do Irã — que guardava a área mais favorável para a agricultura. Essa região relativamente pequena continha uma ampla gama de topografias, climas e altitudes, que por sua vez forneciam uma biodiversidade extraordinária. E o que é mais importante para o desenvolvimento da sociedade humana: continha os progenitores selvagens de grande parte da agricultura moderna — trigo, farro, cevada, linho, grão-de-bico, ervilha, lentilha e ervilhaca amarga —, além dos grandes mamíferos adequados à domesticação: vacas, cabras, ovelhas e porcos. Em poucos milênios, o berço da agricultura tornou-se o berço da urbanização.

Em 1994, tiveram início os trabalhos arqueológicos em Göbekli Tepe (Colina do Umbigo), na Turquia, sob a direção de Klaus Schmidt. Ali, um extenso complexo cerimonial, consistindo em enormes pilares de pedra em formato de T dispostos em círculos, foi descoberto. Esse sítio impressionante não foi construído por uma comunidade agrícola avançada, já devidamente estabelecida. Essas grandes pedras de vinte toneladas foram extraídas e carregadas para a colina 12 mil anos atrás (a construção de Stonehenge, a título de comparação, começou 5 mil anos atrás). A descoberta pôs abaixo o entendimento convencional. Em Göbekli Tepe, havia evidências de que os caçadores-coletores se reuniam e cooperavam numa escala verdadeiramente descomunal. Estima-se que quinhentas pessoas de diferentes bandos ou tribos precisaram trabalhar juntas para extrair e transportar os megálitos de calcário até a colina. A motivação desses indivíduos era o culto a um deus ou deuses que desconhecemos, o cumprimento do dever sagrado. Não há evidências de que alguém tenha vivido em Göbekli Tepe: tratava-se de um lugar de peregrinação e adoração.

Na interpretação tradicional, acreditava-se que tais conquistas só aconteciam depois que um excedente de grãos liberava uma parte da comunidade do fardo da subsistência diária, permitindo que desenvolvessem tarefas especializadas não produtivas — ou seja, depois da invenção da agricultura e das aldeias. Mas Göbekli Tepe vira esse pensamento de ponta-cabeça. Os primeiros construtores e devotos de Göbekli Tepe eram sustentados por uma incrível abundância de caça e plantas. Essa profusão de comida selvagem, uma vez que passou a coexistir com um sistema religioso sofisticado, encorajou o *Homo sapiens* a empreender mudanças radicais em formas de vida e estruturas tribais que existiam havia mais de 150 mil anos.

O templo veio antes do cultivo da terra; é possível até que tenha condicionado o surgimento das plantações, dada a necessidade de alimentar uma população estabelecida, dedicada à adoração religiosa. Mapeamentos genéticos mostram que as primeiras cepas de trigo *einkorn* (*Triticum monococcum*) domesticadas originaram-se de um local a 32 quilômetros de Göbekli Tepe, cerca de quinhentos anos após o início dos trabalhos no santuário. Por essa época, pilares em formato de T já haviam sido erigidos no topo de outras colinas das redondezas, e algumas povoações haviam se estabelecido nas proximidades.

O santuário de Göbekli Tepe restou preservado para os arqueólogos modernos por ter sido deliberadamente soterrado, em torno de 8000 a.C., por razões desconhecidas. Nenhuma outra tentativa de erigir monumentos nessa escala foi feita até a construção dos templos sumérios no sul da Mesopotâmia, 5 mil anos depois. Nos milênios intermediários, a população humana do Crescente Fértil testou novas formas de vida.

A revolução neolítica foi rápida. Em 9000 a.C., a maioria das pessoas no Crescente Fértil subsistia graças a alimentos silvestres; em 6000 a.C., a agricultura já havia se estabelecido na região. Tribos de caçadores-coletores, com suas dietas variadas e estilos de vida móveis, deram lugar, ao longo de muitas gerações, a comunidades agrícolas assentadas, dedicadas ao cultivo de um punhado de alimentos básicos e à criação de animais. Jericó começou como um acampamento construído por pessoas que combinavam a caça com o cultivo de grãos silvestres; setecentos anos depois, era o lar de várias centenas de pessoas que cultivavam trigo, cevada e leguminosas, protegidas por uma muralha robusta e uma torre. Çatalhöyük, na Turquia moderna, com uma população estimada entre 5 mil e 7 mil pessoas no sétimo milênio a.C., era uma comunidade de grandes dimensões em termos pré-históricos.

Mas nem Jericó nem Çatalhöyük deram o salto para se tornarem verdadeiras cidades. Permaneceram como povoamentos — de tamanho avantajado, sim, mas sem muitas das características e propósitos que associamos à urbanização. Ao que tudo indica, as cidades não foram produto de localizações favoráveis, com campos exuberantes e produtivos e acesso a materiais de construção. Nesse contexto, talvez a vida fosse boa demais. A terra fornecia tudo de que essas comunidades necessitavam, e o comércio supria as deficiências.

As cidades apareceram pela primeira vez no sul da Mesopotâmia, na orla do Crescente Fértil. Uma teoria de longa data explicava o porquê. Lá, o solo e o clima não são tão favoráveis. A precipitação é baixa; a terra é seca e plana. Só pelo aproveitamento das águas dos rios Tigre e Eufrates é que o potencial dessa terra devastada poderia ser explorado. As pessoas colaboraram em projetos de irrigação para trazer água dos rios e criar campos de cultivo. De repente, a terra era capaz de produzir grandes excedentes de grãos. As cidades, portanto, não seriam o produto de ambientes temperados e abundantes, mas de zonas mais áridas, que teriam levado a engenhosidade e a cooperação ao limite. As primeiras cidades do mundo teriam nascido, então, no sul da Mesopotâmia, pelo triunfo humano sobre a adversidade. No centro ficava o templo, com uma elite sacerdotal e burocrática que coordenava a transformação da paisagem e a gestão de uma população fortemente concentrada.

É uma teoria convincente. Mas, como tantas de nossas noções acerca do desenvolvimento inicial da civilização, também foi revolucionada recentemente. As condições que nutriram as raízes da cidade eram, no geral, mais úmidas e mais igualitárias.

Os sumérios e os povos que vieram a compartilhar de sua religião acreditavam que a primeira cidade tinha surgido de um pântano primordial. As narrativas dos sumérios falavam de um mundo aquático, onde as pessoas circulavam de barco; suas tabuinhas representavam sapos, aves aquáticas, peixes e juncos. Hoje, as cidades sumérias estão soterradas sob dunas de areia em um deserto desolado e inóspito, longe do mar e dos principais rios. Os primeiros arqueólogos simplesmente não acreditavam no mito do nascimento pantanoso dessas cidades desérticas. No entanto, a fábula das origens anfíbias da cidade está de acordo com as recentes descobertas sobre as mudanças ecológicas do sul da Mesopotâmia.

As mudanças climáticas ajudaram a dar início à urbanização. No quinto milênio a.C., o golfo Pérsico ergueu-se cerca de dois metros acima de seu nível atual, resultado das condições climáticas do Holoceno, durante o qual as temperaturas globais dispararam e o nível do mar subiu. Em comparação com sua disposição atual, a cabeceira do golfo avançava duzentos quilômetros mais ao norte, cobrindo as regiões áridas do sul do Iraque com grandes extensões de pântanos. Esses charcos deltaicos, onde o Tigre e o Eufrates penetravam o golfo, passaram a atrair migrantes tão logo foram transformados pela mudança climática. A área agora continha uma rica variedade de alimentos nutritivos, de fácil obtenção. As águas salgadas fervilhavam de peixes e moluscos; a vegetação exuberante nas margens dos riachos e canais do delta fornecia abrigo para a caça. Era um lugar não de um só ecossistema, mas de vários. A planície verdejante aluvial favorecia o cultivo de grãos, e o semideserto, o pastoreio do gado. Esse delta sustentou povos procedentes das várias culturas do Crescente Fértil, e os recém-chegados trouxeram consigo conhecimentos do norte sobre edificações com tijolos de barro, irrigação e produção de cerâmica. Os colonos levantaram vilas em ilhas arenosas no pântano, estabilizando o terreno ao construir fundações de juncos reforçadas com betume.[4]

Muitos milênios antes, em Göbekli Tepe, comunidades forrageiras aproveitaram seu paraíso de caça para construir algo maior do que elas. Algo semelhante aconteceu antes de 5400 a.C., num banco de areia ao lado de uma laguna, no ponto onde o deserto se encontrava com os charcos mesopotâmicos. De início, talvez as pessoas tenham considerado aquele lugar sagrado, a lagoa sendo uma força vital. Os primeiros sinais de vida humana ali, na ilha arenosa que viria a se chamar Eridu, são ossos de peixes e de animais selvagens, além de conchas de mexilhões, o que sugere que o sítio sagrado era um local de banquetes ritualísticos. Com o tempo, construiu-se um pequeno santuário a fim de adorar o deus da água doce.

Ao longo de sucessivas gerações, esse santuário primitivo foi sendo reconstruído, tornando-se cada vez maior e mais sofisticado; a certa altura, o templo elevou-se acima da paisagem, por sobre uma plataforma de tijolos.

A farta mistura de alimentos silvestres e cultivados fornecida pelo delta criava as condições para projetos de edificação cada vez mais ambiciosos. Eridu passou a ser venerada como o local exato onde o mundo havia sido criado.

No sistema de crenças sumério, o mundo era um caos aquático, até que o deus Enki construiu uma moldura de junco e a preencheu com lama. Os deuses agora podiam estabelecer residência na terra seca criada com o junco e a terra lamacenta — tal como os habitantes dos charcos originais haviam construído suas vilas. Enki escolheu fundar seu templo em Eridu, onde a água se tornava terra. A fim de "acomodar os deuses na morada do deleite de seus corações" — em outras palavras, seus templos —, Enki criou a humanidade, que os serviria.

Os charcos, situados entre o mar e o deserto, representavam o cruzamento da ordem e do caos, da vida e da morte. Os incríveis recursos do delta, um oásis entre ambientes hostis, alimentavam a crença de que aquele era o lugar mais sagrado em todo o desfraldar da criação divina. Apesar de tamanha abundância, era um lugar arriscado de se viver. Quando o sol da primavera derretia grandes volumes de neve nas longínquas cordilheiras da Armênia, de Taurus e Zagros, os rios do delta tornavam-se imprevisíveis e perigosos. Aldeias de casas de junco e plantações inteiras podiam ser varridas por cursos d'água que se deslocavam violentamente. Em outras ocasiões, dunas, avançando com rapidez, soterravam a paisagem debaixo de areia. O templo, sempre firme em seu terraço, a salvo das enchentes, devia representar um poderoso símbolo de permanência em meio às reviravoltas caprichosas da natureza. Eridu não era apenas o local onde o mundo se fez manifesto: o templo era visto como a própria morada de Enki. Como a construção de alvenaria demanda manutenção constante, a população que realizava seus cultos em Eridu tinha de ajudar Enki a manter o caos sob controle.[5]

Esses obreiros divinos, por sua vez, precisavam ser abastecidos e alojados, e algum tipo de autoridade sacerdotal se fazia necessário para distribuir as provisões. Oficinas se desenvolveram ao redor do templo para criar as decorações adequadas à casa do deus. Eridu nunca chegou a se tornar uma cidade. Um mito sumério explicava o porquê. Em vez de compartilhar os dons da civilização e da urbanização, Enki egoisticamente os mantinha limitados ao seu templo. Isso até que Inanna, ladra sagrada e deusa do amor, do sexo, da fertilidade e da guerra, viajou de barco a Eridu e embebedou Enki. Enquanto Enki dormia na embriaguez da cerveja, Inanna roubou o conhecimento sagrado e levou-o pela água salobra até sua própria ilha pantanosa, Uruk. De volta para casa, deu livre curso à sabedoria divina.

A narrativa mitologiza o que realmente aconteceu. Eridu inspirou imitações; locais sagrados similares apareceram em outras ilhotas pelo pântano. Num montículo artificial nas margens do Eufrates, construiu-se um templo para Inanna. O templo era conhecido como Eanna, a "Casa do Céu". Nas proximidades, havia outro, em um monte chamado Kulaba, a casa de Anu, deus do céu. Os povos dos charcos começaram a realizar seus cultos e a se estabelecer nesse local por volta de 5000 a.C.

Ao longo dos séculos seguintes, os templos de Eanna e Kulaba foram reconstruídos inúmeras vezes, sempre com maiores ambições e mais ousadia arquitetônica. A certa altura, os dois montes, separados um do outro por uma distância de oitocentos metros, fundiram-se, criando uma grande área povoada, conhecida como Uruk. Enquanto as sucessivas reconstruções do templo de Eridu seguiam sempre a mesma linha, o povo de Uruk buscava constantemente algo maior e mais magnífico. Era uma cultura caracterizada pela demolição e pelo dinamismo.

A força motriz era o esforço coletivo voltado para a criação de obras opulentas. O delta fornecia um excedente natural de alimentos, liberando muitos corpos para a labuta da construção e cérebros para o planejamento das obras públicas. O ambiente aquático também permitia um sistema de transporte fácil, baseado no uso de barcos. Os pântanos, portanto, forneciam o combustível para a urbanização; porém, era uma ideologia poderosa que impulsionava tudo. De que outra forma explicar o enorme investimento de força física e tempo? Não havia nada de utilitário nos templos de Eanna e Kulaba. Os primeiros templos se assemelhavam ao de Eridu. Mas os construtores de Uruk deram saltos espetaculares na arquitetura, desenvolvendo técnicas inteiramente novas. Usavam terra batida, impermeabilizada com betume, para fazer as plataformas. Preparavam fundações e paredes com blocos de calcário (extraídos a mais de oitenta quilômetros da cidade) e concreto moldado. O adobe das paredes externas e colunas era decorado com mosaicos de padrões geométricos feitos a partir de milhões de cones de terracota pintados.

Quando os trabalhos para um novo templo começavam, o antigo era coberto com entulho, formando o núcleo do terraço sobre o qual a próxima versão seria construída. Essas acrópoles gigantescas, em fidelidade à natureza coletiva de sua construção, eram projetadas para serem acessíveis à população, não apartadas. Rampas e escadas imensas as conectavam ao nível do solo; os edifícios principais exibiam fileiras de colunas, abrindo seus interiores para o mundo; eram cercados por pátios, passarelas, terraços, oficinas e jardins irrigados. Essas grandes edificações tornaram-se o núcleo em torno do qual a cidade cresceu, alcançando uma área de quatrocentos hectares de ruas estreitas e abarrotadas que abrigavam dezenas de milhares de cidadãos.[6]

Entretanto, na segunda metade do quarto milênio a.C., o sul da Mesopotâmia sofreu outro episódio envolvendo mudanças climáticas aceleradas. Um rápido aumento nas temperaturas anuais, em conjunto com a diminuição das chuvas, fez os níveis de água dos dois grandes rios diminuírem. A linha costeira do golfo Pérsico recuou de seu pico em meados do Holoceno. Os pântanos e riachos que haviam dado vida a Uruk começaram a assorear e secar.

A transformação dessa paisagem há 5 mil anos obscureceu por muito tempo as origens pantanosas da urbanização. Mas, vista em um contexto global, e à luz de algumas descobertas recentes, constata-se que a experiência mesopotâmica está longe de ser única. Onde as cidades surgiram isoladamente, encontramos sempre as condições ideais dos pântanos. O primeiro centro urbano das Américas, San Lorenzo, no México moderno, localizava-se em um terreno elevado com vista para uma rede de rios que serpenteavam através do charco deltaico, alimentando o golfo do México. Como os primeiros construtores de Eridu e Uruk, o povo olmeca de San Lorenzo, no segundo milênio a.C., eram pescadores e coletores, beneficiários de um ambiente aquático quente e úmido; e, como Eridu, San Lorenzo era um local de culto, famoso por suas colossais cabeças de divindades talhadas em pedra. Do mesmo modo, as primeiras cidades que surgiram na China, durante a dinastia Shang, na mesma época dos olmecas (1700-1050 a.C.), emergiram na planície aluvial pantanosa nas proximidades da foz do rio Amarelo. E, no antigo Egito, a grande capital Mênfis foi fundada no ponto em que o delta encontrava o Nilo. A história segue uma trajetória semelhante também na África Subsaariana, onde a primeira urbanização ocorreu em Djenné-Djenno por volta de 250 a.C., nos brejos do interior do delta do Níger, onde hoje é o Mali.[7]

As primeiras cidades não emergiram do pântano plenamente formadas, é claro; nem se desenvolveram sem uma interação considerável com sociedades de outros lugares. Em vez disso, esses nichos de pântanos atraíram membros de diferentes culturas, que traziam consigo técnicas de construção, crenças, ferramentas, agricultura, artesanato, comércio e ideias. As mudanças climáticas tornaram o sul da Mesopotâmia o lugar mais densamente povoado do planeta.

Nesses ambientes úmidos e imprevisíveis, cidades permanentes eram propostas bastante atraentes. Elas forneciam evidências do triunfo da humanidade sobre a natureza. Eridu foi criada por uma conjugação entre crenças e topografia. Os recursos superabundantes, nutritivos e autorrenováveis daqueles charcos não apenas possibilitavam que as cidades surgissem, como também lhes forneciam a energia necessária para se tornarem maiores e mais complexas do que quaisquer outros assentamentos.[8]

Quando as condições do ambiente mudaram radicalmente no sul da Mesopotâmia, os estilos de vida associados às zonas úmidas desapareceram. Contudo, por essa época, após um longo milênio de desenvolvimento, a civilização urbana encontrava-se madura. A retração dos pântanos, claro, deixou Uruk numa situação de penúria. Mas a história da urbanização é, em grande parte, a história da adaptação dos humanos ao meio ambiente variável, bem como da adaptação que os humanos impõem ao meio ambiente para atender às suas necessidades.

Privados de sua antiga forma de subsistência, os agricultores dos pântanos buscaram refúgio na cidade, resultando numa população urbanizada de 90% na baixa Mesopotâmia. Esse grande contingente humano, com uma longa tradição em arquitetura e engenharia, conseguiu superar o desafio das mudanças climáticas e explorar o novo potencial das planícies aluviais, construindo sistemas de irrigação de larga escala capazes de alimentar populações substanciais. A agricultura veio antes da cidade, sem dúvida; no entanto, uma revolução agrícola dessa intensidade foi produto da revolução urbana.

Uma cidade nunca é apenas uma coleção de construções: não é tanto sua fisicalidade que a diferencia de outros assentamentos, mas as atividades humanas que ela incuba. Na cidade, as pessoas podem exercer profissões que são impraticáveis no campo ou numa simples aldeia. Uruk era conhecida como a "ferraria dos deuses", famosa por seus ourives, seus fundidores de cobre, seus ferreiros e joalheiros altamente habilidosos. Uma proporção significativa da população era formada por artesãos que trabalhavam com diversos materiais,

32

incluindo pedras, metais e gemas. As luxuosas matérias-primas necessárias para a cidade grande não estavam disponíveis nas proximidades. A mudança climática, contudo, fez mais do que fornecer colheitas abundantes. Os riachos que antes serpenteavam pelo pântano salobro foram convertidos numa rede de canais urbanos que conectavam a cidade àquele poderoso canal de comércio: o Eufrates.[9]

As ilhas hoje conhecidas como Bahrein forneciam madrepérola e conchas raras. Ouro, prata, chumbo e cobre vinham do leste da Anatólia, do Irã e da Arábia. Os artesãos urukianos cobiçavam a obsidiana, o quartzo, a serpentina, a pedra-sabão, a ametista, o jaspe, o alabastro, o mármore e outros materiais atraentes. Das montanhas do Afeganistão e do norte do Paquistão, a mais de 2400 quilômetros de distância, vinha o imensamente desejado lápis-lazúli, com seu azul profundo; cornalina e ágata vinham de mais longe, da Índia. As casas dos deuses exigiam materiais luxuosos que as embelezassem. Mas os meros mortais também podiam desfrutar de joias, armas, copos e vasos suntuosamente decorados, além de saborear o vinho e o azeite, que chegavam em barcos abarrotados.[10]

A antiga Uruk era dividida em distritos ad hoc, cada um caracterizado por uma ocupação específica. Indivíduos e famílias trabalhavam no pátio de suas casas ou em oficinas. A densidade das habitações e o traçado da cidade, com suas ruas frescas e sombreadas, incentivavam a sociabilidade e a convivência — e, com isso, a troca de ideias, a experimentação, a colaboração e a competição intensa. O forte dinamismo e o rápido crescimento de Uruk devem-se muito ao seu papel como desencadeadora de relações comerciais.

A epopeia de Gilgamesh traz à baila certas questões sobre a cidade que parecem surpreendentemente modernas. Como e por que as pessoas optaram por fazer a mesma aposta de Enkidu, estabelecendo-se nas cidades? E que preço pagaram ao trocar a liberdade primitiva pelos confortos da cidade? A invenção da cidade é algo relativamente recente, e nossa experiência com ela representa uma porção minúscula de nosso tempo na terra. Por que trocar um estilo de vida livre pela estase em um ambiente construído e congestionado? Como uma espécie que evoluiu ao longo de incontáveis milênios para viver em certo ambiente veio a se adaptar a outro quase inteiramente diferente? E a que custo psicológico?

Os autores d'*A epopeia de Gilgamesh* propõem variantes dessas questões. Como tantos outros ao longo da história, Gilgamesh, rei de Uruk, parte mortal, parte divino, considera a vida na cidade um fardo. Ele governa o povo de Uruk com a energia de um touro indomado. Enkidu, o selvagem, foi criado pelos deuses para ajudar a domar Gilgamesh. De certa forma, Enkidu e Gilgamesh constituem uma dualidade: nosso instinto natural e rural em guerra com nosso eu civilizado e urbano. Complementando as forças e a energia um do outro, o civilizado Gilgamesh e o selvagem Enkidu tornam-se bons amigos. Enkidu encoraja Gilgamesh a encontrar uma válvula de escape para suas paixões aventurando-se a centenas de quilômetros de Uruk, na floresta de cedros no monte Líbano — a morada secreta e proibida dos deuses —, onde lutariam com Humbaba, o guardião gigante e monstruoso da floresta. É como se nos dissessem: um homem só pode ser verdadeiramente um homem quando se bate contra a natureza, longe dos luxos entorpecentes da cidade. A conquista da floresta trará a Gilgamesh a fama e a honra eternas que ele tanto almeja.

E trará algo mais. As cidades no sul da Mesopotâmia, como Uruk, careciam de materiais de construção, e o cedro do monte Líbano era uma mercadoria valiosa para arquitetos e construtores. O telhado de apenas um dos numerosos templos de Uruk, por exemplo, demandava algo entre 3 mil e 6 mil metros de madeira. Gilgamesh e Enkidu dispuseram-se a travar uma guerra contra a natureza em nome da cidade. O recém-civilizado Enkidu jura derrubar o cedro mais magnífico e transportá-lo numa balsa por centenas de quilômetros ao longo do Eufrates. De volta ao mundo urbano, tratará de transformá-lo numa opulenta porta de templo.

Os heróis conseguem derrotar e matar o gigante, recolhendo uma maravilhosa safra de cedros para a cidade. No entanto, cheio de orgulho, o par heroico volta a ofender os deuses. Gilgamesh rejeita os avanços sexuais de uma deusa, que, como retaliação, envia o Touro do Céu para destruir Uruk e matar Gilgamesh. Mas Gilgamesh e Enkidu abatem a criatura. Esse ato final de *hybris* enfurece de vez os deuses, que atacam Enkidu com uma doença.

Enquanto agoniza, Enkidu amaldiçoa Shamat, a prostituta que o seduziu para longe de sua vida livre e feliz na natureza. Amaldiçoa também a porta que construiu com o cedro sagrado. Sua decisão de trocar a vida natural pela vida civilizada minou suas forças e o tornou fraco.[11]

As cidades têm sido assassinas implacáveis. Uma cidade como Uruk, com toneladas de dejetos humanos e animais sendo despejados em águas estagnadas, ao ar livre, talvez parecesse ter sido construída especificamente em benefício dos micróbios. Na Manchester e na Chicago industriais do século xix, 60% das crianças morriam antes de seu quinto aniversário, e a expectativa de vida era de 26 anos, ao passo que os números para o campo eram, respectivamente, de 32% e quarenta anos. Ao longo da maior parte da história, as cidades foram lugares de onde era preciso escapar. No século xx, nos Estados Unidos e na Europa, testemunhou-se uma fuga vertiginosa das cidades, violentas e abarrotadas, para a terra prometida dos subúrbios arborizados. Nos anos 1990, após décadas de crise urbana, 60% dos nova-iorquinos e 70% dos londrinos afirmavam que preferiam morar em outro lugar. Pesquisas recentes, usando ressonância magnética para entender os processos neurais associados à vida urbana, revelaram que aqueles criados em meio aos estresses sociais do ambiente frenético da cidade sofreram reduções da massa cinzenta no córtex pré-frontal dorsolateral direito e no córtex cingulado anterior perigenual. Essas são regiões-chave do cérebro que regulam nossa capacidade de processar emoções e estresse. A cidade altera nossas conexões neurais: os citadinos, portanto, têm muito mais probabilidade de sofrer de transtornos de humor e ansiedade do que os habitantes do campo. Crime, doença, morte, depressão, decadência física, pobreza e superlotação têm muitas vezes feito da cidade um lugar de sofrimento onde se sobrevive na medida do possível.[12]

Antes dos avanços da medicina e do saneamento no século xx, as cidades necessitavam de um fluxo constante de migrantes que sustentasse a população e compensasse a ausência daqueles levados pelas doenças (sobretudo bebês e crianças). Como tantos outros, Enkidu descobre o alto preço que deve pagar por entrar na cidade. Sua morte parte o coração de seu amado camarada Gilgamesh. Desalentado, o herói agora vê na cidade não o pináculo das conquistas humanas, mas a morte. Renuncia a Uruk e busca consolo na natureza, vagando pela selva vestido com peles de animais selvagens, imitando seu amigo morto.

Gilgamesh crê que pode enganar a morte buscando a unidade com a natureza. Sua busca pela vida eterna o leva até os confins do mundo, à procura de Uta-napíshti. Num passado envolto nas brumas do tempo, o deus Enlil incomodou-se com o barulho e a algazarra dos humanos em suas cidades; buscando paz e tranquilidade, enviou um grande dilúvio para eliminá-los. O plano foi frustrado por outro deus, Enki, que ordenou a Uta-napíshti que construísse uma grande arca, embarcando sua família, junto com sementes e pares de animais. Quando a enchente diminuiu, os sobreviventes foram autorizados a repovoar o planeta, pois os deuses descobriram que, sem humanos para servi-los, eles passavam fome. Como recompensa por preservar a vida, Uta-napíshti e sua esposa receberam o dom da imortalidade. Agora Gilgamesh quer descobrir seu segredo. Depois de muitas aventuras, Gilgamesh chega à habitação de Uta-napíshti. Lá, por fim, o herói aprende a dolorosa lição de que a morte é uma condição inevitável da vida.

A epopeia abre com um hino de louvor a Uruk. No final, Gilgamesh volta ao ponto de partida. Após os rigores de sua busca e sua rejeição do mundo civilizado, ele retorna à cidade e alcança finalmente a verdadeira sabedoria: os indivíduos podem estar fadados à morte, mas os poderes coletivos da humanidade vivem por meio das edificações que erigem e do conhecimento que gravam em suas tabuletas de argila. Gilgamesh constrói grandes muralhas para Uruk e se vale da palavra escrita (ela própria inventada em Uruk) para contar sua história à posteridade. Tanto as muralhas quanto a epopeia são monumentos eternos que lhe garantem a imortalidade que ele tanto buscou nas vastidões selvagens.

Embora tenha viajado aos confins da terra, o poder magnético de Uruk o puxa de volta: a cidade tornou-se a força ordenadora do destino humano. No final do épico, Gilgamesh orgulhosamente convida o barqueiro que o trouxe do fim do mundo para "caminhar ao longo das muralhas de Uruk", pois "que humano poderia igualá-las?". "Suba, siga, passeie por aí — repare nas fundações", diz ele. "Não são magníficas? Não foram os próprios Sete Sábios que as dispuseram?"[13]

Gilgamesh volta dos confins do mundo para relembrar aos cidadãos de Uruk que aquela cidade era um presente dos deuses, a coisa mais preciosa já criada: sua busca, ao fim e ao cabo, serve para renovar sua fé na vida urbana.

As divindades sumérias não residiam em nascentes, em clareiras na floresta ou nas nuvens, mas no coração de cidades reais e físicas, como Uruk. Os sumérios eram o povo escolhido para viver com os deuses em suas cidades avançadíssimas, enquanto o resto da humanidade se arrastava como nômades cobertos com peles de animais ou como agricultores de subsistência. Apesar de todas as pressões da vida urbana, os citadinos desfrutavam da generosidade dos deuses: a palavra escrita, por exemplo, bem como uma série de privilégios, como a cerveja, as comidas exóticas, tecnologias, produtos de luxo e obras de arte suntuosas.

Para os sumérios, a cidade e a humanidade foram criadas ao mesmo tempo, no instante em que o mundo nasceu. Não havia Jardim do Éden. A cidade era o paraíso, não um castigo; era um bastião contra a imprevisibilidade da natureza e a selvageria dos outros humanos. Essa crença na origem divina das cidades deu à civilização urbana dos sumérios uma durabilidade verdadeiramente notável.[14]

Em todos os locais onde a urbanização se desenvolveu, as cidades eram planejadas como uma forma de alinhar as atividades humanas à ordem e às energias subjacentes do universo. As primeiras cidades chinesas, ordenadas como um quadrado dividido em nove quadrados menores, com o mapa das ruas orientado para os pontos da bússola, espelhavam a geometria do céu. Tanto nas cidades como no céu, a energia divina (*qi*) irradiava do centro para a periferia. Esse padrão perdurou na China do segundo ou primeiro milênio a.C. até 1949 d.C., quando a República Popular foi declarada. As cidades maias alinhavam o mapa de suas ruas ao equinócio, explorando os poderes sagrados do universo ao replicar o padrão das estrelas. Não estamos falando apenas de locais sagrados: assim como na Mesopotâmia, essas cidades eram lugares onde os mortais se conectavam diretamente com os deuses. Esse impulso de construir um simulacro ordenado dos céus — uma estrutura organizada que domava as forças primitivas do caos — explica em parte por que os povos, em diferentes partes do mundo, de maneira independente, começaram a construir seus assentamentos.

Cidades são grandes, impessoais e alienantes. Dependem da cooperação entre milhares (e, mais tarde, milhões) de indivíduos desconhecidos; sua densidade e escala levam nossa capacidade de tolerar estranhos ao limite. Elas são vulneráveis à fome, às doenças e à guerra. E exigiam formas brutais de compulsão para construir muralhas e templos, cavar e manter grandes sistemas de irrigação. Em suma, elas não deveriam funcionar.

Mas funcionam. A história de Uruk e as razões para o nascimento das primeiras cidades sugerem uma explicação. A civilização urbana mesopotâmica que Uruk deu início durou cerca de 4 mil anos, subsistindo a guerras, desastres ambientais e colapsos econômicos; testemunhou as ascensões e quedas de vários impérios e reinos, sobrevivendo por muito tempo a essas poderosas criações. Tal civilização dependia menos da resiliência de suas edificações do que da robustez de sua ideologia. Viver em uma cidade é um trabalho árduo e profundamente antinatural. A lenda de Gilgamesh era uma das histórias que os citadinos contavam a si mesmos ao longo das gerações para se lembrar do poder e da potência de suas cidades. A vida na cidade — um estilo de vida negado à maior parte da humanidade — era um privilégio divino, não uma maldição.

Uma cidade com tantas necessidades e tão poucos recursos precisava pagar suas despesas. Ao longo do chamado "período Uruk", por todo o arco do quarto milênio a.C., artefatos oriundos de Uruk tornaram-se comuns em toda a Mesopotâmia, na Anatólia, no Irã, na Síria e até no Paquistão. A cidade comercializava artigos de luxo produzidos por seus habilidosos artesãos. Mas também exportava produtos utilitários. Graças à sua população numerosa e ao uso de novas tecnologias, Uruk pôde fazê-lo numa escala até então impossível, valendo-se das primeiras técnicas de produção em massa.

Uma série de valas e fossos encontrados em Uruk sugere a existência de uma oficina de fundição de cobre em grande escala que teria empregado cerca de quarenta pessoas. Muitas mulheres da cidade criavam tecidos de lã de boa qualidade valendo-se de teares horizontais, um método que lhes permitia manter uma produtividade elevada. A comunidade de ceramistas de Uruk, por sua vez, implantou duas inovações cruciais: o forno em formato de colmeia e a roda de oleiro. O forno possibilitava temperaturas de queima muito mais altas, ao mesmo tempo que protegia os potes das chamas. Antigamente, os ceramistas usavam uma plataforma giratória, um disco de pedra encaixado num pivô baixo, movido à mão. No período Uruk, um volante de inércia era acionado com uma vara ou com o pé; o volante conectava-se por um eixo a uma roda superior, sobre a qual a argila era lançada. Essa tecnologia permitiu que os urukianos fizessem potes de melhor qualidade e com mais rapidez. Eles produziam louças leves, de textura fina, para o mercado de luxo, mas também eram capazes de despachar vastas quantidades de mercadorias mais grosseiras, como potes padronizados e grandes jarros usados em exportações a granel.

Essa rápida série de invenções e refinamentos fez-se possível quando os humanos se agruparam em um ambiente denso e competitivo. Inovação gerou inovação. A alta temperatura do forno dos ceramistas foi usada para experimentos em metalurgia e processos químicos. Os barqueiros da Mesopotâmia foram os primeiros a usar a vela. É um fato memorável e contraintuitivo que a invenção da cidade tenha ocorrido muito antes da invenção da roda. Na verdade, a cidade muito provavelmente gerou a necessidade e forneceu a tecnologia e a inteligência coletiva para tornar possível a combinação entre roda e eixo. Uruk treinava carpinteiros que tinham a sutileza e as mais novas ferramentas de cobre fundido para fazer buracos e eixos perfeitamente arredondados. Os urukianos também precisavam produzir grandes quantidades de potes para trocar por materiais preciosos e transportar suas exportações.

Essas informações eram compartilhadas através de longas distâncias: rodas de carroças foram encontradas na Ucrânia, Polônia, Cáucaso e Eslovênia, bem como no coração urbano do sudoeste da Ásia. Não é surpresa que o quarto milênio a.C. tenha assistido a um aumento repentino no desenvolvimento tecnológico e na difusão de ideias entre as massas continentais. As extensas redes de comércio que se espalharam por toda a região eram vetores de ideias. Mercadores de Uruk viajavam ao longo dessas rotas, estabelecendo postos comerciais nas áreas em que adquiriam seus materiais e vendiam seus produtos. Com eles, vinha não apenas o fascínio pela riqueza, mas também ideias radicais sobre como se deve viver.

Uruk estimulou muitos imitadores que aderiram ao movimento da urbanização. A noroeste de Uruk já havia vilas com densidades populacionais variadas: Jericó, Çatalhöyük e Tell Brak são os melhores exemplos de assentamentos consideráveis. Mas Uruk era de uma ordem totalmente diferente. Em vários locais onde hoje são Iraque, Irã, Turquia e Síria, os arqueólogos encontram templos e edifícios públicos construídos à maneira de Uruk, a partir de materiais desenvolvidos por lá. Nas planícies férteis do sul da Mesopotâmia, dezenas de novas cidades surgiram do zero, e, com o tempo, algumas até rivalizariam e ultrapassariam Uruk — cidades como Ur, Kish, Nippur, Umma, Lagash e Shuruppak. Se Uruk era um experimento sobre como os seres humanos podem viver e prosperar juntos, o experimento se mostrou bastante atraente. Outras populações adotaram a ideologia religiosa de Uruk, seus hábitos alimentares e suas estruturas sociais. Como se o vento soprasse suas sementes por longos territórios, Uruk transmitiu sua cultura por grandes extensões. Foi a cidade-mãe, a primeira metrópole do mundo.[15]

Já não se trata agora da história de uma cidade, mas de uma rede de cidades interconectadas, compartilhando uma cultura comum e um sistema de comércio. Uma constelação de assentamentos urbanizados multiplicava as oportunidades de interação e fertilização cruzada de ideias e tecnologias. E, com essa crescente complexidade da atividade humana, vieram desenvolvimentos dos mais significativos, como a invenção da roda.

A evidência da influência cultural de Uruk nos chega, principalmente, de duas formas. A crueza da chamada tigela de borda chanfrada indica a velocidade com que foi produzida em massa, bem como sua descartabilidade. Dispensada após o uso, é a versão pré-histórica de um copo de café descartável. Feita em Uruk, a tigela de borda chanfrada é encontrada em enormes quantidades por todo o sudoeste da Ásia.

As tigelas seguiam o mesmo padrão de tamanho e formato. Seu uso é calorosamente debatido. Parece certo que sua função original era religiosa. Levando comida ou cerveja, eram usadas como recipientes para as ofertas diárias ao templo. Por sua vez, os funcionários do templo as utilizavam como unidades de medida para distribuir alimentos pelo trabalho realizado e pelos serviços prestados. Os templos ficavam no centro de uma complexa e fortemente ritualizada rede de distribuição de alimentos, na qual os membros da comunidade eram compensados de acordo com sua contribuição. A tigela de borda chanfrada, de aspecto pouco atraente, tinha ainda outra função. A medida de uma tigela padronizada era chamada de *sila*. A *sila* tornou-se a medida universal de valor, uma espécie de moeda, tendo a cevada como lastro, que estabelecia o preço de, digamos, um dia de trabalho, uma ovelha ou uma jarra de óleo. O sistema da *sila* teve origem em Uruk e se espalhou pela região como uma forma de facilitar o comércio. Eis aí um exemplo de outra invenção emergindo do fermento criativo da cidade: o dinheiro.

O problema é que transportar grandes quantidades de grãos como forma de pagamento não é eficiente. E isso nos leva ao segundo dos artefatos urukianos encontrados em profusão nos sítios arqueológicos de cidades da Antiguidade: o sinete cilíndrico.

Feitos de uma variedade de materiais — pedra calcária, mármore, lápis-lazúli, cornalina e ágata, entre outros —, esses cilindros de 2,5 centímetros eram gravados com motivos minúsculos e intrincados, representando deuses, cenas da vida cotidiana, barcos, templos e animais reais ou fantásticos. Quando rolados sobre a argila úmida, deixavam uma impressão plana da imagem. As tabuinhas de argila resultantes eram marcas de identificação e transmissores de informações. Nesse novo mundo do comércio de longa distância, essas tabuinhas serviam como logotipos de marcas para exportações, recibos de compras e lacres que protegiam cargas e silos contra possíveis adulterações.

Essas impressões dos sinetes cilíndricos também são encontradas em pequenas esferas de argila chamadas *bullae*. Esses recipientes armazenavam fichas de argila moldadas de forma a representar uma mercadoria — um pedaço de tecido, uma jarra de óleo, grãos. *Bullae* eram acordos que especificavam mercadorias a serem entregues ou serviços a serem prestados no futuro — os negócios combinados na argila úmida pelas impressões dos selos das partes contratantes. Em Uruk, os depósitos desses "contratos" e "títulos" eram os templos, bastiões da confiança financeira tão poderosos quanto o Banco da Inglaterra numa época muito posterior. A fé nos deuses e a fé no sistema financeiro andavam de mãos dadas. Na verdade, é provável que as pessoas se decidissem a viver na cidade para estarem fisicamente perto do local onde as transações financeiras eram realizadas e armazenadas. Quando a transação era concluída, quebravam-se as *bullae*, e as fichas de contabilidade eram removidas para garantir que o contrato havia sido cumprido, finalizando o acordo.

Se as tigelas de borda chanfrada são o início do dinheiro na sociedade humana, as *bullae* marcam as origens das finanças. Mas a vida urbana tornou-se tão complexa que fichas e sinetes já não eram suficientes. Os sinetes e as *bullae* passaram a codificar cada vez mais informações. Primeiro, surgiu uma maneira de determinar quantidades de tempo e mercadorias. As *bullae* e as tabuinhas de argila começaram a registrar valores em um código numérico abstrato, o primeiro sistema numérico da história. Mas os números por si só eram inúteis. Cada mercadoria — grão, cerveja, artigos têxteis, metais — que fosse armazenada ou comercializada possuía um pictograma e um valor numérico que indicavam quantidade, mão de obra despendida, provisões pagas e distâncias comercializadas. Em sua forma inicial, esses símbolos eram simples imagens da mercadoria em questão — uma espiga de milho, uma ovelha, uma jarra, uma linha ondulada indicando um líquido —, desenhadas na argila úmida com um estilete afiado, acompanhadas de um número.

Mas a argila não é um bom meio para produzir imagens precisas, e certas "coisas" não podem ser desenhadas. Assim, com o tempo, os pictogramas se transformavam em sinais muito diferentes do objeto que deveriam representar. Com o estilete triangular urukiano, marcas em forma de cunha eram impressas na argila, com base nos sons usados na língua falada. Com esse salto, o "escritor" podia agora transmitir muito mais informações do que com pictogramas. Essas marcas em forma de cunha — conhecidas como cuneiformes — foram os primeiros passos para a escrita.

Uruk não era apenas um depósito da humanidade: tornou-se um centro de processamento de dados. Até então, nenhuma sociedade na história tinha precisado administrar tamanha quantidade de informações. A técnica de marcas na argila foi inventada pelos contadores de Uruk para compensar as deficiências da memória humana, que jamais poderia reter tantas informações. Um milênio e meio depois, o autor d'*A epopeia de Gilgamesh* exaltava as paredes e os edifícios monumentais de Uruk. Logo após o hino de louvor à cidade física que abre a história, encontramos esta passagem: "Procure a caixa de cobre, rompa sua fechadura de bronze, abra a porta de seu segredo, levante a tabuinha lápis-lazúli, leia a história daquele homem Gilgamesh, que passou por todos os tipos de sofrimento".

Eis, pois, os dois presentes de Uruk para o mundo: a urbanização e a palavra escrita. A primeira conquista levou à segunda. A sociedade de Uruk não era do tipo que temesse inovações radicais ou ataques às formas estabelecidas de pensamento. A escrita e a matemática surgiram do caldeirão urbano como uma técnica administrativa de gerenciamento da complexidade. Uma das primeiras tabuinhas de que se tem notícia é um recibo, escrito em argila. Diz: "29,086 medidas cevada. 37 meses. Kushim".[16]

A tabuinha informa a quantidade de mercadoria, o período de tempo em que foi entregue ou esperada e a assinatura do contador. Tudo muito rotineiro. Mas lembremos do nome: Kushim é a primeira pessoa na história de quem sabemos o nome. Kushim não era rei ou sacerdote, guerreiro ou poeta. Nada muito grandioso: o primeiro indivíduo que conhecemos foi um diligente contador urukiano que passou a vida na cidade apurando contas e redigindo recibos.

Kushim e seus pares foram os soldados rasos em um ataque radical às velhas formas de fazer as coisas. Tal como os arquitetos, os ferreiros, os cervejeiros, os tecelões e os ceramistas da cidade que se expandia, Kushim e seus colegas contadores buscavam sempre refinar suas práticas. No caso de Kushim, isso envolvia experimentos com as formas incipientes de escrita e de matemática. Nosso contador pode ter sido capaz de manter registros meticulosos, detalhando a propriedade e o movimento das mercadorias; pode ter elaborado contratos legais, realizado pagamentos, previsto o rendimento das safras, calculado juros e administrado dívidas. Mas Kushim não podia anotar seus pensamentos mais íntimos. Foram necessárias muitas gerações de Kushims, cada uma delas acrescentando algo mais ao estoque de técnicas e adaptando sua notação pouco a pouco, até que o roteiro parcial do contador evoluísse para um texto completo, capaz de transmitir a profundidade emocional e a inventividade poética de *Gilgamesh*.

No tumulto da cidade em expansão, homens como Kushim representavam algo inteiramente novo nos assuntos humanos: administradores e burocratas profissionais. Eles gerenciavam o crescimento do comércio, estabelecendo e garantindo o cumprimento dos contratos, os pagamentos e a justiça. Seus selos podem ser encontrados por toda parte ao longo das rotas comerciais. Mas eles tiveram um impacto mais profundo na sociedade. Os registros escritos marcavam a transição de uma sociedade baseada na memória e na comunicação oral, cara a cara, em direção a uma sociedade mais anônima, com seus registros e arquivos.

Gerações de administradores como Kushim contribuíram para o estabelecimento de um bom sistema administrativo. No quarto milênio a.C., Uruk era um centro de invenções tecnológicas. Havia as tecnologias de produção e locomoção, é claro, como o tear e a roda. Mas talvez as mais significativas tenham sido as tecnologias de controle. A escrita, a matemática e as finanças eram técnicas bem protegidas, reservadas a uma elite administrativa e sacerdotal. Aqueles que as possuíam detinham o poder.

E esse poder foi se transformando através dos séculos, à medida que a sociedade se tornava mais sofisticada. Um burocrata profissional como Kushim possuía habilidades altamente especializadas, acumuladas ao longo de uma vida inteira de treinamento. O mesmo poderia ser dito de um ourives, um arquiteto, um artista, um mestre ceramista e muitos outros, conforme a cidade crescia e o comércio florescia. Em uma cidade com base na distribuição ritualística de alimentos, ficou evidente que alguns eram mais merecedores do que outros. Uruk se tornou uma sociedade estratificada, com seus cidadãos classificados de acordo com a riqueza, a habilidade e o poder cívico.

Esse é o lado mais sombrio da urbanização na história humana. O que talvez tenha começado como um empreendimento consensual e comunitário evoluiu para uma sociedade extremamente centralizada e desigual. É provável que não tenha havido mudança repentina ou tomada súbita de poder: cada geração apoiou-se no trabalho da anterior, e os avanços em termos de eficiência foram pagos com pequenos sacrifícios de liberdade e igualdade. Com o tempo, recompensar o trabalho com mercês de alimentos do templo benevolente tornou-se uma maneira de forçar o trabalho árduo por meio do controle das provisões. Os registros escritos oficializavam direitos de propriedade, criavam dívidas e determinavam obrigações. Se você trabalhava com os músculos e não com o cérebro, acabava mais pobre e com um status inferior ao dos especialistas e administradores.

Cidades da escala de Uruk sempre demandaram mais corpos para o trabalho pesado do que a natureza é capaz de oferecer pela mera procriação. A placa de outro contador nos dá mais três nomes para adicionar ao de Kushim: Gal Sal, En-pap X e Sukkalgir. E, como Kushim, esses nomes nos indicam a velocidade com que a sociedade humana mudava no caldeirão urbano. En-pap X e Sukkalgir eram escravos pertencentes a Gal Sal. O trabalho forçado tornou-se uma mercadoria importante à medida que a cidade exigia cada vez mais força bruta, necessária para construir templos, cavar canais de irrigação, arar campos ou simplesmente manter o complexo maquinário urbano em funcionamento. No final do quarto milênio a.C., as ilustrações nos selos urukianos começam a dar notícia de um aspecto ameaçador da vida na cidade: prisioneiros de mãos amarradas, encolhendo-se de medo, vigiados de perto por guardas armados.

Esses escravos miseráveis eram evidência de outro subproduto da cidade: a guerra organizada. As muralhas de Uruk foram construídas no início do terceiro milênio a.C. e eram um sinal da nova realidade: naquela altura, a hegemonia de Uruk havia passado. O antigo sistema de comércio e burocracia baseado nos templos já não se sustentava em um mundo mais hostil. As sementes de Uruk germinaram, e a cidade colhia agora frutos amargos: rivais floresciam por toda a planície mesopotâmica. A chegada deles marcou uma nova era, um tempo de disputas entre técnicas militares, exércitos e senhores da guerra.

Nas ruínas dos templos de Uruk, os arqueólogos encontram clavas, estilingues e pontas de flechas. O próprio templo de Eanna foi destruído, talvez pela guerra ou por uma população deflagrada. No terceiro milênio a.C., a Mesopotâmia se viu marcada por ligas e alianças instáveis, traçadas entre cerca de uma dúzia de cidades-Estados altamente organizadas. A paz era rompida com frequência, em disputas por terra e água. A guerra alimentou o crescimento da cidade: mais e mais pessoas aglomeravam-se em seu seio. Grandes muralhas de proteção eram uma característica dessa era de violência urbana e de invasores nômades não urbanos, oriundos das montanhas e estepes. Outra característica era a instituição da realeza.

Na antiga Suméria, "*lu*" significava "homem", e "*gal*" significava "grande". O Lugal, ou Homem Grande, emergiu como líder de um bando de guerreiros semiprofissionais dedicados a proteger a cidade e seus campos, vingar as injúrias cometidas por cidades rivais e garantir o butim resultante dos saques. O poder migrou do templo para o palácio, dos sacerdotes e burocratas para os senhores da guerra. Com o tempo, "Lugal" passou a significar "rei hereditário".[17]

Alguns notáveis fragmentos de esculturas hoje expostos no Louvre revelam a natureza sangrenta do terceiro milênio a.C. A Estela dos Abutres celebra uma batalha travada entre as cidades de Umma e Lagash por uma disputada área de terra cultivável, situada entre suas respectivas esferas de influência. A Estela é uma placa de calcário de dois metros de altura; tem o topo arredondado e entalhes em relevo nas laterais. As representações mostram o rei de Lagash numa carruagem, de lança na mão, capitaneando uma falange de homens armados rumo à batalha. Os soldados marcham sobre os corpos tombados de inimigos derrotados; abutres pairam ao redor, levando nos bicos as cabeças dos inimigos da cidade. Aqui temos as conquistas da cidade no terceiro milênio a.C.: a roda utilizada como tecnologia bélica; exércitos e guerra organizados; arte e escrita postas a serviço da propaganda estatal.

Muito antes de haver países, impérios ou reis, havia cidades. Elemento básico da organização política, a cidade deu origem à religião e à burocracia que organizavam as pessoas numa entidade corporativa, e também aos reis e exércitos necessários para defendê-la e projetar seu poder. O amor pela cidade, o orgulho de suas realizações e o medo em relação aos estrangeiros fomentaram o senso coletivo de identidade que, com o tempo, se expandiria por territórios e impérios. Ao longo de vários séculos, a escrita evoluiu de um sistema de sinais que registrava transações para uma linguagem escrita. As primeiras obras literárias vêm da Mesopotâmia do terceiro milênio a.C., épicos que glorificam reis, cidades e seus deuses. *A epopeia de Gilgamesh* se refere repetidamente à cidade natal do herói como "Uruk, o redil" — um refúgio seguro, lugar de pertença em um mundo hostil, unido sob o olhar sempre vigilante do pastor. Se o instinto tribal humano ainda ansiava pela proteção e solidariedade do pequeno grupo de parentesco, a cidade — ameaçada pela guerra, mas também moldada por ela — reproduzia algumas das características da tribo. A cidade se apresentava como o lar e a família em grande escala, um espaço de proteção, um novo tipo de grupo tribal. *Gilgamesh* pretende ser a celebração de uma cidade, o lar de reis fortes e deuses poderosos, e de um conjunto coeso de cidadãos. As cidades, como os países que delas emergiriam, necessitavam desses mitos para unir seu povo em uma supertribo.

Na disputa interminável por hegemonia, o poder total não durava muito; as cidades se rebelavam contra a submissão, e outra cidade-Estado se erguia para reivindicar o manto. Em 2296 a.C., Lugalzaguesi, rei de Umma, conquistou Kish, Ur e Uruk, entre muitas outras cidades-Estados. Por conta de sua sacralidade e de sua linhagem imemorial, Lugalzaguesi escolheu Uruk como capital, restaurando-lhe o antigo status metropolitano. De lá, governou a maior parte da Mesopotâmia como um único reino. Mas Lugalzaguesi se viu desafiado por uma cidade novinha em folha, de nome Acádia, e por seu carismático governante, Sargão. O desafiante sitiou Uruk, destruiu suas muralhas e prendeu Lugalzaguesi, conquistando em seguida Ur, Lagash e Umma.

O Império Acádio de Sargão — o primeiro da história — nasceu da antiga e madura civilização urbana suméria; era uma extensão do poder que havia sido incubado por quase dois milênios por trás dos muros da cidade. Centrada na deslumbrante cidade da Acádia — a primeira capital planejada —, a rede de cidades do império se estendia do golfo Pérsico ao mar Mediterrâneo. Acádia é retratada como tantas outras metrópoles imperiais através dos tempos: uma cidade de arquitetura monumental, cosmopolitismo e riqueza incrível. Ao longo da antiga história da Mesopotâmia, Acádia era invocada na mitologia como uma espécie de Camelot fabulosa, e o nome de Sargão como o arquétipo de um governante poderoso e justo. O Império Acádio prosperou por quase dois séculos sob Sargão e seus herdeiros.

O porquê de um império tão poderoso ter caído é assunto muito debatido. Mas parece que outro período de mudança climática global, conhecido como o evento climático de 4200 a.p. [antes do presente], foi, pelo menos parcialmente, o responsável. A redução das chuvas nas montanhas diminuiu os fluxos do Eufrates e do Tigre, um desastre para a agricultura irrigada, base da vida urbana. E, para piorar, guerreiros tribais conhecidos como gútios desceram da cordilheira de Zagros como lobos vorazes farejando presas debilitadas mas ainda gordas.

"Quem era rei? Quem não era?", perguntavam os registros com tristeza. Os gútios deram início a um período de caos: o comércio diminuiu, o maquinário urbano desabou. "Pela primeira vez desde que as cidades foram construídas e fundadas, os vastos campos não produziram grãos, os lagos artificiais não produziram peixes, os pomares irrigados não produziram xarope nem vinho." Assim, ocupada e destruída, todos os vestígios da poderosa Acádia foram varridos da face da terra.[18]

Cidades são criações maravilhosamente tenazes. Para alguns, o colapso do Império Acádio foi um desastre; para outros, uma oportunidade gloriosa. Os gútios não propriamente governaram a Mesopotâmia; em vez disso, ocuparam-se em devastar o campo por décadas a fio. As últimas brasas da civilização foram preservadas por trás dos muros de algumas cidades que, embora reduzidas, mantiveram uma espécie de independência. No fim, Ur emergiu como centro de um reino regional. Rica graças ao comando que exercia sobre o comércio marítimo de longa distância, alcançando a Índia e outros povos, Ur expressava seu poder por meio de seu vasto zigurate, um templo em degraus que se tornou a marca registrada da civilização suméria.

Mas bem quando Ur atingia o ápice de seu poder e magnificência, a cidade teve de amargar o mesmo destino da Acádia. Os responsáveis dessa vez foram os amoritas. Povo tribal nômade da Síria moderna, os amoritas começaram a migrar em grande número no último século do terceiro milênio a.C., como resultado da prolongada seca provocada pela mudança do clima. A invasão dessa "gente devastadora, com instinto de besta", aos olhos dos sumérios, "que não conhece casa nem vila, que come carne crua", começou a corroer o império de Ur. Distraída pelos recém-chegados, Ur viu-se impotente contra outros predadores: os elamitas do Irã moderno.[19]

Em 1940 a.C., as muralhas da maior e mais rica cidade do mundo foram violadas pelos bárbaros. Os templos foram saqueados e destruídos, e as casas, totalmente incendiadas. Os sobreviventes foram feitos prisioneiros ou largados para morrer de fome em meio à paisagem lunar da cidade entre escombros. "Nas avenidas onde as festividades eram realizadas, as cabeças decepadas se espalhavam. Nas ruas por onde as pessoas costumavam passear, viam-se as pilhas de corpos. Nos lugares onde antes aconteciam os festejos da terra, amontoavam-se os cadáveres." Até os cães abandonaram as ruínas.[20]

Toda a realidade de ascensão, queda, aniquilação e recuperação das cidades estava profundamente enraizada no espírito mesopotâmico. Por um lado, tijolos de barro degradam-se rápido, o que significa que mesmo as estruturas monumentais não duravam muito tempo. Além disso, havia a questão ecológica. Muitas vezes, o Eufrates ou o Tigre mudavam de curso abruptamente, deixando ao léu uma cidade abandonada. Anos depois — ou até mesmo séculos —, o rio retornava, a cidade voltava a se estabelecer, e a velha carcaça era reanimada.[21]

Em 1940 a.C., passados 2 mil anos, Uruk e Ur já eram cidades antigas segundo qualquer critério (tão ou mais antigas do que Londres e Paris hoje). Contra as correntes tórridas da história, contra as tempestades e pelejas da guerra, a ascensão e queda de poderosos impérios, apesar das invasões bárbaras, das migrações em massa e das mudanças climáticas, essas cidades permaneceram firmes. E ainda tinham vida dentro de seus muros. Em vez de serem invadidas e destruídas pelas tribos nômades, elas absorveram e civilizaram os "bárbaros". Os amoritas se estabeleceram nas cidades antigas e adotaram o estilo de vida urbano, a religião, os mitos e os conhecimentos do povo que conquistaram. Os conquistadores, supostamente selvagens, reconstruíram Ur com nove novos templos e numerosos monumentos, e outras cidades-Estados caíram sob o domínio de líderes tribais outrora nômades. A civilização urbana iniciada pela Suméria em Uruk sobreviveu na Mesopotâmia, transmitida a novas populações: amoritas, assírios e hititas. E novas grandes cidades, como Nínive e Babilônia, preservaram as técnicas de construção urbana, a mitologia e a religião oriundas de Uruk e Ur.

O declínio de Uruk foi demorado. A cidade permaneceu funcional e sagrada por um tempo surpreendentemente longo. Entretanto, perto do nascimento de Cristo, a cidade sofre uma catástrofe ambiental, quando o Eufrates começa a se afastar. A essa altura, a religião que tornara Uruk e as outras cidades tão preciosas já estava morta, e não havia mais razão para manter a cidade funcionando. Em 300 d.C., pouco restava dela. O sol, o vento, a chuva e a areia combinaram-se para moer as monumentais estruturas de tijolos, reduzindo-as a pó. Por volta do ano 700, as misteriosas ruínas foram completamente abandonadas, quase 5 mil anos depois de Uruk ter emergido dos pântanos para a grandeza.

Sem irrigação, os imensos campos de trigo foram engolidos pelo deserto. Quando a cidade foi redescoberta, em 1849, era uma ruína enterrada entre dunas. Seus descobridores mal puderam acreditar que uma grande civilização urbana pudesse ter florescido tantos anos antes dos tempos bíblicos e em um ambiente tão hostil. Desde então, as cidades perdidas do Iraque não deixam de nos oferecer novos segredos, ensinando-nos sobre uma civilização há muito esquecida e sobre as origens de nosso caminho rumo à urbanização, apesar da violência e das guerras que assolaram o Iraque.

Uruk e as cidades mesopotâmicas nos falam com muita força simbólica. Fantasmas de centros outrora poderosos, arrasados pela mudança climática e pelo declínio econômico, são lembretes inquietantes do destino final de todas as cidades. Sua longa história envolve descobertas deslumbrantes, grandes realizações humanas, ânsia de poder e a resiliência das sociedades complexas. Foram o começo de tudo que estava por vir.

2. O jardim do éden e a cidade do pecado

Harappa e Babilônia, 2000-539 a.C.

"Ai de ti, cidade de sangue", diz o livro de Naum, na Bíblia hebraica, "ai de ti, repleta de mentiras, tomada pela pilhagem, nunca sem vítimas! O estalo dos chicotes, o estrépito das rodas, o galope dos cavalos e as carruagens avançando aos solavancos!" Na Bíblia, o paraíso é um jardim. E, de acordo com a Bíblia hebraica, a cidade nasceu em pecado e rebelião. Expulso de sua terra e lançado ao deserto depois de assassinar o irmão, diz-se que Caim construiu a primeira cidade e a chamou de Enoque (em homenagem ao filho) como um refúgio contra a maldição de Deus. Rebelião e cidades estão firmemente entrelaçadas na Bíblia hebraica. Nimrod tornou-se um tirano na Idade do Bronze porque conseguiu seduzir as pessoas e afastá-las de Deus, oferecendo-lhes cidades. Supunha-se que Nimrod teria sido o responsável por construir aquelas criações ímpias da Mesopotâmia, incluindo Ereque (Uruk), Acádia e Babel.

No Gênesis, a cidade é o símbolo máximo da *hybris* da humanidade. Deus ordenou que as pessoas partissem e povoassem a terra. Mas, em contradição direta com o mandamento, as pessoas começaram a se aglomerar em cidades e a enchê-las de símbolos de orgulho. "Vinde, construamos uma cidade, com uma torre que chegue aos céus", diz o povo de Babel, "para que nosso nome ganhe fama e não nos dispersemos pela face do mundo inteiro." Deus destrói a cidade — e não será a última que destruirá. O povo rebelde de Babel foi dividido, recebeu idiomas diferentes e se dispersou. A cidade, portanto, representa corrupção, confusão e fragmentação.

O argumento da Bíblia hebraica é bom: as cidades do segundo e primeiro milênios a.C. eram fontes de violência e luxúria, a antítese do idílio pastoral e da boa vida. Esse pensamento coloriu concepções da cidade até os nossos dias. Há uma forte tendência antiurbana na cultura ocidental. Parecendo quase como um profeta do Antigo Testamento que olha com aversão para a cidade, Jean-Jacques Rousseau escreveu que a cidade grande era "cheia de trapaça e de gente ociosa, sem religião nem princípios, cuja imaginação, depravada pela preguiça, pela inatividade, pelo amor aos prazeres e por grandes carências, engendra apenas monstros e inspira apenas crimes".[1]

À medida que cresciam, congestionando-se com camadas e mais camadas de atividade humana, as cidades foram sendo vistas como excessivas, desatualizadas e incoerentes. Observando Paris na década de 1830, um escritor via "uma enorme dança satânica em que homens e mulheres são largados de qualquer maneira, aglomerados como formigas, os pés na lama, respirando um ar doentio, lutando para caminhar por ruas e lugares públicos sobrecarregados". A miséria da cidade produzia pessoas esquálidas, deformadas mental e fisicamente.[2]

Na década de 1950, o etnólogo e pesquisador comportamental americano John B. Calhoun construiu elaboradas "cidades de ratos", onde os animais eram forçados a viver numa densidade populacional tipicamente urbana. Com o tempo, a "utopia dos roedores" degenerou-se num "inferno". Ratas negligenciavam e abusavam de seus filhotes. Os jovens se tornavam "delinquentes juvenis" cruéis ou se isolavam como "desajustados sociais", "desistentes" sem brilho. Aproveitando-se do caos social, espécimes dominantes se impunham como "chefes" locais. A intensidade da cidade tornou muitos desses ratos urbanos hipersexuais, pansexuais ou homossexuais.

Os ratos, como os humanos, se dão bem na cidade; mas são pervertidos por ela, pois suas histórias evolutivas não os prepararam para os choques e as tensões de viver tão próximos uns dos outros, em ambientes de construção caótica. Essa foi a conclusão de muitos arquitetos e urbanistas a partir dos resultados de Calhoun. Para eles, a cidade moderna provocava as mesmas patologias nos humanos e nos ratos, e aqueles experimentos apontavam para uma era vindoura de completo colapso social nas cidades.

Os ratos são um dos símbolos da vida na cidade, e as massas ameaçadoras e abundantes que habitam os recessos escuros da urbe são frequentemente comparadas a eles: presas na metrópole superpopulosa, apartadas da natureza, elas se tornam subumanas, uma ameaça para toda ordem social. No entanto, todas as épocas acreditaram que essa cidade caótica, sem planejamento, a cidade que se organiza espontaneamente, poderia ser aperfeiçoada, contanto que fosse demolida e reconstruída de acordo com princípios científicos ou filosóficos: uma cidade bem planejada nos tornará pessoas melhores. Embora a literatura e o cinema nos ofereçam uma série de pesadelos envolvendo cidades distópicas, as visões de mundos perfeitos também trazem cidades, mas cidades onde a tecnologia ou a arquitetura nos livraram de toda a confusão que nos atravanca. Esse dualismo atravessa a história.[3]

A Bíblia — tão hostil às cidades reais — postula uma cidade perfeita, a Nova Jerusalém, purificada dos vícios humanos, espaço de adoração piedosa. Se a Bíblia começa no jardim, termina na cidade celestial. Platão e Thomas More valeram-se da razão filosófica para invocar a cidade perfeita. Leonardo da Vinci projetou uma cidade funcional e higiênica em reação às pragas devastadoras que assolaram a Milão do século XV. A obra de Canaletto apresenta uma visão de Veneza como auge da civilização urbana em toda a sua pompa, uma representação utópica de como uma cidade deveria ser, arquitetonicamente impressionante e espetacularmente viva, sem sujeira e miséria.

Uma cidade bem planejada nos tornará pessoas melhores. Sir Christopher Wren queria extirpar as vias intrincadas da Londres medieval e criar uma cidade de avenidas largas e linhas retas que facilitariam o movimento e a atividade comercial, expressando a racionalidade moderna. O arquiteto franco-suíço Le Corbusier sonhava em destruir os emaranhados históricos que incrustavam e estrangulavam as cidades, substituindo-os por ambientes urbanos modernos, geométricos e racionalmente ordenados. "Nosso mundo, como um ossário, está coberto pelos detritos de épocas mortas", disse ele. Sir Ebenezer Howard, reformador inglês, queria desfazer a metrópole poluída, industrial, cínica, e criar cidades-jardins suburbanas, limitadas a 30 mil pessoas, com uma indústria bem arquitetada, chalés agradáveis e abundante espaço verde. "A cidade e o campo *devem se casar*", declarou ele, "e dessa feliz união surgirá uma nova esperança, uma nova vida, uma nova civilização."[4]

A história está repleta de planos utópicos para pôr abaixo a cidade caótica e substituí-la por uma alternativa científica. Le Corbusier nunca teve a chance de demolir Paris ou Nova York e reconstruí-las do zero. Mas, após a Segunda Guerra Mundial, os experimentos da arquitetura moderna — os "arranha-céus no parque" — mudaram a cara das cidades em todo o mundo e a vida das pessoas que nelas residiam.

O sonho de aperfeiçoar o caráter humano por meio do urbanismo utópico é por vezes chamado de "salvação pelos tijolos". Embora assuma diferentes formas, o planejamento urbano de cima para baixo seduziu todas as épocas. Raramente seu êxito foi pleno. Em muitos casos, esse planejamento, ainda que bem-intencionado, causou estragos na vida urbana. A história não nos dá muita esperança. Mas qual seria o caso se houvesse uma civilização urbana que desde o início se mostrasse livre dos vícios e abusos de outras sociedades citadinas? Os arqueólogos têm recuperado — e seguem recuperando — os vestígios de uma cultura exatamente assim.

Mais de 1500 assentamentos foram descobertos até agora, espalhados por 1 milhão de quilômetros quadrados, nos territórios atuais do Paquistão, do Afeganistão e da Índia. Essas vilas e cidades altamente avançadas localizavam-se em pontos estratégicos das rotas comerciais — na costa e nos sistemas fluviais. Eram o lar de 5 milhões de pessoas, concentrando-se em cinco grandes metrópoles, até onde se sabe: Harappa, Mohenjo-Daro, Rakhigarhi, Dholavira e Ganweriwala, todas com populações na casa das dezenas de milhares. (A civilização é conhecida como harappeana, em homenagem à cidade.) Somente na década de 1920 descobriu-se a escala de algumas dessas cidades; desde então, embora tenhamos descoberto muito mais, nosso entendimento dessa civilização permanece em sua infância.[5]

Os harappeanos obtinham ouro, prata, pérolas, conchas, estanho, cobre, cornalina, marfim, lápis-lazúli e muitos outros itens desejáveis de todo o subcontinente indiano e da Ásia Central. Eram famosos pelas belas e intrincadas joias e pelos trabalhos em metal que produziam com essas importações, valendo-se de ferramentas de precisão. Os mercadores harappeanos viajavam para o coração da urbanização na Mesopotâmia para lá se estabelecerem. Os reis, as cortes, os deuses e as elites de cidades como Acádia, Uruk, Ur e Lagash ansiavam pelos artigos de luxo feitos nas oficinas do vale do Indo, bem como por seus animais exóticos, seus tecidos e cerâmicas finas. O florescimento das cidades-Estados da Mesopotâmia coincidiu com o rápido período de construção dessas cidades no vale do Indo a partir de 2600 a.C., e os mercadores do Indo por certo trouxeram relatos acerca das cidades fantásticas que pontilhavam os vales do Tigre e do Eufrates. Assim, a urbanização em uma região desencadeava processos semelhantes em outros lugares. Cidades como Harappa e Mohenjo-Daro formaram-se em resposta à intensa demanda por artesanato de luxo na Mesopotâmia e no golfo Pérsico.[6]

Contudo, os mercadores aventureiros que viajavam pelo oceano e caminhavam pelas ruas de Uruk ou de Ur traziam de volta uma ideia, não um modelo. Os harappeanos viviam em assentamentos permanentes com casas bem construídas e desfrutavam de uma fonte diversificada de alimentos silvestres e cultivados. O sistema do rio Indo, como o do Tigre, do Eufrates, do rio Amarelo, do Níger e do Nilo, produzia grandes excedentes de grãos, e a civilização que lá floresceu contava com tecnologias avançadas, um sistema de escrita e artesãos altamente especializados. E o mais importante de tudo: essa sociedade em difusão era ligada por um sofisticado conjunto de crenças que governava as relações da comunidade. Se os harappeanos tomaram emprestado certa noção de cidade dos relatos que chegavam da Mesopotâmia, as cidades que criaram foram, no entanto, inteiramente produto de sua própria cultura e engenhosidade. Sob muitos aspectos, eles superaram seus companheiros urbanos da China, da Mesopotâmia e do Egito. Os arqueólogos estão começando a acreditar que Mohenjo-Daro continha até 100 mil pessoas, o que faz dela a maior cidade da Idade do Bronze e talvez o lugar mais tecnologicamente inovador do mundo à época.[7]

Mas, num contraste notável em relação às outras grandes civilizações da Idade do Bronze, as cidades harappeanas não tinham palácios ou templos, nem zigurates ou pirâmides impressionantes; na verdade, não há notícia de sacerdotes ou reis. Os grandes edifícios públicos eram modestos, não monumentais. E cívicos, em função e espírito: celeiros, armazéns, salas de reunião, banhos, mercados, jardins e docas. Era um povo que, ao que parece, não possuía escravos e nem sequer tinha uma hierarquia social nitidamente diferenciada: as casas das cidades não apresentam muitas variações em tamanho ou na posse de artefatos.

Enquanto as cidades-Estados da Mesopotâmia degeneravam muito rapidamente em conflitos fratricidas sem fim, destruição indiscriminada de cidades e imperialismo, as do vale do Indo não possuíam armas, exceto aquelas necessárias para a caça; nenhuma representação de episódios bélicos foi encontrada, e os vestígios arqueológicos não apresentam nenhum traço de batalhas. Também não há evidência direta de governo ou burocracia.

Os harappeanos urbanos estavam muito à frente de seu tempo em termos de infraestrutura e engenharia civil. As maiores cidades erguiam-se acima do nível de inundação do vale do Indo por sobre enormes plataformas de tijolos. Estima-se que a cidade em Mohenjo-Daro tenha consumido 4 milhões de horas de trabalho para ser construída. As vias principais cruzavam-se em ângulos retos e formavam um padrão de tabuleiro de xadrez orientado segundo os pontos cardeais. Essas ruas principais dividiam a cidade em áreas residenciais, que, por sua vez, continham ruas mais estreitas e casas de múltiplos andares. A uniformidade estendia-se do traçado das ruas ao tamanho e aparência das casas e às dimensões dos tijolos. Havia até latas de lixo públicas. O mais notável de tudo era a glória culminante do planejamento urbano do Indo: o sistema de esgoto que abarcava toda a cidade.

Esqueça qualquer grande edificação pública pairando acima dos telhados. O aspecto mais importante de Mohenjo-Daro localizava-se debaixo de suas ruas. Poucas coisas simbolizam mais o esforço cívico coletivo do que a seriedade com que uma cidade lida com sua tonelagem diária de dejetos humanos. Os construtores das cidades do Indo puseram essa consideração em primeiro lugar. Cada família tinha seu vaso sanitário com descarga no terceiro milênio a.C., o que é mais do que se poderia dizer sobre a mesma região do Paquistão hoje, 4 mil anos depois. Na verdade, é mais do que se poderia dizer das cidades industriais europeias do século XIX: um morador de favela em Manchester na década de 1850 tinha de compartilhar um banheiro público com outras cem pessoas. Somente em meados do século XIX é que as duas cidades mais poderosas do mundo, Londres e Paris, começaram a tratar da questão do saneamento em larga escala. Em Mohenjo-Daro e Harappa, os resíduos da latrina doméstica eram descarregados através de tubos de terracota em ralos nas ruas menores, que, por sua vez, fluíam para um grande sistema de esgotos subterrâneos sob as vias principais. Esses drenos valiam-se da gravidade para descarregar os dejetos para além dos muros da cidade, escoando também a água suja do banheiro de cada casa.

Lá, o asseio não se aproximava da santidade; *era* santidade. O poder da água em purificar a alma era fundamental para o sistema de crenças. O povo de Mohenjo-Daro e de outras cidades banhava-se em suas próprias casas, com banheiros impermeáveis especialmente projetados. O ponto central dessa metrópole era um grande reservatório estanque, com doze metros por sete e 2,4 metros de profundidade, o primeiro desse tipo na história, que servia como banho público. Essas cidades não tinham templos. Mas talvez a própria cidade — ou pelo menos sua infraestrutura de ralos, poços, cisternas e banhos — constituísse um templo aquático.

As evidências mais recentes sugerem que a urbanização harappeana foi condicionada por uma série de adaptações às mudanças climáticas. Quando essas cidades estavam em seu apogeu, por volta de 2500-1900 a.C., o ambiente tornou-se imprevisível, com rios inconstantes e intensidades variadas nas chuvas sazonais. Encontrar novas maneiras de captar e armazenar água e diversificar as safras passou a ser, portanto, uma característica fundamental da urbanização do Indo. As cidades foram projetadas para serem resilientes em um ambiente que ficava mais quente e mais seco.[8]

A cidade de Dholavira, situada em pleno deserto hostil, projetou um sistema avançado de conservação de água. Uma rede de represas desviava a inundação anual das monções para dezesseis vastos reservatórios retangulares revestidos de pedra. Ali a água permanecia durante os longos meses de seca, com aquedutos que a transportavam para a cidade ou para a irrigação dos campos. A água da chuva das monções também era retida em cisternas no topo de uma cidadela elevada, de onde a gravidade a escoava para a parte baixa da cidade, conforme necessário. Em Mohenjo-Daro, pelo menos setecentos poços exploravam as águas subterrâneas. Esses poços eram tão profundos e tão bem-feitos que, em escavações recentes, revelaram-se tão altos quanto torres de vigilância.[9]

As minúcias da gestão da água tinham de ser mantidas como uma questão de vida ou morte. Fisicamente, as cidades eram construídas por sobre seus sistemas hidráulicos pré-planejados; no entanto, em termos de ideologia, apoiavam-se nas fundações de uma reverência sagrada pela água e uma aversão à poluição. Os sucessos mercantis, combinados com a engenharia civil avançada, foram, sem dúvida, instrumentais na construção de uma sociedade igualitária e pacífica.

As cidades mesopotâmicas — por mais impressionantes que fossem — não possuíam um planejamento urbano tão sofisticado, muito menos um sistema de canalização e esgoto centralizado. Somente com os romanos — 2 mil anos depois do florescimento dessas cidades — é que a engenharia hidráulica e o planejamento urbano do povo do Indo foram superados. Os primeiros arqueólogos acreditavam que essas eram cidades de crianças, dada a quantidade de brinquedos e jogos que descobriram ali. Os harappeanos usavam uma grande variedade de alimentos e condimentos, incluindo cúrcuma, gengibre e alho. Evidências extraídas da análise de esqueletos não apontam que certas pessoas na sociedade estivessem mais bem alimentadas do que outras, e a expectativa de vida nas cidades harappeanas era alta. As pessoas também estavam bem-vestidas: os fios de algodão mais antigos já encontrados são oriundos dessas cidades.[10]

Mohenjo-Daro e Harappa ofereciam um padrão de vida fantasticamente alto, não apenas em relação à época em que existiram, mas em comparação com outras circunstâncias ao longo da história. Quem não se sentiria atraído pela ordem e higiene de tal sociedade? Talvez essa civilização seja, de fato, a utopia esquecida, uma curva perdida em um momento decisivo da nossa jornada urbana. Talvez o Jardim do Éden fosse, na verdade, uma cidade, um lugar onde tínhamos nossas necessidades satisfeitas e nossa segurança garantida sem precisarmos pagar um preço alto demais.

As cidades do vale do Indo foram abandonadas por volta de 1900 a.C. Não há sinais de nenhum evento cataclísmico, invasão estrangeira ou morte generalizada. As populações deixaram voluntariamente suas cidades, num processo de desurbanização que parece ter sido tão pacífico e utópico quanto sua urbanização. As chuvas de monção começaram a enfraquecer, deslocando-se para o leste. Grandes metrópoles, com sua fome de grãos e sede de água fresca, não eram viáveis naquele novo clima. Em vez de lutar por recursos cada vez menores, as populações das grandes cidades se dispersaram em comunidades agrícolas menores e começaram a migrar em direção à planície Indo-Gangética. Uma vez privada do oxigênio da vida na cidade, a escrita do vale do Indo caiu em desuso. As próprias cidades desapareceram nas areias do deserto invasor, levando seus segredos com elas.

A enigmática civilização harappeana continua a nos intrigar. Novas descobertas nas ruínas de suas cidades são amplamente divulgadas em todo o mundo. Ao que parece, temos aqui um exemplo de uma sociedade pacífica e tecnologicamente avançada. Há uma boa razão para esse renovado interesse por essa aparente utopia. Existe, em nossa época, uma preocupação no sentido de projetar nossa própria Nova Jerusalém — a cidade ideal que será uma resposta aos nossos problemas. "Ficção científica não mais: a cidade perfeita está em construção", lê-se numa manchete recente. A urbanização harappeana oferece esta promessa: se acertamos o planejamento desde o início, a cidade se torna um lugar que extrai o melhor da humanidade e permite que sua população floresça. O povo do vale do Indo aparentemente decifrou esse enigma — um enigma que eludiu Leonardo, Howard e Le Corbusier. Mas a crença de que nossas tecnologias modernas podem recriar o espírito de Mohenjo-Daro persiste. Se os harappeanos construíram suas cidades com base na reverência pela água, estamos construindo as nossas com base na fé no futuro digital.[11]

Imagine uma cidade que tem a densidade populacional e o impressionante horizonte de edifícios de Manhattan, mas numa escala íntima e fácil de caminhar, como no centro de Boston. Imagine-a entrecruzada por canais venezianos e salpicada de parques verdejantes. Suas longas avenidas arborizadas de estilo parisiense não contêm carros, mas têm a vida e a efervescência criativa das ruas do Soho de Londres. Você não precisa de um carro — você pode caminhar ou ir de bicicleta a qualquer lugar da cidade, seja para trabalhar ou estudar. E também não há necessidade de caminhões de lixo ou vans de entrega: o lixo é sugado por tubos pneumáticos e separado para reciclagem, e drones e barcos trazem tudo o que você precisa. Resíduos humanos são transformados em energia de biomassa que abastece a cidade.

Milhões de sensores e câmeras de vigilância incorporados ao longo dessa frondosa paisagem de sonho tecnológico — presentes em todo lugar, das residências e escritórios particulares às ruas e canos de água — fornecem dados em tempo real sobre o funcionamento da cidade para um computador urbano de plataforma única. No topo de um arranha-céu, uma sala de controle de alta tecnologia com imensas telas de dados mantém uma vigilância incansável sobre a cidade. Baixe um simples aplicativo para o seu smartphone, e você se tornará um ponto piscando na tela do computador, e, conforme passeia pela cidade, suas andanças são medidas e registradas para fornecer dados sobre como a cidade deve evoluir. Isso é chamado de "cidade ubíqua"; os sensores são as terminações nervosas, e o computador é o cérebro metropolitano. O sistema operacional monitora o uso de energia e água, cortando automaticamente o desperdício, desligando luzes, ares-condicionados e eletrodomésticos. Qualquer água que não possa ser reutilizada irriga a vegetação onipresente.

Mesmo uma torneira gotejando desnecessariamente reporta-se ao computador mestre. Tão logo se detecte um acidente, um crime ou incêndio, os serviços de emergência são acionados, sem intervenção humana. Essa cidade não é apenas inteligente, mas senciente.

Até agora, parece ficção científica. Mas essa cidade utópica (ou distópica, a depender do gosto) já existe, pelo menos segundo seu material publicitário e seus entusiastas mais fanáticos — e existe em um país conhecido tanto pelo crescimento econômico turbinado quanto pela profusão de cidades sem alma, repletas de fileiras de blocos de torre idênticos. Songdo, na Coreia do Sul, foi construída do zero de acordo com essas especificações, em terras recuperadas do mar Amarelo a um custo de 35 bilhões de dólares. Rotulada de "utopia high-tech" do século XXI, Songdo é uma cidade viva, anunciada como resposta urgente às metrópoles superpopulosas da Ásia. Estima-se que a população de Songdo chegue a 600 mil habitantes (no momento em que escrevo, são pouco mais de 100 mil); os cidadãos são atraídos por promessas de um alto padrão de vida. Mas o mais importante é que Songdo é tanto um laboratório quanto um showroom urbano, divulgando para o resto do mundo um futuro limpo, sustentável, seguro e ecologicamente correto, já à venda. Songdo foi projetada para ser replicada em qualquer lugar. Equipes interessadas em planejar novas cidades ou reformar cidades antigas vão a Songdo para ver as mais recentes geringonças urbanas postas à prova, e, por cerca de 10 bilhões de dólares, você pode comprar o sistema operacional da cidade inteira.[12]

Uma utopia urbana é, por certo, uma contradição em termos. Uma cidade clínica, como Harappa ou Songdo, pode satisfazer algumas de nossas necessidades, mas deixa de lado muitas outras. O fato é que nem sempre queremos que as cidades nos tornem pessoas melhores. O oposto costuma ser o caso, e há quem diga que o verdadeiro objetivo das cidades é favorecer o anonimato, fornecendo uma mística labiríntica — um tipo único de liberdade. No século XVI, em Veneza, cidade com mais de 100 mil habitantes, um visitante apontou: "Ninguém por lá dava conta das ações dos outros ou [...] interferia em seu modo de vida. [...] Ninguém te perguntará por que não vais à igreja. [...] Vivas casado ou solteiro, ninguém te perguntará por quê. [...] E, de modo geral, quanto a tudo, se não ofenderes ninguém, ninguém te ofenderá".[13]

As cidades também oferecem certas coisas que apelam aos impulsos humanos mais básicos, como o materialismo, o hedonismo e o sexo. Isso é parte de sua atração e de seu poder sobre nós. Greenwich Village em Nova York, Montmartre em Paris, Tenderloin em San Francisco, as Shanghais e Berlins libertinas do entreguerras, a Amsterdam contemporânea, Bangcoc e Las Vegas — a própria cidade do pecado — proporcionaram, ou ainda proporcionam, o tipo de vida noturna e a fuga das convenções que buscamos nas cidades.

A identificação da vida anônima na cidade com atividades ilícitas tornou-se bastante real na Londres do início do século XVIII, época em que a capital inglesa se associava firmemente ao erótico. Lá, carnavais e mascaradas passaram a ser muito populares. Nessas ocasiões, a hierarquia social, as distinções de classe, a moralidade costumeira e a moderação eram suspensas por uma massa de milhares de pessoas fantasiadas com trajes extravagantes, misturando-se entre si. Quem era quem? Assim escreveu um jornalista: "Encontrei a natureza de pernas para o ar: mulheres transformadas em homens, e homens, em mulheres; crianças com andadeiras de dois metros de altura; cortesãos metamorfoseados em palhaços, e damas da noite, em santas; pessoas de primeira qualidade viradas em bestas ou pássaros, deuses ou deusas".[14]

Para os que se preocupavam com o fato de as cidades perverterem a natureza humana, virando a moral e os costumes de cabeça para baixo, a mascarada era uma metáfora vívida e uma alucinação com ar de pesadelo das identidades e disfarces mutáveis que definem a vida urbana. A cidade que mais encarna confusão, materialismo, excesso e vício é, sem dúvida, Babilônia, a glória do mundo antigo, a primeira cidade do pecado. Babel (nome hebraico para Babilônia), sítio da torre presunçosa cujos construtores foram punidos por Deus com a confusão de línguas por sua tentativa de alcançar o céu, tornou-se uma cidade incompreensivelmente vasta, caracterizada pelo cosmopolitismo, pela sensualidade sacrílega e pela arquitetura deslumbrante, simbolizando o poder imperial. "Que cidade se assemelha a esta grande cidade!?", maravilha-se o livro do Apocalipse, que lista as mercadorias em oferta: ouro, prata, pedras preciosas, pérolas, linho fino, sedas, marfim, mármore, perfumes, vinho, óleo, farinha, gado, carros e escravos. Também à venda estavam as "almas dos homens".

Babilônia tinha "pecados que se empilhavam até o céu". O principal deles era o sexo ilícito, as "luxúrias ímpias", como acontecia em outros lupanares abomináveis, como Nínive, Sodoma e Gomorra. Uma das divindades da Babilônia era Ishtar, a deusa promíscua do amor, que andava com "seu povo, as dançarinas e cantoras, as prostitutas do templo, as cortesãs". Heródoto registrava histórias obscenas de prostituição nos templos. De acordo com seu relato, as jovens babilônicas perdiam a virgindade vendendo-se na rua. A moça sentava-se do lado de fora do templo de Ishtar até que um homem lançasse uma moeda de prata em seu colo. Após o ato, ela estava livre para voltar para casa. "Mulheres altas e bonitas logo conseguiam voltar para casa, mas as feias permaneciam por muito tempo, [...] algumas delas por até três ou quatro anos." No livro de Baruque, registra-se uma cena do lado de fora de um templo babilônico. Prostitutas em tempo integral (não as vítimas de sacrifício único registradas por Heródoto) aguardam na rua usando uma fita em volta da cintura: "Quando uma delas era escolhida por um transeunte e deitava-se com ele, ela então zombava do infortúnio da vizinha, que não fora considerada tão digna quanto ela e não teve sua fita rompida".

A Babilônia nunca escapou de sua reputação decadente. O livro do Apocalipse personificou a cidade como a Prostituta da Babilônia: "Babilônia, a Grande, a Mãe das Prostitutas e das Abominações da Terra". Se os harappeanos são vistos como habitantes de uma utopia urbana, a Babilônia representa até hoje a distopia urbana por excelência.

A percepção da história das grandes cidades do primeiro milênio a.C. foi moldada pelos relatos da Bíblia hebraica, combinados com os escritos gregos antigos. O Império Babilônico conquistou Jerusalém em 588 a.C. e destruiu o Templo de Salomão. A elite judaica foi deportada como prisioneira para a Babilônia. Esse evento cataclísmico moldou a visão de mundo judaica, e não menos a visão acerca das cidades. Uma grande parte da Bíblia hebraica é produto da influência babilônica. Vivendo como reféns na capital do inimigo, uma vasta e variada metrópole de 250 mil habitantes, a Babilônia sintetizava todo o mal e corrupção do mundo. Jeremias escreveu que "as nações beberam o vinho dela, e agora enlouqueceram". São João acrescentou uma dimensão sexual a essas palavras: "Todas as nações bebem o vinho enlouquecedor de seus adultérios".

O sexo e a cidade antiga andavam de mãos dadas. Os dias de glória da Babilônia estão quase precisamente na metade do arco cronológico deste livro. Em outras palavras, a fundação de Eridu estava tão distante dos babilônios quanto a Babilônia está distante de nós. No entanto, os babilônios estavam bem informados sobre sua história e sobre as tradições e práticas urbanas que os ligavam ao longo dos milênios às primeiras cidades, Eridu e Uruk. E vale lembrar que, em *Gilgamesh* (um dos textos favoritos dos babilônios), é a promessa do sexo desenfreado que arrasta o selvagem Enkidu da inocência da natureza para as delícias de Uruk.

Talvez haja mais do que uma gota de verdade na história de Enkidu, n'*A epopeia de Gilgamesh*. Os prazeres do sexo exercem uma atração poderosa e podem ser uma compensação pelas desvantagens da vida na cidade. Seja lá o que tenham feito por nós, as cidades, sem dúvida, ofereceram novas maneiras de encontrar prazer. O agrupamento de pessoas de origens diversas em bolsões urbanos densamente povoados é bom para a inventividade humana, e é bom também para abrir nossos olhos (e pernas) para práticas sexuais inéditas e parceiros com intenções semelhantes.

As cidades abrigam uma população diversificada, de modo que pessoas com inclinações compatíveis podem se encontrar. Além disso, possibilitam privacidade e anonimato para os encontros ilícitos. Para citar um exemplo entre muitos, os estatísticos modernos descobriram que, na década de 1770, em Chester, na Grã-Bretanha, 8% da população com menos de 35 anos tinha algum tipo de doença sexualmente transmissível, ao passo que, na zona rural, o índice era de 1%. Chester não era uma cidade de vícios que tivesse um número excepcionalmente elevado de prostitutas. Ali, homens e mulheres contraíram varíola em números iguais, o que sugere que o sexo fora do casamento era comum. Da mesma forma, um estudo de 2019 mostrou que, enquanto no interior da Bélgica e da Holanda, no século XIX, as taxas de ilegitimidade eram de 0,5%, as mesmas taxas nas cidades industriais marcavam 6%. É improvável que as pessoas da cidade sejam mais propensas ao pecado do que seus primos do campo; elas apenas têm mais oportunidades (e mais esconderijos) para encontros ilícitos.[15]

A divindade governante de Uruk — e mais tarde uma figura-chave no panteão babilônico — era Inanna. Sensual, sedutora, cintilante, Inanna era uma deusa como nenhuma outra. Ela levava liberdade sexual e energia luxuriosa para Uruk, e ninguém resistia a seus encantos, nem mesmo os outros deuses. Quando o sol se punha, ela vagava pelas ruas da cidade em roupas minúsculas, procurando um homem a quem arrebatar da taverna. Ela própria frequentava as tavernas, lugares onde rapazes e moças, meros mortais, tinham seus furtivos encontros sexuais. Se a deusa não andava literalmente pelas ruas da cidade à noite, ainda assim Uruk era conhecida por sua atitude liberal em relação ao sexo e pela "população de mulheres bonitas e voluptuosas, de cabelos luxuriosamente cacheados, e mulheres disponíveis em geral". Ao que parece, sexo nas ruas da cidade era algo comum depois do anoitecer.[16]

A noite da cidade como playground sexual não tem cronista melhor ou mais sincero do que James Boswell, no século XVIII. "Nos fundos da Haymarket", registra Boswell em seu diário em 10 de maio de 1763, "encontrei uma jovem donzela robusta e alegre e, tomando-a pelo braço, conduzi-a até a ponte de Westminster, e então, de armadura completa [ou seja, usando um preservativo], ocupei-me dela sobre a nobre edificação. O capricho de fazê-lo ali, com o Tâmisa fluindo abaixo de nós, muito me divertia." A maioria dos encontros de Boswell era com mulheres pobres a quem ele pagava uma bebida ou pequenas gorjetas. Mas nem sempre era assim. Certa noite, caminhando pela Strand, ele recebeu um tapinha no ombro de uma "bela manceba", filha de um oficial do exército. "Não resisti a permitir-me o prazer de desfrutar dela", escreveu Boswell, registrando como foram para casa juntos para uma noite de sexo casual.[17]

Mas encontros ocasionais como o de Boswell são uma característica da vida na cidade desde Uruk. Boswell foi apenas um dos primeiros a escrever sobre isso. A maioria das áreas urbanas contava com seu distrito da luz vermelha, lugares em que as convenções e restrições do resto da cidade não se aplicam. Séculos antes das perambulações noturnas de Boswell, Londres tinha Southwark, na margem sul do Tâmisa, onde os decretos da cidade ficavam suspensos. As pessoas iam lá em busca de teatros, rinhas de ursos, tavernas e bordéis. Estes, alugados do bispo de Winchester (que recolhia para si uma boa parte dos lucros do pecado), eram regulamentados pelas "Ordenações no tocante ao governo dos bordéis de Southwark", emitidas por Henrique II, em 1161. O Southwark medieval tinha ruas com nomes como Sluts' Hole (buraco das vadias), Cuckold Court (beco do corno), Codpiece Lane (viela da braguilha) e Whore's Nest (ninho da puta). Em outros pontos de Londres, havia ruas chamadas Gropecunt Lane (viela pega-boceta), assim como no centro de várias outras cidades e vilas comerciais inglesas.

Sodomites Walk (rua dos sodomitas), passagem estreita e escura em Moorfields, em Londres, era assim chamada porque era para onde os homens iam em busca de sexo casual com outros homens, os que trabalhavam nos "ofícios rudes" da cidade. As cidades têm sido lugares tanto de refúgio quanto de perigo para os gays, sobretudo quando a homossexualidade tinha de existir clandestinamente. Em 1726, um clube gay — ou *molly house* (casa dos maricas), para usar a expressão da época — foi invadido; três homens foram julgados e executados por sodomia. O pânico moral que se seguiu levou jornalistas a denunciarem uma profusão de *molly houses* espalhadas pela cidade, junto com outros locais dedicados ao sexo, como clubes de sadomasoquistas e travestis. Como disse um jornalista, indignado: "Em Sodoma, um dos vícios era notório; já Londres é um receptáculo comum para todo tipo de perversão".[18]

Para os moralistas, a revelação de uma cultura homossexual secreta prosperando por toda a cidade confirmava tudo que eles já sabiam sobre a vida urbana: ela era inimiga feroz da autoridade masculina e dos valores familiares; encorajava o excesso sexual e a perversão. Os gays encarnavam a condição urbana, explorando a confusão da metrópole para buscar o prazer na contravenção da moralidade tradicional. Mas o caso revela também uma cidade alternativa, um mundo subterrâneo de espaços onde era seguro ser você mesmo e uma rede de pessoas que ofereciam proteção. A cidade gay existia em paralelo à cidade hétero. Transitá-la significava construir um mapa mental da cidade e um código de comportamento totalmente diferentes, contornando os riscos de violência, chantagem e prisão. A pessoa tinha que saber quais pubs, cafés, casas de banho e clubes eram seguros; tinha que aprender uma série de códigos visuais, sugestões e frases de efeito. Havia os lugares certos onde os homens podiam encontrar homens de inclinação semelhante. Em outras palavras, um homossexual precisava conhecer a cidade melhor do que os heterossexuais, explorando uma variedade de locais públicos e semipúblicos como espaços de prazer, companheirismo e segurança contra a violência homofóbica — locais que só uma grande cidade pode oferecer.[19]

Na literatura gay antes dos movimentos libertários da década de 1960, as cidades são representadas como lugares carregados tanto de poder erótico quanto de perigo. Mas também são descritas como espaços onde a satisfação sexual é passageira, tendo muitas vezes de ocorrer às pressas, em locais sórdidos. Nos livros, poemas e memórias publicados antes de nossa era mais permissiva, o amor na cidade é solitário para os homens gays. Nos poemas de Konstantinos Kaváfis sobre Alexandria, datados do final do século XIX e inícios do século xx, os amantes se encontram nos cafés, nas lojas, na rua; a saída para o sexo está em quartos alugados por hora. O prazer acaba cedo demais; os estranhos se despedem. Mas, para Kaváfis, a memória pode durar uma vida inteira.

De modo semelhante, a subcultura gay da Tóquio do pós-guerra em *Cores proibidas*, de Yukio Mishima, é um lugar onde o sexo ocorre em bares, clubes e parques públicos noturnos: "Os homossexuais têm em seus rostos certa solidão que nunca sai". Em "O túnel", seção do poema *A ponte*, de 1930, do poeta americano Hart Crane, o amor é descrito como "um fósforo queimado boiando num mictório" de uma estação de metrô — uma referência à natureza transitória do sexo casual em banheiros públicos da cidade clandestina.

Os ambientes muitas vezes sórdidos e o anonimato dos encontros homossexuais fizeram com que as cidades parecessem, para muitos, lugares sexualmente ameaçadores, sobretudo à noite. A epidemia da aids que devastou cidades como Nova York e San Francisco na década de 1980 foi usada pela mídia e por políticos oportunistas para estigmatizar ainda mais a cidade gay como promíscua e perigosa. Mais uma vez, era uma estigmatização profundamente injusta: a natureza transacional do amor também era uma característica da experiência urbana heterossexual. Durante a maior parte da história, as cidades foram dominadas por homens. As ruas da cidade costumavam ser vistas como espaços proibidos para uma mulher respeitável desacompanhada. Por implicação, mulheres que caminhavam sozinhas pelas ruas eram vistas pelos homens como disponíveis para o sexo, estando sujeitas a avanços e ataques predatórios. A cidade noturna sempre foi carregada de perigo sexual — ou pelo menos da percepção onipresente de certo perigo. As cidades, com suas grandes populações de pobres e migrantes, permitiam que os ricos alugassem os corpos de jovens mulheres e rapazes ao bel-prazer. Isso era ainda mais verdadeiro no caso de cidades com sociedades sexualmente reprimidas, quando homens e mulheres não podiam se encontrar em pé de igualdade, muito menos se envolver em aventuras casuais sem censura. O caráter transitório do sexo na cidade e sua comercialização fizeram com que a metrópole parecesse um lugar onde o amor é uma mera mercadoria descartável, em contraste com a suposta inocência do campo.

A comercialização do sexo e do hedonismo são centrais para a economia de algumas cidades — ou de algumas partes das cidades. No século xix, o então decadente e descuidado Soho, em Londres, com uma população de boêmios e imigrantes, repleto de teatros, pubs, cafés e restaurantes, herdou o manto de Southwark como distrito da aventura noturna e da surpresa, onde as regras e convenções da vida doméstica e profissional são temporariamente deixadas de lado. Mais tarde, tornou-se o centro da indústria do sexo e um destino incontornável tanto para os londrinos quanto para os turistas — uma cidade dentro da cidade. Hoje as pessoas vão bem mais longe para se entregar às suas travessuras, seja para o distrito da luz vermelha de Amsterdam, por exemplo, ou para Las Vegas ou Bangcoc, onde a aventura sexual tem benefícios econômicos. O Vale de San Fernando, em Los Angeles — com seus aluguéis baixos, o sol e a proximidade de Hollywood —, tornou-se "Vale de San Pornando" ou "Vale do Silicone", a capital suburbana de uma indústria de entretenimento adulto multibilionária e próspera.

A disponibilidade do sexo nas cidades pode muito bem ter sido um fator motivador para as pessoas se mudarem para elas. Quando Uruk era descrita como "cidade de prostitutas, cortesãs e garotas de programa", não se tratava de uma forma de censura, mas de um elogio às suas liberdades sexuais. As prostitutas eram sacerdotisas da fogosa *femme fatale* Inanna, livres dos limites do casamento. Outros que ministravam suas celebrações eram "rapazinhos festeiros e os grupos festivos que passavam do masculino ao feminino para fazer o povo [...] reverenciá-la". Na época das festividades, o séquito turbulento de cortesãs, prostitutas, michês, homossexuais e travestis faz os guardas em serviço "praticarem atos abomináveis" para agradar o coração da deusa. A Inanna de Uruk tornou-se, mais tarde, a Ishtar da Babilônia e a Afrodite dos gregos.[20]

Nada disso significa que Uruk e Babilônia eram comunas do amor livre, ou que tinham atitudes particularmente iluminadas em relação ao sexo ou aos direitos das mulheres. Em vez disso, serve para mostrar que certa carga erótica era um componente fundamental nos princípios da vida urbana, sobretudo em contextos públicos e religiosos. A cidade e a sensualidade eram indissociáveis: era um lugar não só de intimidade corporal, mas de espetáculo, festa e diversidade, coisas que intensificam as emoções e provocam o desejo. Como esse desejo era satisfeito, no entanto, é difícil de determinar. Reconstruir a vida sexual dos antigos urukianos e babilônios é quase impossível. Mas sabemos que havia uma franqueza em relação ao sexo que carecia do escrúpulo das gerações posteriores, bem como um grau relativamente alto de permissividade em certos contextos. Os templos exibiam modelos de argila de órgãos sexuais masculinos e femininos e representações de relações sexuais entre homens e mulheres e entre homens e homens. O sexo anal era recomendado como forma de contracepção. Uma lista das cem coisas mais importantes na vida mesopotâmica inclui deuses, práticas religiosas, sabedoria, artes e realeza. O sexo está presente: é o 24º item; a prostituição é o 25º. Significativamente, o primeiro código jurídico escrito na história — o de Hamurabi, rei da Babilônia de 1792 a 1750 a.C. — não menciona a homossexualidade como crime, embora saibamos que a prática era bastante comum nas metrópoles mesopotâmicas.[21]

O que sabemos desses códigos legais é que as mulheres casadas eram punidas com a morte não apenas por adultério, mas por qualquer ação que pudesse envergonhar seus maridos em público. A virgindade era uma mercadoria que pertencia ao pai da donzela: era vendida no casamento, ou, se roubada ilicitamente, o infrator era obrigado a pagar uma pesada indenização. Por causa da natureza secreta da cidade, com seus cantos e recantos para encontros ilícitos, severas sanções eram necessárias para proteger filhas e esposas. As cidades criam tabus e restrições inteiramente novos, mesmo quando, por outro lado, fazem certas concessões, inflamando a luxúria ao empurrar as pessoas para a proximidade física, alimentando uma sede que é difícil de saciar, apesar da aparente disponibilidade de seu alívio.

O alto valor da pureza feminina na Mesopotâmia, combinado ao alto valor da libido, fazia da prostituição uma prática generalizada. A mesma contradição se repetiu em outras cidades ao longo dos tempos. As cidades não são nada se não forem tentadoras. Antes da revolução sexual do século XX, era muito comum elas abrigarem um grande número de rapazes sexualmente frustrados e de moças muito bem vigiadas. Em Uruk, na Babilônia e nas outras grandes cidades, as prostitutas do templo — fossem mulheres ou homens — eram as mais caras, desejáveis e habilidosas.

Não está bem claro a qual propósito espiritual a prostituição sagrada servia, especialmente no que diz respeito à trabalhadora do sexo, muito embora proporcionasse uma boa renda aos templos. É provável que a prostituição fizesse sentido numa sociedade em que os deuses eram saqueadores sexuais e onde o coito era celebrado como componente central da vida urbana. A maioria dos homens recorria a meios mais baratos de satisfação sexual — meninas e meninos escravizados, os pobres e desabrigados que constituíam o estrato mais baixo da sociedade e que frequentavam as tavernas e casas de vinho das ruas secundárias. A Babilônia tinha uma grande população de migrantes do campo ou residentes oriundos de lugares distantes. Muitos desses rapazes e moças, meninos e meninas, tinham de vender seus corpos para sobreviver. Por outro lado, há poucas indicações de que os homens mesopotâmicos sofressem qualquer tipo de censura pela fornicação extraconjugal, fosse hétero ou homossexual.

Não é de admirar que as cidades sejam odiadas. A Bíblia se apraz em destruí-las com tempestades de enxofre: "Assim como Sodoma e Gomorra, e as cidades ao redor delas, que, entregando-se à fornicação, perdendo-se em busca de carne estranha, são dadas como exemplo, sofrendo a vingança do fogo eterno".

A busca por "carne estranha" inclui a homossexualidade, mas também a carne de estranhos de todas as sexualidades e inclinações. Havia certo deleite em varrer cidades da face da terra. Inimigas do espírito, as cidades tornavam impossível a vida piedosa e religiosa. E, claro, a Babilônia era o epítome da cidade do pecado. Os cativos judeus, deportados para lá por Nabucodonosor, adentraram a cidade mais poderosa que o mundo já tinha visto. Os judeus acreditavam que o exílio na Babilônia era uma punição justa imposta por Deus por seus pecados. Não surpreende que reagissem tão fortemente à cidade de seu cativeiro, onde se contavam centenas de templos idólatras, uma multidão humana imensa e diversa e todas as cenas e sons de uma grande metrópole. Era preciso que resistissem com todas as forças ao rico cardápio de tentações mundanas da Babilônia.

Com um traçado de ruas em forma de grelha, a Babilônia se estendia pelo Eufrates, com uma cidade antiga na margem leste e uma mais nova na margem oeste. As vastas muralhas que a cercavam, cravejadas de torres a cada vinte metros, eram tão grossas — Heródoto nos diz — que havia espaço para que uma carruagem de quatro cavalos desse meia-volta. Dos nove portões fortificados, o impressionante portão de Ishtar era de longe o mais magnífico. Hoje, uma reconstrução feita com tijolos originais encontra-se no Museu Pergamon, em Berlim. Sua magnificência é *o* emblema da civilização mesopotâmica. Ele brilhava como uma joia em lápis-lazúli, graças ao deslumbrante esmalte azul, com dragões, touros e leões dourados em baixo-relevo. Ao cruzar esse portão, o visitante encontrava a via Processional, avenida cerimonial com quase um quilômetro de comprimento, ladeada por imagens de leões em relevo, símbolos de Ishtar (Inanna).

Os visitantes que percorriam toda a extensão da grande via Processional passavam pelos enormes monumentos do urbanismo antigo, edifícios que representavam o ponto culminante de 3 mil anos de edificação urbana, que começou em Eridu. O palácio real, estupendamente vasto, ficava logo à direita, interpondo-se entre o visitante e o Eufrates. Em seguida vinha o Etemenanki, imenso zigurate que se erguia muito acima da grande cidade. Seu nome significava "A Casa da Fundação do Céu e da Terra"; emprestava o nome à Torre de Babel, símbolo máximo da arrogância e confusão urbanas. Esse antigo arranha-céu era feito de 17 milhões de tijolos, tinha uma base que media 91 metros por 91 e era supostamente tão alto quanto largo. Em seu cume os céus encontravam a cidade.

O centro da Babilônia era chamado de Eridu, como se a cidade do pântano original, onde o mundo começou, tivesse sido transplantada para a nova capital. Ali havia vários templos grandiosos. O maior e mais sagrado deles era Esagil ("casa cujo topo é alto"), o templo de Marduk, divindade protetora da Babilônia e chefe do panteão mesopotâmico. Se metrópoles anteriores como Uruk e Ur foram o lar de um único deus, a Babilônia hospedava toda uma rede de divindades residentes. Com palácios impressionantes, templos magníficos, portões imponentes, zigurates gigantescos e grandes bulevares cerimoniais, a Babilônia foi projetada como a personificação definitiva do poder divino e secular.

Os mapas colocavam a Babilônia no centro do universo. Uma tabuinha datada dessa época de triunfo da metrópole diz assim:

> Babilônia, cidade da abundância,
> Babilônia, cidade cujos cidadãos estão cercados de riqueza,
> Babilônia, cidade das festividades, da alegria e da dança,
> Babilônia, cidade onde cidadãos celebram incessantemente,
> Babilônia, cidade privilegiada que liberta os cativos,
> Babilônia, a cidade pura.[22]

O nome da Babilônia é hoje sinônimo de decadência. Mas é uma injustiça, como se Amsterdam fosse julgada para sempre por um turista que tivesse estado apenas no distrito da luz vermelha de De Wallen, sem visitar o Rijksmuseum. Em toda a sua pompa, a Babilônia era considerada uma cidade sagrada, uma capital intelectual e artística sem paralelo. Hipócrates, o pai grego da medicina, dependia de fontes babilônicas, e os matemáticos e astrônomos da cidade eram altamente avançados. Os babilônios eram apaixonados por história: assim como os arqueólogos do século XIX, os especialistas vasculhavam a Mesopotâmia, buscando entender seu passado de 3 mil anos, e o resultado disso era uma série de museus, bibliotecas e arquivos, bem como o florescimento da literatura mesopotâmica, que tinha por base os mitos e lendas que os especialistas reuniam em suas pesquisas.

O caso é que a Babilônia teve a infelicidade de ser imortalizada por uma de suas muitas populações cativas, um povo que a via como um flagelo enviado por Deus para puni-lo por seus pecados e cujos livros forneceram a base para três das principais religiões do mundo. A imagem monstruosa da cidade foi transmitida ao cristianismo, e a Babilônia se tornou sinônimo de pecado, depravação e tirania, embora, à época de Cristo, já tivesse perdido todo o seu poder. O livro do Apocalipse, com sua linguagem vívida e alucinatória do fim dos tempos, do pecado e da redenção, fixou a Babilônia para sempre na memória coletiva do cristianismo e das culturas que surgiram dele. A forma como seus inimigos e vítimas a retrataram condicionou profundamente, desde então, a maneira como vemos as grandes cidades.

O período de grandeza incomparável da Babilônia após a queda de Jerusalém não durou mais do que uma vida humana. Em 539 a.C., a cidade foi capturada por Ciro, o Grande, da Pérsia, que libertou os judeus. Entretanto, seduzidos pela cidade, muitos permaneceram na Babilônia para se beneficiar de sua cultura e riqueza. Os que cumpriram seu dever e voltaram para a cidade sagrada de Jerusalém destilaram veneno contra o sítio de seu cativeiro, saboreando a ideia de sua completa destruição. Jeremias imaginou a queda iminente da Babilônia com júbilo absoluto: "E assim sendo, marmotas e chacais nela se esconderão, corujas do deserto irão assombrá-la; nunca mais será habitada, e, era após era, ninguém residirá ali. Será tal como quando Deus destruiu Sodoma e Gomorra, junto com suas cidades vizinhas, diz o Senhor; ninguém viverá nela, nenhum ser humano fará ali o seu lar".

A queda da presunçosa Babilônia como punição por suas ambições desmesuradas tornou-se um tropo literário e artístico. Mas a realidade é um pouco diferente. A Babilônia permaneceu uma grande cidade, mesmo após a queda de seu império para os persas. Ciro não saqueou a metrópole. Em 331 a.C., Alexandre, o Grande, derrotou os persas e planejou fazer da Babilônia sua capital imperial e renová-la com edifícios ainda maiores, incluindo um novo zigurate gigantesco. Mas ele morre na própria Babilônia antes que o renascimento da cidade possa começar.

A Babilônia sobreviveu até o primeiro milênio da Era Cristã. Sua morte se deu como resultado de mudanças nas circunstâncias econômicas. Selêucia, uma nova cidade do Tigre, tornou-se o centro comercial da região. A Babilônia, entretanto, permaneceu na condição de centro acadêmico, guardiã final da cultura urbana e das tradições que remontavam a Eridu, o último lugar onde ainda havia especialistas capazes de decifrar o cuneiforme. Mas o colosso urbano foi sendo erodido; a antiga capital mundial desapareceu, seus tijolos sendo reutilizados em fazendas, vilas e novas cidades. No século x d.C., a Babilônia havia se reduzido ao tamanho de uma vila; dois séculos depois, sumiu de vez. O fim da Babilônia foi um gemido que durou 1500 anos, não um estrondo repentino.

Mas o mito superou a realidade. Desconfiando de tudo do Oriente, os gregos mostravam-se ávidos para retratar as cidades mesopotâmicas como as mais despóticas, luxuriosas e decadentes, magnificando as glórias de sua própria civilização urbana e obscurecendo a dívida que tinham para com seus vizinhos orientais. A propaganda grega teve um impacto enorme na tradição artística ocidental, em que a Babilônia era representada como uma cidade de vícios pornográficos, governada por mulheres sádicas e tiranos pervertidos. *A morte de Sardanápalo* (1827), de Delacroix, e *O mercado de casamento da Babilônia* (1875), de Edwin Long, são exemplos clássicos de como os pintores do século xix se refestelavam no imaginário da Babilônia para fins eróticos.

A Babilônia da Bíblia hebraica tornou-se o arquétipo da grande metrópole no pensamento ocidental, oferecendo o exemplo mais poderoso daquilo que inevitavelmente acabava dando errado com as grandes cidades. Nos escritos cristãos, a Babilônia confundia-se com a Roma imperial e, na verdade, com todas as cidades grandes, uma metáfora para todos os pecados e fraquezas do mundo. A Babilônia se tornou a antítese literal e simbólica de Jerusalém. Escrevendo no século v d.C., em resposta ao saque de Roma pelos visigodos, Agostinho de Hipona imaginou duas cidades. A primeira era a "cidade dos homens que escolhem viver carnalmente", cidade terrena onde Deus é desprezado. As "cidades do homem" são Babilônia e Roma, a Nova Babilônia; mais tarde, o manto da Babilônia continuaria sendo transmitido de cidade em cidade. Seu oposto é a "cidade de Deus", ou cidade celestial, onde as pessoas renunciam às coisas mundanas e vivem em harmonia. A Babilônia é o arquétipo da "cidade dos homens", caracterizada pelo materialismo, pela luxúria e confusão.

Naturalmente, a imagem da Babel (Babilônia), Sodoma e Gomorra, deu munição poderosa aos inimigos da cidade. A divisão entre a grande metrópole, de um lado, e a pequena cidade ou vila, do outro, tem sido uma característica da história. Diz-se que a virtude reside nestas últimas, enquanto a cosmópole imoral, com sua babel de línguas, o choque de culturas, os grupos multiétnicos, a licenciosidade e a ganância, é a corruptora de almas e da política. A Londres em rápido crescimento do final do século xvii era considerada pelos moralistas como um poço de vícios, terreno fértil para o declínio na fé religiosa. Um visitante vindo do campo chocou-se ao encontrar "muito ateísmo [...] e grande frieza na religião, em meio às multidões que andam por essa cidade". Esses sentimentos foram expressos inúmeras vezes, antes e depois dele, sobre todas as cidades.[23]

É célebre a declaração de Thomas Jefferson sobre os Estados Unidos: "Quando nos amontoarmos em grandes cidades, como na Europa, nos tornaremos tão corruptos quanto a própria Europa". A crença de Jefferson de que a saúde da república dependia da predominância do mundo rural é um sentimento que permeia a história e a cultura americanas, moldando uma sociedade profundamente antiurbana. Mais tarde, da mesma forma, Gandhi argumentou que a vila autossuficiente era o único lugar onde os valores espirituais e morais da Índia podiam ser verdadeiramente realizados. Sua idealização da aldeia rural teria consequências terríveis na Índia pós-independência, quando o desenvolvimento urbano foi negligenciado. Para muitas pessoas, a alma de um país — suas tradições, valores, religião, moralidade, etnia e cultura — pertence ao campo, não a uma metrópole multicultural como Los Angeles ou Londres.

Em inúmeras pinturas da Idade Média e do Renascimento, a Babilônia é representada como uma cidade arquitetonicamente perfeita, com edifícios incomparavelmente bonitos, de ar estranhamente ocidental. O esplendor da cidade, no entanto, visa apenas ressaltar a depravação que fervilha dentro dela. Muitas vezes, a Babilônia representada no quadro reflete as preocupações atuais do artista individual. As famosas pinturas de Pieter Bruegel, o Velho, exibindo as ruínas da Torre de Babel, retratam um edifício clássico em sua arquitetura, mas que lança um olhar sombrio sobre a Antuérpia da década de 1560. Durante a Reforma, a Babilônia se tornou a Roma do papado, um lugar corrupto e espiritualmente falido.

A Torre de Babel é uma das metáforas mais poderosas da humanidade. Quando ultrapassou a marca de 1 milhão de habitantes no final do século XVIII, Londres se tornou a primeira metrópole europeia a fazê-lo desde a Roma imperial. Nunca houvera cidade como aquela em termos de poder comercial e desigualdade extrema. Para muitos que vivenciaram a crescente megalópole global à época, Londres era a própria Babilônia renascida. Tudo parecia desproporcional, maior e mais exagerado do que em qualquer outro lugar. A cidade possuía edifícios espetaculares, casas palacianas, praças elegantes, lojas luxuosas e todos os produtos do mundo; ao mesmo tempo, era suja e esquálida, escura e perigosa, refúgio de mendigos e prostitutas, ladrões e vigaristas. O sexo era evidente por toda a Londres georgiana. Estimativas da década de 1790 colocam o número de meretrizes profissionais e de meio período em 50 mil, numa população de 1 milhão de habitantes. Tal como a lendária Babilônia, tudo estava à venda, incluindo os corpos e as almas de homens e mulheres.

Menino fugitivo, companheiro dos desabrigados e outros párias, viciado em ópio, Thomas de Quincey perambulou pela Londres noturna em 1803 e mergulhou no âmago de sua imensa escuridão. Tentando voltar para casa depois de uma noite no submundo delirante entre as nuvens do ópio, De Quincey deparou-se "de súbito com uma equação tão intrincada de becos, becos que não se podia sondar, entradas enigmáticas, uma charada esfíngica de vias e ruas sem saída óbvia", a ponto de sentir que havia entrado em um território nunca antes explorado, conhecido apenas por seus habitantes, e que não aparecia em nenhum mapa. Mais tarde na vida, quando entorpecido pelo ópio, ele sonharia com as coisas monstruosas que tinha visto e com os rostos das pessoas que encontrara, como se o labirinto louco da cidade tivesse reorganizado sua rede neural. Ele se referiu àquilo tudo como uma "confusão babilônica".

Thomas de Quincey imprimiu visceralidade a essa desolação sombria com a história de sua amizade com uma prostituta menor de idade, de bom coração, meio faminta e sem-teto, de nome Ann. Os dois tinham uma relação fraterna e iluminavam a dura existência um do outro com pequenos atos de bondade. Tendo que se retirar brevemente de Londres, De Quincey e Ann combinaram de ir a um lugar específico em um horário definido todas as noites após seu retorno, até que os dois se reencontrassem. Mas ele nunca voltou a ver Ann, apesar de esperar todas as noites por ela e procurá-la freneticamente. Essa perda repentina o atormentou pelo resto da vida: "Por certo estivemos em busca um do outro, no mesmo momento, pelos terríveis labirintos de Londres; quem sabe até a poucos metros de distância — uma barreira não mais larga do que isso, mas que resultou, numa rua de Londres, numa separação para toda a eternidade!".

O símbolo da cidade passa a ser o menino desamparado e a prostituta adolescente, pobres almas perdidas na Babilônia, que esmaga seus cidadãos, achatando o indivíduo em sua imensidão. Tão logo se chega a Londres, escreve De Quincey, "você toma consciência de que já não é notado: ninguém o vê; ninguém o ouve; ninguém repara em você; nem você repara em si mesmo". O habitante da cidade nada mais é do que "uma pobre unidade trêmula no agregado da vida humana". Todos na Babilônia do século XIX ("esse colossal empório de homens") são mercadorias. E não faltavam tentações, incluindo narcóticos que alteram a mente. As famílias pobres que De Quincey encontrava à noite ficavam reduzidas à insignificância, à insegurança e à dependência abjeta. Ann, como dezenas de milhares de pessoas, tinha apenas seu corpo adolescente, gasto, para pôr à venda.[24]

A Babilônia — ou pelo menos a visão judaico-cristã da Babilônia — tornou-se o prisma pelo qual as grandes cidades eram vistas. Agostinho de Hipona escreveu sobre a "cidade deste mundo, uma cidade que visa o domínio, mas que é ela própria dominada por esse mesmo desejo de dominação". Em outras palavras, a cidade se torna uma força monstruosa, fora de todo controle humano, devorando suas crianças. A ideia de que a Babilônia era a grande e opressora cidade do pecado sempre foi poderosamente ecoada nos púlpitos. Mas é a presença contínua da Babilônia no âmbito secular que é mais interessante. Não apenas De Quincey, mas também Blake, Wordsworth e Dickens viam Londres nesse sentido bíblico da Babilônia: como um lugar de pecado, culpa, opressão, injustiça e corrupção.

Dos românticos a Hollywood — o período exato em que a Europa e os Estados Unidos experimentaram uma urbanização desenfreada —, fez-se sempre presente um forte viés antiurbano na cultura ocidental: a cidade como uma força que atomiza os seres humanos, destrói comunidades e distorce o componente "natural" da humanidade. No século xx, os sociólogos seguiram por esse caminho, investigando as patologias engendradas pela existência urbana. Como resultado, os europeus ocidentais e os americanos herdaram uma antipatia pela vida urbana que está ausente em outras culturas, onde ela é mais prontamente aceita. Nas sociedades mesopotâmicas, na Mesoamérica, na China e no sudeste da Ásia, a cidade era considerada sagrada, um presente dos deuses à humanidade, ao passo que na visão de mundo judaico-cristã, as cidades opõem-se a Deus, constituindo, no máximo, um mal necessário. Essa distinção atravessa a história.

E o que acontece com a Babilônia? Em 1831, alguns anos depois de De Quincey publicar *Confissões de um comedor de ópio*, o artista mais popular de sua época, John Martin, produziu uma célebre meia-tinta chamada *A queda da Babilônia*, com base numa pintura anterior, de 1819. Na obra, o povo da Babilônia, prostrado, é ofuscado pela escala magnífica dos edifícios e zigurates, encolhendo-se diante da vingança de Deus. O público se deleitava com as cenas apocalípticas de Martin; as pinturas melodramáticas em que retratava a destruição de cidades como Tiro, Sodoma, Nínive e Pompeia dirigiam-se com muita força a uma época apreensiva, vivendo uma urbanização de ritmo intenso. A cidade está inevitavelmente fadada a ser destruída por seu "desejo de dominação" que tudo consome, por suas pilhas de pecados e perversões e pelo caos que criou.

A descoberta das ruínas de Nínive e da própria Babilônia no século xix deu mais força às visões apocalípticas. As narrativas da Babilônia — e também a metáfora da Babilônia — continuavam a fascinar o público em todo o mundo, moldando a percepção desse mesmo público em relação às suas próprias cidades, e agora todos se deparavam com os vestígios de metrópoles outrora poderosas, tão esplêndidas quanto a Bíblia e os gregos as haviam descrito e como Bruegel e Martin as pintara. Mas nada é para sempre. Quanto tempo até que Londres sofra o mesmo destino e desabe sob o peso de seus pecados e das contradições de seu caos?

O poder duradouro da Bíblia influenciou um dos maiores expoentes da ficção científica. *A guerra no ar*, livro de H. G. Wells, de 1908, está impregnado da linguagem profética bíblica, sobretudo em relação a certa atitude para com a metrópole. No romance, Nova York sofre um ataque aéreo devastador. A descrição da cidade aqui é herdada da Bíblia hebraica, através de séculos de ornamentações artísticas. Nova York, de acordo com Wells, usurpou o lugar de Londres como "Babilônia moderna", tornando-se o centro do comércio, das finanças e do lazer do mundo.

> Nova York sentava-se a bebericar a riqueza de um continente, tal como Roma outrora bebeu a riqueza do Mediterrâneo, e a Babilônia, a do Oriente. Em suas ruas se encontravam os extremos da magnificência e da miséria, da civilização e da desordem. De um lado, palácios de mármore, enfeitados e coroados com luzes e chamas e flores; do outro, uma população poliglota sombria e sinistra, sufocada num congestionamento indescritível, em pocilgas e buracos para além do poder e do conhecimento do governo. Seu vício, seu crime e sua lei eram igualmente inspirados por uma energia feroz e terrível.

O que é curioso aqui é como Wells enxerga a cidade moderna por um prisma construído por quase 3 mil anos de imagens bíblicas. A cidade é, a um só tempo, atraente e repulsiva. Mas, em todo o caso, a Babilônia deve cair. Wells descreve com prazer como essa Nova York orgulhosa, luxuriosa e multicultural é destruída pelos céus, tal como Sodoma e Gomorra foram antes arrasadas por tempestades de enxofre. Assim como a Torre de Babel, tagarela e multiétnica, o "redemoinho de raças" que é Nova York está condenado à dissolução violenta.

Claro, era ficção. Mas a Nova York que surgiu na década de 1920 era ainda mais babilônica. Seus típicos arranha-céus em camadas eram uma espécie de renascimento dos zigurates escalonados da Mesopotâmia. Por seu estilo de vida e sua opulência, tanto quanto por seus arranha-céus, Nova York recebia o título babilônico tão frequentemente quanto Londres um século antes. Desde Wells, a cidade seria varrida da face da terra em dezenas de filmes, incluindo *O fim do mundo* (1951), *Independence Day* (1996) e *Os Vingadores* (2012).

Alguns anos depois da fantasia apocalíptica de Wells, outro visitante foi tomado pelo mesmo sonho de arrasar Nova York. Mas, nesse caso, havia um propósito. Le Corbusier não via Nova York como a reluzente metrópole hipermoderna do futuro. Ele via desordem demais, confusão demais, falta de sentido. A cidade era um emaranhado só; seus arranha-céus haviam sido dispostos ao léu, sem um plano racional. A cidade podia ser "deslumbrante, incrível, excitante, violentamente viva", mas era também caótica e congestionada em todos os sentidos. Para ele, os nova-iorquinos viviam "enfurnados como ratos" em meio a "ruas sinistras" e "desordenadas". Seu desejo era se desfazer da cidade velha e morta que atravancava o "presente grávido". Nova York não era o futuro, mas apontava o caminho. Como um profeta bíblico, Le Corbusier pensava que a Babilônia tinha de ser destruída para que a Nova Jerusalém pudesse ser construída. Da aniquilação viria a utopia.[25]

Na novíssima Nova York, "arranha-céus de vidro se ergueriam como cristais, limpos e transparentes, em meio à folhagem das árvores". Para Le Corbusier, seria uma "cidade fantástica, quase mística; [...] uma cidade vertical, sob o signo dos novos tempos". Uma vez apagadas as marcas do passado, a nova metrópole racional surgiria — a "Cidade Radiante", entrecruzada por rodovias elevadas conectando arranha-céus em meio a parques verdejantes. Essas novas "torres no parque" seriam máquinas de viver, trabalhar, fazer compras e se divertir; a Cidade Radiante suspensa daria à luz uma nova utopia urbana, libertando milhões da confusão babilônica.

A Nova York espontânea não chegou a ser posta abaixo para dar lugar à Cidade Radiante pré-planejada. Mas as ideias de Le Corbusier influenciaram gerações de urbanistas. Depois da Segunda Guerra Mundial, as escavadeiras avançaram por cidades do mundo todo, não apenas em locais arruinados pela guerra, mas em metrópoles jamais atingidas por bombardeios, como nos Estados Unidos. Muitas vezes, eram os bairros mais pobres das cidades que entravam na mira de projetos buscando a "eliminação de favelas" e a "renovação urbana". Assim, assentamentos auto-organizados da classe trabalhadora eram despedaçados para que experimentos corbusianos com arranha-céus e estradas fossem testados, desfazendo comunidades consideradas feias e bagunçadas. É que a ideia da cidade como um lugar selvagem e perigoso atravessa religião, política e cultura, desde a descrição de De Quincey da cidade como signo do mal e os relatos dickensianos da depravação urbana até os filmes do gênero noir de Hollywood, que retratam a cidade como um lugar saturado pela corrupção generalizada, e os experimentos de John B. Calhoun, com sua "cidade de ratos". O desejo de derrubar a Babilônia e começar tudo do zero é contagioso.

Na recente urbanização em massa da China, os núcleos densos e congestionados de cidades como Beijing e Shanghai foram demolidos e seus residentes realocados para arranha-céus suburbanos. Isso foi feito em nome da criação de metrópoles cintilantes e organizadas que exibissem um ar moderno e ordenado. Em cidades como Mumbai e Lagos, os assentamentos informais estão marcados para demolição em um esforço para dar a elas o brilho de metrópoles globais. A ideia de que um ambiente cientificamente projetado pode nos libertar da confusão do caos urbano segue potente.

Mas o que mais confere às cidades seu ar de "empreendimento anárquico", sua "energia feroz e terrível" (nas palavras de H. G. Wells), senão seu caos e sua confusão? Os ratos urbanizados de Calhoun podem ter decaído na violência e na perversidade sob as pressões da densidade populacional, mas os humanos são muito mais adaptáveis. As grandes metrópoles são construídas sobre camadas de história e uma miríade de contradições internas. Ninguém sabe como realmente funcionam, apesar de muita teorização ao longo dos milênios. Elas parecem vulneráveis e fora de controle, desafiando a lógica e sempre à beira da anarquia e do colapso. São movidas por nossos desejos, nossos vícios e nosso egoísmo, tanto quanto por nossos cérebros racionais e nossas boas intenções. São assustadoras e insondáveis, mas também edificantes e inspiradoras. São lugares grandes, ruins e implacáveis, mas bem-sucedidos e poderosos. Têm sex shops e casas de ópera, cassinos e catedrais, casas de voyeurismo e galerias de arte. Claro, queremos bons sistemas de esgoto e menos prostitutas nas ruas; mas uma cidade purificada perde sua centelha eletrizante. A rudeza, os contrastes e os conflitos de uma cidade lhe conferem excitação e energia. Uma cidade precisa de fuligem tanto quanto de saneamento. Abarcando antros decadentes, mas também glamour e riqueza, é o caráter contraditório e inquietante das grandes cidades que lhes dá força. A cidade é, a um só tempo, utopia e distopia.

3. Cosmópolis

Atenas e Alexandria, 507-30 a.C.

Singapura, Nova York, Los Angeles, Amsterdam, Londres, Toronto, Vancouver, Auckland e Sydney têm uma coisa em comum: entre 35% e 51% de seus habitantes são estrangeiros. Essas potências globais são superadas por Bruxelas, onde 62% dos residentes nasceram fora do país, e Dubai, em que o índice sobe para 83%.

Esses números por si só não contam toda a história da diversidade. Não dizem, por exemplo, que proporção da população da cidade é composta de filhos ou netos de imigrantes, nem dão uma indicação da variedade de nacionalidades ou de seu status na cidade. Uma minoria de residentes estrangeiros em Dubai consiste em pequenos grupos de pessoas ricas e altamente qualificadas provenientes do mundo todo, mas a maioria é de trabalhadores com salários extremamente baixos, oriundos de países como Paquistão, Índia, Bangladesh, Sri Lanka e Filipinas. Em contraste, a população imigrante de Toronto — 51% do total — abarca 230 nacionalidades, sem nenhum grupo dominante. Além disso, para outros 29% dos habitantes de Toronto, pelo menos um dos genitores não é canadense.

O dinamismo das cidades é, em grande medida, resultado de fluxos contínuos de ideias, mercadorias e pessoas. Ao longo da história, as cidades de sucesso caracterizaram-se pelas legiões de imigrantes batendo em suas portas. Os residentes expatriados não apenas importam novas ideias e maneiras de fazer as coisas, como trazem conexões com suas terras natais. As cidades portuárias eram inovadoras porque, mesmo quando não tinham uma grande população expatriada, eram lugares que se conectavam a outras regiões, refúgios temporários de pessoas e mercadorias que circulavam pelo globo. O sucesso notável de Atenas no século V a.C. é atribuído, em grande parte, à abertura da cidade às influências externas e ao fato de que mais de um terço de sua população livre era constituída de estrangeiros. Como se disse a respeito do compulsivo ecletismo ateniense: "Ouvindo toda sorte de dialeto, eles extraíram algo de cada um; outros gregos tendem a usar seu próprio dialeto, modo de vida e tipo de roupa; já os atenienses usam uma mistura de todos os gregos e bárbaros".[1]

Quando lhe perguntavam de onde vinha, o filósofo grego Diógenes respondia que ele era um *kosmopolitas*, um cidadão do mundo. Proferida no século IV a.C., era uma declaração radical para uma época de cidades-Estados ferozmente xenófobas. *A República* de Platão tem início na residência de um meteco — um residente estrangeiro —, situada no distrito portuário de Atenas, o Pireu, associando assim a investigação filosófica à imigração, ao comércio e ao mundo mais vasto para além da cidade.[2]

Esse cenário, pleno de urbanidade, no bairro mais cosmopolita da metrópole mais cosmopolita da Grécia, sugere a razão para o caráter inovador da civilização urbana grega — e, em particular, de Atenas. Aqui, atesta-se um novo tipo de urbanização: a dos navegantes. A geografia do litoral mediterrâneo — com suas culturas sobrepostas, suas rotas comerciais entrecruzadas e seu sistema circulatório de ideias — testemunhou a criação de cidades marcadamente diferentes daquelas que se desenvolveram no interior, milênios a fio. Os gregos foram herdeiros de um processo de construção de cidades que tinha origem no sudoeste da Ásia. Na mitologia grega, a princesa Europa era raptada na costa do Levante por Zeus e levada para Creta. A história mitologiza a realidade: a urbanização do sudoeste da Ásia e do Egito foi transmitida para Creta não pelo vigoroso Zeus, mas por marinheiros do porto levantino de Biblos.

Situado na encruzilhada que conecta o Egito, a Mesopotâmia e o Mediterrâneo, o porto da cidade de Biblos, no que hoje é o Líbano, era uma das principais portas de entrada do mundo antigo. Famosa por suas exportações de papiro, o nome da cidade deu aos gregos a palavra para livro — *biblios* —, de onde extraímos Bíblia. O povo mercantil cananeu de Biblos abastecia as duas grandes civilizações da Mesopotâmia e do Egito com outras mercadorias, incluindo o cobiçado cedro do monte Líbano. Era um povo inquieto e navegante. No início do segundo milênio a.C., marinheiros de Biblos lançaram-se a oeste, rumo ao Mediterrâneo, chegando a Creta. Uma nova civilização urbana, a primeira no continente que mais tarde receberia o nome de Europa, se enraizou ali por volta de 2700 a.C., com o povo que conhecemos como minoicos. Por sua vez, os minoicos exportaram o conceito de cidade para o continente europeu, para os micênicos da Grécia.

O mar circulava mercadorias e ideias. Mas as ondas também traziam perigos. Por volta de 1200 a.C., os misteriosos povos do mar devastaram as civilizações mediterrâneas. A civilização micênica foi varrida do mapa por essa confederação de piratas sem raízes, deixando para trás as ruínas dos palácios. Gerações posteriores de gregos veneravam esses ancestrais como heróis da Guerra de Troia. A Grécia adentrou a chamada "Idade das Trevas", um período de fragmentação e comunidades em menor escala.

Essa ruptura e o colapso das cidades, no entanto, desencadearam uma nova onda de urbanização. As cidades portuárias do Levante ocupavam uma estreita faixa de terra entre o Mediterrâneo e as montanhas onde hoje são Turquia, Síria, Líbano e Israel. O povo era conhecido como fenício, embora a Fenícia não constituísse um reino ou entidade única, mas sim uma confederação de cidades-Estados semitas unidas pela língua, cultura, religião e um senso comercial implacável. Biblos, Tiro e Sidon eram os três centros principais. O profeta Isaías escreveu que Tiro era "a cidade que distribuía coroas, cujos mercadores são príncipes e cujos comerciantes são os homens honrados da terra". Cidades como Tiro eram pequenas em área e população (cerca de 40 mil habitantes), mas tinham um impacto superior ao de centros muito maiores.

Excelentes navegadores, marinheiros e comerciantes, os fenícios avançaram mais a oeste do Mediterrâneo do que qualquer outro povo antes deles. Em suas viagens, carregavam consigo as sementes de futuras cidades do sudoeste da Ásia. Pode-se dizer que o mundo urbano explodiu nas costas europeia e africana com a proliferação de entrepostos comerciais e colônias fenícias. A mais famosa delas era chamada de "Cidade Nova", erguida no que hoje é a Tunísia, réplica de Tiro povoada com seus cidadãos expatriados. A Cidade Nova ficou mais conhecida como Cartago, franquia fenícia que, séculos depois, disputaria com Roma o controle do Mediterrâneo. Os fenícios estabeleceram feitorias na Itália, Sicília e península Ibérica; passaram pelas colunas de Hércules no Atlântico, comercializando ao longo da costa do Marrocos. As futuras cidades de Cádis e Lisboa têm origem como empórios fenícios. Trocavam azeite de oliva, perfumes, óleos aromáticos, tecidos e joias por outros itens preciosos para vender nos mercados distantes de Nínive e da Babilônia: prata, ouro, estanho, cobre, chumbo, marfim, peixe salgado, produtos derivados da baleia — e o caramujo múrex.

O caramujo era o grande tesouro que atraía os mercadores aventureiros para as vastidões desconhecidas do Atlântico. O muco do caramujo produz uma tinta conhecida como "púrpura tíria", a cor inestimável da realeza, desejada pelos governantes e sumos sacerdotes da Babilônia e de outras grandes cidades. Para tingir apenas o acabamento de uma vestimenta, é preciso extrair meticulosamente as secreções de 12 mil caramujos — não é de admirar que uma onça desse material valesse pelo menos vinte vezes mais do que uma onça de ouro. O poder de compra das metrópoles da Mesopotâmia empurrava os fenícios para o Atlântico, deixando uma série de assentamentos urbanos em seu rastro de mais de 3 mil quilômetros, sempre na caça ao caramujo.

Os gregos não gostavam muito dos fenícios. Homero conta como Odisseu quase perdeu sua fortuna e sua vida por causa de um comerciante fenício inescrupuloso. Os gregos viam os navegantes itinerantes de Tiro, Biblos e Sidon como rivais a serem vencidos a todo custo. No entanto, os fenícios deram aos gregos dois presentes inigualáveis.

Em vez dos hieróglifos e cuneiformes, pouco práticos e demorados, os obstinados homens de negócios fenícios desenvolveram letras. O alfabeto fenício — o primeiro de seu tipo — era a escrita simplificada e eficiente de mercadores em movimento; tornou-se a base do grego, do latim e de quase todas as escritas alfabéticas do mundo desde então. Foi se espalhando à medida que os tentáculos do império comercial fenício alcançavam a costa do norte da África em direção ao Atlântico, esticando-se também para o mar Egeu. Ali, em algum momento entre 800 a.C. e 750 a.C., as interações entre os mercadores acabaram legando o alfabeto aos gregos.

A adoção pelos gregos de sua própria escrita teve profundas implicações para a urbanização. Colonos da Grécia continental avançaram para as ilhas do mar Egeu e para a costa da Ásia Menor, fundando novas cidades, como Foceia,

Mileto e Éfeso. Levavam mitos, histórias, canções, jogos, esportes e rituais — as coisas que os conectariam, mesmo que divididos por grandes distâncias, para que conservassem sua identidade grega. Levavam também um espírito ferozmente competitivo, sobretudo em relação a seus rivais no comércio — os fenícios. Como os fenícios, as cidades gregas começaram a plantar centenas de réplicas de cidades, da Crimeia a Cádis, integradas à sua rede urbana e imbuídas do mesmo éthos e da mesma independência administrativa de sua cidade-mãe — a metrópole.[3]

Uma história ilustra esse processo. Gregos da cidade de Foceia, grande metrópole na costa da atual Turquia, buscando estabelecer um empório comercial, deram de cara com uma enseada alimentada por um riacho de água doce no que hoje é o sul da França. Ali chegaram no exato momento em que o chefe da tribo lígure local ofertava um banquete para encontrar um marido para a filha. Impressionada com os visitantes exóticos, a garota ofereceu a taça cerimonial ao líder dos colonos gregos, sinalizando sua escolha de marido. O fruto de sua união foi a cidade que hoje se chama Marselha.[4]

No sul da Itália do século VII a.C., comerciantes etruscos entraram em contato com colonos gregos. Como resultado, as tribos etruscas começaram a construir suas próprias cidades-Estados na planície Padana e na região que viria a se tornar a Toscana. Um pouco mais ao sul, no rio Tibre, falantes do latim que viviam em um assentamento de cabanas no monte Palatino drenaram o vale pantanoso abaixo deles, cobrindo-o com toneladas de terra. Os latinos foram influenciados pelos vizinhos etruscos e por comerciantes gregos, que podem ter estabelecido uma pequena colônia abaixo do monte Palatino. A cidade que os latinos fundaram, e que chamavam de Roma, não foi o resultado de uma lenta evolução de povoado para vila e cidade: foi o resultado de ideias que chegaram de navio do outro lado do Mediterrâneo.

A civilização grega evoluiu dentro de uma constelação de mil cidades gregas que se empoleiravam em costas e ilhas por todo o Mediterrâneo, como sapos em volta de um lago (no dito memorável de Platão). A mescla entre gregos e uma série de povos diferentes — como ilustram os casos de Marselha e Roma — abriu a mente grega para a profusão de culturas mediterrâneas. Na Anatólia, valiam-se de ideias e técnicas asiáticas; estavam abertos a influências fenícias, mesopotâmicas, persas e egípcias, e também às tradições dos muitos povos entre os quais se estabeleceram. Não foi por acaso que a energia intelectual do cosmos grego foi gerada nas cidades jônicas do oeste da Anatólia — metrópoles porosas, com ligações com a Ásia. As obras de Hecateu e Heródoto revelam uma intensa curiosidade em relação a outras culturas, produto de uma civilização que sempre conviveu com uma diversidade de povos no entrecortado litoral mediterrâneo, emprestando e aprimorando teorias de navegação, astronomia, medicina e filosofia. Demócrito, famoso por formular a teoria atômica do universo, nasceu na Trácia e passou a vida em movimento, viajando entre as cidades gregas, a Ásia e o Egito, até se estabelecer em Atenas.

No coração da sociedade grega estava a pólis. É a raiz das palavras que denotam coisas urbanas — "metrópole", "metropolitano" e "cosmopolita" — e também daquelas que dizem respeito à organização da própria sociedade humana — "política" e variantes. A filosofia política tem suas origens na busca pela cidade racional. Pólis pode ser entendida simplesmente como "cidade" ou "cidade-Estado"; mas sua definição completa, conforme os gregos entendiam a palavra, não pode ser traduzida de maneira tão direta. Em resumo, a pólis era uma comunidade política, religiosa, militar e econômica de cidadãos livres (homens), organizados em um ambiente urbano.[5]

A pólis em seu sentido político não existe nas epopeias de Homero, compostas entre os séculos VIII e VII a.C., embora já fosse amplamente compreendida no século VI a.C. Em outras palavras, entra em uso durante o período de expansão grega. É possível que colonos gregos, longe de casa, tenham desenvolvido a noção de comunidades autônomas de cidadãos ao trabalharem juntos para estabelecer novas cidades em terras hostis, e o conceito, por sua vez, foi importado para a Grécia. Ou pode ter sido resultado de uma rápida urbanização tanto em casa quanto no exterior, como resposta a um problema. A criação de uma pólis era chamada de sinecismo — "a união de famílias".[6]

Quando escreveu que "o homem é um animal político", Aristóteles não queria dizer exatamente que amamos a essência do drama político. Uma tradução mais pertinente poderia ser que somos por natureza "um animal da cidade": tendemos a nos unir para satisfazer nossas necessidades e plasmar culturas. Para os gregos, a cidade era o estado natural da humanidade, uma coisa sagrada em si mesma. Na verdade, era muito superior à natureza, pois só ela oferecia as condições para uma vida boa e justa. No pensamento grego, a pólis não era primordialmente um lugar físico; era uma comunidade. Quando falavam da cidade, em vez de "Atenas", os gregos se referiam a "os atenienses". É uma distinção reveladora.

Não só o prazer pela vida na cidade se enraizava profundamente na identidade grega, mas também a noção de independência pessoal e o ódio à ideia de viver escravizado a uma autoridade. A maioria das cidades-Estados gregas derrubou seus reis nos séculos IX e VIII a.C. A participação nas instituições da pólis fazia com que os gregos se considerassem mais livres e mais plenamente humanos do que os bárbaros. Os gregos compartilhavam não apenas a língua e a cultura — como diziam a si mesmos —, mas uma maneira única de habitar as cidades que os unia, quer vivessem na costa do mar Negro ou na Espanha: "Há apenas uma Hélade", disse o poeta Posídipo, "mas existem muitas *poleis*".[7]

O mundo grego não era um império controlado a partir de um centro; era uma civilização composta de centenas de *poleis* autônomas — com populações variando de mil a 50 mil. Eram locais onde teorias sobre como se deve viver nas cidades eram postas à prova: existiram enquanto oligarquias, monarquias, ditaduras, aristocracias e democracias, e mudavam em resposta a novas necessidades e ameaças. Esse período de intensa experimentação em diversos laboratórios urbanos lançou as bases para o pensamento político. E teve um impacto duradouro na cidade física.

Em dezembro de 2008, o assassinato de um menino de quinze anos — Alexandros Grigoropoulos — pela polícia levou milhares de pessoas às ruas de Atenas em protesto. A cidade experimentou dias de saques e tumultos violentos. No rescaldo dos distúrbios — e no início da crise financeira grega —, um grupo de ativistas ocupou pacificamente um antigo estacionamento no coração do distrito de Exárchia, no centro de Atenas, perto do local onde Alexandros tinha sido morto a tiros.

Havia um plano para converter o terreno numa praça ou parque público em 1990. A prefeitura, contudo, jamais efetuou a compra e, àquela altura, em 2009, o espaço fora concretado. Os ocupantes imediatamente arrancaram o asfalto do velho estacionamento e plantaram árvores e flores. Um evento público de comemoração foi organizado, e alguns dos envolvidos permaneceram para proteger o parque Navarinou das garras das autoridades. Nos meses e anos que se seguiram, os residentes do bairro se reuniram em assembleias para determinar o destino do parque, que se tornou uma joia verde no coração de Atenas, um lugar para jogos, recreação e relaxamento, cenário também de debates e eventos públicos.[8]

A história do parque Navarinou fez parte de um movimento global mais amplo em que cidadãos reivindicavam e reaproveitavam espaços públicos e edifícios em cidades de todo o mundo. Em 2011, manifestantes ocuparam a praça Tahrir, no Cairo, e a praça Puerto del Sol, em Madri. O Movimento Occupy Wall Street montou acampamento no Zuccotti Park, em Nova York, e protestos similares estouraram em cidades ao redor do globo. Em 2013, manifestantes acamparam durante meses no parque Gezi, em Istambul.

Todos esses exemplos de revolta perante as autoridades tiveram causas numerosas e diferentes. Mas também tinham muito em comum, o que diz bastante sobre como as cidades mudaram nas últimas décadas. Em vários aspectos, as sociedades se tornaram mais introvertidas, com o espaço privado sendo priorizado em detrimento do espaço cívico compartilhado. A era pós-Onze de Setembro fez da segurança e da vigilância características fundamentais dos centros das cidades, locais onde o movimento e as atividades passaram a ser cada vez mais monitorados. Em todo o planeta, as áreas públicas foram, em muitos casos, privatizadas, higienizadas e regulamentadas. Shopping centers, distritos financeiros, centros e ruas comerciais não são nem totalmente públicos nem privados; constituem um meio-termo. A ocupação e a transformação do parque Navarinou — e de outros estacionamentos e edifícios em Atenas — ocorreram após um longo período em que o espaço público da cidade fora dilapidado. Da mesma forma, os protestos turcos de 2013 desencadearam-se porque o governo de Recep Tayyip Erdoğan pretendia riscar do mapa um dos últimos parques verdes restantes em Istambul e substituí-lo por um shopping center. A praça Tahrir — que significa "praça da Libertação" —, no Cairo, tem sido o ponto focal de inúmeros protestos ao longo dos anos. Mas, sob o regime do presidente Hosni Mubarak, "espaço público" equivalia a "espaço do governo": lugares sob estrita disciplina, onde qualquer coisa com sabor de política era proibida.

Pessoas de posições políticas e religiosas divergentes e de origens e rendas bastante diversas se reuniam na praça Tahrir. "A praça foi gradualmente transformada em uma cidade dentro da cidade. Em três dias, áreas de acampamento, salas de mídia, instalações médicas, portões, palcos, banheiros, carrinhos de comida e bebida, bancas de jornais e exposições de arte se estabeleceram." Todos os dias, os manifestantes eram entretidos com "shows, concursos, debates e discursos de importantes figuras públicas". As ocupações em praças e parques em todo o mundo constituíam uma crítica consciente à metrópole contemporânea e uma tentativa de recriar uma espécie de cidade ideal e utópica dentro da cidade maior — lugares onde a dissidência política e o debate vêm acompanhados de performances, sátiras, comida, divertimentos, feiras e muita interação social —, numa época em que a vida pública urbana parecia ter se subordinado às necessidades de segurança, aos automóveis e ao comércio.[9]

Ocupar temporariamente lugares próximos ao epicentro do poder financeiro (como no caso do Zuccotti Park) ou do poder político (praça Tahrir) e transformá-los em locais de protesto democrático servia a fins ideológicos. No parque Gezi, as pessoas ressaltavam as formas como Istambul vinha sendo modificada contra a vontade de seus cidadãos. No entanto, em muitos lugares, áreas urbanas se viram transformadas por residentes que desejavam injetar vida pública no coração da metrópole. Em Madri, moradores do bairro La Latina ocuparam um canteiro de obras e decidiram como se apropriar do espaço. Durante o verão, El Campo de Cebada (o Campo de Cevada), como foi renomeado, cobre-se de piscinas infláveis; há reuniões de bairro, debates duas vezes por semana, serviços de café da manhã para os cidadãos, peças de teatro e exibições de cinema ao ar livre; os residentes fizeram uma quadra de basquete e criaram jardins. Em Hong Kong, todos os domingos, milhares de trabalhadoras domésticas — imigrantes das Filipinas — lotam há décadas as ruas em torno dos bancos, das lojas de grife e dos hotéis cinco estrelas da cidade, onde fazem piquenique, dançam, socializam e protestam. Por algumas horas, um tipo diferente de cidade surge, com as pessoas mais pobres e mais desprotegidas tomando posse temporária do lustroso centro financeiro e o adaptando aos seus próprios fins.

Espaço público é espaço contestado. Em regimes autocráticos — desde as metrópoles mesopotâmicas às monarquias medievais e aos Estados comunistas —, áreas abertas nos centros das cidades foram usadas principalmente ou exclusivamente para demonstrações de poder estatal e militar — eram arenas de espetáculo, não de participação. Nas cidades influenciadas pelo confucionismo, por exemplo, o espaço público era sagrado, regido por rituais obrigatórios, havendo pouco espaço para a interação social cotidiana. Na Coreia, durante a dinastia Joseon (1392-1897), irritado por ter que se curvar continuamente aos nobres que passavam a cavalo em Jong-ro, a principal avenida de Seul, o povo comum recuou para as vielas estreitas, paralelas às vias oficiais. Conhecidas como Pimagol — "rua para evitar cavalos" —, essas passagens apertadas, com seus restaurantes e lojas, tornaram-se lugares para se reunir, conversar e se misturar — um espaço público alternativo, longe das regras que governavam a parte oficial da metrópole.[10]

A atividade que se dá nas ruas é parte integrante da natureza pública das cidades. No entanto, sempre houve uma tensão entre os diferentes usos da rua. Afinal, trata-se de que tipo de espaço? É de convívio comunitário, de atividades em geral, um lugar para se sentar e brincar e passear? Ou se trata de um espaço dedicado ao tráfego e ao controle social? Essa tensão persiste ao longo da história das cidades. Para Jane Jacobs, a rua de uso misto, dominada por pedestres, está no centro da urbanidade. Como ela bem colocou, a ordem espontânea produzida nas cidades foi construída a partir de uma miríade de atividades e interações diárias no nível da rua. Jacobs escrevia nas décadas de 1950 e 1960, quando a vibração da vida nas calçadas de Manhattan se encontrava sob a ameaça das vias expressas urbanas. Nada foi mais letal para a sociabilidade da rua do que o advento do automóvel. A luta contra esse ataque ao espaço público urbano é, entretanto, parte de uma batalha mais ampla pela alma da cidade no século XXI.

O espaço público é uma dimensão comunitária, acessível a todos, onde a sociedade civil toma forma. As cidades têm sido laboratórios de experimentação política e, por vezes, locais de mudanças radicais. É por isso que o direito de acesso à cidade tem sido tão disputado. O que distinguia a pólis grega das cidades que vieram antes dela — e que a torna tão vital na história da urbanização — é a maneira como o desenvolvimento político da pólis esculpiu o traçado físico da cidade. Em grego, o termo para "eu compro" — *agorázō* — e o termo para "eu falo em público" — *agoreúzō* — vêm ambos da palavra "ágora". Coração pulsante da pólis, a ágora era o lugar onde a energia coletiva da comunidade — o comércio, o entretenimento, a fofoca, os procedimentos legais e a política — se fundia em um burburinho de vozes. Numa parte da ágora, havia música e dança; em outra, um engolidor de espadas, disputando a atenção com um malabarista. Em fileiras de mesas dispostas ao sol, os banqueiros da cidade realizavam seus negócios diários, esforçando-se para serem ouvidos por cima dos gritos dos peixeiros e dos vendedores de frutas. Lojas e barracas forneciam tudo o que uma pessoa poderia desejar. Em contraste, na China, na Mesoamérica, na Babilônia, no Egito e na Mesopotâmia, o coração da cidade era um lugar para a representação da autoridade sagrada, não para as pessoas.

O poeta Eubulo capturou a natureza gloriosamente confusa da vida pública e privada, política e comercial, da ágora ateniense: "Em Atenas, encontra-se tudo à venda no mesmo lugar: figos, oficiais de justiça, cachos de uvas, nabos, peras, maçãs, testemunhas, rosas, nêsperas, mingaus, favos de mel, grão-de--bico, ações judiciais, colostro, pudins, murta, *kleroterions*, jacintos, cordeiros, relógios de água, leis, acusações". Em *As nuvens*, Aristófanes brinca que os atenienses iam para a ágora fazer "piadas grosseiras sobre a vida sexual dos outros". Mas também discutiam as notícias e os assuntos políticos da cidade. Ali, conversar e compartilhar informações em público — de adultérios à administração — era parte integrante da vida urbana.[11]

Os quinze hectares onde se localizava a ágora ateniense foram interditados pelo tirano populista Pisístrato e seu filho Hípias, que governou por boa parte do tempo entre 561 e 510 a.C., quando o espaço se viu destinado às típicas construções que adornam e glorificam as ditaduras. No governo de Clístenes, o aristocrata radical que tomou o poder em 507 a.C., a ágora ganhou uma aparência mais democrática, ainda que caótica. Sob a influência da democracia, as tendas dos comerciantes e as oficinas foram convidadas a se estabelecer na área sagrada. Colunatas conhecidas como *stoa* ofereciam alívio do sol do verão e dos ventos do inverno. Novos edifícios cívicos surgiram, incluindo a câmara municipal e os tribunais. O governo cívico se misturava e se fundia no cotidiano tumultuado e sujo da comunidade.[12]

As pólis gregas eram, em sua maioria, pequenas sociedades onde todos se conheciam. Atenas tinha outra magnitude, com algo em torno de 40 mil e 50 mil cidadãos adultos do sexo masculino, numa população total de 250 mil. Sob as reformas radicais de Clístenes, a antiga sociedade tribal da Ática foi violentamente desmembrada; em seu lugar, estabeleceram-se dez tribos cívicas artificiais — purgadas de clãs e lealdades locais. Essa pólis democrática era uma cidade de estranhos solicitados a cooperar na gestão do Estado. Um sistema de tal complexidade só pôde funcionar transformando o próprio tecido da vida da cidade.

Os quinhentos membros do conselho, escolhidos todos os anos por sorteio entre todo o corpo de cidadãos, desfrutavam de seu próprio edifício na ágora.

Por trás de seus altos muros, a cidade era administrada. Os tribunais, porém, eram outra história. A corte não tinha teto e era cercada por muros baixos. Todo cidadão tinha o direito de atuar como membro do júri e era escolhido por sorteio para a rodada diária de casos. Um júri consistia em pelo menos 201 cidadãos, no caso de um julgamento comum; para um julgamento relativo ao Estado, contudo, o número mínimo de membros era 501, podendo-se alcançar a capacidade total do prédio, que era de 1500. A corte abria-se deliberadamente ao turbilhão e ao drama da ágora; os processos forneciam tópicos para os intermináveis debates na praça pública, enquanto as pessoas entravam e saíam do prédio. A conversação, o tribunal e o comércio colidiam e coexistiam na cidade, e o que era casual continuamente se imiscuía no oficial. O resultado é que a vida pública e a vida privada do cidadão se entrelaçavam, tornando-se quase indistinguíveis. Quem não tinha assuntos públicos, dizia o ditado, não tinha assunto na cidade.

Na grande maioria das *poleis*, a assembleia dos cidadãos ocorria na ágora. Mas a amplitude do experimento democrático em Atenas levou a uma inovação na topografia política da cidade. A dez minutos de caminhada da ágora, no sopé de uma colina em forma de tigela, talharam-se degraus numa rocha, criando uma espécie de plataforma. A colina era agora um anfiteatro com capacidade para mais ou menos 6 mil cidadãos; todos tinham o direito de subir à plataforma e se dirigir a seus concidadãos. Esse espaço de reunião da assembleia ateniense era chamado de Pnyx. Sua criação, em 507 a.C., no início das reformas de Clístenes, imprimiu forma física à realidade da soberania popular e da participação em massa.[13]

Nas reuniões, os cidadãos tinham a palavra final sobre os atos legislativos; elegiam e cobravam os magistrados e generais da cidade; participavam de votações relacionadas à política externa, aos assuntos militares e aos negócios internos. Um quórum de 6 mil pessoas era necessário para o encaminhamento das matérias regulares da assembleia, de modo que, uma vez por semana, o sopé da colina lotava para que se debatessem e se ratificassem os temas coletivos. O nome da arena, Pnyx, evoca a ideia de "reunidos de maneira compacta". Numa pólis tão grande, onde as responsabilidades públicas eram compartilhadas entre cidadãos que nem sempre se conheciam, a importância da visibilidade pessoal e pública e da transparência não poderia ser minimizada. O Pnyx permitia que as pessoas vissem como seus concidadãos reagiam a um discurso, como votavam, como se comportavam.

Em um famoso discurso datado de 431 a.C., o general e estadista ateniense Péricles exortou seus concidadãos a amarem sua cidade. E não usou o termo "amor" em um sentido banal ou mesmo como uma espécie de fervor patriótico. O significado preciso de seu "amor" era *erastai*: a paixão erótica compartilhada entre os amantes.[14]

Todos os gregos tinham um apego apaixonado por sua cidade. Esperava-se que os cidadãos do sexo masculino lutassem e morressem por sua pólis. Era a pólis que os competidores representavam nos Jogos Olímpicos. O apego à cidade natal era o alicerce da identidade pessoal e, como sugere Péricles, uma experiência profundamente emocional. De que outra forma uma pólis poderia funcionar? Num mundo dominado por tiranos, sacerdotes e aristocratas guerreiros, o autogoverno era uma ideia sem precedentes nas questões humanas, e a democracia ateniense, por sua vez, era ainda mais radical. A criação de espaços públicos atuava no sentido de fomentar a energia coletiva necessária para fazer com que a cidade funcionasse. Havia as instituições do republicanismo municipal e havia também ginásios, teatros e estádios, locais onde as pessoas podiam se encontrar e conviver. Contudo, essa paixão de que falava Péricles era engendrada de outra maneira. Um crítico da democracia queixava-se de que os negócios públicos eram constantemente interrompidos em Atenas, pois "eles têm de realizar mais festivais do que qualquer outra cidade grega". Um em cada três dias do calendário ateniense marcava uma festa de rua, uma procissão, um evento esportivo ou rito religioso.

O festival das Panateneias, "festival de todos os atenienses", era a ocasião mais luxuosa e sagrada do calendário, evento que levava a cidade à unidade eufórica. Tão emocionante — se não mais — era a "Dionísia", realizada na primavera. Todos os setores da sociedade ateniense participavam, muitos levando comida, pães enormes e grandes odres de vinho para o banquete final. Os cidadãos do sexo masculino carregavam postes com falos de madeira, ouro e bronze, ou enormes pênis eretos puxados por carroças. Após a procissão, havia acirradas competições de corais entre grandes grupos de cantores da pólis, com canções e danças selvagens e extáticas em homenagem a Dioniso, que incluíam quinhentos participantes por vez. Depois era chegada a hora do banquete, seguido de uma procissão noturna conhecida como *komos* — divertimento desordenado com máscaras e fantasias pelas ruas da cidade iluminadas por tochas —, que corria madrugada adentro.

No ponto em que a ressaca começava a atacar, o evento principal da Dionísia tinha início. A partir de 440 a.C., passou a acontecer no odéon, anfiteatro de exibições musicais construído por Péricles. Lá, o magistrado sênior apresentava os três dramaturgos que haviam sido selecionados para competir pelos próximos dias. Cada dramaturgo tinha que representar três tragédias sérias e uma sátira obscena, cheia de provocações, que quebrasse tabus. Nos dias que se seguiam, as peças eram encenadas consecutivamente no Teatro de Dioniso. Ao longo das décadas, o público testemunhou a estreia de peças seminais de nomes como Ésquilo, Eurípides, Aristófanes e Sófocles.

"A estrada para Atenas é agradável, toda ladeada por campos cultivados", escreveu o filósofo Dicearco sobre sua chegada à lendária cidade de filósofos, poetas e estadistas. Mas a cidade em si tinha um abastecimento de água insuficiente. As ruas eram "antigas vielas miseráveis", e as casas eram predominantemente pobres e insalubres, mesmo as dos ricos. Qualquer visitante de primeira viagem, comentou o horrorizado Dicearco, "dificilmente acreditaria que esta é a Atenas de que tanto ouviu falar". A arqueologia o respalda: as casas eram mal construídas, pequenas e sombrias. Amontoavam-se como em favelas, com ruas muito estreitas e becos sem saída. Não havia sistema de drenagem, de modo que a água da chuva escorria pelas ruas esburacadas.

Atenas era muito apertada e muito íntima. A vida privada subordinava-se à vida pública. A confusão das ruas e o tumulto da ágora reuniam todo tipo de gente. Esse crescimento orgânico de Atenas, por mais irracional e atabalhoado, talvez tenha sido um de seus pontos fortes. Os atenienses, diz Heródoto, "encolhiam-se e descuidavam-se" sob a tirania. Mas, depois de Clístenes e do advento da democracia, ele continua, tornaram-se uma grande potência: "Não apenas em um único campo, mas em tudo o que se propuseram, os atenienses deram provas vívidas do que a igualdade e a liberdade de expressão podem alcançar". Para que desse certo, a democracia e seu funcionamento tinham que ser fetichizados. A liberdade de expressão e a investigação ilimitada sobre o sentido da vida são extremamente desafiadoras para as sociedades humanas, pois são perigosas e desestabilizadoras. Mas eram aceitas porque *funcionavam*. Atenas estava em alta no século V a.C., uma potência econômica, militar e imperial. Numa cidade em construção, fervilhando de ideias e sem medo de realizar experimentos ousados, a filosofia tinha benefícios tangíveis.

Escrevendo tempos depois, Cícero observou que Sócrates aplicava a filosofia à "vida comum", "direcionando suas investigações às virtudes e aos vícios". Verdades gerais sobre a condição humana podiam ser descobertas na vida confusa e complicada de pessoas ditas "comuns". A rua e o mercado forneciam exatamente esse tipo de percepção — em especial o labirinto de Atenas, com sua cultura de convivência ao ar livre. Sócrates frequentava o Kerameikos — bairro pobre de oleiros e prostitutas. Como jovens rapazes não tinham permissão para entrar na ágora, ele perambulava por suas margens, pelas oficinas onde os artesãos tocavam seus negócios e os sapateiros cravavam pregos em sandálias de couro. Exercitava-se no ginásio Cynosarges, fora dos muros da pólis, onde os "cidadãos bastardos" — meninos e homens que tinham mãe ou pai estrangeiro — eram autorizados a praticar atividades físicas. Sócrates andava por Atenas, fazendo perguntas e discutindo com as pessoas que encontrava, ricos e pobres, homens livres, mulheres e escravizados. Quando alcançou idade necessária, falava para multidões na ágora.

O jovem Sócrates encontrou o filósofo Parmênides e seu companheiro Zenão no decadente distrito de Kerameikos, onde estavam hospedados. Esses pensadores haviam chegado do sul da Itália. Atenas não era conhecida por seus empreendimentos literários, seus filósofos ou cientistas; muito da energia intelectual e artística da Grécia vinha da Ásia Menor e de outras colônias. Mas a Atenas arrivista — com sua democracia experimental, seus sucessos militares e sua riqueza crescente — atraía pessoas de todo o mundo helênico. Os pais da história e da medicina — Heródoto e Hipócrates — eram estrangeiros residentes em Atenas, assim como o cientista Anaxágoras, o teórico político Protágoras, o matemático Teodoro, o retórico Górgias, o poeta Simônides e o filósofo Aristóteles. Muitas outras pessoas nascidas no exterior contribuíram com suas habilidades, como escultores, artistas, artesãos, engenheiros e comerciantes. "Nossa cidade está aberta para o mundo", gabava-se Péricles. "Por causa da grandeza de nossa cidade, os frutos de toda a terra fluem em nossa direção, de forma que podemos desfrutar dos bens de outros países tão prodigamente quanto dos nossos."

O dinamismo de Atenas na primeira metade do século v a.C. era em grande parte resultado de uma população de cidadãos que disparou de cerca de 30 mil em 480 a.C. para 50 mil em 450 a.C., por obra da imigração e da injeção repentina de novas ideias. A atmosfera cosmopolita que Sócrates encontrava em suas peregrinações pela cidade emergiu porque Atenas permitia o acesso, por meio de seus espaços públicos e instituições abertas, a uma série de novos cidadãos. O ambiente urbano congestionado e íntimo facilitava a circulação e a troca de ideias; esse coquetel de política, filosofia, arte, varejo e negócios no nível da rua conferia-lhe sua notável efervescência.

As coisas mudaram em meados do século. Em 451-450 a.C., as Leis do Cidadão de Péricles criaram uma nova categoria: o estrangeiro residente livre, ou meteco. Em resposta à imigração, os direitos de cidadania foram restringidos aos nascidos de dois cidadãos atenienses. Os imigrantes ainda eram bem-vindos — eram necessários para fortalecer a cidade —, mas os recém-chegados e seus descendentes não podiam mais participar do processo político ou gozar dos direitos de propriedade; também já não podiam contrair matrimônio com a população "nativa". Os cidadãos de Atenas representavam apenas 15% da população total. E mesmo entre essa elite consagrada, havia um número significativo de pobres e marginalizados. (Há muito em comum entre a Atenas do século v a.C. e a Dubai de hoje. Na cidade do golfo Pérsico, apenas 15% da população é de nativos. Ela tem sua própria versão dos metecos — expatriados privilegiados que têm o direito de ganhar dinheiro e gastá-lo. E há um vasto grupo de migrantes pobres e inseguros que constroem a cidade e atendem às múltiplas necessidades de seus habitantes ricos. Em Atenas, como em Dubai, havia duas cidades: a do cidadão e a dos marginalizados.)[15]

As mulheres em Atenas não tinham acesso à educação. Se fossem ricas e respeitáveis, eram mantidas isoladas do resto da sociedade. Algumas participavam do burburinho na ágora, mas, nesse caso, eram escravizadas, metecas ou provenientes das classes inferiores, ocupando-se no comércio e realizando pequenas tarefas. As festividades e simpósios privados incluíam mulheres, mas apenas dançarinas e prostitutas, sempre à disposição dos homens. Atenas era uma cidade masculina onde os homens reprimiam ativamente as mulheres.

Os anos dourados de Atenas não duraram muito. Cada vez mais arrogante em sua atitude para com os estrangeiros no país e no exterior, a cidade fez inimigos. Em 430 a.C., uma peste varreu a cidade. A epidemia penetrou Atenas — a encruzilhada do antigo Mediterrâneo — através do movimentado porto do Pireu e devastou a cidade, acelerada pelo péssimo saneamento, a superlotação e o hábito do convívio incessante. Entre um terço e dois terços da população sucumbiram. Seguiram-se décadas de guerra. Em 404 a.C. — quase um século depois que as reformas de Clístenes a impulsionaram à grandeza —, o poder de Atenas chegou ao fim e sua constituição foi abolida.

"Toda cidade", escreveu Platão, "está em uma guerra natural contra todas as outras, uma guerra que não é proclamada por arautos, mas que é eterna." A competitividade de longa data entre as cidades-Estados as afiava, a ponto de figurarem entre as cidades mais conhecidas da história. Mas uma coleção conflituosa de cidades-Estados dispersas traz grande fraqueza. A guerra entre pólis e pólis era endêmica. Como unidade de governo, a cidade-Estado independente oferecia muitos benefícios a seus cidadãos. Mas, em última análise, não poderia defendê-los de grandes poderes territoriais densamente povoados.

Filipe da Macedônia varreu a Grécia, esmagando as últimas cidades--Estados independentes em 338 a.C. Sob seu filho, as ideias e cidades gregas continuaram seu avanço — dessa vez até as profundezas da Ásia. Alexandre, o Grande, subjugou o Império Persa, conquistou a Babilônia, marchou para a Índia. Ao longo do caminho, dos Bálcãs ao Punjab, dezenas de novas cidades foram fundadas por colonos gregos e veteranos do exército que carregavam as marcas ideológicas e físicas da antiga pólis. A cidade-Estado anfíbia movia-se para o interior.

Os gregos absorveram conhecimento milenar em lugares como a Babilônia e a cidade persa de Susa. Talvez o exemplo mais intrigante de hibridização helênica tenha ocorrido no reino greco-báctrio, que surgiu muito depois da morte de Alexandre. Estendendo-se do mar Cáspio por partes substanciais do que hoje compõe os territórios do Irã, Turcomenistão, Uzbequistão, Afeganistão, Tadjiquistão e Paquistão, o reino greco-báctrio, em seu auge, nos séculos II e I a.C., era considerado uma das partes mais opulentas do mundo, o "império de mil cidades". Ai-Khanoum, no que hoje é o norte do Afeganistão, tinha um palácio que mesclava as arquiteturas persa e grega e templos dedicados a Zeus construídos de acordo com modelos zoroastrianos. Lá, a 4 mil quilômetros de Atenas, erguia-se uma ágora, um dos maiores ginásios do mundo antigo e um teatro que podia acomodar até 6 mil pessoas. A arquitetura e a arte gregas influenciaram a Índia e, em menor medida, a China. As primeiras representações do Buda foram inspiradas nas esculturas gregas de Apolo. As peças de Sófocles e Eurípides foram encenadas na Pérsia e no vale do Indo; a *Ilíada* ajudou a moldar os primeiros épicos sânscritos; Aristóteles foi lido e debatido em toda a Ásia Central.

A memória de Alexandre estampava-se ao longo do caminho de suas conquistas. Alexandria Bucéfala, no atual Paquistão, foi batizada por Alexandre em homenagem ao seu amado cavalo. Alexandria Prophthasia (entre Herat e Kandahar) se traduz como "Alexandre antecipa-se" (no sentido de "prevenir"), pois foi lá que o imperador descobriu uma conspiração contra sua vida. A Alexandria do Indo, por sua vez, pretendia se tornar uma das maiores cidades portuárias do mundo. Estabelecida por um grupo de veteranos no vale de Fergana, no que agora é o Tadjiquistão, Alexandria Eschate significa "a Alexandria mais extrema", marcando a extensão final da incursão da pólis na Ásia Central. Alexandria Niceia, no Punjab, significa, por sua vez, "Alexandre vitorioso", e era a Alexandria mais oriental.

A Alexandria mais duradoura fica no Egito. Após a conquista de 332 a.C., Alexandre teve um sonho em que Homero o visitava e declamava parte da *Odisseia*. Os versos faziam referência à ilha de Faros, na costa mediterrânea. Alexandre viajou àquele sítio rochoso e remoto e conjurou em sua mente a cidade mais fabulosa que poderia existir. Dinócrates de Rodes, o urbanista de Alexandre, desenhou com grãos as linhas do traçado das ruas. Quando pássaros devoraram os grãos, alguns disseram que aquilo representava um mau presságio. Já o adivinho de Alexandre teve uma visão diferente: um dia, a cidade alimentaria o planeta.[16]

O intrincado padrão de vielas e becos que definia o plano das ruas de Atenas e a tornava tão dinâmica ficou associado à anarquia da democracia que destruiu a cidade. Platão viveu à sombra da grandeza de Atenas, quando as glórias da era de Péricles haviam chegado ao fim. Ele imaginou criar, então, uma cidade ideal do zero, com base em uma compreensão filosófica da natureza humana e em princípios matemáticos de divisão do espaço urbano. O tipo de cidade que Platão concebeu como adequada às necessidades humanas era uma cidade fundada na ordem absoluta — a ordem da lei, a ordem do governo forte e a ordem da perfeição geométrica, buscada desde o projeto original.

Traçados em formato de grelha ou tabuleiro, rígidos e monótonos, podem parecer modernos, mas o desejo por uma ordem geométrica é tão antigo quanto as primeiras cidades. Na China, as cidades eram erigidas de acordo com os princípios da geomancia, ou feng shui, que ditava que o ambiente construído devia se harmonizar com a natureza. As cidades eram projetadas para maximizar os fluxos da energia natural (*qi*), ou força vital, que permeava o cosmos. Os mestres do feng shui determinavam onde uma cidade deveria ser construída e em que disposição. As ruas eram organizadas ao longo das direções cardeais a fim de capturar *qi*, criando cidades muradas, quadradas e simétricas, com padrões de grelha. Os locais mais importantes da cidade — templos murados, palácios, torres do sino e torres do tambor, escritórios burocráticos e sede de arquivos — ficavam no centro exato e na parte norte da cidade, onde o *qi* se concentrava antes de fluir para o exterior. Essa disposição celular, com quadrado dentro de quadrado, criava uma topografia urbana estruturada em torno de uma hierarquia estrita que se movia do centro sagrado para a periferia. Como nas sociedades autocráticas altamente organizadas da Mesoamérica, Egito e Mesopotâmia, a cidade chinesa reproduzia, em tijolos, o poder do Estado.

A partir do século v a.C., o traçado urbano em forma de grelha se consolidou no mundo grego. Mas, nesse caso, em notável contraste com as cidades maias e confucionistas, o tabuleiro pretendia solucionar problemas políticos e sociais humanos, em vez de responder a teorias cosmológicas. O primeiro tecnocrata urbano cujo nome conhecemos é Hipódamo de Mileto, o homem que planejou o Pireu, o distrito portuário de Atenas, e muitas outras cidades ao redor do Mediterrâneo. Para Hipódamo, a forma física da cidade e o caráter de seu governo eram indissociáveis: projete uma boa cidade e você resolverá os problemas da humanidade, deflagrando seu potencial.

Até hoje, uma metrópole ortogonal como Manhattan se diz construída de acordo com o "traçado hipodâmico". No entanto, Hipódamo não inventou o plano ortogonal. O que ele fez foi alterar radicalmente a forma como o espaço urbano era organizado. Uma cidade com uma planta ortogonal era igualitária, ele acreditava, porque produzia unidades de tamanho idêntico, passíveis de serem compartilhadas pelos cidadãos da pólis. Ao contrário de uma cidade confusa e espontânea como Atenas, o tabuleiro imprimia uma ordem racional ao domínio urbano, possibilitando que a cidade fosse dividida em zonas de acordo com a função. Hipódamo e seus seguidores pensavam que uma cidade deveria ser separada em áreas públicas, privadas, comerciais, artesanais, sagradas e residenciais. No centro estaria a ágora, com sua mistura de política, direito e negócios.

A cidade hipodâmica inspirou-se não apenas na democracia, mas também nas noções gregas de harmonia matemática e geométrica. Em *As aves*, Aristófanes zomba dessa nova raça de construtores de cidades, armados de régua e compasso, que sonhava a perfeição simétrica: "Com a régua reta me ponho a trabalhar para inscrever um quadrado dentro deste círculo; em seu centro estará a ágora, à qual levam todas as ruas retas, convergindo para este centro como uma estrela, que [...] dispersa seus raios em linha reta em todas as direções".[17]

Em Alexandria, o impulso para a formalidade — para não dizer elegância — atingiu o clímax. As estradas eram traçadas em ângulos retos para que a brisa do mar circulasse. Ruas retas, com quase seis metros de largura, também ajudavam na circulação das mercadorias importadas e na segregação das variadas populações étnicas. Alexandria era, afinal, o porto mais movimentado do mundo; as mercadorias tinham de ser trasladadas sem impedimentos, e as muitas comunidades precisavam ser abrigadas. Elas viviam em cinco distritos, chamados, muito imaginativamente, de Alfa, Beta, Gama, Delta e Épsilon.

Sem jamais chegar a ver sua cidade dos sonhos erguida em pedra, Alexandre morreu no palácio de Nabucodonosor ii, na Babilônia. Um dos generais de Alexandre, Ptolomeu i Sóter, sequestrou o corpo do conquistador morto, quando este era encaminhado para o sepultamento na Macedônia. Com Alexandre, o Grande, estendido numa tumba ornamentada na cidade que levava seu nome, Alexandria imbuiu-se do toque da divindade. Já estava indo muito bem. O moderno porto da cidade — com o famoso farol — abriu o Egito para o resto do mundo, tornando-se o fulcro do lucrativo comércio que fluía entre a China, o subcontinente indiano, a Arábia, o Nilo, o Chifre da África e o Mediterrâneo. Alexandria cresceu e passou a ser o centro do mundo e sua maior cidade, com 300 mil habitantes, apenas setenta anos depois de Alexandre concebê-la.

O plano da cidade, regular e ordenado, era a arquitetura da autocracia. As ruas largas e longas proporcionavam o palco ideal para algo que viria a ser uma das grandes características de Roma: a cerimônia do Triunfo. No reinado de Ptolomeu ii Filadelfo, em 270 a.C., Alexandria testemunhou uma celebração extraordinária. Uma enorme estátua de Dioniso, disposta sobre uma carroça, era puxada por 180 homens pelas ruas cheias de flores. Em seguida vinham sacerdotes, rapazes e moças em trajes elegantes, carruagens douradas, músicos e uma sucessão de carros alegóricos exibindo cenas mitológicas, puxados por elefantes, camelos e búfalos; nas fileiras dos animais exóticos contavam-se também leopardos, chitas, panteras, leões, ursos, avestruzes, rinocerontes, girafas e zebras. Depois, um lembrete do que estava por trás do poder da dinastia ptolomaica: 50 mil soldados e 23 mil oficiais de cavalaria. Ali estavam as tradições gregas implantadas a serviço de um deus-rei macedônio que governava como um faraó. A procissão era em honra de Dioniso. Mas, ao contrário da ênfase na participação cívica que se atestava na festa da Dionísia ateniense, aqui tínhamos uma extravagância real organizada e encenada pelo Estado.

Mesmo em tempos normais, o aspecto e a atmosfera de Alexandria eram uma mistura inebriante de influências. A cidade era dividida de leste a oeste, do portão da Lua ao portão do Sol, pela via Canópica, uma linha reta com mais de sete quilômetros de comprimento e trinta metros de largura. Ladeada por grandes fachadas, templos, estátuas, ginásios e colunas de mármore, exibia uma mistura eclética de arquitetura e estilos: palácios e avenidas cerimoniais, teatros e ginásios, templos a Zeus e a divindades egípcias como Ísis e Osíris, sinagogas judaicas, estátuas gregas, esfinges e antiguidades egípcias. O sagrado coração da cidade era o mausoléu onde jazia o corpo de Alexandre, localizado na interseção entre as duas grandes avenidas, a via Canópica e a rua do Soma, que formavam o eixo da cidade.

Atenas pode ter sido uma cidade "aberta ao mundo", um mercado de ideias e artigos de todas as procedências. Mas não se comparava a Alexandria. Em seus bazares tumultuosos, essa grande cidade comercial proporcionava o verdadeiro espetáculo da humanidade: gregos, judeus, egípcios, persas, mesopotâmios, babilônios, anatólios, sírios, italianos, ibéricos, cartagineses, fenícios, gauleses, etíopes e muitos mais, talvez até mesmo indianos e africanos subsaarianos. Alexandria se tornou, de acordo com o historiador grego Dion Crisóstomo, "um mercado que reúne em um só lugar homens de todas as origens, exibindo-os uns aos outros e, na medida do possível, tornando-os um só povo". Bem-vindos à cosmópole comercial.[18]

Os ventos que agrupavam a população diversificada de Alexandria também traziam os maiores estudiosos da época, mais notavelmente Euclides e Arquimedes. Seus colegas acadêmicos em Alexandria incluíam dois outros grandes pensadores, o matemático e astrônomo Conão de Samos e Eratóstenes de Cirene. Herófilo da Calcedônia alterou a forma como os humanos compreendiam seus corpos. Antes dele, o coração era considerado o órgão de controle do corpo, como Aristóteles havia argumentado. Herófilo, contudo, identificou o cérebro como órgão de controle, traçando sua conexão com a medula espinhal e o sistema nervoso. Do mesmo modo, os trabalhos em astronomia e geografia dos séculos anteriores culminaram nas descobertas feitas por Cláudio Ptolomeu em Alexandria no século I d.C. Tal como aconteceu com Euclides no campo da matemática e da geometria, os ensinamentos de Ptolomeu dominariam a compreensão humana do universo por mais de um milênio e meio.

Esses homens foram para Alexandria, já que esta era a única depositária de *todas* as obras escritas. Ptolomeu I e seus sucessores decidiram conscientemente fazer de Alexandria a maior cidade que o mundo já vira. A chave para essa ambição era torná-la um centro intelectual e de pesquisa incomparável. Armados com reservas ilimitadas de dinheiro, os agentes dos Ptolomeus vasculharam o mundo conhecido em busca de todo e qualquer pergaminho em que pudessem pôr as mãos. Sob a direção de Demétrio de Falero — estadista ateniense exilado e ex-aluno de Aristóteles —, a Biblioteca de Alexandria começou a organizar sistematicamente o conhecimento do mundo pela primeira vez. O gramático Zenódoto veio de Éfeso para editar os textos existentes de Homero. Calímaco, prolífico poeta e escritor, foi convocado de Cirene para organizar e catalogar a literatura grega. As grandes obras de poesia, ciência e filosofia que poderiam ter sido perdidas foram arquivadas para a posteridade nos recintos palacianos do museu.

Atenas e Alexandria fornecem os exemplos supremos de duas cidades muito diferentes. O contorno irregular da paisagem urbana ateniense e sua cultura aberta estimulavam discussões e debates nas ruas. Segundo Platão, Sócrates não escrevia nada porque via a filosofia como algo que se desenvolvia em diálogo com os concidadãos, nos espaços públicos da cidade. Alexandria, em contraste, com seu plano de ruas retilíneo e racional, é retratada como cidade regrada, onde as ideias eram aprisionadas em instituições distantes da vida da cidade. Se Atenas era espontânea e experimental, Alexandria tinha uma mentalidade enciclopédica e conformista. Atenas triunfou na filosofia, política e teatro; Alexandria, nas ciências, matemática, geometria, mecânica e medicina.

Entretanto, se Alexandria foi expressamente projetada para controlar sua população e propagandear o poder total, não poderia fazê-lo de forma indefinida. Com o passar do tempo, a multidão alexandrina se tornou menos obediente, mais barulhenta e mais disposta a protestar. Apesar do formato em grelha, a metrópole egípcia não estava aprisionada em sua estrutura urbana; ganhou vida própria como lugar de aprendizado sério, bem como de excessos notoriamente hedonistas e tumultos urbanos. O cosmopolitismo dessa mega-cidade imperial conferia-lhe um caráter intelectual peculiar. Atenas desfrutava de uma grande união porque se tornara uma supertribo, ligada pelo amor à cidade, pelo patriotismo militante, pela participação democrática e pela ex-clusividade racial. Alexandria, em sua vastidão e diversidade, era mais como um microcosmo do mundo. A tolerância ao pensamento inovador — desde que não caísse em perigosas especulações filosóficas ou políticas — colocava mentes de todo o mundo conhecido em contato com outras mentes. Os compi-ladores, agrupadores e editores da Biblioteca de Alexandria não se deixavam abater por concepções nativistas do que constituía ou não constituía cultura e conhecimento. Eles se banqueteavam com textos babilônicos, fenícios, egípcios e hebraicos (entre outros), bem como gregos.

Alexandria fervilhava de vida humana; era uma verdadeira cosmópole, uma cidade de 500 mil habitantes, mescla de diferentes etnias e tradições, man-tidas em harmonia pela força do poder autocrático. A cidade permitia e enco-rajava a colisão de culturas e civilizações de uma forma até então desconhecida em tal escala, e que teria sido impossível numa democracia participativa que tratava os estrangeiros com desconfiança. Com isso, seu exotismo inebriante exerceu uma atração irresistível para a superpotência mundial que iniciava sua ascensão à época.

À medida que o poder romano avançava inexoravelmente pelo Mediter-râneo, os Ptolomeus entraram em declínio. Por outro lado, Alexandria teria um papel crucial na crise política que se abateu sobre Roma. As influências arrebatadoras da cidade agiram como um narcótico sobre as mentes de uma série de estadistas romanos. Quando Júlio César interveio na guerra civil ptolo-maica, ele não apenas encontrou uma cultura misteriosa e a cidade mais rica do mundo, como também se apaixonou. Cleópatra talvez não tivesse uma beleza exuberante, mas era uma verdadeira filha da cidade de Alexandria. Espirituosa, extremamente bem-educada e fluente em grego, latim, hebraico, etíope, ara-maico e egípcio, sua língua era, como escreveu Plutarco, "como um instrumen-to de muitas cordas".

Refletindo sobre sua própria história, os romanos mais tarde chegariam à conclusão de que Cleópatra e Alexandria haviam enfeitiçado seus maiores homens e incitado a morte de sua república. César não apenas se apaixonou por Cleópatra, mas ficou intrigado com a cultura híbrida helenística e egípcia que encontrou por lá. Não menos importante era o conceito de monarquia divina. Após o assassinato de César em 44 a.C. e as guerras civis que se seguiram, Cleópatra se juntou a Marco Antônio, um dos três aliados de César que governavam Roma. Cleópatra e Antônio tornaram-se amantes em Alexandria no inverno de 41-40 a.C., uma estação de festas, banquetes e orgias sem fim. "Seria entediante narrar as muitas loucuras de Antônio em Alexandria", suspirou um chocado Plutarco. Como César antes dele, Antônio sucumbiu ao luxo fabuloso da grande cidade. Era de Alexandria que ele governava a parte oriental do Império Romano; a parte ocidental, entretanto, estava sob o controle do filho adotivo de César, Otávio. Roma assistia a tudo com horror e repugnância, enquanto Antônio mergulhava no mundo político de Alexandria, decidido a estabelecer um novo império asiático. Inteiramente alexandrianizado, Antônio foi saudado como a encarnação viva do deus Dioniso, e Cleópatra era adorada como a reencarnação de Afrodite e da deusa egípcia Ísis. A gota d'água se deu com as Doações de Alexandria, proclamações que dividiam partes do Império Oriental entre Cleópatra e seus filhos: o filho com Júlio César e os três que ela teve com Antônio.

O Senado romano recusou-se a ratificar esses planos ultrajantes. Otávio, por sua vez, não apoiaria a legitimação do filho de César e Cleópatra, pois isso faria do menino-faraó alexandrino herdeiro do mundo romano. Considerem Antônio, diziam seus inimigos, com suas pretensões à divindade oriental e seu amor por Alexandria, que supera seu amor por Roma. Roma entrou em guerra civil, e Alexandria desempenhou aí um papel central. Quando Otávio derrotou Antônio na Batalha de Ácio, em 31 a.C., Antônio e Cleópatra fugiram para seu último refúgio, a grande metrópole ptolomaica. Foi lá, em 30 a.C., com o exército de Otávio assumindo o controle da cidade, que eles se suicidaram. O Egito perdeu sua independência e se tornou parte do Império Romano; Alexandria foi reduzida de capital imperial a uma das inúmeras grandes cidades na órbita de Roma.

Pelo triunfo em Alexandria, mortos seus rivais, Otávio se tornou o governante supremo de Roma. Com o tempo, ele se metamorfosearia em César Augusto, em tudo imperador, exceto no nome. Como outros romanos antes dele,

Otávio (Augusto) ficou maravilhado com o tamanho, a beleza e a grandeza de Alexandria. Se ele transformou Roma de uma cidade de tijolos em uma capital de mármore, foi, sem dúvida, inspirado pelo que viu no Egito.

Alexandria permaneceu por muito tempo uma referência intelectual. Mas, aos poucos, a Biblioteca se fragmentou, seus preciosos papiros foram carcomidos por incêndios, guerras, imperadores vorazes, bispos queimadores de livros e umidade. Em 365 d.C., o que havia restado das glórias da cosmópole ptolomaica foi arrasado por um tsunami desencadeado por um terremoto subaquático.

Roma se tornou, como Alexandria havia sido, a cidade universal do mundo. Estudos recentes do DNA de corpos descobertos por arqueólogos na cidade mostram que, de seu período de crescimento até o ano 27 a.C., sua população era composta de uma mistura de italianos e gente do leste do Mediterrâneo e do norte da África. Durante o apogeu imperial, Roma era "uma encruzilhada genética da Europa e do Mediterrâneo", com povos do norte da Europa até a Ásia Central. De acordo com o orador grego Élio Aristides, era "uma cidadela que tem como seus aldeões todos os povos da terra".

4. Megacidade imperial

Roma, 30 a.C.-537 d.C.

Para os romanos, quanto maior, melhor: cidades maiores, edifícios públicos maiores, ambições maiores; mais territórios, mais luxo, mais poder, mais *tudo*. Ter uma noção bem clara da escala da megacidade e de seu enorme império urbano é algo que desafia nossa compreensão.

Mas, se você quisesse apreciar a glória de Roma em seu mais alto grau, um tipo de construção em particular representava o apetite grandioso da cidade. "Labuta e preocupação, retirem-se!", celebrava o poeta Estácio. "Eu canto os banhos que cintilam com mármores brilhantes!"[1]

No século III d.C., os romanos podiam escolher entre onze vastos banhos públicos imperiais — as termas — e cerca de novecentos banhos menores, geralmente privados. As termas mais impressionantes foram construídas entre os anos 212 e 216 d.C. pelo imperador Caracalla, um psicopata fratricida. Sua estrutura era revestida de 6300 metros cúbicos de mármore, pesando 17 mil toneladas. O complexo ficava dentro de um parque; no centro do complexo, destacava-se uma enorme cúpula — quase tão grande quanto a do Panteão.

O banhista romano seguia uma rotina específica. Depois de se despir, podia optar pelos exercícios antes de entrar na água. Feitos os exercícios, era a hora, primeiro, do *frigidarium*, um banho de imersão frio. As coisas esquentavam quando o banhista se metia no *tepidarium*, e se tornavam decididamente escaldantes no *calidarium*. Seguindo essa sequência de banhos, do frio ao quente, o banhista era então massageado com óleos e unguentos perfumados. "Estou coberto de óleos, faço meus exercícios, tomo meu banho", como Plínio, o Jovem, resumiu os procedimentos. Esse era o padrão básico de todos os banhos romanos, quer ocorressem na capital imperial, na Ásia Menor, no norte da África ou nas regiões geladas do norte da Inglaterra.

Nas Termas de Caracalla, entretanto, a experiência era levada ao limite máximo. Quando entrava nas águas frias do *frigidarium*, o banhista o fazia no centro do edifício, sob tetos monumentais de quarenta metros de altura e abóbadas de arestas triplas. O grande teto era sustentado por gigantescas colunas dóricas cinzentas de cinquenta toneladas e onze metros de altura, feitas de granito egípcio, exibindo no topo capitéis de mármore branco primorosamente decorados. Esse teto abobadado colossal era coberto com estuque e pintado em cores vivas, todo ornamentado com afrescos e mosaicos de vidros brilhantes. As paredes de mármore polido refletiam a luz do sol que entrava pelas grandes janelas em arco. Nos nichos entre as imensas colunas, havia estátuas de deuses e imperadores. No nível do solo, o *frigidarium* também continha uma exibição de estátuas poderosas, incluindo o Hércules Farnésio de três metros de altura. Mosaicos, afrescos e estátuas representavam, com uma minúcia surpreendente, deuses, imperadores, heróis mitológicos, atletas, lutadores e gladiadores famosos.

As Termas de Caracalla, e mais tarde as de Diocleciano, inspirariam futuros e imponentes projetos de construção, incluindo as grandes catedrais góticas medievais. Projetada como porta de entrada para a maior cidade do planeta, a Pennsylvania Station de Nova York foi inaugurada em 1910 e, até sua injustificável demolição em 1963, representou um dos triunfos arquitetônicos do século XX, um templo devotado não apenas à glória de sua cidade, mas também à própria ideia de transporte moderno. A fachada tinha como modelo o Coliseu de Roma, mas seu amplo salão principal era uma réplica das Termas de Caracalla. Iluminado por enormes janelas em arco, o saguão era o maior e mais opulento espaço coberto de Nova York. "Ao tomar ou esperar um trem na Penn Station", comentou o historiador de arquitetura Richard Guy Wilson, "o sujeito se tornava parte de um desfile — ações e movimentos ganhavam em significado quando se processavam em espaços daquela magnitude."[2]

Os romanos que desfrutavam do esplendor dos banhos participavam de um desfile semelhante. As Termas de Caracalla eram um de vários complexos palacianos. Todos os dias do ano, as glórias das termas encontravam-se disponíveis a quaisquer romanos — patrícios e plebeus, ricos e pobres, estrangeiros e nativos, cidadãos e libertos. No século IV d.C., estimava-se que mais de 60 mil romanos podiam desfrutar de um banho em qualquer momento. Agripa (em 25 a.C.) e os imperadores Nero (62 d.C.), Tito (81), Trajano (109) e Cômodo (183) já haviam legado à cidade vastas termas públicas; nos séculos seguintes, banhos maiores e mais opulentos se seguiriam, construídos por Alexandre Severo, Décio, Diocleciano e Constantino. Balneários ornamentados eram, acima de tudo, expressões de poder — o poder do imperador, o poder de Roma sobre o mundo e o poder da cidade sobre a natureza. Os nobres e os humildes podiam compartilhar das glórias da magnificência e da prodigalidade romanas em um só lugar: o banho. Tudo o que havia de refinado na civilização urbana se manifestava ali, entre mármores e mosaicos.

A água era apenas parte do que se oferecia. As casas de banho tinham saunas e cômodos para massagens, perfumaria, higienização e procedimentos cosméticos (Sêneca relata o som perturbador dos gemidos de clientes arrancando os pelos das axilas). Treinamentos sérios — levantamento de peso, luta livre, boxe e esgrima — ocorriam em dois grandes ginásios à sombra de outras obras-primas da escultura antiga; a única sobrevivente é uma cena de grupo colossal, conhecida como o Touro Farnese, esculpida em um único bloco de mármore. Nos jardins, os que buscavam exercício físico participavam de jogos e atletismo. Se estivessem em um estado de espírito mais reflexivo, os banhistas podiam assistir a palestras em salões especiais ou tomar emprestado um texto em latim ou grego de uma das duas bibliotecas e se dirigir para uma sala de leitura. Havia lanchonetes e lojas que vendiam perfumes e outros mimos. Abaixo de tudo isso, uma rede de túneis possibilitava a drenagem e o acesso às fornalhas que, para aquecer piscinas e saunas, consumiam dez toneladas de lenha todos os dias.

A simples descrição das Termas de Caracalla faz com que pareçam um spa ou sanatório requintado. Mas não era nada disso. "Estou no meio de uma babel estrondosa. Meus aposentos ficam junto aos banhos!", lamentou-se Sêneca. Indivíduos importantes entravam nas termas imperiosamente, com séquitos de seguidores nus em seu rastro, como forma de lembrar ao povo seu status e riqueza. As pessoas iam fazer negócios, discutir política, fofocar e solicitar convites para jantar. Iam para ver e serem vistos. Comiam, bebiam, discutiam, flertavam e, ocasionalmente, faziam sexo em alcovas; havia os que rabiscavam pichações nos mármores. Pessoas que mais tarde jantariam juntas se reuniam para um mergulho antes da refeição. O vinho estava sempre prontamente disponível. As espaçosas casas de banho imperiais reverberavam com estrondo a cacofonia de milhares de conversas, os gritos dos vendedores oferecendo bolos, doces, bebidas e aperitivos saborosos, com ocasionais brigas. Os levantadores de peso grunhiam e ofegavam; o placar atual de algum jogo de bola era anunciado aos berros; o estalar das mãos dos massagistas esbofeteando os corpos enchia os corredores abobadados. Havia os chatos que gostavam de cantar enquanto se banhavam. Multidões se reuniam em torno de artistas, malabaristas, bobos, conjuradores, mágicos e ginastas.

Ovídio escreve que os banhos eram locais oportunos para os jovens amantes se encontrarem na Roma augusta: "Os numerosos banhos escondem esportes furtivos". Na mesma linha, Marcial via os balneários como lugares onde homens e mulheres podiam facilmente estabelecer encontros sexuais. Um homem sem nome é descrito por Marcial como alguém que se vale do banho como pretexto para fitar descaradamente o pênis dos jovens, e uma esposa até então casta de nome Lavina se viu tão corrompida pela experiência inquietante dos banhos mistos que acabou fugindo com um amante mais jovem. Numa das termas, uma pichação encantadora dizia o seguinte: "Apeles [...] e Dexter almoçaram aqui muito agradavelmente e foderam". Em uma visita subsequente, o mesmo par rabiscou: "Nós, Apeles, o Rato, e seu irmão Dexter, fodemos amorosamente duas mulheres duas vezes".[3]

Os banhos ofereciam uma experiência urbana sofisticada, única e abrangente. Acima de tudo, era uma atividade comunitária. Ricos e pobres travavam estreito contato; amizades eram estabelecidas; negócios eram intermediados; as conversas borbulhavam. Essa chance de socialização na cidade, em qualquer forma que assumisse, era provavelmente o seu principal atrativo, e fazia valer a pena o tempo que os romanos esbanjavam no banho. "Preciso ir ao banho", escreve um animado estudante romano ao fim de suas lições. "Sim, está na hora. Lá vou eu. Pego toalhas e sigo o meu criado. Corro e alcanço os outros que também seguem para as termas e digo a todos: 'Como vão vocês? Tenham um bom banho! E uma boa ceia!'"[4]

Mas uma dúvida nunca deixou de assombrar a paixão romana pelos banhos. Era um vício fatal? Quanto mais o tempo passava, mais intenso se tornava o rancor contra o banho e contra as atividades associadas a ele. O banho consumia cada vez mais tempo. Não parecia certo que todos aqueles regalos, papparicos e relaxamentos estivessem de acordo com o espírito austero e estoico que fez de Roma a rainha do Mediterrâneo e da Europa Ocidental.

Os amplos palácios termais contrastavam constrangedoramente com muitos dos demais edifícios públicos da capital imperial. Os espaços públicos de Roma contavam a história do progresso de uma cidade-Estado que, de simples coleção de cabanas empoleiradas no monte Palatino, se alçou à condição de superpotência mundial. Como todas as grandes metrópoles globais, Roma extraía energia de seus mitos e de sua história. A construção do gigantesco Templo de Júpiter Optimus Maximus, no monte Capitolino, o maior templo do mundo, havia sido iniciada pelo último rei de Roma, Lúcio Tarquínio Soberbo; contudo, dizia a lenda, o templo foi concluído e consagrado em 509 a.C., o ano em que os romanos derrubaram a monarquia e estabeleceram a república. Nas batalhas contra o rei deposto, os deuses Castor e Pólux eram vistos como se estivessem nas fileiras dos republicanos. O templo dedicado a eles continuou sendo um dos edifícios mais icônicos do Fórum Romano, um monumento à luta pela *libertas* — liberdade — e à constituição da cidade, sancionada pelos deuses.

A cidade era dominada pela história. Caminhar pelo centro de Roma era rememorar suas conquistas, sobretudo aquelas ocorridas em rápida sucessão entre os séculos IV e I a.C. Os romanos tinham o hábito de olhar para trás e se comparar desfavoravelmente aos seus ancestrais, tidos como robustos e severos, temendo que estivessem se tornando mais brandos e fracos. A aquisição de um imenso império trouxe essas ansiedades à tona. Luxos de todos os tipos fluíam para Roma à medida que a cidade passava de modesta porém ambiciosa cidade rural para uma metrópole imperial de pleno direito. As importações estrangeiras continham comidas exóticas, teatros, pessoas escravizadas, obras de arte, imigrantes, metais preciosos, joias e tudo o mais que as diversas terras das novas conquistas tinham a oferecer. E incluíam também os banhos.

Os banhos chegaram a Roma no momento em que a cidade se tornava mais grandiosa. Durante o período de ascensão, Roma perdia para as maiores cidades da época quanto ao esplendor da paisagem urbana. Antioquia, Alexandria, Cartago e Corinto eram cidades indubitavelmente mais impressionantes. Com efeito, Roma era tida pelos macedônios sofisticados como atrasada, opinião confirmada quando um embaixador caiu em um esgoto a céu aberto. Tudo isso mudou na segunda metade do século II a.C., quando Roma passou por uma ampla reforma, condizente com a metrópole de um império colossal. Os grandes magnatas do século I a.C. — Sila, Crasso, Pompeu e César — expressaram sua munificência por meio de templos, fóruns, basílicas, arcos triunfais, altares, teatros, jardins e outros edifícios cívicos e religiosos. Os banhos, contudo, não estavam à altura da dignidade deles. Quem quisesse um banho, que o construísse a suas próprias custas.

No rastro de décadas de guerras civis, e seguindo-se às mortes de Antônio e Cleópatra, Otávio firmou-se como o único governante de Roma, o homem forte capaz de manter tudo sob controle. Em 27 a.C., ele recebeu os títulos de Augusto e *princeps*; a república existia apenas no nome. Como braço forte de Augusto estava o estadista e general Marco Vipsânio Agripa. Como os grandes homens da primeira parte do século, Augusto e Agripa expressavam seu poder por meio de edifícios monumentais. Agripa encomendou o Panteão e a Basílica de Netuno, entre outros nobres edifícios de mármore. Mas, em 25 a.C., também deu início à construção de uma casa de banho que recebia 100 mil metros cúbicos de água doce, todos os dias, através do aqueduto particular de Agripa (o Aqua Virgo, que até hoje alimenta a Fontana di Trevi). Marcava-se aí, ao final do período republicano, uma mudança repentina, passando-se dos modestos banhos privados para as suntuosas termas públicas.

Quando Agripa morreu, em 12 a.C., seu complexo de banhos foi legado ao povo de Roma. O legado elevou as casas de banho a edifícios públicos legítimos, condizentes com as ambições arquitetônicas dos poderosos. O próximo grande estabelecimento público foi aquele construído por Nero nos anos 60 d.C. A dinâmica política peculiar de Roma sempre funcionou graças à forma como as elites e as massas competiam para desfrutar dos benefícios acumulados por sua cidade-Estado. À medida que a república dava lugar à era imperial, grandes espaços recreativos, marcados por alta tecnologia e fornecidos pelo Estado, tornaram-se centrais para a vida pública dos romanos.[5]

No início do século I d.C., Sêneca visitou a casa de Cipião Africano, o herói que derrotou Aníbal em 202 a.C. O banheiro do grande general era pequeno e escuro. Naqueles tempos, escreveu Sêneca, os romanos só tomavam banho ocasionalmente — e por necessidade, "não apenas por prazer".

De fato, foi notável a mudança que alguns séculos trouxeram ao caráter frugal e viril de Roma:

> Nós nos consideramos pobres e mesquinhos se nossas paredes não resplandecerem com grandes e caros espelhos; se nossos mármores de Alexandria não forem realçados por mosaicos de pedra da Numídia; [...] se nossos tetos abobadados não estiverem ocultos sob o vidro [mosaicos]; se nossas piscinas não forem revestidas de mármore de Tasos, visão antes rara e cara em qualquer templo; [...] e, finalmente, se a água não for vertida de torneiras de prata. [...] Que grande número de estátuas, de colunas que nada sustentam, são construídas para decoração, apenas para gastar dinheiro! E que massas de água caem de um nível para outro! Nós nos tornamos tão luxuosos que não temos onde pisar além de pedras preciosas!

Um contemporâneo de Sêneca poderia dizer de seus ancestrais republicanos: "Sim, como eram sujos! Como deviam cheirar mal!". Mas Sêneca tinha esta réplica para seus compatriotas fastidiosos: "Eles cheiravam a assentamentos, plantações e heroísmo". A sujeira cotidiana deles, em resumo, revelava republicanismo e nobreza sem afetação. Da limpeza, Sêneca extraía uma lição moral mais profunda: "Agora que esses estabelecimentos de banho limpíssimos foram concebidos", concluía ele, "os homens estão mais imundos do que antes".[6]

A desaprovação do banho como incentivo à depravação e à degeneração influenciou gerações de historiadores que viram nele as sementes do declínio e da queda de Roma. Os imperadores, dizem, apaziguavam os romanos numa obediência entorpecida e submissa com generosos presentes de pão e circo, e os grandes banhos públicos pertenciam exatamente à mesma categoria. Mas, em vez disso, poderíamos considerar os banhos públicos tal como os romanos os consideravam, isto é, como o ápice da civilização urbana. A limpeza diferenciava um romano de um bárbaro sujo e rude. Mais do que qualquer outra coisa, o banho definia para um romano tudo o que era urbano, requintado e moderno.[7]

Mas existe ainda outra maneira de olhar para o fenômeno dos banhos romanos. A Roma de Sêneca era muito diferente da de Cipião Africano. Tratava-se agora de uma cidade com mais de 1 milhão de habitantes, a primeira de tal magnitude na história. Em vez de vermos o banho como evidência de decadência ou mesmo de extrema urbanidade, faz mais sentido vê-lo como uma necessidade humana básica para os citadinos. E, para tratar desse lado da história, devemos nos retirar do mundo romano e contar uma história universal sobre água e cidades.

O banho é um encontro primordial com a natureza, uma experiência deliciosa em que o corpo se liberta das contorções físicas e padrões de decoro que vivenciamos diariamente, afunilados por espaços apertados como parte de uma multidão em marcha e forçados a uma proximidade íntima com os odores e corpos de completos estranhos. A nudez, ou a quase nudez, quando os trajes e roupas que indicam status social são temporariamente abandonados, também é uma rara experiência de nivelamento. Em 1936, quando as piscinas ao ar livre passavam por um período de popularização em escala global no mundo desenvolvido, o economista e banqueiro Sir Josiah Stamp escreveu: "O banho reduz ricos e pobres a um padrão comum de diversão e saúde. Quando chegamos ao nado, chegamos à democracia".[8]

A praia de Copacabana, por exemplo, representa uma válvula de escape gloriosa para os 7,5 milhões de habitantes do Rio de Janeiro. Essa e outras praias do Rio oferecem não apenas água e descanso da dura realidade da vida na cidade, mas toda uma cultura urbana em si — uma cornucópia de torneios de futebol e vôlei, encontros casuais e ocasiões familiares, festas e festivais. A praia não é tanto um espaço público conveniente quanto um espetáculo ininterrupto. Despedindo-se, os habitantes locais dizem "boa praia", em vez de "bom dia". Em uma cidade profundamente desigual, a praia remove os sinais externos de hierarquia. Em Los Angeles, metrópole carente de espaços públicos inclusivos, a praia também tem profunda ressonância. O direito de acessar e desfrutar da costa de 64 quilômetros que se estende de Malibu a Palos Verdes é fortemente defendido contra a invasão dos condomínios de luxo.[9]

Outras metrópoles também têm praias por perto — como Coney Island, em Nova York —, mas é raro que elas estejam na própria cidade, facilmente acessível a todos os seus cidadãos. Mas por que não trazer a praia para a cidade? Desde 2003, Paris instituiu praias urbanas para que as pessoas presas no caldeirão veranil pudessem se refrescar e relaxar. Nos meses de verão, um trecho da via expressa Georges Pompidou, ao lado do Sena, é fechado ao tráfego e coberto por areia, palmeiras, redes e espreguiçadeiras. O projeto Paris Plages foi concebido pelo prefeito socialista da cidade como forma de permitir que os parisienses "tomem posse do espaço público e vivenciem a cidade de maneira diferente", sobretudo os parisienses confinados em *banlieues* e que não podem pagar férias. Sua instituição foi um ato político. Assim disse o prefeito da época: "Paris Plages será um ponto de encontro agradável onde as pessoas, com suas diferenças, se misturarão. É uma filosofia da cidade, um momento poético de partilha e fraternidade".[10]

Trata-se aqui de uma tentativa no sentido de recriar algo que já foi um aspecto intrínseco — e há muito esquecido — da vida na cidade. Ao longo da história de Londres, o Tâmisa e os riachos semirrurais em subúrbios como Islington, Peckham e Camberwell eram usados por legiões de banhistas do sexo masculino aos domingos. Um poema do século XVII celebrava a visão de milhares de londrinos desfrutando do frescor do Tâmisa nas "noites mais doces do verão". Jonathan Swift registrou seus mergulhos nus em Chelsea: "Estou com uma sede atroz neste tempo quente, vou nadar neste exato minuto", escreveu numa carta. Quinze anos depois, Benjamin Franklin nadaria de Chelsea até a Blackfriars Bridge (uma distância de 5,6 quilômetros) demonstrando as modalidades de nado borboleta, peito e costas. Um século mais tarde, um escritor vitoriano depreciaria "aquele miserável substituto de uma civilização degenerada, o banho". Um banho de verdade, segundo ele, tinha de ser feito pelado e "em água viva ou corrente [...], caso contrário não é um banho de verdade".[11]

Mas, em meados do século XIX, a natação urbana e o senso de decoro já não eram compatíveis, e a conjunção entre residências familiares e banhistas nus tornou-se inapropriada. Um jornalista, com muito pedantismo, reclamou de ter sido forçado a manter esposa e filha longe das janelas com vista para o Tâmisa por conta de "exibições nojentas" de nadadores que "apresentam todo tipo de evolução sem o menor controle" (no caso, o grande escândalo eram banhistas nadando até um barco a vapor e voltando). Outro homem queixou-se dos "gritos e barulho irritante" feito por "centenas de homens e meninos nus" nadando no Serpentine, no Hyde Park. Os banhistas urbanos responderam que aquele lazer era permitido desde tempos imemoriais, mas foi em vão.[12]

O puritanismo interveio antes que a Revolução Industrial transformasse o nado desnudo e selvagem nos rios da cidade numa aventura perigosa. Na década de 1850, o Tâmisa já era um esgoto fétido: os sanitários despejavam as fezes de 3 milhões de humanos diretamente no rio. Até a intensa urbanização do século XIX, muitos citadinos tinham fácil acesso ao campo, com seus riachos e lagoas. A introdução das piscinas públicas coincidiu com o momento em que esse acesso à natureza, partindo do centro da cidade, se tornava impossível. A ansiedade em relação ao corpo exposto e ao contato inadequado entre homens e mulheres (particularmente homens e mulheres de diferentes classes sociais) limitou a natação urbana a ambientes controlados e segregados. Os primeiros banhos municipais modernos foram inaugurados em Liverpool, em 1829, projetados para serem tão grandiosos e monumentais quanto museus ou prefeituras. Eles simbolizavam o compromisso da cidade com a saúde pública e a recreação, e acabaram desencadeando uma competição entre as cidades britânicas para construir banhos com piscinas cada vez maiores, mais bonitos e melhores, sempre em belos edifícios que se erguiam em meio à expansão urbana. A Alemanha fez o mesmo na década de 1860, e os Estados Unidos, na década de 1890.

A situação nas favelas de Nova York no final do século XIX e no início do século XX revela o alto preço que as pessoas são capazes de pagar para saciar o desejo de imersão. Um morador de cortiço por essa época lembrou que, na ausência de parques, "a única recreação era descer para o East River, onde ficavam as barcaças. As pessoas nadavam no rio, mas também faziam suas necessidades por lá". Nas décadas de 1870 e 1880, 23 piscinas flutuantes foram instaladas nos rios Hudson e East para os residentes mais vulnerabilizados da cidade. O nado de peito era obrigatório para "empurrar o lixo para longe". No entanto, a natação permaneceu extremamente popular, sobretudo para os citadinos pobres em cidades de todo o mundo. Os municípios que tentaram proibir a prática encontraram resistência furiosa dos homens da classe trabalhadora, determinados a defender uma das poucas oportunidades de exercício e lazer disponíveis para eles.[13]

Esse era também o espírito da peça *Dead End* (*Beco sem saída*), sucesso da Broadway em 1935, que abria com jovens seminus dos cortiços do Lower East Side brincando na ponta de um píer no East River. Esses adolescentes de origem humilde podiam não ter muito futuro na Grande Depressão, mas tinham seus corpos atléticos e ágeis e a chance de escapar do suadouro urbano pulando na água refrescante. Aquela era a única atividade de lazer disponível para esses garotos, e certamente transmitia um significado poderoso para os frequentadores do teatro que se aglomeravam para assistir a *Dead End*. Um ano antes da estreia da peça, 450 pessoas morreram afogadas no rio (quase o mesmo número dos que morriam todos os anos no Tâmisa, ao fim do período vitoriano em Londres). Caso o banhista não se afogasse, caía nas garras dos vermes: os nadadores banhavam-se em pleno esgoto, entre manchas de óleo e resíduos industriais; a poliomielite e a febre tifoide prosperavam nesse ambiente. De todo modo, a oportunidade de nadar estava sendo restringida pelo que chamamos de "gentrificação". Em *Dead End*, a área de recreação dos garotos na zona do porto se vê ameaçada por apartamentos de luxo que começavam a colonizar a margem do rio em busca de boas vistas e molhes para barcos particulares.[14]

Um ano após a estreia de *Dead End* na Broadway, durante o calor recorde do verão de 1936, onze enormes complexos de piscinas ao ar livre foram inaugurados nos bairros mais populosos e empobrecidos de Nova York, a um custo de 1 milhão de dólares cada, como parte do New Deal. Naquele verão escaldante, mais de 1,79 milhão de pessoas utilizaram as piscinas para nado e mergulho, além das piscinas infantis. Ao mesmo tempo, na Grã-Bretanha, o líder do Conselho do Condado de Londres, Herbert Morrison, queria que Londres se tornasse a "cidade dos lidos", em que todos os cidadãos estivessem perto de uma piscina ao ar livre.[15]

As famílias americanas da classe trabalhadora que viviam em cortiços apertados e sufocantes podiam se reunir ao sol ao lado de água limpa e fazer um piquenique na companhia de outras pessoas da vizinhança. A piscina do Thomas Jefferson Park, no East Harlem, acomodava até 1450 visitantes de uma vez; a do Colonial Park, no centro do Harlem, tinha espaço para 4500; a do Betsy Head Recreation Center, no Brooklyn, para 5500. Eram locais de diversão, onde meninos e meninas se misturavam, estabelecendo amizades e romances. As novas piscinas eram o centro dos parques públicos, que haviam sido reformados, ganhando equipamentos de lazer, campos de beisebol, pistas de corrida, coretos e ginásios.[16]

Os monumentais banhos europeus do século XIX também eram locais de sociabilidade e mistura de classes, não apenas de limpeza; eram propositadamente elegantes e edificantes, símbolos preeminentes do orgulho cívico. Os parques e as piscinas ao ar livre da Nova York do New Deal — junto com os gloriosos lidos em estilo art déco inaugurados quase na mesma época em cidades europeias — anunciavam algo mais: inseriam o lúdico no coração da cidade. E iam além: pela primeira vez, os adolescentes ganhavam um espaço que era deles, uma trégua da selva de concreto no centro pobre das cidades. Quando inaugurou a piscina do Thomas Jefferson Park, no East Harlem, o prefeito Fiorello La Guardia gritou para o enxame de crianças ansiosas: "Ok, crianças, é tudo de vocês!". Numa cidade com poucos espaços para as pessoas mais pobres, as piscinas logo se tornaram o coração pulsante da vida comunitária e, em particular, o centro da cultura jovem nascente nas décadas de 1930 e 1940. Nos distritos de imigrantes socialmente conservadores, como o East Harlem, as piscinas ao ar livre quebravam as fronteiras de gênero, permitindo que meninos e meninas não apenas se misturassem igualmente, mas que também o fizessem com poucas roupas e longe dos olhos vigilantes das mães e dos pais.[17]

Contudo, é preciso dizer que, embora as piscinas não fossem oficialmente segregadas, elas estavam, sim, no âmago dos problemas raciais urbanos. Quando foi inaugurada, a piscina do Thomas Jefferson Park era privilégio da classe trabalhadora branca, sobretudo dos ítalo-americanos. As famílias afro-americanas do Harlem frequentavam a piscina do Colonial Park. O banho havia muito era dividido de acordo com o gênero. No entanto, com o advento do banho misto na década de 1930 e dos trajes de banho radicalmente reveladores (popularizados pelo cinema), a tensão quanto à ideia de homens afro-americanos misturando-se com mulheres brancas nas piscinas públicas tornou-se aguda. Não em todas as piscinas — decerto não em Betsy Head, no Brooklyn, onde, nos anos 1930, uma população predominantemente judia da classe trabalhadora era acompanhada por afro-americanos.

Na década de 1950, eclodiram disputas entre adolescentes negros e brancos pelo acesso às piscinas. No East Harlem, adolescentes ítalo-americanos do sexo masculino ressentiam-se dos imigrantes porto-riquenhos recém-chegados que tentavam entrar na piscina do Thomas Jefferson Park, que era *deles*, para flertar com as meninas *deles*. No romance de Edwin Torres, *Carlito's Way*, de 1975, o protagonista porto-riquenho, habitante do Harlem hispânico, relembra as batalhas territoriais pela piscina:

> Deixa eu te contar essa parada. A italianada disse que nenhum latino podia cruzar a Park Avenue. Mas só tinha uma piscina, a do Jefferson, na rua 112 com o East River. Aí eu te digo, tipo, você tinha que atravessar a Lexington, a Terceira, a

Segunda, a Primeira, a Pleasant. Era italiano para todo lado. Os caras mais velhos ficavam parados na frente das lojas, encostados nas pilastras, mal-encarados que só eles, todos só de camiseta; os pivetes ficavam no telhado segurando latas de lixo e na entrada dos subsolos com bastões e correntes de bicicleta. [...] Levamos uma surra — era o território deles, e era uma turma grande. [...] A gente queria entrar no tal do caldeirão cultural, mas eles não deixavam a gente entrar nem na piscina. *Hijos de puta.*[18]

As piscinas tornaram-se locais de suma importância na cidade para os trabalhadores, lugares a serem defendidos (pelos grupos de dentro) e sitiados (pelos recém-chegados). Tempos depois, os porto-riquenhos não se esqueceriam do valor simbólico da piscina e da determinação de não serem intimidados. No fim, o que eles queriam era aproveitar a piscina e fazer parte daquela vida social como todo mundo. Muitos deles conseguiram, apesar da intimidação nas ruas. Com o tempo, a piscina tornou-se tão latina quanto havia sido italiana. A história desses porto-riquenhos é um testemunho da importância atemporal da imersão para os habitantes das cidades. O piscinão (ou o rio ou a praia) não é um complemento ou apêndice de uma cidade: é um dos mais queridos de todos os espaços públicos urbanos e um bem líquido inestimável.

Lavari est vivere, rezava uma pichação romana: "Banho é vida!". A experiência da água quente purificante, das nuvens de vapor, da elegância do mármore, da atmosfera perfumada e dos mimos luxuosos: a tudo isso, somado a uma intensa felicidade mental e física, os romanos chamavam de *voluptas*. "Os banhos, o vinho e o sexo arruínam nossos corpos", diz um epitáfio da época, "mas os banhos, o vinho e o sexo são a essência da vida."[19]

Talvez não seja coincidência o fato de que as termas imperiais surgiram no período em que Roma se tornava a cidade de 1 milhão de almas. O emaranhado caótico das ruas da cidade era barulhento, congestionado, dia e noite, com multidões e veículos. A fumaça dos fogões, das barracas de comida, dos vendedores de pão, das casas de fundição e das chamas que aqueciam os banhos preenchia o ar. O Tibre já se encontrava poluído por esgotos, efluentes industriais e águas residuais dos banhos. Muitos dos pobres viviam perto do rio, nas condições úmidas mais apreciadas pelos mosquitos; epidemias de malária estouravam de tempos em tempos. A escala da urbanização implicava não haver mais córregos ou rios disponíveis para os pobres.

"Como uma pessoa poderia escrever poemas na cidade?", perguntava Horácio no século I a.C. A mente era assaltada por carroças incansáveis, guindastes enormes içando vigas para o céu, cães correndo e porcos enlameados atravancando o caminho. Os fóruns e as esquinas estavam sempre cheios de gente metida em "brigas febris" sobre mil assuntos, entre conversas intermináveis. Escrevendo em 110 d.C., Juvenal descreveu as ruas de Roma como tomadas por "carroças trovejando pelas ruas estreitas e tortuosas e pelos xingamentos dos condutores presos nos engarrafamentos". O tráfego humano era pior:

> Estou bloqueado por uma onda de pessoas na minha frente, e tenho às minhas costas uma fila enorme de pessoas que me atacam. Um homem me golpeia com o cotovelo; outro me atinge com uma vara dura. Um terceiro bate na minha cabeça com uma viga de madeira; outro, com uma jarra de vinho. Minhas pernas estão cobertas de lama. Então, pés enormes me chutam de todos os lados, e um soldado crava a ponta da bota bem no dedão do meu pé.[20]

A maior parte da população de Roma amontoava-se em blocos de cortiços conhecidos como *insulae*, palavra latina para "ilhas". No século IV d.C., quando a população de Roma ultrapassa seu pico, estima-se que havia 46 mil *insulae*, em comparação com apenas 1790 residências unifamiliares. Como é o caso de muitos habitantes dos centros financeiros globais de hoje, pagava-se um aluguel exorbitante por espaços minúsculos. As *insulae* de Roma, que às vezes chegavam a contar com oito, nove ou até dez andares, eram notoriamente mal construídas, malconservadas e sujeitas a incêndios. Não é de admirar que, de acordo com Juvenal, os cortiços "tremessem com cada rajada de vento que soprava". Se um incêndio eclodia, "o último homem a queimar é aquele que não tem nada para protegê-lo da chuva, exceto as telhas onde as gentis pombas vêm botar seus ovos".[21]

Os regulamentos estipulavam que as calçadas em torno das *insulae* precisavam ter apenas setenta centímetros de largura, de modo que elas se apertavam compactamente nos quarteirões da cidade. O térreo era ocupado por mercados e *tabernae*, com apartamentos nos pisos superiores. O primeiro andar dispunha das acomodações mais espaçosas e caras, enquanto nos andares de cima os quartos ficavam menores e mais baratos (e mais perigosos). Em geral, os cômodos não tinham muito a oferecer em termos de cozinha ou banheiro. Para se aliviarem, os residentes usavam penicos, cujo conteúdo era despejado em barris situados na escada do andar térreo. Os barris eram esvaziados apenas periodicamente. As refeições eram feitas nos inúmeros bares e espeluncas que enchiam as ruas da cidade.[22]

Com quase 1 milhão de pessoas vivendo em condições mais ou menos insalubres, típicas de favelas, não é de admirar que a vida acontecesse fora de casa, nas galerias comerciais, nos mercados, esquinas e parques públicos. O dia romano começava às primeiras luzes, quando os homens deixavam os cortiços para visitar seus patronos, numa rotina de deferência aos poderosos que durava duas horas. A terceira, quarta e quinta horas eram ocupadas com *negotia* — os negócios — antes do almoço, e depois a sesta na sexta hora. Então vinha o prazer, *voluptas*.

Marcial afirmava que a melhor hora para o banho era a oitava, quando a água atingia a temperatura perfeita, nem muito quente nem muito fria. Nesse momento, por volta das duas da tarde, os grandes balneários começavam a se encher com a massa crescente de romanos.

Esses banhos opulentos contrastavam com a realidade da vida diária. Em uma metrópole que fervilhava com 1 milhão de pessoas, os laços e as oportunidades de integração que uniam uma cidade menor e mais simples já não eram possíveis. Nas termas, contudo, o cidadão podia se sentir distintamente romano, parte do conjunto comunal, em vez de mais uma alma perdida na multidão. A miséria privada era compensada com a magnificência pública.

A expressão romana *theatrum mundi* foi traduzida por William Shakespeare como "o mundo é um palco". Os banhos serviam de cenário para o teatro da vida urbana, parte de uma cultura que pôs o prazer e o entretenimento no centro das atenções. No século I d.C., 93 dias por ano eram dedicados a jogos públicos suntuosos; no século IV, esse número aumentaria para 175. Nesses feriados recorrentes, a cidade inteira podia se divertir simultaneamente em várias arenas. O Circo Máximo, tal como reformado por Trajano (ele próprio um construtor de banhos públicos), tinha uma capacidade de 150 mil a 200 mil espectadores; o público do Coliseu era de mais de 50 mil; os três principais teatros da cidade comportavam 50 mil pessoas.

As Termas de Caracalla foram fundamentais para um novo conceito de apresentação da cidade de Roma. Situavam-se em uma rua nova e elegante, que oportunamente exibia ao visitante de primeira viagem os edifícios mais imponentes e surpreendentes de Roma: as próprias termas, o Circo Máximo, o Palatino e o Coliseu. Observe-se a finalidade dessas construções: lazer. Corridas de cavalos e carruagens, lutas de gladiadores, encenações de batalhas navais, massacres de animais selvagens, extravagâncias teatrais, triunfos militares: era um lugar de espetáculo e entretenimento contínuos, muitos deles sanguinários e sádicos.

Os romanos sabiam que lazer e extravagância não constituem luxos ou frivolidades; são ingredientes essenciais de qualquer grande cidade de sucesso, talvez tão indispensáveis quanto os tribunais e os monumentos públicos. Assim, fazer parte de uma multidão exuberante e ruidosa — seja no Coliseu do século II ou no Stade de France do século XXI — é uma experiência inebriante. Você pode se fundir na multidão e se sentir parte da cidade. No mundo moderno, o futebol dá aos membros de comunidades que contam milhões de almas uma identidade tribal. A capacidade de uma cidade de sediar Jogos Olímpicos, grandes festivais de música ou maratonas, bem como fornecer entretenimento quase constante na forma de esportes, teatros, museus, parques e casas noturnas, é fundamental para os seus propósitos e para a afirmação de sua grandeza. A metrópole propicia riquezas e oportunidades, e também a chance de fazer parte de algo maior do que você. Com isso, aceita-se viver na miséria em meio ao esplendor ou pagar um aluguel exorbitante por um espaço residencial minúsculo. As cidades que podem oferecer isso sempre colheram sua recompensa na forma de legiões de imigrantes talentosos e turistas esbanjadores.

As termas tornaram-se a característica definidora da expansão urbana romana por partes do mundo que nunca antes haviam conhecido, visto ou experienciado cidades. Em essência, o banho era a maneira pela qual um germânico, um gaulês ou um bretão eram purificados da própria barbárie e se tornavam não apenas romanos, mas urbanos.

Habitadas por 10 mil anos antes da ocupação romana, as Ilhas Britânicas eram igualmente desprovidas de qualquer coisa que se assemelhasse a uma cidade. O mais próximo que a Grã-Bretanha havia chegado de uma cidade propriamente dita era o *oppidum*, ou vila fortificada. A partir do início do século I a.C., os britânicos começaram a descer dos fortes nas montanhas para as planícies, onde construíam seus *oppida*, assentamentos protegidos por fortificações, geralmente nas cercanias de rios e estuários ou em rotas de comércio interior. Alguns desses assentamentos chegaram a cunhar suas próprias moedas. São descritos mais corretamente como "protourbanos", em vez de urbanos. O mais extenso desses *oppida* britânicos situava-se às margens do rio Colne, na atual Essex. Conhecido como Camuloduno, "O Forte de Câmalo", o deus britânico da guerra, o Colne o defendia e dava acesso às rotas de comércio marítimo.

Em 43 d.C., essa próspera povoação enfrentou a força de combate mais implacavelmente organizada do mundo, que incluía elefantes de guerra, artilharia de peso e o próprio imperador romano em pessoa. Carataco, rei da tribo dos catuvelaunos, fugiu diante de exército tão poderoso, e o imperador Cláudio aceitou a rendição de vários outros reis britânicos na antiga capital de Carataco, Camuloduno.

Assim que Cláudio se retirou, começaram os trabalhos na primeira cidade da Grã-Bretanha, hoje conhecida como Colchester. De início, a cidade foi uma fortaleza militar romana, construída sobre o *oppidum* existente, com uma muralha de defesa e um plano de ruas em grelha. A maior parte das construções consistia em longos quartéis retangulares, dispostos com precisão militar e destinados a acomodar a 20ª Legião, um regimento de cavalaria trácio e a 1ª Coorte dos Vangiões.

Seis anos depois, a fortaleza foi demolida e um novo plano hipodâmico foi disposto. A cidade dobrou de tamanho com seu novo status civil, capital da novíssima província romana da Britânia, povoada em sua maior parte por uma população de veteranos militares urbanizados e seus sequazes, bem como de elites locais em processo de romanização. No centro da cidade erguia-se um templo romano revestido de mármore do Mediterrâneo. Havia um fórum, edifícios cívicos, um teatro e um monumental portão de arco duplo. Vestígios de banhos públicos ainda não foram encontrados, mas eles devem estar enterrados em algum lugar sob a cidade moderna. É inconcebível que, nos séculos I e II, uma vila ou cidade romana em qualquer parte do império não contasse com banhos públicos, que variavam desde pequenos estabelecimentos privados, criados por empreendedores, até vastas termas municipais, como os Banhos Adriânicos, em Lepcis Magna, na Tunísia, as Termas de Conimbriga, em

Portugal, e as Termas Galo-Romanas de Cluny, em Paris, que não pareceriam de modo algum deslocadas em Roma.

Como contrapartida mínima pelos serviços prestados, os soldados romanos esperavam ser banhados e entretidos como se estivessem em Roma, ou pelo menos em suas cidades natais na Itália, no sul da França ou em qualquer outro lugar do império. No norte frio e úmido, os banhos forneciam o calor necessário às tropas desprovidas do sol do Mediterrâneo. Consequentemente, os primeiros edifícios de pedra construídos nos acampamentos militares romanos, como em Exeter ou York, eram a casa de banho e o anfiteatro para jogos e apresentações. Como Colchester, essas fortalezas militares logo se tornavam *coloniae*, ou cidades de veteranos. Com 10% do vasto exército romano estacionado na Grã-Bretanha no século II, não faltavam recrutas para o programa de construção de cidades.[23]

A experiência da Grã-Bretanha nas primeiras décadas da ocupação romana foi uma repetição do que aconteceu em outras partes do mundo não urbanizado — na Ibéria, na Gália, na Germânia, na Panônia (atuais Hungria e Áustria) e na Dácia (atuais Romênia e Moldávia). Primeiro veio o tsunami chocante de invasão e ocupação violenta, arrasando populações e modos de vida. Depois deu-se um processo de urbanização.

O Império Romano era um império urbano em rede, contando com milhares de cidades construídas de acordo com o modelo mediterrâneo, conectadas por estradas e pontes. Como demonstra o exemplo da Grã-Bretanha, a urbanização viabilizava não apenas centros administrativos militares em terras recém-conquistadas, como também lares para soldados aposentados, mantidos como auxiliares em caso de sublevações locais. Além disso, as cidades ofereciam aos povos conquistados, particularmente às elites, incentivos poderosos para aceitar o domínio estrangeiro e abraçar o estilo de vida romano. A palavra "civilização" deriva do latim *civis*, cidade, enquanto "urbanidade" vem de *urbanitas*, que entre seus significados conta-se a arte do discurso espirituoso, alusivo e polido, uma realização que só pode advir de uma convivência intensa com uma diversidade de pessoas na cidade. A palavra latina *cultus*, da qual extraímos cultura, significa requinte e sofisticação, o oposto de *rusticitas*, rusticidade.

A cidade de Londinium, em expansão, era uma porta de entrada para as influências estrangeiras que alcançavam a Britânia, um empório de bens exóticos e povos de todos os cantos do mundo romano. Surgiu no auge do império.

Pelos naufrágios descobertos no Mediterrâneo e pelo estudo da poluição na calota glacial da Groenlândia, sabemos que o comércio e a produção de metal nos séculos I e II alcançaram os níveis mais altos na Europa antes da Revolução Industrial no final do século XVIII e início do século XIX.

Os complexos de banhos eram símbolos fisicamente imponentes de "civilização" e dominaram as primeiras formas de vida urbana naquela Europa ainda selvagem. Uma terma em Londinium, datada das últimas décadas do século I d.C., quando a cidade começava a tomar forma, conhecida hoje como Huggin Hill Baths (localizada a alguns metros a sudeste da catedral de São Paulo), impunha-se como enorme complexo numa área urbana relativamente pequena, atendendo a uma clientela mista de mercadores romanos e aristocratas britânicos mergulhados na romanidade.[24]

Os banhos, contudo, não limpavam ninguém. O imperador Marco Aurélio comentou: "O que é o banho, quando o consideramos? Óleo, suor, sujeira, água gordurosa, tudo um nojo". Não se sabe quantas vezes a água era trocada nas termas imperiais. Milhares de banhistas diários por certo deixavam a água em um estado ainda pior do que sugere a descrição de Marco Aurélio. Os romanos se banhavam num ensopado quente e invisível de bactérias, germes e ovos de parasitas. Pentes, roupas e até fezes descobertas em sítios arqueológicos em todo o império mostram que os romanos, com toda a sua hidráulica e complexos sanitários avançados, estavam tão infestados de parasitas intestinais, pulgas e piolhos quanto as sociedades que não tomavam banho — talvez até mais. A água encanada introduziu o envenenamento por chumbo, que enfraquece o sistema imunológico, e a água compartilhada ajudava a disseminar disenteria e outras doenças. Uma cidade com centenas de termas reluzentes? Talvez. Mas isso não impedia Roma de ser assolada pela peste regularmente. Todas aquelas horas gastas desfrutando de banhos de água quente podem até ter reduzido a contagem de espermas, diminuindo a taxa de natalidade. Se confirmado, esse dado acrescenta uma dimensão completamente diferente à conexão entre o banho e o declínio e queda do Império Romano.[25]

Mas centenas de teorias sobre a queda do império foram propostas ao longo dos anos. No século III, o império enfrentou uma crise severa, padecendo com invasões de inimigos que vinham do outro lado do Reno, do Danúbio e do Eufrates, além de guerras civis recorrentes, pandemias cruéis e rupturas irreparáveis das redes comerciais. Embora Roma tenha se recuperado, as sugestões de um declínio a longo prazo ficavam cada vez mais evidentes nas telas mais amplas que o mundo romano conhecia: suas paisagens urbanas. Após a crise do século III, a própria ideia da cidade romana se viu desbancada no Ocidente. Em Paris, o poderoso anfiteatro foi demolido, e suas pedras foram recicladas numa muralha para proteger a cidade das hordas de bárbaros. Essa pilhagem de edifícios monumentais se repetiu em diversas cidades na Gália e em outros lugares. Onde sobreviveram, os fóruns, os anfiteatros e as grandes vias principais foram gradualmente invadidos pelo pequeno comércio improvisado. Na Grã-Bretanha, uma camada de "terra preta" no perímetro das cidades sugere que a horticultura comercial começou a invadir a esfera urbana a partir do século IV.

O comércio que havia trazido vida às cidades nunca se recuperou. Pictos, godos, saxões, hunos e visigodos espreitavam as fronteiras. Despojadas de suas comodidades esplendorosas e relegadas a cidadelas superlotadas, as cidades já não ofereciam a panóplia completa da civilização, e o investimento necessário para os banhos não estava mais disponível. Duas das termas mais magníficas da Europa Ocidental — em Paris e Trier — viram-se em ruínas no século III. As elites das províncias da Europa Ocidental agora buscavam sua dose de romanidade em outros lugares — em suntuosas vilas particulares, com fontes, estátuas, pilares, mosaicos e piscinas aquecidas. Numa época em que as cidades estavam sendo literal e figurativamente desmontadas, a *villa* tornou-se o último bastião do espírito romano, uma espécie de terra da fantasia, de caráter privado, que lembrava os bons e velhos tempos para alguns poucos sortudos.[26]

Cidades são coisas frágeis. Sem investimento constante, renovação e senso cívico, sua fragmentação é extraordinariamente rápida. Em *On the Ruin of Britain*, o clérigo Gildas registrou a destruição de todas as 28 cidades romanas logo após a partida das últimas tropas imperiais, no ano de 407. Mas, àquela altura, tais "cidades", passados dois séculos de desurbanização gradual, eram meros esqueletos. Londinium foi completamente abandonada no final do século. Mais tarde, a 1,5 quilômetro de distância desta que era agora apenas uma ruína metropolitana fantasmagórica, um vilarejo saxão chamado Lundenwic estabeleceu-se onde hoje é Covent Garden (área central de Londres). Na Gália e na Germânia, as cidades romanas encolheram, tornando-se, no máximo, vilarejos crescidos. Trier, que havia sido uma capital provincial de 100 mil habitantes, dividiu-se em várias aldeias em torno de uma catedral; em 1300, sua população não passava de 8 mil habitantes. Autun, fundada por Augusto na Gália, foi de uma cidade de dezenas de milhares de pessoas espalhadas por mil hectares para uma vila de dez hectares. Em Nîmes e Arles, as pessoas refugiaram--se dentro dos enormes muros dos anfiteatros, onde criaram vilarejos. As grandes cidades agora eram ímãs para saqueadores e invasores; as estradas não eram mais vetores de comércio, mas rotas de assalto. Na Grécia, nos Bálcãs e na Itália, as pessoas abandonaram suas planícies, as cidades à beira das estradas, em favor de vilas defensivas no topo das colinas, comunidades que se assemelhavam àquelas que seus ancestrais habitavam antes da chegada de Roma. Da mesma forma, no norte da Europa, algo como o *oppidum*, com fortificações e cabanas de madeira, ressurgiu.

A construção em pedra cessou. As taxas de alfabetização despencaram. De acordo com medições da poluição nas calotas polares da Groenlândia, a metalurgia caiu para níveis pré-históricos. Sem o comércio de longa distância para provê-las, as grandes cidades tornaram-se economicamente inviáveis. O poder e a riqueza abandonaram a cidade e se estabeleceram em mosteiros, herdades e castelos. A Europa não recuperaria o escopo da urbanização romana — sua infraestrutura, tecnologia, saneamento, sistemas de abastecimento de água, população, cultura cívica, padrões de vida e refinamento — por pelo menos mais 1300 anos. Nenhuma cidade voltou a passar de 1 milhão de habitantes até 1800. Uma vez desaparecidos, os banhos — o emblema da sofisticação urbana — não ressurgiram para o uso em massa até a inauguração das termas de Pier Head, em Liverpool, em 1829.

"Aquele que se banhou em Cristo uma vez não precisa de um segundo banho", disse são Jerônimo. Não faltavam apenas as habilidades e a tecnologia, mas também a cultura dos banhos públicos. Os cristãos desaprovavam a nudez; abominavam a vaidade e a perda de tempo representada pelos mimos e excessos romanos; viam os banhos frívolos como um viveiro de licenciosidade e pecado. Tudo o que restou foi a tradição religiosa de lavar os peregrinos; a cultura social e comunitária do banho urbano, para não dizer seus prazeres, estava morta.[27]

Em Roma, no entanto, os grandes viadutos continuavam a encher as piscinas aquecidas dos banhos palacianos. Em 408, os cidadãos romanos ainda marchavam para as termas de Agripa, de Caracalla ou de Diocleciano, como as gerações anteriores haviam feito. No início do século v, quando o tecido urbano da Europa se despedaçava, Roma permaneceu um farol que apontava para o que uma grande metrópole poderia e deveria ser. Grãos da Sicília e do norte da África, azeite, seda chinesa, especiarias indonésias e muito mais continuavam a chegar. Com o império dividido em dois, e com os imperadores do que restou da porção ocidental ausentes por anos a fio, a cidade de Roma retinha apenas uma sombra pálida de seu antigo poder. Seu Senado, que havia sido o árbitro do mais poderoso império jamais visto, reduziu-se a pouco mais do que um conselho municipal; o Fórum, anteriormente palco de dramas políticos que abalavam o mundo, tornou-se mera praça; os templos pagãos foram fechados pelas autoridades cristãs. Mas Roma continuou sendo a maior cidade do mundo, com grande parte de sua magnificência e infraestrutura ainda em funcionamento. A população, que havia caído para 800 mil habitantes, era uma multidão etnicamente diversa, bem alimentada e bem entretida. Um inventário da cidade à época listava dois mercados principais, dois anfiteatros, dois circos, três teatros, quatro escolas de gladiadores, cinco lagos para batalhas marítimas simuladas, seis obeliscos, sete igrejas, oito pontes, dez basílicas, onze fóruns, onze termas imperiais, dezenove aquedutos, 28 bibliotecas, 29 avenidas, 36 arcos de mármore, 37 portões, 46 bordéis, 144 latrinas públicas, 254 padarias, 290 armazéns, 423 bairros, quinhentas fontes, 856 banhos privados, 1790 casas, 10 mil estátuas e 46602 blocos de apartamentos.[28]

O ano de 408 foi também aquele em que Roma foi sitiada por um vasto exército visigodo liderado por Alarico. Dois anos depois, e oito séculos desde a última vez que as defesas da cidade foram violadas por um exército bárbaro, Alarico saqueou Roma. Os visigodos permaneceram em Roma por apenas três dias, de modo que os danos infligidos à cidade e seu povo foram relativamente brandos. O dano psicológico, no entanto, foi irreparável. "A cidade que conquistou o mundo inteiro foi conquistada", maravilhou-se são Jerônimo. As coisas pioraram quando os vândalos invadiram e estabeleceram reinos na Sicília, Sardenha e na província da África (Líbia). Esses eram os depósitos de grãos de Roma. Privada de seus suprimentos, Roma já não podia alimentar sua enorme população. Em 455, os vândalos saquearam a cidade, pilhando muitos de seus tesouros ao longo de catorze dias. À medida que a população diminuía, caindo de 650 mil em meados do século para 100 mil no final, Roma se viu numa situação em que tinha pouco além de seu legado para sobreviver. E era um legado bem farto. A cidade começou a devorar a si mesma.

Os que permaneceram na cidade, entre blocos de cortiços em deterioração e decadentes monumentos em honra de uma grandeza havia muito perdida, começaram a extrair pedra, mármore, bronze e chumbo dos nobres edifícios imperiais. No Fórum de Augusto, montaram fornos de cal nos quais queimavam estátuas de mármore, pedestais e colunas para fazer gesso. A matéria canibalizada da cidade era vendida ou usada para construir igrejas. Por séculos, os romanos ganharam a vida vendendo as antiguidades e a arte da cidade. Onde não foi remendada desesperadamente com pedras roubadas, Roma entrou em decadência, exibindo grandes pórticos partidos, tocos de colunas, pedaços de estátuas e pilhas de ladrilhos e lajes despejadas sem cerimônia; a grama crescia em todos os lugares, inclusive no Circo Máximo. No entanto, apesar da decadência contínua, como escreveu Cassiodoro, "a visão de Roma é uma maravilha", uma "floresta admirável de edifícios", que incluía "o enorme Coliseu, cujo topo está quase além do olho humano, e o Panteão, com sua cúpula elevada e bela, tão grande que cobre uma região inteira da cidade". Também seguiam em uso "os banhos, imensos como províncias".[29]

Os romanos continuaram a desfrutar de seus preciosos banhos, até o dia fatídico, em 537, quando a última gota d'água pingou nas Termas de Caracalla e nas demais. O exército ostrogodo que sitiava Roma destruiu os aquedutos. A água nunca mais voltaria a correr; os palácios do povo, por outro lado, permaneceram substancialmente intactos por vários séculos, sua estrutura e imensos tetos abobadados fornecendo provas visuais impressionantes da extinta civilização romana. Um número suficiente de edifícios sobreviveu para ser registrado por artistas nos séculos XVI e XVII. As Termas de Caracalla, por se situarem fora da cidade, decaíram à condição de respeitáveis ruínas. Já as de Diocleciano foram incorporadas a novos edifícios. Michelangelo converteu seu frigidário, ainda com o colossal corredor abobadado e as colunas de granito vermelho, na nave da basílica de Santa Maria degli Angeli e dei Martiri. Mais tarde, outras partes de sua estrutura portentosa foram usadas como silo para grãos, passando depois a fazer parte do Museu Nacional Romano. A forma de sua vasta êxedra em semicírculo foi preservada como contorno da Piazza della Repubblica.

Já fazia muito tempo que Roma deixara de ser uma potência mundial. O fechamento dos banhos em 537 é uma data-chave em sua história. A fonte da antiga cultura urbana romana havia secado. Sem os aquedutos, Roma só era capaz de sustentar uma população de cerca de 30 mil habitantes. Para os que queriam se lavar em Roma, havia as águas do Tibre. Lar do papado, centro da peregrinação cristã e local de ruínas fabulosas que instigavam a imaginação (ou o desejo de saquear), Roma sobreviveu para intrigar as gerações futuras. Mas a Europa Ocidental perdeu sua última grande metrópole. Nas cidades do Império Romano do Oriente — no norte da África e no sudoeste da Ásia —, os municípios não desligaram suas fontes; o banho permaneceu central para a experiência urbana. A tradição e os prazeres do banho público em água quente foram herdados e adaptados em centenas de cidades islâmicas. Os banhos públicos — chamados *hammams* — eram essenciais para as abluções exigidas antes da oração. Também serviam como locais de socialização para homens e mulheres. Nas cidades islâmicas, o *hammam*, a mesquita e o *souk* eram a troica de instituições que constituíam a base da vida urbana. Os *hammams* proliferaram em cidades no sudoeste da Ásia, no norte da África e na península Ibérica; Damasco, por exemplo, tinha 85 deles dentro das muralhas da cidade e 127 nos subúrbios. Da mesma forma, no Japão, o banho teve início nos templos como ritual de purificação na água. No século XIII, banhos públicos comerciais mistos — *sentos* —, com grandes piscinas e salas de vapor, tornaram-se uma característica das cidades e um ritual da vida diária. Serviam como locais de interação comunitária, um meio de integração com a vizinhança conhecida como *hadaka no tsukiai*, ou "socialização nua", que está no coração da sociedade japonesa. No século XX, essa forma de intimidade física recebeu outro nome: *sukinshippu* ("*skinship*", trocadilho entre *skin*, pele, e *kinship*, laço de parentesco ou afinidade). No século XVIII, com uma população próxima a 1 milhão de habitantes, Edo (Tóquio) contava com cerca de seiscentos *sentos* públicos; em 1968, o número desses estabelecimentos na cidade atingiu um pico de 2687. O horizonte de Tóquio era marcado por chaminés projetando-se para cima de suas numerosas casas de banho, uma evidência visual impressionante da centralidade do banho na vida social da cidade.

O banho é uma medida da vitalidade urbana. Em grande parte da Europa, as ruínas de termas e aquedutos denotavam o colapso da urbanidade. Mas sua sobrevivência em metrópoles muçulmanas e cidades por toda a Ásia simbolizava o florescimento da vida citadina. Enquanto a ponta ocidental da Eurásia recuava para a insignificância, a maior parte do resto do mundo se viu varrida por um período de energia feroz e urbanização.

5. Gastrópoles
Bagdá, 537-1258

Em 1998, pescadores indonésios mergulhando em busca de pepinos-do-
-mar descobriram um bloco de coral incrustado de cerâmicas antigas. Faziam
ali uma descoberta impressionante. Por mais de 1100 anos, o navio e sua carga
permaneceram ocultos sob sedimentos no mar de Java, a salvo da devastação
dos vermes marinhos; 60 mil itens foram recuperados dos destroços. Alguns
deles eram ornamentos requintados — e bastante caros — de bronze, ouro,
prata e cerâmica, feitos para os super-ricos. Havia dezoito lingotes de prata.

A maior parte da carga, contudo, não era considerada preciosa na época
em que foi feita, em 826 d.C. — 98% dela consistia em itens cotidianos de baixo custo, produzidos na China e destinados a clientes que não pertenciam às
elites. Mas, para arqueólogos e historiadores, são artigos inestimáveis devido
à luz que lançam sobre o dia a dia na Idade Média. Algumas dessas cerâmicas
estão expostas no Museu das Civilizações Asiáticas, em Singapura. As tigelas
de Changsha, produzidas em massa em Hunan, com seus atraentes esmaltes
brilhantes e desenhos abstratos, parecem tão novas que é quase como adentrar
a lojinha de presentes do museu. Elas compõem uma pequena amostra de
55 mil tigelas desse tipo retiradas dos destroços. Hoje, dispostas no coração do
museu, o efeito é avassalador: são o testemunho de um sistema de comércio
medieval e de uma civilização urbana que floresceu por séculos a fio.

O *dhow* — modalidade de veleiro — muito provavelmente levava especiarias, tecidos, sedas e artigos silvestres, coisas que não sobreviveriam a um milênio inteiro debaixo d'água (embora uma quantidade considerável de anis-estrelado tenha sido detectada). Havia outros itens produzidos em massa: 763 tinteiros idênticos, 915 potes de especiarias e 1635 jarros. Fabricados em fornos de toda a China e tendo o mercado global em mente, eram enviados ao porto por meio de uma rede de rios e canais. Havia artigos com o símbolo de lótus para clientes budistas no sudeste da Ásia e outros com motivos apropriados para casas na Pérsia e na Ásia Central. A maioria das tigelas atendia ao enorme mercado islâmico, exibindo desenhos geométricos e pastilhas, inscrições do Alcorão e palavras árabes. Os cerca de 10 mil comerciantes estrangeiros que viviam em Guangzhou (Cantão) encomendavam essas peças com base no conhecimento que tinham do que estava na moda em Bagdá, Samarcanda ou Córdoba, por exemplo. Louças de cerâmica branca e tigelas com detalhes verdes eram populares na Pérsia, ao passo que a deslumbrante porcelana chinesa azul e branca, que nos é tão familiar, era inteiramente ditada pelos gostos das pessoas em Bagdá.

O *Belitung* (como é conhecido o navio, por conta da ilha perto da qual foi encontrado) continha uma carga preciosa destinada aos suntuosos bazares da maior cidade do mundo: Bagdá. O navio havia embarcado a mercadoria em outra vasta metrópole do comércio global — Guangzhou — no ano de 828, provavelmente em troca de pérolas do golfo Pérsico, vidrarias e perfumes do Oriente Médio, bem como de cargas de especiarias e madeiras raras coletadas ao longo do caminho. O comércio entre Bagdá e Guangzhou envolvia uma viagem de ida e volta de 12600 milhas que começava no golfo Pérsico e navegava pelo mar da Arábia, oceano Índico, baía de Bengala, mar de Andaman, estreito de Malaca e mar do Sul da China.[1]

Um navio viajando durante uma única estação — e levando uma carga não particularmente espetacular — ilustra com cores surpreendentes um mundo conectado. A diversidade de mercadorias revela como o gosto em termos de utensílios domésticos e alimentos ia se espalhando e se misturando. O *dhow* navegava de porto em porto, comercializando e trocando artigos apropriados para cada mercado local, enquanto fazia seu caminho de volta para o golfo Pérsico. O naufrágio no mar de Java representou a perda de dinheiro e, sem dúvida, de vidas; mas sua recente descoberta revolucionou a forma como vemos a Idade Média. A própria embarcação personificava a interconexão do mundo por onde navegava: fora construída em Siraf, no atual Irã, cidade especializada em construção naval, com madeiras feitas de mogno africano, uma longarina de *Afzelia bipindensis* importada do distante Zaire e vigas de teca indiana. A linha que prendia tudo era feita provavelmente de hibisco marinho da Malásia, substituindo o cânhamo original derivado do Cáucaso ou da Índia. Os potes para armazenamento de mercadorias eram feitos no Vietnã e, conforme revelam os objetos pessoais encontrados a bordo, a tripulação e os passageiros eram oriundos do Oriente Médio, da China e do sudeste da Ásia. Alguns dos utensílios de cozinha vinham da Tailândia e de Sumatra.[2]

Contudo, nesse mundo de comércio de longa distância e conexões múltiplas, havia um lugar especialmente rico e poderoso, capaz de gerar a energia que impulsionava o comércio global. A carga preservada do naufrágio do *Belitung* representa apenas uma fatia das maravilhas exóticas que fluíam para Bagdá, provenientes não somente da China e do sudeste da Ásia, mas também da Ásia Central, das estepes, do Levante, da África e do Mediterrâneo.

As cidades de imensos e cintilantes arranha-céus — as "cidades instantâneas" — do final do século XX e início do século XXI, como Dubai ou Shenzhen, têm uma ancestral em Bagdá. Só 67 anos antes de o navio *Belitung* zarpar trazendo uma rica carga de bens exóticos e utilitários, o califa abássida al-Mansur (ou Almançor) traçara em cinzas na terra nua o contorno do que viria a ser, por ordens suas, a capital intelectual, espiritual e comercial do mundo. Construída de acordo com um projeto urbano sofisticado e deslumbrante por um exército de 100 mil arquitetos, agrimensores, engenheiros, carpinteiros, ferreiros e operários, a cidade estava concluída apenas quatro anos depois de al-Mansur fundá-la em 762. Em poucas décadas, sua população ultrapassou a marca de 1 milhão de pessoas; no auge, é possível que tenha abrigado 2 milhões. "Não era Bagdá a mais bela das cidades, um espetáculo que mantinha o olhar sob feitiço?", perguntava o poeta Ali ibn Abi Talib.[3]

Bagdá, situada no centro de um vasto império urbano que abrangia três continentes, foi projetada para demonstrar o triunfo de uma nova civilização global. Embora tenha sido levado aos quatro cantos do mundo por tribos nômades beduínas do deserto da Arábia, o islã estava enraizado na cultura urbana. Enriquecida pelos lucros do comércio de bens valiosos com as cidades do Levante e da Pérsia, Meca era uma rica cidade de mercadores no século VI. Um dos envolvidos no comércio entre o oceano Índico e o Mediterrâneo era um jovem chamado Maomé. Cidade do deserto, com pouca agricultura que a sustentasse, Meca dependia quase inteiramente do comércio internacional. Os bons tempos chegaram ao fim, porém, quando os mercados do Levante e da Pérsia secaram como resultado das guerras titânicas entre os romanos de Constantinopla e o Império Persa.

Não apenas na Arábia, mas por toda parte do que restou do Império Romano, o comércio definhou em face da guerra e das pestilências. A situação fazia lembrar a queda do império ocidental, alguns séculos antes. Corinto e Atenas foram praticamente abandonadas. A cidade de Antioquia, uma das quatro grandes metrópoles do mundo, foi saqueada e destruída pelos persas em 538, e 300 mil de seus cidadãos foram deportados. As cidades romanas na Ásia Menor, como Éfeso e Sardes, reduziram-se a meras guarnições fortificadas, com umas poucas casas miseráveis acampadas em meio à grandeza decadente dos tempos idos. Três anos depois do saque de Antioquia, em 541, a peste bubônica estourou em Alexandria; as ruas ficaram bloqueadas por milhares de cadáveres em decomposição. Os navios mercantes espalharam a doença letal para cidades de todo o Mediterrâneo, exterminando um terço da população. Constantinopla, a resplandecente capital do Império Romano, entrou em declínio demográfico acentuado no século VII.

Foi contra esse pano de fundo apocalíptico — cidades devastadas, impérios cambaleantes e convulsão social — que Maomé começou a receber as revelações de Deus, ditadas pelo anjo Jibril (variante árabe para Gabriel). Tendo início em 610, as revelações não apenas explicavam o que estava acontecendo naquele mundo arrasado pela guerra e repleto de pestes, como também ofereciam um caminho rápido para o sucesso mundano e a salvação espiritual aos que escolhiam o serviço em nome de Alá. Acima de tudo, era uma mensagem de unidade para as tribos do deserto — as tribos divididas, briguentas e ferozmente independentes da Arábia. Mas a religião nasceu em meio ao conflito. As elites politeístas de Meca reagiram com hostilidade à mensagem radicalmente monoteísta de Maomé. O pregador e seus seguidores foram forçados a fugir para a cidade agrícola de Iatrebe (hoje Medina), em 622.

Foi aqui que o islã tomou forma, onde os convertidos foram arrebanhados para a fé e as primeiras conquistas foram realizadas. Meca caiu em 630, e, antes da morte do Profeta, em 632, a maior parte da Arábia já se encontrava sob controle muçulmano. Com velocidade surpreendente, o islã absorveu muito do que restou de dois impérios mundiais exauridos — o dos romanos e o dos persas. Nas décadas e séculos seguintes, a marcha de conquista e conversão do islã o levou para o oeste, pela costa do norte da África, atravessando o estreito de Gibraltar até a Espanha, e para o leste, ao longo da Rota da Seda, até as fronteiras da China e da Índia.

Ao contrário dos bárbaros que desmembraram o Império Romano do Ocidente, os invasores árabes, muitos deles não urbanizados, adaptaram-se à vida na cidade. Afinal, os centros urbanos foram cruciais para o sucesso do islã desde o início. Um lugar onde populações de diferentes origens pudessem realizar o culto juntas ajudava a desfazer identidades tribais e étnicas e a solidificar a noção da *ummah* — a comunidade muçulmana mais ampla, abarcando gente do Indo ao Atlântico, do Saara ao Cáucaso, todos unidos unicamente pela fé.

Uma cidade romana era instantaneamente reconhecida como romana. Tal uniformidade não era evidente no caso da cidade islâmica. O *dar al-Islam* (literalmente, "lar do islã"), em primeiro lugar, era um império global, abrangendo territórios que continham algumas das cidades e culturas urbanas mais antigas do mundo, desde as cidades-Estados da Ásia Central e as metrópoles do Irã e do Iraque até as *poleis* clássicas da bacia do Mediterrâneo. Os muçulmanos herdaram cidades com fundações urbanas de longa data e populações enraizadas de cristãos, judeus, budistas e zoroastrianos. Por outro lado, é preciso dizer que a estrutura física da cidade clássica estava passando por metamorfoses bem antes do período de expansão islâmica.

Nas cidades orientais do antigo Império Romano, os espaços públicos abertos, as largas avenidas, os edifícios monumentais e os planos hipodâmicos estavam sendo devorados por residentes desejosos de mais espaço. Durante um longo processo de ocupação e densificação que ocorreu nos séculos anteriores à conquista islâmica, as grandes avenidas ladeadas de colunatas tornaram-se mais estreitas à medida que lojas e casas as mordiscavam, criando uma confusão de vielas sinuosas; da mesma forma, construiu-se por cima de fóruns, ágoras e áreas públicas, e os edifícios foram subdivididos. Além disso, as autoridades islâmicas, em contraste com os governos municipais romanos anteriores, costumavam adotar uma atitude mais liberal em relação ao planejamento urbano, concedendo aos proprietários e aos bairros em geral bastante liberdade para construir como quisessem, de modo que a cidade se desenvolvesse organicamente, conforme as necessidades.[4]

As cidades tendem a tomar forma em torno de seu principal meio de transporte — sejam pernas humanas, cavalos, trens, bondes, metrôs ou carros. Na época em que o islã alcançou a preeminência, a carroça (que demanda bastante espaço na rua) estava sendo substituída por um graneleiro mais econômico: o camelo. As regras determinavam que uma rua só precisava ser larga o suficiente para permitir que dois camelos passassem um pelo outro. Os proprietários de imóveis, por sua vez, tinham autorização para construir extensões que conectavam os andares superiores de edifícios separados por uma rua. As ruas, portanto, se transformavam frequentemente em corredores fechados, como túneis avançando por dentro da densa paisagem urbana. É revelador que a palavra árabe para "mercado" — *sūq* — derive da palavra acadiana para "rua" — *suqu* —, que, por sua vez, vem de *saqu*, "estreito". A ágora aberta tornou-se o mercado de rua linear do *souk*, irradiando-se pela cidade de acordo com um intrincado padrão de vielas estreitas.[5]

O aparente caos e congestionamento não sufocava a cidade; em vez disso, essa hiperdensidade inspirava um novo tipo de dinamismo. Tal natureza desordenada não era um sinal de fracasso urbano, mas de sucesso — as pessoas afluíam para a cidade por motivos religiosos e comerciais, ocupando todo o espaço disponível. O *souk* comercial, com seus distritos especializados onde os comerciantes se aglomeravam, ultrapassava em complexidade e sofisticação a ágora e o fórum. Os centros das cidades islâmicas eram dominados por duas instituições novas na história urbana: o *souk* e a mesquita. Esta última servia a muitas funções urbanas, destinando-se ao culto comunitário, à justiça e à educação.

A adoração na mesquita dava acesso à imensa riqueza material do *souk*, extraída do sistema de comércio global. A cidade islâmica abria-se para toda a *ummah*, independentemente da etnia do residente, de sua cidade de nascimento ou de seu status em termos de conversão. O Império Árabe abrangia as partes mais produtivas do globo e seu coração urbanizado: o Mediterrâneo, a Síria, o Egito e a Mesopotâmia. Suas rotas comerciais mergulhavam profundamente no Saara, seguindo pela Rota da Seda até a Ásia Central e a China; por mar, chegavam à África Oriental, à Índia e ao sudeste da Ásia. Assumir o controle do centro econômico do mundo e gozar de todos os seus frutos era considerado pelos muçulmanos como o resultado justo da obediência a Alá.

Ao longo da Idade Média, dezenove das vinte maiores cidades do mundo eram muçulmanas ou parte do Império Chinês. (A única cidade não muçulmana e não chinesa nessa lista era Constantinopla.) A riqueza e a energia do mundo humano estavam concentradas em uma rede de cidades trançadas como um colar de pérolas sobre a terra e o mar, partindo de Córdoba, na Espanha, e de Gana, na África Ocidental, até Guangzhou, na China, tendo Bagdá como ponto radial. Se para a Europa era a Idade das Trevas, a maior parte do resto do mundo desfrutava de uma idade de ouro.

"Tenho visto as grandes cidades, incluindo aquelas renomadas por sua construção duradoura", escreveu o ensaísta al-Jahiz, no século IX. "Já vi tais cidades nos distritos da Síria, em território bizantino e em outras províncias, mas nunca vi uma cidade de maior estatura, de circularidade mais perfeita, uma cidade mais dotada de méritos superiores ou que possuísse portões mais amplos ou defesas mais perfeitas do que [Bagdá]." Admirador de Euclides, o califa abássida al-Mansur decretou que sua cidade fosse perfeitamente circular. A circunferência da vasta muralha era cortada por quatro portões equidistantes. Quatro estradas perfeitamente retilíneas partiam desses portões gigantescos em direção ao centro — uma cidade circular dentro da cidade circular. O povo de Bagdá podia ver a enorme cúpula verde do palácio imperial e a Grande Mesquita dentro da cidadela arredondada. Mas não podiam se aventurar por lá: era uma zona reservada para a corte do califa, sua família, os guardas e a burocracia imperial. Era como a Cidade Proibida, em Pequim (Beijing), espaço de soberania sagrada no centro da cidade. Por intenção e projeto, Bagdá expressava perfeição geométrica e urbana. "É como se fosse derramada num molde e fundida", maravilhou-se al-Jahiz.[6]

Os califas abássidas julgavam sua cidade "o umbigo do universo", e sua circularidade perfeita era uma personificação dessa metáfora. A Mesopotâmia era considerada o centro do mundo, e Bagdá, o centro da Mesopotâmia. A cidade era composta de uma série de círculos concêntricos, representando a configuração do cosmos, tendo o palácio ao centro, equidistante de todos os países e povos. Todas as estradas — por terra, rio e mar — levavam a Bagdá. Os quatro portões, com suas quatro avenidas retilíneas conduzindo ao coração do círculo, tornavam Bagdá uma encruzilhada literal e figurativa do mundo. O portão de

Damasco, ou Sham, abria caminho para a Síria e o Mediterrâneo, e o portão de Cufa, para a península Arábica e Meca. No nordeste, o portão de Khorasan conectava a cidade ao Irã, à Ásia Central e, por fim, à China; no quadrante sudeste, o portão de Baçorá apontava o caminho para o mundo marítimo do oceano Índico e do leste da Ásia. Ahmad al-Yaqubi, geógrafo do século IX, colocou as seguintes palavras na boca de al-Mansur, que olhava para o rio que corria por Bagdá: "Este é o Tigre; não há obstáculo entre nós e a China; tudo no mar pode nos alcançar por ele".[7]

É claro que não era a geografia que fazia de Bagdá o centro do universo. Era o poder e o dinheiro. A riqueza do mundo, na forma de impostos arrecadados pelo império comercial mais rico do planeta, fluía para a nova capital imperial. Bagdá passou a ser um importante arsenal militar e residência dos oficiais da elite imperial. O imenso poder de compra e a sede de luxos dessa classe tornavam a cidade muito atraente para os imigrantes, que chegavam às centenas de milhares, oriundos da Arábia e da Pérsia.

Com o tempo, a eles se juntariam muçulmanos de todo o império, bem como grupos menores de europeus, africanos e asiáticos, incluindo aí uma série de ourives, pintores e tecelões chineses, todos atraídos pela superabundância de riquezas concentrada na metrópole imperial. A população escravizada talvez fosse ainda mais cosmopolita, composta de homens, mulheres e crianças de origem eslava, núbia, etíope, sudanesa, senegalesa, franca, grega, turca, azerbaijana, berbere, entre outras. Havia um bairro cristão completo, com igrejas e mosteiros. A cidade também abrigava cerca de 45 mil judeus. Só alguns de seus habitantes multiculturais viviam na chamada Cidade Circular — os oficiais e administradores do império, que moravam perto do palácio do califa, dentro de um anel de estruturas residenciais espremido entre a muralha externa e os muros do palácio. A cidade real, aquela onde as pessoas viviam e trabalhavam, espraiava-se para além dos muros da metrópole circular. Bagdá era uma cidade com muitas cidades.

Os principais planejadores urbanos de al-Mansur dispuseram quatro grandes distritos fora da Cidade Circular, bairros densamente povoados com avenidas, ruas, blocos de apartamentos, lojas, mesquitas, jardins, hipódromos, casas de banho e *souks*. Bagdá se expandiu para a outra margem do Tigre, com uma cidade oriental crescendo paralelamente à ocidental, conectadas entre si pela famosa ponte de barcos. Os califas e nobres migravam para fora do casulo da

Cidade Circular, construindo palácios e mesquitas para eles e suas famílias em vários pontos da cidade.

"Tudo que se produz da terra está disponível lá", escreveu Du Huan, um prisioneiro chinês. "Carrinhos transportam inúmeros produtos para os mercados, onde tudo está disponível a bom preço. Brocados, sedas bordadas, pérolas e outras joias são expostas em todos os mercados e lojas de rua." Descrevendo a cidade em seus primórdios, um escritor registrou: "Aqui, cada mercador, e cada mercadoria, tinha uma rua determinada: e havia fileiras de lojas, tendas e pátios em cada uma dessas ruas".[8]

Os mercados ofereciam as preciosidades do mundo: faiança e porcelana da China; sedas, tapetes e tecidos da Ásia Central; ameixas de Shiraz; marmelos de Jerusalém; figos sírios; confeitaria egípcia; pimenta e cardamomo da Índia; especiarias da Ásia Oriental. Havia ruas e *souks* reservados para gado, cavalos, escravos, pedras e metais preciosos, joias, tapetes, carpintaria, ferragens, peixes, pães, pudins, queijos, doces, sabonetes e detergentes, ervas e especiarias — quase tudo que um coração poderia desejar. Melancias, por exemplo, embaladas na neve a fim de preservar o frescor, eram enviadas de Bukhara.

Numa das histórias de *As mil e uma noites*, "O carregador e as três jovens de Bagdá", um carregador é contratado para acompanhar uma mulher a uma maratona de compras pela cidade. Na primeira parada, compram uma jarra do melhor vinho. Em seguida, vão ao fruteiro em busca de "maçãs de Shami e marmelos de Osmani e pêssegos de Omã, pepinos cultivados no Nilo, limas egípcias e laranjas e cidras de Sultani, além de jasmim alepino, bagas de murta perfumadas, nenúfares damascenos, flores de alfeneiro e camomila, anêmonas vermelho-sangue, violetas e flor de romã, eglantina e narcisos". Então, seguem para o açougueiro, onde compram carneiro. A próxima parada é a mercearia: levam frutas secas, pistache, passas de Tiama e amêndoas com casca; nos confeiteiros, compram "tortas abertas e bolinhos fritos perfumados com almíscar, 'bolos de sabão', pães de limão e conservas de melão, 'pentes de Zaynab', 'dedos de senhora', 'acepipes de Kazi' e guloseimas de toda sorte". O carregador já está cansado, mas a mulher nem pensa em encerrar: o perfumista oferece "dez tipos de água: água de rosas com aroma de almíscar, flor de laranjeira, nenúfar, flor de salgueiro, violeta e cinco outras [...], dois pães de açúcar, um frasco para borrifar perfume, um pouco de incenso masculino, madeira de aloe vera, âmbar cinzento, almíscar e velas de cera de Alexandria". A última parada é outra mercearia onde se compra "salsicha e azeitonas em conserva com salmoura e óleo, estragão e creme de queijo, e queijo duro da Síria". É uma fantasia orgiástica de guloseimas que se transforma numa orgia sexual quando o carregador retorna à suntuosa casa da jovem de Bagdá.

No século IX, disfarçando-se de trabalhador comum, o califa al-Ma'mun costumava escapar do palácio a fim de se deliciar com a afamada comida de rua de sua capital. Para horror de seus cortesãos, seu ponto habitual eram as tendas no mercado que vendiam *judhaba*, prato que consistia em frango, pato ou um corte gordo de cordeiro assado ao ar livre em um forno de barro *tannur*; assava-se a carne sobre um tacho de pudim de pão temperado com mel, água de rosas, açúcar, frutas secas, pimentas e açafrão. As gorduras e sumos da carne assada lentamente pingavam no pão doce, produzindo um prato doce e salgado delicioso e irresistível, muito popular como opção para viagem nos mercados e estradas, tanto para as massas da cidade como para o ocasional califa incógnito.[9]

Um sobrinho de al-Ma'mun, al-Mutawakkil, o décimo califa abássida, certa vez sentiu o cheiro de *sikbaja* sendo preparado por um marinheiro a bordo de um navio. Não podendo resistir, ordenou que lhe trouxessem a panela. Especialidade de Bagdá, o *sikbaja* era um ensopado agridoce de carne ou peixe cozido em vinagre, mel, frutas secas e especiarias, guarnecido com salsichas picantes; era um prato apreciado pelos mais ricos e também pelos mais humildes. Al-Mutawakkil comeu o jantar do marinheiro e devolveu a panela recheada de dinheiro. Segundo ele, foi o *sikbaja* mais delicioso que já provara.[10]

Das extravagâncias culinárias dos califas e dos super-ricos até as refeições dos mais pobres, os bagdalis levavam a comida muito, muito a sério, valendo-se de ingredientes raros e dispendiosos. Tratava-se de uma cidade onde os califas supervisionavam pessoalmente a feitura de seus pratos prediletos, onde os poetas compunham odes às receitas e onde os chefes de cozinha se tornavam celebridades. Lá se podia desfrutar de um *shawarma* de carneiro suculento e apimentado, o ancestral do *doner kebab*, ou um *bazmaward*, espécie de burrito de frango do século IX, com nozes picadas e ervas. Outra comida de rua favorita era a *badhinjan mahshi*, berinjela cozida e picada misturada com nozes e amêndoas moídas, cebola caramelizada, ervas frescas, vinagre, canela e sementes de alcaravia.

Como concordaria o califa al-Ma'mun, a comida de rua pode muito bem figurar entre as melhores. Em uma megacidade como Roma no século II ou Nova York no século XIX, a vida urbana dificultava um pouco as coisas para cozinhas domésticas, com seus fogões que ocupam muito espaço. A comida de rua, portanto, tornava-se uma necessidade e, em qualquer cidade que valorizasse suas delícias culinárias, era de alto padrão. Mais do que isso, a função da comida de rua e da comida para viagem é essencial para a economia das megacidades, principalmente a economia informal, que mantém vivos os recém--chegados e os grupos marginalizados. Trabalhar com comida tem sido o caminho para muitos imigrantes que não têm outra coisa para vender na cidade. Tanto a Cidade do México quanto Mumbai têm cerca de 250 mil vendedores ambulantes, uma alta proporção da população trabalhadora. Londres, em meados do século XIX, contava dezenas de milhares de vendedores ambulantes de comida de rua, incluindo quinhentos que não ofereciam nada além de sopa de ervilha e enguias fervidas e trezentos especializados em peixe frito.[11]

A grande cidade de Lagos se assemelha hoje a um enorme mercado e também a uma imensa cozinha ao ar livre montada em meio a engarrafamentos. Uma das visões mais comuns por lá são os vendedores do pão de Agege. É assado em centenas de padarias de pequena escala no distrito de Lagos que lhe dá o nome e distribuído a milhares de vendedores ambulantes para abastecer os trabalhadores matinais em trânsito. Os ambulantes carregam o pão na cabeça, coberto de celofane e empilhado em pirâmide com potes de manteiga e maionese, percorrendo a cidade com seu grito característico: "*Agege bread ti de o!*". Em geral, vão acompanhados por alguém que vende um ensopado de feijão conhecido como *ewa ayogin*. Ainda mais onipresentes são as espigas de milho torrando em tripés ao longo das estradas. Os vendedores de milho calculam que os custos iniciais para o empreendimento estão abaixo de trinta dólares, cobrindo churrasqueira, barraca, carvão, panelas e milho; pode-se alcançar um lucro de cerca de quatro dólares por dia — um pouco acima da renda média diária — vendendo para os motoristas que passam por ali, junto com os acompanhamentos tradicionais: coco, peras e grãos. O milho é um alimento básico em Lagos. Como disse uma ambulante: "O negócio [...] me pôs na estrada, pôs comida na minha mesa, pagou meu aluguel e me permitiu financiar a educação dos meus filhos, como viúva. Os nigerianos não podem ficar sem comer milho, e nunca deixamos de ganhar dinheiro com o gosto deles".[12]

Comida para viagem faz sentido numa cidade grande e agitada, onde todos estão em constante movimento. A maioria das refeições nos países em desenvolvimento é consumida nas ruas. Se não fosse pelo setor informal e seu exército de empreendedores, muita gente nem sequer comeria. Móveis e flexíveis, os vendedores ambulantes podem abrir novos mercados em partes da cidade mal abastecidas pela economia formal. É uma vida precária a desses vendedores lagosianos — mulheres em sua maioria —, ameaçados por rivais ou pela polícia. Na Londres vitoriana, como em Lagos, os vendedores ambulantes de comida de rua eram os desempregados, analfabetos, marginalizados, os pobres de passagem pela cidade e os recém-chegados; eram vistos como subversivos, uma ameaça à ordem das ruas, arrolados como mendigos, prostitutas, malandros e ladrões.

Os londrinos eram alimentados por um exército de vendedores de comida de rua, em sua maior parte mulheres que percorriam a cidade com carrinhos de mão ou cestos na cabeça. Tortas quentes, nozes, morangos, cerejas, peixes, ostras, bolos, leite — tudo isso e muito mais estava disponível. Os vendedores de salsicha frita e maçã assada competiam com uma trupe de outros ambulantes: engraxates, amoladores de faca, costureiros, vendedores de baladas e revendedores de roupas de segunda mão.

Henry Mayhew, escritor reformista e cofundador da revista *Punch*, listou as comidas e bebidas de rua mais populares na Londres da década de 1850: peixe frito, enguias fervidas, ostras em conserva, patas de carneiro, sanduíches de presunto, sopa de ervilha, ervilha verde cozida, tortas, pudim de ameixa, pudim de carne, batatas assadas, bolos de especiarias, *muffins*, *crumpets*, bolos de Chelsea, doces, bolinhos de conhaque, chá, café, cerveja de gengibre, limonada, vinho quente, leite fresco, leite de jumenta, coalhada e refrescos de frutas. Para os trabalhadores pobres, o café da manhã na rua consistia em café e comida quente de alguma barraca ou carrinho; para o almoço, mariscos "de vários tipos"; para o jantar, escolhia-se entre enguia fervida, uma tigela de sopa de ervilha, batata assada, bolos, tortas, doces, nozes e laranjas. Tarde da noite, o público dos teatros, os hedonistas e festeiros podiam se recompor com café, sanduíches, pudins de carne ou pata de carneiro.[13]

Em uma cidade repleta de vendedores de comida, seus gritos e cantorias peculiarmente líricas apegavam-se à memória coletiva. Eram parte da poesia da rua, uma gritalhada que se confundia com os cheiros de comida na panela. "Cerejas maduras-madurinhas-maduríssimas!"; "Tortas de pudim quentes, quentinhas!"; "Bolinhos de conhaque! Aqui você acha! Bolinhos de conhaque, quatro por um centavo só!"; "Pão de gengibre quentinho e temperado, do tipo *raal*, quente como fogo!" — essa era uma pequena amostra da cantoria de rua.[14]

A história da comida de rua é a história da própria cidade. É a história das migrações que impulsionaram o crescimento urbano. Os londrinos na época de Mayhew, como seus antepassados na época dos romanos, consumiam ostras de vendedores de rua às centenas de milhões todos os anos. "É uma circunstância bastante notável, senhor", observa Sam, em *As aventuras do sr. Pickwick* (1836), de Charles Dickens, "que a pobreza e as ostras andem sempre de mãos dadas." Isso até a segunda metade do século XIX, quando os bancos de ostras que haviam sustentado gerações de londrinos foram exauridos pela demanda dos 3 milhões de habitantes da megacidade; depois disso, o molusco se tornou um luxo, e as pessoas se apegaram à mais britânica das comidas de rua: peixe e batata frita. A prática de fritar peixes no óleo foi trazida para Londres e popularizada por refugiados judeus sefarditas que escapavam da perseguição na Espanha e em Portugal a partir do século XVI; já sua versão com batatas fritas data da década de 1860, quando Joseph Malin, adolescente judeu asquenaze do Leste Europeu, abandonou o negócio da família no ramo de tapeçaria após um lampejo de inspiração que o levou a emparelhar as duas iguarias. Malin as vendia pelas ruas da cidade, carregando uma bandeja pendurada ao pescoço; o sucesso levou a um estabelecimento permanente no East End de Londres.

Na década de 1920, o peixe com batata frita tornara-se a principal comida para viagem da classe trabalhadora inglesa, contando-se 35 mil lojas de *fish and chips* na Grã-Bretanha. Ao longo dos anos, os paladares se diversificaram novamente. No final do século XX, o frango frito passou a ser a comida de rua onipresente em muitas cidades do interior da Grã-Bretanha, refletindo os gostos e a culinária de africanos, afro-caribenhos, asiáticos e gente do Leste Europeu, para não falar da cultura de beber até tarde da noite. Em cidades multiculturais, o frango frito é uma unanimidade que transcende divisões étnicas, religiosas e de classe.

Trazido para Londres por refugiados judeus, o peixe com fritas foi mais tarde preparado e vendido por sucessões de imigrantes recém-chegados à cidade: italianos, chineses, cipriotas, indianos, poloneses e romenos. Da mesma forma, no Lower East Side, em Nova York, muitos pratos emblemáticos de fast food foram vendidos pela primeira vez em carrinhos de mão para trabalhadores das fábricas de tecidos por imigrantes empreendedores desesperados para ganhar a vida: bagels, cream cheese, salmão defumado, faláfel, picles e pastrami da culinária judaica; hambúrgueres, cachorros-quentes e pretzels da Alemanha, Áustria e Suíça; pizzas e sorvetes italianos; *souvlaki* grego. Desde o início do século XX, esforços oficiais para higienizar a cidade e retomar a calçada empurraram os carrinhos para fora das ruas do Lower East Side. A tradição de socialização ao ar livre em torno da comida de rua que unia as comunidades de imigrantes chegava ao fim. As ondas subsequentes atestam as mudanças sociais que varreram as cidades modernas. Carrinhos de mão de judeus e de imigrantes oriundos do Leste Europeu foram substituídos por comida chinesa, vietnamita, mexicana, japonesa e coreana, e mais tarde pela culinária de afegãos, egípcios e bangladeshianos, vendendo pratos *halal*.

O caminho para o coração de uma cidade passa pelo estômago. E a comida muda a forma como uma cidade é vivida. Los Angeles tem um longo caso de amor com comida de rua, a começar pelos carrinhos de tamale mexicanos (os *tamaleros*) e pelos vendedores ambulantes chineses no final do século XIX. Na década de 1960, os *loncheros*, criados a partir de vans de sorvete, vendiam tacos, tostadas, burritos, gorditas, ceviche e tortas para a crescente população latina do lado leste da cidade. O rápido aumento e a dispersão da comunidade latina de Los Angeles desde os anos 1980 mudaram a face culinária da cidade. A popularidade dos *loncheros* espalhou-se dos distritos de imigrantes para os campi universitários, os bares noturnos e, depois, para a metrópole em geral.

A combinação da crise financeira de 2008 com o advento das mídias sociais causou uma explosão dos chamados *food trucks* em Los Angeles. Chefs que não podiam arcar com a despesa de restaurantes, clientes com rendimentos reduzidos e tecnologias que divulgavam iniciativas "gourmet" fizeram com que o número de *food trucks* crescesse para mais de 3 mil na cidade, vendendo comida de rua de todo o mundo. Essa revolução se deflagrou apesar das leis rígidas e da desaprovação por parte do governo, que condenava a comida de rua como uma coisa bagunçada, intrusiva e anti-higiênica. A disseminação da venda de comida latina — e de outras que aderiram à tendência — criou bolsões de vida nas ruas em uma metrópole que há muito tem sido dominada pelo carro. As pessoas viajavam para lugares que talvez nunca considerassem visitar, tentadas pela última moda gourmet divulgada em blogs de culinária e nas redes sociais. A atração da comida gerou uma cultura de comer, beber, ouvir música e socializar em estacionamentos e calçadas onde nada do tipo existia antes.

Os vendedores ambulantes de Lagos, como os da Londres vitoriana e os de Nova York, ou como os chefs de *food truck* de Los Angeles, estão entre as pessoas mais empreendedoras da cidade. Mercados, cafés baratos, carrinhos de fast food, *loncheros* e similares são o coração pulsante da comunidade e da economia urbanas. No século XXI, uma cidade é julgada pela qualidade e diversidade de sua comida; os turistas são atraídos tanto por mercados, restaurantes e comida de rua quanto por museus e belas paisagens urbanas. Frequentemente, aprendemos a geografia de uma cidade pela boca, valendo-nos da distribuição de seus mercados e cozinhas étnicas.

Como ilustra a história do carregador de *As mil e uma noites*, para se preparar uma refeição, é preciso percorrer a cidade, passeando de um mercado a outro. Na maioria dos casos, durante grande parte da história, a cidade foi sempre um enorme mercado e uma cozinha ao ar livre, uma sequência de espaços internos e externos dedicados ao varejo de algum tipo. Por outro lado, operando à noite enquanto a cidade dorme, grandes mercados de alimentos no atacado — como o mercado de peixes Tsukiji em Tóquio, Les Halles em Paris e Covent Garden em Londres — geraram um ecossistema de apoio a bares noturnos, cafés, vendedores de comida de rua e restaurantes. Foram as atividades noturnas relacionadas à venda de comida que deram início à própria vida noturna urbana. Ao longo dos tempos, a maioria das refeições tem sido preparada na rua e comida na mão. A vida e a agitação das cidades foram gestadas como parte do processo de encher a barriga e de seduzir as papilas gustativas. Para os cidadãos de Mumbai ou Lagos, a sociabilidade, a civilidade e o convívio estão ligados à atividade atemporal de adquirir tanto itens básicos quanto preciosidades durante o dia e a noite, em praticamente todas as ruas. Cidades que foram "higienizadas" de feiras livres e de vendedores ambulantes perderam um dos ingredientes mais importantes na criação de sociabilidade urbana.

Em um romance de 2015 sobre a cidade de Lagos — *Every Day Is for the Thief* [Todo dia é dia do ladrão] —, Teju Cole descreve a centralidade do mercado da cidade para a vida urbana:

142

Vai-se ao mercado para tomar parte no mundo. Como tudo o que diz respeito ao mundo, uma visita ao mercado exige cautela. O mercado — como essência da cidade — está sempre repleto de possibilidades e perigos. Estranhos se encontram na infinita variedade do mundo; é preciso atenção. Ninguém está ali apenas para comprar ou vender; trata-se também de um dever. Se você se fecha em casa, se você se recusa a ir ao mercado, como vai saber da existência dos outros? Como vai saber da sua própria existência?[15]

Os bagdalis não queriam apenas provar as receitas mais deliciosas; queriam também ler sobre elas. O *souk* al-Warrakin continha mais de cem livreiros. Muitos dos volumes à venda eram dedicados aos mais variados aspectos da cultura alimentar. Essa paixão pela culinária foi fundamental para impulsionar uma tecnologia nova e revolucionária: a fabricação de papel.

A fundação de Bagdá coincidiu com o aparecimento da fabricação de papel da China, permitindo a difusão de materiais escritos em uma escala sem precedentes. A primeira fábrica de papel foi estabelecida em Bagdá pelos Barmecida, clã da Ásia Central que alcançou o auge de riqueza e poder sob a dinastia abássida (o papel só seria fabricado na Europa quase meio milênio depois, no século XIII). Uma nova profissão — a do copista — surgiu para satisfazer a sede por essa literatura.[16]

Na condição de "encruzilhada do universo", Bagdá atraía a riqueza do mundo e, com ela, os saberes do mundo. Na cidade que era "a região dos homens de requinte, o manancial dos eruditos", poetas de sucesso podiam se tornar celebridades afluentes se conquistassem o patrocínio da mais alta elite ou do próprio califa. Entre os artigos recuperados do naufrágio do *Belitung* contavam-se centenas de tinteiros, evidências marcantes da explosão da alfabetização.[17]

O ímpeto, no entanto, vinha do topo. Em meados do século IX, Bagdá era de longe o maior depósito de conhecimento do mundo. A Bayt al-Hikmah — Casa da Sabedoria — era um enorme arquivo real de livros e manuscritos. A ideia de Bagdá como "encruzilhada do universo" não se aplicava somente ao comércio. A posição geográfica da capital abássida tinha consequências significativas. Os eruditos não vinham apenas do Ocidente, trazendo o imenso corpus de conhecimento grego e latino enraizado nos ensinamentos de Atenas, Alexandria e Roma; vinham também da Pérsia, da Índia, da Ásia Central e da

China. Graças à introdução do papel e à curiosidade onívora de Bagdá, muito do conhecimento dos séculos anteriores, que de outra forma teria se perdido, foi preservado e ampliado. Aberta a todos os pontos da bússola, Bagdá foi o ponto de encontro não apenas de culinárias e pessoas, mas de ideias.

O influxo de conhecimento do Oriente e do Ocidente, e sua colisão resultante, é bem ilustrado pelas grandes realizações de Muhammad ibn Musa al-Khwarizmi (*c.* 780-*c.* 850). De origem persa zoroastriana, al-Khwarizmi nasceu em uma cidade-oásis de Khorasan, no atual Uzbequistão, e, como muitos dos intelectos mais poderosos da época, viu-se inexoravelmente atraído pela Casa da Sabedoria de Bagdá. Lá, absorveu as enormes coleções de obras gregas, babilônicas, persas, indianas e chinesas sobre matemática, geometria, ciência e astrologia, toda uma gama de conhecimentos reunidos pela primeira vez em Bagdá.[18]

O resultado revolucionário foi o *Compêndio sobre cálculo por restauração e balanceamento*. Nele, al-Khwarizmi deu um passo gigante para a compreensão da matemática. Sua *magnum opus* reunia geometria grega antiga, matemática chinesa e teoria dos números indiana; ele as usou para lançar as bases da álgebra moderna e, com isso, um método para solução de equações lineares e quadráticas. Seu segundo grande trabalho em aritmética, *O livro de adição e subtração segundo o cálculo hindu*, teve uma consequência igualmente impactante: introduziu o sistema de numeração hindu no mundo árabe e, depois, na Europa. A versão latinizada de seu nome, Algoritmi, sugere sua contribuição para a computação; hoje algoritmos governam nossa vida. Na Idade Média, no entanto, um "algorista" era alguém que adotava o sistema de codificação de números de al-Khwarizmi com nove numerais e um zero. Em pouco tempo, os algoristas (ou seguidores de al-Khwarizmi) começaram a usar frações decimais.

Escrever que al-Khwarizmi veio de uma cidade-oásis no Uzbequistão faz parecer que ele foi tirado da obscuridade e enviado à cidade grande para ganhar fama. Não é esse o caso. Por tanto tempo marginalizada ou simplesmente ignorada pelas histórias modernas, com toda atenção voltada para as cidades romanas, gregas ou árabes, a Ásia Central tinha uma cultura urbana sofisticada, e algumas de suas cidades contavam-se entre as mais avançadas do planeta.[19]

O comércio com a China tornava centros comerciais como Balkh, Samarcanda e Merv extremamente prósperos; as principais áreas da vasta região foram moldadas ao longo dos séculos por viajantes e imigrantes, cada grupo — de gregos, judeus e chineses a indianos, iranianos, turcos, sírios e árabes — trazendo consigo suas culturas, técnicas, tecnologias e religiões. Essas cidades também funcionavam como ímãs para as tribos nômades das estepes, que levavam para o mercado mel, cera, falcões, além de peles, couros e pelagens de animais. As cidades cresceram. Merv, por exemplo, foi descrita pelo historiador árabe al-Muqaddasi, no final do século x, como uma "cidade encantadora, fina, elegante, brilhante, imensa e agradável". Como muitas outras cidades na Rota da Seda, Merv possuía uma arquitetura monumental e uma infraestrutura de ponta.[20]

Budistas convertidos ao islã, oriundos da cidade de Balkh, no vale do rio Amu Dária (no norte do atual Afeganistão), os Barmecida eram, depois dos califas, a dinastia mais rica e poderosa de Bagdá. Eles levaram não apenas o papel para a nova metrópole, mas também a energia intelectual e a mente aberta de sua terra natal. Hoje em ruínas, Balkh era uma das grandes cidades do fim da Antiguidade, conhecida pelos romanos como indescritivelmente rica e pelos árabes como incomparavelmente bela.[21]

Essas grandes cidades cosmopolitas e diversificadas floresceram como centros intelectuais, marcados por uma paixão pelos livros, com cientistas, astrônomos, médicos e matemáticos especialmente qualificados. Buscando se tornar o colosso metropolitano do globo, era natural que Bagdá aproveitasse a energia intelectual cultivada por tanto tempo nas cidades da Ásia Central. Al-Khwarizmi foi apenas um dos muitos grandes nomes atraídos das metrópoles da Ásia Central para a capital do califado. Por sua vez, a ascensão dos Barmecida fez da energia intelectual da Ásia Central a base do crescimento fenomenal de Bagdá.

Nos séculos imediatamente anteriores e logo após o início da Era Comum, Alexandria era o cenário onde se davam os avanços gigantescos no conhecimento. A partir da década de 1660, era Londres que fervilhava de entusiasmo científico, seguindo-se à fundação da Sociedade Real de Londres para a Promoção do Conhecimento Natural — a Royal Society —, que funcionava como ponto de encontro para Isaac Newton, Robert Boyle, John Locke, Christopher Wren e Robert Hooke, entre outros luminares. Situada cronologicamente a meio caminho entre essas revoluções científicas, Bagdá se junta a Alexandria e Londres como um dos três sítios marcados por revoluções científicas antes do período moderno. Por que tais episódios de aceleração do conhecimento humano ocorreram nessas cidades em suas respectivas épocas? Não há uma resposta fácil, é claro, mas, de saída, pode-se dizer que essas três cidades compartilhavam uma série de características que atuaram juntas. Em primeiro lugar, eram centros poderosos em termos políticos e comerciais. Em segundo, contavam com elites ambiciosas, dispostas a financiar a experimentação científica. Em terceiro, tinham uma opinião pública animada e curiosa, o que ajudava a criar uma cultura de pesquisa e investigação. Por fim, eram centros que, acima de tudo, abriam suas portas para novas ideias e novas pessoas.

A extraordinária riqueza de Bagdá e sua paixão pelo conhecimento reuniam uma impressionante variedade de polímatas que trabalhavam, pensavam e (sendo Bagdá) comiam juntos. No coração da vida intelectual de Bagdá estavam a Casa da Sabedoria e o observatório astronômico. Os eruditos da cidade desenvolveram trabalhos inovadores em óptica, medicina, química, engenharia, metalurgia, física, teoria musical e arquitetura, entre outros campos. O grande polímata Abu Musa Jabir ibn Hayyan (conhecido no Ocidente pelo seu nome latinizado, Geber) é considerado o "pai da química", pioneiro na experimentação em laboratório. Trata-se de uma figura do mesmo nível de Robert Boyle e Antoine Lavoisier na história da ciência, mas sua contribuição é frequentemente ignorada. Alquimista que escrevia em uma linguagem mística e às vezes por meio de códigos, seu nome latinizado é a origem da palavra "*gibberish*" (discurso sem nexo, algaravia).[22]

Uma das marcas do renascimento islâmico era a maneira como os campos do conhecimento — tanto antigos quanto modernos — eram reunidos, sintetizados e simplificados para o uso diário. Em outras palavras, era utilitário. A matemática, a astronomia e a geografia eram a chave para o domínio do mundo, pois produziam, entre outras coisas, mapas e equipamentos de navegação. Em pesquisas para seu livro *As melhores classificações para o conhecimento das regiões*, do ano de 985, o geógrafo al-Muqaddasi viajou para os portos do golfo Pérsico e do mar Vermelho e entrevistou uma série de "comandantes de navios, comandantes de carga, guardas costeiros, agentes comerciais e mercadores", contando-os "entre as pessoas mais esclarecidas". Esses eram os especialistas no uso de instrumentos e de complexos cálculos matemáticos e astronômicos.[23]

A Rota da Seda marítima, que conectava o golfo Pérsico e o rio das Pérolas, era composta de caminhos que havia muitos séculos eram percorridos por missionários e comerciantes budistas. Eram rotas não apenas de comércio, mas também de conhecimento. O monge budista coreano Hye-ch'o viajou de sua terra natal para Guangzhou a fim de estudar em um mosteiro. De lá, embarcou num navio, talvez de origem e tripulação persas, e viajou de cidade em cidade através do sudeste da Ásia, na década de 720. Passou pela Índia e voltou para a China por estradas terrestres. Monges como Hye-ch'o faziam parte de um escambo de informações que espalhava conhecimento por meio da rede de cidades asiáticas. Religiões, ideias e comércio eram transmitidos pela nova tecnologia: o papel.[24]

Uma das grandes cidades do mundo medieval, Quilon está longe de ser um nome familiar nos dias de hoje. No entanto, guarda uma história curiosa que ilumina a explosão urbana da virada do milênio, bem como o mundo estranho, diverso e exótico da urbanização asiática em seu apogeu. Quilon (hoje chamada de Coulão) fica na costa do Malabar, em Kerala, no sul da Índia. Mesmo antes do século IX, já tinha uma longa e ilustre história como porto. Mas, no início do século IX, sua sorte estava minguando. Udaya Marthanda Varma, rei tâmil, convocou então dois monges cristãos da Síria, Mar Sabor e Mar Proth, para reconstruir o porto e administrar o comércio na região.[25]

Os empreiteiros cristãos realizaram um belo trabalho: inaugurado em 825, Quilon tornou-se não apenas o porto mais movimentado da Índia, mas um dos quatro grandes entrepostos do mundo medieval, ao lado de Alexandria, Cairo e Guangzhou. Quilon tinha uma comunidade significativa de expatriados chineses; era lar de cristãos nestorianos, muçulmanos árabes e persas, judeus, jainistas, hindus, budistas e povos oriundos de todo o oceano Índico. O comerciante persa Sulaiman al-Tajir descreveu Quilon no século IX como tomada por grandes veleiros mercantes chineses, valendo-se do porto como centro de baldeação na rota entre Guangzhou e Bagdá. A riqueza da cidade baseava-se numa função global específica: por séculos a fio, Quilon foi o centro do comércio da pimenta-do-reino, uma das mercadorias mais cobiçadas da humanidade.[26]

A comida e nossas preferências inconstantes mudam o mundo. De acordo com o monge Yijing, por muitas gerações a comida na China tinha sido insípida e pouco inspiradora. A descoberta da culinária e dos ingredientes indianos revolucionou a cozinha chinesa e, com isso, deu início a uma bonança comercial. Por sua vez, essa rede de comércio interligada e conduzida por aproximadamente 20 mil quilômetros trouxe vida a grandes metrópoles globais, como Quilon.[27]

As cidades na costa dos mares de monção, de Mombaça a Guangzhou, refletiam uma urbanidade e um cosmopolitismo surpreendentemente semelhantes. Quilon não era incomum em sua diversidade; essa era a norma na região. Ao lado da população nativa de Saymur, cidade a sessenta quilômetros ao sul da atual Mumbai, viviam 10 mil imigrantes de primeira geração oriundos de Omã, Siraf, Baçorá e Bagdá, junto com seus filhos nascidos na Índia. Saymur era uma das muitas cidades nas costas de Guzerate e Concão que concentravam uma grande mistura de religiões e línguas.

Mogadíscio, na atual Somália, tornou-se uma metrópole comercial rica e poderosa, famosa por seus tecidos, incenso e exportações de ouro e por sua próspera comunidade mercantil. Os registros arqueológicos revelam a extensão de suas conexões: lá foram encontradas moedas oriundas do Sri Lanka, do Vietnã e da China. Com o tempo, Mogadíscio foi eclipsada por Kilwa, cidade-Estado fundada por colonos persas, no século X, em uma pequena ilha na atual Tanzânia. Os cidadãos de Kilwa eram intermediários: comerciantes, financistas e transportadores, importando produtos da Índia, da China e da Arábia para vendê-los nos mercados do continente em troca de ouro africano, marfim, chifres de rinoceronte, peles de grandes felinos, cascos de tartaruga, madeira de mangue e ferro, que, por sua vez, eram exportados para toda a Ásia, em especial para a China. A presença de uma cidade comercial dominante na costa desencadeou o surgimento de cidades-satélites no interior, que processavam a mercadoria do coração da África e abasteciam a cidade costeira com alimentos.

As riquezas do sistema de comércio das monções eram canalizadas, como o são hoje, pelos estreitos de Malaca e Sunda. A península Malaia, Sumatra e Java viram surgir várias cidades-Estados independentes competindo por uma fatia dos lucros das frotas mercantes. Atrás apenas de Bagdá e, mais tarde, do Cairo, essa região era a mais rica do mundo medieval. No verão, a monção trazia comerciantes das Ilhas das Especiarias (Molucas) da Indonésia com suas cargas de cravo, noz-moscada e macis. Mas não havia clientes com quem negociar diretamente, pois os mercadores da Índia, da Arábia e da China chegavam na monção de inverno. Como resultado, as especiarias e outros produtos tinham de ser armazenados durante esse intervalo, antes de serem transportados para os mercados mundiais.

Por centenas de anos, o poder dominante nessa encruzilhada global incontornável era a quase esquecida confederação de cidades-Estados chamada Serivijaia. A metrópole dominante era Palembang, em Sumatra, que a partir do século VIII passou a controlar uma liga de cidades espalhadas por uma área que, além de Sumatra, englobava a península Malaia, a ilha de Java e partes da Birmânia e da Tailândia. *Dhows* árabes, navios indianos e juncos chineses vinham a esse rico entreposto budista para negociar e reformar suas embarcações. Palembang era onde se encontravam os comerciantes dos dois maiores impérios da terra, o do califado abássida e o da dinastia Tang.

Palembang, por muitos séculos cosmopolita, movimentada e em expansão, classifica-se como uma das grandes metrópoles mundiais desaparecidas da história. Infelizmente, não resta muito da cidade; o Império Serivijaia foi varrido da face da terra no século XIII, e o sítio estuarino de Palembang foi todo saqueado e, em seguida, enterrado sob sedimentos. Em seu auge, era um lugar de riqueza magnífica e um centro intelectual de reputação internacional. No entanto, o fato é que sabemos mais sobre Uruk, que data do quarto milênio a.C., do que sobre Palembang, que remonta ao século XI. Na verdade, a situação é a mesma para grande parte do mundo urbano medieval do oceano Índico: uma civilização em constante mudança, fluindo livremente, de olhos voltados para o exterior, que deixou poucos vestígios em seu rastro.

É provável que Palembang, mesmo em seu apogeu, consistisse sobretudo de casas flutuantes de madeira: tratava-se de uma civilização urbana ágil, pronta para empacotar tudo e partir, caso a natureza ou os padrões inconstantes do comércio o exigissem. Ainda assim, e apesar de tudo que se perdeu na história, podemos imaginar um lugar de mercadores oriundos de toda a Ásia e da África Oriental, pechinchando em torno de sacos de especiarias, fardos de tecidos e grandes cestos de porcelana. A cena era familiar por toda a cadeia dessas cidades varridas pelas monções. Com regularidade cronométrica, os ventos sazonais sopravam armadas de comerciantes estrangeiros a seus portos; os mercadores permaneciam lá por meses, conduzindo negócios, aprofundando contatos, socializando e trocando ideias, antes que os ventos das monções os levassem de volta para casa. Alguns ficavam em uma cidade estrangeira por anos a fio, e muitos acabavam se casando com gente local.

Um comerciante persa em visita a Palembang relatou uma população imensa e "mais mercados do que se pode contar"; em um único bazar, viu oitocentos cambistas. No épico tâmil do século VI, *Manimekalai*, descreve-se a cidade de Kanchipuram (perto da atual Chennai). A avenida principal abrigava peixeiros, oleiros, ourives, ferreiros, carpinteiros, pedreiros, pintores, artesãos do couro, alfaiates, músicos, joalheiros, cortadores de búzios e fabricantes de guirlandas, bem como açougueiros e vendedores de doces, comida de rua, folhas de bétele e aromáticos. Havia também ruas secundárias para mercadores de grãos, ruas para menestréis e artistas, a rua "onde viviam cortesãs que ofereciam prazer sexual", a rua onde moravam os seguranças das lojas, uma rua para domadores de elefantes e outra para treinadores de cavalos. Havia ainda as "ruas com as belas casas dos negociantes de ouro; ruas onde viviam os muitos vendedores de joias; a rua dos brâmanes; a rua da realeza; a rua onde viviam os ministros e destacados funcionários do Estado; a área pública das assembleias da cidade, praças e esquinas".[28]

Palembang também era repleta de armazéns. As 500 mil peças de carga recuperadas do naufrágio de um navio malaio-indonésio descoberto em 2003 ao largo de Java, datando do final do século X, sugerem o esplendor contido nos armazéns e mercados da cidade: cerâmicas esmaltadas, espelhos e dinheiro da China; frascos de perfumes caros do oeste da Ásia e do Egito; cristais de rocha da África e da Caxemira; lápis-lazúli afegão; joias do Sri Lanka; medicamentos da Arábia; cerâmicas finas da Tailândia. É muito provável que constassem ainda alimentos, especiarias e têxteis.[29]

O navio *Belitung*, por sinal, também afundou nas proximidades de Palembang. Talvez estivesse prestes a ancorar por lá para trocar parte de sua carga; ou talvez estivesse de partida, tendo feito bons negócios e comprado especiarias. O naufrágio continha uma moeda e balanças oriundas de Serivijaia. O *dhow* provavelmente negociou em outras cidades portuárias emergentes no Camboja, na Birmânia, em Java, na Tailândia, na Malásia e no Vietnã.

A decisão de abrigar os achados dos destroços do *Belitung* no Museu das Civilizações Asiáticas é reveladora. Singapura se vê como representante de uma civilização urbana que prosperou no estreito por milênios a fio, herdeira natural de poderosas cidades-Estados, como Palembang. Para os singapurenses, o naufrágio do *Belitung* e outros que vieram à tona no século XXI revelam uma tradição urbana asiática atemporal. Singapura, como Palembang antes dela, domina o vasto volume de carregamentos marítimos que passam pelo estreito, fornecendo instalações portuárias sofisticadas. Como sua ancestral, hospeda uma enorme e flutuante população de expatriados vindos de todo o mundo para financiar o comércio, proporcionar entretenimento, preparar coquetéis e refeições gourmet. Como as metrópoles das monções do passado, Singapura contém uma variedade de religiões vivendo lado a lado: templos taoistas, hindus e jainistas erguendo-se junto de mesquitas; templos budistas vizinhos de sinagogas; muitas denominações cristãs, por sua vez, cercadas de zoroastrianos, siques e ateus.

Ao se identificar tão convictamente com seu legado histórico, Singapura afirma-se, acima de tudo, como um farol para uma forma distinta de urbanismo — uma forma que deve menos ao Ocidente e ao colonialismo britânico e mais às antigas noções pan-asiáticas de construção de cidades. Singapura sempre foi vista como criação britânica, remontando, no máximo, a 1819. A descoberta do naufrágio do *Belitung* mudou isso, permitindo que a cidade reivindicasse o manto das cidades-Estados que floresceram do século ix até o século xvi.

Essa tradição acrescenta uma dimensão mais profunda às ambições urbanas de Singapura e à sua reivindicação de liderança moral quanto à gestão de nosso futuro urbano no presente milênio. Com seu pioneirismo em tecnologia para cidades inteligentes e suas políticas verdes, e alardeando sua arquitetura, limpeza, segurança e qualidade de vida, Singapura oferece uma alternativa asiática para o Ocidente. Exposto deliberadamente no centro do Museu das Civilizações Asiáticas, o naufrágio do *Belitung* e o mundo que ele representa celebram um momento em que a Ásia gozava da condição de potência urbana do mundo e em que a Europa não passava de um remanso marginal atrasado.

A rica história das rotas terrestres e marítimas medievais também é usada para legitimar o renascimento moderno da Rota da Seda na China — a chamada "Iniciativa Rota e Cinturão" (referida informalmente como Nova Rota da Seda). Tanto os trens de longa distância de alta velocidade quanto as rotas marítimas que conectam a China à Europa Ocidental são, como suas vias predecessoras, forças da urbanização. Cidades no interior, como Lanzhou, Ürümqi e Korgas, estão sendo transformadas em centros comerciais, anunciadas como as Dubais do século xxi. E também nas rotas marítimas, lugares como Gwadar, no Paquistão, Hambantota, no Sri Lanka, Kyauk Phyu, em Mianmar, e Bagamoyo, na Tanzânia, estão sendo transformadas pelos chineses no que prometem ser cidades portuárias repletas de arranha-céus.

Se essas cidades replicarão o cosmopolitismo, a efervescência intelectual e a energia de suas predecessoras, é cedo demais para dizer. Fato é que os trilhões de dólares correntemente despejados em ferrovias de alta velocidade, instalações portuárias, usinas de energia, oleodutos, pontes e aeroportos estão estimulando o desenvolvimento de cidades num esforço para reajustar o centro de gravidade econômico do mundo de volta para a Ásia. Isto é, de volta para onde estava antes de Colombo.

Nos primeiros anos do século XIII, Genghis Khan consolidou seu poder nas planícies da Mongólia, arrolando numerosas tribos sob seu controle, pela força das armas ou pela negociação. Não dispondo de equipamentos de cerco, as cidades seriam tomadas de assalto por impressionantes atos de terror e selvageria. A capital imperial Zhongdu (atual Beijing) viu-se sitiada pelos mongóis em 1213. Zhongdu era considerada inexpugnável. Um ano depois, no entanto, o imperador Jin abandonava Zhongdu, deixando seus habitantes à míngua. Em junho, os portões da cidade foram finalmente escancarados, e os mongóis penetraram a vasta cidade, até então invencível. Milhares foram massacrados; meses depois, pontos da cidade ainda ardiam em chamas. Genghis Khan tomou o controle da maior parte do norte da China. Nenhuma cidade poderia estar segura agora que os mongóis haviam dominado a implacável arte da guerra de cerco. E pior: nas cidades chinesas, os nômades de Genghis Khan descobriram um arsenal de avançadas tecnologias desenvolvidas justamente para esse tipo de batalha.

Não demorou para que o exército mongol invadisse o coração urbano da Ásia Central, a 6500 quilômetros de Zhongdu. A primeira das principais cidades a cair foi Bukhara, uma das maiores metrópoles do mundo, com 300 mil habitantes, centro de riqueza e conhecimento. A maior parte da área externa da cidade foi incendiada. A cidadela interna, por sua vez, foi rendida por uma bateria de artilharia de cerco das mais avançadas. Entre os sobreviventes, os jovens foram forçados ao serviço militar, mulheres e crianças foram vendidas como escravas, e os artesãos, deportados para a Mongólia. Os mongóis seguiram então para Samarcanda, que recebeu igual tratamento. Da mesma forma,

Nishapur se viu sob os ataques de 3 mil bestas gigantes, 3 mil máquinas para lançamento de pedras e setecentos lança-chamas; uma vez massacrada a população, a cidade foi completamente arrasada. Balkh, grande centro intelectual e cidade natal dos Barmecida, caiu em 1220.

Em 1238, Moscou foi destruída; em 1240, Kiev. Com uma população de mais de 100 mil habitantes, Kiev era uma das maiores cidades do mundo, ponto--chave nas rotas comerciais que interligavam a Rota da Seda, as estepes e a Escandinávia. Os mongóis não se deram por satisfeitos e penetraram ainda mais pela Europa, saqueando Lublin, Cracóvia, Buda e Peste, arrasando cidades até os Bálcãs. Em 1258, invadiram Bagdá e, "como falcões famintos atacando uma revoada de pombos, ou como lobos furiosos saltando sobre ovelhas", tomaram as ruas, massacrando o povo da cidade. O califa abássida foi enrolado em um tapete e pisoteado até a morte pelos cascos dos cavalos. A cidade de requintes e saberes foi reduzida a ruínas.

A destruição de várias cidades globais no século XIII — Palembang, Merv, Kiev, Bagdá e Constantinopla — interrompeu padrões milenares do comércio mundial. Mas essa ruptura titânica gerou o surgimento de novas cidades e novas culturas urbanas. O século XIII seria fundamental na história da urbanização.

6. Cidades da guerra

Lübeck, 1226-1491

As águas dos rios Trave e Wakenitz refletiam a lua cheia na noite límpida e gelada de 28 para 29 de março de 1942. Seus contornos prateados davam aos pilotos dos 234 bombardeiros da Royal Air Force (RAF, a Força Aérea Real britânica) uma orientação clara para o alvo. Naquela noite, o coração medieval da cidade portuária de Lübeck seria estripado pelas 25 mil bombas incendiárias da RAF.

Lübeck foi a primeira cidade alemã a experimentar a campanha de bombardeios da Grã-Bretanha na Segunda Guerra Mundial — um alvo deliberadamente fraco, de pouco valor estratégico. Os nazistas retaliaram com a chamada Baedeker Blitz — série de ataques aéreos a cidades escolhidas pelo valor histórico e não pela capacidade militar: Exeter, Bath, York, Canterbury, Norwich, Ipswich e Colchester, entre outras. Em maio de 1942, Colônia se tornou a primeira cidade a enfrentar um ataque de mil bombardeiros. A herança urbana medieval do norte da Europa estava em chamas.[1]

É improvável que Hitler tenha vertido uma única lágrima na manhã de 29 de março. Em 1932, durante as eleições presidenciais, o Senado de Lübeck proibiu representantes nazistas, a única cidade da Alemanha a fazê-lo. Forçado a realizar seu discurso improvisado em Bad Schwartau, uma aldeia dos arredores, Hitler nunca mais conseguiu sequer pronunciar o nome de Lübeck; referia-se a ela apenas como aquela "pequena cidade perto de Bad Schwartau".

Essa humilhação nunca foi perdoada nem esquecida por Hitler. Quando chegou ao poder, despojou "a pequena cidade perto de Bad Schwartau" de seu status independente — status que sobrevivera a guerras, conquistas e sublevações políticas por 711 anos — e executou seus líderes civis.

Com o centro restaurado após a guerra, hoje Lübeck é uma das mais belas cidades do norte da Europa, um labirinto de ruas medievais pontuadas por uma gloriosa arquitetura gótica. Os turistas se aglomeram em suas famosas lojas de vinhos, seus restaurantes de frutos do mar e confeitarias. Estas últimas são especializadas em marzipã, iguaria que a cidade afirma ter inventado.

Vinho, arenque e marzipã: por mais improvável que pareça, esses itens ajudam a explicar não apenas por que Lübeck cresceu para se tornar uma das metrópoles mais ricas da Europa, mas também por que a Europa emergiu do atraso em uma explosão de urbanização no século XII.

Lübeck oferece o principal exemplo de uma "cidade livre": uma entidade autônoma pequena, eficiente, próspera e militarizada, que forneceu a base para a ascensão da Europa ao domínio global. Como muitas cidades europeias, Lübeck endureceu e moldou-se na bigorna da guerra.

O assentamento original de Lübeck era chamado de Liubice, que significa "adorável". Povoado eslavo ocidental fortificado, localizava-se na fronteira com numerosas tribos pagãs e cristãs em guerra. A própria Lübeck começou sua vida a quatro quilômetros de Liubice, em 1143, fundada por Adolfo II de Holsácia, em uma ilha fluvial, própria para defesa, como parte da campanha para substituir os eslavos por colonizadores germânicos e dinamarqueses. As terras eslavas eram ricas em recursos, situando-se em importantes rotas comerciais estabelecidas já nos séculos anteriores pelos vikings. Assim, ofereciam perspectivas atraentes para populações em expansão nos reinos germânicos, bem como para flamengos, frísios e holandeses vorazes por terras espoliadas. Quatro anos após o estabelecimento de Lübeck, a campanha pelas terras eslavas tornou-se uma cruzada oficial, com a cidade nascente ocupando posição de relevo na linha de frente dos conflitos. De acordo com a bula papal emitida pelo papa Eugênio III, os cruzados receberiam indulgências e teriam seus pecados perdoados; eram também intimados a lutar sem piedade pela subjugação ou conversão forçada dos pagãos.

Lübeck consistia então em um castelo feito de madeira e terra; a "cidade", provavelmente uma coleção de cabanas, pegou fogo em 1157. Sua ascensão à grandeza começou quando foi refundada e reconstruída dois anos depois por Henrique, o Leão, duque da Saxônia e da Baviera, recebendo *iura civitatis honestissima*, "a carta mais honrosa de direitos das cidades". Força dominante nas cruzadas contra os eslavos, Henrique, o Leão, foi um construtor ávido, fundando e desenvolvendo não apenas Lübeck, mas também Munique, Augsburgo e Brunsvique, entre outras cidades. Dizia-se dele que, em todas as várias cruzadas a que se lançou, "nunca se ouviu menção ao cristianismo, mas apenas a dinheiro". Novas cidades davam a ele — e a outros senhores — exatamente o que desejavam: rápido retorno financeiro.[2]

Assim, guerra santa e construção de cidades andavam de mãos dadas. Estas eram utilizadas pelos migrantes do oeste como plataformas para futuras conquistas, conversões e colonizações. Como resultado, Henrique, o Leão, não hesitava em dar ampla autonomia aos pioneiros que se mudavam para Lübeck. A *iura civitatis honestissima* garantia aos cidadãos de relevo o direito de redigir suas próprias leis e governar a si próprios. Ao mesmo tempo, Henrique enviava emissários à Dinamarca, Suécia, Noruega, Gotlândia e Rússia, oferecendo aos comerciantes o direito de acesso gratuito a Lübeck, sem custos de pedágio. Lá ele estabeleceu uma casa da moeda e um mercado. Por fim, e esse é o ponto mais importante, os mercadores de Lübeck receberam o direito crucial de comercializar no Báltico. "Daquela época em diante", observou um cronista alemão, "houve uma atividade cada vez maior na cidade, e o número de habitantes cresceu consideravelmente."[3]

Em seu estágio inicial enquanto cidade de fronteira, Lübeck prosperou atendendo às necessidades de novas conquistas. Fornecia armas, alimentos e transporte às sucessivas levas de cruzados. Era o ponto de partida dos guerreiros, comerciantes e migrantes que participavam da chamada *Drang nach Osten* — a expansão para o leste. Décadas e séculos de ataques violentos e limpeza étnica conduzidos pelos cavaleiros teutônicos e pelos Irmãos Livônios da Espada contra os povos eslavos e bálticos resultaram na criação de uma série de poderosas cidades germânicas em toda a região, partindo da Alemanha moderna e chegando até a Polônia, a Lituânia, a Letônia e a Estônia.

Havia, portanto, uma conexão íntima entre guerra santa e florescimento urbano na Europa, tendo início no século XII e ganhando impulso ao longo do século XIII. Na segunda metade do século XIII, criaram-se trezentas novas cidades por década na Europa Central. Em sua sanha por territórios, com um ritmo implacável e uma construção frenética de cidades, os colonos das novas terras da Europa se assemelhavam aos pioneiros que avançaram para o oeste dos Estados Unidos no século XIX.[4]

Como evento cataclísmico, as Cruzadas desencadearam esses desdobramentos. A campanha para arrancar do islã as Terras Sagradas no Mediterrâneo oriental e devolvê-las à Cristandade, começando no final do século XI, pôs europeus ocidentais beligerantes, oriundos de lugares como Normandia, França, Flandres, Alemanha e Inglaterra, em contato direto com o arquipélago urbano islâmico, expondo-os à sofisticação de suas cidades, sua riqueza intelectual e à incrível prosperidade de seus mercados.

Os destinos de repúblicas italianas como Gênova, Veneza e Pisa foram transformados pelas Cruzadas, durante as quais elas fizeram fortunas com serviços de transporte por via marítima e forças navais. As cidades portuárias ganhavam não apenas uma aura de piedade, mas também inestimáveis privilégios comerciais na forma de conexões diretas com o Mediterrâneo oriental. A captura de Antioquia (em 1098), Edessa (1099), Jaffa (1099), Jerusalém (1099), Acre (1104), Trípoli (1109) e Tiro (1124) deu condições aos mercadores italianos para negociar diretamente com intermediários muçulmanos e judeus cujos interesses desembocavam no mar Vermelho e, mais além, no vasto e maduro sistema de comércio das regiões das monções. A partir daí, artigos de luxo — especiarias e têxteis — começaram a ser importados para as cidades-Estados italianas e de lá para os confins da Europa, aos mercados da Alemanha, dos Países Baixos e da Inglaterra.

Essas cidades-Estados italianas, no entanto, estavam presas a uma rivalidade intensa e violenta, lutando para monopolizar o comércio. Em 1099, por exemplo, os venezianos afundaram 28 navios de Pisa em uma batalha na costa de Rodes. Pisa, por sua vez, saqueou sua rival Amalfi em duas ocasiões na década de 1130. Essas vorazes e gananciosas repúblicas italianas ainda existiam à sombra da maior cidade da Cristandade e do império dominante do Mediterrâneo. Invejosos uns dos outros e determinados a garantir monopólios para suas cidades natais, pisanos, genoveses e venezianos brigavam entre si nas ruas de Constantinopla.

A relação entre a grande metrópole e aqueles italianos agressivos era tensa.

Nos anos 1170, os bizantinos desentenderam-se com Veneza e prenderam seus mercadores residentes. Por duas décadas, o comércio entre Veneza e o Império Bizantino cessou. A vingança não demorou. A caminho da Terra Santa em 1203 para a Quarta Cruzada, os venezianos conseguiram desviar o exército cristão a fim de sitiar Constantinopla sob o pretexto de intervir em uma disputa dinástica.

Os toscos e rudes cruzados "contemplaram Constantinopla por muito tempo, mal podendo crer que haveria cidade tão grande no mundo". Naquela época, nenhuma cidade da Europa Ocidental tinha mais de 20 mil habitantes; um assentamento de até 10 mil almas era uma raridade. Já Constantinopla era lar para cerca de meio milhão de residentes. Os cruzados miraram, maravilhados, a paisagem urbana imponente: as muralhas e torres enormes, as igrejas imensas, os palácios, as avenidas e antigas colunatas de mármore e, claro, a vasta cúpula etérea de Santa Sofia.[5]

"Ó Cidade, Cidade, coração de todas as cidades, orgulho universal, maravilha supramundana [...], morada de todas as coisas benfazejas! Ó Cidade, bebeste das mãos do Senhor o cálice de sua fúria?", lamentou o historiador frígio Nicetas Coniates, presente em Constantinopla quando a capital foi saqueada. Alguns dos grandes tesouros da cidade foram extirpados para adornar as emergentes repúblicas italianas; outros tantos acabaram queimados e destruídos por soldados embriagados. Mulheres foram estupradas, incluindo aí freiras, e crianças ficaram largadas para morrer nas ruas. Quando se concluiu o trabalho de pilhagem, massacre e estupro, um terço dos 400 mil habitantes de Constantinopla se viu desabrigado; a metrópole sofreu um rápido despovoamento, do qual nunca mais se recuperou. Da carcaça do Império Bizantino, a grande cidade italiana garantiu um território estrategicamente vital: ilhas e bases para dominar os mares.[6]

Embora a Europa fosse um agente de menor importância na economia global, a magia dos luxos asiáticos a enfeitiçou. A urbanização, por tanto tempo adormecida naquele cantinho subpovoado e subdesenvolvido do mundo, emergiu novamente na Itália com o influxo do comércio intercontinental. Não fossem as importações de luxo, como especiarias e tecidos, cidades como Veneza e Gênova teriam continuado a ser pequenas vilas de pescadores. No século XIII, contudo, essas cidades adquiriram aspecto de grandeza. A população de Gênova saltou para 60 mil habitantes; Florença passou de 30 mil em meados do século para 120 mil no início do século xiv. Por volta de 1300, havia construções em cada pedacinho de terra disponível em Veneza, e pontes conectavam as ilhotas. A população da cidade chegou a 100 mil no século xiv.

A fachada da basílica de São Marcos foi adornada com colunas, capitéis e frisos saqueados de Constantinopla. As influências bizantinas permeavam Veneza, mas muito de seu desenho urbano e de sua arquitetura era inspirado nas cidades islâmicas. Os novos *palazzi*, com seus pátios internos, as escadarias sinuosas, as cisternas subterrâneas e as janelas muxarabis, sem falar do próprio desenho externo, imitavam as casas levantinas. A própria cidade, com suas ruas estreitas, parecia um *souk*. O Palácio Ducal, construído em 1340, inspirava-se consideravelmente na mesquita de Ibn Tulun, no Cairo. O famoso Arsenal de Veneza, complexo de estaleiros, empresta seu nome do árabe *dar al-sinah* (casa da indústria). Na Andaluzia, a Reconquista conduzida por guerreiros cristãos contra o islã rendeu aos europeus ocidentais outros tesouros. O conhecimento acumulado em Bagdá no século ix e estudado e preservado em Toledo, Córdoba e Granada difundiu-se pela Europa, junto com a fabricação do papel.

Em 1252, banqueiros de Gênova e Florença começaram a cunhar moedas de ouro. As moedas de ouro e prata não eram emitidas no continente havia mais de cinco séculos. Ouro, crédito e comércio global anunciavam o rejuvenescimento da economia europeia e o renascimento das cidades.

A palavra "burguês" deriva da palavra germânica *burg*, que significa "fortaleza". Na Inglaterra do século x, Alfredo, o Grande, estabeleceu assentamentos fortificados chamados *burhs* a fim de se defender dos ataques vikings; é a origem de *borough*, termo para divisões administrativas municipais no Reino Unido, na Austrália, nos Estados Unidos e em outros lugares. Nas Ilhas Britânicas, topônimos que terminam com "-*burgh*", "-*bury*", "-*borough*" e "-*brough*" (como Edinburgh, Canterbury, Middlesbrough) remontam a isso. O *bourg* francês tem a mesma origem (Estrasbourg, Luxembourg), assim como o *borg* escandinavo, o *borgo* italiano e o *burgo* ibérico. É possível que a palavra "gueto" derive de *borghetto*, termo italiano para "cidade pequena". Os nomes de lugares e a palavra "burguês" evocam o início da urbanização na Europa em um contexto de periódicas invasões nômades, conquistas e guerras, e tudo se relaciona à ideia de defesa.

Ser "burguês" na Idade Média significava viver em um *borough*, um *bourg*, um burgo: o indivíduo era definido como residente urbano, habitante de uma comunidade autônoma, diferente do camponês atrelado a um senhor feudal. A divisão entre urbano e rural, em termos de estilo de vida, qualidade de vida, ocupação, oportunidade e liberdade pessoal, era bastante acentuada na Idade Média.

Lübeck é o grande exemplar dessa nova forma de urbanização. *Stadtluft macht frei*: "O ar da cidade liberta". Assim dizia o ditado alemão na Idade Média. A frase tinha um significado jurídico específico: qualquer servo que residisse em uma cidade por um ano e um dia era automaticamente libertado. Mas também tinha um significado mais geral. Não mais sob o controle de marqueses, condes, duques hereditários, bispos ou reis, Lübeck prosperou a partir de 1226, ano em que se tornou Cidade Imperial Livre. Ela devia obediência nominal ao longínquo Sacro Império Romano; o poder, de acordo com sua constituição, estava nas mãos do *Rat*, seu conselho composto de vinte *Ratshern* (conselheiros), todos nomeados pelas guildas mercantis da cidade. Ali, clérigos e cavaleiros eram não apenas proibidos de fazer parte do conselho como também de comprar terras urbanas. O *Rat* investia de poder executivo até quatro *Bürgermeister* (prefeitos). Por alguns séculos, os prefeitos de Lübeck contavam-se entre as principais figuras políticas da Europa, mais influentes do que muitos reis cujos nomes são mais conhecidos na história.

O ideal cívico corporativo se inscrevia nos tijolos da cidade. Os cidadãos recém-independentes de Lübeck construíram sua própria igreja paroquial, a Marienkirche, no coração do bairro dos comerciantes, perto de seu mercado e seus armazéns. Não era uma igreja paroquial qualquer, e sim a maior igreja de tijolos já edificada. Obra-prima do chamado "gótico de tijolos", seu estilo básico vinha da França e de Flandres, recebendo uma reformulação de influência báltica. A fachada de torres gêmeas alcança 125 metros de altura, erguendo-se acima das planícies do norte europeu. Por séculos a fio, permaneceu como uma das estruturas mais altas do mundo.

Diante disso, a catedral românica onde residia o bispo de Lübeck parecia pequena e insignificante. A Marienkirche era uma saudação gótica de dois dedos ao bispo, com quem os cidadãos viviam em constante disputa. Era como se ela dissesse: é aqui que reside o poder nesta cidade. A catedral ficava nas bordas da cidade; a Marienkirche, no centro. Conectava-se à Rathaus (câmara municipal), a cabine do poder mercantil, foco da vida cívica comunitária e outro vistoso experimento do gótico de tijolos, localizada na parte norte do mercado. A igreja também servia a um propósito secular e mercantil: armazenava grãos e funcionava como bolsa de valores nos dias não sagrados. Os numerosos pináculos verdes que se elevavam acima da cidade anunciavam que Lübeck, cidade obscura que acabava de surgir na periferia da Cristandade, era o centro de tudo o que era novo e ousado.

Lübeck, como tantas outras cidades da Europa, origina-se como fortaleza em terras fronteiriças. E, como as cidades americanas no século XIX, foi construída por pioneiros e imigrantes em busca de fama e fortuna. Os conselheiros e mercadores que levantaram a cidade no início do século XIII eram homens que haviam viajado, comercializado e negociado na França, em Flandres e na Itália, trazendo consigo as ideias mais modernas de planejamento urbano e arquitetura cívica. A Rathaus inspirava-se em câmaras municipais de outros lugares; contudo, tal como a igreja gótica da cidade, teria de ser maior e mais bonita.

A Rathaus de Lübeck é, com efeito, um dos melhores exemplos de câmara municipal medieval: edifício imponente ornado com pináculos arredondados, feito no estilo gótico de tijolos burguês e aprimorado com complementos renascentistas, não celebra guerreiros, aristocratas ou reis, mas mercadores, dignitários cívicos e guildas, cujas estátuas e brasões adornam o complexo. Era ali que se dava o comércio. O conselho se reunia em sua câmara coberta por abóbada de barril para redigir leis e orientar o curso da cidade; o tribunal municipal ficava na Langes Haus, em um salão localizado acima de uma galeria aberta abobadada onde comerciantes e artesãos, incluindo os ourives, faziam seus negócios.

Ainda mais impressionante é uma sequência de vastas caves abobadadas nas quais se armazenavam tecidos e outras mercadorias. A cave mais importante e mais antiga era a Ratsweinkeller, a adega municipal. Lá embaixo, sob a supervisão de dois membros do conselho que atuavam como *Weinmeister*, o vinho comercializado em Lübeck era degustado, avaliado e premiado. Mais do que isso, era também o local de celebrações comunitárias, banquetes e degustações etílicas. As guildas, corporações e sociedades de marinheiros se reuniam na Ratskeller, assim como a Zirkelgesellschaft, a Sociedade do Círculo, também conhecida como Irmandade dos Mercadores de Comércio Exterior, clube de elite formado pela classe patrícia urbana que se casava, socializava e fazia negócios entre si, comandando a cidade.

Quatro vezes por ano, o prefeito ou chefe do conselho dirigia-se à varanda do salão do Senado para uma cerimônia conhecida como *Burspraken*. A palavra é o equivalente alemão do latim *civiloquium*, ou discurso cívico. Mas *Burspraken* vai além disso: suas origens no baixo-alemão médio e na sociedade camponesa implicam um diálogo com a população mais humilde, numa linguagem acessível. Na cerimônia de *Burspraken*, os estatutos de Lübeck eram lidos a uma assembleia reunida no mercado, juntamente com assuntos relativos ao dia a dia da cidade: leis recentes, proibições, decisões legais, resoluções municipais, impostos, regulamentações relativas ao transporte e ao comércio, entre outros itens de interesse geral. *Burspraken* não implicava democracia participativa. Era, antes, a cola que mantinha unida a comunidade urbana — a burguesia —, um conjunto de regras constantemente atualizadas que tratavam de tudo, desde o comércio exterior até questões relacionadas ao descarte do lixo.[7]

Esse processo de reafirmação do sentimento comunitário era essencial para o sucesso de cidades como Lübeck. Um excelente exemplo é o Hospital do Espírito Santo, uma das instituições de bem-estar social mais antigas e significativas da Europa, cuja construção teve início em 1286. O hospital foi um presente dos comerciantes mais ricos de Lübeck para seus concidadãos. Memorializado no edifício está um de seus cofundadores, Bertram Morneweg, comerciante e membro do conselho municipal. Órfão, foi adotado por um cidadão de Lübeck. Bertram partiu para o mundo e construiu um império comercial que se estendia da Novgorod a King's Lynn, na Inglaterra, via Riga. Mesmo ausente de sua cidade natal, participava da vida cívica de Lübeck e legou ao hospital parte de sua enorme riqueza. Sua viúva, Gertrud, aumentou a fortuna da família emprestando dinheiro para a cidade e para o povo de Lübeck a uma taxa imbatível de 6,5%. O filho Hermann, como tantos jovens mercadores, aprendeu as práticas do comércio internacional da maneira mais difícil, operando na condição de expatriado em uma estação comercial estrangeira. Hermann trabalhou em King's Lynn antes de voltar para a terra natal, onde serviu como membro do conselho e, depois, como prefeito. Empresários internacionais, dignitários cívicos, diplomatas e patronos urbanos, a dinastia Morneweg continuou a adornar Lübeck, servindo em seu conselho ao longo de muitas gerações.

A riqueza e o espírito cívico que fizeram de Lübeck uma das cidades mais ricas do mundo ainda podem ser atestados nas elegantes residências de empenas escalonadas com seus telhados íngremes em forma de A e janelas decorativas construídas pelos burgueses depois do grande incêndio de 1276. E podem ser vistos também no Salzspeicher, os depósitos de sal de Lübeck, imponentes e ornamentados. Esse estilo de arquitetura é belo. Mas é um tipo de beleza do norte da Europa: sua aparente modéstia é desmentida por sua tácita declaração de poder e riqueza. Esses edifícios com telhados de duas águas de Lübeck eram, a um só tempo, residências, escritórios e armazéns. Mais tarde, Amsterdam, em muitos aspectos herdeira de Lübeck, adotaria uma arquitetura quase idêntica. Atrás das imponentes casas mercantis da cidade havia pátios e becos, acessíveis por passagens estreitas. Ali, em pequenos apartamentos, moravam os funcionários.

Tal como Lübeck, uma sucessão de cidades germânicas se desenvolveu nos locais dos assentamentos eslavos ou das fortalezas construídas pelos cruzados, sendo colonizadas por imigrantes da Renânia, Vestfália e Saxônia. Uma centena de vilas e cidades adotaram as leis vigentes em Lübeck, entre elas Riga (1201), Rostock (1218), Danzig (1224), Wismar (1229), Stralsund (1234), Ebling (1237), Stettin (1243), Greifswald (1250) e Königsberg (1255). Elas adotaram também a aparência distinta de sua cidade-mãe, marcada pelo gótico de tijolos e com os pináculos verdes que serviam como marcos para os marinheiros. E ainda a exemplo da predecessora, não hesitavam em erguer construções de grande magnitude — sem precedentes até a era dos arranha-céus —, anunciando assim seu novo poder e sua chegada no cenário internacional. A torre da igreja da Marienkirche em Stralsund atingia 151 metros; era maior do que a Grande Pirâmide de Gizé e apenas alguns metros mais baixa do que a catedral de Lincoln, então a edificação humana mais alta do mundo.

Para viajantes de longa distância, essas cidades germânicas, com suas paisagens quase idênticas, a elegância gótica, os frontões decorativos e as torres altíssimas, eram uma visão apaziguante. Uma civilização urbana, fundada numa língua comum — o baixo-alemão médio —, com leis, arquitetura e valores mercantis compartilhados, havia surgido nas rotas comerciais do norte da Europa.

Os mercadores alemães se organizavam em guildas por meio das quais coordenavam suas atividades a fim de explorar o Báltico oriental, menos desenvolvido e mais perigoso, e para garantir defesa mútua em alto-mar. Quando em terras hostis, agrupavam-se em comunidades germânicas fechadas, protegidas por muralhas e armas. A palavra alemã para esse tipo de guilda era *Hanse*, termo que, em sua origem, significa "comboio armado". Em um mundo onde nenhum Estado era capaz de oferecer segurança para negociações de longa distância, o comércio e a espada andavam de mãos dadas. Os mercadores da Hansa, espalhados pelo norte da Europa e unidos por laços de parentesco, reduziam os custos do comércio de longa distância, combinando riscos e recompensas.

O oceano Índico e o Mediterrâneo carregavam especiarias e sedas, luxos de baixo volume mas altamente lucrativos. Os mercadores de Lübeck e de outras cidades-Estados comerciais, por sua vez, lidavam com diferentes tipos de produtos. A Rússia fornecia cera de abelha, muito procurada para velas usadas em igrejas e catedrais, e grandes quantidades de peles. Os mercadores hanseáticos empregavam os maiores navios cargueiros já vistos na Europa, chamados de "cocas": navios avantajados e baratos, feitos de clínquer, que suportavam longas viagens. Eram embarcações perfeitas para transportar grandes volumes de mercadorias: cera, pele, madeira, resinas, linho, trigo e centeio do Báltico oriental; lã, tecido, vinho, sal, manteiga, temperos, cobre e ferro da Escandinávia e da Europa Ocidental. Produtos pouco glamorosos, talvez, mas essenciais para a vida diária. As engrenagens da Hansa carregavam cruzados e colonos, bem como suprimentos de comida e armas para sustentar suas campanhas no Oriente.

Lübeck liderou a rápida tomada e a exploração do Báltico. Sendo a primeira cidade alemã naquela costa, sua força interna e os direitos de que desfrutava lhe deram uma posição hegemônica. Se outra cidade crescesse o suficiente para rivalizá-la, era então subjugada, destino que se abateu sobre a ambiciosa Stralsund, que Lübeck incendiou em 1249. Mercadores individuais foram os pioneiros do sistema hanseático, mas não demorou para que suas cidades natais seguissem o exemplo. Lübeck estabeleceu uma aliança com Hamburgo em 1241, coordenando atividades comerciais e militares.

Lübeck controlava o comércio do Báltico e o fluxo de mercadorias no interior da Alemanha; Hamburgo, por sua vez, tinha acesso direto ao mar do Norte (ou mar da Alemanha, como era conhecido). Além disso, as duas grandes cidades ficavam próximas às minas de sal de Lüneburg. O acesso ao mar e ao sal transformou essas duas cidades em importantes metrópoles, pois abasteciam grande parte da Europa com o combustível da urbanização.

Cidades não podem subsistir sem comida disponível o ano todo. O arenque, modesto porém rico em proteínas, preservado em conserva, fornecia às cidades medievais do gélido norte da Europa os meios para existir e crescer. O sal obtido em Lüneburg era levado para Lübeck, que o exportava para Escânia, no sul da Suécia, onde o arenque desovava. Em 1360, só em Lübeck desembarcaram 250 navios de arenque, transportando toneladas da iguaria prateada. De lá, o peixe era enviado para o coração urbano do norte da Europa, alcançando prósperas cidades dedicadas à produção têxtil, como Ghent, Ypres, Arras e Bruges, que dependiam de alimentos preservados em conserva.

As importações de arenque eram complementadas com o bacalhau pescado extensivamente nos mares da Noruega, Islândia e Groenlândia, que por sua vez era transportado para Lübeck. O bacalhau em conserva encontrou mercados não apenas no norte da Europa, mas também na península Ibérica e no Mediterrâneo. A Lübeck medieval era como um reino árabe moderno, rico em petróleo, só que o combustível à época era peixe e sal.

Os comerciantes de Lübeck eram especializados em cargas grandes e volumosas; lidavam com as necessidades da vida, as coisas que alimentavam as cidades. O arenque era uma parte disso. O pão de centeio, até hoje um alimento básico no nordeste da Europa, evoca os massivos carregamentos de centeio e trigo importados das terras recém-conquistadas do Báltico oriental. A madeira, muito procurada para construção, também vinha daquela região. A cerveja, iguaria do norte da Europa, era transportada em navios alemães para sustentar populações urbanas crescentes. O vinho da Renânia era trocado por várias mercadorias. A lã inglesa e as peles russas proporcionavam calor e elegância nas ruas das cidades e vilas da Europa, claro sinal da elevação dos padrões de vida.

É quase certo que Lübeck não inventou o marzipã (como se alega muitas vezes), que é feito de mel e amêndoas moídas, mas ainda produz a variedade mais conceituada. Comer marzipã no Café Niederegger, em frente à Rathaus, é uma aula de história gastronômica. Remete à prosperidade da Lübeck medieval. As amêndoas chegavam à cidade via Bruges em embarcações oriundas do longínquo Mediterrâneo. Galeras genovesas, venezianas e florentinas e navios da Catalunha, do País Basco e de Portugal começaram a aportar em Bruges a partir do final do século XIII, transportando pimentas, gengibre, noz-moscada, cravo e amêndoas. O mel vinha pelas rotas comerciais que emanavam do golfo da Finlândia.

Em 1356, os representantes de várias cidades alemãs se reuniram na Rathaus de Lübeck. Isso marcou o surgimento de uma das forças políticas mais potentes da Europa — a Liga Hanseática — e o apogeu de sua capital *de facto*: Lübeck.

As origens da Liga Hanseática, ou Hansa, remontam à aliança formada entre Hamburgo e Lübeck em 1241, que mostrou a força que as cidades unidas podiam angariar. Em 1252, um conselheiro da cidade de Lübeck, Hermann Hoyer, e o tabelião da cidade de Hamburgo negociaram privilégios comerciais em Bruges. Em 1266, por sua vez, Henrique III da Inglaterra concedeu a Lübeck e Hamburgo um alvará para comércio em seu reino sem pedágios. Ansiosas por ingressar em uma rede emergente de cidades que gozavam de tais privilégios, outras cidades como Wismar, Rostock, Colônia, Bremen, Stettin (Szczecin), Riga, Reval (Tallinn) e Stralsund logo se juntaram à aliança; com o tempo, tornou-se uma rede de duzentas vilas, cidades e cidades-Estados.

O poder coletivo dessas cidades impôs embargos comerciais contra Flandres em 1280 e contra a Noruega em 1284 — embargos que duraram até que ganhassem privilégios comerciais em ambas. Elas também eliminaram seus principais concorrentes no Báltico: ingleses, frísios e flamengos. Com estrutura fluida, a Liga Hanseática era uma confederação flexível de cidades com ideias semelhantes que só adquiriram uma identidade formal em 1356, data da primeira Hansetag (Assembleia Hanseática) em Lübeck.

Manter as rotas comerciais abertas e acessíveis exigia diplomacia e negociação quase constantes. E esse era o método preferido; caso falhasse, o uso da força se fazia necessário. Na segunda metade do século XX, após a queda dos impérios ocidentais, cidades enxutas e ágeis como Hong Kong, Singapura e Macau foram capazes de superar por algumas décadas países muito maiores de sua região, tornando-se gigantes marítimas e financeiras. Do mesmo modo, a Liga Hanseática foi capaz de acessar mercados e obter privilégios comerciais vitais em algumas das áreas mais ricas do norte da Europa — Flandres, Rússia e Inglaterra — em virtude de seu domínio do comércio internacional. Em outras palavras, reinos poderosos capitularam ao cartel de pequenas cidades alemãs.

Na década de 1360, a Liga travou uma guerra contra a Dinamarca, arrasando Copenhague e garantindo o monopólio completo sobre a pesca do arenque. A máquina militar da Hansa foi empregada também contra os piratas que operavam no Báltico, no mar do Norte e no canal da Mancha. No século XV, uma guerra marítima se desenrolou de forma intermitente contra o reino da Inglaterra.

Em 1474, a Hansa chama o rei inglês a comparecer à mesa de negociações em Utrecht. Hinrich Castorp, prefeito de Lübeck, junto com Johannes Osthusen, jurista, e Hinrich Murmester, prefeito de Hamburgo, ditam os termos. Os ingleses são obrigados a pagar 10 mil libras de indenização, além de conceder aos mercadores da Liga numerosos privilégios comerciais e feitorias. Eles ficaram também proibidos de comerciar no Báltico. A Hansa não brincava em serviço.

A Liga Hanseática era odiada por ter mantido a Inglaterra em subserviência econômica por quase dois séculos. Seu domínio foi crescendo durante a segunda metade do século XV. Um dos frutos mais preciosos do imenso poder de negociação coletiva da Hansa era a capacidade de estabelecer *kontors* — termo para posto comercial, derivado de "calcular" — em cidades estrangeiras. Contudo, a ideia de mero posto comercial soa como eufemismo. Na verdade, os *kontors* eram como cidades dentro da cidade: comunidades autônomas protegidas por muralhas, com suas próprias residências, igrejas, casas de contagem e pesagem, instalações portuárias, depósitos de tecidos, salão para assembleias, guardas e adegas. Os mercadores alemães residentes em um *kontor* hanseático gozavam da proteção da Liga e de muitos privilégios, geralmente na forma de livre acesso aos mercados, com taxas e impostos favoráveis.

Após a capitulação da Inglaterra na Guerra Anglo-Hanseática, o *kontor* de Londres foi reconstruído no local onde hoje é a Cannon Street Station. Conhecido como Stalhof ou Steelyard, o *kontor* era um dos maiores complexos comerciais da Europa, uma grande zona de livre comércio murada no coração da cidade de Londres, onde as mercadorias podiam ser carregadas diretamente nos navios alemães. A extraordinária riqueza dos mercadores hanseáticos operando no Steelyard ficava clara em uma série de retratos encomendados a Hans Holbein na década de 1530. Os mercadores ganham ares principescos: graves e imponentes, vestidos com o mais rico cetim vermelho e cercados por artefatos de riqueza, como relógios de bronze, vasos de vidro veneziano e tapetes turcos.

167

Dos portos de Londres e do mar do Norte, a Hansa controlava o comércio da principal fonte de riqueza da Inglaterra, seu ouro branco: a lã. As cocas de Lübeck e de outros lugares exportavam a mercadoria, vendendo-a para as cidades industriais de Flandres, onde era transformada em tecido. O Steelyard, de governo autônomo, próximo à London Bridge, com suas coleções de arte, suas gruas, sua riqueza visível e sua alta torre de cúpula azul, era uma provocação diária para os ambiciosos mercadores ingleses que adorariam negociar diretamente com a Escandinávia, a Prússia e a Rússia.

A lã constituía um dos recursos mais valiosos da Europa. O *kontor* de Bergen, na costa norueguesa, permitia a Lübeck controlar o valioso comércio do bacalhau. O da Novgorod fornecia a porta de entrada para a Rússia e para a Rota da Seda. O quarto maior *kontor*, em Bruges, era talvez o mais significativo. Bruges dava aos comerciantes hanseáticos acesso à maior concentração de cidades do norte da Europa e ao seu centro industrial de fabricação de tecidos.

A Liga Hanseática protegia zelosamente seu enclave em Bruges, principal mercado de especiarias e têxteis da Europa, ponte entre o Mediterrâneo e o norte europeu. Mas Bruges oferecia muito mais do que mercadorias de luxo. A cidade portuária dava acesso aos enormes mercados das cidades industriais de Flandres, ávidas por arenque, cerveja, centeio e lã. E era palco também de formas de comércio inteiramente novas. Primeira cidade capitalista do norte da Europa, Bruges foi o primeiro grande mercado financeiro ao norte dos Alpes, lar de banqueiros italianos expatriados que trouxeram consigo novas ideias sobre câmbio e dívida negociada.

As mudanças que assolaram a Europa a partir do século XII foram geradas no domínio urbano, especificamente naquelas pequenas cidades muradas como Lübeck, que gozavam de autonomia política e eram organizadas em torno do comércio e da guerra, impondo-se como bastiões contra a desordem. Em termos de conforto material e direitos cívicos, os citadinos estavam muito à frente dos camponeses rurais e aldeões, que representavam mais de 90% da população.

As bombas que estriparam Lübeck em 1942 também destruíram uma das maiores obras de arte do final da Idade Média, uma pintura de trinta metros de comprimento representando a Dança da Morte. Pintada em 1463 por Bernt Notke, exibia em detalhes requintados os contornos de Lübeck, sua floresta de pináculos, as casas com telhados de duas águas, as muralhas que a defendiam e os navios que garantiam sua riqueza. Em primeiro plano, a Morte, personificada por esqueletos sorridentes e saltitantes, conduz cada setor da sociedade numa dança alegre em direção à sepultura. Ali desfilam o papa, o imperador, cardeais e bispos, reis e condes, o prefeito e os conselheiros, usurários e mercadores, médicos e padres, escriturários e artesãos, camponeses, freiras, donzelas e crianças.

No momento em que são conduzidos ao acerto de contas final, todos imploram por uma última chance de redenção. "Não é do meu feitio estar desprevenido", diz o comerciante de Lübeck, em tom de adulação. "Sofri muito [para obter] mercadorias, por terra e água, debaixo de vento, chuva e neve. Nenhuma viagem foi impossível para mim. Mas minha prestação de contas não está pronta. Se estivesse, eu me alegraria em partir contigo." Apto nos cálculos, talvez; mas não tanto na declaração dos débitos e créditos de sua alma imortal. A mensagem é uma só: por mais grandioso e rico que você seja, quando chega a hora, todos compartilham o mesmo destino dos mais pobres e desamparados.

A Grande Peste emanou da Ásia Central e seguiu a Rota da Seda, penetrando primeiro a China e a Índia, antes de rumar para o oeste. Chegou a Caffa (Teodósia, na Crimeia), depois viajou numa galera genovesa que de lá zarpou em 1347. O progresso subsequente da pestilência seguiu o mapa das redes de comércio intermunicipal da Europa. De Gênova e Veneza foi para Marselha, e daí para as cidades atlânticas da península Ibérica e da França; de lá, alcançou Calais e a Inglaterra. Então, saltou para a rede hanseática, atingindo Bruges e Lübeck. De Lübeck, espalhou-se por Bergen, Copenhague e por todo o Báltico, até a Novgorod. E seguiu também as estradas comerciais alemãs para Colônia e o interior da Europa.

As cidades mais afetadas eram centros comerciais prósperos e populosos. A população de Florença caiu de 120 mil para 50 mil habitantes, e a de Veneza sofreu uma queda de 60%; metade dos 100 mil habitantes de Paris sucumbiu. A população de Lübeck também caiu pela metade. Ao todo, morreram 25 milhões de pessoas — mais de um terço da população da Europa.

A morte zomba da loucura humana na *danse macabre* de Lübeck; quando a viam exibida na Marienkirche, os cidadãos eram convidados a rir. Eis aqui um prefeito corrupto, recebendo o que lhe cabe; o mesmo para o nobre ocioso que abusava de seus camponeses. Dinheiro nenhum há de salvá-los. Morte, doença e riqueza viviam lado a lado. Trata-se de uma arte própria de uma época incerta, uma época de guerras e pestes recorrentes. Também é uma arte com lições para o comerciante: a vida é arriscada, e grandes fortunas podem ser varridas como pó. A primeira *danse macabre* de que se tem registro foi pintada em Paris em 1424-5. A obra-prima de Lübeck de 1463 era uma das mais famosas; foi reproduzida em inúmeros livros, nos quais o elenco de personagens era expandido, passando a incluir, entre outros, estudantes, aprendizes e jornaleiros.

É uma arte que sugere também a fragilidade da vida na cidade. Até 1800, a expectativa de vida na Europa era 50% maior no campo, em comparação com a cidade. Esse contraste inexistia na China; lá, os citadinos viviam mais do que seus primos rurais. As cidades europeias eram armadilhas mortais, pois eram sujas. As cidades chinesas, por sua vez, eram exemplos de limpeza. Os europeus gostavam de carne e não viviam longe de seus porcos e galinhas; os asiáticos tinham uma dieta predominantemente vegetariana e não enchiam suas áreas urbanas de animais nocivos. Como os europeus viviam sempre sob o risco de guerra, as cidades eram fortificadas, ficando fisicamente impedidas de crescer, o que aumentava a densidade urbana, para alegria dos micróbios. Além disso, a guerra punha os exércitos para marchar pelo continente, disseminando germes. Na China, uma forte autoridade central reduzia os níveis de conflito, o que possibilitava que as cidades se expandissem para além de suas muralhas, distribuindo pessoas e mercados em uma área mais ampla. Os asiáticos orientais tinham também melhores padrões de higiene pessoal; o lixo era removido para fertilizar os campos ao redor. Os habitantes da Europa moravam lado a lado com a própria imundície.

Mas a propagação da Grande Peste teve um efeito galvanizador no desenvolvimento das cidades na Europa. O colapso da população urbana, principalmente entre os artesãos, encorajou os camponeses que desejavam escapar do feudalismo rural a migrar para as cidades em busca de empregos bem remunerados. Com a população reduzida, o preço dos aluguéis caiu e os salários aumentaram. Em Lübeck, a classe artesanal superior — cervejeiros, açougueiros, ferreiros, tecelões, luveiros e os artesãos que trabalhavam o âmbar — estava muito afastada da elite dinástica mercantil e era excluída do poder. Mas também gozava de um alto grau de riqueza. Elert Stange, armeiro que serviu como prefeito durante um período de turbulência, quando os artesãos foram brevemente autorizados a participar do conselho municipal, tinha um portfólio de propriedades que incluía uma mansão, um armazém, cinco sobrados e dois apartamentos. Artesãos como Stange prosperaram graças ao crescimento do comércio após a devastação da Grande Peste.[8]

Com uma população rural em declínio, as cidades se viram necessitadas de mais alimentos, como arenque e bacalhau, centeio e trigo, cerveja e vinho. No século XV, mais de mil navios graneleiros deixavam Danzig todos os anos para alimentar as cidades da Holanda. Os sobreviventes urbanos da peste e a geração que se seguiu comiam melhor e se vestiam melhor, construíam casas mais fortes e tinham padrões de vida superiores aos de seus antepassados. Os lucros eram convertidos em edifícios palacianos — grande parte da Veneza e da Lübeck que conhecemos é resultado dessa aceleração — e suntuosas obras de arte. Um dos maiores centros de comércio de mercadorias a granel, Lübeck beneficiava-se dessa demanda por recursos como cerveja, cera, grãos, arenque, tecidos e peles.

A Dança da Morte reflete essas realidades e ambiguidades sombrias. Venha ficar rico na cidade, diz, sabendo que a cidade apinhada e suja é onde a Morte se diverte. Mas não se desespere: dance enquanto pode, pois a Morte dança com você. Tratava-se também de uma arte voltada para uma classe relativamente nova na Europa: um público urbano que conhecia as coisas do mundo. A grande pintura retratava a experiência vivida na cidade: os cidadãos de Lübeck, de fato, dançavam. A cidade era famosa por seus carnavais, época em que a hierarquia social era subvertida pelo desgoverno, com apresentações públicas que satirizavam a ganância das ricas famílias de comerciantes. Uma explosão de peças e poemas se deflagrava. Havia apresentações para todos os gostos: alegorias morais ou humor obsceno; era só escolher. A temporada do carnaval encerrava-se com danças noturnas e bebedeiras. O prefeito e os conselheiros conduziam os cidadãos numa grande dança iluminada por tochas pelas ruas da cidade, ao longo de fileiras de caixas e tambores batendo em ritmo frenético.

A morte pode chegar a qualquer instante; toda riqueza humana é transitória; dance e ganhe dinheiro enquanto pode. Essas incertezas rodeavam a mente urbana. A reconhecida fragilidade da cidade talvez tenha atuado como força de integração mais potente. Lübeck, afinal, começou como empreendimento comercial, e sua sobrevivência devia-se ao fato de ser uma entidade corporativa eficiente. Seu éthos cívico, expresso na arquitetura municipal, nas cerimônias de *Burspraken* e nos carnavais, conectava as pessoas ao seu empreendimento comunitário. Esta era uma pequena cidade de 20 mil habitantes, dominada por suas guildas corporativas, representando os principais negócios e profissões: transportadores, sapateiros, revendedores de arenque e de tecidos, mercadores de longa distância, padeiros, cervejeiros, alfaiates, ferreiros e assim por diante. Havia fraternidades que reuniam comerciantes que viajavam para Bergen, Riga, Novgorod e Estocolmo. Com base nas sedes das guildas, organizadas em confrarias, as companhias dominavam a vida econômica, social e política da cidade.

Como demonstra a obra-prima de Bernt Notke, as pestilências não poupavam os prósperos e poderosos. Consequentemente, o conselho do governo nunca se tornava privilégio de uma elite hereditária, sempre elegendo novos membros, muitos deles nascidos em outros lugares. Os arquivos mostram que, entre 1360 e 1408, a maioria dos membros do conselho não guardava parentesco consanguíneo com os oficiais anteriores. E esses homens foram tratados como "lordes" por ninguém menos que Carlos IV, imperador do Sacro Império Romano, que visitou a cidade em 1375.[9]

A fortuna favorecia os ousados, e a morte desfazia privilégios entrincheirados. Os comerciantes empreendedores que enriqueciam em arriscadas aventuras de longa distância podiam se tornar burgueses, responsáveis por administrar a cidade e determinar a direção da Liga Hanseática, "senhores" do comércio e das finanças. Servir como conselheiro dava status aos cidadãos, e vários deles vinham de famílias que nunca haviam desfrutado do poder. Muitos mercadores de Lübeck, endurecidos por perigosas aventuras comerciais na Rússia e no Báltico oriental, assumiam papéis de liderança como diplomatas, embaixadores e negociantes no tabuleiro da política de poder no norte da Europa; alguns comandavam frotas hanseáticas em ações bélicas. Os negócios sempre vinham em primeiro lugar. A Hansa lutava por ouro e lucros, não por Deus ou pela nação. Quem a liderava não eram reis, condes e cavaleiros, mas mercadores, conselheiros municipais e prefeitos.

Por mais tranquila e graciosa que fosse, o que mantinha a prosperidade de Lübeck era o fato de que, se necessário, a cidade podia matar de fome a Noruega ou arruinar economicamente Flandres e a Inglaterra. Seus artesãos eram ricos porque Lübeck e as cidades vizinhas eram poderosas o suficiente para monopolizar o comércio e controlar o mercado dos produtos mais cobiçados, eliminando toda competição por meio do domínio econômico, da pressão política e, às vezes, pela força das armas.

A urbanização na Europa tinha um sabor distinto, muito diferente do que se dava em outras partes mais desenvolvidas do mundo. O oceano Índico representou por séculos a fio uma gigantesca zona de livre comércio. Embora não fosse uma área pacífica — era assolada por piratas e por rivais que se digladiavam por uma parte dos imensos lucros —, os mares do oceano Índico eram, não obstante, abertos a todos os comerciantes que enfrentassem seus perigos, fossem árabes ou chineses, muçulmanos ou budistas, judeus ou hindus. Como consequência, as cidades tinham a mesma liberdade e o mesmo cosmopolitismo das rotas marítimas; as divisões religiosas, étnicas e políticas subordinavam-se à séria tarefa de ganhar dinheiro. As metrópoles sincréticas do sudeste da Ásia não eram muradas como as cidades-Estados europeias; elas se esparramavam luxuosamente.[10]

"Em nome de Deus e do lucro" — esse era o lema que se lia em centenas de cadernos de contabilidade pertencentes ao grande comerciante italiano Francesco Datini. Deus tinha seu papel, claro: a reurbanização na Europa relacionava-se intimamente à guerra, em especial às guerras religiosas no Levante, no Báltico e na península Ibérica. O lucro, por sua vez, conectava-se à tendência europeia de estabelecer monopólios, suprimindo, por todos os meios necessários, a competição; o éthos do livre comércio típico da rede urbana do oceano Índico era desconhecido naquela parte do mundo. Veneza e Gênova travaram uma série de batalhas excepcionalmente sangrentas para garantir privilégios comerciais no mar Negro. Ambas acreditavam que tinham o direito ao controle absoluto do mar Adriático (no caso de Veneza) e do mar da Ligúria (em Gênova), assim como a Hansa governava o Báltico, expulsando todo e qualquer intruso. Juntas, essas cidades constituíam as máquinas militares mais sofisticadas da Europa.

Com ou sem comércio, a fragilidade inerente das cidades as condenava à militarização. A Europa medieval, fragmentada em milhares de cidades, cidades-Estados, vilas autônomas, repúblicas, marquesados, bispados, condados, ducados, principados, reinos e impérios antagônicos, foi se tornando extremamente hábil na guerra. Veneza, Florença, Paris e Milão destoavam, abrigando populações de 100 mil habitantes ou mais; nenhuma outra cidade europeia atingiu essa dimensão (nada excepcional na China, no sudeste da Ásia e na Mesoamérica) antes do século XVII.

Nesse mundo cão implacável, as cidades viam-se obrigadas a dominar — e a desenvolver — a ciência da guerra. "Uma cidade deve, em primeiro lugar, ter forças suficientes para se defender, livrando-se do medo constante da agressão externa", escreveu o historiador e estadista Francesco Guicciardini. "A boa ordem interna e o império da lei seriam de pouca utilidade se a cidade estivesse sujeita à subjugação pela força." A liberdade cívica, a riqueza municipal e a força militar andavam de mãos dadas numa Europa dilacerada pela guerra. Uma cidade indefesa, por mais rica que fosse, sempre tinha rivais prontos para atacar.[11]

A cidade natal de Guicciardini, a República de Florença, constantemente em guerra com cidades rivais, como Siena, Luca, Pisa e Milão — além de imperadores e papas —, revirava os bolsos para contratar a nata dos mercenários da Europa, como oficiais profissionais, arqueiros, lanceiros, besteiros, cavaleiros e soldados de infantaria. Florença tratou de devastar impiedosamente muitas de suas cidades-Estados vizinhas antes que estas pudessem desafiá-la. No que toca ao desenvolvimento de táticas de batalha modernas, bem como à arquitetura e à engenharia militar, às armas de fogo e à artilharia, as ricas cidades-Estados italianas representavam a vanguarda absoluta.

Contudo, foi no aperfeiçoamento da máquina mais complexa da humanidade antes da espaçonave — o navio — que as cidades medievais se destacaram de maneira mais decisiva. A evolução da grande galera veneziana, da coca hanseática e da caravela e carraca portuguesas, operando indistintamente como embarcações de guerra e de comércio, foi obra sobretudo das cidades marítimas europeias, sempre em competição entre si. As cidades-Estados mediterrâneas foram as primeiras a equipar com artilharia suas frotas, desdobramento revolucionário na história da guerra naval. Antes da Revolução Industrial, o maior complexo militar-industrial do mundo pertencia a uma cidade: Veneza. O Arsenale Nuovo (1320), com sua força de trabalho de 16 mil almas, era capaz de lançar um navio ao mar todos os dias, façanha incrível numa época em que até mesmo reinos marítimos como a Inglaterra careciam de estaleiros navais permanentes, pois não tinham nada que chegasse aos pés da riqueza, da capacidade de organização e da coesão de uma cidade-Estado como Veneza. Nenhum outro lugar manifestava tão claramente o caráter da cidade medieval enquanto bastião de guerra.

De todos os crimes cometidos em Paris na década de 1410, apenas 7% envolveram alguma espécie de roubo; a forma de crime mais prevalente — mais de 76% — era a violência espontânea e impulsiva entre cidadãos. Os registros dos juízes de instrução da Londres medieval revelam a violência latente em locais públicos, sobretudo nos mercados congestionados, onde jovens rapazes armados se acotovelavam no tumulto da cidade comercial. Num mictório no alto da Foster Lane, William Roe urinou acidentalmente nos calçados de outro jovem. Quando o rapaz reclamou, Roe tratou de golpeá-lo. Philip de Ashendon tomou partido, repreendendo Roe, que, com uma machadinha, esmagou-lhe o crânio. Em outra ocasião, uma briga entre Walter le Clerk de Edelmeton e Alexander de Staunford se deflagrou na Gracechurch Street, na entrada do banco florentino Bardi; Walter morreu com um violento golpe de bastão na cabeça dado por Alexander. Robert Paunchard teve a garganta cortada por um cozinheiro durante uma briga depois do horário de fechamento de certa taverna. Cavalgando perigosamente pelas ruas e pondo mulheres e crianças em risco, um jovem escudeiro não hesitou em matar o oleiro que implorou para que ele fosse mais atencioso em seus galopes. Um padre que roubava maçãs esfaqueou o jardineiro que ousou recriminá-lo. Jovens lutavam e matavam uns aos outros por mulheres e pela "honra". Gangues arranjavam brigas nas tavernas, que transbordavam para as ruas. A litania de desentendimentos insignificantes que se transformavam em homicídio é longa, verdadeiro catálogo de assassinatos casuais.[12]

Dos assassinatos ocorridos na Londres medieval entre 1320 e 1340, 56% foram crimes com faca; 87% aconteceram entre as cinco da tarde e as duas da manhã; 68% se deram ao ar livre, em espaços públicos. A metrópole era uma arena de violência diária. Um ferreiro trabalhando com sua bigorna na porta de San Piero, em Florença, cantarolava alegremente quando um homem surgiu de súbito e se pôs a jogar na rua suas ferramentas — seu martelo, sua balança e assim por diante.

— O que diabos está fazendo? — gritou o ferreiro. — Enlouqueceu?

— O que *você* está fazendo? — retrucou o homem, ensandecido.

— Estou tentando fazer meu trabalho. Mas você está arruinando minhas ferramentas.

— Bem — disse o estranho, um certo Dante Alighieri —, se você não gosta que eu estrague suas coisas, não estrague as minhas.

O infeliz ferreiro vinha cantarolando um dos poemas de Dante; mas cantarolava mal, esquecendo algumas palavras e acrescentando outras. Esse é apenas mais um exemplo da violência presente nas ruas de uma cidade em que, como o próprio Dante escreveu, "são avareza, inveja e arrogância [...] que mantêm os corações acesos".[13]

A competição intensa numa cidade como Florença encurtava vidas, é claro, mas também estimulava a centelha divina da criatividade. Dante e Boccaccio escreviam tendo como pano de fundo um partidarismo mortal. O caldeirão urbano, com suas infinitas controvérsias, maquinações políticas e guerras, impelia os indivíduos a dissecar a natureza humana e as motivações políticas. Qual a melhor maneira de domar um tigre como Florença, com suas rixas assassinas, seus chefões endinheirados, suas classes populares politicamente conscientes e seu apego republicano à liberdade? Como equilibrar tais forças competindo no interior da cidade? Com autores da Antiguidade, como Aristóteles e Tito Lívio, de um lado, e a história florentina recente — e amarga — do outro, escritores como Maquiavel, herdeiros de uma longa tradição republicana, lançaram as bases não apenas do pensamento político ocidental moderno, mas do próprio estudo da história. A rivalidade entre as cidades na Itália e a competitividade no interior delas forneceram o impulso para uma era de ouro artística e arquitetônica.

Tendo atingido o auge de sua magnificência no século XV, cidades pequenas e eficientes como Lübeck — muitas delas repúblicas — se viram cada vez mais em desvantagem em relação aos Estados centralizados, com suas vastas reservas de mão de obra. Muralhas outrora inexpugnáveis não eram páreo para a artilharia moderna. Francisco I, rei da França, capturou Milão em 1515. Carlos V, imperador do Sacro Império Romano, tomou Milão da França em 1525, saqueou Roma dois anos depois e sitiou Florença em 1530, destruindo a república. Gênova caiu ante os franceses e em seguida se tornou mero satélite do Império Espanhol. Presa entre o poder da França e da Espanha na Itália e ameaçada pelo Império Otomano no mar, Veneza experimentou um longo declínio. A Liga Hanseática, no século XVI, teve que se ver com reinos mais fortes e mais bem organizados: Inglaterra, Suécia e Dinamarca. Muitas das cidades-membros perderam sua autonomia ao serem aglutinadas para países em processo de consolidação interna, como a Polônia e a Prússia. Na época em que a última Assembleia Hanseática se realizou, em 1669 (com a participação de nove das cidades restantes), a Liga já pouco significava.

Ainda assim, as cidades permaneceram na linha de frente das guerras europeias. Durante os séculos XVI e XVII, a guerra no continente tornou-se uma ciência de cerco e contracerco, uma corrida armamentista entre artilheiros e engenheiros de cada lado das muralhas da cidade. Enormes fortificações em forma de estrela foram construídas ao redor de cidades como Lübeck para assegurá-las contra o bombardeio de artilharia. Tais guerras, longas e cansativas, tornaram os engenheiros militares europeus especialistas na arte dos cercos, e as campanhas de desgaste garantiram aos exércitos do continente uma tecnologia muito mais avançada em comparação aos povos de outras partes do mundo. De fato, a urbanização na Europa surgiu como resultado do empreendedorismo de seu povo; seu dinamismo, no entanto, também derivou de fontes menos positivas: a Grande Peste, as Cruzadas, guerras endêmicas e rivalidades mortais entre suas cidades.

As metrópoles europeias emergentes eram, assim, substancialmente diversas das cidades de outros lugares. Não eram democráticas no sentido moderno, mas permitiam uma maior participação política e maior mobilidade social em comparação aos reinos e às cidades chinesas e japonesas, por exemplo, que eram burocraticamente administradas. A alfabetização não era universal, mas mais pessoas sabiam ler nas cidades europeias do que em qualquer outro lugar. Mesmo pequenas e vulneráveis, elas moldaram uma revolução militar e comercial que se lançaria sobre o mundo todo.

O declínio de Lübeck, como o de Veneza, deveu-se principalmente à mudança dramática nos padrões de comércio global no final do século XV. Com a descoberta das Américas e de rotas diretas para o leste da Ásia, vastos novos mercados se abriram para a Europa. Mais perto de casa, o domínio de Lübeck sobre o comércio da região foi rompido pela chegada de uma concorrente em ascensão: Amsterdam. A partir de então, a Liga Hanseática entra em declínio acelerado; contudo, seu legado de práticas afiadas nos negócios, monopólio comercial e táticas de força bruta espalhou-se pelo mundo.

7. Cidades do mundo

Lisboa, Malaca, Tenochtitlán, Amsterdam, 1492-1666

A "ilustre e gloriosa" Lisboa surpreendeu o médico e geógrafo Hierony-mus Münzer, de Nuremberg, por ocasião de uma visita em 1494. De fim de mundo à cidade mais excitante da Europa, Lisboa despontava, marcando uma nova fronteira.

Nas docas, Münzer viu não apenas grandes quantidades de avelãs, no-zes, amêndoas, limões, figos, maçãs e açúcar, mas uma quase "infinidade de artigos" trazidos da África: tecidos maravilhosamente coloridos, tapetes, cal-deirões de cobre, cardamomo, inúmeros ramos de pimenteiras, presas de ele-fante e ouro. Viu um enorme crocodilo suspenso acima do coro no mosteiro da Santíssima Trindade, maravilhou-se com o bico de um pelicano e encontrou leões enjaulados no castelo de São Jorge; ficou encantado com os dragoeiros, trazidos do golfo da Guiné, que via crescendo por toda a cidade. Inspecionou canas-de-açúcar gigantescas, armas africanas e enormes serras feitas com os ossos de grandes peixes.

Museu de um mundo que se ia descobrindo nos últimos anos do século XV, Lisboa era uma cidade diferente das outras da Europa. Na virada do século, cerca de 15% da população era composta de africanos escravizados. Havia uma comunidade muçulmana considerável. Münzer notou um grande número de mercadores judeus "imensamente ricos". Muitos deles teriam se mudado para

Lisboa depois de expulsos em massa da Espanha em 1492. Ainda mais ricos eram os comerciantes holandeses e alemães que viviam na rua Nova dos Mercadores, "construída no estilo alemão".[1]

Lisboa exibia uma sensualidade e um exotismo inatingíveis em outras cidades europeias. Pouco depois da visita de Münzer, um tipo de arquitetura ousada viria a transformar ainda mais a cidade. O estilo ornamentado conhecido como manuelino, presente até hoje na Torre de Belém e no Mosteiro dos Jerônimos, é emblemático do ecletismo dos empréstimos tomados por Lisboa às mais variadas partes do mundo. O estilo é uma síntese bombástica de desenhos urbanos envolvendo elementos mouriscos, africanos, italianos e flamengos, remontando também ao gótico tardio e às decorações dos templos indianos, tudo isso entretecido com temas náuticos, os ícones das descobertas: esferas armilares, padrões de corda torcida, nós decorativos, âncoras, imagens esculpidas de rinocerontes, elefantes e outras feras exóticas.

As mercadorias, as gentes e os edifícios que podiam ser vistos na Lisboa do final do século xv eram admiráveis, pois nenhuma outra cidade europeia desfrutava do comércio direto com a África e a Ásia; até então, apenas um punhado de venezianos havia viajado para fora do continente. Em 1500, sete das doze maiores metrópoles do mundo — Vijayanagara, Gauda, Guangzhou (Cantão), Pequim (Beijing), Nanjing, Hangzhou e Tabriz — localizavam-se na Ásia. A Cidade do Benim, na atual Nigéria, maior cidade da África Subsaariana, e Tenochtitlán, na Mesoamérica, eram maiores do que Paris, que, com seus 185 mil habitantes, era a única cidade cristã europeia entre as doze primeiras. O coração urbano do mundo permanecia na Ásia.

Se a Europa era isolada, Portugal, por sua vez, tinha sido durante séculos um território marginal na orla do continente, encurralado pela incognoscível vastidão do Atlântico. Sua aristocracia guerreira dedicava-se às cruzadas no norte da África. Lisboa, nesse contexto, era quase uma cidade-Estado no interior de um país profundamente conservador e pobre. Seus mercadores, muitos dos quais judeus ou descendentes de muçulmanos, tinham fortes laços comerciais com o norte da África islâmica, com a Itália e com o norte da Europa. No entanto, apesar da hostilidade entre as populações rural e urbana, suas visões de mundo aparentemente opostas — o anseio por uma guerra religiosa e a avidez por riquezas mundanas — logo viriam a se fundir.

Em 1415, a nobreza conseguiu o que queria: uma cruzada no Marrocos.

O minúsculo Portugal chocou então a Europa e o mundo islâmico, capturando Ceuta, na costa africana do Mediterrâneo. Os santos guerreiros de Portugal depararam-se com uma cidade de cair o queixo. "Flor de todas as outras cidades de África", Ceuta fazia Lisboa parecer uma vila miserável. Os mercadores viviam em palácios e negociavam ouro, marfim e escravizados africanos, além de especiarias asiáticas. De acordo com um cronista português, os mercadores vinham da "Etiópia, Alexandria, Síria, Barbária, Assíria [Turquia], bem como do Oriente que existia do outro lado do rio Eufrates e das Índias [...] e de muitas outras terras que, estando além do eixo, escapam aos olhos".[2]

Foi, de fato, um vislumbre de outro mundo — um mundo incognoscível, isolado da Europa. O infante d. Henrique, filho de João I de Portugal, lutou em Ceuta. As riquezas daquela cidade, combinadas com seu afã cruzadista, incutiram-lhe o desejo de destruir o islã e enobrecer Portugal, encontrando uma rota para o que havia além do Saara: não apenas ouro e especiarias, mas — acreditava-se — um misterioso reino cristão perdido. O Preste João, mítico imperador cristão da Etiópia, estava "além do eixo"; imaginavam-se também reinos cristãos pontilhando o oceano Índico. Uma vez descoberta uma rota para essas terras, em vez de a Europa ser estrangulada pelo islã, era o islã que seria cercado pela Cristandade unida.

Sob a égide do infante d. Henrique (mais tarde denominado Henrique, o Navegador), as caravelas partiram de Lisboa para explorar a costa atlântica da África. Na década de 1470, mercadores, comerciantes de escravos e exploradores de Lisboa haviam avançado até o golfo da Guiné; na década seguinte, alcançaram o Congo. Então, em 1487, uma expedição liderada por Bartolomeu Dias, rumando a *oeste*, afastou-se da costa da Namíbia, adentrando o Atlântico. A ousada decisão resolveu, por fim, o enigma de como chegar ao oceano Índico. No oceano, os ventos do oeste sopraram os pequenos navios de Dias para o leste, contornando o que ele chamou de cabo da Boa Esperança. Dias refutou, assim, a teoria ptolomaica de que o oceano Índico era um mar fechado. Não era. Era acessível a partir da Europa. Ou, mais precisamente, era acessível partindo-se de Lisboa.

A cidade se tornou um ímã para os que desejavam lucrar com a era da exploração e para os que desejavam entender o mundo que se transformava debaixo de seus pés. Cristóvão Colombo, de Gênova, foi até a corte de João II, atraído pela fúria da descoberta e pelas equipes de especialistas que se debruçavam sobre cada novo mapa e cada fragmento de informação que retornava com os exploradores. Martin Behaim, comerciante de Nuremberg e talentoso cartógrafo e cosmógrafo, foi naturalmente atraído para Lisboa na década de 1480, onde implementou uma série de melhorias no astrolábio, trabalhando também nas tabelas de navegação. O astrolábio foi levado ao golfo da Guiné pelo cientista judeu José Vizinho em 1483 para medir a altitude do sol. Essas viagens renderam mapas detalhados do até então desconhecido Atlântico oriental. Entre 1491 e 1493, Behaim construiu um globo terrestre chamado *Erdapfel* (maçã da terra), uma síntese do entendimento ocidental do globo às vésperas da descoberta das Américas.[3]

Cientistas como Behaim e Vizinho sentavam-se aos pés do grande Abraão Zacuto, rabino e astrônomo real. Espanhol de nascimento, Zacuto refugiou-se em Lisboa após a expulsão dos judeus do seu país. As tabelas astronômicas de Zacuto, compondo o chamado *Almanach perpetuum*, revolucionaram a exploração oceânica ao possibilitar que os marinheiros determinassem sua posição no mar. O comitê de especialistas de João II, liderado por Vizinho e Behaim, rejeitou a proposta de Colombo de navegar para o oeste através do Atlântico até as Índias, julgando com razão que ele havia subestimado gravemente o tamanho do mundo.

Hieronymus Münzer ficou maravilhado com a infraestrutura militar de Lisboa, repleta de fábricas, chefiadas por fundidores e artilheiros alemães e flamengos, produzindo uma variedade de armamentos avançados. Os navios portugueses transportavam artilharia de última geração a bordo, com grandes bombardas que eram disparadas de caravelas e canhões giratórios leves e rápidos, conhecidos como "berços", montados nos barcos menores atracados aos navios. Movida pelos sonhos de um rei visionário, pela cobiça por riquezas além do horizonte e pelo zelo religioso, Lisboa elevou-se da relativa obscuridade para o primeiro escalão das metrópoles europeias.

Após a morte de João II em 1495, seu sucessor, Manuel I, permaneceu comprometido com a missão marítima. Em dois anos, outra expedição partiu, ricamente equipada com os melhores navios e armas que os estaleiros de Lisboa eram capazes de produzir e com os mais modernos recursos de navegação. Seu líder, Vasco da Gama, foi instruído a chegar à grande cidade das especiarias, Calicute, onde deveria procurar reis cristãos e estabelecer o comércio de especiarias. De acordo com a bula papal *Inter caetera*, o mundo fora da Europa estava dividido por uma linha norte-sul no Atlântico: todas as terras a oeste pertenciam à Espanha, e as terras a leste eram dos portugueses. Posteriormente, essa linha imaginária foi alterada pelo Tratado de Tordesilhas. Em todo o caso, o que isso significava é que os portugueses estavam navegando para terras que julgavam *suas*, conforme concedido pelo papa.

Seguindo o curso de Bartolomeu Dias, Vasco da Gama rumou a oeste, Atlântico adentro, a fim de rebater para o leste sob a ponta da África. Ele traçou seu caminho até a costa da África Oriental. Quando a flotilha atracou na cidade portuária de Moçambique, os portugueses sentiram o primeiro cheiro do novo mundo em que haviam penetrado. Em Moçambique eles encontraram mercadores árabes vestidos da maneira mais elaborada, navios carregados de ouro, prata, cravo, pimenta, gengibre, pérolas, rubis e outras pedras preciosas. Os portugueses seguiram viagem para outras cidades, alcançando Mombaça e depois Malindi. Em todos os lugares, viam cidades ricas e um comércio dinâmico. E em parte alguma encontraram qualquer evidência das cidades cristãs que buscavam.

Os marinheiros europeus, infestados de escorbuto, com uma carga miserável de bugigangas, pouco tinham a oferecer nesse mundo urbano sofisticado e multiétnico, onde as riquezas da Ásia e da África eram comercializadas de cidade em cidade. O que eles tinham era o ódio tradicional a tudo que era islâmico, adquirido nas árduas cruzadas no Marrocos e na Tunísia. E tinham também seus navios, com a tecnologia militar mais avançada do mundo. Assim, para conseguir o que queriam, valeram-se dessas armas desde o momento em que chegaram ao Índico. Suspeitando desse estranho oceano, com suas grandes cidades e complexas redes de comércio, os portugueses abriram fogo contra as aldeias africanas e a cidade de Moçambique. A desconfiança e a beligerância dos intrusos eram uma amostra do que estava por vir.[4]

Contando-se entre as grandes cidades da época, centro do comércio de especiarias, Calicute estendia-se da praia ao sopé dos Gates Ocidentais. Casas caiadas de mercadores e palácios amadeirados da nobreza, com vista para o mar, despontavam por trás de palmeiras. Minaretes projetavam-se para o céu em mesquitas localizadas nas proximidades de grandes templos hindus. Europeus provincianos que eram, quando os homens de Vasco da Gama, nervosos e exauridos, chegaram àquela cidade vasta e densamente povoada, a experiência deve ter lhes parecido como adentrar uma terra exótica e inexplorada. Numa dessas ironias da história, as primeiras pessoas que encontraram foram dois mercadores da Tunísia, não longe de Portugal. Um deles abordou os viajantes estropiados: "O diabo que os carregue! O que os traz até aqui?".

A resposta foi simples: eles disseram que estavam lá em busca de cristãos e especiarias. Não parecia ocorrer aos intrusos, saudados ali mesmo em línguas europeias, que o mundo era muito mais interconectado e economicamente integrado do que supunham. Os homens de Vasco da Gama tinham chegado até ali da maneira mais difícil — pelo cabo da Boa Esperança. Os tunisianos simplesmente seguiram, desde casa, pelos conhecidos caminhos islâmicos.

Não havia reis cristãos. E as especiarias precisavam ser pagas. O que os portugueses tinham para trocar? Da Gama tratou de desempacotar seus presentes, na esperança de impressionar o rei, o samorim — "senhor do mar" — hindu: doze peças de tecido listrado, quatro capuzes escarlates, seis chapéus, quatro cordas de coral, seis tigelas, uma caixa de açúcar, dois tonéis de mel e dois de azeite. Quando viu aquilo, o funcionário do samorim riu; o mais pobre mercador de Meca trazia presentes melhores do que o rei de Portugal. Ele se recusou até mesmo a colocá-los diante de seu mestre.

Calicute era uma cidade mercantil, e seu soberano era um rei voltado para o comércio. Com seus vastos templos e palácios, suas multidões inumeráveis e sua mistura de judeus, muçulmanos, hindus e budistas, Calicute fazia Lisboa parecer provinciana. Os comerciantes vinham de todos os mares das monções, como faziam por um milênio, trazendo mercadorias valiosas, e os samorins lucravam com o livre comércio, cobrando taxas das centenas de navios que se valiam da cidade como a principal metrópole de transbordo do oceano Índico. O samorim, portanto, não tinha o menor interesse em tratar com polidez diplomática o representante de um rei de um país distante que nada apresentava de concreto em termos de negócios.

E não foi só o samorim. Quando viram as mercadorias portuguesas, os comerciantes muçulmanos de Calicute cuspiram, repetindo com desdém: "Portugal! Portugal!". Numa cidade onde as riquezas do mundo — da China a Veneza — se amontoavam nos mercados, ninguém queria comprar o que os europeus tinham trazido. Não era de admirar que uma bela camisa de trezentos réis em Lisboa valesse trinta réis em Calicute. Já o saco de especiarias, custando dois cruzados em Calicute, valia trinta cruzados em Lisboa.

Incapaz de compreender a realidade econômica, Vasco da Gama, imbuído da suspeita e do rancor que importara da Europa, presumiu que os comerciantes muçulmanos conspiravam contra ele, impedindo a venda dos braceletes, dos tecidos e das camisas portuguesas. O pior estava por vir quando o rei demandou o pagamento das taxas portuárias exigidas de todos os mercadores visitantes. Da Gama não tinha como pagar em ouro, e sua mercadoria insignificante não valia o suficiente para cobrir os custos. O capitão decidiu ir embora sem pagar. Antes, sequestrou seis comerciantes hindus de alta casta. Ao zarpar, a flotilha portuguesa foi perseguida por um enxame de embarcações de guerra do samorim. Estas, contudo, não eram páreo para a artilharia portuguesa, sendo neutralizadas pelos disparos dos canhões.[5]

Da Gama trouxe consigo uma pequena quantidade de especiarias e a informação de que os navios portugueses eram de longe os mais poderosos nas águas asiáticas. Veneza e Gênova previram a própria ruína quando a notícia do sucesso de Vasco da Gama se espalhou pela Europa. Manuel I, agora se proclamando "Senhor da Conquista, Navegação e Comércio da Etiópia, Arábia, Pérsia e Índia", tratou de despachar nova expedição, dessa vez sob o comando de Pedro Álvares Cabral, em 1500.

Navegando no Atlântico para aproveitar os ventos do oeste, Cabral chegou à terra que se chamaria Brasil. Já nas águas indianas, pôs-se a atacar os navios muçulmanos. As relações com o novo samorim de Calicute foram rompidas. Uma multidão muçulmana atacou o entreposto comercial português na cidade. Durante a luta, os portugueses alegaram matar "uma montanha de pessoas" nas ruas de Calicute com as suas bestas. Cabral massacrou seiscentos mercadores e marinheiros árabes que se encontravam atracados na Cidade das Especiarias; saqueou seus bens, queimou seus navios e capturou três elefantes de guerra (que os portugueses comeram). Por fim, voltou seus poderosos canhões contra a própria cidade e bombardeou Calicute. Mais uma vez, os portugueses relataram com alegria que "matamos um número infindável de pessoas e causamos grandes danos [à cidade]".[6]

A partir de então, o oceano Índico foi testemunha de sucessivas ondas de navios despachados de Lisboa. Vasco da Gama voltou. Em Kilwa, principal porto comercial na África Oriental, ele avisou ao sultão: "Se eu quisesse, em uma hora sua cidade seria reduzida às cinzas". Em outras cidades ele proclamou Manuel "senhor do mar" e soberano daquelas praias. Enviou ondas de choque por todo o oceano Índico ao saquear e destruir um *dhow* que transportava 380 passageiros, incluindo membros da elite comercial dos mares das monções. Todos, exceto as crianças, foram massacrados.[7]

De volta à sitiada Calicute, ele ordenou que o samorim expulsasse todos os mercadores muçulmanos e proibisse o comércio com eles. O rei hindu respondeu que os portugueses eram mais ou menos piratas e que o seu porto "sempre se manteve aberto". A resposta de Vasco da Gama foi "uma tempestade e chuva contínua de bolas de ferro e pedras" sobre a cidade. Durante esse terrível bombardeio, Da Gama enforcou 34 mercadores muçulmanos e pescadores hindus no pátio de seu navio. Em poucos anos, Calicute, uma das grandes cidades do mundo, se viu arruinada. As pessoas a abandonavam o mais rápido que podiam.[8]

Ante uma intimidação tão brutal e persistente, e sem meios para se defender, as cidades da costa do Malabar começaram a se dobrar aos violentos invasores. Os portugueses estabeleceram uma rede de proteção em todo o oceano, obrigando os navios a adquirirem certificados, sob risco de enfrentarem aniquilação. Um governante muçulmano disse com horror: "Nunca ninguém foi proibido de navegar estes mares". Mas agora se proibia, por obra dos portugueses. Comunidades mercantis muçulmanas, aceitando a nova realidade, tomavam o rumo de casa. A maior parte da costa Suaíli e da costa do Malabar estava sob controle português. Fortes foram construídos, e os governantes locais foram proibidos de negociar com quaisquer outros visitantes que não os portugueses, e apenas a preços estabelecidos pelos invasores.[9]

O arquipélago urbano do oceano Índico, que crescera pacificamente ao longo dos séculos, passava agora por uma destruição violenta. Alarmado com as incursões portuguesas, o sultão mameluco do Cairo organizou (com ajuda secreta de Veneza) uma frota para enfrentar os invasores. Kilwa, cidade pequena mas muito rica — e com mesquitas que rivalizavam com as de Córdoba —, foi saqueada em 1505. Mombaça, vasta e bela cidade comercial, acabou pilhada e incendiada logo depois. Ormuz, grande cidade marítima, foi capturada e ocupada. A cidade indiana de Cochim, dominada por uma fortaleza portuguesa, tornou-se o principal porto de especiarias.

A partir dessa base urbana, o gênio militar de Afonso de Albuquerque idealizou um novo ataque em 1510. A cidade de Goa foi totalmente saqueada e "purificada" (palavra de Albuquerque) de sua população muçulmana e de seus edifícios islâmicos. Em seguida, outra cidade entrou em sua mira, a maior de todas as cidades-Estados, o prêmio do oceano Índico: Malaca — ou Olho do Sol, como era apelidada.

O escritor português Tomé Pires calculou que havia 84 línguas diferentes faladas em Malaca, cidade colossal de 120 mil habitantes. Estendendo-se como uma faixa por cerca de dezesseis quilômetros, cercada pela selva de um lado e pelo mar do outro, era uma cidade para se admirar do convés de um navio, com milhares de casas de palha, armazéns, templos e mesquitas. Seu porto, dizia-se, tinha espaço para 2 mil navios, desde gigantescos juncos de carga chineses a sampanas a remo. De acordo com Pires, contando apenas um século de idade, não havia dúvida: "Malaca é tão importante e lucrativa que me parece não haver igual em todo o mundo".[10]

Olho do Sol era um apelido adequado. Como Palembang antes e Singapura depois, a cidade era o ponto radial de uma rede comercial que fluía da China e do Japão, das Ilhas das Especiarias e de Java, da Tailândia e Birmânia, da Índia e Ceilão, da África, da Europa e do golfo Pérsico. Localizava-se no final de um sistema de monções e no início de outro, de modo que todo o comércio se concentrava ali. Especiarias, tecidos, laca, escravos, drogas, perfumes, pedras preciosas, porcelana, marfim e ouro vinham da Ásia e da África; o mesmo se dava com o melhor da mercadoria europeia, que chegava via Veneza e Cairo. Malaca ficava no centro do mundo.

Pires fez uma lista exaustiva dos mercadores estrangeiros: eles vinham do Cairo, Meca, Ormuz e Aden; da Abissínia e Kilwa; havia turcos e armênios cristãos lado a lado com chineses, birmaneses, javaneses, siameses, cambojanos, guzerates, bengalis, bugis e malaios; havia hindus de Calicute e tâmeis do Ceilão; comerciantes de Brunei, Molucas, Timor, Sunda, Pegu e Maldivas. E a lista continuava. Os mercadores formavam grandes guildas e corporações comerciais, partilhando os riscos e negociando preços e taxas alfandegárias de maneira muito semelhante à Hansa alemã.

Numa metrópole em que todas as ruas e casas integravam um *souk* sem fim, era possível comprar o que bem se desejasse ou apostar no mercado financeiro mais avançado da face da terra. Governada por um sultão, tornou-se uma cidade fabulosamente rica graças aos impostos cobrados do comércio internacional. Malaca ofuscava até mesmo as reluzentes cidades que os portugueses já haviam destruído ou capturado na Índia. "É impossível estimar o valor de

Malaca, dada sua grandeza e seus lucros. É uma cidade feita para mercadorias, mais em forma do que qualquer outra no mundo." Os intrusos portugueses, como Tomé Pires, começavam a compreender a natureza interconectada do globo: "Quem for senhor de Malaca tem as mãos na garganta de Veneza".[11]

Assim, não foi nenhuma surpresa quando uma frota portuguesa chegou aos mares de Malaca, em 1º de julho de 1511, deixando um rastro de cargueiros destruídos. Durante três semanas, os navios de guerra de Albuquerque permaneceram ameaçadoramente ao largo da cidade, fazendo exigências rigorosas ao sultão e pressionando a cidade por meio de bombardeios. No dia 24, Albuquerque atacou. A chave para Malaca era a ponte que cruzava o rio, dividindo a megacidade, espécie de ponte de Rialto tropical, onde os negócios eram conduzidos. Na batalha pela ponte, sob um sol intenso, os soldados portugueses fortemente blindados por armaduras encontraram uma barragem de artilharia, um dilúvio de flechas, dardos envenenados disparados de zarabatanas e vinte elefantes de guerra enlouquecidos. Capturaram a ponte por um breve momento, mas, exauridos pelo calor e pela umidade, tiveram que se retirar.

Uma guerrilha de rua dificilmente poderia ser mais intensa. A maioria dos comandantes de Albuquerque, assustados com os dardos envenenados e o sol forte, quis desistir. Mas Albuquerque não perdia de vista a captura da cidade mais rica do planeta. Em 10 de agosto, atacaram novamente. Dessa vez, nada de se lançar de súbito sobre a ponte; o assalto seria dirigido pela disciplina de ferro de Albuquerque. Protegidos por canhões estrategicamente posicionados para devastar as ruas da cidade, os piqueiros portugueses estabeleceram formações quadriculares, com seis homens de cada lado, e avançaram passo a passo pela teia de ruas e alamedas. Nenhum muçulmano — homem, mulher ou criança — foi poupado. Durante nove dias, essas formações eliminaram sistematicamente seus oponentes. Por fim, os portugueses receberam autorização para saquear, e também sob o mesmo sistema de disciplina rígida. Incêndios criminosos foram banidos, e bandeiras demarcavam casas a serem poupadas. Pequenos grupos — marinheiros à frente — avançavam com o tempo para o saque cronometrado; quando a trombeta soava, a varredura brutal tinha de cessar para que o próximo grupo tivesse sua vez na pilhagem do maior *souk* do mundo.

No fim, as ruas ensanguentadas de Malaca estavam tomadas de despojos desdenhados pelos vencedores, que carregavam mercadorias ainda mais ricas. Joias descartadas cintilavam na poeira; fina porcelana chinesa jazia quebrada e negligenciada; damascos, sedas e tafetás eram pisoteados sem cerimônia; potes de almíscar restavam abandonados. Por si só, esses artigos valeriam o resgate de um rei em Veneza. Depois, mais trabalho: dizimados pela malária, os homens de Albuquerque labutaram no calor escaldante para construir um forte feito com a pedraria das mesquitas. Malaca agora pertencia a Portugal. Cerca de novecentos europeus haviam derrotado um exército de 20 mil defensores. Para além da sua posição como fulcro do comércio global, Malaca serviu de trampolim para o avanço de Portugal em direção às Ilhas das Especiarias, à China e ao Japão.

"Quem for senhor de Malaca tem as mãos na garganta de Veneza." E não só de Veneza: também do Cairo, de Alexandria e de Meca. A captura da cidade marcou uma virada na história mundial. Com os portos estratégicos de Malaca, Goa, Cochim e Ormuz sob seu controle, Portugal podia agora expulsar os inimigos muçulmanos e controlar o comércio do oceano Índico.

A riqueza do mundo — os luxos do Brasil, da África e da Ásia — choveu sobre Lisboa, a nova capital do comércio global. Carlos v tem uma frase famosa: "Se eu fosse o rei de Lisboa, em breve governaria o mundo inteiro". Note-se que ele disse "Lisboa", não "Portugal".

Em 1498, o rei Manuel abriu espaço nas margens do Tejo para um enorme palácio denominado Paço da Ribeira. Exemplo supremo do exuberante estilo manuelino, o palácio foi um dos destaques do Renascimento não só pela exótica arquitetura híbrida, mas também por sua função como ponto de encontro de poetas, dramaturgos, artistas, filósofos, estudiosos e cientistas de toda a Europa. O complexo palaciano albergava ainda os principais departamentos administrativos que regulavam os extensos monopólios comerciais globais de Portugal: a Casa da Índia, a Casa dos Escravos, a Casa de Flandres, a Casa da Guiné e a Alfândega. O palácio conectava-se ao poderoso Arsenal, à Casa da Moeda, a armazéns como os Armazéns da Índia e aos estaleiros. Em parte residência real, em parte sede comercial, o novo palácio permitia a Manuel atestar a imensa riqueza do mundo descarregada à sua porta, bem como sorver o aroma das especiarias que perfumavam o ar de Lisboa. Seus armazéns palacianos continham sacos de açúcar, cravo e pimenta. De modo desdenhoso, Francisco i da França o apelidou de *Le Roi Épicier*, "O Rei Merceeiro".

Mas era a inveja falando. Por volta de 1510, d. Manuel, o Merceeiro, ganhava cerca de 10 milhões de cruzados por ano apenas com o comércio de especiarias. Quem chegava de barco a Lisboa era saudado por suntuosos edifícios ribeirinhos, como a Torre de Belém e o gigantesco Mosteiro dos Jerônimos, uma maravilha da época, construído, como se dizia, com pimenta — ou, em outras palavras, com uma taxa de 5% sobre o comércio das especiarias e o apoio do banqueiro florentino e traficante de escravos Bartolomeu Marchione. Terrenos agrícolas foram desmatados para dar lugar ao vasto Hospital Real de Todos-os-Santos.[12]

O novo palácio puxou Lisboa das colinas para a beira da água, reivindicando terras do Tejo como se desejasse se aproximar de seus novos mundos. Os mercadores também construíram seus palácios à beira-mar. À medida que a população de Lisboa crescia com sua riqueza, os terrenos eram preparados para empreendimentos suburbanos sob a direção de um plano diretor real. Um bom exemplo é o Bairro Alto — hoje polo turístico e noturno de Lisboa —, construído de acordo com um padrão geométrico de maneira a acolher o crescente número de artesãos marítimos especializados: calafetadores, fabricantes de cordas e velas de navio e fundidores de metal, agentes indispensáveis numa metrópole comercial. Lisboa é famosa por seus calçamentos em mosaico, e a sua história remonta a 1500, quando a rua Nova dos Mercadores e outras vias importantes foram pavimentadas com o granito luxuoso da região do Porto.[13]

A "infinidade de lojas" e galerias da rua Nova localizava-se sob prédios de vários andares, nos quais os habitantes da cidade viviam "espremidos como sardinhas". A rua Nova tornou-se o coração comercial de Lisboa: ali, entre outras coisas, era possível comprar macacos, perus e papagaios, laca japonesa e porcelana Ming, pedras preciosas e gengibre, marfim e ébano da África Ocidental, pimenta e pérolas, tapetes persas e malagueta americana, sedas da Ásia, tapetes de Flandres e veludo da Itália. Ali ficavam as agências bancárias e de câmbio, e todos os dias os tabeliães ocupavam seus postos em barracas ao ar livre para registrar as transações. Não havia na Europa rua mais exótica ou vibrante.[14]

Numa visita em 1514, o nobre flamengo Jan Taccoen espantou-se com o turbilhão da vida lisboeta. "É possível ver muitos animais e pessoas estranhas em Lisboa", escreveu. Havia os elefantes, que ele observava todos os dias nas ruas. Havia as frequentes procissões do rei Manuel, quando este era conduzido pela cidade por um rinoceronte seguido por cinco elefantes cobertos de brocado de ouro, um cavalo árabe e um jaguar. No ano da visita de Taccoen, Manuel demonstrou toda a sua riqueza e poder enviando ao papa um presente: um elefante branco chamado Hanno, junto com papagaios, leopardos e uma pantera. Um ano depois ele despachou um rinoceronte branco.

Taccoen ficou maravilhado com os milhares de escravizados africanos e brasileiros, e testemunhou um navio desembarcar uma grande carga de especiarias e trezentos cativos nus. Encontrou africanos livres, que vinham a negócios, em missões diplomáticas, e indígenas enfeitados com pedras preciosas. Havia alguns indivíduos oriundos de lugares muito distantes, como o Japão e a China, mas a maior parte vinha da Alemanha, de Flandres, da Inglaterra, da França, da Itália e de outras regiões, estabelecendo negócios a fim de comercializar mercadorias em toda a Europa. Taccoen alojou-se com Gilles de Backere, homem que tinha abandonado o comércio de barris em Bruges, atraído pela lendária riqueza de Lisboa. Gilles tornou-se mercador e fez fortuna na cidade dos sonhos. "Todos os dias ele usa pratos, travessas e bandejas de prata e muitas taças de ouro."

Para Taccoen, Lisboa era uma cidade tumultuosa em crescimento acelerado. Mas não o suficiente: as famílias compartilhavam casas apertadas que, de acordo com Taccoen, muitas vezes não tinham banheiros ou chaminés. A riqueza mais inacreditável convivia com a miséria mais absoluta. Pessoas escravizadas e trabalhadores imigrantes faziam o trabalho sujo da cidade: eram faxineiros, cozinheiros, barqueiros, vendedores de comida de rua, operários, sapateiros e ferreiros. Todas as manhãs, as ruas que desciam ao Tejo enchiam-se de escravizados carregando penicos a serem despejados no rio.[15]

Se havia um lugar na terra que simbolizava o choque do novo e a colisão de culturas durante o Renascimento, esse lugar era Lisboa. O triunfo de Lisboa significou o declínio de Veneza e de uma série de metrópoles asiáticas, sobretudo Malaca. Aqui encontramos a história de uma cidade global absorvendo as rivais e engordando em cima de suas carcaças. E, como outras cidades globais, Lisboa tornou-se o centro de uma rede de cidades-satélites espalhadas por todo o planeta: Antuérpia, Macau, Goa, Cochim, Malaca e outras. Lisboa inaugurou um novo tipo de cidade: a metrópole imperial, capaz de explorar mercados em escala mundial. Esses leviatãs tornaram obsoletas as cidades-Estados como Lübeck e Veneza. Mais importante, superaram as grandes cidades da Ásia e das Américas, centros que por muito tempo carregaram a bandeira da civilização urbana.

***

A preferência pelo monopólio em vez do livre comércio, o aperfeiçoamento dos instrumentos de guerra, a intolerância religiosa: tudo isso foi alimentado nas cidades europeias durante o processo de reurbanização que tem início no século XII. Numa época em que as grandes cidades globais se assemelham cada vez mais, vale lembrar que o mundo já testemunhou uma diversidade de experiências citadinas. Lisboa exportou práticas e atitudes europeias e, ao fazê-lo, destruiu fatalmente uma civilização urbana de outra natureza, baseada no livre comércio e no cosmopolitismo. Foi no México, contudo, que os europeus se depararam com uma civilização urbana desconhecida, que se desenvolveu à revelia de influências da Mesopotâmia, da China, de Atenas ou de Roma.

Para o soldado espanhol Bernal Díaz del Castillo, o avistamento de Tenochtitlán, em 1519, foi como "uma visão encantada". Anos mais tarde, ele confessou: "Tudo era tão maravilhoso que não sei como descrever esse primeiro vislumbre de coisas nunca antes vistas, ouvidas ou sonhadas". Ali estava uma cidade que parecia fruto da imaginação, uma metrópole com 200 mil pessoas, numa época em que a maior cidade da Europa, Paris, abrigava apenas 185 mil. Grandes multidões se reuniram para assistir à entrada dos conquistadores espanhóis. Em transe, os europeus caminharam pela ponte principal, esforçando-se para captar a visão das torres, dos templos e das grandes edificações que pareciam emergir das águas do lago onde a cidade se erguia. As casas de estuque, polidas até brilharem como prata, pareciam joias refletindo o sol. No final da ponte, os 450 espanhóis, liderados por Hernán Cortés, foram recebidos por Montezuma II, nono tlatoani de Tenochtitlán e governante do Império Asteca.[16]

Os espanhóis penetraram uma das cidades mais espetaculares do planeta. "A Veneza rica", chamavam-na, cheios de admiração. O povo mexica, por sua vez, absorveu coisas com as quais nunca havia se deparado: cavalos e armaduras, arcabuzeiros e espadas de aço, a roda e o canhão.

A cidade-Estado havia sido construída em uma ilha rochosa no lago de Texcoco, um dos cinco lagos interconectados em um planalto montanhoso. Drenado no século XVII, o leito de argila fornece hoje as bases para a Cidade do México. Tenochtitlán ligava-se à terra por meio de longas pontes e passagens, junto às quais havia as *chinampas*, jardins flutuantes hidropônicos. Altamente produtivos, era ali que se cultivavam os vegetais que alimentavam a cidade.

A metrópole era ela mesma entrecruzada por canais, cortada em quadrantes pelas grandes avenidas e subdividida em vinte distritos administrativos, chamados *calpulli*. As casas da nobreza eram feitas de pedra de alvenaria; a dos ricos, de tijolos de adobe. A massa do povo vivia em casas de telhado de palha feitas com junco e rebocadas com lama. Essas habitações eram caiadas de branco ou pintadas com cores vivas. Os espanhóis ficaram maravilhados com as casas repletas de flores, a ornamentação e os utensílios domésticos. Segundo eles, tal padrão residencial não era superado em lugar nenhum.[17]

No centro da cidade ficavam os prédios públicos, templos, tribunais e palácios, numa praça murada chamada Templo Mayor. Ofuscando todas as demais edificações, havia o Grande Templo, com sessenta metros de altura. Lá, milhares de pessoas eram sacrificadas aos deuses todos os anos. Diz-se que o enorme mercado principal de Tenochtitlán tinha o dobro do tamanho da cidade espanhola de Salamanca. Bernal Díaz tomou nota de seu espanto com o grande número de pessoas circulando por ali "e a regularidade que prevalecia, bem como a vasta quantidade de mercadorias". Nem mesmo os mercados de Granada podiam fornecer tal variedade de têxteis. E não faltavam artigos que os europeus nunca haviam experimentado antes: pimentas e chocolate, tomates e perus. Como Lisboa, Tenochtitlán era uma capital imperial, e em seus mercados encontravam-se alimentos, produtos e pessoas de toda a América Central, alcançando inclusive o Império Inca.

A ordem que reinava em Tenochtitlán era presidida por seu principal planejador urbano, chamado *calmimilocatl*. Sua tarefa era garantir o cumprimento das diretrizes de construção, mantendo o padrão de grelha das ruas, enquanto a cidade se expandia da ilha rochosa original para ilhotas e terras recuperadas. Mais do que mero funcionário público, o posto do *calmimilocatl* era considerado sagrado. As cidades astecas eram presentes dos deuses; Tenochtitlán era a "fundação do céu", o centro do universo. O local havia sido escolhido pelo deus Huitzilopochtli, que sinalizou sua decisão dispondo uma águia dourada que, empoleirada sobre um figo-do-inferno, devora uma cascavel; a lenda está representada na atual bandeira do México. O plano ortogonal da cidade e a orientação de suas principais ruas e edifícios foram projetados como um mapa cosmológico que refletia os movimentos das estrelas e dos planetas. A cidade-ilha flutuando no lago era um microcosmo do universo — "raiz, umbigo e coração de toda a ordem mundial". Divisada como cidade perfeita, Tenochtitlán era o centro espiritual e político de um vasto império, o ponto de onde o poder irradiava do centro para a periferia.

Os planejadores urbanos eram obrigados a preservar a simetria sagrada da cidade, pelo menos em seu centro. Tenochtitlán era como uma máquina, bem alimentada por sua engenharia agrícola e irrigada por longos aquedutos de terracota que traziam água doce das montanhas. As quatro grandes avenidas estavam sempre impecáveis, zeladas por um exército de trabalhadores; os cidadãos tinham banheiros públicos que eram regularmente esvaziados, o conteúdo sendo utilizado para curtir o couro e fertilizar as *chinampas*. Comparada com as fétidas cidades da Europa, Tenochtitlán era ultra-avançada em termos de tecnologia e saneamento. Não que algum europeu estivesse interessado em aprender qualquer coisa.

Construída por imigrantes nômades sobre um rochedo num lago, hostilizada por cidades-Estados vizinhas na bacia do México, a sobrevivência precoce de Tenochtitlán nunca esteve garantida. Foi apenas no século XV que, após uma série de guerras, Tenochtitlán se libertou da vassalagem e emergiu como grande metrópole, liderando uma liga de cidades-Estados conhecida como Tríplice Aliança — ou Império Asteca. Quando Cortés apareceu, sua história como vasta metrópole imperial não era longa. Era uma cidade moderna, sem dúvida, mas herdeira de uma antiga tradição urbana, da qual representava o florescimento final.

A Mesoamérica viu numerosas civilizações urbanas sofisticadas erguerem-se e ruírem muito antes que a Europa tivesse suas primeiras cidades. O povo olmeca foi o primeiro a erigir cidades na Mesoamérica, em 1200 a.C. Assim como os pioneiros da Mesopotâmia, as complexidades criadas pela vida urbana resultaram no desenvolvimento de técnicas informacionais que evoluíram para a escrita. Os maias construíram cidades cerimoniais magníficas, das quais 230 foram encontradas; a maior delas, Tikal, que atingiu seu apogeu entre os anos 200 e 900 d.C., pode ter tido uma população de até 90 mil pessoas. Mais ao norte, por volta de 450 d.C., Teotihuacán abrigou uma população de 150 mil a 200 mil habitantes. Após o colapso do Império Teotihuacán, o centro do México se dividiu em várias cidades-Estados. No entanto, Teotihuacán permaneceu como arquétipo da urbanização mesoamericana, influenciando as cidades-Estados que surgiram nos séculos subsequentes: os toltecas, com a capital Tula, os tepanecas, em Tlacopan, e, finalmente, os mexicas, com sua gloriosa cidade de Tenochtitlán.

Da sofisticação do sistema urbano mesoamericano pouco sobreviveu ao primeiro encontro com os europeus. A população de Tenochtitlán viu-se reduzida em um terço após um surto de varíola, trazida pelos espanhóis. Em 1521, Cortés retornou com exército, avançadas armas de cerco e construtores de barcos. Tenochtitlán resistiu por 75 dias. Como em Malaca, uma década antes, deram-se combates de rua excepcionalmente brutais. Tenochtitlán só foi capturada quando Cortés devassou cada casa, cada construção. Sobre as ruínas da última grande cidade mesoamericana, Cortés ordenou que o planejador urbano Alonso García Bravo construísse uma cidade europeia, que, ao fim, veio a ser conhecida como Cidade do México.

As primeiras décadas do século XVI testemunharam a erradicação ou subversão de uma variedade de culturas urbanas em todo o mundo. O predomínio em escala global do modelo europeu de cidade teve início com as ruínas de Tenochtitlán, Calicute, Mombaça, Malaca e outras. Cidades como Rio de Janeiro, Cidade do México, Cidade do Cabo, Bombaim (Mumbai), Calcutá, Singapura, Batávia (Jacarta), Shanghai, Hong Kong, Melbourne e Nova York representaram, ao longo dos séculos seguintes, um novo tipo de cidade global, inspirada nas metrópoles imperiais europeias.

Sob o verniz do aparente cosmopolitismo de Lisboa, algo sombrio espreitava. A cidade acolheu milhares de refugiados judeus da Espanha em 1492, mas o fez sob a condição de que, junto com a comunidade muçulmana, os judeus se convertessem ou se retirassem até 1497. Relutando em perder a riqueza, o talento e as conexões internacionais de seus súditos judeus, Manuel I obrigou milhares deles à conversão. Os chamados cristãos-novos, vitais para a economia, enfrentavam hostilidade contínua. Na Páscoa de 1506, a animosidade que fervilhava explodiu em violência nas ruas de Lisboa. Homens, mulheres e crianças de origem judaica foram presos e mortos por turbas; muitos foram queimados em piras na praça do Rossio. Depois, em 1536, a Inquisição chegou a Lisboa; em dois anos, os cristãos-novos suspeitos de praticar o judaísmo em segredo eram queimados em fogueiras do lado de fora do Paço da Ribeira.

Em virtude do império de Portugal, Lisboa permaneceu um importante porto europeu. O que perdeu, contudo, era mais valioso do que todas as especiarias do mundo: o capital humano. Muitos dos cristãos-novos descendentes de judeus sefarditas da Espanha e de Portugal, especialmente os comerciantes ricos e bem relacionados, emigraram para outras cidades. Foram para Hamburgo e Veneza, Constantinopla e Tessalônica, Marselha e Bordeaux. Mas havia uma cidade, então ascendendo à supremacia global, que era particularmente atraente aos refugiados judeus portugueses naquelas últimas décadas do século xvi: Amsterdam.

De vila crescida situada sobre um instável pântano lamacento, com uma população de 4 mil habitantes em 1450, Amsterdam se tornou, no final do século xvi, uma grande metrópole global, uma cidade de imigrantes. A maior parte da elite mercantil e bancária da Antuérpia — a capital financeira da Europa — fugiu para lá na década de 1580, durante a Revolta Holandesa contra o Império Espanhol. Juntaram-se a eles os judeus sefarditas de Lisboa e pessoas de toda a Europa fugindo da perseguição e da guerra. Em 1570, a população de Amsterdam era de 30 mil; em 1620, saltara para 88 mil; vinte anos depois, contava 139 mil. No momento de sua decolagem, Amsterdam preservava ainda o mesmo tamanho que tinha em 1450, e por isso, naturalmente, a cidade ficou superlotada. Uma favela caótica formou-se para fora de seus muros, onde moravam os trabalhadores "que estão lá em grande número e que não têm condições de pagar os altos aluguéis das residências no interior da cidade". Em 1616, o embaixador inglês observou que "indivíduos de todas as nações, de todas as profissões e de todas as religiões estão ali reunidos para um único negócio: o negócio das mercadorias. A nova cidade deles vai crescendo rapidamente".[18]

Essa cidade pantanosa, pouco promissora, enriqueceu atraindo o capital humano de cidades mais bem-sucedidas. Amsterdam, escreveu um diplomata estrangeiro, "triunfa com os despojos de Lisboa e da Antuérpia". Sua rápida ascensão deu-se em parte como resultado da geopolítica, mas foi construída sobre os alicerces do urbanismo do norte da Europa — o republicanismo municipal da Liga Hanseática influenciou cidades nos Países Baixos que, por sua vez, desenvolveram-se de uma maneira toda própria. Com seu conjunto denso de cidades de tamanho modesto, os Países Baixos constituíam a parte mais urbanizada da Europa, com cerca de um terço de sua população vivendo em cidades no início do século xvii (a média do continente era de apenas 9%). No decorrer do século, embora a proporção de europeus urbanizados permanecesse mais ou menos estagnada, o número disparou nos Países Baixos; em 1675, a taxa de urbanização na Holanda era de 61%.[19]

A expressão holandesa *schuitpraatje* significa "conversa de barca". As barcas do canal eram onipresentes nas cidades; eram lentas e transportavam todos os tipos de passageiros — perfeitas, portanto, para longas discussões sobre política, filosofia e religião. A expressão é brilhantemente apropriada: os holandeses estavam sempre ávidos para discutir novas ideias. A prevalência incomum da vida citadina ajudou a formar uma sociedade tolerante, o que fazia da Holanda um caso excepcional na Europa. Em outros Estados, a aristocracia latifundiária — com seu domínio da agricultura — manteve seu poder político. Não foi o que ocorreu na República Holandesa, onde a produção doméstica de alimentos cedeu seu papel central na economia às atividades urbanas, como o transporte marítimo, o comércio e a indústria. As elites das cidades se consideravam herdeiras das antigas pólis gregas e das cidades livres da Liga Hanseática. Cidades e cidadãos, mercadores e comerciantes gozavam de considerável autonomia e poder político dentro da república. Mas o individualismo marcante e as liberdades evidentes da sociedade holandesa não eram resultado apenas do republicanismo e das peculiaridades da política nacional. Em notável contraste com outros países, a Holanda era uma colcha de retalhos de diferentes religiões, sem nenhuma religião predominante, o que tornava a tolerância uma necessidade. As cidades holandesas acolhiam os imigrantes. As taxas de alfabetização eram excepcionalmente altas, havia um grande número de livrarias, e Amsterdam se estabeleceu como epicentro editorial no norte da Europa.

O direito à cidadania, a liberdade de pensamento e o livre comércio tornavam a Holanda — e a cidade de Amsterdam em especial — extremamente atraente aos livres-pensadores, os dissidentes e empreendedores. Amsterdam se transformou num caldeirão de ideias radicais. As editoras da cidade publicaram os livros mais polêmicos da época, como os do filósofo Thomas Hobbes, censurados na Inglaterra, e os de Galileu, Espinosa e Descartes. Exilado em Amsterdam devido à turbulência política na Inglaterra, o pensamento de John Locke sobre tolerância política e religiosa, governo civil e filosofia empírica, foi moldado entre os círculos de dissidentes protestantes associados a Espinosa. Exaltando as virtudes de Amsterdam como o lugar ideal para a filosofia, Descartes escreveu sobre o prazer que sentia em ver os navios aportando, recheados com produtos de todo o planeta:

Onde mais na terra se encontraria, tão facilmente como aqui, todas as conveniências da vida e todas as curiosidades que se desejaria conhecer? Em que outro país se encontraria tamanha liberdade, onde se dormiria com menos ansiedade ou se disporia de exércitos sempre prontos para nos proteger? E onde nos deparamos com menos envenenamentos, ou atos de traição ou calúnia?[20]

A abertura ao pensamento inovador ajudou a catapultar a Holanda da relativa obscuridade para a condição de Estado mais poderoso da Europa, talvez do mundo. As pessoas que chegavam a Amsterdam em busca de refúgio da guerra e da perseguição traziam consigo habilidades e conexões internacionais. Em 1595, um consórcio de mercadores de Amsterdam — muitos deles imigrantes recentes com conexões comerciais no Báltico, em Portugal, Espanha, Veneza e no Levante — investiu em uma expedição altamente arriscada para a Indonésia. Em vez de agirem como intermediários para os portugueses, comercializando especiarias e outros produtos asiáticos em seu nome, esses mercadores decidiram ir direto à fonte das preciosidades. O sucesso do empreendimento impulsionou Amsterdam para a vanguarda do comércio global. Doze novas companhias foram criadas nos sete anos seguintes, com Amsterdam enviando cinquenta navios para a Ásia, enquanto outros trinta partiram de variados portos na República Holandesa.

Depois dos primeiros sucessos, em vez de descansarem sobre os louros do empreendimento, essas empresas reinvestiram seus rendimentos em novas expedições, fundindo-se para maximizar a lucratividade. A maior fusão de todas ocorreu em Amsterdam, em 1602, com a formação da primeira empresa formalmente listada do mundo. A Vereenigde Oostindische Compagnie (VOC), ou Companhia Holandesa das Índias Orientais, foi financiada por ações postas à venda ao público geral da República Holandesa. Quase 60% do capital investido veio de Amsterdam, onde a megacorporação estava sediada. A VOC recebeu do governo holandês o monopólio do comércio de especiarias, bem como o direito de arregimentar exércitos, construir fortes, travar guerras e estabelecer tratados com potências estrangeiras. Acima de tudo, suplantaria os portugueses como protagonistas comerciais na Ásia. Em 1641, Malaca foi arrebatada dos portugueses pela VOC.

A VOC tornou-se uma potência corporativa imperial com fins lucrativos, apoiada pelo governo e administrada a partir de sua sede em Amsterdam. Estabeleceu colônias e bases nas mais variadas latitudes, incluindo as costas de Coromandel e do Malabar, na Índia, assim como Bengala e Ceilão (atual Sri Lanka), Vietnã, Tailândia, Indonésia, Malásia, Taiwan e Japão, além das Ilhas Maurícias e do cabo da Boa Esperança. Em 1619, a voc fundou Batávia (atual Jacarta), na Indonésia, uma cidade europeia em Java. Batávia foi uma das primeiras cidades holandesas plantadas ao redor do globo. Nova Amsterdam, no extremo sul de Manhattan, foi fundada em 1624; a Cidade do Cabo, por sua vez, começou em 1652 como estação intermediária na rota para as Índias.

Ao longo da história, as riquezas da Ásia atuaram sempre como a grande força para o desenvolvimento de cidades no mundo. No início do século XVII, o fluxo de mercadorias transformava Amsterdam em um verdadeiro leviatã. Exilados da Antuérpia trouxeram consigo grandes quantidades de capital, mas também técnicas financeiras sofisticadas que haviam sido desenvolvidas naquela cidade. O Amsterdamsche Wisselbank (Banco de Câmbio de Amsterdam), fundado em 1609, inventou boa parte dos procedimentos que consideramos normais nos bancos modernos — o sistema de cheques, os débitos diretos e as transferências entre contas. Com sede na prefeitura da cidade, o banco era uma instituição pública municipal, sua confiança garantida pela prosperidade, pela estabilidade e pelo potencial de riqueza da própria Amsterdam.

A corporação e o banco representam dois dos pilares da economia moderna. A trindade completava-se com a bolsa de valores de Amsterdam. A flutuação da primeira grande corporação pública do mundo — a voc — criou, da noite para o dia, o primeiro mercado de títulos do mundo. A bolsa de Amsterdam testemunhou o rápido desenvolvimento da negociação de títulos, contratos a termo e futuros, opções de venda e de compra, compra a margem e venda a descoberto. Os habitantes de Amsterdam chamavam esse tipo de negociação adiantada de *windhandel* — "negociar no vento". Já não se estava lidando com arenque, grãos, especiarias ou qualquer coisa tangível; o indivíduo nem sequer possuía o que estava vendendo; era perfeitamente possível estar negociando o ar que se respira. Nada assustava mais os não iniciados do que essa forma líquida de capitalismo que ia sendo desenvolvida em Amsterdam, onde fortunas eram feitas e desfeitas no papel e o próprio futuro era comprado e vendido na imaginação. José Penso de la Vega, comerciante e corretor da bolsa, judeu espanhol que migrou para Amsterdam, escreveu à época um livro sobre as atividades da bolsa. Era intitulado *Confusão das confusões*.

Os grandes peixes do mercado eram os corretores de ações que representavam os especuladores e financistas mais ricos. Esses corretores poderosos portavam-se de maneira arrogante, vestidos de forma a impressionar e projetar confiança. Um pouco abaixo deles estavam os corretores que compravam e vendiam para os grandes mercadores e comerciantes da cidade. Esses jogadores profissionais trabalhavam rapidamente, comprando e vendendo as ações de seus clientes, vigiando os preços — e uns aos outros —, obtendo informações em primeira mão e detectando tremores no mercado. Os negócios eram fechados quando um vendedor abria a mão para que o comprador o cumprimentasse; o lance era feito e, quando aceito, o preço era confirmado por um segundo aperto de mão. Mas o mercado movia-se rápido demais para um longo aperto de mão: o ritual tornou-se uma performance frenética de tapinhas apressados em todas as direções, enquanto os negócios eram selados, as apostas eram protegidas e os preços definidos em meros segundos. De la Vega escreveu que "as mãos ficam vermelhas com os golpes. [...] Os apertos de mão são seguidos de gritos; os gritos, de insultos; os insultos, de atrevimentos e mais insultos, e gritos, e empurrões e apertos de mão, até que o negócio seja concluído". Não era um lugar para hesitantes ou tímidos.[21]

Na esteira dos grandes jogadores, em meio à confusão da bolsa, havia a arraia-miúda, os indivíduos que apostavam febrilmente nas microflutuações do mercado, com ações que, na verdade, não possuíam. Segundo De la Vega, esse especulador de pequena escala podia ser visto no meio do burburinho enquanto "rói as unhas, puxa os dedos, fecha os olhos, dá quatro passos e quatro vezes fala consigo mesmo, leva a mão à bochecha como se estivesse com dor de dente, adota uma expressão pensativa, estende um dedo, esfrega a testa", até correr "com gestos violentos para a multidão, estalando os dedos de uma mão enquanto com a outra faz um gesto de desprezo, pondo-se a negociar ações como se fossem creme de leite".[22]

Do lado de fora da bolsa, o povo, incluindo mulheres e crianças, não se ocupava de outra coisa, especulando com as chamadas *duction shares* — ações subdivididas em pequenas partes de modo a se tornarem acessíveis até mesmo a crianças em idade escolar. Negociar esse tipo de ação barata em tavernas, cafeterias ou esquinas era tão viciante quanto participar do tumulto da bolsa de valores. Como escreveu De la Vega: "Se alguém conduzisse um estranho pelas ruas de Amsterdam e lhe perguntasse onde ele está, ele responderia 'Entre especuladores', pois não há esquina onde não se fale de ações".[23]

Numa época em que se contabilizava a riqueza por meio de terras, ouro e outras mercadorias físicas, a revolução em Amsterdam era verdadeiramente alucinante. Os visitantes ficavam intrigados, procurando entender como uma pequena cidade pantanosa poderia se tornar tão rica e poderosa tão depressa. A resposta tinha muito a ver com a própria cidade. O éthos de Amsterdam era voltado para ganhar dinheiro e remover todo obstáculo que se opusesse a isso. A perseguição religiosa era ruim para os negócios, ao contrário da discussão livre e das liberdades políticas. A criação de bancos e do sistema financeiro moderno, a voc e o sistema de comércio global eram elementos inovadores e pouco ortodoxos, resultado de uma cultura urbana focada no lucro, sem medo do pensamento livre. O espírito de Amsterdam, com seus imigrantes ambiciosos e empresários implacáveis, era dinâmico e especulativo. A cidade representava uma rede social gigante, um lugar onde ideias e práticas se espalhavam pelo sistema da forma mais eficiente, desencadeando mudanças.

Amsterdam funcionava como um complexo sistema informacional. Dos corretores profissionais da bolsa de valores aos artesãos especuladores, a cidade se regalava com o conhecimento dos eventos globais. Inteirando-se das notícias em primeira mão, podia-se fazer uma verdadeira matança na bolsa. As informações vinham por canais diplomáticos, por empresários estrangeiros e pela correspondência trocada entre companhias de todo o mundo. Em 1618, Amsterdam viu nascer o primeiro jornal distintamente moderno do mundo, o *Courante uyt Italien, Duytslandt, &c.*, que digeria notícias políticas e econômicas colhidas na troca de informações da cidade.

Amsterdam não era tanto um conjunto de edifícios e pessoas quanto um sistema circulatório. A cidade circulava coisas abstratas — ideias, notícias, futuros e dinheiro — pela rede social, mas também foi projetada para circular coisas físicas. A *schuitpraatje* — "conversa de barca" — une eloquentemente o tangível e o intangível, a cidade da troca de informações e a cidade dos negócios. Em 1610, a prefeitura desenvolveu um plano para transformar Amsterdam. O carpinteiro municipal Hendrick Jacobszoon Staets projetou uma cidade funcional em torno do *grachengordel*, cinturão de canais concêntricos irradiando-se a partir do centro. Os mercados e armazéns de toda a cidade conectavam-se ao porto por essa rede líquida. Surpreendentemente moderna no século XVII, a cidade em forma de leque espelhava a mentalidade comercial que impulsionou Amsterdam à grandeza. Contudo, ela foi projetada não apenas tendo em vista a eficiência, mas também de acordo com uma concepção de habitabilidade.

Amsterdam era uma metrópole imperial erguida com base na riqueza que fluía da Ásia, da África e das Américas. Mas não tinha cara de metrópole imperial. As grandes praças eram poucas, como eram poucas as estátuas bombásticas, as amplas avenidas, os palácios ou edifícios imponentes na escala, digamos, de uma Roma ou de uma Lisboa. Os habitantes de Amsterdam preferiam uma cidade habitável e planejada — com ruas regulares e bonitas, pontes elegantes, uma iluminação pública avançada e canais convenientes. A tendência na Europa eram cidades com grandes bulevares e uma monumentalidade majestosa — cenários para a teatralidade da monarquia absoluta. Mas na República Holandesa não havia poder capaz de demolir os direitos de propriedade privada, nem os desejos de seus cidadãos. Como em Tenochtitlán, os inspetores das construções municipais da cidade exerciam forte influência, decretando desde a aparência dos novos edifícios até o tamanho máximo dos degraus na frente de uma casa. Quando novas residências eram construídas, suas fachadas tinham que estar "em conformidade com o plano do arquiteto da cidade". As casas voltadas para os canais eram especialmente reguladas pelo planejamento oficial, a fim de manter a aparência externa de Amsterdam.[24]

Em uma época de ruas imundas e malcheirosas, não surpreende que um viajante inglês escrevesse, um tanto incrédulo: "A beleza e a limpeza das ruas são tão extraordinárias que pessoas de todas as condições sociais, em vez de se intimidarem, parecem ter prazer em passear por elas". Os chefes de família esfregavam não apenas os degraus da frente de suas casas, mas também a calçada. Cuspir era proibido. As pessoas lavavam-se com frequência. Poluir os canais era um tabu. Olmos e tílias alinhavam-se nas ruas e canais e eram considerados as "joias" da cidade. Um decreto de 1612 proibia que se danificassem as árvores, pois elas eram essenciais ao "ar doce, o adorno e a graça" de Amsterdam. Esta era uma cidade concebida em torno das necessidades de seus cidadãos, não em torno da monumentalidade ou das expressões de poder. É isso que faz de Amsterdam uma etapa tão radical no desenvolvimento histórico da metrópole: era uma cidade feita na medida para o cidadão.[25]

A agradável tranquilidade de Amsterdam, seus cidadãos industriosos sobriamente vestidos e sua uniformidade arquitetônica mascaravam a energia frenética do lugar. Se a cidade não tinha monumentos e avenidas, sua verdadeira glória estava nas residências de seus habitantes. Visitando Amsterdam em 1640, o viajante inglês Peter Mundy impressionou-se com as casas "limpas e bem-arrumadas", sempre "cheias de prazer e contentamento doméstico", mesmo no caso dos cidadãos comuns. Havia móveis e ornamentos "caros e curiosos", como guarda-louças e armários elegantes, pinturas e gravuras, porcelanas e "gaiolas com pássaros, caras e bem trabalhadas". As famílias holandesas comuns eram ávidas consumidoras de arte. Mundy conta que não apenas todas as casas medianas estavam repletas de imagens, como também os estabelecimentos de açougueiros e ferreiros tinham as suas pinturas a óleo. Estamos falando de milhões de pinturas produzidas no século XVII.[26]

Nesse transbordamento de talento artístico, testemunhamos pela primeira vez a vida de uma cidade e o caos de suas ruas. Os bêbados nas tavernas tornam-se personagens tanto quanto os grandes mercadores da bolsa. As pinturas agora retratam a realidade nua e crua da vida na cidade — ou a impressão que o artista tem dela —, em vez da paisagem urbana idealizada do passado. A vida urbana — com seus incidentes cômicos, seus mistérios e contraste de tipos, sua agitação e energia — é a base da arte moderna, da literatura, da música e do cinema. E encontramos sua origem na pintura de gênero holandesa, no século XVII, particularmente nas representações das tavernas espirituosas de Amsterdam: as pessoas bebem, fumam, flertam, beijam, brigam, tocam música, apostam, enchem a pança, caem no sono. A fração de segundo que une caos, confusão e movimento é captada pelo artista.

Essas pinturas holandesas celebram uma nova forma de viver na cidade. Se, por um lado, as tavernas oferecem oportunidades de humor e moralismo, por outro, o lar de classe média, agradável e bem-arrumado, é fetichizado. Somos atraídos a uma espécie de proximidade íntima com a residência urbana, convidados a nos maravilhar com o asseio e a harmonia doméstica. Donas de casa e empregadas varrem e esfregam o chão, dobram peças de linho, lavam panelas e frigideiras; as tarefas são realizadas assiduamente, enquanto as crianças brincam em silêncio; não se vê uma só partícula de poeira. Os habitantes de Amsterdam eram notoriamente exigentes em questões de higiene e limpeza. Muitas das pinturas exaltam as virtudes idealizadas da ordem e da perfeição doméstica como um bastião contra os efeitos corruptores de uma cidade global rica e materialista. A casa santificada representava um dique que retardava a onda de vícios urbanos, o antídoto contra o mundo cruel do capitalismo e a devassidão da taverna. Trata-se também de um novo mundo urbano em que mulheres respeitáveis e abastadas são mantidas longe da vida confusa, competitiva e imoral da cidade, como se as ruas mesquinhas fossem uma esfera masculina, pouco adequada para as damas, cujo papel era criar o lar ideal.[27]

Trata-se aqui de uma arte produzida para o tipo médio urbano, com seus bons hábitos, sua frugalidade e seu contentamento, mesmo em face de tentações e riquezas desmesuradas. Afinal, esses cidadãos arbitravam o julgamento artístico por meio do poder de seu dinheiro no mercado da arte, e seus gostos refletiam o tipo de cidade que desejavam criar. Por mais idealizadas que fossem, essas imagens transmitem uma mensagem poderosa: a residência do citadino era a base dos valores cívicos. Desde o nascimento das cidades, a vida urbana era uma vida pública. A socialização e os negócios aconteciam em ambientes comunitários, em ágoras, mercados e fóruns, em anfiteatros, casas de banho e praças, em templos e igrejas. Agora o privado começa a substituir o público.

As representações dos lares de Amsterdam voltavam-se com fascínio para os *objetos*. Tapetes turcos, porcelana chinesa, azulejos de Delft, chapéus de pele de castor do Canadá, calicó indiano, laca japonesa, vidro veneziano: tudo isso e muito mais chama a atenção nas pinturas de gênero holandesas de meados do século XVII. Esses itens — luxuosos e exóticos — embelezavam as casas, garantindo ainda mais seu lugar central na sociedade urbana. Das mansões dos ricos mercadores — repletas de itens caros de todo o mundo — às moradias dos artesãos — com seus poucos mas estimados luxos —, a arte visual faz da residência o palco da grandeza e do poder global de Amsterdam. A capacidade de dispor de tais bens materiais era um dom desfrutado pelos citadinos holandeses, e eles o aproveitavam ao máximo.

Amsterdam prenuncia um novo tipo de cidade, baseada no consumismo e no individualismo, bem como no capitalismo financeiro. As cidades populosas sempre criaram mercados, mas Amsterdam foi bem-sucedida principalmente porque envolveu uma grande parcela de seus cidadãos na tarefa de obter e acumular riqueza, transformando-os em consumidores de artigos de luxo e de arte. A cidade do futuro era aquela que satisfazia e dava vazão a uma cultura popular, que entretinha e iluminava. E aqui temos um novo público urbano: cosmopolita, sofisticado, letrado e informado, demandando atividades de lazer e novas diversões. Era a sociedade de consumo chegando, e Amsterdam foi a primeira a atendê-la. Sua sucessora — Londres — levaria as coisas a novos patamares.

8. A metrópole sociável

Londres, 1666-1820

A cafeína corre nas veias da cidade moderna. Basta dar uma volta por nossas cidades para atestar a influência do cafezinho.

O café alimenta um tipo particular de alquimia social. O renascimento dos cafés a partir da década de 1990 preencheu uma lacuna na vida urbana — uma lacuna de sociabilidade que se tornou aguda, principalmente na Grã-Bretanha, nos Estados Unidos e na Austrália, onde os centros das cidades ficaram empobrecidos. A Starbucks afirmava que os cafés eram um "terceiro lugar" na cidade — "um ponto de encontro confortável e sociável, longe de casa e do trabalho, como uma extensão do quintal".[1]

Na Coreia do Sul, comprava-se café para viagem a preço baixo em máquinas automáticas, até que a Starbucks entrou em cena em 1999. A rede americana criou novas tribos urbanas: *k'ap'emam* (mães que frequentam cafés), *k'op'isŭjok* (tribo do cafescritório) e *k'ap'ebŭrŏrijok* (tribo dos cafeleitores — aqueles que usam o café como biblioteca). Numa cultura sem muitos espaços públicos urbanos, menos ainda para as mulheres, a Starbucks oferecia um ambiente confortável e moderno, onde as jovens podiam se demorar e socializar, livres das restrições e expectativas de gênero da família. Não apenas na Coreia do Sul, mas por toda parte, os cafés são lugares a que se pode ir para ficar sozinho, onde se pode observar as pessoas ou se jogar nas torrentes da vida da cidade.[2]

Os cafés são o símbolo mais poderoso do espaço urbano público-privado. Abertos a todos os visitantes, eles mantêm, no entanto, um caráter individual que ajuda a construir uma comunidade. Em Teerã, como em outras cidades, há cafés que atendem a tribos urbanas distintas: intelectuais, leitores, aficionados do jazz, amantes da música clássica, cinéfilos, dissidentes políticos, estudantes e assim por diante. Você escolhe o café, e ele oferece o ambiente e o senso de comunidade. Os cafés em Teerã, vistos de fora, costumam ter um aspecto anônimo, prometendo segurança, um refúgio na companhia de pessoas que pensam da mesma forma; lá dentro o visitante tem uma "mesa social", reservada para os que desejam se encontrar e conversar. Eles são fundamentais para a identidade da juventude metropolitana, um abrigo contra as restrições da cidade oficial.[3] Como tal, estão sujeitos a ataques da polícia moral: em 2012, 87 cafés foram fechados por "não seguir os valores islâmicos". Um ano depois, o Café Praga — popular entre estudantes, intelectuais e dissidentes — preferiu fechar em vez de cumprir uma lei que exigia que os cafés instalassem câmeras de vigilância para "monitoramento cívico".

A posição central do café na cultura urbana moderna está profundamente enraizada na história e no romance. Segundo Ralph Waldo Emerson, Paris se tornou a capital cultural do século XIX por conta de um "mérito supremo": ser "uma cidade de bate-papos e cafés". A partir da década de 1860, as casas de café do centro da cidade se espalharam pelos bulevares. Um turista americano, em 1869, ficou surpreso ao ver nos passeios pessoas de todas as classes "fumando, bebendo, conversando, lendo jornais". "Aqui está a verdadeira democracia", concluiu. Era a moderna cidade sociável em ação: um lugar para encontros casuais, observação de pessoas, convivência — o teatro das ruas em constante desenvolvimento. Na década de 1880, Paris contava com 40 mil cafés, oferecendo uma infinidade de opções sobre onde e com quem socializar. Havia cafés elegantemente decorados nos bulevares e versões mais sombrias e rústicas para a classe trabalhadora — e todas as variedades entre os extremos. Era possível ir a um estabelecimento que lembrava um café de aldeia bucólica ou outro onde se podia paquerar. E o que é mais importante: eles operavam no coração dos bairros, lugares esfumaçados, com cheiro de café e vinho, ecoando com os sons de dominó, gamão, jornais se abrindo e fechando, "bom humor e rivalidade, curiosidade e tagarelice labiríntica". Expressão típica da classe trabalhadora, "amigo do café" significava um camarada com o qual você convivia regularmente no café de sua vizinhança, sem nunca o encontrar fora desse ambiente. A vida intensa na cidade teria sido impossível sem o efeito de rede social do café.[4]

Edgar Degas e James McNeill Whistler frequentavam o Café Molière. O Café Guerbois atraía Claude Monet, Alfred Sisley, Camille Pissarro, Paul Cézanne, Pierre-Auguste Rodin, Émile Zola, Louis Edmond Duranty e Stéphane Mallarmé. O impressionismo surgiu da sociedade do café, assim como o cubismo e o modernismo literário. Monet apreciava o "choque perpétuo de opiniões" no Café Guerbois, que "mantinha nosso juízo aguçado". A cultura do café incentivava a conversa, e as conversas eram o combustível da arte. "Deles, emergimos mais temperados, com uma vontade mais firme, com nossos pensamentos mais claros e distintos", escreveu Monet.[5]

O ambiente urbano dos cafés, com sua associação de brilhantismo artístico e boemia, torna-o central para o cenário da vida na cidade com suas modas e tendências. Hoje, a chegada de cafeterias *hipster* em áreas empobrecidas da cidade é um prenúncio seguro de gentrificação e aumento dos preços dos imóveis. Diz-se que o momento ideal para investidores imobiliários é quando o número de cafeterias coincide com os estabelecimentos de frango frito em uma área até então negligenciada. Na década de 2010, os corretores imobiliários investiram secretamente em cafeterias no Harlem a fim de acelerar artificialmente a gentrificação e iniciar um boom imobiliário. Eram as aldeias Potemkin da gentrificação.[6]

Coisas como fábricas, ferrovias, carros, eletricidade e concreto armado moldaram as cidades de maneira muito evidente. É preciso que os cafés figurem nessa lista, pois não menos importante é seu efeito transformador sobre um dos materiais de construção mais vitais da experiência urbana: a sociabilidade.

A jornada do café rumo à onipresença teve início na Etiópia, onde foi cultivado pela primeira vez. A partir do século XV, comerciantes iemenitas começaram a exportá-lo para mosteiros sufis, a fim de ajudar os fiéis a permanecerem acordados durante as devoções noturnas. O café se espalhou então para Meca e Medina, depois para o Cairo, Aleppo e Damasco. Na década de 1550, surgem os primeiros estabelecimentos dedicados ao café em Constantinopla; no final do século, já era possível encontrá-los pela cidade inteira.

O inglês George Sandys, visitando Constantinopla em 1610, ficou consternado: não encontrava nenhuma taverna onde travar contato com os mercadores. Tudo o que via eram as tais "casas de *coffa*": "Lá eles passam a maior parte do dia conversando e sorvendo uma bebida chamada *coffa* (da baga de que é feito), em pequenas porcelanas chinesas, tão quente quanto podem suportar: o líquido é preto como fuligem, e o gosto não é muito diferente".[7]

As "casas de *coffa*" transformaram Constantinopla, oferecendo um novo espaço na cidade para socializar e conversar, fora dos limites tradicionais da mesquita e do lar. Comerciantes ingleses em cidades como Aleppo, Esmirna e Constantinopla começaram a provar a bebida e, como bilhões de pessoas nos anos seguintes, viciaram-se. Retornando de Esmirna em 1651, o mercador Daniel Edwards trouxe consigo grãos e aparelhos para o preparo do café. Na residência de seu rico sogro, no coração da cidade de Londres, Edwards fornecia café para outros comerciantes. A bebida era tão popular que as demandas constantes dos viciados em cafeína buscando sua dose se tornaram um incômodo. Edwards, então, decidiu abrir uma tenda junto a um cemitério em St. Michael's Alley, administrada por um servo grego, Pasqua Rosée. Em 1654, Rosée instalou-se numa casa do outro lado do beco, a primeira cafeteria da Europa Ocidental.[8]

A bebida exótica atraiu os curiosos, incluindo o polímata Samuel Hartlib, que relatou: "É um tipo de bebida turca feita de água e alguma baga ou grão turco [...]. É um pouco quente e desagradável, mas boa de beber após a refeição, e facilita a liberação de gases em abundância".[9]

Sem dúvida, era uma novidade numa cidade atraída pelas diversões e pelos espetáculos. Mas poucos teriam previsto o sucesso do café em Londres. Na década de 1660, havia mais de oitenta cafeterias no coração da cidade e outras tantas em Westminster e Covent Garden. No final do século, o número ultrapassava mil. Os cafés também se espalharam por vilas e cidades na Inglaterra, Escócia e Irlanda, cruzando o Atlântico até Boston, Nova York e Filadélfia; pelo canal da Mancha, alcançou Paris, Amsterdam, Viena e Veneza. Poucos anos depois de sua introdução em Londres, "toda a vizinhança zanza [para os cafés] como abelhas — e zumbe como elas também".[10]

"Quais as novidades? [...] Traga uma xícara de café", demandava um papagaio, estridentemente, a cada novo cliente que adentrava determinado café de Londres. Ele estava copiando o refrão de centenas de visitantes que buscavam diariamente a nova bebida. "Quais são as notícias?" era o dito de abertura dos habitués dos cafés. Por um centavo, podia-se saborear seu cafezinho em uma mesa enorme, cheia de jornais, sátiras, pasquinadas e cachimbos.[11]

Na Londres do final do século XVII, as notícias estavam se tornando uma mercadoria valiosa, e os estabelecimentos dedicados ao café passaram a ser o principal centro delas. Envolvidas numa guerra civil na década de 1640 que levou à execução do rei, a Inglaterra e a Escócia encontravam-se em ebulição quando Pasqua Rosée armou sua tenda junto ao cemitério. Em 1659-60, o país viu-se novamente em crise, com diversas facções disputando o poder. Naqueles dias conturbados, o café tornou-se um fórum de discussão e troca de notícias. O jovem Samuel Pepys, ávido por notícias, fofocas e contatos com os poderosos, passou a frequentar os cafés para ouvir os debates. No Turk's Head, em Westminster, ele convivia com nobres, filósofos, políticos, mercadores, soldados e acadêmicos que discutiam os rumos do país.

Pepys e outros homens ficavam surpresos com a erudição das discussões que se desenrolavam nos cafés e com a polidez do debate. Uma taverna ou pousada jamais criaria aquela atmosfera; havia algo na bebida quente e escura que fomentava calma e razão. A pessoa se comportava de maneira mais distintamente *metropolitana*, bebericando seu café também distintamente metropolitano.

A clientela dos cafés consumia notícias, mas também as gerava. Os jornalistas pescavam muitas de suas notícias em meio à cacofonia dos cafés. Espiões do governo os vasculhavam em busca de informações atualizadas. O debate sobre os assuntos do mundo tornara-se público, e isso em um ambiente muito peculiar.

Num café, sentava-se onde fosse possível e ao lado de quem quer que estivesse lá; não se reservavam lugares especiais para homens de alta posição. Um café, disse Samuel Butler, é onde "pessoas de todas as qualidades e condições se encontram para realizar transações em meio a bebidas e notícias estrangeiras, cerveja, fumo e controvérsia". O proprietário "não admite distinções: cavalheiros, mecânicos, lordes e malandros se misturam, e são todos iguais, como se fossem reduzidos a seus princípios elementares".[12]

O governo temia o impacto desse novo espaço público radical, acreditando que os cafés eram focos de sedição e republicanismo. A moda foi atacada repetidamente na imprensa. Não raro a crítica mirava abaixo da cintura. De acordo com a autora de *A petição das mulheres contra o café*, "o uso excessivo desse licor ultramoderno, abominável e pagão chamado café [...] tem transformado nossos maridos em eunucos e aleijado nossos mais gentis galantes, que se tornaram tão impotentes quanto a velhice, e tão infrutíferos quanto os desertos de onde essa infeliz baga foi trazida".[13]

No entanto, mesmo alegações dessa natureza não prejudicaram o café: seu efeito era mais estimulante do que enfraquecedor. Assim como ajudaram a impulsionar o mercado de notícias, os cafés também desempenharam um importante papel econômico. Os corretores da bolsa eram considerados toscos demais para a Royal Exchange, de forma que a primeira bolsa de valores de Londres teve início no Jonathan's Café, em Change Alley, um ambiente mais tolerante. Os cafés forneciam notícias de todos os tipos: listas atualizadas anunciando os preços de mercadorias, ações e moedas eram publicadas regularmente no Jonathan's. Os cafés proliferaram em Change Alley, proporcionando ambientes de sociabilidade em que as negociações do mercado de ações podiam operar, acessíveis a todos os tipos de pessoas. O café de Garraway, também em Change Alley, conduzia leilões nos quais os atacadistas negociavam carregamentos de longa distância recém-chegados do cais.

Nos primeiros anos do século XVIII, apropriando-se de ideias desenvolvidas em Amsterdam, Londres estava reinventando o capitalismo. O Banco da Inglaterra foi fundado em 1694 com o objetivo de levantar grandes empréstimos para o Estado britânico. A criação de uma dívida nacional com financiamento público impulsionou a Grã-Bretanha ao status de superpotência global. E isso também transformou os cafés de Change Alley em mercados para ações do governo e de bancos, bem como para as ações de grandes empresas. Esse surgimento do capitalismo financeiro moderno exigia negociações cara a cara, e o café foi seu local de nascimento natural. Assim, corretores e especuladores operavam nos muitos cafés de Change Alley, banqueteando-se com as notícias, rumores e fofocas que circulavam por eles.

Apoiando esse mundo de especulação havia uma nova indústria que ajudaria a impulsionar Londres ainda mais à frente como gigante comercial. O Edward Lloyd's Café se especializou em obter em primeira mão as notícias de navegação mais confiáveis, atraindo marinheiros, transportadores e mercadores de longa distância; lá eles se encontravam, conversavam e negociavam. Do alto de um púlpito que havia no café, um garçom lia as últimas notícias sobre as navegações comerciais, que eram então fixadas numa parede antes de serem vendidas mais amplamente pela cidade. Em meio à agitação, mercadores e transportadores se reuniam para dividir os riscos de empreendimentos comerciais globais. O Lloyd's logo se tornou o principal mercado de seguros, e não apenas de Londres, mas do mundo; o dia todo corretores negociavam com os subscritores, buscando as melhores ofertas para seus clientes.

A revolução financeira ocorreu fora das instituições oficiais; era orgânica, cara a cara e sociável. O café não era como a ágora, o fórum, a praça do mercado ou mesmo o banho romano; situava-se entre o público e o privado, uma extensão da casa do proprietário, mas aberto a todos. Assim, cafés especializados em diversos ramos e atividades reuniam pessoas que de outra forma não se conheceriam, permitindo a troca de informações e a criação de redes. Funcionando como mercados de ações, crédito e seguros, pregões, espaços de comércio, revendedores atacadistas e canais de notícias, também eram escritório de negócios e sala de reuniões do capitalismo em formação. Em outras palavras, a constelação de cafés em Londres fornecia um espaço público informal, dinâmico e de fluxo livre que não existia até então.

A Londres do final do século XVII era também um centro de ciência tanto quanto de negócios. A fundação da Sociedade Real de Londres para a Promoção do Conhecimento Natural — a Royal Society — tornou a ciência tema de debates públicos. A força motriz da instituição era um frequentador compulsivo dos cafés. Os diários de Robert Hooke revelam que ele visitou 64 cafés diferentes em Londres entre 1672 e 1680, indo a pelo menos um por dia — às vezes a três e, em uma ocasião, a cinco. A natureza pública da ciência do final do século XVII tornava-se real nos cafés. Esses lugares se transformavam em palcos onde atuavam verdadeiros virtuoses da ciência. As palestras formais de Hooke no Gresham College eram pouco frequentadas, mas, no ambiente mais descontraído e sociável do café, ele podia contar com um público interessado.[14]

James Hodgson dava palestras gratuitas sobre matemática e astronomia newtonianas no Marine Café, exibindo uma série de bombas de ar, microscópios, telescópios, prismas e outros aparelhos que nunca haviam sido vistos antes fora da Royal Society. Os citadinos, por sua vez, estavam interessados em matemática e ciências por serem disciplinas que prometiam aperfeiçoar a navegação, assunto caro ao coração dos comerciantes e das seguradoras do Lloyd's Café. A cultura do café pôs em contato teóricos e marinheiros que possuíam uma riqueza de conhecimentos práticos. Pode-se dizer que a revolução financeira e a revolução científica marcaram um encontro em um café londrino.[15]

Assim como cada ramo de comércio tinha seu ponto de encontro preferido, os cafés atendiam a uma riqueza de atividades e desejos. Um oferecia aulas de esgrima, outro de francês. Vá para o Will's, em Covent Garden, e depois para o Button's, e você conhecerá os grandes poetas e escritores da cidade. Vá ao Duke's, e você estará entre atores e dramaturgos; no Old Slaughter, o visitante topava com o círculo dos artistas. Homens da moda e cortesãos se reuniam no White's, na St. James's Street; livreiros e editores se viam no Child's, ao lado da catedral de São Paulo. "Os cafés tornam todos os tipos de pessoas sociáveis, ricos e pobres convivem, bem como os eruditos", comentou John Houghton, membro da Royal Society.[16]

Pepys não gostava muito de café. Na época, pequenas quantidades do grão moído eram fervidas em um caldeirão; tratava-se de uma versão mais fraca e menos saborosa do café que se bebe agora. Mas a bebida nunca foi a atração principal. "Acho muito prazerosos [os cafés]", disse Pepys, "pela diversidade das companhias — e das conversas." Os cafés desempenhavam uma função vital para as cidades, fornecendo pretexto e local para encontros espontâneos e para o surgimento de redes informais. No transbordamento do conhecimento entre finanças, ciência e artes na Londres do final do século XVII, podemos atestar muito claramente como as cidades maximizam as oportunidades de encontros acidentais e troca de informações. A profusão de lugares de socialização e lazer tornava as cidades mais dinâmicas do que nunca.

Mas o café tinha um encanto peculiar. Com seus rituais de sociabilidade e as trocas informais de notícias, o café encarnava uma civilidade urbana nascente.

Por muito tempo insignificante e marginal, Londres prosperou no final do século XVII e viria a ser a metrópole global dominante do século XVIII, roubando o manto de Amsterdam à medida que se tornava mais assertiva como centro comercial internacional e metrópole imperial. Sua população dobrava a cada século: no início do século XVII, contava com mais de 250 mil habitantes; no fim, 500 mil; já no final do século XVIII, tornou-se a primeira cidade europeia a ultrapassar 1 milhão de habitantes desde a Roma do século II.

E não só a população crescia. A renda per capita aumentou pelo menos um terço entre 1650 e 1700, período em que os cafés entraram em cena. As pessoas tinham dinheiro para gastar. E não o gastavam apenas nos moderníssimos cafés, mas em toda uma gama de itens de consumo, moda e literatura. Mais importante ainda, elas o esbanjavam em atividades de lazer.[17]

Com esse rápido aumento da riqueza, veio uma ansiedade crescente. A expansão vertiginosa de Londres, suas classes médias recém-enriquecidas, sua cultura de consumo ostentosa e seus ciclos de expansão e retração eram uma terrível ameaça para o sistema social convencional. Para alguns, os cafés podem ter sido um bastião do discurso civilizado e da sociabilidade urbana; para outros, representava os horrores da própria cidade moderna — uma babel de conversas desenfreadas, uma miscelânea de classes indiscriminadamente misturadas, espaço de comércio que desafiava as autoridades tradicionais da Igreja e do Estado.

Destruída por um incêndio em 1666, a cidade de Londres que ressurgiu das cinzas era diferente de qualquer outra cidade antes dela. Densamente povoada e desordenadamente rica, era a Babilônia renascida, uma imensidão desconcertante atravessada por enxames de pessoas e tráfego incessante. "A cidade de Londres é uma espécie de grande floresta de *feras selvagens*", advertiu um moralista, "onde a maioria de nós se aventura, igualmente selvagens e mutuamente destrutivos."[18]

Como se já não bastassem as "estranhas afobações e impertinências", os "trabalhos frenéticos e debilitantes", muito mais alarmante era a forma como a vasta metrópole tornava as pessoas anônimas, permitindo-lhes disfarçar suas verdadeiras identidades; assim, "vilões, trapaças e imposturas" abundavam na cidade.[19]

Bobagem — foi a resposta. Longe de degenerar a moral, a cidade era uma catalisadora de melhorias. Na cidade, "polimos uns aos outros e eliminamos nossas arestas e asperezas por uma espécie de colisão amigável", escreveu o conde de Shaftesbury em 1711. Mais tarde, o filósofo escocês David Hume afirmou que os homens e as mulheres que "se bandeiam para as cidades" vivenciam "um aumento de humanidade, pelo hábito de conversar entre si, contribuindo para o prazer e o entretenimento umas das outras".[20]

Conversa, prazer e entretenimento: o lazer era o principal ingrediente no refinamento da sociedade na metrópole moderna. A partir do final do século XVII, a cultura urbana britânica tornou-se cada vez mais dominada pela "polidez" e pela "civilidade". Centenas de livros sobre conduta chegaram ao mercado, oferecendo conselhos sobre como se comportar em público e em privado. Ideias tradicionais de boas maneiras e procedimento cortês haviam emanado das cortes reais e das grandes casas rurais da aristocracia, orientando as expectativas de comportamento e conversação. À época do boom dos cafés, contudo, a civilidade começava a se associar a algo inteiramente diferente. Os modos engendrados pela vida urbana tomavam o lugar da cultura cortês, pomposa e cheia de regras de tempos passados. Assim como a discussão acadêmica, o debate político e os negócios escaparam dos mundos fechados da universidade, do Parlamento e das guildas comerciais, desembocando em fóruns abertos como os cafés, também a cultura e a atividade artística se mercantilizavam, encontrando expressão na esfera pública.[21]

Polidez e civilidade eram coisas urbanas e distintamente modernas. Londres propiciava inúmeras oportunidades de sociabilidade que tornavam as pessoas mais refinadas. A civilidade, por sua vez, facilitava a vida na cidade, pois fornecia a lubrificação necessária para as interações entre estranhos no congestionado ambiente urbano. "A conversa cria aqueles laços agradáveis que nos unem uns aos outros", orientava um tratado chamado O cavalheiro educado. Outro escritor declarou que o verdadeiro objetivo da civilidade era "tornar a companhia e a conversa fáceis e agradáveis".[22]

A cidade é um dos milagres da existência humana. O que impede o formigueiro humano de degenerar em violência é a civilidade, os códigos explícitos e implícitos que governam as interações diárias entre as pessoas. Cada momento nas ruas de qualquer cidade abarca um balé complexo e não ensaiado de condutas, com as pessoas transitando por lojas, ruas, escritórios e sistemas de transporte público.

O comportamento aceitável muda com o tempo. A forma como pessoas de diferentes raças, etnias, sexualidades, gêneros e identidades interagem em público tem sido profundamente contestada. Em bares de Los Angeles, por exemplo, o comportamento cívico mínimo é definido para todos os clientes: "Não se aceitará em hipótese alguma: sexismo, racismo, capacitismo, homofobia, transfobia ou discurso de ódio. Caso contrário, você será convidado a sair". O governo de Shanghai lançou uma publicação chamada Como ser um shanghainês agradável, quando a cidade se preparava para a Feira Mundial de 2010. O manual cobria tudo, desde como se vestir até conselhos severos sobre boas maneiras à mesa. A lista "Sete coisas que não se deve fazer", estabelecendo "padrões de civilização e normas morais cívicas", foi publicada e exibida em todos os lugares em 1995, quando Shanghai passava por rápidas transformações e recebia milhões de imigrantes, muitos deles rurais: não cuspa, não jogue lixo, não danifique a propriedade pública, não prejudique a vegetação, não atravesse a rua fora da faixa, não fume em áreas públicas, não diga palavras obscenas. Uma atualização de 2017 evidencia como a cidade mudou ao longo de 22 anos: foram retiradas as liminares sobre cuspir, xingar e vandalizar (consideradas já suficientemente internalizadas) e entraram ordens para não estacionar o carro de forma descuidada, não permitir que bichos de estimação incomodem vizinhos, não furar fila, não criar incômodos falando em voz alta.

Para os homens que buscavam um lugar ao sol na época do boom de Londres, encontrar uma forma de se aproximar de seus superiores sociais ou profissionais era essencial. Se você não se comportasse corretamente, não prosperaria. A polidez era em parte uma reação contra as ansiedades geradas pela decolagem vertiginosa de Londres, um antídoto para os temores de uma cidade comercializada e uma economia de livre mercado em que a liga que unia a sociedade estava se rompendo. Se as boas maneiras não emanavam mais das cortes ou da Igreja — diziam escritores como Addison e Steele —, então elas teriam de vir da própria sociedade comercial moderna. Da mesma forma, a Londres realesca já não era o epicentro da arte, da literatura, do teatro e da música; a produção e o consumo culturais transferiram-se para o domínio urbano. O mercado tornou-se o árbitro do gosto.

E o mercado respondeu de maneira surpreendente, deixando uma impressão física em Londres muito evidente até hoje. O projeto do moderno West End de Londres, obra de empreiteiros especulativos, com seus terraços de belas casas e praças com jardins verdejantes, era a própria polidez manifesta. A ornamentação da arquitetura doméstica estava fora de moda, e o refinamento clássico estava em alta. A uniformidade e a contenção do estilo palladiano neoclássico dominante refletiam o autodomínio e a simplicidade da polidez individual. Um arquiteto da época chamou o planejamento urbano georgiano de "teatro do mundo educado", uma série de praças, ruas, jardins, parques, cafés, centros de convenções, teatros, museus, igrejas e passeios que coletivamente compunham uma esfera pública civilizada, que incentivava a sociabilidade e o convívio.[23]

Aqui nos achamos na cidade moderna, governada não por autoridades tradicionais, mas pelas forças do mercado, moldada em torno das atividades de lazer, da moda e dos gostos dos seus cidadãos. Um novo tipo de cidade, instantaneamente reconhecível hoje: com seus restaurantes, cafés, bares, museus, galerias de arte, casas noturnas, teatros, shopping centers, lojas de departamento, arenas de espetáculos e uma miscelânea de diversões que existem para nos entreter e dar à cidade sua própria razão de ser. Contudo, essa experiência urbana, com sua esfera pública projetada a partir dos gostos cambiantes e das rendas disponíveis de seus cidadãos, é muito recente em termos históricos. E entra em cena quando Londres passa de província atrasada a metrópole global.

A cultura radical dos cafés da década de 1660 em diante foi o prenúncio dessa mudança. Mas o café era apenas um dos muitos novos empreendimentos comerciais que atendiam às noções predominantes de civilidade e sociabilidade. Os Jardins dos Prazeres de Vauxhall (Vauxhall Pleasure Gardens), na margem sul do Tâmisa, também foram inaugurados na década de 1660. Já em 1729, passaram à gestão de Jonathan Tyers, promotor imobiliário e empresário. Tyers remodelou os jardins para capturar o gosto da época, projetados agora como cenário para a vida civilizada e a interação pública informal.

Tyers transformou o que era um bosque com uma taverna ao centro em um parque temático urbano do século XVIII. Os visitantes que chegavam de barco entravam em Vauxhall e passeavam por alamedas de cascalho iluminadas por centenas de lâmpadas penduradas nas árvores. O plano em grelha das alamedas encorajava os encontros casuais. Enquanto caminhavam, era possível admirar uma série de pinturas expostas em caixas de vidro, ao som da música tocada por uma orquestra no grande coreto do bosque. Os visitantes mais ricos se sentavam em camarotes de jantar parcialmente abertos, dispostos perto da orquestra ou em colunatas semicirculares ao longo dos passeios. Ali ficava a aristocracia, o *beau monde*, comendo em público mas numa espécie de semi-privacidade, vendo e sendo vista pelas multidões de londrinos, embora ainda marcando sua superioridade. A ideia de comer em público era, deve-se lembrar, coisa muito nova e chocante. A nobreza, conversando e ceando conforme a música tocava, era parte do entretenimento tanto quanto tudo mais que Tyers apresentava. Ali encontrávamos um microcosmo da Londres do século XVIII:

pessoas de diferentes estratos sociais compartilhando a mesma experiência, mas separadas por barreiras sutis de classe e status.

Aqueles que não estavam à altura dos camarotes jantavam ao ar livre em mesas de piquenique sob as árvores. Se o tempo estivesse ruim, a orquestra tocava na grande rotunda, iluminada por um dos maiores lustres do país, e os visitantes comiam na exótica Tenda Turca. Em outros lugares dos jardins havia pavilhões, estátuas, edifícios dispendiosamente ornamentados e arcos triunfais. As bordas do parque eram resguardadas por pinturas cênicas *trompe l'oeil* que davam a ilusão de beleza rústica desaparecendo na distância. A cada temporada, Tyers precisava aumentar seus jardins das delícias, oferecendo mais novidades e espetáculos. Mozart fez sua estreia na Inglaterra em Vauxhall, um dos muitos dos melhores músicos da época que tocaram por lá. Da mesma forma, o local era uma vitrine de arte moderna, uma galeria pública antes da existência das galerias públicas. O conjunto de luzes, música, pinturas, edifícios, fogos de artifício, paisagismo elegante e multidões de pessoas tinha um impacto poderoso. Como disse Henry Fielding: "Devo confessar, encontrei toda a minha alma, por assim dizer, dissolvida no prazer. [...] A conversação, enquanto lá, era uma rapsódia de alegria e admiração. [...] Quase não acredito que cena tão encantadora tenha sido real".[24]

Os Jardins de Vauxhall marcaram o início do entretenimento de massa moderno. Era a discoteca londrina que, segundo um turista alemão, constituía "atração sem igual, pelo que ouvi falar, na Europa". Uma noite normal contava com 2 mil visitantes, muitas vezes bem mais, talvez cerca de 7 mil pessoas, todas clamando por comida. Na noite da primeira apresentação da *Música para os fogos de artifício reais*, de Handel, em 1749, 12 mil pessoas lotaram os jardins. No final do século, nas noites de fim de semana, acontecia de 16 mil visitantes cruzarem os portões dos jardins, pagando uma entrada bastante acessível de apenas um xelim.[25]

Jardins e cafés repletos de entretenimento contavam-se entre as novidades que atraíam as pessoas à metrópole inebriante. Os grandes proprietários rurais queriam gastar seu dinheiro na capital, nesses novos espaços públicos de consumo e prazer. No início do século, havia apenas dois teatros em Londres: o Theatre Royal in Drury Lane e o Lincoln's Inn Theatre, ambos operando sob patentes reais. A partir da década de 1720, mais e mais casas de espetáculos surgiram, atendendo à moda do entretenimento, incluindo o gigantesco

Covent Garden Theatre. Os cenários tornaram-se cada vez mais elaborados e tecnologicamente avançados a fim de impressionar e atrair o público. Esses novos teatros eram construídos da maneira que conhecemos hoje, com camarotes particulares, fossos e galerias de orquestra e luzes centrais e laterais iluminando o palco.

No final do século, mais de 3 mil pessoas iam todas as noites ao Covent Garden Theatre, que tinha uma capacidade total de 29500 lugares, o mais amplo de Londres. Teatros um pouco menores do que o Covent Garden — como o Sadler's Wells, o Adelphi ou o Royalty em Tower Hamlets — tinham uma média de 1800 pagantes por noite. Um turista francês descreveu como tipos das classes baixas — marinheiros, criados, "pequenos comerciantes" e suas esposas e namoradas — "se divertem como querem" nas galerias superiores do Covent Garden. Sentados no alto do auditório, eles se comportavam como deuses "lançando seu trovão sobre os atores e espectadores na forma de maçãs e cascas de laranja". Assistir à aristocracia nos camarotes, especialmente as damas e cortesãs de classe alta, era considerado um espetáculo em si mesmo; os mais destacados eram expostos a vaias e piadas obscenas, tanto quanto os atores no palco. Era ali que as rixas aristocráticas, as afrontas e as intrigas se desenrolavam; era o centro das fofocas da cidade.[26]

Os londrinos apreciavam o teatro porque era um lugar onde pessoas de todas as classes se misturavam, desde criados e jornaleiros a comerciantes e advogados da cidade, além de plutocratas e aristocratas. Os indivíduos em situação mediana e os economicamente inseguros pagavam um xelim para ir aos teatros e aos jardins, em parte "com o propósito de esquecer seu isolamento [social]", compartilhando dos mesmos entretenimentos das classes elevadas. O teatro era o lugar onde a cidade de 1 milhão de pessoas *parecia* se reunir. Isso dava a ele seu poder. E ai de quem tentasse conter o fenômeno. Em 1737, os criados de Londres se revoltaram diante da possibilidade de serem banidos das galerias do Drury Lane. O Covent Garden Theatre testemunhou 67 noites de protestos consecutivos em 1809 quando aumentou os preços dos ingressos. Ninguém queria ser excluído do coração pulsante da cidade.

Um livro de 1728, supostamente escrito por A. Primcock, intitulado *The Touchstone* [A pedra de toque], catalogou as "atrações reinantes da cidade". O passeio de Primcock pelas "novas diversões comerciais" de Londres inclui os principais entretenimentos: casas de música e dança, teatros, óperas, salões de reuniões e mascaradas. Mas, misturadas à "alta" cultura, o autor incluiu toda uma outra gama de atrações oferecidas aos londrinos: apresentações de marionetes, acrobatas, dançarinos equilibristas, malabaristas, farsas ao ar livre, companhias teatrais ambulantes, lutas de boxe, brigas de galos e exposições de ursos. Havia museus de cera, shows de aberrações, contorcionistas, zoológicos, feiras, exposições de curiosidades. As ruas eram animadas por inúmeros vendedores de baladas, cantando e vendendo canções populares, muitas delas obscenas. A partir da década de 1730, as partidas de críquete começaram a atrair multidões de 10 mil pagantes ao Campo de Artilharia, marcando a estreia dos eventos esportivos de massa. O Anfiteatro de Astley, em Lambeth, era um circo altamente lucrativo, especializado em apresentações e números de equitação. Em *The Female Spectator* [A espectadora], Eliza Haywood censurava "nossos modernos promotores de diversão", os empresários ocupados em remodelar a cidade em torno do prazer.[27]

Gritalhadas no teatro, abuso de ursos e touros, brigas de galos: aquela não era uma cidade educada, apesar do que as pessoas diziam a si mesmas. À medida que se tornou a maior metrópole do mundo, Londres passou a atrair milhares de trabalhadores para construir suas novas e graciosas praças, atender às crescentes classes ociosas, administrar as docas e fazer todo o trabalho duro e sujo essencial a um leviatã comercial. Os covis medievais apodrecidos de St. Giles-in-the-Fields pareciam uma coleção miserável de ninhos de gralhas, superlotados com colônias de famílias carentes. O "pardieiro" de St. Giles, como era conhecido, abrigava comunidades de trabalhadores irlandeses pobres: operários, pedreiros, barqueiros, carregadores de liteiras, transportadores de carvão e vendedores ambulantes, cujos músculos mantinham a cidade funcionando.

Esse pequeno pardieiro imundo e violento constituiu uma das piores favelas da história. Uma de suas construções abandonadas era conhecida como "O Castelo do Rato". Os campos próximos eram cenário de luta livre e brigas de cães. Tal como as favelas em cidades como Mumbai hoje, St. Giles era característica de uma metrópole cuja população crescia mais rápido do que a oferta de moradias de baixo custo. Havia numerosas pensões, nas quais se amontoavam centenas de migrantes atraídos para Londres pela promessa de emprego. Nesse contexto, a colônia de St. Giles era um mundo urbano fechado dentro da cidade, um lugar que poucos ousavam trilhar. No entanto, situava-se a poucos passos de um dos bairros mais novos e elegantes de Londres, o Bloomsbury, com suas praças aristocráticas, grandes casas urbanas e o Museu Britânico (fundado em 1753).

As partes da cidade imoladas no Grande Incêndio de 1666 foram reconstruídas em tijolo e pedra, com belas residências, ruas mais largas e grandes edifícios públicos, como a catedral de São Paulo, as cerca de cinquenta igrejas construídas por Christopher Wren, o Banco da Inglaterra e a Mansion House. Mas dentro da nova e reluzente cidade havia ruas e vielas que escaparam do fogo e forneciam notícias visíveis da velha Londres, mais tosca, de edifícios de madeira cambaleantes, pátios estreitos e becos fétidos. As alas externas de Farringdon e Clerkenwell eram pardieiros típicos da cidade mais rica do planeta, com suas favelas úmidas, suas passagens em túneis e os "rudes divertimentos" de seus habitantes. Até a década de 1750, Hockley-in-the-Hole, em Clerkenwell, era cenário de combates selvagens, desafios de espadas, luta livre sem luvas, abuso de touros e criação de ferozes cães de briga.

A Londres do século XVIII era uma cidade turbulenta e superlotada, assombrada por brigas de gangues, assaltos, pequenos crimes, abuso de animais e brutalidade. Também era uma cidade que trabalhava duro. Quase todos os visitantes comentavam a pressão incessante das multidões, o tráfego congestionado e o tumulto das ruas que os engolfavam ao chegar. Liteiras, carruagens, coches, vendedores ambulantes e cantadores de baladas obscenas se somavam à cacofonia.

O espaço aberto da St. James's Square, onde vinte das 23 casas eram de aristocratas, guardava "uma montanha de esterco coletivo" na década de 1720, uma pilha de lixo, terra, cinzas, restos de miúdos e até cachorros mortos. Londres era um lugar onde a polidez coexistia com a imundície, tanto física quanto moral. O Soho da classe trabalhadora esbarrava com a Mayfair da classe alta.

A topografia de Londres tornava difícil para os "civilizados" se isolarem da realidade da cidade. Por maior que fosse para os padrões da época, levava-se apenas uma hora para cruzá-la de norte a sul, e talvez três, no máximo, de leste a oeste. Ao longo do século XVIII, as principais ruas comerciais eram a Strand, a Fleet Street, a Cheapside e a Cornhill, o que implicava que os modernos e elegantes do West End tinham de se aventurar pela diversificada geografia de

Londres para fazer suas compras. Para a surpresa dos visitantes estrangeiros, os parques reais eram abertos a todos: homens e mulheres da elite em passeio misturavam-se a todos os tipos de londrinos.

Os estrangeiros ficavam surpresos com a forma como Londres nivelava as distinções sociais, pelo menos nos espaços públicos da cidade. Um turista alemão notou como nenhum ministro do governo ou aristocrata ousava obrigar os mais pobres a ceder passagem, e "ainda assim passam diariamente a pé pelas ruas mais apinhadas e frequentadas de Londres, onde são empurrados, acotovelados e salpicados, e sem reclamar uma só vez".[28]

À luz das expectativas igualitárias da vida urbana, a aristocracia e a pequena nobreza de Londres começaram a vestir-se ao estilo das ruas, evitando enfeites de classe. "Em épocas anteriores", escreveu-se na década de 1780, "distinguia-se facilmente um cavalheiro na multidão por meio de suas vestes. Hoje, todas as evidências externas de hierarquia entre os homens foram destruídas." Espadas foram trocadas por bengalas e guarda-chuvas. No final do século, a moda masculina tornara-se menos extravagante; os ricos usavam roupas mais escuras e mais simples, que não se destacavam. Marcava-se aí o início do visual urbano masculino que dominaria os séculos seguintes: ternos sóbrios e gravatas.[29]

Mosaico intrincado de diferentes tipos de populações e distritos, com a pobreza e a miséria vivendo lado a lado com a opulência e o esplendor, Londres era uma mistura frenética. Mas se a "polidez" não subjugou essa cidade áspera e pragmática, a civilidade, por sua vez, era evidente em todos os lugares. O século XVIII foi a época de ouro da sociabilidade urbana.

O café não afetou o consumo de álcool, que continuou sendo o esteio da sociabilidade dos londrinos. Em 1737, estimava-se que existiam 531 cafés na cidade, mas também 207 estalagens, 447 tavernas e 5975 cervejarias, ou seja, um estabelecimento licenciado para cada 13,4 residências particulares em Londres. E isso não incluía cerca de 7 mil locais que vendiam gim entre as décadas de 1720 e 1750. De forma muito semelhante aos cafés, os pubs de Londres eram espaços de convívio, conversa e notícias; eram bolsas de emprego para todos os tipos da cidade, incluindo mercadores e profissionais liberais, pequenos comerciantes, artesãos e trabalhadores em geral. Além disso, uma das principais funções dos pubs era abrigar clubes nos fundos de suas dependências.

O início do século XVII viu uma proliferação de clubes onde pessoas de todos os tipos podiam se associar e beber um bocado. Havia o Clube do Peido, o Clube dos Feios, o Clube dos Pequenos (para homens com menos de 1,5 metro), o Clube dos Altos, o Clube da Luta, o Clube dos Gordos, o Clube dos Caolhos, clubes para pessoas de nariz grande e assim por diante. Havia clubes literários, científicos, políticos e filosóficos. Para os menos abastados, havia clubes de ponche (bebia-se o quanto quisesse por um xelim) e clubes de canto. Aprendizes e jovens moças se encontravam em clubes mistos, onde dançavam e namoravam. Uma famosa sociedade de debates se reunia no Robin Hood, perto da Strand, atraindo "pedreiros, carpinteiros, ferreiros e outros mais" dispostos a dar sua opinião. Eram associações de pessoas afins, amigos, profissões, bairros, instituições de caridade e esportes. Em uma cidade de migrantes, clubes de pessoas vindas de outros lugares — da Escócia ou de Staffordshire, por exemplo — possibilitavam uma forma mais rápida de associação para mitigar a solidão da fervilhante metrópole. Em suma, havia clube para tudo nessa cidade definida pelo amor à associação.

O prazer acontecia em público, numa cultura alcóolica rude e obscena, dominada por homens. Joseph Brasbridge, ourives na Fleet Street, lembrava com vergonha que, quando jovem, nos primeiros anos de profissão, sentia-se determinado a ser um "camarada festivo", bebendo até o amanhecer em um clube da taverna Globe com amigos: um cirurgião, um tipógrafo, um repórter parlamentar, um escrivão do Tesouro e o administrador da prisão de Newgate. Não eram, portanto, homens de classe baixa, de forma alguma; um deles, aliás, viria a se tornar prefeito.

Brasbridge descreveu uma cidade onde os prazeres altos e baixos se confundiam. Como exemplo, tomemos os Jardins de Vauxhall, epítome da elegância. Em sua busca por distinção, Jonathan Tyers iluminou os passeios. Todos, exceto um: o Dark Walk (Passeio Escuro). Homens considerados "respeitáveis" podiam ser vistos emergindo da escuridão protetora, abotoando as calças após um encontro furtivo com uma prostituta. O empresário Tyers sabia melhor do que ninguém que, apesar de toda a demanda por polidez, o sexo vendia, inclusive em lugares ostensivamente "civilizados". Teatros, bailes de máscaras e jardins públicos fervilhavam de prostitutas e cafetões.

Dividido entre saborear os "prazeres elegantes" da alta sociedade educada e sedento pelo mundo alternativo, mais bruto, de convivências intensas e "aventuras românticas", James Boswell não era o único que sentia que a metrópole criava um cabo de guerra impossível entre seus desejos. Londres era a "sede do prazer", mas, levando-se em conta suas inúmeras prostitutas e atrizes oferecendo contínuas tentações, era mais precisamente a sede do prazer sexual masculino. Evidente em toda a metrópole, a prostituição concentrava-se sobretudo em torno de Covent Garden, Strand e Lincoln's Inn Fields. A demanda por sexo casual era enorme — e era satisfeita. A primeira cena da série de pinturas e gravuras de William Hogarth, *A Harlot's Progress* [*O progresso de uma meretriz*], retrata uma ingênua camponesa, Moll Hackabout, recém-saída do coche e cheia de esperança de seguir uma carreira como costureira em Londres. Em vez disso, sua boa aparência atrai a atenção de Mother Needham, notória alcoviteira, que a seduz com os retornos fáceis e as roupas finas das cortesãs de alta classe. Conforme a série avança, Moll prospera brevemente, vivendo como amante de luxo, até decair para prostituta comum e, por fim, morrer de sífilis aos 23 anos. O romance *Moll Flanders*, de Daniel Defoe, retrata como as mulheres tinham de sobreviver numa cidade masculina insensível, trocando sexo por dinheiro, seja no casamento ou na condição de prostituta.

O número de prostitutas em Londres sempre foi inflado. Uma estimativa de 50 mil no final do século XVIII incluía mulheres que claramente não eram profissionais do sexo — dezenas de milhares de mulheres não casadas mas que viviam com seus parceiros. O caso é que a visibilidade da prostituição a fazia parecer endêmica, e a fácil disponibilidade de sexo moldava o comportamento masculino em público.

Nos romances do século XVIII, Londres é frequentemente retratada como espaço de grandes perigos sexuais para as mulheres. Em um episódio pungente de *Evelina* (1778), de Fanny Burney, a personagem homônima é quase estuprada nos Jardins de Vauxhall por um grupo de bêbados. Mulheres desacompanhadas andando pelas ruas eram encaradas pelos machos predadores como presas naturais. Essa era uma das realidades inevitáveis de Londres e de outras grandes cidades até o século XX e além. As oportunidades sociais que se abriam aos homens não se estendiam às mulheres. Uma mulher das classes alta e média corria o risco de perder sua reputação se fosse vista sozinha nas ruas da cidade. E numa cidade movida a cavalos, as ruas viviam sujas de dejetos de animais; eram opressivamente apinhadas, fétidas e barulhentas. As mulheres, sobretudo à noite, não estavam protegidas de avanços sexuais indesejados ou coisa muito pior.

Mas a ideia de que as mulheres se retiraram do espaço público para a privacidade do lar não é totalmente correta. Turistas estrangeiros notavam as liberdades incomuns concedidas às mulheres abastadas em Londres, em comparação com outras cidades da Europa. Os modos como o lazer reformava a metrópole do século XVIII proporcionavam às mulheres de classe média e alta formas de participar dos rituais sociais da cidade sem perder status ou respeitabilidade. Se muitos visitantes estrangeiros consideravam Londres um tanto sombria, também ficavam surpresos com a opulência de suas lojas: "Lojas de miudezas, papelarias, confeitarias, talhadores, ferreiros, livreiros, tipógrafos, camiseiros, fruticultores, lojas de porcelana — cada estabelecimento seguindo-se ao outro, sem intervalo, uma loja para cada casa, rua após rua, quilômetro após quilômetro, os artigos sempre bonitos e lindamente dispostos". As principais vias comerciais do início do século XVIII — Cornhill, Fleet Street, Strand e Cheapside — foram logo acompanhadas por Covent Garden, Regent Street e Oxford Street no início do século XIX. Atrás das grandes janelas em arco de vidro laminado, os lojistas exibiam engenhosamente suas mercadorias luxuosas, iluminando-as à noite. Essas lojas de artigos de alta qualidade eram locais sociais seguros e atraentes para as mulheres, que faziam compras em grupos como parte das atividades diárias.[30]

No romance de Burney, Evelina notava a natureza de "entretenimento" das compras, a cerimônia que as acompanhava e sua função social: "Na chapelaria, as senhoras que encontramos estavam tão bem-vestidas que mais pareciam estar fazendo visitas do que compras". Teatros, jardins, óperas, instituições de caridade, exposições, bailes e lojas possibilitavam às mulheres da elite algum tipo de envolvimento com a esfera pública na metrópole consumidora que nascia.

De vendedoras ambulantes a proprietárias de grandes negócios, as mulheres tiveram que conquistar carreiras no que ainda era uma economia muito marcada pela desigualdade de gênero. Em geral, esses empregos — como até hoje em muitas cidades em desenvolvimento — estavam na economia informal, e não no comércio e nas finanças. As redes de troca de informações e socialização em cafés, pubs e clubes — onde se estabeleciam conexões vitais de negócios — eram exclusivamente masculinas. As mulheres tinham de atuar em uma parte diferente da economia: eram empreendedoras que alimentavam, vestiam, limpavam, abrigavam, educavam e divertiam a metrópole. As mulheres formavam a maioria dos vendedores ambulantes; elas administravam cafés, pubs e estalagens; cozinhavam, limpavam e lavavam. Muitas das escolas

Reconstrução moderna de Uruk, a primeira cidade do mundo, feita em 2012, representando o local em 2100 a.C.

Pennsylvania Station, em Nova York, hoje demolida, exibindo o mesmo esplendor e magnitude de seu modelo: as Termas de Caracalla, em Roma (216 d.C.).

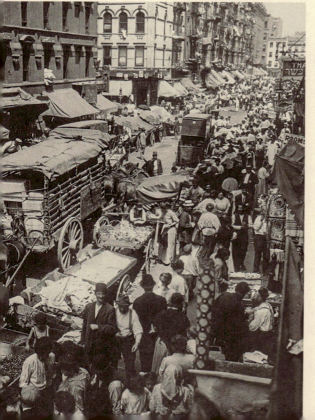

Nadar tem sido uma das formas básicas de recreação na cidade. Aqui, em 1938, crianças do mais pobre distrito de imigrantes de Nova York saltam de um prédio industrial abandonado para um poluído East River. Dentro de um ano, esta área seria convertida por Robert Moses nos 23 hectares do East River Park.

A comida de rua está no coração da sociabilidade urbana, como mostra esta fotografia atemporal da Hester Street, Nova York, em 1903.

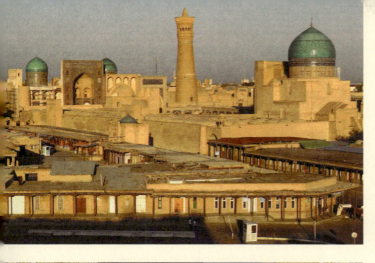

A cidade islâmica: Bukhara.

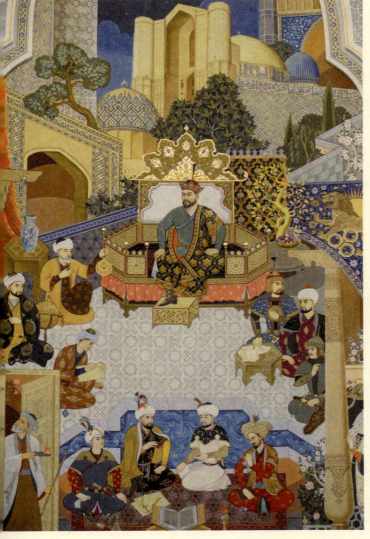

Tashkent: A Rota da Seda transmitia não apenas mercadorias, mas conhecimento. Bagdá pode ter sido o maior depósito de conhecimento do mundo no século IX d.C., mas uma parte considerável de seus eruditos e de sua energia intelectual vinha das grandes cidades cosmopolitas da Ásia Central.

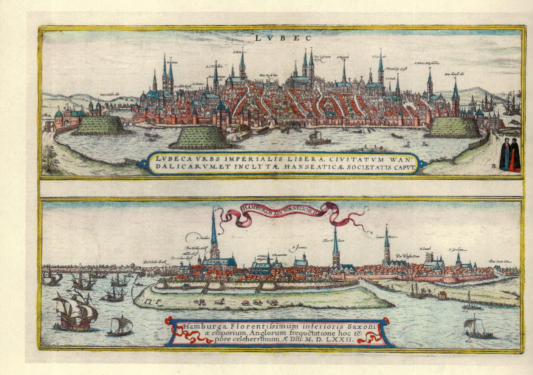

A ascensão vertiginosa de Lübeck (acima) era representada de maneira vívida por seus altivos campanários. Junto com Hamburgo (abaixo), Lübeck era uma das metrópoles comerciais proeminentes do norte da Europa na Idade Média. Essas cidades compactas estavam na vanguarda da tecnologia militar.

A grande metrópole da Mesoamérica: Tenochtitlán.

O lar como um bastião de ordem e virtude em meio ao inferno urbano. Em *Interior com mulheres ao lado de um guarda-roupa* (1663), de Pieter de Hooch, a residência particular é elevada a um espaço quase sagrado, com o mundo exterior da cidade emoldurado pela porta.

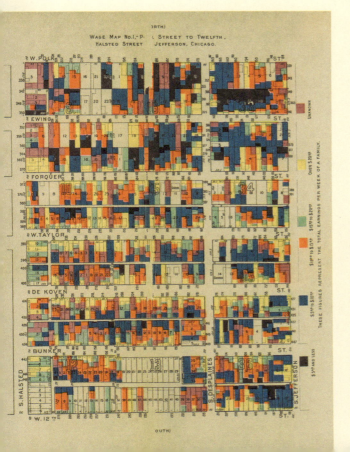

Os segredos da cidade revelados: mapa da pobreza de algumas quadras de Chicago, produzido pela Hull House, em 1895. Fundada em 1889 por Jane Addams e Ellen Gates Starr como instituição dedicada à educação e à reforma social, a Hull House conduziu a reabilitação da caótica megacidade industrial.

A favela, a fábrica e a rua: crianças em Newcastle, por volta de 1900.

A atriz Violet Carson — no papel de Ena Sharples, do novelão *Coronation Street* —, contempla a paisagem industrial de Manchester, em 1968, à sacada de um grande edifício recém-construído. "Quando eu era moça, o mundo era meia dúzia de ruas, alguns terrenos baldios e mais nada", ela se recorda.

Arredores de Paris (1887), de Van Gogh, mostra os pobres de Paris deslocados para o "campo bastardo" e malquisto, às margens da metrópole.

Em *Rua de Paris, dia chuvoso* (1877), Gustave Caillebotte captura não apenas a cidade higienizada do século XIX, mas a alienação social fomentada pela metrópole moderna.

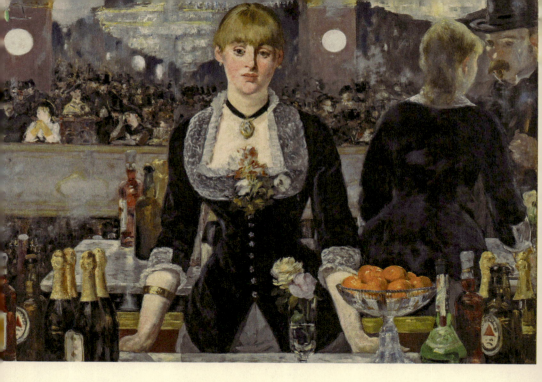

Um bar no Folies-Bergère (1882), inquietante pintura de Édouard Manet, é um dos grandes comentários artísticos sobre a vida urbana moderna. A cidade aqui é feita de espetáculo e movimento, espaço onde as relações humanas tornaram-se borradas e incertas. O semblante desafiador da atendente no bar é o mesmo de todas as modernas urbanitas, forçadas a interações contínuas com estranhos que podem ou não ser predadores.

A ameixa (1878), de Manet, captura o desconforto das mulheres emancipadas em espaços públicos urbanos dominados por homens.

rranha-céus como afirmações do poder bruto: o panorama inconfundível de Shanghai.

endo sido celebrados como afirmações rrebatadoras de sucesso nos anos 1920, s arranha-céus ganharam um aspecto mais meaçador depois da quebra da bolsa de Wall Street e da Grande Depressão. No filme Almas de arranha-céu (1932), o arranha-céu torna-se um monumento ao desejo ampiresco masculino por poder e sexo.

Neste still do filme *Dead End* (1937), a rua de cortiços é descrita como um covil de crimes e depravação. Assim como os reformadores sociais, os diretores de Hollywood queriam destruir as densas favelas urbanas e substituí-las por blocos de habitação popular, cercados por jardins verdejantes. Tudo parecia indicar que a cidade tradicional havia fracassado; era hora de uma nova metrópole para o século xx.

Torres para os ricos; torres para os pobres. Os arranha-céus de Manhattan com vista para os blocos residenciais do Queensbridge Houses — ainda hoje o maior projeto de moradia popular dos Estados Unidos —, mostrado aqui em 1939, ano de sua abertura.

Na exposição *Futurama*, na Feira Mundial de Nova York, em 1939, visitantes admiram a visão de Norman Bel Geddes para o futuro da cidade.

A fotografia *Sábado sangrento*, de H. S. Wong, mostra um bebê chinês chorando em meio aos destroços da Estação Sul de Shanghai, bombardeada por aviões japoneses no dia 28 de agosto de 1937. Muito vista mundo afora, o registro era um sombrio prelúdio da violência que engoliria as cidades em todo o globo.

Destruída sistematicamente pelos nazistas, poucas cidades vivenciaram uma destruição na escala daquela vista em Varsóvia, entre 1939 e 1944.

ntre 2002 e 2005, a autoestrada Cheonggyecheon foi demolida para revelar um riacho nterrado havia muito. O oásis verde no coração de Seul mostra o que pode acontecer uando os carros são redirecionados para longe do centro das cidades.

Jm dos resultados mais admiráveis de uma política verde para a cidade: ua Gonçalo de Carvalho, em Porto Alegre, Brasil.

À *esq.*: A Cidade do Amanhã Hoje: em meados do século XX, Los Angeles deu a tônica para a dispersão urbana e os subúrbios dominados pelo automóvel.

Hipermodernidade e vida de rua em Tóquio.

Uma das mais bem-sucedidas megacidades do século XX, Tóquio foi construída a partir dos escombros da Segunda Guerra Mundial. Arranha-céus coexistem com uma vida de rua de bairro.

Antes campeã mundial em número de assassinatos, a Comuna 13, na cidade colombiana de Medellín, deixou de ser uma favela sombria por meio de uma série de reformas de longo prazo.

Conto de duas cidades em Lagos: um surfista olha para o canteiro de construção que será a Eko Atlantic, uma espécie de Dubai africana, com arranha-céus reluzentes, hotéis caros e iates de luxo.

que davam às crianças de Londres uma educação rudimentar eram empreendimentos capitaneados por mulheres. A vasta indústria da costura estava quase inteiramente sob o controle de empreendedoras, assim como grande parte do comércio varejista. Muitas mulheres ganhavam dinheiro administrando pensões para milhares de homens, mulheres e famílias que alugavam um ou dois quartos na cidade. O boom do entretenimento popular abriu novas oportunidades para mulheres como atrizes, cantoras, performers e empresárias. Teresa Cornelys foi de Veneza para Londres ainda menina na década de 1720. Já nos anos 1760, depois de uma carreira na ópera, tornou-se incrivelmente rica e famosa como organizadora de extravagantes bailes de máscaras na Soho Square.

Nisso, como em muitas outras áreas da vida urbana, Londres fornecia os maiores e mais exagerados exemplos de como as cidades estavam mudando durante o século XVIII na Europa e nos Estados Unidos. A transição da corte para a metrópole evidenciou-se pela primeira vez nos cafés da segunda metade do século XVII. Os cafés ajudaram a moldar o ambiente urbano sociável que definiu as cidades no século seguinte, agora um espaço em que os cidadãos-consumidores determinavam a cultura e a moda, onde o lazer e as compras passavam a ser fundamentais para esse novo estilo de vida. Em Londres, teatros e óperas, cafés e restaurantes, museus e galerias tornaram-se absolutamente centrais para a experiência urbana moderna.

"Vamos a um café, depressa, quero registrar minhas impressões enquanto ainda estão frescas." Assim disse a artista americana Janice Biala a seu amante Ford Madox Ford, em 1935, ávida para fazer um esboço de uma vista particularmente impressionante da cidade. Quando Ford respondeu que não havia cafés em Londres, ela ficou horrorizada: "Mas se Londres não dispõe de cafés para seus artistas, como ela pode esperar que haja arte aqui? [...] Ou cartas? Ou civilização? Ou o que quer que seja?".[31]

Enquanto os aristocratas italianos, alemães, espanhóis e franceses (e, nos Estados Unidos, a "gente refinada") desfrutavam de uma animada *café society* em suas cidades, Londres — que foi pioneira na importação dos fenômenos urbanos dos cafés para a Europa Ocidental — agora não tinha nada comparável. O que teria acontecido?[32]

A mudança começou bem antes. A White's Chocolate House virou White's

Club, de acesso exclusivo, em 1736. No Jonathan's, qualquer um poderia operar como corretor de ações por um dia, pelo preço de uma xícara de café. Isso se tornou inaceitável para os corretores. Em 1761, eles pagaram ao proprietário 1500 libras por ano pelo uso exclusivo do salão por três horas diárias. Contestados nos tribunais, o presidente da Suprema Corte determinou que os cafés compunham um mercado livre e aberto e decidiu contra os corretores da bolsa. Em resposta, os corretores fundaram seu próprio café (ou bolsa de valores), o New Jonathan's, na Sweetings Alley. O local logo foi rebatizado de Bolsa de Valores de Londres, aberta apenas para quem pagava seis pence por dia. Em 1801, todos foram excluídos, exceto os membros genuínos do clube que pagavam uma assinatura anual.[33] Paralelamente, os seguradores que operavam no Lloyd's mudaram-se primeiro para o seu próprio café, depois para o andar superior da Royal Exchange, em 1773.

A informalidade dos cafés deu lugar a mercados financeiros muito mais regulamentados e controlados. Os ecos ainda estão lá, no entanto. Embora abrigado na torre de aço inoxidável de Richard Rogers, o Lloyd's de Londres, maior mercado de seguros do mundo, mantém algo do estilo de negócios acertados cara a cara, que remonta à sua fundação no tumulto do café. Os subscritores ainda se empoleiram em banquinhos, e os funcionários de fraque são chamados de garçons.

Os negócios mudaram do mundo aberto do café para uma arena mais restrita: bolsas de valores exclusivas e — para citar outra invenção moderna — escritórios. E, de muitas maneiras, a sociabilidade do século XVIII foi sucedida também por uma forma mais distintiva de comportamento. Como Henry James astutamente observou, a ausência de cafés nos passeios em Londres na década de 1880 era o sinal revelador de uma sociedade com um sistema de classes rígido. Cavalheiros bebiam café, mas apenas no ambiente confortável e isolado de seus clubes privados. Os pobres, por sua vez, compravam o líquido preto em carrinhos e barracas a caminho do trabalho.

À medida que o século passava e Londres se expandia para abarcar 6 milhões de habitantes, a atração por uma casa espaçosa com jardim expulsou ainda mais os cidadãos de classe média do centro. Enquanto os burgueses parisienses e outros citadinos em densas metrópoles europeias viviam em apartamentos no centro da cidade, seus colegas londrinos já eram suburbanos. Os cafés continentais faziam parte da vida social das compactas cidades europeias.

Durante o século XIX, Londres reformou-se em torno dos transportes modernos. Ferrovias, ônibus puxados por cavalos, bondes e metrô permitiram que as pessoas se estabelecessem mais longe do centro. A ostentação suburbana de Londres ajudou a matar a cidade sociável que a tornara tão atraente no século XVIII, quando ainda era possível caminhar por ela, e sua população era inferior a 1 milhão de habitantes.

O fim do café seguiu-se ao declínio do impulso gregário e à tendência à exclusividade na vida social, literária, científica e empresarial — um afastamento da sociabilidade pública rumo à segmentação, à institucionalização e à suburbanização. Com o desaparecimento dos cafés, Londres alcançou a condição de poder global incomparável, triunfando como metrópole comercial. Para Henry James, escrevendo no final do século XIX, Londres tinha um "caráter intensamente comercial". Àquela metrópole imperial, voltada para os negócios e marcada pela consciência de classe, não cabiam a frivolidade e o convívio do café parisiense. Esse tempo havia passado.

9. Os portões do inferno?

Manchester e Chicago, 1830-1914

"Manchester é a chaminé do mundo", escreveu o general Charles Napier, em 1839. "Patifes ricos, bêbados vagabundos e prostitutas formam a moral; fuligem transformada em pasta pela chuva, o corpo; e a única vista é uma longa chaminé: que lugar! O próprio portão do inferno!"[1]

Na Manchester da década de 1840, mais de quinhentas chaminés exalavam uma espessa fumaça de carvão, alimentando novas tecnologias de produção em massa. Alexis de Tocqueville ficou maravilhado com os "enormes palácios da indústria" de Manchester e com o "barulho das fornalhas, o assobio do vapor". Uma cidade assim nunca tinha sido vista antes. Todos os dias, o som de milhares de teares elétricos reverberava, sacudindo os edifícios. A escritora sueca Fredrika Bremer captou a força inquieta daquele Frankenstein urbano industrial e seu impacto sensorial:

> Ao meu olhar, Manchester parecia uma aranha colossal, no meio de suas fábricas, cidades, subúrbios e aldeias, onde tudo parecia girar junto com os teares, cerzindo roupas para todas as pessoas do mundo. Lá estava ela, a rainha das aranhas, rodeada por uma massa de casas e fábricas horrendas, sob o véu de uma espessa nuvem de chuva, não muito diferente de uma teia de aranha. Aquilo me provocava uma impressão sombria e opressiva.[2]

Bremer também visitou Chicago. O colosso americano, escreveu ela, era "uma das cidades mais miseráveis e feias" do mundo. Não merecia o título de Rainha do Lago, e comentou acidamente: "Sentada como está às margens do lago em desalinho, ela se parece mais com uma vendedora ambulante do que com uma rainha".[3]

Como Manchester, a paisagem urbana de Chicago, com suas faixas de ferrovias irradiando-se da cidade, seu emaranhado de linhas telegráficas, os monumentais elevadores de grãos e depósitos de madeiras, os currais malcheirosos, as siderúrgicas e chaminés, era a própria encarnação do industrialismo do século XIX. Os visitantes comentavam que Chicago não se parecia com nenhuma outra cidade no mundo, com o "rugido profundo e oco da locomotiva e o apito estridente do barco a vapor" misturando-se ao ronco da indústria, os grunhidos de milhares de porcos prestes a serem abatidos e o alvoroço das multidões incessantes. Outros relataram o poder de Chicago pulsando "com uma violência desenfreada". Um visitante francês contou sentir o fedor de Chicago agarrá-lo pela garganta tão logo chegou.[4]

Dimensões, crescimento populacional e ataque sensorial eram uma coisa. Mais assustador era o que essas novas cidades faziam à humanidade. Manchester — "Cottonopolis", ou "a metrópole do algodão" — situava-se no coração da indústria têxtil global, marco zero na história da industrialização mundial. A visão dos moinhos de Manchester era um prenúncio do futuro da humanidade: "Aqui a humanidade atinge seu desenvolvimento mais completo e mais brutal", escreveu Tocqueville, "aqui a civilização opera seus milagres, e o homem civilizado quase volta a ser selvagem".[5]

De um lado do Atlântico, no sul dos Estados Unidos, escravizados eram mobilizados para plantar, colher e embalar algodão; do outro, uma força de trabalho industrial de centenas de milhares de pessoas era coagida a transformá-lo em têxteis. Eram assalariados, dependentes do sistema fabril. Mulheres e crianças eram favorecidas, pois podiam receber menos e ser disciplinadas com mais facilidade, como atesta o seguinte questionário respondido por uma menina que havia trabalhado em uma fábrica desde os seis anos de idade:

Pergunta: Quantas eram suas horas de trabalho?
Resposta: Quando criança, trabalhei das cinco da manhã às nove da noite.

P: *Qual era o horário permitido para as refeições?*
R: Tínhamos permissão para quarenta minutos ao meio-dia.
P: *Você tinha tempo para tomar um café da manhã ou uma bebida?*
R: Não, fazíamos como podíamos.
P: *Você tinha tempo de comer o que preparava?*
R: Não; éramos obrigados a abrir mão do lanche ou levá-lo para casa, e quando não levávamos, o supervisor pegava e entregava aos porcos.
P: *Supondo que você esmorecesse um pouco ou se atrasasse, o que eles faziam?*
R: Eles nos amarravam.
P: *Que trabalho você fazia?*
R: Pesadora na área de cardagem.
P: *Qual era sua jornada lá?*
R: Das cinco e meia da manhã às oito da noite.
P: *Como é a sala de cardagem?*
R: Empoeirada. Você não consegue ver nada por causa da poeira.
P: *Trabalhar na cardagem afetou sua saúde?*
R: Sim; era muito empoeirado, a poeira subia pelos meus pulmões, e o trabalho era muito pesado. Fiquei tão mal de saúde que, quando puxava as cestas, deslocava meus ossos.
P: *Você está consideravelmente deformada em consequência desse trabalho?*
R: Sim, estou.
P: *Quando isso começou?*
R: Eu tinha uns treze anos quando o problema apareceu, e piorou desde então. Quando minha mãe morreu, tive que cuidar de mim mesma.
P: *Onde você está agora?*
R: Na casa dos pobres.
P: *Você encontra-se totalmente incapaz de trabalhar nas fábricas?*
R: Sim.

A maior parte dos operários de fábrica tinha entre dezesseis e 24 anos de idade; muitos deles eram irlandeses, economicamente vulneráveis, discriminados e, portanto, fáceis de controlar. Ao lado das fábricas têxteis, desenvolveram-se as fábricas de produtos químicos e obras de engenharia. Mas outros milhares eram empregados em trabalho ocasional ou sazonal fora dos portões da fábrica. Uma pesquisa apontou que 40% dos homens estavam "empregados de forma irregular" e 60% recebiam salários de subsistência. "Poderia haver outro tipo de vida mais repulsiva, mais contrária aos instintos naturais do homem?", perguntou-se o filósofo francês Hippolyte Taine quando visitou Manchester.

Os frigoríficos de Chicago chocavam os visitantes com seus animais esgoelando-se ante a matança, as poças de sangue, vísceras e gordura. Ainda mais apavorantes eram as condições dos humanos que lá trabalhavam, encharcados de sangue e coágulos, quase congelando. Dependendo daquele salário miserável, os portões da fábrica ficavam lotados todas as manhãs com trabalhadores esperando por uma oportunidade. "Estas não são fábricas de embalagem; são caixas de embalagem abarrotadas de escravos assalariados."[6]

"Toda a América", escreveu um alemão sobre Chicago, "olha com medo para esta cidade que lança sua ameaça sobre o país." A cidade era o "centro da tempestade da civilização", advertia Josiah Strong, fundador do movimento Evangelho Social. "Aqui se colhe [...] dinamite social." "Manchester é um nome de profundo e até terrível significado", ecoava o funcionário público e evangélico Sir James Stephen. Para ele, a cidade da riqueza industrial e da degradação urbana era um sinal de que "estamos nos aproximando de uma grande crise e de uma grande catástrofe nos assuntos humanos".[7]

Nos primeiros anos do século XIX, um terço da população da Grã-Bretanha era urbanizada. Em 1851, mais da metade vivia em vilas e cidades, a primeira sociedade humana na história do mundo mais urbana do que rural. Em apenas três décadas, dois em cada três britânicos viviam em centros urbanos. A primeira revolução urbana começou na Mesopotâmia. A segunda começou na Inglaterra no final do século XVIII e se desenvolveu em um ritmo feroz, primeiro naquele país e depois globalmente.

"O que Manchester faz hoje, o resto do mundo fará amanhã", declarou Benjamin Disraeli. A população de Manchester dobrou entre 1801 e 1820 e dobrou novamente na década de 1850, chegando a 400 mil naquela década e a 700 mil no final do século XIX. O início da história de Chicago foi ainda mais explosivo, passando de menos de cem pessoas em 1830 para 109 mil em 1860, 503 mil em 1880 e 1,7 milhão em 1900. Nenhuma cidade na história do mundo cresceu tão rápido.

A Revolução Industrial forneceu alimentos, roupas, ferramentas, utensílios, materiais de construção, redes de transporte e energia que possibilitaram a rápida urbanização em massa. A arrogância, a novidade e a modernidade de Chicago tornaram-se vívidas por meio de algo totalmente diferente: os arranha--céus que se ergueram da pradaria na década de 1880. O arranha-céu era (e é) um símbolo do triunfo capitalista e do domínio tecnológico. Frontier Chicago, construída em madeira, foi destruída no Grande Incêndio de 1871. Seu distrito comercial central foi reconstruído rapidamente e, em seguida, reformado uma segunda vez, agora com a arquitetura e a engenharia mais inovadoras do mundo, sinalizando o status de Chicago como a metrópole global icônica do século XIX. Os desenvolvimentos no aço obtidos pela avançada indústria ferroviária de Chicago forneciam vigas que permitiam que as paredes fossem mais finas, e, encapsuladas em concreto, eram também à prova de fogo. A eletricidade deu origem a elevadores, lâmpadas, telégrafos e telefones, invenções recentes que possibilitaram o trabalho em torre, além de sistemas de aquecimento e ventilação. O arranha-céu era tanto uma máquina quanto um edifício, o ápice da tecnologia do século XIX. A fachada simples e limpa de um edifício de dezesseis andares como o Monadnock (1889-92) era frequentemente descrita como semelhante a uma máquina.[8]

Em 1800, apenas 5% da população global era urbana. Entre 1850 e 1950, enquanto a população global se expandiu duas vezes e meia, a população urbana cresceu vinte vezes. Na última data, 30% dos humanos (751 milhões de pessoas) viviam em cidades; hoje, as cidades do mundo abrigam 4,2 bilhões de pessoas. Manchester e Chicago foram as "cidades do choque" do século XIX, anunciando, ao que parecia, não apenas a Revolução Industrial, mas também a revolução urbana. Como tal, foram avidamente estudadas para adivinhar o futuro da humanidade.

Três anos após a cáustica descrição da cidade pelo general Napier, Friedrich Engels, de 22 anos, chegou a Manchester, vindo da Alemanha, para trabalhar nos escritórios da Ermen & Engels, empresa de fiação de algodão de propriedade de seu pai. Ele foi enviado para lá a fim de ser "curado" de suas crenças comunistas. Em vez disso, Engels se viu cara a cara com as consequências do capitalismo industrial na cidade onde este havia se originado.

Engels visitou Angel Meadow, a favela mais famosa de Manchester. "Por toda parte se vê montes de lixo, detritos e sujeira", escreveu ele. "Caminha-se ao longo de uma trilha muito acidentada na margem do rio, entre postes e varais, para chegar a um conjunto caótico de pequenas cabanas de um cômodo só. A maioria tem piso de terra, e o que se entende por trabalhar, viver e dormir ocorre nesse único cômodo." O centro da mais moderna metrópole era um cenário de "sujeira, ruína e inabitabilidade". As observações de Engels sobre as condições terríveis da primeira cidade industrial do mundo foram publicadas em 1845 como *A situação da classe trabalhadora na Inglaterra*, um dos livros mais influentes do século, vislumbre de uma nova maneira de viver que Engels retratou como o "futuro sombrio do capitalismo e da era industrial". Angel Meadow, para Engels, era simplesmente o "inferno na terra".[9]

Se Manchester tinha Angel Meadow, Chicago tinha Little Hell (Pequeno Inferno), uma ilha urbana no centro da cidade formada pelo rio Chicago e pelo canal North Branch. Área de fábricas imensas, inúmeros barracos esquálidos e ruas cheias de lixo, o nome apocalíptico se devia à chuva de fuligem que caía do céu e da bola de fogo perpétua que emanava da Companhia de Gás, Luz e Coca do Povo, que iluminava o céu esfumaçado com um brilho infernal. Little Hell deu origem primeiro à máfia irlandesa de Chicago e, em seguida, à sua sucessora italiana. Trata-se de um terreno amaldiçoado: na década de 1940, o projeto de habitação pública mais infame dos Estados Unidos — Cabrini-Green — brotou de seu solo envenenado. Os edifícios eram uma nova encar-nação do Pequeno Inferno: espaços de violência, infestações de ratos e baratas, pichações, calhas de lixo entupidas, guerras de gangues e tiroteios.

Cidades como Manchester e Chicago cresceram tão rápido e eram tão obce-cadas por lucros que careciam das comodidades cívicas básicas — saneamento, espaços públicos, associações comunitárias — que haviam definido as cidades desde seu surgimento na Mesopotâmia, 6 mil anos antes. Em favelas como Angel Meadow, as casas eram construídas segundo um "sistema terrível de sucessivas cabanas amontoadas, em ruas sem esgotos ou qualquer outro meio de retirar os rejeitos das portas das casas". A ocupação múltipla era comum (a casa de favela irlandesa média tinha 8,7 pessoas); a superlotação forçava mui-tos trabalhadores ocasionais a entrar em porões úmidos compartilhados em pensões, onde três pessoas dividiam a mesma cama. Em Angel Meadow, havia dois banheiros externos para cada 250 residentes.[10]

Ao nível do mar, o distrito favelizado de Little Ireland (Pequena Irlanda), em Manchester (do qual Angel Meadow constituía o núcleo), era um ambiente úmido, com rios entupidos de excrementos, a água escurecida pela poluição.

Em Chicago, as calhas de rua se enchiam de dejetos — de origem animal e humana —, "formando poças de um líquido indescritível". Essas valas eram tão repulsivas que "os próprios porcos torciam o nariz em desgosto supremo". As latrinas contaminavam os poços de fundo de quintal usados para água potável. Construída em terreno plano sobre argila dura, Chicago era também uma cidade úmida e poluída, com as chamadas "névoas da morte" emanando das pilhas de excrementos. O rio era um esgoto de efluentes industriais. À medida que crescia para se tornar a "Porcópolis" — a capital mundial do empacotamento de carne —, o sangue e as vísceras de mais de 3 milhões de animais abatidos todos os anos exacerbavam as crises de higiene e poluição.[11]

A corrente fétida e gordurosa desembocava no lago, de onde era sugada pelos tubos do sistema de distribuição de água, envenenando a cidade com o produto dessas "grandes profundezas de lama, lodo e imundície inimaginável — leitos de procriação de miasmas e névoas mortais". Ao longo das margens do rio sujo havia as palafitas — favelas que abrigavam, em barracos de madeira, os párias da cidade e os migrantes recém-chegados. Uma das mais notórias dessas favelas de beira de rio era Conley's Patch — onde hoje estão os edifícios Wrigley e Tribune —, abrigo do crime, da prostituição e também das gangues irlandesas, presidida por uma matriarca beberrona: Mãe Conley. Somente entre 1862 e 1872, o West Side de Chicago foi de 57 mil para 214 mil habitantes. A grande maioria tinha de se contentar com o único tipo de habitação que encontrava: barracos temporários construídos sobre terrenos pantanosos. O maior desses assentamentos irregulares era Kilgubbin, distrito irlandês situado em um charco próximo ao rio, abrigando "muitos milhares de habitantes, de todas as idades e hábitos, além de grandes manadas de gansos, porcos e ratos".[12]

Packingtown, que cresceu a serviço da indústria da carne, era uma das favelas mais decadentes dos Estados Unidos do século XIX. Destino de sucessivas ondas de imigrantes que não falavam inglês — gente para quem a única oportunidade de trabalho residia nas terríveis fábricas de empacotamento de carne —, seus horrores foram imortalizados no romance *The Jungle* [A selva], de Upton Sinclair, de 1906. A favela era delimitada por matadouros, um enorme lixão, trilhos de trem e, por fim, Bubbly Creek — "córrego borbulhante" —, batizado assim porque borbulhava com gases liberados pela decomposição de sangue e entranhas. No verão desciam os mosquitos, atraídos pela conjunção irresistível de lixo, vísceras e fezes.

234

Água poluída, excrementos e ratos desencadeavam surtos de febre tifoide, tifo, disenteria, difteria, varíola e diarreia infantil. Nas áreas rurais da Grã-Bretanha, 32% dos bebês morriam antes do quinto aniversário, e a expectativa de vida era de quase quarenta anos. Em Manchester e Chicago, os números eram bem piores: 60% e 26 anos. Em Londres e Birmingham, a expectativa de vida era de 37 anos. Em meados do século XIX, nenhum outro lugar apresentava taxas de mortalidade comparáveis às de tais cidades industriais emporcalhadas. A partir da década de 1830, a cólera asiática alastrou-se pelas favelas. Em 1854, 6% da população de Chicago sucumbiu à epidemia, o sexto ano consecutivo em que a cidade se viu devastada por moléstias.[13]

A topografia urbana fazia disso uma das questões mais urgentes na era industrial. Como disse um jornal de Manchester, o centro comercial da cidade era como uma pequena ilha cercada "por um enorme cordão de bestialidade e sujeira, o suficiente para incutir medo no coração de todo habitante civilizado". Temendo ser contaminadas pelo proletariado, as famílias de classe média fugiam para os arrabaldes — os subúrbios. Só que, com a explosão da população operária, as favelas, mais cedo ou mais tarde, acossavam essas utopias suburbanas, forçando novas debandadas para abrigos semirrurais ainda mais distantes. Durante a maior parte da história, a palavra "subúrbio" evocou o que havia de pior na cidade; eram lixões para detritos, resíduos e negócios questionáveis. Agora, prometia uma fuga.[14]

Manchester foi o berço de uma série de novidades na história urbana, entre elas o primeiro serviço de ônibus (1824) e a primeira estação ferroviária para passageiros (1830). Ônibus, trens e bondes facilitaram o êxodo suburbano para as chamadas *commutervilles* — áreas residenciais longe do centro da cidade. Ali, avenidas largas ladeadas de lojas escondiam as favelas que ficavam atrás. Chicago, após o Grande Incêndio de 1871, desenvolveu-se seguindo um padrão semelhante, com um distrito comercial central despovoado — o Loop —, repleto de arranha-céus, mas cercado por um exército sitiante bárbaro, por assim dizer, composto de fábricas e favelas; para além desse anel da desolação, havia outros cinturões de habitação, tanto mais prósperos quanto mais afastados do Loop. O transporte metropolitano moderno tornou possível esse padrão de segregação: os pobres arrastavam-se a pé para o trabalho, convivendo com a poluição; a classe média e os ricos podiam se dar ao luxo de viver nos subúrbios, enquanto os verdadeiramente sortudos residiam em vilarejos pitorescos com vista para o mar na costa ao norte de Chicago.[15]

Para observadores, essa fragmentação da comunidade urbana e a divisão da cidade em distritos residenciais hermeticamente isolados, baseados em classes sociais, aumentavam o pesadelo. Quando os motores cessavam e as casas de câmbio encerravam o expediente, sentia-se que a própria "ordem moral" partia da cidade para os arrabaldes serenos, renunciando à responsabilidade cívica e entregando o coração do centro urbano ao vício e ao crime.

Para os horrorizados residentes das metrópoles industriais, a noite no centro da cidade se assemelhava a um apocalipse zumbi, com "uma massa crescente de humanos transbordando" das favelas e se apossando do distrito comercial central. E não faltavam relatos chocantes em jornais e livros detalhando o que se passava na cidade à noite. Angus Bethune Reach escreveu uma série de casos sobre a noite de Manchester em 1849. "Retornando na noite do último domingo de uma das minhas viagens, fiquei um tanto surpreso ao ouvir, na Oldham Road, uma algazarra de música e alegria jorrando dos bares e cervejarias. A rua fervilhava de homens e mulheres bêbados e moças gritando, brincando e provocando-se entre si." Reach ficou "surpreso e entristecido" com a "cena de [...] uma intemperança brutal generalizada": "Os bares e lojas de gim estavam lotados. Tumultos, brigas e confusões ocorriam a todo instante no interior dos estabelecimentos e nas ruas. O passeio inteiro vibrava com gritos, berros e palavrões, misturados à música estridente de meia dúzia de conjuntos".[16]

Na noite de um domingo de 1854, voluntários da Sociedade da Temperança visitaram 350 pubs e contaram 215 mil clientes: 120 mil homens, 72 mil mulheres e 23 mil crianças. Em Packingtown, em Chicago, havia quinhentos bares cobrindo dezesseis quarteirões, ou um estabelecimento para cada setenta pessoas. Chocados com a balbúrdia dos salões de uísque irlandeses e das cervejarias alemãs — frequentados com muito entusiasmo em pleno repouso dominical —, as autoridades proibiram a venda de bebidas alcoólicas no domingo e aumentaram o custo da licença de cinquenta para trezentos dólares por ano. Milhares de trabalhadores, sobretudo irlandeses e alemães, tomaram as ruas numa manifestação sangrenta conhecida como Lager Beer Riot, em 1855, para defender seu estilo de vida.[17]

"Nas noites de domingo, a Oldham Street parece estar entregue aos carnavais dos maiores vagabundos de Manchester", relatou um jornalista investigativo. "Aqui se podem testemunhar cenas que não têm paralelo em nenhuma outra cidade ou vila na Inglaterra." Nessas ocasiões, grupos de rapazes, moças e adolescentes da classe trabalhadora vestiam-se com suas melhores roupas — os garotos em "padrões de estampas alarmantes e corte extravagante", enquanto as moças, assalariadas das fábricas da região, exibiam-se "lindas, adornadas de bijuterias, penas e sedas baratas". Os jovens saíam de Ancoats e de outras favelas para passear pela Oldham Street e pela Market Street, seguindo pela Hyde Road e pela Stretford Road, ostentando seus melhores trajes e formando pares em um ritual conhecido como Monkey Run — o Passeio do Macaco. A população de cidades como Chicago e Manchester era jovem: nesta última, ao longo do século xix, 40% dos habitantes tinham menos de vinte anos. Eles estavam empregados nas fábricas e, portanto, tinham algum dinheiro para gastar em bebida, entretenimento e roupas. Eram assertivos e sexualmente ativos.[18]

Embriaguez e prazeres sexuais eram uma coisa. Outra coisa bem diferente era o crime. O perigo espreitava a cidade operária. "Como um enorme covil, havia ali uma série de passagens e ruas estreitas e escuras", escreveu um membro de uma instituição de caridade que atuava em Angel Meadow. "Não era seguro para pessoas vestidas de maneira respeitável passarem sozinhas por aquelas ruas, mesmo ao meio-dia." Manchester tinha violentas gangues de adolescentes favelados — as *scuttlers*. Armados com tacos e facas, espancavam jovens de outras regiões que se aventuravam para dentro do seu território e invadiam favelas vizinhas para batalhas campais contra gangues adversárias.[19]

Os irlandeses de Manchester e Chicago eram responsabilizados pelas condições das favelas e pela degradação moral da comunidade urbana em geral. A cólera, por exemplo, era rotulada de "febre irlandesa". De acordo com a imprensa, gangues irlandesas associadas a determinadas regiões de sua terra natal patrulhavam ruas, expulsando intrusos oriundos de outras partes da Irlanda. Em 1851, um policial se deparou com dois clãs irlandeses, os McNeill e os Carroll, lutando ferozmente no meio da rua: "Toda a vizinhança parecia estar investida na confusão, digladiando-se com atiçadores, machados e paus, feito demônios encarnados".[20]

Os jornais de Chicago eram virulentamente anti-irlandeses, culpando-os pelo caos da cidade e por possuírem "uma paixão e um apego notáveis e marcantes aos tumultos e às brigas". Como em Manchester, gangues territoriais irlandesas, como os Dukies e os Shielders, lutavam entre si e intimidavam alemães, judeus, poloneses e negros que se estabeleciam em seu território ou nas redondezas. Mais tarde, no início do século xx, foi a vez de as gangues polonesas se apossarem de quarteirões inteiros da cidade, lutando entre si e combatendo as gangues italianas da Pequena Sicília. Cidade de crescimento feroz, faminta por músculos humanos para abater porcos, construir canais, erguer edifícios, transportar cargas e trabalhar em fábricas, a população de Chicago era composta de imigrantes nascidos no exterior (59% de seus habitantes) e de um contingente transitório de empresários, turistas, fazendeiros, marinheiros, trabalhadores ocasionais e emigrantes que rumavam para o interior do país. O rebuliço de pessoas de todo o mundo seduzidas por aquela cidade milagrosa atraía vigaristas, trapaceiros, burlões, jogadores profissionais, batedores de carteira, cafetões e prostitutas em massa.[21]

O vício constituía uma parte significativa da economia paralela de Chicago, envolvendo seus aglomerados impenetráveis de barracos e a colcha de retalhos de colônias étnicas situadas junto ao distrito comercial, fornecendo inúmeras zonas de prazer — insalubres mas tentadoras. Os lucros obtidos com os prazeres ilícitos estimulavam o crescimento do crime organizado, que, por sua vez, andava de mãos dadas com políticos, magistrados e oficiais de polícia da cidade. Ao longo de sua história, Chicago foi sempre associada à máfia, à corrupção, ao vício e às drogas ilegais, como se jamais pudesse superar suas origens entre assentamentos improvisados. Um estudo realizado na década de 1930 apontou 1313 gangues na metrópole ocupando "aquela vasta zona crepuscular" de ferrovias, fábricas, bairros em deterioração e colônias de imigrantes que circundavam de perto o distrito comercial central. Havia o mapa oficial de Chicago e havia um mapa imaginário alternativo — um intrincado mosaico de quarteirões, assentamentos e pedaços de território sob o domínio absoluto de gangues como os Night Raiders, os Deadshots, os South Siders ou os xxxs.[22]

Em 1869, 125 crianças menores de dez anos foram presas por crimes; entre as idades de dez e vinte anos, contaram-se 2404. Acredita-se que a onda de crimes perpetrados por adolescentes tenha sido o resultado inevitável da chegada à cidade de milhares de crianças imigrantes órfãs ou abandonadas que se viam desabrigadas ou forçadas a morar em pensões baratas ou a buscar segurança oferecida pelas gangues de rua. O destino dos meninos de rua era a evidência mais nítida de uma sociedade urbana doente. Como na Inglaterra industrial, a cidade industrial foi responsabilizada pelo colapso da família chefiada pela figura paterna. As crianças eram abandonadas às ruas, às gangues e a criminosos adultos exploradores. O destino delas simbolizava a forma como as cidades modernas estavam minando os próprios alicerces da sociedade.[23]

Como alguém que visitou Angel Meadow escreveu sobre seus habitantes: "Sua miséria, vício e preconceito se provarão elementos vulcânicos, por cuja violência explosiva a estrutura da sociedade talvez seja destruída". Não era preciso ser Friedrich Engels ou Karl Marx para concluir que o tormento da vida na favela e do trabalho industrial levaria inevitavelmente a um amargo conflito de classes. O medo — da raiva que Engels via inflamando-se na miséria das favelas que cresciam junto com o capitalismo industrial — corroía a sociedade vitoriana. A divisão espacial de uma cidade como Manchester em centro comercial, favelas tenebrosas e subúrbios de classe média era uma evidência física vívida, esculpida na paisagem urbana, não apenas do abismo intransponível entre o proletariado e a burguesia, mas da violenta luta de classes que se avizinhava.[24]

Como escreveu Engels, a vida urbana moderna, tal como na fuligem de Chicago e Manchester, ajudou a "fundir o proletariado em um grupo compacto, com seus próprios modos de vida e pensamentos e sua própria visão da sociedade".[25]

A cada hora que passa, 85 pessoas vão para Lagos e 53 para Shanghai, tomando parte, assim, na migração mais significativa da história humana. Seria preciso construir, todos os anos, oito novas cidades do tamanho de Nova York ou três novas Lagos para abrigar a crescente população urbana global. Visitando um assentamento informal na Índia ou na Nigéria, ou em qualquer outra parte do mundo em desenvolvimento, encontramos um universo que Engels conheceu muito bem: esgotos a céu aberto, banheiros compartilhados, espaços apertados, habitações mal construídas que não protegem contra as chuvas, o ar denso com querosene e ratos — muitos ratos. São lugares claustrofóbicos, com famílias forçadas a morar, cozinhar, limpar, lavar e criar seus filhos em um único cômodo pequeno. Ali as pessoas são vítimas de crimes, gangues, doenças e, acima de tudo, da ansiedade econômica diária e da insegurança em relação à posse da própria habitação — aflições que, no limite, tornam a vida quase insuportável. Os assentamentos informais parecem caóticos, perigosos, miseráveis: o pior efeito colateral de nossa odisseia urbana.

Mas são fontes de esperança. Construídas do zero por suas comunidades, são estruturas sociais complexas e autossustentáveis — cidades dentro de cidades — que exemplificam o melhor da humanidade, mesmo em meio à sujeira e à poluição. "Favela" pode ser uma palavra de conotação pejorativa, mas, para muitas das pessoas vivendo nesses lugares, a palavra passou a representar orgulho em vez de desespero. E por um bom motivo: as favelas enfatizam a força e a coesão únicas de suas comunidades, construídas muitas vezes como aldeias autossustentáveis de famílias estendidas ou de migrantes oriundos de uma área rural comum. Em contraste com a alienação e o anonimato de muitas cidades, favelas e assentamentos informais em geral são espaços de sociabilidade. São inegavelmente horríveis e tenebrosos, mas também podem ser lugares felizes.

Em Mumbai, os altos preços das propriedades, a escassez de terras e a inoperância do Estado resultaram em uma crise habitacional aguda, forçando 55% da população a viver em assentamentos informais, tão densamente povoados que representam apenas 12% da área total da cidade. Os favelados de Mumbai incluem pessoas educadas de classe média que trabalham no reluzente centro financeiro da metrópole, mas que simplesmente não conseguem encontrar outro lugar para morar, residindo ao lado de pessoas que ganham um dólar por dia, ora realizando os trabalhos braçais que mantêm a cidade funcionando, ora lutando dia a dia pela sobrevivência em uma metrópole de mais de 20 milhões de habitantes. Inóspitas e sem infraestrutura, as favelas obrigam seus moradores a se firmarem entre as pessoas mais engenhosas e resistentes do planeta. Como resultado, são locais de energia e empreendedorismo surpreendentes. Uma das maiores favelas da Ásia — Dharavi, em Mumbai, lar de quase 1 milhão de pessoas espremidas em 210 hectares de terra — tem uma economia interna de 1 bilhão de dólares por ano. Ali existem 15 mil fábricas de um cômodo só e 5 mil pequenas empresas, desde pequenas oficinas de roupas e couro a empresas de coleta de lixo e microrreciclagem. Estima-se que, graças ao seu exército de empreendedores, Mumbai recicle 80% de seus resíduos sólidos, em comparação com apenas 45% no Reino Unido.[26]

A pobreza extrema no Brasil é mais prevalente nas áreas rurais (25%) do que nas urbanas (5%). Nas favelas brasileiras, ao longo de três gerações, entre a década de 1960 e o início do século XXI, as taxas de analfabetismo despencaram de 79% entre migrantes rurais de primeira geração para 45% na geração de seus filhos e apenas 6% na geração de seus netos. Saúde e educação são bem piores na Índia rural do que para o morador da favela de Mumbai. As taxas de mortalidade infantil em uma cidade subsaariana de 1 milhão de habitantes ou mais são um terço mais baixas do que fora da cidade. Nas cidades do Paquistão, 66% das meninas com idade entre sete e doze anos cujos pais ganham um dólar por dia ou menos frequentam a escola; nas aldeias, o índice é de 31%. Os camponeses da Irlanda do século XIX fugiam da miséria e da fome em busca de uma vida melhor nas favelas de Manchester e Chicago, encarando o risco da cólera e da febre tifoide. Nas palavras de um irlandês, morar e trabalhar em Manchester lhe dava a chance de comer duas refeições por dia. A vida na favela era difícil e insalubre; mas, como ainda hoje, oferecia um padrão de vida mais elevado e mais oportunidades do que a vida no campo. A pobreza rural é uma das características definidoras de nossa época e uma das principais razões pelas quais as cidades estão crescendo a uma velocidade vertiginosa: em 1991, 44% da população mundial trabalhava na agricultura; hoje, o número é de apenas 28%, e segue caindo rapidamente.[27]

As cidades oferecem não apenas benefícios materiais, mas também diversões e a chance de reinvenção por parte do indivíduo. Para muitos cidadãos de Manchester e Chicago, a metrópole significava uma forma de liberdade. Era algo que os críticos da cidade vitoriana nunca compreenderam: o aspecto sombrio e a miséria os cegavam para os novos modos de conceber o sentido de comunidade na moderna metrópole manufatureira.

Moradores urbanos podiam bancar uma variedade maior de bens e entretenimentos do que seus primos rurais e — o que era pelo menos igualmente importante — desfrutavam de mais opções em relação a como viver suas vidas e ao que cultuar. Apesar de todos os seus horrores, Engels reconheceu que as favelas implicavam uma libertação da "felicidade vegetativa do campo" e eram essenciais para o despertar político. Hippolyte Taine comparou a sorte de um camponês francês com a de um morador de favela de Manchester: o primeiro podia viver mais, desfrutando de uma "forma de existência mais natural e menos restrita", mas as compensações do trabalhador de Manchester eram mais ricas, pois ele "adquire mais ideias e noções dos mais diversos tipos, mais inteligência em questões sociais, políticas e religiosas; em suma, seu horizonte é mais largo". E Taine continua: um operário de Manchester lia mais jornais e tinha uma compreensão mais ampla do mundo graças ao cosmopolitismo da cidade. "Um trabalhador enquanto componente de uma grande organização nota o quanto depende dos outros; em consequência disso, ele se associa a seus camaradas e, assim, escapa de uma vida de isolamento."[28]

Na Grã-Bretanha urbana industrial, 90% das casas da classe trabalhadora incluíam famílias estendidas ou inquilinos, muito mais do que na era pré-industrial, quando as famílias eram construídas em torno de casais e seus filhos. A vida dos vilarejos rurais era recriada na rua, com laços estreitos de amizade, casamento, parentesco e origens geográficas compartilhadas, formando redes de sociabilidade e ajuda mútua. No século XIX, enquanto a privacidade se tornava mais importante nas residências de classe média, a densidade e a falta de espaço nos bairros operários uniam as pessoas. Boa parte da vida da classe trabalhadora acontecia na rua — "aquele grande salão de recreação", de acordo com Robert Roberts, em seu livro *The Classic Slum*. As pessoas se sentavam nas calçadas ou se reuniam nas esquinas; as crianças brincavam e jogavam futebol; dançava-se quando o tocador de realejo fazia sua aparição; em outras ocasiões, cantava-se. "A 'rua' era um centro social", lembrou Edna Bold sobre sua infância em Manchester, "onde todos se encontravam, faziam compras, conversavam, caminhavam. O açougueiro, o padeiro, o dono da mercearia, o chapeleiro, o carpinteiro, o barbeiro, o verdureiro, o penhorista, o agente funerário, todos eram amigos, confidentes e fontes de informação." "As noites eram deliciosas", escreveu Frank Norris sobre Chicago. As pessoas traziam cadeiras e tapetes para a varanda, as calçadas enchiam-se de crianças brincando, e os rapazes e as moças — vestidos com suas melhores roupas — passeavam por ali.[29]

Os reformadores sociais britânicos surpreendiam-se com o profundo apego das pessoas às suas ruas, mesmo nas favelas mais desamparadas. Depois do Grande Incêndio de Chicago, o conselho municipal quis proibir construções de madeira inflamável. Trabalhadores imigrantes invadiram a prefeitura, prometendo derramar sangue caso não tivessem permissão para reconstruir suas propriedades e comunidades com os únicos materiais que podiam bancar. Não queriam morar em apartamentos de cortiço sobre barrancos de arenito, como os nova-iorquinos; queriam sua vida nas ruas de volta, pois esta lhes proporcionava independência e solidariedade.[30]

Das mais variadas formas, as pessoas da classe trabalhadora, jogadas em uma selva industrial hostil, ajudaram a construir — de baixo para cima — suas cidades. William Aitken começou ainda criança nas fábricas de Manchester, onde testemunhou as atrocidades nos primórdios do sistema fabril. Sua vida, no entanto, conta uma história que vai muito além de um simples relato de miséria e vitimização. A industrialização produziu, apesar de todas as dificuldades, "melhorias maravilhosas". Não menos importante era o modo como a cidade industrial aproximava homens e mulheres da classe trabalhadora. Por meio de discussões e colaborações, homens e mulheres encontravam maneiras práticas de melhorar a própria situação, tornando-se uma força dentro da Grã-Bretanha, em termos culturais e políticos. Os trabalhadores, longe de serem meras vítimas passivas, eram, de acordo com Aitken, "filhos da liberdade", e era viver na metrópole, com suas oportunidades mais amplas, que os fazia assim.[31]

A cultura cívica da classe trabalhadora testemunhou a criação de centenas de fraternidades, sociedades de auxílio mútuo, lojas cooperativas e bancos de poupança. A mais famosa dessas fraternidades, a Manchester Unity Friendly Society Independent Order of Oddfellows, tinha 300 mil membros em 1860, e todos contribuíam semanalmente com alguns centavos em troca de auxílio-doença, auxílio-desemprego, ajuda médica, seguro de vida e despesas funerárias. Muitas sedes dessas fraternidades criaram bibliotecas, escolas noturnas e clubes do livro, organizando jantares, debates, piqueniques, excursões ferroviárias e outras atividades de lazer para seus membros.

O auxílio mútuo da classe trabalhadora baseava-se tanto no álcool e na convivência quanto nas atividades de lazer. "O bar é para o trabalhador o que as praças públicas eram para os antigos", comentou um turista francês em visita a Manchester em 1844. "É onde se encontram e discutem os tópicos que os interessam. Suas reuniões, permanentes ou fortuitas, suas lojas maçônicas, suas sociedades de auxílio mútuo, seus clubes e sociedades secretas têm suas sedes no bar."[32]

Muitos desses grupos que fluíram para Chicago no final da década de 1840 estavam fugindo da repressão política e das dificuldades econômicas na Europa, especialmente após as revoluções fracassadas de 1848 e a Grande Fome de 1845-9 na Irlanda. Comunistas alemães e nacionalistas irlandeses, acostumados à privação rural e experientes em termos de agitação revolucionária, enfrentaram agressões e hostilidades nativistas.[33] Discriminados e fisicamente atacados em Chicago, seus laços de etnia e a prévia experiência política eram reforçados pela autodefesa e autoajuda coletiva à medida que lutavam para reivindicar seus direitos na cidade. As pessoas nascidas nos Estados Unidos constituíam o maior grupo populacional de Chicago em 1870, mas ainda era uma proporção modesta: apenas 41%. Os 59% restantes segmentavam-se em grupos étnicos, com os alemães (23% da população total) e os irlandeses (21%) constituindo as maiores comunidades étnicas.

Perto de um posto de gasolina da Shell, entre a Roosevelt Road e a Western Avenue no Near West Side, em Chicago, em meio a uma paisagem urbana pós-industrial de cercas, depósitos de distribuição, fios de energia elétrica, locadoras de veículos, lojas de fast food, fábricas abandonadas cobertas de hera e terrenos abertos repletos de mato e flores silvestres, há uma cafeteria em um edifício de estilo germânico, estranho e deslocado, com ar de castelo europeu. O prédio atorreado é um remanescente solitário da antiga vizinhança alemã que outrora se aglomerava ali. O lema *Gut Heil* — "boa saúde" — destaca-se em uma empena. O café é um dos dois edifícios *Turnverein* que restam. *Turnverein* é o termo alemão para "clube de ginástica", parte de um movimento fundado durante as Guerras Napoleônicas para incutir princípios de preparo físico, disciplina e consciência política na juventude alemã, como alicerce para a defesa e a autodeterminação nacional. Os imigrantes alemães, principalmente os de 1848, construíram seu primeiro *Turnverein* em Chicago em 1852, como um local para que imigrantes — habitando os bairros degradados no centro da cidade — entrassem em forma, praticassem esportes, jogassem boliche, tomassem banho, lessem, debatessem, socializando e celebrando suas raízes étnicas por meio da comida, da música, do teatro e da bebida. Na fachada desse prédio entre a Roosevelt e a Western veem-se as letras FFST entrelaçadas, representando *Frisch*, *Fromm*, *Stark* e *Treu* — "Saudável, Crente, Forte e Fiel" —, os princípios da autoajuda urbana.[34]

Chicago era a sexta maior cidade de língua alemã do mundo. E não estamos falando de uma organização social menor, mas de uma poderosa rede cívica urbana. O *Arbeiterverein* (clube dos trabalhadores alemães) organizava desfiles, festas dançantes e piqueniques à beira do lago para 20 mil pessoas. Como notou um sociólogo americano: "As principais vias dos bairros operários [de Chicago] ficam animadas durante todo o verão, com faixas anunciando o piquenique de uma ou outra dessas associações. No domingo, o grande dia de gala para os estrangeiros, as excursões são numerosas". Como em Manchester, a autoajuda coletiva e o álcool andavam de mãos dadas.[35]

O desejo de educar a comunidade e protegê-la contra a exploração econômica nasceu da organização política radical, e ao mesmo tempo a alimentava. Política e sociedades civis da classe trabalhadora entrelaçavam-se. A comunidade irlandesa de Chicago, coesa e endurecida por ataques externos, tornou-se uma força mobilizada, dominante no Partido Democrata, nas eleições municipais, no governo municipal, na polícia e no movimento sindical organizado. O *Arbeiterverein*, por sua vez, era tão competente na organização de greves massivas quanto de piqueniques; em seus grandes salões, os *Turnverein* ensinavam socialismo junto com a ginástica, ajudando a mobilizar a luta por uma série de reivindicações: jornada de trabalho de oito horas, melhorias nas fábricas, reforma trabalhista, direitos das mulheres, propriedades estatais. Eles talvez fossem radicais, mas eram também americanos patriotas: membros do *Turnverein* lutaram e morreram em grande número pela União durante a Guerra Civil Americana.[36]

Manchester alcançou fama no século XIX não apenas como exemplo máximo da industrialização, na condição de capital têxtil do mundo, mas também por sua ideologia: o capitalismo de livre mercado. A fé da Escola de Manchester de que o capitalismo desenfreado traria paz e harmonia ao mundo provou-se uma grande força na história global recente — uma ideologia que tem moldado a nossa vida. Apesar disso, as pessoas em Manchester também promoveram ativamente outra visão de mundo. Em 1842, durante uma crise, a cidade foi varrida por tumultos e manifestações políticas demandando sufrágio universal. Caracterizada pelo trabalho organizado, os sindicatos e as greves, Manchester sediou o primeiro Trades Union Congress (Congresso dos Sindicatos) em 1868, e a atuação política radical da cidade foi fundamental para a criação do Partido Trabalhista no final do século XIX. Na Guerra Civil Americana, o embargo da União ao algodão cru produzido com mão de obra escrava causou desemprego e miséria em Manchester. No entanto, os trabalhadores da cidade eram fervorosos em seu apoio ao presidente Abraham Lincoln e à abolição da escravatura.

A cultura política de Manchester, com sua classe trabalhadora assertiva e uma classe média liberal, tornava a cidade um terreno fértil para novas ideias e movimentos. Mary Fildes (1789-1875), enquanto presidente da Manchester Female Reform Society (Sociedade Feminina pela Reforma de Manchester), encontrava-se na tribuna em St. Peter's Fields, em 1819, pronta para discursar à multidão que exigia reformas, pouco antes de a cavalaria atacar, em um episódio que ficou conhecido como o Massacre de Peterloo. Rebecca Moore (1819-

-1905) atuou em nome da Manchester Ladies Anti-Slavery Society (Sociedade Abolicionista das Senhoras de Manchester), antes de integrar o comitê executivo da Manchester Society for Women's Suffrage (Sociedade pelo Sufrágio Feminino de Manchester). Essa sociedade foi liderada primeiro por Elizabeth Wolstenholme (1833-1918), e depois por Lydia Becker (1827-90), incansável ativista, escritora e fundadora do *Women's Suffrage Journal*, publicação com sede em Manchester. A geração seguinte de ativistas feministas foi liderada por Emmeline Pankhurst (1858-1928), nascida na cidade, e suas filhas Christabel e Sylvia. Inspirada por histórias de seu avô paterno, que tinha estado em Peterloo, o despertar político de Emmeline ocorreu em meio ao animado ambiente socialista da Manchester do final do século XIX e no interior do movimento feminista, liderado na cidade por Lydia Becker. A organização das Pankhurst — Women's Social and Political Union (União Social e Política das Mulheres) —, fundada em Manchester em 1903, impulsionou a causa dos direitos das mulheres por meio da ação sufragista militante.

A experiência em primeira mão das condições de trabalho nas fábricas e usinas de Manchester e da situação em termos de habitação, saneamento e educação inspirava as mulheres da classe trabalhadora a atuar pela emancipação feminina. Afinal, era uma cidade com um operariado mergulhado em uma longa história de resistência, greves na indústria, protestos de massa e ação coletiva. Era uma cidade afeita ao radicalismo, fosse o radicalismo dos liberais do livre comércio que atacavam o edifício do privilégio aristocrático ou o radicalismo dos trabalhadores contra as condições em que viviam. O pai de Esther Roper, mais um entre onze filhos, começou a trabalhar aos onze anos de idade em uma fábrica, emergindo das favelas de Manchester para se tornar missionário e clérigo. A mãe, por sua vez, era filha de imigrantes irlandeses. Roper tornou-se secretária da Sociedade Nacional de Manchester pelo Sufrágio Feminino, organizando os primeiros movimentos de reforma política orientados especificamente para as mulheres trabalhadoras. Ela recrutou voluntárias como Annie Heaton e Selina Cooper (ambas trabalharam na indústria desde a infância) para distribuir panfletos e discursar nos portões das fábricas e usinas.

Ao contrário das senhoras de classe média que lideraram o movimento sufragista, ativistas como Heaton e Cooper falavam a língua das mulheres da classe trabalhadora do norte da Inglaterra. O caminho para o despertar político passava pelas associações, sociedades e cooperativas articuladas pelas trabalhadoras urbanas. Cooper fazia parte do comitê de seu sindicato e era integrante do Partido Trabalhista Independente. Convencer as operárias de que as urnas eram a melhor maneira de garantir salários maiores, melhorias nas condições de trabalho e moradia era essencial para mobilizar as mulheres urbanas a lutarem pelo voto.[37]

Pela primeira vez, as mulheres assumiam cargos públicos, por meio de eleições, atuando ativamente na estruturação da cidade. Lydia Roper foi eleita para o primeiro Conselho Escolar de Manchester em 1870, cargo no qual batalhou pela admissão gratuita nas escolas, refeições diárias, melhorias nos edifícios e igualdade curricular entre meninos e meninas.

As mulheres, chefiando famílias e criando os filhos, eram as guardiãs do bem-estar da cidade. Assim argumentava Jane Addams, cofundadora da Hull House de Chicago, centro de reformas urbanas. As mulheres não apenas deviam ter direito ao voto, mas deviam assumir cargos públicos no governo da cidade, para pôr ordem na bagunça — humana, industrial, política e moral. A Hull House era um velho casarão em ruínas em um bairro multiétnico pobre. As voluntárias forneciam tratamento médico e obstetrícia para as residentes locais, além de escola noturna, academia, casa de banhos, cursos de arte e outros serviços sociais vitais. Elas empreendiam investigações aprofundadas na área, utilizando as metodologias mais modernas de mapeamento estatístico e levantamento sociológico para documentar condições de moradia, superlotação, mortalidade infantil, trabalho semiescravo, doenças, uso de drogas, trabalho infantil, prostituição e uma série de males sociais urbanos. A impetuosa Florence Kelley (tradutora para o inglês de *A situação da classe trabalhadora na Inglaterra*, de Friedrich Engels) produziu um relatório sobre as condições de trabalho nas fábricas clandestinas — as *sweatshops* — da indústria de roupas. As conclusões foram tão contundentes que o relatório levou à Lei das Fábricas de Illinois e à nomeação de Kelley como inspetora das fábricas do estado, com uma equipe de onze pessoas dedicadas ao cumprimento da lei. À época, nenhuma outra mulher no mundo tinha tanto poder em uma cidade. Jane Addams se tornou a primeira inspetora sanitária mulher do 19º distrito de Chicago, posição de que se valeu para lutar contra o problema do lixo da cidade.

O trabalho de Addams, Kelley e outras mulheres, atuando com precisão e rigor científico, revelava a severidade da vida nas favelas. Addams acreditava que, em uma cidade diversa, eram a interação e os esforços compartilhados de diferentes classes e etnias que criavam um espírito de comunidade forte o suficiente para efetuar mudanças radicais. A chave para isso era desenvolver crianças. Como Addams argumentou em *The Spirit of Youth and the City Streets* [O espírito da juventude e as ruas da cidade], de 1909, a cidade moderna roubava a juventude das crianças. Sem oferecer locais adequados para brincar e se exercitar, a cidade não faria justiça a elas. Crianças brincando e praticando esportes, ela escreveu, demonstravam "o poder indubitável da recreação pública [no sentido de reunir] todas as classes de uma comunidade na cidade moderna, tão lamentavelmente repleta de dispositivos que separam as pessoas".

A luta por espaços ao ar livre e programas recreativos ganhou ímpeto a partir de movimentos de base associados às comunidades étnicas de segunda geração, que compunham a classe trabalhadora urbana — como o *Turnverein* alemão, a União Sokol Tcheca, os Falcões Poloneses e o Clube Atlético Gaélico —, colocando a educação física, os esportes e as excursões ao ar livre no centro de suas vidas. Uma demonstração de ginástica por parte de membros de um *Turnverein* para o Conselho de Saúde de Chicago em 1884 fez com que um de seus componentes fosse nomeado para traçar um programa de educação física para as escolas públicas da cidade. O *Turnverein* fazia campanha por instalações recreativas nos parques públicos — piscinas, equipamentos de ginástica, quadras poliesportivas e playgrounds — para que se tornassem locais consagrados também aos esportes, e não apenas a passeios tranquilos de domingo.[38]

Os portões do inferno? Para quem via de fora, esses monstros industriais pareciam o próprio inferno. Para os moradores das favelas em Angel Meadow ou Packingtown, eram, sem dúvida, uma perdição. Mas, para muitos outros, essa nova figuração da metrópole oferecia possibilidades, a favela operando como uma porta de entrada da pobreza e do isolamento rurais para diferentes formas de vida e atuação social. Trabalhadores, mulheres e migrantes foram essenciais na construção de novos comportamentos e instituições cívicas numa época de agitação urbana selvagem. No mais das vezes, agiam por conta própria, sem auxílio das elites ou dos governos.

A própria cidade se transformou em torno da nova classe trabalhadora. A partir de meados do século XIX, os salários começaram a crescer e as jornadas ficaram mais curtas, garantindo a operários e trabalhadores em geral mais dinheiro para gastar no próprio lazer. As empresas se instalaram no centro da cidade a fim de atender às demandas desse mercado crescente. Na semana de Pentecostes de 1850, em Manchester, cerca de 200 mil pessoas pagaram por excursões de trem para fora da cidade; no fim da década, durante o mesmo feriado, 95 mil frequentavam os jardins de Belle Vue. Os pubs, como sempre, permaneciam no centro da vida, e Manchester contava com a maior concentração de estabelecimentos desse tipo no país. Em 1852, estimou-se que 25 mil pessoas, a maioria jovens da classe trabalhadora, frequentavam toda semana três grandes cervejarias (Casino, Victoria Saloon e Polytechnic Hall). Na década seguinte, esses estabelecimentos metamorfosearam-se em music halls, salões de música e dança abrigando milhares de pessoas que se divertiam com a mescla de música popular, comédia obscena, artistas travestidos, gente de circo e performances excêntricas em geral, sempre demandando a participação ruidosa da plateia. Nos anos 1890, esse salão provocante e barulhento passou por nova transformação, adequando-se às famílias. O luxuoso Manchester Palace Theatre abriu em 1891, visando famílias de classe média, mas também da classe operária.[39]

O entretenimento de massa e as superproduções modernas têm início nos music halls. Manchester foi sempre uma pioneira da cultura popular, desde esses salões vitorianos até o Hacienda, boate lendária que floresceu nos anos 1980 e 1990. Hoje a cidade é mais conhecida globalmente por seus dois grandes clubes de futebol da Premier League: Manchester United e Manchester City. O United surgiu em 1878 como Newton Heath, time de futebol do departamento de carruagem e comboio da Companhia Ferroviária de Lancashire e Yorkshire. Seu rival foi fundado dois anos depois por membros da igreja de São Marcos, em West Gorton, como forma de salvar a juventude local das gangues de rua. As associações de futebol, por sua vez, emergiram do éthos esportivo das escolas e universidades de elite; quando era jogado por trabalhadores nas ruas ou terrenos baldios, era considerado antissocial. Contudo, os times organizados aos poucos se tornaram um modo de forjar comunidades na cidade; nasciam nas igrejas, sindicatos, vizinhanças e fábricas.

Ferrovias e telégrafos possibilitaram competições esportivas em grande escala: o vapor levava jogadores e torcedores para disputar em outras cidades, e o telégrafo transmitia os resultados para os jornais. Em 1885, a Associação de Futebol legitimou o profissionalismo; três anos mais tarde, a Liga Inglesa de

Futebol foi fundada em Manchester. Os velhos times amadores com ares cavalheirescos não podiam competir contra clubes voltados para grandes concentrações urbanas, que contratavam os melhores jogadores. Esse processo também se desenrolou quase ao mesmo tempo nos Estados Unidos. Inicialmente um esporte de classe alta, o beisebol superou o críquete durante a Guerra Civil Americana. No período depois da guerra, o beisebol profissionalizado emergiu como esporte urbano da classe trabalhadora, logo adotado pelas comunidades imigrantes. Muitas das primeiras estrelas da modalidade eram irlandeses e alemães lutando contra a pobreza. As principais equipes atraíam legiões de torcedores para os campos de beisebol das cidades, e a conexão entre arquibancadas lotadas e êxito competitivo se estabeleceu: os times com grande renda semanal e poder de compra podiam bancar os melhores jogadores.

Nessa época, os torcedores tiveram que lutar pelo direito de desfrutar de seus momentos de lazer, já que encontravam forte resistência para assistir aos jogos no domingo — seu único dia de folga — e para ter bebida alcoólica nas arquibancadas. A liga de beisebol da American Association se autoproclamava "liga da cerveja e do uísque" ou "liga dos pobres", pois não só vendia assentos a preços mais acessíveis do que sua rival, a National League, como também marcava seus jogos para o domingo, liberando a bebida alcóolica. No final do século xix, as forças do mercado já haviam transformado o beisebol no esporte dominical da classe trabalhadora, com multidões de fãs barulhentos e entusiasmados.

Nos Estados Unidos, esse surgimento do esporte de massa aos domingos foi visto como um dos movimentos decisivos pelos quais a cultura puritana anglo-americana se viu reformulada graças ao poder aquisitivo dos imigrantes de classe baixa, para quem o domingo era dia de encher a cara, relaxar e se divertir. Jogando no West Side Park, o Chicago White Stockings (mais tarde Chicago Cubs) atraía multidões de mais de 12 500 pessoas nos domingos da década de 1890. No Comiskey Park, construído em um antigo lixão para o Chicago White Sox, em 1909, podia abrigar 32 mil fãs — número sem precedentes —, conquistando o título de Palácio Mundial do Beisebol. Essas catedrais do esporte, dedicadas a times nacionalmente conhecidos, davam à classe trabalhadora e às minorias étnicas um senso de orgulho cívico e de pertencimento, algo em grande parte ausente na antiga cultura fragmentária da Revolução Industrial, centrada na fábrica, na rua, no bar e no clube. Nas cidades da Europa e dos Estados Unidos, o estoicismo do esporte amador de classe média deu lugar ao esporte festivo, tribal, da classe trabalhadora.

Nas cidades inglesas, a demanda por futebol excedia a capacidade dos campos urbanos, com suas rudimentares arquibancadas de madeira. O único local capaz de comportar a final da liga entre Everton e Wolves, em 1893, era o estádio atlético de Fallowfield, em Manchester, que acomodava inacreditáveis 45 mil espectadores (60 mil deram um jeito de se enfiar lá dentro). O sucesso comercial do jogo pavimentou o caminho para os estádios profissionais. O West Gorton se profissionalizou cedo, e em 1895, rebatizado de Manchester City, jogava para públicos de 20 mil a 30 mil pessoas. Enquanto isso, o Newton Heath escapou por pouco da falência e trocou de nome para Manchester United em 1902. Em 1910, alavancado por uma série de vitórias, o United mudou-se para o Old Trafford, de 80 mil assentos — "sem rival no mundo" —, o primeiro estádio de futebol construído desde a planta.

Hoje o Old Trafford é apelidado de Teatro dos Sonhos. Estádios enormes tornaram-se marcas totêmicas da paisagem citadina no mundo todo; torcer por times — seja de futebol, futebol americano, beisebol, basquete, rúgbi, críquete ou hóquei — define o tribalismo urbano. O público, alcançando as dezenas de milhares, com seus cânticos, canções, gritos e rituais, reafirmam afinidades compartilhadas dentro de um bastião muito estimado — o estádio embebido em tradição, carregado de emoções, com seu anel hermeticamente fechado. Os torcedores deixam a arena direto para pubs, bares, cafés, clubes, praças e ruas para conversar e discutir o jogo, dissecar táticas e entoar hinos. Arraigado na história e no folclore, o esporte tem sido uma das forças mais potentes de comunhão na metrópole moderna, essencial para a experiência urbana de milhões de pessoas — e, ao longo do século XX, sobretudo dos homens da classe trabalhadora.

Jogos como futebol e beisebol são vistos por seus fãs como típicos da classe trabalhadora, esportes que emergiram de suas formas de vida, de suas comunidades e de seus salários, em vez de algo que lhes foi imposto de cima. O estádio é simbólico em muitos sentidos para a cidade moderna. O desenvolvimento acelerado dessas metrópoles, com toda a sua poluição, suas favelas e doenças, levou as classes médias para os subúrbios idílicos, de maneira que o centro urbano ficou quase exclusivamente para os trabalhadores multiétnicos. Como escreveu o sociólogo Harvey Warren Zorbaugh em 1929: "À sombra do arranha-céu, em Chicago como em toda grande cidade, encontra-se uma zona de instabilidade e mudança — o estuário da vida urbana". Estádios esportivos, junto com lojas, mercados, restaurantes, salões de bilhar, pequenos negócios, oficinas, boates, pubs, bares, pontos de aposta, salões de dança e lanchonetes — os estabelecimentos da classe trabalhadora — dominaram o centro das cidades. Por muito tempo, durante o século xx, a metrópole foi de fato uma cidade de trabalhadores e imigrantes, caracterizada por modos de vida urbanos marcadamente distintos dos subúrbios, das zonas residenciais luxuosas e do distrito comercial. Ser urbano significava, nos dizeres da rua, ser parte dessa existência miserável, rente ao coração geográfico da cidade, mas distante do poder e da riqueza.[40]

Esse "estuário" da urbe passou por constantes transformações ao longo do tempo, com os próprios trabalhadores agora se retirando para as periferias, tendo seu lugar ocupado por novas comunidades imigrantes, com seus gostos, sua culinária e modos de vida específicos. Como seus antecessores do século XIX — os imigrantes rurais de Manchester, os irlandeses e os alemães de Chicago —, os novos residentes do centro da cidade sobreviveram ao choque, à alienação e à hostilidade da metrópole construindo suas próprias comunidades urbanas. O centro sombrio, desprezado, foi sempre o lugar da resiliência, onde os recém-chegados forjam suas identidades comunais e buscam a prosperidade individual. Aqui falamos de estuário porque diferentes etnias o banharam, instalando-se nele e, em seguida, subindo um degrau acima na escada da habitação. A engenhosidade e o instinto de sobrevivência nessas terras urbanas devastadas moldaram profundamente a cultura popular — desde a política radical e o feminismo até o beisebol, as associações futebolísticas e o hip-hop.

Não obstante, essas comunidades no estuário urbano são as mais vulneráveis às marés da história, vítimas de depressões econômicas, remoção de favelas, experimentos de habitação social, construção de estradas, desindustrialização e gentrificação. Os horrores da cidade industrial, tal como revelados em metrópoles como Manchester e Chicago, provocaram uma resposta poderosa e visceral. A cidade-inferno industrial era a Babilônia renascida, um espaço deprimente de pecados e exploração. Em *Metrópolis*, filme de Fritz Lang de 1927, a cidade do futuro é descrita como um lugar onde uma elite mimada habita arranha-céus banhados de sol, enquanto, invisível e subterrânea, uma vasta classe de trabalhadores labuta no escuro, operando incessantemente a maquinaria que alimenta a metrópole hiperavançada. Numa das cenas mais poderosas do filme, acompanhamos uma alucinação em que a máquina da cidade se torna Moloch, o deus cananeu que devorava suas crianças. Em *Metrópolis*, os trabalhadores são oferecidos às mandíbulas da máquina, sacrificados ao caos incontrolável da urbanização moderna.

O filme, um dos mais célebres da história do cinema, valia-se fortemente de mitos bíblicos e do imaginário babilônico — muito recorrente na história humana — para refletir as preocupações de uma época tão decepcionada com a vida urbana. A cidade havia fracassado. A visão implacavelmente sombria de Lang, claro, não era nova. Na arte e na literatura abundava a miséria da vida urbana, com ênfase na esqualidez, na desesperança, nos desvios, na corrupção e no crime.

A perspectiva pela qual escritores, poetas e artistas apresentam a cidade ajuda a determinar o tipo de urbe que temos. A hostilidade profundamente arraigada em relação à vida urbana — sobretudo nas duas culturas dominantes nos últimos trezentos anos, a britânica e a norte-americana — implicava que as cidades que emergiram no período frenético da urbanização eram muitas vezes mal planejadas e malgovernadas. A perversão sempre atropelava qualquer coisa positiva. Favelas são sempre espaços de pesadelo e convulsão social, não de resiliência, auto-organização, comunidade e inovação. A história contada neste capítulo — sobre redes comunitárias, ativismo político e diversão — sempre fica enterrada debaixo de uma pilha de miséria.

Se os pobres urbanos são vulneráveis aos choques econômicos, são também vulneráveis aos sonhos utópicos de outrem. São eles os engenhosos sobreviventes das cidades; no entanto, no mais das vezes, são apresentados como criaturas indefesas. Cidades e citadinos são incrivelmente resilientes; no entanto, muitas vezes são vistos como se existissem à beira do colapso. Essas pessoas, largadas aos seus próprios recursos, acabam se saindo muito bem construindo suas próprias comunidades. Mas isso raramente acontece. A urbanização que emergiu no florescer da industrialização e em oposição a ela — os movimentos Cidade Bela e Cidade Jardim e o modernismo — também buscou impor uma ordem e uma limpeza à confusão da cidade do século XIX. A confusão babilônica seria substituída pela ordem racional; o planejamento de cima para baixo tomaria o lugar dos movimentos populares de auto-organização. Como mostraremos em capítulos posteriores, muito desse desejo de criar a Nova Jerusalém era extremamente antiurbano. Não raro, implicava rejeitar a cidade tradicional — com uma barafunda de atividades misturadas, suas habitações improvisadas, seus mercados e vendedores de rua —, favorecendo subúrbios, superblocos habitacionais e "torres no parque" no lugar do formigueiro humano incoerente. Em suma, implicava desfazer a metrópole tradicional.

A reação emocional contra a confusão do mundo industrial dominaria o pensamento sobre a cidade no século xx e além, com esquemas utópicos para novos modos de vida e o desejo de higienizar o ambiente urbano. A rejeição da velha cidade em favor da tranquilidade semirrural tornou-se profundamente arraigada. Mas o velho ideal urbano não estava morto. Duas metrópoles importantes lançaram um ataque de retaguarda contra a suburbanização do mundo, oferecendo uma visão alternativa da cidade moderna. O antídoto para as cidades do choque, como Manchester e Chicago, tomou forma física nas metrópoles proeminentes do século xix e do início do século xx: Paris e Nova York.

10. Síndrome de Paris

Paris, 1830-1914

Em 2006, a BBC publicou uma reportagem sobre uma misteriosa doença dos tempos modernos. Todos os anos, cerca de uma dúzia de turistas japoneses precisavam ser evacuados de Paris. Tendo passado grande parte da vida inebriados por uma ideia romântica e idealizada da cidade, a crua realidade dos nativos indiferentes, dos bulevares lotados, das estações de metrô imundas e dos garçons rudes era um choque intenso demais que os levava ao "colapso mental". A embaixada japonesa estabeleceu uma linha de atendimento 24 horas para cidadãos padecendo da chamada Síndrome de Paris.[1]

Minha inclinação era rir da Síndrome de Paris, como se fosse uma lenda urbana, até que li sobre uma crise mental semelhante sofrida por Sigmund Freud. "Paris por muitos anos tem sido o motivo dos meus anseios", escreveu ele em 1885, "e tomei o júbilo com que pus meus pés pela primeira vez em suas calçadas como garantia de que também alcançaria a satisfação de outros desejos." O embevecimento logo se esgotou; em seu primeiro dia na cidade, Freud quase chorava pelas ruas, de tão desapontado e isolado que se sentia. As multidões eram aterrorizantes; os parisienses eram hostis e arrogantes. Freud viu-se tomado de paranoias persecutórias, conferindo as cortinas do quarto de hotel em busca de traços de arsênico.[2]

Hoje, quase 18 milhões de estrangeiros visitam Paris todos os anos, injetando coletivamente 17 bilhões de dólares na economia e mantendo 18% da população empregada. Só Bangcoc (21 milhões) e Londres (20 milhões) atraem mais visitantes. Em certos momentos, pode-se contar 50 mil turistas estrangeiros nos bulevares. Eles fazem parte de uma peregrinação que tem raízes profundas na história. Mesmo antes do advento do turismo de massa, na década de 1860, Paris já era visitada todos os anos por 100 mil turistas estrangeiros. Em *La Vie Parisienne*, ópera bufa de Jacques Offenbach, o coro é composto de turistas: "Nós invadiremos", cantam, "a cidade soberana, a estância do prazer".

A americana Emma Willard chegou a Paris de carruagem numa noite de novembro de 1830, sem conseguir dormir de tanta excitação. Quando lhe disseram que haviam chegado, escreve ela, "procurei em vão [...] pelos objetos que minha imaginação demandava". Sua primeira experiência em Paris foi esperar oficiais da alfândega revistarem sua bagagem. "Estávamos em meio à sujeira e à desordem — cansados, sem sequer um lugar para sentar —, e estranhos olhares pareciam nos observar com ódio." As ruas lúgubres "em nada pareciam a Paris elegante dos meus sonhos".[3]

No século XIX, a grande catedral de Notre-Dame compartilhava a pequena Île de la Cité com mais ou menos 15 mil trabalhadores parisienses pobres, vivendo numa miséria congestionada de casas antiquíssimas. Por quase toda parte da metrópole, mais gente se apertava em espaços cada vez mais reduzidos. As ruas e becos de Paris, úmidos e sombrios, pareciam "as vias tortuosas de insetos no coração de uma fruta". Superpopulosa e com saneamento precário, a cidade sofreu nas mãos da cólera; em 1832, 20 mil dos seus 861 mil residentes morreram da doença. A Paris do início do século XIX representava "a cidade primitiva em toda sua imundície original, [...] a Idade Média agonizante".[4]

Só quando passeavam pela Rue de Rivoli, pelas Tulherias, pelo Boulevard des Italiens e pela Place de la Révolution é que os turistas descobriam, no meio daquela feia, congestionada e maltrapilha cidade medieval, "um novo mundo de sofisticação" urbana inacessível em qualquer outra parte do planeta. Havia, claro, a maior coleção de arte disponível ao público no Louvre, complementada por galerias no Palácio de Luxemburgo, em Versalhes e Saint-Cloud. As opções em termos de moda, lojas e gastronomia não tinham rivais. Balzac escreveu que "o grande poema das vitrines canta suas estrofes coloridas desde a igreja de Madalena até o porto de Saint-Denis".

A verdadeira glória de Paris não era sua aparência física, mas o uso que sua população fazia dela. A teatralidade das ruas — uma "paisagem construída de pura vida" — a tornava a cidade mais sedutora do planeta, o cálice sagrado dos turistas. Um residente inglês anônimo escreveu que andar pelas ruas de Paris era inebriante: "É o reflexo da vida e do movimento ao nosso redor. [...] Em termos de intensidade de vida [...], Paris não tem paralelo".[5]

Um antídoto para a Síndrome de Paris era submergir na performance e tornar-se um connoisseur do drama urbano. Como comentou um reverendo americano em visita à cidade, o bulevar "é certamente o melhor lugar no mundo para se distrair. [...] Você só precisa colocar o chapéu e andar pela rua para encontrar algum entretenimento". Paris oferecia um banquete sem igual para todos os sentidos. De acordo com Balzac, a cidade tornara-se "uma vasta oficina metropolitana de diversão". Paris, ele dizia, "está sempre marchando, jamais descansa"; é um "milagre monstruoso, uma junção assombrosa de movimentos, máquinas e ideias, a cidade de mil romances diferentes [...], a rainha incansável das cidades".[6]

Os parisienses divertiam-se em público, nos cafés, jardins e parques, em danças, concertos a céu aberto, teatros e lojas. Os perigos do tráfego nas ruas levaram à criação de quase trezentas arcadas. Como Balzac captura com grande habilidade em seus romances, Paris era uma cidade de movimento intenso e constante. A primeira parte do século XIX assistiu ao florescimento de uma literatura escrita por exploradores urbanos, recolhendo as visões, os sons, os contrastes e toda a variedade de Paris. São como guias escritos não para turistas, mas para os seus habitantes, revelando os mistérios da cidade oculta, para que pudessem ser compreendidos ou temidos. A própria cidade tornou-se personagem — um organismo vivo complexo que precisava ser analisado e explicado.

Os parisienses tinham nomes para os espectadores da vida urbana. Havia o *badaud*, espécie de bisbilhoteiro que perambulava pela multidão desfrutando do teatro diário da vida que se desvelava. "Em Paris, tudo se torna um evento", escreveu o dramaturgo Étienne de Jouy: "Um carregamento de madeira sendo escoado pelo rio, um acidente entre cocheiros, um homem de roupa peculiar, um carro blindado, uma briga de cachorros — se algo assim é percebido por duas pessoas, logo o será por mil, e a multidão sempre crescerá, até que outra circunstância, igualmente notável, disperse a atenção". Em *Les Plaisirs de Paris*, Alfred Delvau escreveu que, para um parisiense, viver em casa, pensar em casa, comer ou beber em casa, sofrer ou morrer em casa era tão inconcebível quanto tedioso: "Precisamos de publicidade, de luz do dia, precisamos da rua, do cabaré, do café, do restaurante".[7]

Enquanto os londrinos circulavam "com um ar grave de recolhimento", notou Anna Jameson (outra turista americana da década de 1830), os parisienses passeavam de olho em tudo, "como se não tivessem outro propósito na vida que não reparar nas coisas em volta deles". Se a palavra *badaud* encapsulava a atitude das massas parisienses em relação às ruas, que eram como seus salões ou teatros, havia outro termo que veio definir a figura urbana moderna: o flâneur.[8]

"O flâneur está para o *badaud* como o gourmet para o glutão", escreveu Auguste de Lacroix em 1842. A palavra "flâneur" não tem tradução exata. Enquanto o *badaud* devorava a cidade com avidez, o flâneur era um connoisseur perspicaz, um observador secreto e distanciado que investigava a cidade a partir do coração da multidão urbana, sem jamais tornar-se parte dela. Balzac descreveu a *flânerie* como "a gastronomia do olhar". Charles Baudelaire, por sua vez, retratou esse personagem da seguinte maneira: "Para o flâneur perfeito, o espectador apaixonado, é uma grande alegria abrigar-se no coração da multidão, entre os fluxos e refluxos, no meio do fugidio e do infinito".[9]

O flâneur parisiense foi uma criação de jornalistas e escritores das primeiras décadas do século XIX. Antes, um flâneur era um vadio ocioso, sem nada para fazer além de bisbilhotar a vida alheia. Ao longo das décadas de 1820 e 1830, o flâneur de classe média já se tornara uma pessoa de intenções sérias, simbolizando o triunfo da burguesia como senhora das ruas. "Que curiosidades encontramos quando sabemos vagar e olhar", escreveu Baudelaire. "Passear é uma ciência", declarou Balzac, capturando a paixão parisiense pela *flânerie*.[10]

Era isso que tornava Paris única: a sensibilidade de sua gente na apreciação da vida cotidiana da cidade e de seus ritmos peculiares.

Os visitantes britânicos e americanos de Paris aprendiam a se adaptar a esses ritmos, diminuindo o passo e abandonando as reservas, ousando olhar diretamente para as outras pessoas nas ruas, nos cafés e nas arcadas. É o que fazemos em uma cidade estranha cuja língua não falamos: tentamos submergir, tornando-nos observadores ocultos em meio à cacofonia da vida urbana. Uma descrição inglesa do flâneur comparava esse perambulador urbano à recém-inventada fotografia: "Sua mente é como uma placa fotográfica sensível, pronta para qualquer impressão que se lhe apresente". O hábito contemporâneo de esconder-se por trás de uma câmera ou de um telefone é uma versão do flâneur, que está e não está ali, testemunha anônima registrando impressões, enquadrando uma cena, como um turista. "O fotógrafo", escreveu Susan Sontag, "é uma versão armada do caminhante solitário que sonda, monitora e cruza o inferno urbano, o andarilho voyeurístico que descobre a cidade como uma paisagem de extremos voluptuosos."[11]

A arte moderna, a literatura, a fotografia e depois o cinema foram influenciados pela *flânerie*. É um recurso que nos auxiliou a explorar mais a fundo a psicologia do viver na cidade, propondo e ajudando a responder certas indagações sobre a vida urbana moderna. Mas, antes de tratar disso, falemos do momento em que o mundo do flâneur parisiense se viu sob violento ataque.

Não é preciso subir ao topo de um arranha-céu, como em tantas outras cidades, para apreciar o panorama de Paris. Como Paris se situa numa bacia ampla e plana, quem perambula por suas ruas se depara com um extenso horizonte urbano, repleto de edifícios históricos. E, do alto das colinas de Montmartre e Belleville ou da Torre Eiffel, pode-se constatar seu esplêndido traçado geométrico — obra-prima do urbanismo —, disposto gloriosamente para o olhar do visitante, adornado pela folhagem das árvores.

A Paris que conquista a imaginação dessa forma é uma criação da década de 1850 e do maior visionário do urbanismo no mundo moderno: Georges-Eugène Haussmann. O sistema circulatório da cidade estava coagulado e precisava ser descongestionado, abrindo a escuridão à luz e ao vento, permitindo que os cidadãos se movessem mais livremente pela metrópole. A Europa enfrentava um apocalipse urbano de doenças, revoluções e colapso social — um colapso que tinha origem em lugares como Manchester e que agora alcançava sua culminação em Paris.

Em tudo exigente, Haussmann não tinha afeição nenhuma pela Paris medieval, que ele associava à sujeira. Em todos os aspectos de sua vida, buscava impor ordem ao caos e limpeza à imundície. Homem "alto, forte, vigoroso e energético", mas também "inteligente e malicioso", Haussmann era um administrador público experiente de 44 anos de idade quando, em 1853, foi recomendado ao imperador Napoleão III como candidato à prefeitura da região do Sena.[12]

Em dezembro de 1851, ante o fim de seu mandato como presidente, Napoleão toma o poder via golpe de Estado. "Paris é o coração da França", declarou meses mais tarde. "Apliquemos nossos esforços para embelezar esta grande cidade. Abramos novas ruas, tornemos mais saudáveis os bairros operários, que carecem de ar e luz, e que o sol benéfico alcance tudo no interior dos nossos muros."[13]

Mas o projeto se arrastava. Em dezembro de 1852, Napoleão declarou-se imperador. Agora, com poder absoluto, poderia levar sua visão adiante sem restrições políticas. Dias depois da nomeação de Haussmann, o imperador lhe mostrou um mapa de Paris, com bulevares largos e retos desenhados sobre a planta da cidade medieval: as artérias que bombeariam vida a uma Paris decadente. Napoleão III queria uma cidade moderna, bonita, higiênica e navegável, uma cidade adequada a um imperador. E queria isso tudo rapidamente.

A Paris que emergiu daí era um produto tanto do poder imperial de Napoleão quanto do cérebro sistemático de Haussmann. O projeto refletia a necessidade moderna de mobilidade e a necessidade natural de seu planejador por ordem e uniformidade. A reforma de Paris começou com o *grande croisée de Paris*, um cruzamento projetado para facilitar o movimento de leste a oeste pela Rue de Rivoli e a Rue Saint-Antoine, e de norte a sul por dois novos bulevares, o Strasbourg e o Sébastopol. Na Île de la Cité, berço ancestral de Paris, Notre-Dame foi libertada dos velhos edifícios que se aglomeravam ao seu redor, e a maior parte da população se retirou da ilha. Em seu lugar vieram os edifícios da administração municipal. "Foi aí que estripamos a velha Paris", anotou Haussmann.[14]

Do Arco do Triunfo irradiava-se uma estrela de avenidas; três bulevares estendiam-se a partir da Place du Château-d'Eau (hoje Place de la République); novas ruas conectavam o sistema às estações ferroviárias da cidade. Vielas estreitas e impenetráveis que se bifurcavam foram varridas do mapa. Muitos prédios históricos desapareceram junto com o emaranhado de casas. Mesmo a história imemorial não saiu ilesa. Aqueles que hoje sobem os degraus das igrejas de Saint-Gervais e Saint-Jacques de la Boucherie, no Marais, provavelmente não sabem que elas ocultam os dois últimos outeiros conhecidos como *monceaux*, nos quais um dia se situaram assentamentos merovíngios. Os demais *monceaux*, junto com boa parte da topografia pré-histórica e histórica de Paris, foram nivelados por Haussmann, dando lugar à superfície plana da nova cidade. "Mais uma semana ou duas, e outra folha terá sido arrancada do livro da Paris histórica", lamentou um residente inglês. A confusão e a justaposição de edificações, estilos e épocas, algo tão característico das cidades, deram lugar às amadas ruas geométricas de Haussmann, ladeadas por um desfile uniforme de edifícios de fachadas modeladas com o calcário luteciano amarelo-manteiga que virou uma das marcas da cidade.[15]

Enquanto muitos ficaram horrorizados com a destruição de suas casas, ruas, bairros e sítios históricos — e da Paris histórica —, Haussmann manteve--se na condição de tecnocrata impassível, pouco se importando com o custo humano envolvido em sua drástica cirurgia. "Para abrir os vastos espaços nos extremos da cidade, que permanecem improdutivos, inacessíveis e inabitáveis", escreveu, "a primeira tarefa era rasgar ruas pela cidade de uma ponta a ou-tra, esgarçando os distritos centrais." Estripar, rasgar, esgarçar: a linguagem de Haussmann era a linguagem da destruição criativa brutal.[16]

Na época em que era um garotinho frágil e enfermiço de pulmões fracos, Haussmann precisava caminhar até a escola por um labirinto de becos e ruas estreitas, seus sentidos assaltados por odores nauseabundos. Não é de espantar que, como adulto meticuloso, lembrando-se do estudante traumatizado que fora um dia, perdido numa pocilga medieval, ele sonhasse com uma cidade racional e higienizada.[17]

Para Haussmann, Paris era como um corpo humano, um sistema de arté-rias, veias, órgãos e pulmões. E tinha também intestinos e entranhas. A gran-de obra-prima de Haussmann encontrava-se debaixo das ruas, no sistema de esgoto. Em Londres — com suas 200 mil latrinas e seu rio fedorento trans-bordando dos dejetos de mais de 2,6 milhões de humanos —, o engenheiro civil Joseph Bazalgette construíra uma enorme rede com 132 quilômetros de esgotos subterrâneos e 1600 quilômetros de calhas de rua a partir de 1858, com canais interceptores, estações de bombeamento e sistemas de escoamento. Bazalgette, como se sabe, criou uma rede tão ampla que ainda hoje sua obra comporta as demandas da cidade. Em Chicago, para que se instalasse o sistema de esgoto subterrâneo, suspendeu-se a cidade para abrir espaço para as obras de saneamento. A partir de 1858, prédios inteiros foram erguidos dois metros acima do solo com alavancas e macacos hidráulicos. Em 1860, seiscentos ope-rários usando 6 mil macacos levantaram a cidade inteira, de quarteirão em quarteirão. Enquanto carregavam fileiras inteiras de lojas, escritórios, empresas e hotéis pesando 35 mil toneladas, a vida na rua seguia como se nada estivesse acontecendo. Com a cidade suspensa, novas fundações foram instaladas, inteiramente equipadas com as devidas tubulações.[18]

Chicago e Londres testemunharam seus respectivos milagres de modernização subterrânea nas décadas de 1850 e 1860. Em Paris, Haussmann superou esses triunfos de saneamento e tecnologia. Sua rede de esgotos replicava o plano retilíneo das ruas, sendo tão racional, grandiosa e bem iluminada quanto os bulevares na superfície; tubulações e galerias eram largas a ponto de ser possível andar por dentro delas ou mesmo navegá-las de barco; suas vias eram mantidas meticulosamente limpas. Os esgotos expressavam a visão de cidade de Haussmann não como um constructo humano, de muitas camadas e gerações, mas como uma máquina. Ou, dizendo de outra forma, ele se preocupava mais com os órgãos e as artérias, e menos com o tecido que conecta as partes do corpo.[19]

Os pulmões da cidade eram tão importantes quanto o sistema digestivo. Haussmann anotou em suas memórias a instrução do imperador: "Não hesite em construir em todos os *arrondissements* de Paris o maior número de praças, de modo a oferecer aos parisienses, como fizeram em Londres, espaços de relaxamento e recreação para todas as famílias e todas as crianças, ricas e pobres". Haussmann criou quatro parques imensos e magníficos, acrescentando 600 mil árvores e quase 2 mil hectares de espaço aberto à cidade, e incorporou 24 novas praças ao seu projeto. Nenhum parisiense precisaria caminhar mais de dez minutos para chegar a um espaço aberto.[20]

Em um século de decadência urbana e de fuga do centro sujo e congestionado da cidade, Paris marcou-se como um exemplo de modernidade e progresso, a metrópole ressuscitada na era industrial. Aberta para a luz e para o ar, embelezada com ordem e elegância, e saneada a ponto de se mostrar quase irreconhecível, a cidade passou a atrair turistas como nunca dantes. O Grand Hôtel du Louvre foi inaugurado em 1855 para coincidir com a Exposição Universal de Paris. Primeiro hotel de luxo da França, e o maior da Europa, o edifício era um pináculo de turismo grã-fino, com 1250 funcionários, setecentas suítes e dois elevadores a vapor. O Grand Hôtel, inaugurado em 1862, perto da Ópera de Paris, era tão magnificamente opulento que a imperatriz Eugênia disse se sentir "absolutamente em casa, [...] como se estivesse em Compiègne ou Fontainebleau". Ocupando um quarteirão triangular inteiro da cidade, o hotel tinha oitocentas suítes, 65 salões, elevadores hidráulicos, banhos turcos, serviço de telégrafo, gabinete de bilhetes para o teatro e uma adega com 1 milhão de garrafas.[21]

Os grandes hotéis eram complementados pelas *grands magasins*, lojas de departamento cintilantes, edificadas em escala monumental. Le Bon Marché, construída entre 1867 e 1876 com consultoria do engenheiro Gustave Eiffel, era uma loja de departamento inovadora com estrutura de aço e vários andares, projetada de forma que seu interior imenso — 50 mil metros quadrados — fosse coberto de luz. Em suas quatro fachadas, janelões de vidro laminado ofereciam vislumbres daquele palco superior do consumismo. Todos os dias, um exército de 3500 funcionários atendia 16 mil clientes. Os grandes hotéis e as *grands magasins* não eram simplesmente maiores do que seus predecessores; eram deliberadamente projetados, a custo elevado, para se assemelharem a edifícios públicos e monumentos, atrações turísticas em si mesmas.[22]

A reconstrução de Paris também deu lugar para cafés mais espaçosos e luxuosos, como o El Dorado, no Boulevard de Sébastopol, e o Café de la Paix, no térreo do Grand Hôtel. Um guia turístico assim descrevia as novas criações: "Quando iluminados à noite, o efeito [...] é estonteante. Cadeiras e pequenas mesas são dispostas na área externa, onde ambos os sexos podem desfrutar da noite fresca, testemunhando as cenas animadas ao redor. [...] O olho fica mesmerizado com a magnificência, e o efeito é intensificado pelo grau de gosto e luxo exibido na composição".[23]

Marx comentou causticamente que Haussmann havia demolido a cidade histórica "para abrir caminho para o turista!". Estações ferroviárias neoclássicas intimidantes, grandes hotéis, lojas de departamento, *grands boulevards*, cafés, casas de ópera, teatros, museus, galerias de arte, catedrais góticas, parques e passeios: a rota turística de Paris era disposta como um percurso glamoroso através de uma zona de deleites urbanos para visitantes estrangeiros e consumidores, oferecendo-lhes a oportunidade de tomar parte em um estilo de vida elegante antes reservado exclusivamente para a aristocracia e os super-ricos.

E eles, de fato, apareceram em grandes números, no momento em que a indústria do turismo decolava com o advento das ferrovias. Em 1840, contaram-se 87 mil travessias no canal da Mancha; em 1869, essa cifra cresceu para 344719, e em 1899, para 951078. O agente de turismo Thomas Cook levou britânicos para a Exposição Universal de Paris em 1867 a baixo custo: 36 xelins por cabeça, pelos quais cada cliente tinha direito a quatro dias com tudo incluso. Algo entre 9 milhões e 11 milhões de pessoas da França e de todo o mundo compareceram a essa Feira Mundial; a de 1876 atraiu 13 milhões, e em 1889 (quando a Torre Eiffel foi desvelada para o mundo) o número superou 30 milhões.[24]

A era do turismo de massa havia chegado com estardalhaço. As cidades colhidas no vórtex dessa revolução transformaram-se de maneira imensurável. Entre 2000 e 2015, o número de turistas globais dobrou, alcançando 1,3 bilhão; a partir de 2030, estima-se que 2 bilhões de pessoas viajarão de férias todos os anos. Há muitas cidades em que o distrito central parece menos uma zona viva de habitação ou um centro empresarial do que um parque temático — imagine-se New Orleans ou Bangcoc sem suas legiões de turistas. Mesmo grandes centros comerciais como Londres, Nova York, Paris e Shanghai dedicam boa parte de seus distritos centrais aos turistas, oferecendo-lhes bares, restaurantes, fast food e entretenimento e abrigando-os em hotéis, albergues e apartamentos de Airbnb. A balança já não pesa a favor do residente fixo, e essas centenas de milhões de turistas buscando prazeres são, certamente, uma das maiores forças de transformação das metrópoles modernas.

Já mal surpreende que a população transiente de uma metrópole supere sua população residente. Em 2014, os números de Londres, com quase 10 milhões de habitantes, foram os seguintes: 274 milhões de visitantes domésticos passaram o dia na cidade; 11,4 milhões pernoitaram; 17,4 milhões de turistas internacionais a escolheram como destino. Shanghai teve 300 milhões de visitantes, a maior parte domésticos, lucrando 35 bilhões de dólares no processo.[25]

Paris antecipou a higienização dos centros metropolitanos ocorrida ao longo do último século e meio, que os transformou em espaços para compras e lazer. Em 1867, o jornal *Le Temps* protestou com fúria contra o fato de que o centro geográfico da Paris de Haussmann era a Ópera, local de frivolidade, e não uma catedral, um edifício cívico ou um parlamento: "Já não somos nada além da cidade da elegância e do prazer?".[26]

"Demolidor cruel, o que fizeste do meu passado?/ Procuro em vão por Paris; procuro por mim mesmo", escreveu o poeta Charles Valette sobre Haussmann. Durante as reformas de Haussmann, 350 mil parisienses foram deslocados. Cidade nenhuma jamais se transformara em ritmo tão acelerado em tempos de paz. A "velha" Paris desapareceu, deixando muitos cidadãos traumatizados com sua nova encarnação. "Acabaram-se as ruas anárquicas, correndo livres, abarrotadas. Acabou-se a fantasia; acabaram-se as encruzilhadas meândricas", lamentou Victor Hugo.[27]

A rede de ruas que dava vida a Paris — e a tornava uma cidade de "flâneurs, *badauds* e hedonistas" — fora substituída pela geometria implacável e por bulevares que desapareciam na distância. A vista rígida dos bulevares, em outras palavras, fixava o olhar adiante, em vez de encorajar o olhar vagante da *flânerie*. Muitos outros viam a planta das ruas como a manifestação de um controle tirânico, um enorme quartel urbano projetado para disciplinar as massas.[28]

Se Manchester e Chicago indicavam uma nova tendência — cidades virando-se do avesso, com o centro dominado por indústrias e favelas, e os subúrbios como refúgios semipastorais —, a nova Paris reverteu esse movimento de maneira espetacular. Havia um centro higienizado e gentrificado e uma periferia industrial e operária. "Artesãos e trabalhadores estão encurralados em verdadeiras Sibérias, entrecortadas por vias tortuosas não pavimentadas, sem iluminação, sem comércio, sem água, onde tudo falta", escreveu Louis Lazare. "Nós costuramos trapos ao manto púrpura de uma rainha; construímos dentro de Paris duas cidades, bem diferentes e mutuamente hostis: a cidade da luxúria, sitiada pela cidade da miséria."[29]

Em uma célebre e monumental representação da nova Paris — *Rua de Paris, dia chuvoso* (1877) —, Gustave Caillebotte figura uma das inovações mais características de Haussmann, uma interseção em formato de estrela de onde se irradiam as ruas. O ponto triangular do bloco de apartamentos central é tão vasto e ameaçadoramente impessoal quanto a proa de um cargueiro avançando em direção a um indefeso bote salva-vidas. Na distância se vê um andaime: esta é uma cidade ainda em processo de haussmannização, embora Haussmann já não estivesse mais no poder em 1877. Os guarda-chuvas estão abertos, os paralelepípedos brilham com as gotículas de chuva, e há gente na rua. Mas os pedestres nessa ampla expansão urbana estão distanciados. Ninguém fala, nem mesmo os que andam em pares. As figuras de destaque vestem-se à moda burguesa, residentes dos *appartements* caros que preenchem a cena; os trabalhadores surgem na distância, sozinhos, meros servos da elite metropolitana, não participantes ativos da vida da rua.

A separação espacial dos caminhantes parisienses é atenuada pelos guarda-chuvas, objeto que instaura um círculo físico de privacidade. O elegante casal central, em sua distração, não percebe o homem corpulento que se aproxima (de quem vemos apenas a metade do corpo), mas a colisão iminente de seus guarda-chuvas logo resultará em uma manobra atrapalhada (outro gesto de distanciamento), ou numa disputa pela passagem.

O cenário é diferente em *Arredores de Paris*, parte de uma série de trabalhos que Van Gogh pintou em 1887, representando lugares onde a cidade encontrava o campo. Aqui é o "campo bastardo", as margens de Paris. Os trabalhadores do *banlieu*, expulsos do centro da metrópole, são figurados como manchas escuras. Como na pintura de Caillebotte, há um poste de luz solitário ao centro. Mas, nesse caso, é um artefato urbano estranhamente deslocado nos campos dessa zona de limiar fantasmagórica. As pessoas andam em direções opostas por diferentes trilhas de lama, enfatizando a alienação que as separa umas das outras, como também de Paris. Nesses quadros de Caillebotte e de Van Gogh, o que vemos representada de forma tão contundente é a solidão da cidade moderna.

Manchester e Chicago, com suas indústrias e sua miséria, foram as cidades do choque e da ruptura do século XIX. Paris, no entanto, não era menos chocante. O caráter súbito da transformação da metrópole operada por Haussmann, o apagamento da velha cidade íntima, dramatizava os efeitos alienantes da vida urbana. As pinturas de Caillebotte figurando a solidão urbana são comentários sobre a psicologia da vida na cidade moderna, não necessariamente representações da realidade de Paris. Na maioria dos relatos escritos e dos quadros impressionistas, a nova Paris é um redemoinho de prazeres, barulhos, burburinhos, multidões e energia vital.

Um turista americano descreveu os parisienses como "cosmopolitas nômades", que só iam para casa para dormir, vivendo sempre entre cafés, restaurantes, parques, teatros, danças e toda uma miríade de lugares de entretenimento, desde o despertar até tarde da noite. As luzes de rua a gás de Haussmann implicava que a cultura dos passeios adentrava a noite. Os teatros, óperas, balés e salões de dança acomodavam 54 mil pessoas todas as noites. Além disso, havia cafés com concertos e jardins dançantes iluminados. De acordo com Alfred Delvau, parisienses "gostam de *posar*, de dar o show deles, de ter um público, uma *galeria*, testemunhas para suas vidas".[30]

As pinceladas breves dos pintores impressionistas são os movimentos ágeis do olhar do citadino assaltado por um dilúvio de dados sensoriais. Os pintores da Paris haussmannizada — sobretudo Manet, Degas, Renoir, Caillebotte e Monet — conectaram-se diretamente ao sistema nervoso da cidade moderna. Amigo íntimo de Baudelaire, Édouard Manet levou a sensibilidade do flâneur à arte moderna. Manet perambulava sem parar, fazendo esboços rápidos da vida citadina, atento ao aparentemente trivial e efêmero. Como o flâneur, ele observava e pintava tal qual um espectador distanciado — no centro da multidão mas apartado dela.[31]

No primeiro plano de *Num canto de um café-concerto* (1878-80), de Manet, vemos um trabalhador de bata azul fumando um cachimbo, com uma taça de vinho à sua frente, observando uma dançarina no palco. Ao lado dele vemos as costas de um homem de classe média com chapéu-coco e, mais adiante, uma mulher vestida de modo elegante; todos olham para o palco. Esses três espectadores estão parados e sozinhos. Ao redor deles, movimento. A dançarina está no meio de sua performance; os músicos estão tocando. Espelhando a dançarina, uma garçonete aparece congelada em um gesto quase performático, inclinando-se para depositar uma caneca de cerveja com uma mão, enquanto com a outra segura mais duas. Mesmo nesse momento em que depõe uma bebida, já com mais duas por servir, ela inspeciona o ambiente, procurando mais clientes sedentos, uma conta para encerrar ou uma bebida que alguém derramou e é preciso limpar. Em um segundo ela estará em outro lugar. Sua atenção não está no palco, mas em um café lotado, cheio de conversa e barulho, que não chegamos a ver, mas que podemos imaginar vividamente. Ela quase envolve o trabalhador enquanto se inclina sobre ele; no entanto, olham em direções opostas e mal reparam um no outro. As quatro figuras principais ocupam o mesmo espaço, mas estão desconectadas entre si, cada qual em seu próprio mundo.[32]

Um bar no Folies-Bergère (1882), de Manet, é um dos grandes comentários artísticos sobre a vida urbana moderna. Garrafas de champanhe, flores e frutas, sedutoramente dispostas em um balcão de mármore, nos separam da *verseuse*, a responsável por servir os drinques. Atrás dela, um espelho enorme, refletindo um imenso lustre e o público no Folies-Bergère, o music hall mais famoso de Paris. Em estabelecimentos como o Folies-Bergère, uma clientela misturada podia se sentar às mesas ou nos *loges*, e podia também circular. É o que vemos no reflexo. Manet reduz a performance circense às pequenas pernas do trapezista no canto superior à esquerda. Para ele, como para os próprios clientes, o verdadeiro entretenimento era a multidão urbana. As pinceladas de Manet transformam essa multidão em um charco confuso e borrado de cartolas e figuras imprecisas; mas a cacofonia e a animação são palpáveis.

Já nossa relação com a *verseuse* não é tão clara. O espelho revela que ela está sendo abordada por um homem de cartola. Ele está pedindo um drinque? Está fazendo uma proposta? Supunha-se, à época, que garçonetes e *bargirls* eram prostitutas ou que estivessem sexualmente disponíveis. Essa *verseuse*, porém, está inclinada de forma assertiva; seus olhos são tristes, mas seus lábios sugerem algo próximo de um sorriso de desprezo. Seu olhar é o da flâneuse devolvido de imediato ao flâneur voyeurístico.

É uma imagem que perturba. Manet põe o dedo nas ansiedades da cidade moderna. Em *Num canto de um café-concerto*, os clientes estão juntos, mas separados. Em *Um bar no Folies-Bergère*, somos lançados em um mundo urbano onde as relações humanas são igualmente incertas e ilegíveis. Para Manet, a cidade moderna, como suas pinceladas, borrou todas as certezas.

"É possível que não haja fenômeno psíquico que seja tão irrefutavelmente reservado à cidade do que o ar blasé", escreveu o sociólogo alemão Georg Simmel em seu ensaio "A metrópole e a vida mental" (1903). Para Simmel, a personalidade urbana moderna era formada em parte pela "mudança rápida e contínua de estímulos internos e externos". Se fosse preciso engajar-se em cada fragmento da enxurrada de informações, ficaríamos "completamente atomizados internamente, chegando a um estado psíquico inimaginável". A outra força que moldava o "traço psíquico geral da metrópole" era a economia do dinheiro e a avançada divisão do trabalho que despersonalizavam as relações entre os indivíduos e desfaziam os laços tradicionais que firmavam a sociedade. Em sua investigação na Manchester industrial na década de 1840, Engels já vislumbrara a mesma crise psicológica. O "próprio tumulto das ruas" era inquietante para a natureza humana: "Quanto maior o número de pessoas abarrotadas em um pequeno espaço, mais repulsiva e ofensiva se torna a indiferença brutal, a concentração fria de cada indivíduo em seus assuntos pessoais". Na cidade grande, os efeitos de isolamento do capitalismo eram levados ao excesso: "A dissolução da humanidade em mônadas, em que cada uma delas tem um princípio separado, o mundo dos átomos, é aqui levada ao extremo".

O resultado, de acordo com Simmel, é que o habitante da cidade tinha de encontrar modos de construir uma "proteção para a vida interior contra a dominação da metrópole". Isso se manifestava numa atitude blasé e, já de saída, numa postura reservada e desconfiada. Em outro ensaio, "O estrangeiro" (1908), Simmel desenvolve sua noção de reserva, que, segundo ele, vinha "da proximidade e do distanciamento" simultâneos que estavam na essência da vida urbana: "proximidade" da claustrofobia da vida na cidade e "distanciamento" dos estranhos anônimos.

A Paris de Caillebotte é um reino impessoal de indivíduos atomizados, que se torna ainda mais vívido graças aos bulevares retilíneos hipermodernos que substituíram a convivialidade das ruas antigas, apagando a memória histórica. Degas, Renoir e Manet capturaram brilhantemente não apenas a "mudança rápida e contínua de estímulos" da cidade moderna, mas "a proximidade e o distanciamento" do lazer comercializado na nova Paris. As figuras de Manet se apertam umas contra as outras, mas estão em mundos à parte, espectadoras e clientes de um espetáculo que se desenrola à sua volta. Elas estão no meio da Paris lotada, mas as cenas são assombradas pela solidão. Essas figuras, como a cidade que habitam, são ilegíveis. A legibilidade da cidade, e de seus cidadãos, foi apagada pelas forças da modernidade, tornando-se o borrão impressionista.[33]

A tensão entre a proximidade e o distanciamento da vida urbana, bem como a atitude reservada e blasé dos citadinos, expressa-se à perfeição no rosto e na postura da *verseuse* enigmática de Manet no Folies-Bergère. Esse ar de "foda-se" é o mecanismo de defesa do habitante da cidade que se vê forçado a interações contínuas com estranhos anônimos, gente que você não conhece e em quem você não confia.

Ela é também uma figura que expressa profundas ansiedades sobre a posição da mulher na cidade. Está vestida na moda do dia, como uma dama burguesa; contudo, trabalhando em um bar, não pode ser, de fato, uma burguesa. Ela é uma espécie de flâneuse, atuando sob disfarce, distanciando-se da multidão enquanto contempla as cenas da vida urbana, o que se marca ainda mais pela distorção visual da cena refletida. O flâneur que tenta abordá-la é posto de lado; não é o mestre da situação.[34]

A onipresença dos flâneurs na Paris do século XIX nos obriga a perguntar: onde estão as flâneuses? Os homens tinham o privilégio de poder se imiscuir na multidão, movendo-se livremente pela cidade. As mulheres em público —

particularmente quando sozinhas em cafés, bares ou na rua — sempre se viam marcadas pela suspeita de que estivessem disponíveis para o sexo. Em outro quadro de Manet — *A ameixa* (1877) —, uma jovem trabalhadora está sentada sozinha em um café. Há um brandy de ameixa à sua frente, mas a jovem se encontra desacompanhada e entediada, um cigarro apagado entre os dedos. Faltam-lhe tanto uma colher para a ameixa quanto um isqueiro para o cigarro, o que enfatiza seu deslocamento ali naquele espaço público. Em *O café-concerto* (1878-9), uma jovem, agora com um cigarro aceso e uma cerveja, senta-se, pensativa. Ao lado dela, um homem muito bem-vestido. Enquanto ela parece incerta, ele irradia confiança e autocontrole. Nessas pinturas, ambas as mulheres estão solitárias e sem jeito. O cigarro proclama a independência delas em relação aos condicionamentos da sociedade. Manet não dá nenhuma pista sobre se estão ali para vender seus corpos. O ponto é que, quando na rua, desfrutando dos prazeres de Paris, o pressuposto sempre será de que elas são, de fato, prostitutas. Daí o desconforto delas. Se alguém tem o direito de se sentir alienado, preso entre "proximidade e distanciamento", são essas mulheres solitárias, esforçando-se para cavar uma posição na cidade. Os homens não padecem dessa ansiedade social.[35]

A *verseuse* de Manet não dá a menor sugestão de estar "à venda". Protegida por uma postura arisca e pelo balcão, trabalhar no Folies-Bergère lhe confere um ponto de vista vantajoso e o acesso à vida pública. De modo semelhante, em *O paraíso das damas*, romance realista de Émile Zola — publicado um ano depois do famoso quadro de Manet mas ambientado na década de 1860 —, Denise Baudu trabalha como vendedora em uma das novas lojas de departamento de Paris. Como a *verseuse*, Baudu observa a vida por trás do balcão. Ambas as vendedoras, no bar e na loja, são parte desse novo e deslumbrante mundo do lazer comercializado. No entanto, isso não era algo inédito no caso das mulheres da classe trabalhadora, que sempre tiveram acesso à cidade, especialmente no ramo de serviços e entretenimento, mesmo que se tornassem alvo da contínua atenção masculina. O lazer comercializado, por outro lado, possibilitou que mulheres ditas "respeitáveis", integrantes da burguesia, começassem a frequentar a vida da cidade em seus próprios termos.[36]

A escritora francesa George Sand (pseudônimo literário masculino de Amandine-Aurore-Lucile Dupin) dizia adorar os bulevares, pois neles se podia caminhar "por muito tempo, com as mãos nos bolsos, sem se perder, sem ter que pedir informações o tempo todo. [...] É uma bênção passear por um calçadão". Ao visitar o Folies-Bergère, um homem ficou pasmo: "Pela primeira vez vi mulheres num café em que se podia fumar. Por toda parte havia não apenas mulheres, mas *damas* [...], e as damas não pareciam nada deslocadas". A gerência do Folies-Bergère, por sua vez, não perdia a chance de encorajar suas clientes do sexo feminino, comprando anúncios no jornal feminista *La Gazette des Femmes*, em 1882.[37]

As grandes lojas tornaram-se destinos turísticos, como que um microcosmo da cidade — ou de uma cidade idealizada. Oferecendo almoços e bolos, chá e café, salas de leitura e lavabos (instalações muitas vezes em falta para mulheres na cidade), as lojas se apresentavam como lugares de aglomeração pública, onde comprar se torna uma atividade social. Em Londres, mulheres desacompanhadas encontravam-se nos cafés-restaurantes da empresa J. Lyons — as Corner Houses — e nas salas de chá da Aerated Bread Company. Em 1909, os estabelecimentos da Lyons serviam mais de 300 mil clientes por dia, boa parte mulheres passeando e fazendo compras, além de um número crescente de funcionárias de escritórios. Como as lojas de departamento, os cafés-restaurantes da Lyons ofereciam uma resposta para uma barreira básica e bastante real no que diz respeito à mobilidade das mulheres na cidade: eles tinham banheiros.[38]

Ao longo da história, o comércio tem sempre lançado as pessoas em uma interação dinâmica na cidade. Ele esteve no coração da vida urbana desde Uruk, embora sob variadas formas. Nos Estados Unidos de fins do século xx — como em partes do Oriente Médio, da Europa e da Ásia —, os shopping centers ofereciam um espaço de socialização para aqueles que, como as mulheres de classe média do século xix, ficavam impossibilitados de frequentar o centro da cidade por conta da criminalidade, do mau planejamento, do tráfego e da inacessibilidade de tais áreas, sobretudo os adolescentes. A linguagem e os objetivos da *flânerie* ainda informam nossa concepção da experiência urbana, muito embora o cenário seja radicalmente diferente daquele de Paris. O arquiteto Jon Jerde, contratado para repensar o shopping center na década de 1980, disse o seguinte: "Americanos urbanos e suburbanos raramente perambulam sem rumo, como fazem os europeus, para passear e se perder na multidão. Nós precisamos de um destino, um sentido de que chegaremos a um local específico. Meu objetivo, ao desenvolver lugares como o Horton Plaza [San Diego] e o Westside Pavilion [Los Angeles], é oferecer um destino que seja também um passeio público e um centro comunal". O shopping center compensava o vazio do centro das cidades americanas, pontos focais — com suas lojas, cinemas e multidões — na expansão oceânica dos subúrbios baseados no automóvel, onde a *flânerie* é praticamente um ato criminoso.[39]

A loja de departamento — como mais tarde o shopping center — representava uma forma bastarda e empobrecida de engajamento com a vida urbana, no olhar de escritores como Georg Simmel e Walter Benjamin. Esses autores percebiam uma mudança radical na vida da cidade — simbolizada na reforma de Paris —, ocorrendo em meados do século XIX, motivada pela força impessoal do capitalismo. No passado, o comércio forçava as pessoas a atravessar todo o centro em busca de áreas dedicadas a certa especialidade: era assim que se habitava a cidade. Pechinchar e conversar com os comerciantes — muitas vezes o próprio artesão que fez o que você deseja comprar — era uma atividade social vitalizante. Os inimigos das lojas de departamento adotavam a posição de que, eliminando esse comércio à moda antiga e centralizando a atividade, os clientes distanciavam-se da produção; agora, através de um balcão, lidava-se com um vendedor, pagando um preço fixo. Na mesma linha, o lazer comercializado transformava as pessoas em observadores abstraídos e passivos da "sociedade do espetáculo", presas entre "a proximidade e o distanciamento".

A alienação, a solidão e a ansiedade daí depreendidas são capturadas de forma brilhante na arte impressionista, ela própria uma manifestação do que havia de mais moderno. Temos aqui um mundo de consumo compulsivo e de empobrecimento emocional — uma época de crise urbana. Mas cabe perguntar: essa leitura está correta?

Os pintores impressionistas apontavam a *malaise* da vida na cidade — uma versão da Síndrome de Paris —, mas também sugeriam uma cura. Ao submergir na metrópole, tornamo-nos flâneurs ou *badauds*, decifradores da cidade e observadores da vida urbana. A melhor autodefesa psicológica para o metropolitano não é ser "reservado" ou "blasé"; é dissolver-se nos cenários, sons, emoções e sensações da cidade que se desfralda à nossa volta.

Podemos ser flâneurs meticulosos, *badauds* curiosos ou bulevaristas sem rumo, espectadores passivos ou participantes ativos. Podemos ser glutões, mas também gourmets. Podemos apreciar o "distanciamento" quando nos perdemos na multidão anônima e sem forma; mas podemos também desfrutar da "proximidade" quando criamos laços espontâneos de associação e subculturas tão prontamente disponíveis na metrópole — vizinhanças, clubes, pubs, bares, cafés, times, igrejas ou qualquer grupo que nos fascine. Alienação e sociabilidade andam lado a lado na cidade, duas faces da mesma moeda. Podemos ser um dos bebedores sem companhia de Manet em um bar abarrotado ou um passeante solitário numa pintura de Caillebotte, desfrutando (por um momento) da privacidade da alienação urbana; mas, no momento seguinte, podemos também mergulhar na comunidade que bem escolhermos. Como escreveu Virginia Woolf, quando saímos à rua, "nós nos despimos do eu pelo qual nossos amigos nos conhecem e nos tornamos parte de um vasto exército republicano de passantes anônimos".

Em *Mary Barton* (1848), romance industrial de Elizabeth Gaskell, à medida que avança entre empurrões e esbarrões nas ruas lotadas de Manchester, a personagem vai inventando histórias para as pessoas ao seu redor: "Mas [...] não se pode [...] ler as multidões que passam diariamente por nós nas ruas. Como conhecer o romance caótico de suas vidas; as provações, as tentações que agora mesmo elas enfrentam, resistem ou às quais sucumbem? [...] Compromissos piedosos — ou mundanos: alguma vez você se perguntou para onde vão os milhares de pessoas que cruzam seu caminho todos os dias?".

Baudelaire escreveu que o flâneur era "como um caleidoscópio dotado de consciência", que responde a todos os movimentos e elementos da vida à sua volta. Captar esses fragmentos por meio de histórias que contamos a nós mesmos é a essência da vida urbana. Charlie Chaplin expressa com muita beleza essa visão do citadino como coletor de pequenos acontecimentos:

> Essa era a Londres da minha infância, dos meus humores e do meu despertar: memórias de Lambeth na primavera; de incidentes e coisas triviais: um passeio com minha mãe numa carroça, tentando tocar as arvoretas lilases — os bilhetes de ônibus coloridos, bilhetes laranja, azuis, rosa e verdes, espalhados na calçada onde os ônibus e os bondes paravam. [...] Os domingos melancólicos, com pais e crianças pálidas levando cata-ventos de brinquedo e balões coloridos pela ponte de Westminster, e os amáveis barquinhos a vapor que abaixavam suas chaminés ao deslizar por baixo dela. [...] Dessas trivialidades nasceu minha alma.

A cidade se torna tanto um constructo da nossa imaginação e da nossa experiência quanto uma presença física real que nos envolve. Locomovendo-nos de ônibus, trem ou metrô, dirigindo ou caminhando, fazemos nossos próprios mapas mentais da cidade. Recorrendo ao transporte público, sua cidade particular pode consistir em alguns poucos aglomerados de lugares geograficamente distantes, pequenas zonas que você conhece dentro da vastidão incógnita restante. Se você dirige um automóvel, sua cidade se desvela de modo bem distinto e linear, prescrito pelo sistema viário. Já os caminhantes urbanos exploram a cidade mais intimamente, pois se afastam das rotas estabelecidas, descobrindo o tecido conectivo que costura os diferentes distritos da cidade, mas que permanecem desconhecidos para a maioria.

A mente humana, adaptativa que é, luta para subjugar esse ambiente artificial vasto e misterioso. Quer impor uma ordem ao caos, tornando legível o ilegível. Caminhar pela cidade — e escrevê-la — é uma maneira importante de satisfazer essa necessidade. A história da construção de topografias urbanas subjetivas é antiga. Antes do século XVI, as representações artísticas das cidades eram estereotipadas, muitas vezes baseadas em imagens bíblicas. Mas a partir de então começam a aparecer representações panorâmicas das cidades, como se vistas pelos olhos de um pássaro, dando aos observadores a impressão de contemplar edifícios e pessoas reais, com uma ilusão de coerência impossível ao nível da rua. O romance herdou essas ambições panópticas, mas alterando a perspectiva. Essa nova forma narrativa, que se alimenta de identidades secretas, eventos afortunados, vidas interligadas e encontros aleatórios, é uma criação da complexidade urbana. A topografia emaranhada da cidade se reflete nas vias intrincadas das tramas do romance que emerge no século XVIII.

Dickens tornou-se um dos grandes intérpretes da vida urbana em parte por ser um caminhante extraordinário; encontros viscerais com a paisagem citadina — física e humana — atravessam sua obra. A literatura urbana associa-se às caminhadas, pois caminhar nos leva para longe do conhecido, por "longas e estranhas vias, jamais palmilhadas", como John Gay anota em "Trivia, ou a arte de caminhar pelas ruas de Londres", poema de 1716. O poema de Gay não era tanto um passeio pelas ruas, mas um guia sobre a "arte" de andar por uma cidade suja, confusa e perigosa — oferecendo dicas práticas em relação ao que calçar e explicando *como* se deve olhar para a cidade. Já muito mais tarde, em um influente livro intitulado *O aventureiro de Londres, ou a arte de passear*

(1924), Arthur Machen escreveu que todos conheciam o centro histórico da cidade, mas que, caso alguém não conhecesse, um guia seria de boa ajuda. A vida real da cidade, e sua verdadeira maravilha, afasta-se dos caminhos batidos, penetrando onde as peculiaridades da vida são vislumbradas por puro acaso, em nossa visão periférica. É aí que você vê como a cidade *realmente* funciona, como ela se costura, e como as pessoas vivem, sobrevivem e respondem ao ambiente construído.

Tanto Gay quanto Machen, escrevendo em épocas diferentes, sublinham que a vida real acontece fora dos trajetos tradicionais, dos atalhos de sempre ou das rotas preestabelecidas que dominam a nossa vida. A partir do século XVIII, escritores em Londres e Paris publicaram inúmeros guias urbanos, narrativas de perambulações e histórias de "espiões" que pretendiam expor as entranhas secretas da cidade para leitores ávidos por entender e mapear mentalmente as turbulentas metrópoles em mutação onde viviam.

Londres e Paris desovaram uma volumosa literatura sobre a caminhada urbana, e há um diálogo entre as duas cidades. O conto "O homem da multidão" (1840), de Edgar Allan Poe — em que o narrador persegue obsessivamente um desconhecido em meio às multidões de Londres —, influenciou Baudelaire, o santo padroeiro da *flânerie*. Walter Benjamin, que formulou a teoria da *flânerie* e permanece sendo um dos observadores mais agudos da vida urbana, escreveu que Paris, com sua longa tradição associada à exploração das ruas e sua teatralidade, o ensinou a "arte de vagar". No século XX, os surrealistas — e mais tarde os situacionistas — receberam o bastão da *flânerie*. *O camponês de Paris* (1926), de Louis Aragon, é uma análise forense de duas pequenas áreas: a Passage de l'Opéra, uma arcada marcada para demolição, e o Parc des Buttes-Chaumont, em que cada pequeno detalhe é posto sob escrutínio microscópico. O surrealista André Breton descreveu uma caminhada na companhia de Aragon: "Os locais por onde passamos [...], mesmo os mais insípidos, eram positivamente transformados por uma inventividade romântica enfeitiçante que nunca vacilava e que só precisava de uma esquina ou de uma vitrine que lhe inspirasse um novo derramamento. [...] Ninguém mais seria tomado por tais devaneios embriagantes sobre essa espécie de vida secreta da cidade".[40]

Paris e Londres são ricas em literatura urbana em parte porque se tornaram metrópoles culturais de força global numa época em que as pessoas estavam absorvendo o choque da moderna urbanização industrial. A produção atendia à necessidade de compreender a cidade monstruosamente gigante.

"As ruas da cidade podem ser lidas tal como o registro geológico nas rochas." Assim escreveu Harvey Warren Zorbaugh em *The Gold Coast and the Slum* (1929), estudo sociológico sobre Chicago. Caminhando a partir do centro da cidade e por entre as favelas, podia-se "ler" os edifícios, detectando não apenas os traços físicos deixados pelas sucessivas marés da história econômica, mas também as mudanças em termos de propriedades e usos à medida que comunidades imigrantes chegavam, tomavam posse do território e, por fim, partiam, cedendo a vizinhança a recém-chegados. Cada grupo deixava suas marcas na paisagem da cidade — marcas a serem decifradas por um escavador urbano. Em um estado de mudança constante, as cidades muitas vezes sepultam ou apagam seu passado; mas as histórias e os costumes esquecidos ainda precisam ser redescobertos. Zorbaugh pertencia à Escola de Chicago da sociologia urbana, que via as cidades como ecologias complexas, passíveis de estudo científico.

O percurso de Zorbaugh englobava uma área que não ultrapassava 2,5 quilômetros em extensão e largura. No entanto, dentro desse espaço havia não apenas dezenas de microcomunidades cujos membros tinham origens no mundo todo, como também extremos de riqueza e pobreza — todo um ecossistema para ser descoberto pela observação, uma zona muito nova mas já saturada de história. Era um mundo de uma complexidade incalculável que o forçava a reformular seu senso geográfico.

> Quando se vai do Drake Hotel e da Lake Shore Drive a oeste pela Oak Street, em meio a um mundo de pensões, chegando até a favela e às ruas da colônia italiana, tem-se um senso de distância. [...] Distância que não é apenas geográfica, mas social. Há distâncias de idiomas e costumes. Há distâncias representadas pela riqueza. [...] Há distâncias de horizonte — a Gold Coast vive no mundo inteiro, enquanto Little Hell só agora, lentamente, começa a emergir de suas velhas vilas sicilianas. [...] Há um mundo que revolve em torno da Lake Shore Drive, com suas mansões, clubes e motos, seus jantares beneficentes e suas reuniões. E há outro mundo em torno do Dill Pickle Club, com as tribunas improvisadas da Washington Square, ou os serviços de Romano, o Barbeiro. Cada pequeno mundo se encontra absorvido em seus próprios assuntos.

Cada ambiente construído, mesmo os relativamente novos, revela histórias à medida que descascamos suas camadas, ostentando ricos estratos de passado, mito, folclore, memórias e topografia. Quando Henry James chegou em Londres na década de 1870, então a maior e mais poderosa cidade na história do mundo, ele não encontrou "um lugar aprazível"; era tão grande e disforme que o escritor se sentiu como "um buraco negro impessoal na grande escuridão geral". Mas havia uma cura: "Eu dava longas caminhadas na chuva. Assim tomei posse de Londres".[41]

James nos traz uma revelação importante. A liberdade e o prazer de palmilhar uma cidade nos tornam íntimos dela. Hoje há cidades onde caminhar é simplesmente perigoso ou inóspito demais. Poucas pessoas andariam por prazer em Lagos, Caracas ou Los Angeles. E há grupos que foram excluídos da possibilidade desses passeios. Aqueles que integraram a cidade à sua imaginação, que mediaram a experiência das ruas para os demais por meio de romances, pinturas, fotografias e obras de não ficção, têm sido predominantemente homens — e homens de classe média ou alta, especificamente. Baudelaire escreveu que andar pela metrópole era tão perigoso como explorar uma selva ou uma savana: tomar posse da cidade navegando por suas camadas sociais e suas geografias díspares era um ato de masculinidade. Até o século xx, nas cidades ocidentais, a mulher que andava nas ruas era vista como alguém que convida ou que se expõe aos apetites sexuais masculinos, sujeitando-se ao olhar de flâneurs voyeurísticos. Marry Higgs, que se fantasiava de mulher pobre e desabrigada para conduzir pesquisas sociais no começo do século xx, escreveu que "o olhar ousado e desimpedido de um homem a uma mulher destituída precisa ser sentido para ser compreendido". O problema não desapareceu: as cidades ainda são muitas vezes lugares de risco e atenção indesejada para mulheres.[42]

"O que eu desejo é a liberdade de passear sozinha, de ir e vir, de sentar nos bancos das Tulherias [...], de parar e conferir as galerias, de visitar igrejas e museus, de andar pelas velhas ruas à noite; é isso que desejo." Esse era o lamento da artista Marie Bashkirtseff na década de 1880. Quando Georg Sand andava pelas ruas de Paris vestida como homem em 1831, não se tratava apenas de um ato de rebeldia; era também ilegal: as mulheres não tinham permissão para usar calças. Sand capturou o prazer de poder ver sem ser vista, um privilégio masculino: "Fui de uma ponta a outra de Paris. [...] Ninguém me reconheceu, ninguém olhou na minha direção, ninguém me estranhou; eu era um átomo perdido na grande multidão".[43]

Lily Gair Wilkinson, numa série de artigos de 1913, escreveu que o único modo de compreender as realidades da vida urbana moderna era vivê-la como um flâneur. Wilkinson, feminista anarquista, tenta desvelar a cidade, levando-nos por um passeio a pé. Era uma época em que as mulheres estavam voltando a se aventurar pela cidade, para trabalhar, comprar ou passear, e o estigma associado à mulher desacompanhada começava a refluir. Mas então ela pergunta a suas leitoras: "Se você, sendo mulher, resolvesse ser livre em certo sentido social, lançando-se ao mundo como uma mulher livre, qual seria o resultado? [...] Por certo tempo você talvez andasse sem rumo, embevecida com pensamentos libertários, mas logo descobriria que é impossível habitar essas alturas eternamente". O único descanso dos "edifícios cinzentos e monótonos e do incômodo sem fim" é uma "duvidosa" casa de chá. "Você toma assento em seu cantinho desconfortável, beberica um pouco do chá amargo, prova um pãozinho de leite e rumina ambivalentemente sobre sua determinação de ser livre." Uma mulher não pode ser um flâneur, conclui ela, ou não da mesma forma que um homem de classe média com acesso desimpedido à cidade e, mais importante, com a permissão para perder a noção do tempo em suas perambulações. De repente, a mulher escuta o tique-taque do relógio enquanto sorve tristemente o chá: "Em meia hora você tem que estar no escritório. Quero ver, então, se nos atrevemos a ser livres por um dia". Adentrar o mundo como "uma mulher em liberdade", uma exploradora anônima da cidade, é impossível para uma mulher da classe trabalhadora, presa ao relógio, às voltas com uma paisagem urbana inóspita.[44]

O ponto de vista de Wilkinson é, sem dúvida, pessimista. Mas ela expressa o anseio de "possuir" a cidade tal como Henry James sugere, e extrai disso o mesmo prazer. Andar pela cidade é um direito; acessá-la é um ato político. Um dos grandes escritos sobre perambulação urbana é "Street Haunting", relato de Virginia Woolf sobre uma caminhada pela noitinha de Londres em busca de uma loja onde comprar um lápis. "A noitinha [...] nos confere a irresponsabilidade que a escuridão e a luz dos postes oferecem. Já não somos bem nós mesmos." Publicado em 1930, "Street Haunting" é uma obra-prima da *flânerie*, escrita numa época em que desfrutar dessa liberdade era algo relativamente novo para mulheres da classe social da escritora.

No filme *Cléo das 5 às 7* (1962), de Agnès Varda, a protagonista, uma linda cantora, aprende a ver Paris por novas lentes e, em troca, é ela própria transformada pela cidade. Os planos das ruas e cafés parisienses de Varda evocam os breves vislumbres da vida nos quadros de Manet, o ponto de vista da *flânerie* à luz do cinema. Cléo começa o filme como uma mulher egocêntrica e vaidosa, esperando ansiosamente o resultado de uma biópsia. Ao se deixar absorver pelo tecido da cidade, dissolvendo-se na multidão, ela se transforma. Mas, antes que possa fazer isso, tem de se fazer também anônima. Como performer e objeto do desejo masculino, está mais acostumada a ser olhada do que a olhar. Ao tirar a peruca e substituir as roupas chiques por um vestido preto simples e usando óculos escuros, ela consegue alcançar certo grau de anonimato. É um lembrete de que uma mulher ainda precisa se valer de disfarces para cruzar a cidade. A atenção masculina indesejada era uma ameaça em 1962, como é até hoje. Como a *bargirl* no *Folies-Bergère* de Manet, Cléo precisa colocar uma máscara apropriada ao jogo.[45]

O ensaio de Woolf e o filme de Varda não apenas destilam o prazer de perambular pela cidade a pé, mas também dão uma medida de como o passeio, a caminhada sem rumo, intensifica nossa relação com o ambiente construído. Como Henry James, nós tomamos "posse" do lugar onde moramos quando encontramos formas de mapeá-lo mentalmente. Enquanto criaturas territoriais, sempre buscando padrões, os seres humanos são bons em impor sua própria ordem ao ambiente em que vivem, humanizando a paisagem urbana proibitivamente vasta, de modo a torná-la habitável. As experiências de George Sand, Lily Wilkinson, Virginia Woolf e Agnès Varda mostram quão poderosa é essa urgência, mas também quão atravessada por barreiras e perigos. A chegada da flâneuse coincidiu com a proliferação de carros e sistemas viários, fazendo da cidade um terreno ainda menos convidativo para o pedestre.

Georg Simmel — junto com incontáveis escritores e sociólogos — via a cidade moderna como uma Babilônia de dimensões devastadoras para os indivíduos. Mas, com isso, ignorava a capacidade humana de dividir e reinventar essa Babilônia, tornando-a habitável.

A profunda sensação de alienação vivenciada por pessoas sob o impacto da Síndrome de Paris — aquele coquetel de anticlímax e solidão — é uma versão exagerada de como todos nós podemos nos sentir em uma cidade, e também uma manifestação extrema de como todos nós, em alguma medida, ficcionalizamos lugares e os dotamos de significado. O fato de que prosperamos em meio ao tumulto e à transitoriedade da metrópole moderna atesta a força de nossas estratégias adaptativas.

Sigmund Freud foi quase destroçado por Paris. Mas fez as pazes com ela pela imersão total na cidade, desenhando-a e descrevendo sua topografia com detalhes em cartas para sua noiva. Depois de alguns poucos meses, ele passou a amar a cidade, como resultado de ter se tornado íntimo dela. A história e a literatura da *flânerie*, da psicogeografia, da topografia profunda — não importa que nome damos ao fenômeno — nos ensinam muito sobre como desfrutar da vida na cidade e do próprio turismo urbano. Grandes edificações e monumentos dão à cidade a ilusão de ser algo de natureza estática e atemporal. Contudo, as cidades são mais bem representadas em movimento, na vida cotidiana de seus habitantes e nas dobras e tecidos conectivos que sustentam seu organismo. O ato de caminhar é o que torna uma cidade habitável e, acima de tudo, prazerosa. Essa é a maneira de sobreviver numa cidade, seja você residente ou visitante.

11. Almas de arranha-céu

Nova York, 1899-1939

O clarinete toca, e vemos o contorno escarpado dos edifícios no horizonte de Manhattan, seguido por uma série de imagens icônicas em preto e branco: a Broadway, Queensboro Bridge, cartazes piscando em neon, restaurantes, escadas de incêndio, multidões e, claro, arranha-céus, muitos arranha-céus dominando a cena — de dia, formam um conjunto assombroso; à noite, uma terra da fantasia reluzente, com milhões de lâmpadas acesas. "Capítulo 1. Ele amava Nova York", diz a voz em off. "Ele a idolatrava sem restrições. Hum, não, quem sabe: Ele... Ele... Ele a *romantizava* sem restrições. Assim fica melhor. Para ele... Não importava a estação: esta era sempre uma cidade que existia em preto e branco, pulsando ao som das canções de George Gershwin."

Assim começa *Manhattan* (1979), de Woody Allen. Enquanto Ike, o protagonista, recita em voz alta as várias versões das primeiras palavras de seu romance nova-iorquino, vemos a cidade em todo o seu esplendor e a noite iluminada pelo neon, ao som inebriante de "Rhapsody in Blue". Os paredões de concreto de Manhattan são duros e ameaçadores, mas também são fascinantes. É uma fortaleza por invadir. Ike teme que sua frase de abertura seja melosa demais. Vale a pena romantizar a cidade, ou será ela "uma metáfora para a decadência da cultura contemporânea"? Trata-se de um espaço etéreo, onírico, ou um pardieiro de lixo e gangues? É uma cidade dedicada à alta cultura ou um antro de "lindas mulheres e malandros que parecem conhecer todos os trambiques e estratagemas"? No fim, Ike opta pela ideia de que seu próprio personagem espelha aquela cidade entrincheirada que ele ama e que, em grande parte, o moldou: ela é dura e romântica.

A sequência de abertura nos leva direto para os primórdios do cinema: desde o início, o olhar do cinema se voltou aos edifícios gigantescos do século xx. A hipermodernidade do cinema fascinava-se com a hipermodernidade do arranha-céu. Nos primeiros tempos de Hollywood, a cidade não era outra que não Nova York, e Nova York era a cidade por excelência — símbolo e sinédoque de tudo que é urbano e futurístico.

As novas edificações verticalizadas de Manhattan eram o tema ideal para o cinema. Ocupam a tela inteira. O amor da câmera pelo eixo vertical se expressa perfeitamente em um curta-metragem datado de 8 de outubro de 1902. O filme abre com uma cena na Quinta Avenida, com homens de bigode vestindo fraque e cartola e mulheres em saias longas. Vemos carruagens puxadas por cavalos, bondes e automóveis; ao fundo, um edifício aparentemente banal. A câmera, contudo, começa a se elevar, apontando sempre mais e mais para cima, como se abandonando o século xix e revelando, andar por andar, um arranha-céu do novo século: o recém-construído Fuller Building. Como o filme não deixa de explicitar de forma estonteante, o Flatiron (como o edifício veio a ser mais conhecido) era bombasticamente futurista, em franca oposição à velha rua. Em suma, o arranha-céu era um arauto da cidade vertical do século que despontava.

Para os espectadores de 1902 — em particular aqueles que não viviam em Nova York —, as imagens devem ter sido embasbacantes e perturbadoras a um só tempo: quando, afinal, a câmera alcançará o topo desse colosso? Passado um século, o mais interessante talvez seja o comportamento da multidão: as pessoas olham direto para a câmera. Muito provavelmente nunca tinham visto um aparelho como aquele antes. Aqui, portanto, imortalizado em um vídeo de pouco mais de um minuto, temos o encontro de duas tecnologias novas e sensacionais: a câmera de cinema e o arranha-céu.

Outro breve documentário, feito alguns meses depois pela Thomas A. Edison Inc. — *Arranha-céus de Nova York vistos a partir do North River, 10 de maio de 1903* —, revela uma faceta diferente: a combinação dos eixos vertical e horizontal capturada pela lente. Filmado de um barco em movimento, o belo contorno dos edifícios de Manhattan se desvela gradualmente, numa sequência de construções gigantescas que compõem uma paisagem urbana como nenhuma outra na terra. Em meio à floresta de edifícios, mal se vislumbra o pináculo da Trinity Church, ainda poucos anos antes o edifício mais alto da cidade. Os arranha-céus preenchem a tela com sua monumentalidade. Quando esse panorama foi filmado, 1,5 milhão de nova-iorquinos se dirigiam todos os dias aos escritórios da Lower Manhattan. O maior desses edifícios — o Park Row Building, com 391 metros de altura — contava com uma população diurna comparável a uma cidade de médio porte: 4 mil pessoas.

Em *Os arranha-céus de Nova York* (1906), um dos dramas mais antigos da história do cinema, não vemos nada além dos topos dos edifícios ao fundo. Com exceção de duas cenas internas, a película foi toda filmada entre as vigas de metal de um arranha-céu vertiginoso em construção no cruzamento da Broadway com a rua 12. Os pedreiros moviam-se com muita destreza no andaime estreito; a certa altura, um grupo perigosamente grande se agarra a uma corrente atracada a uma grua — uma grua que não vemos — e, como se saltando por sobre o parapeito, desaparece no abismo. A trama se desenrola em torno de uma disputa entre o empreiteiro e um operário, que leva ao clímax do filme, vendido como "um duelo emocionante no topo de um dos edifícios mais altos já erigidos em Nova York".

Os numerosos blocos de escritório de Manhattan eram um bom símbolo para a cidade. Mas o desejo pelas alturas na virada do século tornou dramaticamente visível os problemas da metrópole: em Nova York, as pessoas competiam por espaço. As limitações geográficas da ilha, seu sucesso florescente e sua atitude mais liberal em questões de planejamento urbano comprimiram a população, o comércio e as atividades econômicas em geral numa proximidade intolerável. As docas eram um caos sem coordenação, com uma intensa competição pelos acessos. O suprimento de água era inadequado. Por volta de 1920, nos dias úteis, os 2 milhões de pessoas que viviam em Manhattan juntavam-se a outros 2 milhões de trabalhadores que vinham dos subúrbios, uma multidão que se lançava ao mal-ajambrado sistema de transporte público para chegar ao centro, onde se amontoavam sedes de corporações, bancos, firmas de advocacia, pequenas fábricas clandestinas, lojas de departamento famosas e cortiços apodrecidos. Em certas partes do Lower East Side, a densidade populacional era de mil pessoas por acre (ou 0,4 hectare, o equivalente a 4 mil metros quadrados), uma situação comparável à de Dharavi, em Mumbai, no presente século. Apertada por todos os lados, a cidade reagiu espichando.[1]

Para os críticos dos arranha-céus, seu súbito aparecimento era o triunfo indesejado do capitalismo irrestrito sobre o espaço público. "Nova York não tem horizonte", reclamava Montgomery Schuyler. "Só interrupções, das mais variadas alturas, formas e tamanhos. [...] Torres dispersas ou espremidas que nada têm a ver umas com as outras ou com o que há na rua." Cada vez mais numerosos, os arranha-céus de dezesseis andares incutiam nas pessoas o receio de que as ruas se tornassem pouco mais do que "trilhas obscuras quase perdidas entre as bases de precipícios perpendiculares".[2]

O sequestro da cidade pela especulação financeira e imobiliária transformou Nova York numa zona volátil. Os arranha-céus construídos nos anos 1880 e 1890 já estavam sendo demolidos nas décadas de 1900 e 1910, dando lugar a versões maiores, melhores e mais lucrativas. Determinados pelo mercado, pelo valor dos terrenos e pela moda, os arranha-céus eram em tudo mercadorias descartáveis. A nova cidade vertical, com seu contorno de edifícios corporativos, parecia refletir a economia: instável, impermanente e em fluxo constante.[3]

E o que acontecia, afinal, nesses ninhos de águia altíssimos no meio da cidade? Em um conto de 1905, intitulado "Psyche and Pskyscraper" [A mente e o arranha-mente], O. Henry assume a perspectiva de um habitante dos arranha-céus. Dali, ele escreve, "você pode [...] observar seus semelhantes noventa metros abaixo e desprezá-los como insetos". Dessa "perspectiva inconcebível", a cidade ganha um novo aspecto, "degradada a ponto de se tornar uma massa ininteligível de construções distorcidas". Quando se está confortavelmente aninhado no luxo e na riqueza, a cidade recua, tornando-se insignificante. E também seus habitantes: "Que importam as vãs ambições, os feitos, os amores desses insetos que se agitam lá embaixo, em comparação à imensidão serena e terrível do universo que se estende acima e ao redor da cidade insignificante?".

O arranha-céu parecia imprimir uma distância entre seus habitantes afortunados — os senhores das finanças — e a cidade e o povo que nela vivia. Que lhes importava a cidade que pisoteavam alegremente?

Apesar das vozes de oposição, as torres continuaram a subir. A Singer Tower, concluída em 1908 para a famosa empresa de máquinas de costura, sagrou-se o edifício mais alto do mundo, com 186 metros. Mas seu reinado durou apenas alguns meses, quando foi superada pela torre de cinquenta andares e 213 metros da Metropolitan Life Insurance Company, inspirada em um campanário renascentista italiano. Contudo, com seus mais de 240 metros de influência gótica, o Woolworth Building, de 1913, logo assumiu o topo. Iluminado à noite por holofotes, o Woolworth Building — ocupado por grandes empresas, com luxuosos saguões de entrada, restaurantes, lojas, os elevadores mais velozes do mundo e piscina — era o próprio epítome do glamour.

Os edifícios Singer, Metropolitan Life e Woolworth tornavam claras as forças megalomaníacas por trás da cidade vertical. Para as três companhias, seus edifícios eram, ao mesmo tempo, ativos financeiros e publicidade em escala monumental: apareciam em jornais, revistas, fotografias e filmes distribuídos no mundo inteiro; estampavam caixas de cereais, embalagens de café, cartões-postais e muito mais.[4]

Em 1914, o prefeito John Purroy anunciou a morte do arranha-céu. No dia da inauguração da pedra fundamental do novo Equitable Building, o prefeito comentou que aquele talvez fosse o último arranha-céu a ser levantado em Nova York. Descrito como o maior edifício de escritórios do planeta, a construção ocupava uma área de menos de 4 mil metros quadrados, oferecendo, contudo, cerca de 110 mil metros quadrados ao longo de 36 andares para 15 mil trabalhadores. Embora não fosse o mais alto da cidade, o prédio tomava um quarteirão inteiro, lançando sua sombra sobre 30 mil metros quadrados e condenando os prédios com menos de vinte andares das redondezas a uma penumbra permanente. Quando o Equitable foi inaugurado em 1915, a economia encontrava-se em queda, com alto índice de desocupação nos escritórios. O Equitable foi visto por seus vizinhos como ladrão não apenas de luz do sol e ar, mas também de locatários. Nos arranha-céus, a especulação era uma luta implacável.[5]

Aqui tínhamos o exemplo supremo de como o livre mercado podia arruinar uma cidade por meio de um capitalismo caótico. Mas nem a lei nem a cidade impediriam o surgimento de novos arranha-céus. Outros foram anunciados, transformando as ruas de Manhattan em cânions sombrios e estreitos, os especuladores batalhando entre si por luz e espaço nas alturas. Em *Manhatta* (1921), curta-metragem pioneiro, a câmera se lança sobre Nova York com avidez. Mas a experiência é desconcertante. A câmera aponta para baixo ameaçadoramente, do topo dos edifícios, como se da perspectiva de um ninho de águia ou de um atirador de elite, mirando a população minúscula na rua.

Trata-se de uma metrópole de linhas geométricas marcadas, torres espectrais e andaimes que parecem jaulas. O vapor flui dos prédios gigantes, das chaminés e dos navios; veículos com aspecto de brinquedo e homenzinhos idênticos movem-se numa regularidade de formiga. Não é bem uma metrópole, é uma máquina: um paraíso cubista de linhas verticais dramáticas e contrastes de luz e sombra.

Se essa era a metrópole do futuro, a perspectiva não era das melhores. A desilusão com a cidade vertical tornou-se generalizada. Nova York parecia fugir do controle, enterrando seus cidadãos debaixo de concreto e aço. O vilão da história, o Equitable Building, obrigou a cidade — que sempre adotara uma atitude mais liberal, sem planejamento — a aprovar sua primeira Lei de Zoneamento em 1916, regulando a altura, o tamanho e a disposição de seus prédios. O zoneamento impedia que fábricas invadissem os distritos comerciais e residenciais, protegendo também estes últimos dos avanços de edifícios empresariais. A lei, por fim, proibia a construção de prédios monumentais na maior parte da cidade. Onde eram permitidos — Lower Manhattan —, os arranha-céus teriam que se conformar a novas restrições. Qualquer parte de um edifício duas vezes e meia mais alta que a largura da rua à frente tinha que recuar, de modo que a luz e o ar pudessem alcançar o pedestre. Os arranha-céus já não voltariam a se erguer de forma tão livre e monótona, roubando o sol da cidade.

No entanto, em vez de encerrar os experimentos em urbanismo vertical, a Lei de Zoneamento deflagrou acidentalmente uma era de ouro dos arranha-céus, estabelecendo as bases para a criação da cidade que continuou a fascinar os cineastas.

"Nova York — cidade do encanto, do delírio — aterradora, sedutora, magnética." Essas são as palavras que abrem a obra-prima do cinema mudo *East Side, West Side*, de 1927, dirigida por Allan Dwan. E então vem a primeira imagem: as torres de Manhattan ao amanhecer, atrás da ponte do Brooklyn. A câmera revela novas levas de arranha-céus, e então surgem as palavras: "Cidade eternamente em construção, demandando avidamente aço e pedra, concreto e tijolo, os corpos e as almas de muitos homens: derrubando os arranha-céus do passado para erigir os sonhos do amanhã até as alturas celestes". A câmera retorna para o cais, onde um jovem bonito e musculoso, John Breen (interpretado por George O'Brien), está sentado, observando o cenário deslumbrante do rio.

A água fluindo faz parecer que a cidade dos arranha-céus está, de certa forma, viva — uma ilusão incrível. John cresceu numa barca velha que transporta tijolos para canteiros de obra na ilha de Manhattan. Ele se abaixa e pega um tijolo. A tela então é tomada por um vasto arranha-céu, cuja torre se sobrepõe perfeitamente ao tijolo, agora transfigurado no edifício que John sonha construir para Nova York. A visão esvanece. John se ergue e olha para a cidade, numa postura de poder e bravura; o vento sacode suas roupas remendadas. Energizado, ele corre pelo píer, com o contorno glorioso dos edifícios de Manhattan pairando sobre si.

East Side, West Side é notável por sua bela cinematografia da cidade. Depois de perder os pais em um acidente, John cruza o rio para Manhattan, onde se vê no olho do furacão do Lower East Side. Ele trabalha como boxeador e como operário, labutando debaixo da terra, nas fundações de novos arranha-céus. Após uma série de aventuras, realiza o sonho de se tornar arquiteto, o construtor-mestre da cidade que idolatra. Na cena final, filmada no topo de um arranha-céu, o interesse romântico de John, Becka, comenta: "Construir, John — sempre construindo. Nós demolimos e construímos. Quando isso vai parar?". John responde: "Quando tivermos construído a cidade perfeita, Becka... A cidade dos nossos sonhos!".

"A reconstrução de Nova York está a todo vapor!", comentou o *New York Times* em novembro de 1925, capturando o entusiasmo e a autoconfiança bombástica da Gotham City à época.

> Em todas as mãos os martelos cortam o ar. Os motores assobiam e gemem. Feixes de vigas ascendem às maiores alturas, muitas vezes com um operário de capitão, a mão no leme da grua. Nenhum agente humano poderia contar as toneladas de aço, pedra e tijolo que se suspendem todos os dias, tonelada sobre tonelada, até que um novo arranha-céu surja no lugar de uma estrutura mais baixa.

O boom da construção criou novas possibilidades cinematográficas. Filmes como *The Shock Punch* (1925), rodado com câmera de mão no alto de um andaime no Barclay-Vesey Building, juntam-se a inúmeras fotografias famosas de trabalhadores equilibrados a centenas de metros de altura, almoçando, jogando golfe e coisas do tipo. O filme apresenta um rapaz formado numa universidade de prestígio que quer dar provas de masculinidade trabalhando como rebitador nos cumes da cidade. "Um arranha-céu em construção é uma das visões mais emocionantes da cidade moderna", escreveu um jornalista. "Talvez você tenha reparado nos homens trabalhando nas vigas expostas. [...] É um operário com postura de acrobata, habilidade de malabarista, força de ferreiro e um senso de trabalho coletivo digno de um jogador de beisebol." Na época heroica da construção de arranha-céus, os homens que arriscavam a vida para construir a nova metrópole eram adorados como forças sobre-humanas.[6]

O centro de gravidade do mundo estava de mudança para os Estados Unidos. Nova York havia tomado o lugar de Londres não apenas como a maior cidade do globo, mas também como sua capital financeira, comercial e cultural. Assim como a profusão de arranha-céus de Shanghai coroou a rápida urbanização da China do século XXI, com centenas de milhões de pessoas transferindo-se da pobreza rural para as cidades, a ascensão estratosférica de Gotham marcou a emergência dos Estados Unidos enquanto sociedade urbana. Em 1920, pela primeira vez, mais de 50% da população do país vivia em cidades; ao fim da década, havia 2479 arranha-céus em Nova York — 2 mil a mais do que havia em Chicago, sua rival mais próxima em termos de verticalidade.

O modo como Gotham se desenvolvia tinha tudo a ver com as restrições da Lei de Zoneamento de 1916, que forçava os arquitetos a imaginar formas criativas de preservar a luz e o vento no nível da rua. Como disse um empreiteiro da época, o zoneamento deu "ao desenho arquitetônico de arranha-céus o maior ímpeto de sua história", produzindo "um horizonte piramidal belo e novo". Os arranha-céus dos anos 1920 — como os que John Breen sonhava construir em *East Side, West Side* — afastam-se da rua numa série de níveis ou recuos, como nas cadeias de montanhas, nos castelos com ameias ou nos zigurates mesopotâmicos. (A base do Empire State Building, por exemplo, conta apenas cinco andares; a partir daí, o edifício se afunila.) Muito a propósito, numa década de triunfos americanos, esse estilo radical foi aclamado como peculiarmente americano, nascido de "um novo espírito, que não é nem grego, nem romano, nem clássico, nem renascentista; é a marca do hoje". Alguns classificaram os novos arranha-céus como "neoamericanos", associando-os às pirâmides mesoamericanas e marcando um distanciamento em relação à obediência servil ao Velho Mundo.[7]

A câmera fazia de Nova York uma cidade futurística, um lugar de romance e desejo que mostrava ao mundo como deveria ser uma metrópole global. Assim lembrou Jean-Paul Sartre sobre o final da década de 1920: "Quando tínhamos vinte anos, ouvimos falar dos arranha-céus. Nós os descobrimos, espantados, nos filmes. Eram a arquitetura do futuro, tal como o cinema era a arte do futuro". As torres de Manhattan não eram simplesmente edifícios. Em 1922, Hugh Ferriss, arquiteto e promotor dos arranha-céus, escreveu: "Não estamos contemplando a nova arquitetura de uma cidade; estamos contemplando a nova arquitetura de uma civilização".[8]

O sucesso da nova onda de arranha-céus provocou uma coisa rara: um surto de otimismo em relação a tudo que era urbano. No livro *The Metropolis of Tomorrow* (1929), Ferriss apresentava ilustrações descrevendo as cidades do futuro, dominadas pelos zigurates perfeitamente espaçados, ao estilo nova-iorquino. Enquanto os arranha-céus anteriores à Lei de Zoneamento (1916) representavam uma ameaça caótica, os dos anos 1920 prometiam ordem e beleza: eram os elementos constitutivos de um novo tipo de metrópole no congestionado século XX, uma resposta aos problemas da humanidade.

A relação benéfica entre a rua e as alturas representou a conquista suprema dos arranha-céus de Nova York nos anos 1920. Sua monumentalidade não perdia de vista o humano. No século XXI, Hong Kong e Tóquio são exemplos de cidades que souberam mesclar arranha-céus com uma vida urbana pulsante, conservando uma mistura de lojas e atividades no nível da rua, em contraste flagrante ao efeito higienizador e amortecedor de outras cidades verticais.

A importância da conexão psicológica entre a pessoa na rua e o novo arranha-céu era central ao pensamento de muitos arquitetos dos anos 1920. Ralph Walker, arquiteto responsável por alguns dos arranha-céus mais impressionantes de Nova York nesse período, acreditava que os modernos e vastos edifícios deveriam ser obras de arte que, além de se mesclarem em harmonia com a paisagem urbana, também deixavam as pessoas "fisicamente confortáveis e mentalmente felizes". Os arranha-céus, argumentava ele, devem servir não apenas aos proprietários e aos indivíduos que neles trabalham, mas às centenas de milhares de citadinos que os veem todos os dias e que constituem seu público. "A arquitetura do futuro", dizia ele, "terá de ser terapêutica".[9]

Inspirado pelos desenhos de Ferriss, o primeiro grande trabalho de Walker foi o Barclay-Vesey Building. Walker tratou de suavizar o que de outra forma seria apenas uma massa austera, recorrendo assim a ornamentos em alto-relevo: ramos, gavinhas, cavalos-marinhos, pássaros, esquilos e cabeças de elefante. No Western Union Building, obra posterior, Walker nos conduz por dezenove cores diferentes de tijolos, do mais escuro ao mais claro, sugerindo crescimento. As cortinas de pedra no arranha-céu que construiu para a Irving Trust Company, em Wall Street, foram cinzeladas de modo a evocar cortinas de verdade, enquanto os terraços formados pelos recuos garantiam espaço para vegetação e jardins. Decoração exterior e ornamentos humanizavam um vasto edifício, tornando-o parte do horizonte coletivo e membro cívico da rua.[10]

Walker também era bastante meticuloso em relação aos interiores de seus arranha-céus, fazendo deles espaços de trabalho humanos e emocionalmente enriquecedores. Hildreth Meière, a artista que trabalhou em muitos dos interiores de Walker, escreveu: "Os arquitetos que projetam nossos edifícios têm a responsabilidade de nos dar aquilo que demandamos: algo belo e eficiente". Quando as obras do Irving Trust Building terminaram, Walker comentou: "Todos nós percebemos que criamos algo que é moderno num sentido não apenas físico, mas também espiritual e mental. […] O arranha-céu é […] o único modo de habitação na era da máquina; é uma expressão e o reflexo da época".[11]

O cineasta alemão Fritz Lang, chegando a Nova York em 1924, foi detido no navio por uma noite pelas autoridades de imigração. Lang contemplou a cidade, enfeitiçado: "Os edifícios pareciam um véu vertical, leve e cintilante, um pano de fundo luxurioso, suspenso no horizonte escuro com o objetivo de impressionar, distrair e hipnotizar. A visão de Nova York é suficiente para transformar esse bastião da beleza no tema de um filme".[12]

Lang levou suas lembranças do horizonte de Nova York para Berlim, onde ele e sua equipe construíram uma cidade em miniatura. A cidade resultante que vemos em *Metrópolis* (1927) é impressionante. Com efeitos especiais inovadores, o filme trazia para as telas a cidade do futuro — de 2026, para ser mais preciso. A beleza etérea da cidade vertical de Lang é complementada por sua energia vulcânica, sustentada por um exército de escravizados e proletários-zumbis que labutam numa cidade subterrânea, muito abaixo dos arranha-céus majestosos.

A lição de moral de *Metrópolis* está enraizada na história e nas antiquíssimas críticas ao mundo urbano: é a história da Torre de Babel e da Babilônia, contada para o século xx. Seu principal atrativo para os espectadores em 1927, contudo, era a visão de ficção científica futurística de Nova York e seus efeitos especiais avançados. Ali já se entrevê a cidade do amanhã: ela fica a apenas um salto da Nova York da década de 1920. Lang recorreu à animação para exibir vastos arranha-céus, espaçonaves, automóveis em rodovias de múltiplas pistas, pontes aéreas e trens entrecruzando viadutos suspensos entre as torres.

Just Imagine, suntuosa comédia musical hollywoodiana de 1930, passa--se numa Nova York de 1980. Inspirada pelas visões utópicas de Hugh Ferriss e Harvey Wiley Corbett, uma equipe de 205 projetistas e técnicos criou uma cidade-modelo gigantesca ao custo estupendo (para a época) de 168 mil dólares. Enquanto *Metrópolis* apresentava um pesadelo urbano, *Just Imagine* oferecia uma Nova York de imensas torres em estilo art déco, conectadas por avenidas e passeios. As pessoas voam por entre os prédios em aeronaves particulares. O filme mostrava em 3-D as teorias de Ferriss e outros, trazendo aos espectadores um vislumbre do futuro. "No futuro, quando a evolução da cidade estiver completa", escreveu Ferriss, "a população de Nova York viverá realmente nas alturas."[13] Seja a metrópole de *Just Imagine* ou a de *Blade Runner*, o fato é que nossas ideias sobre o futuro estão ligadas às nossas esperanças e aos nossos medos em relação à cidade.

No século xxi, todas as noites, milhares de pessoas se aglomeram no famoso Bund de Shanghai para ver os arranha-céus no distrito financeiro de Pudong, do outro lado do rio, iluminado por luzes de todas as cores — uma visão sem-par, futurística e excitante. Os cineastas de hoje sentem-se tão atraídos por Shanghai como seus antepassados por Manhattan. Os arranha-céus ultramodernos da cidade foram usados em *Missão Impossível 5* e em *007 — Operação Skyfall*; no filme *Her* (2013), de Spike Jonze, uma Los Angeles futurista é criada a partir de imagens dos prédios hipermodernos de Shanghai.

Em fins do século xx, mesmo aqueles que defendiam a cidade a chamavam de "pântano do Terceiro Mundo". Coberta pela poluição e desfigurada pela negligência, os dias de glória de Shanghai haviam ficado para trás, no distante período pré-comunista, quando ela era conhecida como a "Paris do Oriente". No início dos anos 1990, não havia arranha-céus modernos, shopping centers, viadutos ou metrô; os maiores prédios eram ainda as obras-primas de mármore em art déco da era do jazz, então decadentes; e mesmo os interruptores de luz datavam de antes da Segunda Guerra Mundial. Até 1983, o edifício mais alto de Shanghai era o Park Hotel, na Nanjing West Road, construído em 1934, com 83 metros de altura.[14]

Entretanto, em 1991, Jiang Zemin anunciou que Shanghai seria a "cabeça de dragão" da modernização da China, seu ponto de contato com o mundo. Quase da noite para o dia, a cidade dilapidada e empobrecida tornou-se um centro em expansão frenética, com 1 milhão de trabalhadores atuando na construção civil e 20% dos guindastes do mundo operando incessantemente, espalhados por 23 mil canteiros de obras. Uma faixa de terra agrícola pantanosa chamada Pudong transformou-se em uma das mais fantásticas paisagens urbanas do planeta, uma floresta de vidro e aço que contém alguns dos edifícios mais icônicos do século XXI, incluindo a sinuosa Shanghai Tower. Inaugurada em 2016, é o segundo prédio mais alto do mundo: 632 metros de altura. Com mais de 25 mil edifícios com vinte andares ou mais, Shanghai tem mais arranha-céus do que qualquer outra cidade no planeta. Seul, sua rival mais próxima em termos de verticalidade, tem 17 mil. Shanghai possui quase mil construções com mais de cem metros de altura, e 157 com mais de 150.

Como Tóquio, Hong Kong, Singapura, Bangcoc e Dubai, Shanghai se valeu do glamour do horizonte de edifícios não apenas para sublinhar sua ascensão econômica, mas também para criar as condições para o sucesso global. A partir dos anos 1980, Shanghai e várias outras cidades chinesas passaram por um verdadeiro surto de arranha-céus. A velocidade da urbanização foi tamanha que, entre 2011 e 2013, a China consumiu mais concreto do que os Estados Unidos em todo o século XX.[15]

As típicas silhuetas de arranha-céus nas cidades asiáticas marcaram, mais do que qualquer outra coisa, a reorientação da economia global em direção à Ásia. As cidades têm travado uma guerra arquitetônica total, extremamente cara. A era urbana do século XXI tem sido definida por essa intensa competição, em que as cidades se tornam palcos para a performance do capitalismo global, em constante transformação. Como no caso de Nova York no começo do século XX, a história do capitalismo pode ser lida no perfil esculpido da cidade: o que vemos ali não são bem edifícios de escritórios, mas plataformas de lançamento de mísseis, imensamente dispendiosas, apontadas para cidades rivais.

292

Se antes as cidades asiáticas tomavam emprestadas ideias ocidentais sobre urbanização, agora são as cidades ocidentais que se tornam mais asiáticas. É possível que nenhum lugar do mundo exemplifique isso tão bem quanto Londres, uma capital que por muitas décadas resistiu ao avanço dos arranha-céus. A necessidade de construções monumentais, de se reinventar a partir de uma silhueta de edifícios majestosos no horizonte, dominou Londres no começo do século XXI, de modo que os regulamentos em termos de planejamento urbano foram relaxados. Assim, os arranha-céus e grandes edifícios residenciais de luxo proliferaram numa velocidade estonteante, comparável ao que ocorreu em Shanghai. Nos primeiros dezoito anos do presente século, o número de arranha-céus altíssimos em cidades de todo o mundo saltou de seiscentos para 3251. A metrópole moderna está espichando numa velocidade assombrosa. Os desejos, as aspirações e o poder financeiro — para não dizer a virilidade — estão firmemente associados aos arranha-céus, aos escritórios e apartamentos luxuosos com vistas expansivas e, enfim, às qualidades fotogênicas da cidade.[16]

A vista para Pudong do rio Huangpu é uma das mais impactantes do mundo, um triunfo da ambição urbana e da renovação desenfreada. No entanto, deter-se entre suas torres é como parar no meio de um estacionamento desolado e sem alma nos confins da cidade. As torres são mais espaçadas do que parecem à distância — e muito menos impressionantes. Porém, adentrando uma dessas torres e subindo pelo elevador até a cobertura, a cidade inteira se desvela aos nossos olhos, abrindo-se em um panorama inesquecível. Pudong pouco difere das centenas de distritos repletos de arranha-céus ao redor do mundo. São partes de um espetáculo que só pode ser desfrutado à distância — ou em seu interior. Já o efeito sobre a cidade em si, no nível da rua, é terrível. Os arranha-céus de hoje localizam-se frequentemente em grandes *plazas* vazias; o vidro de suas fachadas ofusca quem os contempla, ocultando-lhe seu interior. A rápida "shanghaificação" das metrópoles do mundo nos últimos anos teve um forte impacto sobre como vivemos e como trabalhamos nas cidades, e não menos sobre seu aspecto e espírito.

A metrópole que deu à luz a visão da moderna cidade vertical global é bem diferente. A silhueta urbana de Nova York segue sendo a mais amada do mundo. Contudo, ao rés do chão, o centro de Manhattan não é tão higienizado quanto Pudong ou Singapura. A razão para isso tem tudo a ver com o modo como seus arranha-céus foram construídos no grande boom dos anos 1920. Em Manhattan, coisas, pessoas e atividades empilham-se umas sobre as outras de uma forma que difere bastante das comportadas metrópoles de arranha-céus do século XXI. A silhueta dos edifícios é tão dissonante quanto George Gershwin; é tumultuosa em vez de ordenada; é aleatória e experimental, não planejada.

O contorno magnífico de uma cidade de arranha-céus sempre nos comove. Mas também pode fazer com que a cidade pareça um bastião de privilégio, inalcançável para os forasteiros. Alfred Kazin, que nos anos 1920 era um rapazinho humilde vivendo no distrito de imigrantes judeus de origem russa em Brownsville, no leste do Brooklyn, escreveu: "Éramos da cidade, mas de certa forma não estávamos nela. Sempre que eu saía para fazer meu passeio favorito [...] e subia a colina até o velho reservatório de onde se podia ver os arranha-céus de Manhattan, eu via Nova York como uma cidade estrangeira. Lá, brilhante e irreal, a cidade tinha sua própria vida, como tínhamos a nossa em Brownsville".[17]

Há uma teoria que argumenta que se pode prever que uma crise econômica acontecerá sempre que um novo arranha-céu aparece alegando ser o edifício mais alto do mundo. A Singer Tower e o Metropolitan Life coincidiram com o chamado Pânico de 1907. O Woolworth Building chegou a tempo da Depressão de 1913. O World Trade Center e a Sears Tower foram inaugurados durante a crise do petróleo de 1973 e a subsequente crise que abalou o mercado de ações. As Petronas Towers, em Kuala Lumpur, na Malásia, tornaram-se as edificações mais altas do mundo à época da crise asiática de 1997. O estouro da bolha imobiliária de 2008 tem seu próprio monumento: o arranha-céu Burj Khalifa, inaugurado em outubro de 2009. Por fim, no mesmo dia em que a Shanghai Tower ficou pronta, o mercado de ações chinês despencou 7% em meia hora.

O boom dos arranha-céus dos anos 1920 foi interrompido, claro, pela crise de 1929. Os monumentos da Grande Depressão eram três: o Bank of Manhattan Trust Building, que superou o Woolworth para se tornar o prédio mais alto do mundo em 1930; o etéreo Chrysler Building, que conquistou o mesmo título alguns meses depois; e o majestoso Empire State, o recordista seguinte. Um jornalista escreveu que os arranha-céus dos anos 1920, particularmente esses três últimos gigantes, representavam "a materialização da finada bolsa de valores". Eles pairavam acima dos edifícios menores como se fossem um gráfico exibindo as cotações do dia com o preço das ações. Em 1930, contudo, já eram "testemunhas irônicas de esperanças colapsadas".[18]

Os investimentos em construção civil caíram de 4 bilhões de dólares em 1925 para 1,5 bilhão em 1930 e apenas 400 milhões em 1933. Quando o Empire State ficou pronto, uma força de trabalho de 3500 pessoas se viu sem emprego da noite para o dia. Durante a Depressão, 80% dos trabalhadores da construção civil ficaram sem ocupação formal, representando 30% do total de desempregados. A torre mais alta do mundo, carecendo de ocupantes, foi apelidada de "The Empty State Building" — com *empty* (vazio) no lugar de *empire* (império). Quando o ritmo incrível da construção de arranha-céus empacou, a crença de que Nova York se tornaria uma cidade inteiramente vertical desapareceu de repente. Como tantos fenômenos do mercado de ações, tal crença era produto da especulação desenfreada, não uma manifestação genuína de um novo e ousado sonho urbano. E os filmes captaram essa mudança de humor.[19]

Um grito na noite (1933) abre com a presença imponente de um arranha-céu no horizonte noturno. A primeira coisa que ouvimos é um grito horrendo, seguido pelo corpo de um milionário que acaba de saltar para a morte. Era chegada a hora do acerto de contas. Dizia-se que cada andar de um arranha-céu custava a vida de um operário que despencava durante a construção. Esses operários, ao que parece, estavam condenados a perecer por obra da mesma ganância corporativa e do mesmo desejo de poder que haviam destruído o país.

Essa atitude se expressa com força sombria no filme *Almas de arranha-céu* (1932), dirigido por Edgar Selwyn e adaptado do romance *Skyscraper* (1931), de Faith Baldwin. A história se centra em um arranha-céu ficcional — mais alto do que o Empire State — e segue as vidas entrelaçadas de trabalhadores e residentes. O proprietário, David Dwight (Warren William), sintetiza o comportamento dos anos 1920 quando descreve seu arranha-céu como "uma maravilha da engenharia, o espírito da época cristalizado em aço e pedra". O edifício é uma cidade: as pessoas se encontram e socializam nas áreas coletivas; há inúmeras lojinhas, farmácias, cafés, restaurantes, pequenas empresas, academias de ginástica, piscina, sauna e apartamentos — nestes, mulheres focadas em suas carreiras tocam a vida de forma independente, ainda que tendo de se proteger de possíveis predadores a todo instante.

O edifício é presidido pelo megalomaníaco Dwight, que se vale de sua posição para conseguir todo o poder — e todo o sexo — que deseja. Sua igualmente implacável assistente, Sarah Dennis (Verree Teasdale), é também sua amante, o que não o impede de seduzir a secretária de Sarah, a ingênua Lynn Harding (Maureen O'Sullivan). O único problema é que Dwight não é, de fato, o proprietário do Dwight Building — o "grande monumento ao seu ego", como diz um dos personagens. Dwight se aproveitou de sua posição como presidente de um grande banco para financiar a construção do projeto com a poupança dos clientes. Quando é chegada a hora de saldar a dívida de 30 milhões de dólares, ele se recusa a vender o edifício, ainda que fazê-lo implicasse algum lucro, bem como a salvação do banco e de seus pequenos acionistas. Levado pela obsessão do arranha-céu, Dwight manipula o mercado de ações e orquestra uma crise, arruinando todos ao seu redor: seus sócios, as mulheres que ele seduz, o banco, os pequenos investidores — muitos deles residentes do edifício que haviam tomado dinheiro emprestado para comprar ações superfaturadas. Todos declaram falência e têm a vida destruída, tudo para que Dwight tenha seu arranha-céu. No cenário apocalíptico que se segue, essas pessoas precisam barganhar, viram bajuladoras, oferecendo os próprios corpos.

Mas o sucesso leva Dwight à loucura. Quando anunciou que desejava construir um prédio de cem andares, ele diz, todos riram. "Mas eu tive a coragem, a visão, e agora ele é *meu*, ele me pertence. Chega a meio caminho do inferno e sobe até o céu, e é belo." Dwight se vangloria da indestrutibilidade do edifício. E dispara: "Um milhão de homens suaram para construí-lo. Minas, pedreiras, fábricas, florestas! Homens deram a vida por ele. [...] Não quero nem contar quantos operários despencaram dos elevados guindastes. Mas valeu a pena! Nada se cria sem dor e sofrimento, seja uma criança que nasce, uma causa que se vence, um prédio que se constrói".

No conforto de sua cobertura, separado do caos que criou, Dwight acha que é invencível, até que encontra seu destino nas mãos da assistente e amante descartada, Sarah, que o mata com um tiro. Ela põe fim ao desejo insaciável dele por carne e poder, mas, tomada pela dor, cambaleia até o parapeito da cobertura. De lá, vemos mais uma vez o maravilhoso horizonte de edifícios de Manhattan, que poucas vezes surgira na tela com um aspecto tão deslumbrante. Só que agora, naquele precipício desolado, ouvimos ventos frios soprando ameaçadoramente. Sarah hesita, pairando acima de centenas de arranha-céus. E então se joga. Em um momento verdadeiramente terrível do cinema, vemos seu corpo desaparecer no abismo em direção à rua. Os uivos do vento se tornam os gritos dos pedestres assustados.

Em 1932, numa América traumatizada pela Grande Depressão, *Almas de arranha-céu* expõe as paixões malignas que haviam esculpido a cidade. A beleza sublime confronta a exploração e a ganância desenfreada. O arranha-céu é uma máquina que tritura suas presas humanas, transformando civilizados citadinos em selvagens. Em filmes dos anos 1920, como *East Side, West Side*, chegar ao topo de um arranha-céu representava o triunfo dos sonhos mundanos. Cinco anos depois, em *Almas de arranha-céu*, o mesmo cenário é o local onde a ambição se depara com a *hybris*. O criador da torre é sacrificado no paraíso olímpico que criara para si mesmo. Sarah Dennis, a mulher forte e determinada que chega ao topo de Nova York, torna-se — em todos os sentidos — a mulher decaída, punida por desafiar as convenções.[20]

O desfecho de Sarah Dennis prefigura outra queda do alto de um arranha-céu — uma queda muito mais famosa, exibida em um filme do ano seguinte. Em *King Kong* (1933), um dos maiores sucessos de bilheteria de todos os tempos, a ilha de Manhattan se torna uma paisagem montanhosa, espelhando artificialmente os domínios nativos de King Kong: a ilha da Caveira. Ao ser capturado e levado para Nova York, Kong se entrega à fúria, rapta Ann Darrow (Fay Wray) e escala o Empire State Building, que ele toma como simulacro de seu trono nas montanhas da ilha da Caveira. Quando se liberta e se vê entre aqueles cânions densos e barulhentos que são as ruas da cidade, Kong põe abaixo a estrutura da ferrovia elevada na Sexta Avenida. Quando criança, o diretor de *King Kong*, Merian C. Cooper, não conseguia dormir por conta dos trens daquela linha: "Lembro de pensar como seria bom destruir aquela maldição".[21]

Kong realiza essa fantasia. Ele é uma força da natureza à solta na cidade, impondo sua vingança. Sua potência primeva ameaça o tecido do centro financeiro do mundo, o epicentro da Depressão dos anos 1930. A escalada de King Kong pelos prédios de Nova York, culminando no Empire State, é, ainda hoje, emocionante de se assistir. Quando destrói o trem e ascende pela torre mais alta que os mortais já haviam construído, Kong realiza nosso sonho de domesticar essas criações desumanas, libertando-se em meio ao ambiente artificial e conquistando o topo da montanha. Mas, tal como em *Almas de arranha-céu*, o preço por ousar alçar-se às alturas é a morte. Como outros que se arvoraram em senhores da cidade, a escalada perigosa de Kong ao topo resulta numa queda catastrófica.

O encontro vertiginoso de King Kong com Nova York reforça o argumento da crise dos edifícios na década de 1930. Contudo, na visão da Hollywood da época sobre Nova York — em particular sobre o desfile dramático de torres, que então mal contavam dez anos de existência —, estão embutidas múltiplas camadas de significado. O ano de 1933 foi de boa safra para a Nova York de celuloide. *King Kong* foi um sucesso de bilheteria. E outro sucesso foi o filme *Rua 42*, em que, apesar da Grande Depressão, ainda há energia suficiente para que as coisas continuem acontecendo na "jovial, imoral, travessa e espalhafatosa rua 42". O mito fundador da cidade — o de que qualquer forasteiro ou forasteira pode crescer na vida se trabalhar duro — é afirmado nas palavras do diretor Julian Marsh (Warner Baxter) para a corista Peggy Sawyer (Ruby Keeler): "Você vai novata, mas tem que voltar estrela!".

No sensacional número de encerramento do filme, as coristas se transformam em arranha-céus, recriando o panorama de edifícios de Manhattan, enquanto uma enorme torre se destaca, com Peggy e o protagonista masculino (Dick Powell) no topo, triunfantes. Lugar de ambição, de ganância e crueldade, mas também de fantasia, materialização tanto do capitalismo desbragado quanto da mobilidade social, o horizonte de edifícios de Nova York era o pano de fundo perfeito para a projeção dos sonhos de Hollywood nos exauridos anos 1930. Sempre atraída pelo fascínio do arranha-céu, Nova York mais uma vez se torna o espaço do glamour e da magia, símbolo da recuperação americana. Em 2 de março de 1933, *King Kong* estreou em Nova York. Dois dias depois, Franklin D. Roosevelt foi consagrado o 32º presidente dos Estados Unidos. Em 11 de março, *Rua 42* estreou no cinema.

Havia ainda outra Nova York que Hollywood gostava de retratar: a cidade dos cortiços abarrotados, do crime endêmico e das ruas sujas, com suas fileiras de citadinos e jovens etnicamente mestiços, de fala rápida e chistes espertos. A rua dos cortiços tornava-se o reflexo sombrio da terra da fantasia e dos arranha-céus luminosos que vemos no filme *Rua 42*. E, como o arranha-céu, o cortiço era um palco cinematográfico ideal, onde a vida se desenrolava; ambos são ícones de Nova York e instantaneamente reconhecíveis. Um dos filmes que mais influíram para consagrar os cortiços de Nova York como marca de Hollywood foi *Street Scene* (1931), de King Vidor, que dramatiza 24 horas em um quarteirão específico da cidade. Como em tantos filmes, a câmera flui do Chrysler Building e do Empire State para um mar de telhados de cortiços (o Lower East Side, lar abarrotado de 400 mil pessoas), focando, ao fim, em crianças na rua, brincando ao entardecer de um dia de verão escaldante. A rua é cheia de energia: eis a vida vivida na rua, lugar de fofocas, disputas mesquinhas, romances ilícitos e diversão.[22]

Aqui estamos de novo no coração do problema que confronta a América. Se Wall Street levou parte da culpa, o cortiço também. Mais de cinquenta filmes de gângsteres foram produzidos em Hollywood apenas em 1931. De onde veio essa epidemia de crime — é o que os filmes parecem dizer —, senão da própria cidade?[23]

O subtítulo de *Dead End* (1937) é "berço do crime", o berço sendo, no caso, a desolada rua de cortiços nas margens do rio, a rua 53 Leste, à sombra do Rockefeller Center. Enfrentando condições típicas de favelas e sem lugar onde brincar, a rua transforma as crianças em brutos desbocados, inclinados a brigas, ameaças e apostas, os gângsteres de amanhã, vítimas da Grande Depressão. O caminho inevitável para o crime é pavimentado pelo conhecido mafioso Hugh "Baby Face" Martin (Humphrey Bogart), que retorna por um dia à rua onde nasceu e ensina os garotos a usar um canivete. Os adolescentes do "beco sem saída" (*dead end*), por sua vez, doutrinam os meninos mais novos da vizinhança. A rua — uma congregação de delinquentes, criminosos, prostitutas, bêbados e parasitas — é um lugar perigoso e desesperançado. O personagem de Bogart conseguiu escapar dali tornando-se um gângster implacável. Dave (Joel McCrea), seu amigo de infância, estudou anos para ser arquiteto, e ainda assim não saiu daquele lugar. Até mesmo a virtuosa Drina (Sylvia Sidney) só consegue imaginar uma fuga do cortiço pelo sexo: casando-se com um milionário. A quadra é o inferno na terra; mas, como diz um policial, "é melhor do que o Harlem", relembrando ao espectador que aquela é apenas uma das incontáveis ruas sem esperança, apenas um dos becos sem saída.

Numa cena poderosa, Drina diz a Dave, o arquiteto sem sucesso, que ela tentou educar seu irmão mais novo, mas que o menino havia sido sugado pelo pântano da rua. "Ele não é um mau garoto", ela diz.

"Ah, que chance eles têm contra tudo isso?", responde Dave, lançando um olhar pelo cortiço, a voz embargada pela amargura e pela raiva. "Eles têm de brigar por espaço onde se divertir, então se acostumam a brigar. Passei a vida sonhando em demolir esses lugares."

"Sim, você sempre falou disso", murmura Drina. "Sempre disse que ia demolir tudo isso, todos os lugares desse tipo, e como ia construir um mundo decente, onde as pessoas poderiam viver decentemente."

O convidado de honra na estreia de *Dead End* era Robert F. Wagner, o senador nova-iorquino cuja Lei de Habitação, que tratava da remoção dos cortiços e da construção de moradias populares, entraria em vigor apenas cinco dias depois. Hollywood teve um papel fundamental em preparar o público para as reformas habitacionais do New Deal: no momento em que a Lei de Habitação entrava em vigor, milhares sentavam-se nos cinemas, escutando as fantasias de Dave sobre a demolição dos cortiços. Em outro filme muito influente que também ataca os cortiços no centro da cidade, *One-Third of a Nation* (1939), mais uma vez ouvimos a voz de Sylvia Sidney prometendo ao irmão aleijado que a cidade removerá os cortiços e construirá casas novas e "decentes": "Você não vai mais precisar brincar na rua. Haverá gramados e árvores, parquinhos para as crianças com balanços e uma quadra de handebol".[24]

Os cortiços eram o sonho de todo roteirista — lugares animados e interessantes que se prestavam a narrativas. Hollywood, claro, os amava, especialmente quando a narrativa seguia a linha dos populares filmes de gângsteres. Em filmes viscerais como *Street Scene*, *Dead End* e *One-Third*, a ideia de bairros da classe trabalhadora como espaços de comunidade e sociabilidade está inteiramente ausente. Aqui, são zonas de pesadelo. No entanto, por mais desagradáveis e sombrias que fossem, as ruas mais pobres de Nova York eram, na realidade, espaços multiétnicos ricos em textura, resiliência, empreendedorismo e, por vezes, alegria.

Mas isso, claro, você não encontraria em Hollywood. Os filmes seguem o compasso dos reformadores. Como Dave, o que eles queriam era demolir e construir tudo de novo. O desfecho de *One-Third* mostra o cortiço sendo derrubado e um novo conjunto habitacional sendo erguido: prédios de apartamentos de vários andares, espaçados entre áreas verdes — um oásis afastado da rua. A Babilônia caiu, e no lugar dela se constrói a Nova Jerusalém.[25]

Essa revolução já havia se iniciado quando o filme chegou às telas da nação. O conjunto habitacional Harlem River Houses foi concluído em 1937; no ano seguinte, foi a vez do Williamsburg Houses e do Red Hook Houses, no

Brooklyn; em 1939, ergue-se o maior projeto de moradia popular da história dos Estados Unidos: o Queensbridge Houses, com seis superblocos em formato de Y, com 3149 apartamentos e 10 mil residentes.

A indústria do cinema era tão dura em suas críticas à cidade moderna — às ruas agitadas, ao ambiente artificial, à mescla promíscua de etnias, à imundície do crime, da prostituição, da delinquência juvenil e da degradação moral — quanto qualquer reformista social ou modernista. O inquietante ar de ameaça que pairava no film noir refletia ainda mais o pessimismo em relação à cidade tradicional. Era preciso demoli-la.

Já fazia décadas que Nova York vinha negociando visões do futuro. A Grande Depressão cobrou a conta do glamour da paisagem de sonhos da cidade — mas só brevemente. Os projetos modernistas dos novos conjuntos habitacionais competiam com os arranha-céus do centro financeiro enquanto símbolos da utopia do século XX. O filme *One-Third of a Nation* e a inauguração do Queensbridge Houses coincidiram com a Feira Mundial de Nova York de 1939, que deu aos seus 45 milhões de visitantes uma prévia da "Metrópole de 1960", projetada por Norman Bel Geddes, designer de sets de filmagem, para a exposição *Futurama*. Todos os dias, 30 mil pessoas circulavam em teleféricos por sobre a imensa maquete animada da cidade de Geddes, que continha 500 mil edifícios, 1 milhão de árvores, rodovias de catorze faixas, aeroportos e, mais importante, 50 mil carros em movimento.

To New Horizons, filme em tecnicolor que acompanhava *Futurama*, argumentava que a evolução cultural da humanidade havia sido determinada pela liberdade que o movimento nos dera. A invenção e a popularização dos automóveis aceleraram e democratizaram o progresso, proclamava a narração em off. Geddes imaginava rodovias interestaduais conectando e remodelando as cidades americanas; enormes estradas também cortariam a cidade, interligando áreas industriais, comerciais e residenciais. Assim diz o narrador, dramaticamente:

> A quatrocentos metros de altura, pairam arranha-céus, com instalações convenientes para o descanso e o lazer de todos. Muitos dos edifícios contam com áreas de pouso para helicópteros e autogiros. Rica em luz do sol é a cidade de 1960. Ar puro, parques verdejantes, centros cívicos e recreativos. Um planejamento urba-

no moderno e eficiente. Uma arquitetura de tirar o fôlego. Cada quadra é uma unidade em si mesma.

O que já não há são as ruas bagunçadas. Os pedestres se apressam por sobre o tráfego, em passarelas elevadas. A câmera sobrevoa estradas, shopping centers e edifícios dispostos em parques cheios de verde.

O que vemos é uma utopia urbana imaginada para a era do automóvel. É a cidade tal como vista e proposta por Le Corbusier. "Uma cidade feita para a velocidade é uma cidade feita para o sucesso", escreveu o arquiteto. Para ele, a rua tradicional era uma "relíquia", "não funcional", "obsoleta" e "enojante". A vida moderna dependia da velocidade e da "geometria pura" de uma cidade ordenada e coerente. Le Corbusier amava os arranha-céus; contudo, ele queria suas vastas torres uniformes — para escritórios e residências — espaçadas entre parques, conectadas por rodovias elevadas.

Os projetos habitacionais que têm início nos anos 1930, como o Harlem River, o Williamsburg, o Red Hook e o Queensbridge, eram minitorres em parques, afastadas da rua. Muitos de seus projetistas eram discípulos do modernismo europeu, ou ao menos haviam sido influenciados por ele. Robert Moses, responsável — não eleito — pelo plano urbanístico de Nova York, era admirador de Le Corbusier e acreditava que "as cidades são feitas pelo e para o tráfego", que deve atravessá-las, não contorná-las. "Sua visão de uma cidade de arranha-céus e rodovias", escreveu o *New York Times*, "influenciou o planejamento de cidades por toda a nação" e fez de Nova York a primeira cidade da era do automóvel.[26]

No futuro, a maioria dos americanos teria seu próprio carro; a cidade tradicional, com suas ruas e bairros, já não serviria para eles. Moses levou a cabo a construção de 670 quilômetros de avenidas, treze vias expressas que cortavam a cidade e treze novas pontes. Como consequência, milhares de pessoas foram realocadas de suas vizinhanças, agora rasgadas por estradas gigantescas. Ele demoliu cortiços e transferiu mais de 200 mil nova-iorquinos para imensos conjuntos habitacionais, a maior parte deles bem distante de seus bairros de origem. Quando se remodela uma cidade para a era moderna, disse ele, "é preciso abrir caminho com um machado".

Com 110 edifícios de tijolos vermelhos e 11 250 apartamentos, a Stuyvesant Town-Peter Cooper Village foi construída para possibilitar que nova-iorquinos "vivessem em um parque — vivendo no campo bem no coração de Nova York", de modo a mostrar o que a vida urbana poderia e viria a ser. Para isso, 11 mil membros da classe trabalhadora do bairro tiveram de fazer as malas e se mudar para o que o *New York Times* chamou de "a maior e mais significativa realocação em massa de famílias da história de Nova York". O novo subúrbio, composto de grandes edifícios e jardins fechados no coração da cidade, foi feito para que "famílias de condições modestas pudessem viver em comunidades saudáveis, dignas e confortáveis, parecidas com parques". Por "famílias de condições modestas", entenda-se brancos de classe média.[27] A classe trabalhadora ainda teria que esperar por suas "torres no parque". Quando finalmente chegaram, foram construídas a preços muito mais baixos do que os 50 milhões de dólares despendidos na Stuyvesant Town. E foram também empurradas para a periferia. Os enormes conjuntos habitacionais de concreto, como o Queensbridge Houses, eram apenas o começo do drama vertical de concreto das habitações públicas.

A cidade vertical, feita para automóveis, tomava forma das mais diversas maneiras. A conjunção entre carros particulares e grandes torres hipnotizou urbanistas no mundo todo, especialmente quando vista pelas telas de cinema. Nova York, por sua vez, seguiu sendo o bastião do progresso metropolitano.

Numa época e numa cidade oprimidas por grandes edifícios, congestionamento, crime, colapso social e crise econômica, em tempos de alienação, solidão e anomia, foi sorte ainda haver heróis capazes de transcender a escala sobre-humana da metrópole de meados do século XX. Tais homens viam os arranha-céus não como monumentos proibitivos, mas como meras construções lúdicas. Sem se intimidar com a selva de pedra e com as grandes multidões humanas, eles permanecerão indivíduos, embora ocultos por trás de uma identidade dupla, como outros habitantes da metrópole fervilhante.

Aparecendo pela primeira vez em março e abril de 1939, respectivamente, Bruce Wayne e Clark Kent são homens solitários, dedicados a limpar suas cidades ficcionais, Gotham e Metrópolis, ambas baseadas em Nova York. Tal como seus alter egos — Batman e Super-Homem —, eles são figuras de escapismo, representando o desejo de realização pessoal. São vigilantes enfrentando os bichos-papões da vida urbana: as grandes corporações, o crime organizado, os políticos e policiais corruptos, os ladrões.

O arranha-céu se reduz a um grau humano quando o Super-Homem salta por cima dele com um único pulo ou quando o Batman o escala com extrema facilidade. Ambos se dissolvem na multidão e se tornam anônimos quando bem desejam. Como Clark Kent, Super-Homem é um profissional discreto e bem-comportado que perambula pela cidade sem ser notado. Não é mero acaso que Kent seja baseado em Harold Lloyd, ator do cinema mudo, de feições comuns, que se aventurava em arranha-céus. Além de enfrentar os suspeitos de sempre, Super-Homem é um guerreiro urbano: sua visão de raio X desvela os segredos da cidade. Em uma de suas primeiras histórias, tal qual um planejador urbano onipotente, ele destrói cortiços para obrigar o governo a criar melhores moradias para os trabalhadores pobres.

Batman e Super-Homem apareceram no momento certo. A cidade, gigante e superpopulosa, esmagava os indivíduos, e ambos os personagens enfrentam justamente as forças que oprimiam os citadinos do século xx. O arranha-céu estava destinado a se tornar a norma não apenas como local de trabalho, mas também como residência. Não é de admirar que os dois heróis tenham se tornado populares tão rapidamente. Batman e Super-Homem eram produtos da Grande Depressão e do crime organizado, da utopia urbana e da ansiedade em relação ao futuro vertical. Contudo, em 1939, eles representavam também uma forma de escapismo de problemas ainda maiores que rondavam as cidades.

12. Aniquilação

Varsóvia, 1939-45

Shanghai: aqui começou a Segunda Guerra Mundial. W. H. Auden e Christopher Isherwood visitaram a lendária, reluzente e impudica Concessão Internacional de Shanghai em maio de 1938, mas a encontraram abandonada, cercada por "uma paisagem lunar estéril, cheia de crateras", onde havia pouco se localizava a maior cidade da China. O horror total da Blitzkrieg, dos bombardeios aéreos, da invasão prolongada, dos atiradores de elite e das batalhas por cada rua e cada residência havia alcançado a megacidade chinesa bem antes de as cidades europeias se depararem com o mesmo pesadelo. Poucos meses antes, bombardeiros alemães haviam assaltado a cidade basca de Guernica em apoio ao general Franco, durante a Guerra Civil Espanhola. Depois de Guernica e Shanghai, o mundo estava de sobreaviso: a guerra aérea moderna era capaz de obliterar cidades inteiras.[1]

O cerco sangrento de Shanghai deu início à guerra entre Japão e China que vinha cozinhando em fogo brando havia muitos anos. Depois de três meses de bombardeio e de intensa guerrilha urbana, as forças chinesas se viram dobradas. Um vídeo de notícias da Pathé mostra as tropas japonesas avançando pela carcaça destruída de Shanghai, em meio a casas arruinadas, contra uma saraivada de tiros de metralhadora; a fumaça sobe dos telhados; tanques forçam passagem por sobre escombros de tijolos e metal retorcido; de acordo com a narração sombria, "bombas caem do céu como uma chuva de abril". A fotografia mais chocante dos anos 1930, *Sábado sangrento* mostra um bebê chorando nas ruínas da Estação Sul de Shanghai, depois de dezesseis aviões japoneses bombardearem os refugiados que tentavam escapar da cidade destruída. O fotógrafo, H. S. Wong, escreveu que seus sapatos ficaram ensopados de sangue quando cobria a carnificina; a plataforma e os trilhos estavam cobertos de membros humanos. Essa era a tortura imposta à quinta maior metrópole do mundo, com uma população de 3,5 milhões de pessoas.[2]

"A Concessão Internacional e a Concessão Francesa formam uma ilha, um oásis no meio da desolação impressionante e assustadora do que foi um dia a cidade chinesa", escreveram Auden e Isherwood em maio de 1938. "Nesta cidade — conquistada, mas não ocupada por seus conquistadores —, o mecanismo da antiga vida ainda roda, mas parece destinado a parar, como um relógio esquecido no deserto."[3]

O que aconteceu a Shanghai em 1937 foi a concretização de temores que cresciam desde o fim da Primeira Guerra Mundial. Romances, filmes, relatórios de defesa, estrategistas militares, teses acadêmicas e urbanistas andavam obcecados pelo destino das cidades na próxima guerra. No coração desse pensamento estava a noção de que as metrópoles tecnológicas modernas eram inerentemente frágeis: abalando-se o precioso e intrincado sistema vital de uma cidade — seu suprimento de energia, comida e água, a rede de transporte e a administração pública —, ela rapidamente resvalaria no caos primitivo. Não era necessário um grande salto imaginativo para visualizar o inferno representado por milhões de citadinos privados de água, comida, atendimento médico e abrigo. Os estadistas estavam desesperados para evitar a guerra a todo custo.[4]

Poucas coisas nos dizem mais sobre como as cidades funcionam do que a história das tentativas de obliterar cidades. Quando levadas ao limite, as cidades se revelam. Mesmo diante do apocalipse, em meio à urbe devastada, o relógio dá um jeito de seguir marcando seu tique-taque.

COMO MATAR UMA CIDADE, PARTE 1: OCUPAÇÃO

Muito antes de invadirem a Polônia, os alemães já traçavam planos para converter Varsóvia numa cidade-modelo nazista para 130 mil arianos. Ela contaria com casas medievais de madeira e ruas estreitas, dispostas em um grande parque. No entanto, relegados ao subúrbio na margem leste do rio Vístula, restariam 80 mil poloneses escravizados, a serviço de seus senhores germânicos.[5]

Ao planejarem a campanha antes da guerra, os generais alemães haviam sugerido que Varsóvia não precisava ser atacada, pois, uma vez que o exército polonês fosse vencido, o exército alemão poderia simplesmente se apossar da cidade. "Não!", gritara Hitler. "Varsóvia tem de ser atacada." Ele devotava um desprezo especial à capital polonesa. De acordo com uma testemunha, Hitler gostava de divagar sobre "como os céus escureceriam, e milhões de projéteis choveriam sobre Varsóvia, afogando a população em sangue. Nessas ocasiões, seus olhos quase saltavam das órbitas, e ele virava outra pessoa, subitamente tomado pelo desejo de sangue".[6]

O que é preciso para destruir uma cidade? A humanidade inventou uma variedade de meios para tal. Entre 1939 e 1945, quase todas essas táticas foram postas em prática na capital polonesa.

Varsóvia experimentou o terror dos ataques aéreos já no primeiro dia da Segunda Guerra Mundial — 1º de setembro de 1939. Nas semanas seguintes, à medida que o exército alemão desbaratava as forças de defesa polonesas e refugiados desnorteados afluíam para Varsóvia, a cidade se viu sujeita a ininterruptos ataques aéreos, que se tornavam mais ferozes com a aproximação da Wehrmacht. Ao bombardeio aéreo combinava-se a artilharia pesada. "Os danos em Varsóvia são colossais", reportou o *Warsaw Courier*, em 28 de setembro. "Eletricidade, tubulações, filtros e telefones não estão operando. Todos os hospitais foram bombardeados. [...] Não há um único edifício histórico ou monumento que não tenha sido total ou seriamente danificado. Ruas inteiras desapareceram." Nesse dia, Varsóvia capitulou ante os nazistas. Os poloneses emergiam dos porões para ver as ruínas esfumaçadas, impressionados com a rendição. Se tivesse de decidir por conta própria, a população provavelmente seguiria lutando. Os alemães entraram e ocuparam Varsóvia em 1º de outubro. No dia 15, a cidade foi entregue à administração colonial nazista, chefiada por Heinrich Himmler.[7]

Numa guerra à vida urbana, os nazistas puseram o coração da cidade abaixo, desnudando-o sistematicamente de seu significado cultural, político e econômico e suprimindo cidadãos comuns numa campanha de terror. Assim, universidades e escolas foram fechadas; manuais, livros de história e literatura de língua estrangeira foram confiscados; o teatro e a ópera foram banidos; as livrarias foram fechadas; os cinemas exibiam filmes "antigos" ou peças de propaganda; as casas de impressão silenciaram. Era proibido tocar qualquer música do principal compositor polonês: Chopin. Sua estátua no parque Lazienki foi arrancada do pedestal, o bronze sendo apresentado a Hitler; a de Copérnico foi apenas retirada, pois os nazistas alegavam que ele era alemão.[8]

Aos poucos, a memória da cultura e da história de Varsóvia foi apagada. Os alemães destruíram parcialmente tanto o Museu Nacional quanto a Galeria de Belas Artes Zacheta, confiscando o que sobrou. Os únicos livros publicados eram sobre culinária, conservação de alimentos, cultivo de vegetais e criação de animais domésticos. Sob o argumento de que escravizados não deveriam compreender o idioma de seus senhores, os poloneses foram proibidos de aprender alemão.[9]

Uma campanha de extermínio contra a intelligentsia de Varsóvia — Operação Intelligenzaktion — começou tão logo a Polônia foi conquistada. Hitler disse a Hans Frank, o chefe do Governo-Geral da Polônia, que os territórios ocupados eram "uma reserva polonesa, um grande campo polonês de trabalho", e campos de trabalho não necessitavam de artistas e intelectuais. "O caminhão da Gestapo é o flagelo de Varsóvia", escreveu Thaddeus Chylinski, vice-cônsul americano. "As pessoas têm calafrios quando esses caminhões passam pela rua. À noite tudo piora; todos rezam para que os caminhões não parem em frente a suas casas. O som dos freios é muitas vezes um arauto da tragédia." Em 1944, 10 mil membros da intelligentsia de Varsóvia já haviam sido assassinados.[10]

Os profissionais de classe média que sobreviveram às execuções e às prisões em massa foram forçados a buscar trabalho braçal ou a virar mendigos. Suas posições ficaram a cargo de colonizadores alemães. Os distritos mais salubres foram reservados para colonos, burocratas e soldados. Os novos senhores de Varsóvia — muitos deles de origem humilde no período anterior à guerra — mal podiam crer na própria sorte, escolhendo os melhores apartamentos, além de objetos de arte, joias, tapetes e mobiliário. Cartazes em que se lia "*Nur für Deutsche*" (Só para alemães) e "*Kein Zutritt für Polen*" (Entrada não permitida para poloneses) eram vistos em bondes, parques, espaços para crianças e restaurantes.[11]

Como haviam sido estilhaçadas nas primeiras semanas de conflito, as janelas em sua maioria eram tapadas com papelão. Varsovianos e refugiados retiraram-se para os subúrbios, onde as casas eram divididas e subdivididas em apartamentos menores. Em 1941, apenas 15% da população vivia em habitações com três ou mais cômodos. Durante o primeiro inverno — excepcionalmente frio — da ocupação, quando a temperatura desabou para –20°C, quase não havia carvão disponível para o aquecimento.[12]

A população se viu esfomeada, sobrevivendo das rações mais escassas. A cota mensal era de 4,3 quilos de pão, quatrocentos gramas de farinha, quatrocentos gramas de carne, 75 gramas de café e um ovo. Cerveja, vinho, manteiga, queijo e cigarros estavam completamente fora do menu, e havia pouco açúcar. Confrontados com a fome, os varsovianos voltaram-se para o mercado paralelo, contrabandistas de comida e vendedores de vodca, todos violentamente reprimidos pela Gestapo. "Os poloneses vinham se refestelando por vinte anos", diziam, "agora vão viver a pão e água." Um polonês, relembrando a infância na Varsóvia ocupada, quando coletava cascas de tomate da cozinha de um hospital das redondezas, escreveu: "Certa feita [...] conseguimos pôr as mãos num pão bolorento, que já havia sido comido por ratos. Mas estava bem gostoso".[13]

O povo de Varsóvia foi deliberadamente reduzido a uma população escravizada que se preparava para a possível demolição da cidade. Havia muitos empregos disponíveis, mas todos em fábricas produzindo armamentos para o Exército alemão ou na construção de aerocampos, fortificações e ferrovias. A vida nas ruas tornou-se sombria. Por toda parte ecoava o som dos calçados de madeira; o couro era caro demais. Os varsovianos vestiam-se com trapos; ninguém queria chamar a atenção. As pessoas vendiam seus pertences no meio da rua. Sem carros particulares, táxis ou veículos a cavalo, muitos indivíduos que antes eram funcionários de escritórios tornaram-se puxadores de carroça.

À noite, o toque de recolher esvaziava as ruas. De dia, alto-falantes tocavam música militar alemã e propaganda em polonês. A Gestapo patrulhava a cidade e mantinha a população aterrorizada, capturando esporadicamente homens e meninos para levá-los aos campos de trabalho forçado, enquanto mulheres e meninas eram sequestradas e estupradas. A Gestapo invadia blocos de apartamentos ao amanhecer, prendendo suspeitos de resistir contra a ocupação.[14]

Quando acusada de arrancar cartazes alemães, uma estudante de dezesseis anos foi executada pela Gestapo no dia seguinte; seus colegas de classe foram presos e nunca mais foram vistos. Um escoteiro de quinze anos foi prontamente morto a tiros por criticar a Gestapo. Uma senhora foi executada à queima-roupa por um oficial da Gestapo que pensou que ela havia ajudado um jovem a escapar de uma operação de captura. Estes são apenas três exemplos de terror diário. A população usava uma máscara de servilismo e indiferença no rosto. Ela tinha de fazer isso.[15]

"A vida se dá em silêncio", escreveu Zofia Nałkowska. Com a maior parte do tecido social da vida urbana dissolvida — jornais, clubes, escolas, sindicatos, universidades, livros —, os varsovianos acabaram se calando. Muitos passaram a beber. O desejo de permanecer vivo, encontrar carvão e comida, consumia as pessoas. O escritor Andrzej Trzebiński desabafou: "Estou sendo devorado pela minha vida de merda".[16]

A partir de setembro de 1943, o governador Frank passou a ordenar execuções aleatórias de trinta a quarenta pessoas de uma vez nas ruas de Varsóvia todos os dias. Entre 1941 e agosto de 1944, 40 mil varsovianos etnicamente poloneses foram executados em público e 160 mil foram deportados para os campos de trabalho forçado. Varsóvia se tornou uma cidade-prisão, governada pelo medo, com uma população escravizada mantida à beira da fome. Mas, dentro da prisão urbana, havia outra muito, muito pior. Nos meses que se seguiram à ocupação, as autoridades alemãs impuseram o trabalho forçado a uma comunidade judaica de 400 mil indivíduos, obrigando-os a limpar os destroços dos bombardeios; suas poupanças foram confiscadas, e cerimônias religiosas coletivas, proibidas. Em 1º de abril de 1940, começaram os trabalhos para a construção de um muro que circundaria cerca de 2 mil quilômetros quadrados na parte norte do centro da cidade. Claramente projetado para ser um distrito residencial judeu fechado, havia certa confusão sobre o que aconteceria ali. Só em agosto de 1940, os gentios poloneses foram obrigados a se retirar e os judeus varsovianos foram enviados para lá. Quando os dois grupos deram início à mudança, a cidade mergulhou no caos. "Por toda parte havia pânico, um terror histérico descontrolado", rememorou Bernard Goldstein. "As multidões ocuparam as ruas, uma nação em marcha."[17]

Em 15 de novembro, os portões foram fechados; 30% da população de Varsóvia se viu confinada a 2,4% da área da cidade, completamente isolada do mundo exterior, atrás de três metros de muro e arame farpado. A população cativa no gueto era uma mina de ouro para empreendedores germânicos. A partir de maio de 1941, a cidade dentro da cidade esteve cheia de pequenas fábricas, oficinas e depósitos, produzindo colchões e roupas e reparando equipamentos do Exército alemão.

Os suprimentos foram mantidos em níveis esfomeantes: 184 calorias diárias por pessoa, comparadas às 699 calorias (ainda insuficientes) destinadas aos poloneses gentios. (Uma pessoa gasta 3 mil calorias durante um dia de trabalho pesado.) As crianças se acostumaram a escapulir do gueto para obter comida; empreendedores judeus e gentios lucravam contrabandeando provisões. O gueto gastou 1,8 milhão de zlotys importando comida legalmente em 1941, mas recebeu um contrabando na casa dos 80 milhões. Os que podiam pagar — aqueles com negócios, empregos, poupanças ou posses para vender — obtinham comida nutricionalmente melhor. Os pobres, desempregados, órfãos, refugiados e velhos dependiam de sopas magras.[18]

Entre 1940 e 1942, mais de 80 mil pessoas — das quais 10 mil eram crianças — morreram de doenças e maus-tratos nas mãos dos alemães. Bernard Goldstein escreveu que "as crianças doentes jaziam, quase mortas, quase nuas, inchadas de fome, com feridas abertas, a pele como pergaminhos ressecados, olhos comatosos, respirando pesadamente com um ruído de guizo na garganta. [...] Amareladas e esqueléticas, imploravam na fraqueza: 'Um pedaço de pão... Um pedaço de pão...'".[19]

COMO MATAR UMA CIDADE, PARTE 2: BOMBARDEIOS

Hitler visitou Varsóvia pouco depois da tomada da cidade. Ao conferir as ruínas com um grupo de correspondentes estrangeiros, ele disse: "Senhores, vocês viram com seus próprios olhos como tentar defender esta cidade foi uma insanidade criminosa. [...] Eu só queria que certos estadistas de outros países que parecem querer transformar a Europa inteira numa segunda Varsóvia tivessem a oportunidade de ver, como vocês, o real significado da guerra".[20]

A Europa Ocidental experimentou o inferno urbano a partir de 1940. O centro de Rotterdam foi devastado em 14 de maio. Quando os alemães ameaçaram infligir o mesmo tratamento a Utrecht, a Holanda se rendeu. No dia seguinte, bombardeiros britânicos atacaram alvos militares alemães na Renânia, seguidos de alvos em Hamburgo, Bremen, Essen e outras cidades do norte da Alemanha.

Na realidade, os estragos em Varsóvia haviam sido provocados pela artilharia tanto quanto pelos ataques aéreos. A campanha britânica de bombardeios contra a infraestrutura militar e industrial alemã se mostrara lamentavelmente inadequada. A Luftwaffe havia sido projetada para apoiar operações militares por terra, não para destruir cidades. O foco da Royal Air Force (RAF, a Força Aérea Real britânica), por sua vez, era a defesa. Não obstante, as incursões britânicas nas cidades alemãs, embora dessultórias em 1940, levaram milhões de pessoas a buscar abrigo nos subterrâneos, aterrorizadas. Na noite de 25 de agosto, 95 aeronaves bombardearam Berlim. Hitler ficou fora de si: "Se declaram que atacarão nossas cidades, nós dizemos que erradicaremos as cidades deles. Chegará a hora em que um de nós se dobrará — e não será a Alemanha nacional-socialista".[21]

A ofensiva da Luftwaffe contra a Inglaterra teve início como a ponta de lança de um desembarque anfíbio. Quando a possibilidade de operações terrestres diminuiu, o bombardeio de cidades britânicas tornou-se uma campanha estratégica, visando destruir a indústria, abalando o moral dos civis e forçando o governo inglês a negociar. Londres sofreu primeiro: 13 685 toneladas de explosivos e 13 mil dispositivos incendiários choveram sobre a capital entre setembro e outubro de 1940. Depois, cidades nas Midlands e em Merseyside foram atingidas. A incursão contra Coventry (Operação Sonata ao Luar) foi devastadora: 503 toneladas de bombas, incluindo 139 minas de uma tonelada. O alvo era uma área industrial que produzia motores e componentes para aeronaves; como nuvens e fumaça obscureciam os alvos, bombas pesadas e incendiárias caíram sobre áreas residenciais, o centro da cidade e a catedral. O ataque destruiu 4300 casas e dois terços dos edifícios de Coventry, matando 568 pessoas.

O contra-ataque britânico foi ainda mais feroz. O marechal da RAF, Sir Arthur Harris, afirmou que o objetivo da ofensiva "deve ser anunciado sem rodeios, [...] [como] a destruição das cidades alemãs, a morte dos trabalhadores alemães e a disrupção da vida civilizada em toda a Alemanha". O bombardeio tinha de se concentrar nos mecanismos de apoio das cidades — isto é, os equipamentos públicos — e nas habitações; tinha de criar milhões de refugiados desabrigados e eviscerar o ânimo alemão. A destruição planejada das cidades era tão absoluta que Harris e outros estrategistas acreditavam que a Alemanha seria liquidada em alguns meses.[22]

Em 1942, porém, estava claro que o bombardeio das cidades alemãs não resultara no golpe fatal que se esperava, e muitos afirmavam que era porque as campanhas não haviam sido eficientes o bastante. Assim, a guerra às cidades se intensificou, mesmo quando as incursões aéreas não alcançavam os resultados desejados. Como bombardear fábricas não era suficiente, a Inglaterra passou a adotar uma política deliberada de arrasar cidades para reduzir a força de trabalho e abalar a população. Em um eufemismo tipicamente vil dos tempos de guerra, a nova medida era conhecida como uma política de "desabitação".[23]

O teste para os bombardeios aéreos foi feito na velha capital hanseática: Lübeck. Mas alcançar os mesmos resultados numa grande metrópole é mais difícil. A primeira incursão com mil bombardeiros se deu contra Colônia, em maio de 1942, obliterando 5,2% dos edifícios da cidade. Em seguida, ataques da mesma magnitude destruíram meros onze edifícios em Essen e 572 em Bremen. Mas, a partir de março de 1943, a Inglaterra tinha bombardeiros em número suficiente, além de bombas maiores, uma navegação aprimorada e modos de escapar dos radares inimigos, resultando em graves incursões e bombardeios nas cidades alemãs.

E tinham também a Força Aérea dos Estados Unidos. Maquetes das ruas alemãs foram construídas em Porton Down, em Wiltshire, e no Dugway Proving Ground, em Utah, para simular ataques incendiários e testar as melhores condições para tempestades de fogo. Pesquisa, incrementos técnicos e análises estatísticas buscaram todos os meios possíveis de aperfeiçoar a máquina de matar cidades. E mais importante: qualquer prurido moral em relação à matança indiscriminada de civis e à destruição total de seus hábitats urbanos já havia sido erodido. Em maio e junho de 1943, grandes frotas de bombardeiros arrasaram 80% da área urbana de Barmen e 94% de Wuppertal, devastando Colônia mais uma vez.

Mas a demonstração total de força do bombardeio urbano dos britânicos aconteceu em julho, na Operação Gomorra, tendo por alvo a segunda maior cidade alemã: Hamburgo. O nome da operação vinha do Antigo Testamento: "E então o Senhor fez chover fogo e enxofre sobre Sodoma e Gomorra. [...] Assim, Ele destruiu essas cidades e a planície inteira, incluindo todos os habitantes das cidades e tudo que crescia na terra".

As temperaturas elevadas do verão e a baixa umidade compunham as condições ideais para os bombardeios. Os dispositivos incendiários criavam chamas enormes que se mesclavam, lançando uma grande nuvem de ar quente para o céu. O calor sugava o ar das redondezas numa velocidade de furacão, elevando as temperaturas para oitocentos graus. Esses ventos da morte eram tão fortes que devastavam edifícios, sugando o oxigênio dos abrigos subterrâneos lotados, desenraizando árvores e puxando as pessoas para dentro do inferno. Ao fim do oitavo dia de ataque, 37 mil pessoas haviam perecido, 900 mil evacuaram a cidade e 61% dos edifícios de Hamburgo estavam destruídos.

A cada ataque aparentemente bem-sucedido, oficiais como Harris — agora mais convicto ainda, dado o aprimoramento da tecnologia dos bombardeios — exigiam uma escalada nas ações, alegando que mais do mesmo traria a "inevitável" rendição da Alemanha. Em 1945, as grandes frotas aéreas já eram capazes de transformar cidades inteiras em estéreis paisagens lunares. Na noite de 13 para 14 de fevereiro, algo em torno de 25 mil pessoas foram incineradas em Dresden, imolando uma área de 39 quilômetros quadrados. O dia seguinte testemunhou outro bombardeio cego. Pouco dias depois, 83% de Pforzheim estavam em chamas, contabilizando 17 600 mortos; 89% de Würzburg também sumiram do mapa. Em abril, com a guerra já quase no fim, Potsdam foi destruída.

Ao fim da guerra, 158 cidades alemãs haviam sido pesadamente bombardeadas, algumas delas sendo atacadas em múltiplas ocasiões, como Colônia, Munique e Berlim. Os centros históricos das cidades foram destroçados, e milhões de pessoas ficaram desabrigadas; 350 mil alemães morreram, e algo entre 50% e 60% da Alemanha urbana acabou pulverizada.

Uma cidade é como um organismo vivo. Se ainda há traços de vida, não importa a extensão da devastação, a cidade sobreviverá. De todas as formas de matar uma cidade, o bombardeio aéreo provou-se o menos efetivo. As cenas de devastação das cidades europeias, com seus edifícios arruinados, são terríveis. Contudo, a parte física da cidade é a de mais fácil reparo. Grandes metrópoles mostraram-se capazes de absorver níveis de violência inconcebíveis no período anterior à guerra. Em Coventry, por exemplo, a eletricidade foi restabelecida dois dias depois de a cidade ter sido arrasada; após uma semana, o abastecimento de água e o sistema telefônico já operavam normalmente; e, dentro de seis semanas, 22 mil casas ficaram prontas para receber residentes. Em março de 1941, em meio à blitz contínua, só 55 900 casas estavam à espera de reformas na Inglaterra; quase 1 milhão já haviam sido reconstruídas para a população.

O mesmo se deu na Alemanha, onde, apesar de 324 mil casas terem sido destruídas ou avariadas, 3,2 milhões de pessoas já haviam retornado às suas residências ao fim de 1943. Logo após o bombardeio em Hamburgo que incinerou 61% da cidade, água potável já era distribuída em tanques adaptados. A partir daquele dia, os serviços foram rapidamente restaurados e habitações temporárias foram oferecidas a 90% das 300 mil famílias que permaneceram lá, mas que tinham perdido tudo. Isso significa que, apenas quatro meses depois de sofrer os efeitos do equivalente a uma bomba nuclear de cinco quilotons, a indústria de Hamburgo já havia voltado a operar em 80% de sua capacidade. Do alto dos aviões de reconhecimento, a paisagem apocalíptica era visível, mas, em terra, a cidade fervilhava de vida.[24]

"Cidades destruídas podiam ser evacuadas, mas uma indústria destruída era difícil de substituir", disse Hermann Göring. Uma queda substancial na produção industrial não era tão evidente em cidades que haviam sofrido os chamados "bombardeios de área". Os bombardeios demandavam que recursos de defesa aérea, urgentes em outras partes, fossem redirecionados para a Alemanha. Contudo, a campanha de "desabitação" não colapsou o ânimo do inimigo, nem reduziu significativamente a força de trabalho nas fábricas.[25]

Não era fácil matar uma cidade, apesar do número horrendo de mortes e das privações. Enquanto as autoridades cívicas conseguiam garantir a oferta de serviços e alimentos, a vida urbana continuava. Até o fim da guerra, conforme a Alemanha implodia, o básico para a vida ainda alcançava milhões de civis. Tanto a Inglaterra quanto a Alemanha estabeleceram sistemas robustos que mitigavam os piores efeitos dos bombardeios de área. Esses recursos abarcavam desde abrigos subterrâneos até provisões emergenciais de serviços essenciais no rescaldo imediato dos ataques e além. Em ambos os países, forças de defesa civis foram convocadas para proteger o modo de vida de suas cidades: voluntários serviam como sentinelas, bombeiros, enfermeiras, socorristas, mensageiros e tudo o mais. As populações das cidades passavam por treinamentos preventivos em relação a ataques aéreos, recebendo instruções também em primeiros socorros, desarmamento e neutralização de bombas e outros dispositivos incendiários.

Esse sentimento de que todos estavam no mesmo barco e tinham um papel a desempenhar na guerra fortalecia a determinação da população. O pânico do começo da guerra se transformou numa resignação cansada à medida que o choque diante dos bombardeios diminuía. Em março de 1941, uma pesquisa de opinião na Inglaterra revelou que apenas 8% da população considerava os ataques aéreos o pior problema da guerra. Ao serem perguntados por que haviam perdido a guerra, só 15% dos alemães mencionaram ataques aéreos. A visão dramática de edifícios devastados não significava uma coesão social abalada; o espírito de milhares de cidades foi mantido vivo por suas respectivas populações.[26]

As pessoas tinham uma ligação profunda com suas cidades, seus lares, como espaços de familiaridade. Depois dos bombardeios, elas queriam voltar para suas vizinhanças o mais rápido possível. Como disse um oficial alemão aos seus soldados em um campo de prisioneiros de guerra em 1945: "Colônia foi evacuada seguidas vezes, mas mesmo assim os residentes dão um jeito de voltar para os escombros, simplesmente porque um dia chamaram aquilo de 'lar'. Associações passadas são tão mais poderosas do que as necessidades da guerra que os evacuados se ressentem de abandonar suas vizinhanças e voltam correndo tão logo cessa o perigo".[27]

Enquanto houver pessoas que lembrem e amem suas cidades, estas sobreviverão e renascerão. O melhor exemplo disso é o Japão, cujas cidades sofreram a ofensiva aérea mais abrangente da guerra. Uma das armas mais destrutivas utilizadas contra cidades em qualquer época foi a M69, bomba incendiária americana de quase três quilos. Lançadas em conjuntos de quarenta unidades dos bombardeiros B-29, as bombas despejavam globos flamejantes de napalm, de queima lenta, sobre os telhados de madeira dos lares japoneses. "Subitamente [...], vi um brilho no horizonte, como o sol nascente", lembrou um piloto americano na noite de 9 de março de 1945.

> A cidade inteira de Tóquio estava abaixo de nós, estendendo-se de uma ponta de asa à outra, ardendo em um único fogaréu imenso, enquanto novas cascatas de chamas eram despejadas dos bombardeiros B-29. A fumaça negra subia a milhares de metros, provocando poderosas correntes termais que fustigavam nosso avião gravemente, trazendo até nós o cheiro horrível de carne queimada.[28]

Naquela noite, em Tóquio, o ataque aéreo mais destrutivo da história matou cerca de 100 mil pessoas, muitas delas incineradas; 267 171 edifícios foram destruídos, 41 quilômetros quadrados foram devastados, e 1 milhão de pessoas ficaram desabrigadas. Daquele ponto até junho, quase toda cidade japonesa sofreu ataques com bombas incendiárias.

Essas bombas caíram sobre uma das culturas urbanas mais resilientes da história. Em Tóquio, viver à beira do desastre já era um estilo de vida: antes de 1945, a cidade experimentara repetidos ciclos de destruição e recuperação, sendo regularmente devastada por queimadas, enchentes, tufões e terremotos. A própria cultura urbana era marcada pela previdência e pela capacidade de restauração. Tóquio é também uma cidade que nunca teve uma forte tradição de planejamento urbano, desenvolvendo ao acaso cada bairro, cada edifício. Depois dos incêndios que arrasaram Tóquio no século xix, os distritos foram reconstruídos por seus residentes. O mesmo se deu após a passagem do Grande Terremoto de Kanto, de magnitude 7,9, em 1º de setembro de 1923, que matou 143 mil pessoas, destruindo a maior parte da cidade. Na época do terremoto, Tóquio tinha 452 associações de bairro espontâneas e auto-organizadas chamadas de *chonaikai*, cobrindo quase metade da cidade. Quando o desastre se abateu, elas formaram a base para a recuperação. Depois do terremoto, as *chonaikai* foram estabelecidas por toda a cidade.[29]

A reconstrução das tradicionais estruturas de madeira sempre aconteceu numa velocidade impressionante após os desastres. Mesmo depois do bombardeio cataclísmico de março de 1945, os sobreviventes desabrigados continuaram a habitar os destroços da cidade, construindo centenas de milhares de precárias estruturas de madeira, tal como seus antepassados haviam feito depois das conflagrações periódicas em Tóquio. Nos dias que se seguiram ao ataque, muitas pessoas passaram a viver em metrôs, túneis e buracos no chão; transformaram carcaças de bondes e ônibus em lares. Essas pessoas não desertaram da cidade; permaneceram entre suas ruínas e se puseram a trabalhar para reconstruí-la.

Em um clarão de luz apocalíptica, às 8h15 da manhã, no dia 6 de agosto de 1945, 64 quilos de urânio foram detonados sobre Hiroshima, liberando o equivalente a dezesseis quilotons de TNT. O calor — 4000°C — fez com que os edifícios no centro do ataque entrassem em combustão espontânea, eviscerando milhares de pessoas. A onda de choque deflagrou-se numa velocidade de 3,2 quilômetros por segundo, arrasando as construções em seu caminho; os raios gama e a "chuva negra" disseminaram a radiação ainda mais além. O impacto e a onda de choque aniquilaram tudo que havia em um raio de dois quilômetros, matando 80 mil pessoas numa população de 420 mil. Até o fim do ano, outras 60 mil morreriam devido a ferimentos e ao envenenamento por radiação, e milhares sofreriam com chagas e traumas psicológicos pelo resto da vida. A área ao redor do marco zero transformou-se numa vastidão incendiada, "um deserto atômico".

Mas a cidade não estava morta, apesar da destruição de 70% de seus edifícios. Mesmo em meio ao horror, em questão de horas, hospitais foram montados de improviso em escolas e depósitos, e mantimentos emergenciais foram distribuídos à população. Enquanto o fogo se alastrava, garotas da escola de ensino médio ajudavam a derrubar construções para criar barreiras de proteção. No dia do ataque, Tetsuro Mukai trabalhava na sede da companhia de energia elétrica, a setecentos metros do hipocentro. Ele sobreviveu e passou o dia combatendo o fogo na central elétrica. "Lembrando agora [em 2015], não teria sido difícil escapar da situação, mas eu permaneci lá, levado pelo sentimento de que era meu dever restaurar a eletricidade na cidade", comentou Tetsuro. No dia seguinte, a eletricidade estava operando em algumas áreas. Mesmo sofrendo com enjoos provocados pela radiação, Tetsuro ajudou a reerguer postes telegráficos por toda a área devastada. Em uma semana e meia, 30% das casas tinham eletricidade; em novembro, a cidade inteira. Kuro Horino, engenheiro de 51 anos, funcionário da Divisão de Abastecimento de Água, conseguiu reparar bombas de água da cidade na tarde da explosão, apesar das severas queimaduras que sofreu.[30]

Como resultado dos esforços extraordinários dos cidadãos de Hiroshima, algo próximo da vida normal começou a reaparecer junto com os serviços básicos. Já no dia seguinte ao ataque, uma estação de rádio instalada nos subúrbios passou a transmitir seu sinal. O Banco do Japão reabriu em dois dias. Um mercado informal estava funcionando na parte sul da estação de Hiroshima. Em depósitos ou até mesmo nas ruas, as escolas voltaram a receber suas crianças, muitas delas carecas por conta da radiação. Igualmente importante era estabelecer contato com parentes de fora da cidade. Cinco dias depois da bomba, uma sede temporária dos correios foi criada; os carteiros perambulavam entre escombros, valendo-se da memória para localizar as casas destruídas. Tão logo puderam, as pessoas passaram a construir cabanas improvisadas no marco zero e nas redondezas. Sabendo da importância crítica da comunicação, os funcionários do correio não deixavam de entregar as cartas devidas às pessoas em seus lares temporários, sem endereço. As caixas de correio começaram a aparecer. "Aquelas caixas de correio vermelhas, no meio das ruínas, eram como um símbolo da vida pacífica", lembrou um carteiro décadas depois.[31]

É um clichê, quando se escreve sobre cidades, citar o tribuno Sicínio, do *Coriolano*, de Shakespeare: "O que é uma cidade, senão seu povo?". O real significado dessa frase só se torna claro na história da Segunda Guerra Mundial. A resiliência exibida em Hiroshima foi parte de um fenômeno global, que revelou a força incrível, muitas vezes ignorada ou subestimada, dos grandes assentamentos humanos.

COMO MATAR UMA CIDADE, PARTE 3: GUERRA TOTAL

Hitler reconhecia as limitações dos bombardeios aéreos. Mas ele tinha outros métodos — mais terríveis — de destruir cidades. Quando se captura uma grande cidade, geralmente a guerra termina. O que fazer depois é outra questão. Em relação a cidades como Paris, Bruxelas ou Londres, Hitler não se dispunha à destruição total: "No fim, vitorioso ou derrotado, todos seremos enterrados nas mesmas ruínas". Mas guerra total e guerras de aniquilamento são diferentes.[32]

"Cidade de Senaqueribe, filho de Sargão, nascido de uma escrava doméstica, conquistador da Babilônia, saqueador da Babilônia, suas raízes arrancarei das fundações da terra que hei de obliterar." Estas foram as palavras sinistras do rei Nabopolassar da Babilônia, ordenando a destruição total de Nínive, em 612 a.C. *Delenda est Carthago*: "Cartago deve ser destruída". Em sua conquista do controle imperial sobre o Mediterrâneo, Roma sabia que tinha de arrasar sua rival, Cartago. Depois de um cerco de três anos, em 146 a.C., o general romano Cipião Africano demoliu sistematicamente a grande metrópole do mundo antigo. Incêndios arderam por dezessete dias, deixando cinzas de um metro de profundidade. O lugar foi desertado: 140 mil mulheres e crianças foram evacuadas; 150 mil morreram durante o cerco, e os sobreviventes — 55 mil — foram vendidos como escravos. O terreno da cidade foi coberto de sal, e um arado foi simbolicamente desenhado sobre o solo: tudo que era urbano tornara-se rural. Todos os registros da existência da cidade foram eliminados.

Cidades são tão resilientes que um conquistador precisa obliterar todo o seu sistema de sobrevivência. Nada deve sobrar, muito menos suas memórias. A então segunda maior cidade do mundo, Vijayanagara, no sul da Índia, foi inteiramente incinerada por seus inimigos em 1565. A metrópole tailandesa Phra Nakhon Si Ayutthaya, que floresceu no século XVII e se tornou uma das maiores cidades do planeta, com 1 milhão de habitantes, juntou-se à lista de cidades desaparecidas quando foi demolida pelos birmaneses em 1767.

Em junho de 1941, Hitler lançou a Operação Barbarossa, a maior operação militar da história. Quando concluída, a Alemanha se apossaria dos recursos agrícolas da União Soviética, valendo-se do butim para alimentar sua população. Sem alimentos, os alemães estimavam que 30 milhões de pessoas morreriam na União Soviética. A população urbana russa crescera em 30 milhões entre a Primeira Guerra Mundial e 1939. Apropriando-se das terras russas como fonte de comida e combustível, portanto, a Alemanha despacharia a Rússia de volta para um passado pré-urbano, dando cabo de sua população "supérflua". No lugar das metrópoles russas arruinadas emergiriam cidades coloniais germânicas, cercadas por campos produtivos, o "Jardim do Éden" ariano.

A Wehrmacht tinha três pontos de ataque: Leningrado, Moscou e Ucrânia. A invasão começou em junho; no outono, o Exército do Norte havia rodeado Leningrado, enquanto o Exército do Sul triunfava na Ucrânia. Com os flancos do ataque principal garantidos, os quase 2 milhões de soldados, mil tanques e 1390 aeronaves do Exército Central poderiam avançar para o leste a fim de infligir o golpe decisivo em Moscou. Entre 70 mil e 80 mil cidadãos da Carcóvia morreram de fome, aperitivo sinistro do que os nazistas pretendiam que acontecesse a incontáveis cidades em seu novo império. Lá, e em muitas outras vilas e cidades, as populações judaicas eram reunidas e fuziladas ou metodicamente exterminadas em camburões de gás, conhecidos entre os soviéticos como "Destruidores de Almas". Depois da captura de Minsk, 20 mil judeus foram assassinados e outros 100 mil foram aprisionados em um gueto recém-criado. Como no caso de Varsóvia, Hitler tinha planos de obliterar a capital bielorrussa e construir uma nova cidade chamada "Asgard" para a elite alemã. Na mitologia nórdica, Asgard era a cidade celestial dos deuses.

Esperando um ataque direto, os cidadãos de Leningrado cavaram grandes obras de defesa ao redor da cidade. Mas os alemães tinham outros planos: a cidade seria sitiada e levada à submissão pela fome. Uma vez derrotada a União

Soviética, Hitler disse, "não pode haver interesse na continuação da existência desse vasto centro urbano". Nenhuma trégua seria considerada, nenhuma rendição permitida, pois a Alemanha nazista não tinha por que lidar com a questão de realocar e alimentar citadinos desabrigados: "Não temos interesse algum em manter sequer uma parte dessa vasta população urbana". A grande metrópole e seu povo, disse Hitler, "devem ser varridos da face da terra". Os alemães esperavam uma vitória rápida. O objetivo era "arrasar Moscou e Leningrado e torná-las inóspitas".[33]

A ordem de Hitler era que nenhum alemão morresse invadindo Leningrado e se engajando em guerrilhas de rua sem sentido. A vitória viria pelos métodos da jiboia: estrangulando a cidade até a morte. As pequenas doses de comida só alcançavam Leningrado de barco, cruzando o lago Ladoga, ou de paraquedas. Os depósitos de alimentos, as centrais elétricas e o sistema de distribuição de água foram destruídos. Ao todo, 3 milhões de pessoas encontravam-se presas em Leningrado, esperando a morte com a chegada do inverno. "Voltamos a tempos pré-históricos", escreveu Elena Skryabina, dentro de Leningrado. "A vida foi reduzida a uma só coisa: a caça por comida."[34]

Os nervos estavam dilacerados pelos bombardeios constantes da artilharia e dos aviões. A população devorava gatos, pombos, corvos, gaivotas e, depois, animais de estimação e do zoológico; papel de parede era fervido para extrair a pasta; cola de sapato e vaselina também eram devoradas. Sopa e pão feitos de capim estavam à venda. "Quando se sai de casa pela manhã, você tropeça em cadáveres", escreveu Skryabina em seu diário. "Estão por toda parte: nas ruas, nos pátios. Os corpos ficam largados lá por muito tempo. Não há quem os recolha." O escorbuto tomou conta da população; as pessoas começaram a ficar alucinadas na busca por restos de comida. Farelos de farinha eram raspados das paredes e das tábuas do assoalho das fábricas. Sementes de algodão, geralmente queimadas nas fornalhas de navio, eram usadas para fazer pão. Entranhas de ovelha e peles de cordeiro eram fervidas para fazer "geleia de carne". Em outubro, a cota de pão foi reduzida para 250 gramas por dia para os trabalhadores e 125 gramas para o restante da população.[35]

Privada de mantimentos, eletricidade e combustível, Leningrado deixou de ser uma cidade funcional, transformando-se numa prisão mortal em questão de semanas. Os residentes se comparavam a lobos famintos, preocupados com a sobrevivência e indiferentes a tudo que se passava ao seu redor. As pessoas perderam interesse na vida familiar, no sexo, até mesmo nas bombas que choviam todos os dias; tornaram-se desconfiadas em relação aos outros. Sem escolas abertas, poucos empregos ainda demandando comparecimento e quase nada em termos de entretenimento, a vida se tornou uma monotonia de filas para pão e água e busca por comida. Em dezembro, as primeiras instâncias de canibalismo foram relatadas. Encontraram-se corpos com nacos de carne arrancada. Em um ano, 2015 pessoas foram presas pelo "uso de carne humana como comida", na descrição da polícia.[36]

Enquanto Leningrado passava fome no outono e no começo do inverno de 1941, o Exército Central deu início à Operação Tufão, o ataque total à capital russa. Moscou entrou em pânico, esperando uma batalha sangrenta ou o abandono da cidade por Stálin. Quando os bombardeios aéreos e as divisões de tanques começaram a avançar, os oficiais queimaram documentos em grandes fogueiras, refugiados inundaram as estações ferroviárias, e a lei e a ordem estavam entrando em colapso nas ruas. Stálin ordenou a evacuação do Partido Comunista e do governo para Kuibyshev; ele logo os seguiria. Seus pertences chegaram a ser embalados; trens e aviões estavam de sobreaviso; o Kremlin se encontrava sombriamente vazio.

Então, em 19 de outubro, Stálin tomou uma das decisões mais fatídicas da guerra: anunciou que permaneceria na cidade; Moscou seria mantida a todo custo. Num feito de logística, 400 mil novos soldados, 1500 aviões e 1700 tanques foram levados às pressas do Extremo Oriente para Moscou. Com os alemães se aproximando da metrópole e os ataques aéreos causando danos generalizados, a parada militar anual na praça Vermelha aconteceu a 7 de novembro — uma demonstração considerável de bravata que foi filmada e exibida por toda a União Soviética.

No frio intenso do inverno de 1941-2, a máquina militar de Hitler estacou nas imediações de Moscou. Em 5 de dezembro, os russos começaram a contraofensiva. Em um mês, a poderosa Wehrmacht de Hitler se viu obrigada a recuar quase 250 quilômetros da capital do comunismo. Embora Moscou permanecesse sob grande risco, a Barbarossa chegara ao fim. No combate mortal pela cidade, 7 milhões de homens estiveram envolvidos durante seis meses infernais. Se o tsar Alexandre I havia sacrificado a estrutura de Moscou para salvar a cidade de Napoleão, Stálin sacrificou 926 mil vidas. Como outros conquistadores ao longo da história, Hitler empalou-se numa cidade.

Enquanto isso, em Leningrado, as temperaturas despencaram para –30°C — o inverno mais rigoroso do século XX. Enfraquecidas pela desnutrição, em meio ao frio extremo e ao acúmulo de dejetos humanos, as pessoas sucumbiam à disenteria. Outros simplesmente morreram de fome. Em fevereiro de 1942, o pior momento do cerco, 20 mil pessoas morriam todos os dias. Crianças órfãs sobreviviam em um mundo liminar de edifícios bombardeados. Mas o inverno também trouxe algum alívio. Em janeiro, quando o lago Ladoga congelou suficientemente, a "Estrada para a Vida" se abriu, uma estrada de gelo de seis faixas que cortava o bloqueio germânico. Os caminhões trouxeram comida e evacuaram meio milhão de pessoas antes de abril, sendo a maior parte delas crianças, mulheres e idosos.

Embora o cerco — com seus bombardeios contínuos e mantimentos em níveis de mera subsistência — tenha durado até janeiro de 1944, o pior já havia passado. Ao fim de 1942, a população de Leningrado caíra de 3 milhões para 637 mil pessoas, imprimindo à metrópole arruinada a sensação de uma cidade-fantasma. A essa altura, mais de três quartos da população eram compostos de mulheres, que trabalhavam nas fábricas de munição e estaleiros. Mortes por bombardeios, doença e fome chegaram à marca de pelo menos 1 milhão, e 1,4 milhão de pessoas foram evacuadas. Os números de combatentes da Rússia e do Eixo e de civis de Leningrado que morreram na luta apocalíptica pela metrópole superavam em muito o número total de pessoas mortas em ataques aéreos no mundo inteiro.

Para um exército, uma cidade determinada a resistir até o último homem, mulher ou criança é talvez o obstáculo mais formidável, um vórtex de destruição. Cidades podem engolir exércitos inteiros. São cemitérios das ambições militares. Napoleão caiu em Moscou em 1812 e em Leipzig um ano depois. Hitler foi desafiado em Leningrado, em Moscou e, de maneira mais desastrosa, em Stalingrado.

Em 1942, a Wehrmacht precisava desesperadamente de combustível. Capturar os campos de petróleo do Cáucaso — Operação Caso Azul — era essencial para que os alemães vencessem a guerra. No entanto, tomar a cidade industrial de Stalingrado, mais ao sul, era de interesse secundário. Só que, mais uma vez, Hitler estava obcecado pela ideia de apagar do mapa uma cidade russa simbolicamente significativa, por isso redirecionou aeronaves e o combustível vital do Cáucaso para a campanha contra Stalingrado. Muitas vilas e cidades russas haviam se rendido ou sido abandonadas diante da Blitzkrieg, mas Stálin não cederia nenhum centímetro da cidade cujo nome o homenageava.

O Sexto Exército Alemão, sob Friedrich Paulus, chegou a Stalingrado no fim de agosto de 1942. No dia 23, e por cinco dias consecutivos, a frota aérea Luftflotte IV submeteu Stalingrado e seus 400 mil residentes a ataques pesados, reduzindo a cidade industrial a uma desolação urbana.

Esse território de ruínas e escombros se tornou um dos campos de batalha mais cruciais da história. O que geralmente garantia a superioridade da Wehrmacht — ataques rápidos e devastadores e manobrabilidade — lhe foi negado na guerrilha urbana. A Blitzkrieg degringolou para o que os soldados alemães chamavam de *Rattenkrieg* — guerra de ratos. Cada centímetro da cidade, cada pilha de destroços, cada edifício e sala dentro dele tinham de ser conquistados pelo combate de curta distância. O combate acontecia nos esgotos; a Wehrmacht e o Exército Vermelho lutavam por ruínas, prédios sem telhados, andar por andar. Em alguns pontos, a linha de frente era um corredor entre cômodos. As carcaças das fábricas de tratores e silos tornavam-se campos de batalha dentro do campo de batalha. De acordo com a Ordem nº 227 de Stálin, os defensores e civis de Stalingrado eram obrigados a não dar "nenhum passo para trás". Um pelotão soviético sob o comando do sargento Yakov Pavlov fortificou e defendeu um edifício bombardeado de quatro andares por sessenta dias contra repetidos ataques alemães. Vassili Chuikov, comandante das forças russas em Stalingrado, brincou que os alemães perderam mais homens tentando tomar a "Casa de Pavlov" do que capturando Paris.

"Ao se aproximarem dali, os soldados costumavam dizer: 'Estamos entrando no inferno'. E, depois de um ou dois dias, diziam: 'Não, isso aqui não é o inferno; é dez vezes pior.'" Muitos dos atiradores de elite, pilotos de tanques, soldados e civis defendendo Stalingrado e lutando pelas ravinas, cavernas e cânions artificiais eram mulheres; elas suportaram uma das mais terríveis batalhas de que se tem notícia. Destacamentos do NKVD (o Ministério do Interior da URSS) bloqueavam os limites da cidade, atirando em qualquer pessoa que tentasse desertar do apocalipse de Stalingrado. Os alemães se bateram contra a cidade, casa por casa, até que a maior parte de Stalingrado estivesse nas mãos deles em meados de novembro, com apenas alguns bolsões de resistência russa. Nesse ponto, antes que os alemães pudessem declarar a posse da cidade, os soviéticos deflagaram a Operação Urano, o contra-ataque devastador que circundou Stalingrado.[37]

O Sexto Exército Alemão — 270 mil homens — se viu preso dentro da cidade. Ainda em setembro, Hitler jurara jamais deixar Stalingrado. O general Paulus foi proibido tanto de tentar escapar quanto de se render. Por certo tempo, aviões entregaram alimentos à cidade. Mas, em fins de dezembro, as forças germânicas no Cáucaso e na Rússia já se encontravam em retirada, deixando o Sexto Exército como resistência. Com estoques diminutos de comida e munição, os alemães se viram diante de uma nova rodada de guerrilha urbana. Agora, experimentariam o que os cidadãos de Leningrado e do gueto de Varsóvia haviam sofrido em suas mãos: fome e doença galopante. Em 31 de janeiro de 1943, o que restava do Sexto Exército se rendeu.

O autoproclamado destruidor de cidades — Hitler — foi destruído por cidades. Durante a Segunda Guerra Mundial, 1710 vilas e cidades russas e 70 mil aldeias foram reduzidas a ruínas. À medida que o Exército Vermelho empurrava os alemães de volta para o oeste em 1943 e 1944, mais violência recaiu sobre cidades e civis. Durante a grande ofensiva russa em 1944 — Operação Bagration —, um enorme exército russo surpreendeu o Exército Central Alemão na Bielorrússia. Primeiro, a cidade de Vitebsk foi atacada e cercada pelo Exército Vermelho. As unidades alemãs na cidade queriam recuar. Hitler reagiu furiosamente. Vitebsk era uma de muitas *Fester Platz*, cidades fortificadas que seriam mantidas sob controle alemão a qualquer custo, até o último homem, para atrasar a ofensiva russa. Mas, em vez de segurar o ataque, essas cidades se tornaram armadilhas fatais para os alemães exauridos e em menor número. Encurraladas por tanques e infantaria russa, bombardeadas por aviões, as forças alemãs não tinham chance. O 3º Exército Panzer foi aniquilado em Vitebsk. Nas cidades-fortalezas de Orsha e Mogilev, milhares de alemães foram mortos ou feitos prisioneiros. Depois de alguns bombardeios aéreos e combates de rua breves e inúteis, 70 mil alemães foram aprisionados em Bobruisk e outros 100 mil quando Minsk — então designada como futura "cidade dos deuses" nazista — foi atacada e capturada.[38]

A determinação insana de Hitler de obrigar seus soldados a permanecer e lutar nas cidades fortificadas levou a meio milhão de fatalidades e à captura de 150 mil homens, incluindo doze generais, em apenas duas semanas. Ao final da guerra, 209 vilas e cidades bielorrussas — de um total de 270 no país — haviam sido destruídas parcial ou integralmente. Conforme os soviéticos avançavam para dentro da Lituânia e da Polônia, o mesmo destino se repetia em outras cidades designadas por Hitler como "fortalezas", como Vilnius, Białystok, Lublin e Königsberg. Seus civis e pelotões sofreram carnificinas, prisões, desabrigo, privações e estupros à medida que eram forçados a compor a linha de frente que se desintegrava.

Apesar da inevitabilidade da derrota, com o Exército Vermelho avançando rumo a Berlim, Hitler estava disposto a deflagrar o apocalipse na Europa urbana, transformando toda cidade em campo de batalha. Na véspera do Natal de 1944, cercada pelo Exército Vermelho, Budapeste entrou na lista de cidades sacrificadas e arruinadas por Hitler. Milhares de vilas e cidades jaziam em cinzas entre Stalingrado e Berlim.

COMO MATAR UMA CIDADE, PARTE 4: GENOCÍDIO, DEPORTAÇÃO, PILHAGEM E DEMOLIÇÃO

Esperava-se que a área de Hiroshima arrasada pela bomba atômica ficasse supostamente inútil para cultivo por 75 anos. A sobrevivência de gigantescos canforeiros e a floração de oleandros simbolizaram a persistência da vida. A vida humana também pareceu se reafirmar, mesmo em face do apocalipse. Em Stalingrado, os habitantes da cidade voltaram a viver em porões debaixo dos escombros tão logo os alemães se renderam.

Em Varsóvia, durante grande parte da guerra, os cidadãos enfrentaram não bombardeios, mas um aparato de terror que solapava justamente aquilo que mantinha unidas as cidades sitiadas e devastadas pela guerra: o espírito cívico e a solidariedade. Varsóvia estava marcada para destruição pelos nazistas, mas isso só aconteceria quando as últimas gotas de energia pudessem ser espremidas da população, produzindo munição e material para a frente oriental.

Não obstante, mesmo nessas circunstâncias, uma Varsóvia secreta existia em paralelo à Varsóvia sob controle nazista. Quando os alemães baniram as universidades, a clandestina Universidade das Terras Ocidentais foi fundada, com 250 professores que, sob risco de vida, formaram 2 mil estudantes. Os mestres ensinavam ilegalmente milhares de pupilos secundaristas; os adultos flagrados eram enviados para Auschwitz, e as crianças, para as fábricas na Alemanha. Em porões escondidos, jornais eram impressos e estações de rádio transmitiam notícias. Uma série de atividades clandestinas — teatro, leitura de poesia, debates políticos e encontros literários — mantinha vivas a cultura polonesa e a alma da cidade. As pessoas adoravam andar de bonde, pois era lá que piadas e boatos eram sussurrados entre os passageiros. "O bonde simpatizava conosco", lembrou um varsoviano, "e compartilhava nosso ódio e desprezo." Para algumas pessoas muito corajosas, havia a possibilidade de planejar a resistência armada.[39]

A vida urbana se reafirmava, com todos os seus vícios e virtudes, mesmo na miséria e degradação do gueto de Varsóvia. Afinal, era uma cidade de 400 mil residentes. A imundície, a indignidade e o medo faziam de muitos dos ali encarcerados mais determinados do que nunca a viver com propósito e decência. O conselho municipal organizava o despacho do lixo, utilidades gerais, serviços postais, atendimento médico, trabalho, comércio e policiamento, recolhendo impostos para cobrir os custos. Numerosas instituições de caridade garantiam comida e auxílio aos membros mais pobres da comunidade, e cerca de 2 mil comitês habitacionais organizavam o apoio social às crianças e tratavam das questões sanitárias. Tal como as escolas clandestinas, havia clínicas, orfanatos, bibliotecas, refeitórios, infantários, programas de formação profissional e ginásios. A certa altura, o gueto chegou a ter 47 jornais clandestinos. A política também sobreviveu, com grupos da juventude sionista de esquerda e sindicatos operando na ilegalidade. Esses grupos mais tarde evoluiriam para movimentos de resistência armada.[40]

Empreendedores criavam negócios que atendiam às necessidades da cidade. Uma "praia" onde se podia tomar sol em trajes de banho cobrava dois zlotys por pessoa. Os ricos comiam bem em cafés e restaurantes, vestindo-se com roupas da moda feitas por alfaiates e costureiras. Produtores culturais prosperavam: o gueto tinha uma orquestra sinfônica completa que tocava na Melody House, além de vários teatros, nos quais trezentos atores, músicos e cantores se apresentavam. Como disse um residente do gueto: "Cada dança é um protesto contra nossos opressores".[41]

Sob a intensa pressão da guetização, os extremos da vida urbana se ampliavam na cidade dentro da cidade. De acordo com um sobrevivente, "cidade nenhuma do mundo tinha tantas mulheres bonitas e elegantes trabalhando em cafés como havia no gueto, com seu Café des Arts, o Splendide, o Negresco etc. Contudo, bem na frente das vitrinas desses lugares, hordas de mendigos miseráveis passavam, muitas vezes colapsando de inanição". O crime e a prostituição proliferaram; havia desigualdade galopante, usura e exploração. O conselho municipal e a polícia local tinham de lidar com os nazistas, tensionando as relações comunitárias ainda mais. E, embora muitos tentassem manter a vida urbana, o fluxo constante de deportados de toda a Europa exacerbava a fome e intensificava a precariedade das condições.[42]

Em reuniões entre 7 e 18 de dezembro de 1941, Hitler deixou claro que os judeus seriam punidos pela guerra. A Solução Final seria infligida à judiaria europeia. No início de 1942, a situação no gueto de Varsóvia começou a se deteriorar rapidamente, com 39 719 pessoas morrendo de fome e doenças nos primeiros seis meses do ano. Em 21 de julho, um édito chegou ordenando a evacuação de todos os judeus, exceto aqueles empregados por alemães ou aptos ao trabalho. No dia seguinte, durante o jejum de Tisha B'Av, 7200 judeus foram levados à estação provisória Umschlagplatz. Nas oito semanas seguintes, os alemães isolavam seções designadas do gueto todos os dias, cercando entre 5 mil e 10 mil pessoas nesses quarteirões.

"O gueto virou um inferno", Chaim Kaplan escreveu em seu diário, quando a grande cidade-prisão era sistematicamente liquidada no verão de 1942. "Os homens tornaram-se bestas." A Polícia do Gueto Judeu, encarregada de garantir as cotas de evacuação, era forçada a combater seus irmãos judeus e arrancá-los de seus esconderijos para enviá-los à Umschlagplatz. As pessoas corriam sobre telhados e saltavam muros tentando escapar; elas imploravam, subornavam e barganhavam; as mulheres ofereciam seus corpos a fim de serem poupadas. Os que ficavam saqueavam o gueto. A vontade de sobreviver se tornava uma batalha pessoal, em que os laços de comunidade, fé, amizade e família se desintegravam. Alguns membros da polícia, adoecidos com o que eram obrigados a fazer, desertavam ou cometiam suicídio. Em meados de setembro, 254 mil pessoas já haviam sido removidas para a Umschlagplatz. De lá, todos os dias, elas eram levadas para o campo de extermínio de Treblinka, onde eram abatidas.[43]

Após as remoções, os 36 mil judeus que permaneceram em Varsóvia como escravizados habitavam uma cidade-fantasma. Muitas de suas esposas, filhos, parentes e amigos foram arrebatados para Treblinka. Eles sofriam angústias terríveis, sentindo-se culpados e envergonhados. Em questão de semanas, a população de uma cidade inteira havia sido destruída por um punhado de alemães e seus ajudantes coagidos da polícia judaica. A única coisa a fazer era resistir. Os sobreviventes começaram a juntar comida. A Organização Judaica de Combate e a União Militar Judaica construíram bunkers e postos de combate equipados com gás, eletricidade e banheiros. Eles contrabandeavam armas e preparavam coquetéis molotov. Quando se iniciou a última rodada de deportações, em janeiro de 1943, a ss se viu subitamente numa zona de guerrilha. E então recuou.[44]

Os combatentes da resistência sabiam que morreriam; no entanto, eles queriam escolher a forma como morreriam e resgatar a honra do povo judeu. Alguns conseguiram escapulir e buscar refúgio na cidade polonesa. A ss voltou à carga em 19 de abril, com o reforço de tanques, blindados e canhões leves. Para conter a revolta, foi preciso destruir cada quarteirão do gueto com lança-chamas, explodindo porões e esgotos e despejando bombas nos bunkers. Ainda assim, a dura guerrilha de resistência das "guerras de bunkers" durou um mês.

No fim, os alemães haviam removido 53 667 judeus, a maioria sendo enviada para Majdanek e Treblinka. O gueto inteiro virou uma ruína. Um campo de concentração foi construído no local, e novos grupos de judeus foram trazidos de outras partes da Europa e compelidos a remover dezenas de milhões de tijolos até que já não restasse nenhum traço da cidade dentro da cidade.

Um ano depois de o gueto se insurgir contra os alemães, o resto de Varsóvia se rebelou. As circunstâncias eram inteiramente diferentes. Com o Exército Vermelho se aproximando da cidade depois do sucesso espetacular da Operação Bagration, as lideranças polonesas sentiram que deveriam marcar posição em relação ao futuro do país, antes de cair sob domínio soviético.

Levemente armada e portando coquetéis molotov, a resistência polonesa insurgiu-se às cinco horas da tarde do dia 1º de agosto de 1944. "Em quinze minutos, nossa cidade, com 1 milhão de pessoas, juntara-se à luta", escreveu Tadeusz Bór-Komorowski, comandante do Exército Doméstico Polonês. Pela primeira vez em quase cinco anos, a maior parte de Varsóvia estava sob mãos polonesas. Os alto-falantes, até então usados para repisar propaganda nazista, ameaças e ordens, tocou o hino nacional polonês, que o povo não ouvia desde 1939. A bandeira polonesa foi hasteada no topo do Prudential, o terceiro arranha-céu mais alto da Europa à época. O clima era de euforia. Homens, mulheres e crianças de todas as idades correram para ajudar a construir barricadas, preparar coquetéis molotov e cavar túneis entre os prédios.[45]

Quando foi informado da sublevação, Hitler ergueu os punhos, o corpo todo tremendo. "Ele quase gritava, os olhos como se prestes a pular das órbitas, as veias explodindo nas têmporas." Mas Himmler o acalmou: a sublevação era uma "bênção". "Depois de cinco ou seis semanas, partiremos", Himmler disse. "Mas até lá Varsóvia [...] será extinta." De início, Hitler queria retirar as forças alemãs, cercar a cidade e reduzi-la a pó com bombardeios. Mas era militarmente impossível. Em vez disso, Hitler e Himmler emitiram a Ordem para Varsóvia de 1º de agosto de 1944: "Todos os cidadãos de Varsóvia devem ser mortos, incluindo homens, mulheres e crianças. Varsóvia tem de ser arrasada, servindo de exemplo ao resto da Europa".[46]

O que aconteceu em seguida foi a destruição sistemática de uma cidade inteira.

A reconquista e o aniquilamento de Varsóvia deram-se sob o comando de Erich von dem Bach-Zelewski, *Obergruppenführer* da ss, homem que havia conduzido o extermínio em massa dos judeus durante a Operação Barbarossa e as operações genocidas contra partidários suspeitos. Himmler enviou-lhe uma coleção das unidades mais temidas e sanguinolentas da ss em todo o Reich. Entre elas estavam as tropas lideradas por Oscar Dirlewanger, constituídas de prisioneiros perigosos convocados de presídios alemães, soldados considerados insanos demais para o exército regular, desertores do Exército Vermelho, azerbaijanos e combatentes muçulmanos do Cáucaso. A Brigada Dirlewanger havia saqueado, estuprado, torturado e matado por todo o Leste Europeu, massacrando judeus, supostos traidores, mulheres e crianças inocentes em números inacreditáveis.[47]

Em 5 de agosto, esses estupradores e assassinos em massa foram soltos no distrito de Wola, em Varsóvia, com ordens para matar e destruir tudo e todos. Eles cercavam blocos de apartamentos e lançavam granadas de mão, provocando incêndios; homens, mulheres e crianças que tentavam escapar dos prédios em chamas eram metralhados. Essa tática foi repetida de edifício em edifício. Mas levava tempo demais. Então, a estratégia mudou: agora eles levavam multidões de civis para campos de execução em fábricas, armazéns e viadutos ferroviários, onde eram metralhados em massa.

O modus operandi da Brigada Dirlewanger era estuprar antes de matar. E eles não ficavam nem um pouco constrangidos em massacrar crianças. Quando os alemães tomaram o distrito de Wola, a ss matou 40 mil poloneses. Ao mesmo tempo, o igualmente genocida Exército Russo de Libertação Nacional, uma brigada desorganizada de russos antibolcheviques que serviam ao lado dos alemães, infligia cenas similares no distrito de Ochota. No Instituto de Radium Marie Curie, brutamontes bêbados que compunham essa brigada estupraram funcionárias e pacientes, incluindo vítimas de câncer em estado terminal, antes de encharcá-las em gasolina e queimá-las. Então, iam para outros hospitais. As ordens de Hitler e Himmler estavam sendo seguidas: primeiro os cidadãos de Varsóvia eram assassinados, depois seus edifícios eram destruídos. A certa altura, contudo, a carnificina indiscriminada cessou. Os líderes nazistas decidiram que queriam a população da cidade inteira escravizada. Agora, colunas de cidadãos eram retiradas de seus distritos e enviadas para campos de concentração.[48]

A Brigada Dirlewanger e o Exército Russo de Libertação Nacional foram dispensados, substituídos pelo equipamento militar mais devastador jamais empregado nas ruas de uma cidade. As vias da Cidade Velha de Varsóvia eram estreitas demais para tanques comuns. Milhares de poloneses estavam escondidos por lá, aparentemente inexpugnáveis numa fortaleza de becos e construções. Sob as ordens de Hitler, um arsenal imbatível foi despachado de várias localidades distantes para ajudar na eliminação de Varsóvia. O valor militar de controlar a sublevação em Varsóvia era pequeno. Mas Hitler estava numa cruzada messiânica para arrasar a metrópole a todo custo. Seus melhores equipamentos foram retirados do front e enviados para levar a cabo a carnificina.

Essas armas haviam sido projetadas depois de Stalingrado, especificamente para a guerrilha urbana. Eram quatro morteiros superdimensionados Karl-Gerät — uma das mais eficazes armas de cerco de todos os tempos —, aptos a disparar cartuchos de 1557 quilos que destruíam prédios inteiros. Um enorme trem carregado com artilharia pesada chegou para bombardear a Cidade Velha. Esses equipamentos tiveram ainda o auxílio de lança-mísseis e uma gama de outras modalidades de morteiros. E também os canhões de ataque móvel mais modernos foram despachados às pressas para Varsóvia: dez Sturmpanzer IV, com morteiros de curta distância; dois imensos Sturmtigers, equipados com lança-mísseis; e noventa tanques Golias com controle remoto, capazes de obliterar muralhas. A arma mais terrível, contudo, eram os lança-foguetes

Nebelwerfer, de seis canos, que disparavam incontáveis bombas incendiárias rapidamente. Os poloneses os chamavam de *krowy*, "vacas", pois faziam um barulho semelhante a um rebanho mugindo em agonia. Tudo isso — a força máxima da tecnologia de cerco nazista — foi usado para destruir Varsóvia, edifício por edifício. A artilharia e os bombardeiros Stuka punham a Cidade Velha abaixo. Os tanques Golias, então, removiam barricadas e derrubavam as paredes restantes. Depois disso, vinham os Sturmtigers, seguidos pela infantaria e os lança-chamas. Por fim, a Brigada Dirlewanger e outras unidades da ss.

Os poloneses lutaram bravamente, ameaçando os alemães com outra Stalingrado. Mas era impossível desafiar as superarmas alemãs. A Cidade Velha inteira foi devastada, com 30 mil pessoas terminando enterradas debaixo de tijolos. Muitos poloneses fugiram pelos esgotos. Mas milhares permaneceram e enfrentaram os estupradores genocidas da Brigada Dirlewanger.

Depois disso, os Stukas e demais superarmas voltaram-se para o centro da cidade, onde 250 mil poloneses foram obrigados a se esconder em porões. Do lado de fora, edifícios eram destruídos "de cima a baixo, naco a naco, ou destroçados com um único ataque frontal". Ainda assim, a resistência lutava, participando de alguns dos combates mais ferozes de toda a guerra. Por 63 dias, os alemães lutaram para reconquistar a cidade. Finalmente, em 2 de outubro, quando estava claro que o Exército Vermelho não os socorreria, os poloneses capitularam. Emergindo dos bunkers, os varsovianos deram uma última olhada em sua cidade: "Era uma visão terrível, com grandes quarteirões incendiados. [...] Na minha frente, uma cena inacreditável, uma fila interminável de pessoas, com bagagens e outras coisas estranhas, como bicicletas e carrinhos de bebê".[49]

No começo da sublevação, ainda havia mais de 700 mil pessoas vivendo em Varsóvia. O número de civis mortos no levante chegou a 150 mil. Dos sobreviventes, 55 mil foram transferidos para Auschwitz e outros campos de concentração; 150 mil acabaram escravizados pelo Reich; 17 mil se tornaram prisioneiros de guerra; e 350 mil foram despachados para outras partes da Polônia. De acordo com a escritora Zofia Nałkowska, Varsóvia se tornou "uma das muitas cidades mortas da história", seu povo reduzido a "novos maltrapilhos".[50]

"A cidade deve desaparecer completamente da face da terra", ordenou Himmler. "Pedra nenhuma ficará de pé. Todos os edifícios têm de ser arrasados até suas fundações." Tudo que podia ser arrancado da cidade foi transportado em mais de 40 mil vagões para a Alemanha. Os nazistas levaram de tudo, desde tesouros e obras de arte até cordas, papéis, velas e pedaços de metal. Depois, as equipes especializadas em demolição chamadas Verbrennungskommandos (comandos de aniquilação) entraram em cena. O que restou da cidade foi metodicamente destruído: sapadores incendiaram prédios com lança-chamas e dinamites; tanques abriram fogo contra estruturas vazias. O Palácio Krasiński, a Biblioteca Załuski, os Arquivos Nacionais, o Museu Nacional, a Universidade de Varsóvia, o Castelo Real, palácios, igrejas, monumentos, hospitais, blocos de apartamentos, escolas: tudo foi apagado. Em janeiro de 1945, 93% da cidade já não existia.[51]

Só apelando para o genocídio, deportações em massa e demolição total é que se poderia destruir uma cidade. Mas Varsóvia estava mesmo morta?

Quando chegaram a Varsóvia em 17 de janeiro de 1945, as tropas soviéticas encontraram uma "cidade-fantasma". "Eu vi muitas cidades destruídas", disse o general Eisenhower, "mas em lugar nenhum me deparei com uma destruição dessa magnitude executada com tamanha bestialidade."[52]

A guerra contra a Alemanha nazista alcançou o clímax no *Götterdämmerung* da guerrilha urbana em abril, quando o Exército Vermelho combateu, pilhou e estuprou por toda Berlim, já combalida pelos ataques aéreos dos Aliados e da artilharia russa. Em 30 de abril, os russos capturaram o Reichstag. Naquela noite, Hitler se matou no bunker. De 2 para 3 de maio, os alemães se renderam. Assim escreveu um representante da Cruz Vermelha: "Uma lua cheia brilhava num céu sem nuvens, sendo possível ver a extensão terrível do estrago. Uma cidade-fantasma de homens das cavernas foi tudo o que sobrou dessa metrópole global".

Antes da guerra, acreditava-se que as cidades eram criações frágeis, vulneráveis aos armamentos modernos. Qualquer pessoa avaliando os prédios incendiados e as pilhas de escombros nas cidades por toda a Europa Continental em maio de 1945 teria o direito de perguntar como o estrago poderia ser reparado. Berlim estava debaixo de 55 milhões de metros cúbicos de escombros; Hamburgo, de 35 milhões. Mas a história da Segunda Guerra Mundial é a história da incrível resiliência das cidades, mesmo nas circunstâncias mais extremas.

O destino que coube a Varsóvia estava além de qualquer coisa que qualquer cidade tivesse experimentado na história das guerras modernas. Se Berlim parecia uma cidade pós-apocalíptica, o estrago na capital da Polônia era de outra magnitude. A cidade encontrava-se debaixo de 700 milhões de metros cúbicos de escombros. Cerca de 81% de Berlim foram destruídos, com 11% dos prédios obliterados e 70% avariados. Em Varsóvia, por contraste, mais de 80% de seus edifícios haviam sido completamente erradicados.[53]

No entanto, mesmo em meio à destruição total, havia traços de vida. Enquanto os Verbrennungskommandos demoliam os edifícios da cidade, pequenos grupos de judeus e poloneses escondiam-se debaixo das ruínas em esgotos e bunkers ocultos. Eram conhecidos como os "Robinson Crusoé", os "homens das cavernas"; para os alemães que os caçavam, eram os "ratos". Um grupo chegou a produzir uma revista com uma paródia de anúncio publicitário para turistas: "Por que ir ao Egito ver as pirâmides? Não faltam ruínas em Varsóvia".[54] Os "Robinson Crusoé" viviam no que Helena Midler, uma sobrevivente, chamou de "a cidade da noite eterna", oculta sob a devastação urbana, onde toda comida ou água tinha de ser catada nas ruas sob risco de morte. Muitos morriam de fome, congelavam ou eram descobertos e fuzilados. Quando Varsóvia foi liberada pelos russos, essas poucas pessoas se revelaram, buscando a luz do dia.

O pianista Władysław Szpilman descreveu o momento em que entrou nas ruas que antes fervilhavam com carros e pessoas. Agora era um mar de tijolos; era preciso subir nas pilhas de escombros "como se fossem colinas de seixos". "Meus pés ficavam presos numa confusão de fios de telefone, nos carris dos bondes e em pedaços de tecido que outrora decoraram apartamentos ou vestiram seres humanos, já mortos havia muito tempo."[55]

Quando o correspondente de guerra russo Vassili Grossman chegou em Varsóvia em 17 de janeiro, o estrago era tão grande que ele precisou escalar por uma via improvisada: "Foi a primeira vez na minha vida que usei uma escada de incêndio para entrar numa cidade". Na "colina de seixos", outros o seguiam: "Uma fila de homens jovens e velhos de chapéus amassados, boinas, casacos de outono ou impermeáveis caminhavam, empurrando pequenos carrinhos de mão de pneus grossos cheios de trouxas, sacolas e malas. Meninas e jovens mulheres passavam, soprando os dedos congelados e olhando para as ruínas com os olhos cheios de tristeza. Já havia centenas de milhares".[56]

O povo de Varsóvia voltou para a cidade tão logo os nazistas foram expulsos. De início, acamparam em meio à desolação. Mas sua presença ali significava que o mais extremo exemplo moderno de assassinato de uma cidade havia falhado.

As cinzas de Varsóvia foram oxigenadas pelo influxo de expatriados, que se lançaram sozinhos à reconstrução da cidade, reedificando residências no distrito central. Naquele momento, um debate sobre o futuro das ruínas se desdobrava. A opinião do governo estava dividida. Alguns queriam abandonar Varsóvia e transferir a capital para Cracóvia ou Łódź, preservando as ruínas desoladoras como um monumento duradouro aos crimes cometidos contra os poloneses. Outros acreditavam que a cidade tinha de ser reconstruída tal como era antes de setembro de 1939, tanto como um gesto de desafio contra os nazistas quanto como uma forma de restaurar o que era querido e familiar aos sobreviventes traumatizados. Já para um punhado de urbanistas e arquitetos, como Jan Chmielewski, que acabara de escapar de um campo de concentração, a visão da Varsóvia destruída o atingiu não como um choque terrível, mas como um "alívio": ali estava uma chance de ouro de criar uma cidade radicalmente nova, agora que o caos irracional da velha metrópole havia sida obliterado.[57]

Os dilemas em Varsóvia eram uma versão das questões que desafiavam populações em outras cidades destruídas ou parcialmente destruídas — de Londres a Tóquio, de Minsk a Hamburgo, de Kiev a Coventry. Passados poucos dias da libertação de Varsóvia, foi criado o Biuro Odbudowy Stolicy (Departamento para a Reconstrução da Capital — bos, na sigla em polonês). Se a aniquilação de Varsóvia foi algo sem precedentes na guerra moderna, também o foram a escala e a velocidade da reconstrução de seus monumentos históricos. O esforço da vontade foi notável, dado o nível generalizado de destruição, o assassinato de 60% da população da cidade e a pobreza do país. Articularam-se fundos, e as doações chegaram de toda a Polônia, bem como trabalhadores voluntários. Em 1952, quase toda a Cidade Velha histórica havia sido restaurada desde a primeira pedra.

Não se pouparam esforços para garantir que cada detalhe fosse autêntico: pinturas do século XVIII, ilustrações, documentos, cartões-postais, fotografias — traços de toda parte do mundo foram buscados para ajudar os restauradores do passado polonês. E havia também outra fonte. Incrivelmente, durante a ocupação, uma série de arquitetos tinha coletado documentos em segredo e feito desenhos dos edifícios históricos de Varsóvia, antecipando sua destruição. Sob risco de morte, essas pessoas codificaram as memórias da cidade de modo que jamais pudessem ser destruídas, contrabandeando e escondendo em monastérios e em campos de prisioneiros de guerra os registros fragmentários da cidade e uma visão do que ela poderia ser.[58]

A Cidade Velha de Varsóvia é um dos monumentos supremos do mundo à resiliência das cidades e à reverência que os citadinos devotam ao espaço construído: enquanto uma cidade existir em folhas de desenhos clandestinos e em memórias humanas, ela nunca poderá ser completamente apagada. Algo parecido se deu em toda a Europa. Os centros históricos eram reconstruídos como monumentos a uma época anterior ao barbarismo e ao genocídio. O apego das pessoas ao antigo, ao familiar e histórico é evidente em centenas de cidades. As glórias hanseáticas de Lübeck foram lenta e laboriosamente restauradas no coração da cidade; em Frankfurt, casas construídas em estilo enxaimel substituíram as que haviam sido bombardeadas na guerra.

"A nação inteira constrói sua capital": esse era o lema do incrível trabalho de restauração. Nada se aproximou da extensão da reconstrução de Varsóvia. Mas era altamente significativo que a parte histórica da cidade, escolhida para ser memorializada, fosse a Cidade Velha barroca dos séculos XVII e XVIII. Em outras partes, as pessoas que haviam começado a reconstruir suas casas e a trazer de volta à vida os becos que circundavam o centro da cidade descobriram que estavam, de novo, com os dias contados. No lugar desses cortiços vieram novas estruturas monumentais, projetadas para deslumbrar. A mais famosa delas é o arranha-céu originalmente conhecido como Palácio da Cultura e Ciência Joseph Stálin, um presente da União Soviética. Inspirado nas "Sete Irmãs", conjunto de arranha-céus de Moscou, mas incorporando elementos poloneses, o palácio ergue-se das ruínas de Varsóvia como uma afirmação visual do poder comunista. Enquanto construíam essas monumentalidades soviéticas, os varsovianos comuns viviam em suas sombras, em cabanas, prédios arruinados e assentamentos precários.

Com símbolos majestosos do poder comunista fincado em seu centro, Varsóvia se parecia com dezenas de outras cidades stalinistas. Mas Varsóvia queria ser diferente. Muitas das figuras de proa do BOS eram modernistas de esquerda que, no período entreguerras, haviam posto Varsóvia na vanguarda do radicalismo arquitetônico. Durante a grande noite da ocupação nazista, essas

336

figuras caíram na clandestinidade, graduando estudantes, formando doutores e planejando secretamente uma metrópole nova, moderna, que emergiria uma vez que os alemães fossem expulsos. Depois de 1945, eles queriam que Varsóvia reconquistasse seu lugar no centro da Europa enquanto metrópole progressista e cosmopolita.

E, numa cidade arruinada à espera de reconstrução, essas figuras tinham muito poder — o que também valia para arquitetos radicais em outras metrópoles europeias. Eles viam a cidade do século XIX — com cortiços, becos e bulevares — como uma confusão horrenda. O urbanismo radical deles seria a parteira de um novo mundo social, mais igualitário e coletivo do que qualquer coisa que se conhecesse antes. No lugar dos velhos cortiços e becos, os urbanistas de Varsóvia queriam construir grandes e inovadores conjuntos habitacionais.

Os chefes do BOS acreditavam que, através da arquitetura, uma "nova forma de coexistência" se desenvolveria — uma coexistência mais democrática e mais igualitária, baseada em princípios coletivistas. Assim, grandes conjuntos habitacionais, com espaços verdes, escolas, consultórios médicos, lojas e meios de associação, forjariam comunidades urbanas operárias autossuficientes. Para os arquitetos poloneses, "a vida, o trabalho e o lazer, hoje, do berço à sepultura, se desenvolvem dentro da arquitetura. A boa arquitetura ensina constantemente a organização, o pensamento lógico e consequente, e desenvolve a imaginação, sem a qual toda conquista é impossível". A cidade moderna teria de ser feita de grandes conjuntos habitacionais de muitos andares, cercados por parques, quadras comerciais e estacionamentos; seria cortada por vias expressas e circundada por anéis viários. De acordo com os arquitetos modernistas Szymon e Helena Syrkus, projetistas de muitos dos conjuntos habitacionais do pós-guerra em Varsóvia, a nova forma de habitação de massa metropolitana garantia aos trabalhadores urbanizados acesso aos prazeres básicos da vida: "sol, espaços verdes e ar livre".[59]

Em poucos anos, a face urbana da Europa se viu completamente transformada pela violência da guerra e pela onda de idealismo que a sucedeu. Como em Varsóvia, muito do que não foi destruído no conflito foi demolido por retroescavadeiras. Áreas rotuladas de "favelas" ou consideradas "perigosas" eram varridas, com suas comunidades sendo realocadas para conjuntos habitacionais hipermodernos. Na França, milhares de *grands ensembles* — imensos blocos de apartamentos feitos de concreto armado pré-moldado — foram construídos nas periferias das cidades. Nas cidades britânicas, fez-se guerra contra "o espelho feio e deformador da humanidade", evidente nas áreas operárias mais centrais, e à "confusão e tacanhez dos séculos XIX e XX", favorecendo-se agora a ordem, a eficiência e a amplidão de comunidades urbanas autossuficientes, materializadas nos blocos de concreto de múltiplos andares, grandes conjuntos e "cidades novas" criadas fora das cidades já existentes. Até parecia uma revolução — instigante e cheia de possibilidades e otimismo —, depois da hora mais sombria da humanidade. Entre os anos 1940 e 1950, as cidades estavam em um rápido e radical processo de reinvenção, durante o qual, como em Varsóvia, algumas áreas selecionadas foram preservadas como herança cultural, enquanto outras — bairros tradicionais e ruas históricas — foram varridas do mapa em nome do "progresso". O arquiteto socialista belga Renaat Braem disse: "Esta será uma guerra total, tendo no urbanismo a arma para construir a moldura de uma vida libertadora". Para projetistas como Braem, a guerra total de 1939-45 daria lugar à "arquitetura total" como forma de reorganizar a sociedade de acordo com parâmetros racionais e científicos.[60]

Varsóvia é a Cidade Fênix, que insiste em erguer-se das cinzas da destruição. De fato, havia um buraco na cidade, como em outras partes da Europa: toda a população judaica que um dia constituíra um terço da população de Varsóvia tinha desaparecido. Dos quase 400 mil cidadãos judeus, não mais do que 5 mil retornaram depois da guerra. Esse tipo de estrago era irreparável.

A história de Varsóvia também revela algo mais. Se a cidade deve sua sobrevivência a alguma coisa, é ao espírito de seu povo, aqueles que resistiram e aqueles que retornaram para refazer a cidade. Em diferentes circunstâncias, cidadãos de todo o mundo demonstraram esse tipo de determinação. Os poloneses, no entanto, mal escaparam de uma tirania e já se viram presas de outra. Essa nova realidade se manifestava na paisagem urbana. Enquanto mostravam sua preferência pelas ruas, becos e habitações antigas e familiares da cidade, os varsovianos tiveram de aceitar, antes, a monumentalidade stalinista e os conjuntos habitacionais de concreto, cinzentos e tediosos.

O contraste marcante entre as ruas íntimas da Cidade Velha barroca restaurada e os novos empreendimentos austeros tornava visível a contradição da Polônia, colhida entre a Europa e a União Soviética. Era também um exemplo exagerado do que se passava mundo afora. Na Alemanha, na Inglaterra e em outras partes, havia uma tensão real entre o desejo das pessoas de retornar à paisagem familiar e a concepção das autoridades oficiais sobre como deveria ser a cidade moderna no admirável mundo novo do pós-guerra. À luz fria da história, a uniformidade e o universalismo da arquitetura moderna e seu desejo fervoroso de remodelar radicalmente a sociedade representaram um ataque à própria ideia de cidade e à própria urbanidade: o anseio pela ordem, sempre em guerra com a confusão, o caos e a individualidade inerentes à vida urbana.

Em Tóquio, por outro lado, com suas tradições notáveis de autonomia expressas em suas organizações de bairro, a reconstrução foi deixada em grande parte nas mãos dos indivíduos. A maioria dos novos empreendimentos e áreas residenciais foi levada a cabo pelos proprietários, que se valiam de métodos tradicionais de construção, arquitetura vernacular e construtores locais. A reforma incremental e não planejada de Tóquio lançou as bases para a ascensão da cidade depois da devastação, tornando-se a grande metrópole global da segunda metade do século XX. Lá, assentamentos informais e bairros emergenciais improvisados e lotados tornaram-se a plataforma para o seu crescimento, dando a Tóquio um tecido urbano inebriantemente denso e diferenciado. O contraste com cidades de outros países — particularmente (mas não exclusivamente) Varsóvia, onde o autoritarismo e o paternalismo negaram qualquer papel aos indivíduos e às microcomunidades urbanas nas decisões sobre o futuro da cidade — é patente.[61]

13. Sons do subúrbio

Los Angeles, 1945-99

Cacos de vidro no chão, fedor de urina nas escadas, infestações de ratos e baratas, viciados em becos escuros brandindo tacos de beisebol. É esse o inferno urbano retratado em "The Message", single de electro-rap do grupo Grandmaster Flash & The Furious Five, lançado em 1982. O protagonista deseja fugir dali, deixando para trás a gritalhada sem fim, os miasmas doentios, as gangues, a brutalidade policial, os agiotas implacáveis e as drogas que o haviam levado ao limite da sanidade; mas ele não tem escolha, pois não tem dinheiro. Trinta anos depois de seu lançamento, "The Message" foi considerado o single de hip-hop mais influente de todos os tempos pela revista *Rolling Stone*. A faixa mudou os rumos do hip-hop no momento em que o gênero emergia das festas de rua de Nova York para se destacar no *mainstream* global.

Em geral, aceita-se que o nascimento do hip-hop se deu no número 1520 da Sedgwick Avenue, no Bronx, Nova York, em 11 de agosto de 1973, ocasião em que DJ Kool Herc se apresentou como MC numa festa no salão do prédio. Era uma construção sem grandes distinções: datada de 1967, era parte de um aglomerado de edifícios que se espremiam entre duas barulhentas rodovias — a Interstate 81 e a Cross Bronx Expressway.

Saindo do metrô, vi uma cena terrível: uma fileira de esplêndidos edifícios de tijolos vermelhos [...] transformados agora em uma enorme massa arruinada. As fachadas todas enegrecidas, algumas das paredes superiores haviam colapsado, as janelas estilhaçadas e as calçadas ainda cheias de escombros. [...] Enquanto eu descia a rua por uns oitocentos metros a leste, o que vi foi um grande panorama de ruínas recentes desvelando-se à minha frente.

Essa paisagem urbana devastada havia sido abandonada por 300 mil habitantes.[1]

O trecho acima não é um relato sobre uma cidade bombardeada em 1945. É uma citação de Marshall Berman sobre uma visita ao Bronx, onde ele cresceu, em 1980. O Bronx havia se tornado "um símbolo de todo desastre que pode se abater sobre uma cidade". A Cross Bronx Expressway fragmentou bairros, dispersando comunidades históricas e estabelecendo barreiras de asfalto e tráfego entre partes do distrito. Como em muitas cidades do mundo nos anos 1960 e 1970, os residentes mais pobres foram realocados para grandes conjuntos habitacionais de concreto. Embora intocadas pela guerra, as cidades americanas abraçaram de igual modo o afã do pós-guerra por demolições e reconstruções. Entre 1950 e 1970, 6 milhões de unidades habitacionais foram demolidas nos Estados Unidos. Dessas, metade localizava-se nos centros das cidades, afetando de maneira desproporcional os locatários e os não brancos. Berman se referia à população do Bronx, mas poderia estar falando de trabalhadores de qualquer parte do mundo urbano — de Paris a Glasgow, do East End de Londres a Varsóvia: "Aquela gente estava preparada para a miséria extrema, mas não para a ruptura e o colapso de seu pobre mundo".[2]

A voga dos grandes conjuntos habitacionais e das rodovias de pistas múltiplas abalou a melhor defesa que havia contra a pobreza nos distritos precarizados próximos ao centro da cidade: as comunidades que eram forjadas nas ruas. Como em muitas outras zonas centrais, essas lajes de concreto do Bronx logo se viram infestadas de gangues e tráfico de drogas. Para completar, nos anos 1970, já abalado pelo novo modelo de moradia popular, pela pobreza e pelo desemprego, o Bronx se viu então às voltas com uma onda de incêndios criminosos, com senhorios ateando fogo em seus cortiços de olho no dinheiro do seguro. Mas Berman encarava com simpatia o povo junto do qual havia crescido e que se mantinha fiel ao bairro: "Essas pessoas afligidas pertencem a uma das maiores comunidades esquecidas do mundo, vítimas de um grande crime sem nome. Mas agora vamos batizá-lo: chama-se *urbicídio*, o assassinato de uma cidade".

Em 1968, um coronel reformado do serviço de inteligência americano, comparando as "selvas de pedra" dos guetos nos distritos centrais dos Estados Unidos — com seus becos e lajes — às florestas do Vietnã, perguntava-se se as tropas americanas se sairiam melhor naquele ambiente urbano do que nos trópicos. Sua resposta foi negativa. Diante do colapso daquelas áreas, táticas de contrainsurgência vinham se tornando uma questão urgente para os militares. Entre 1964 e 1968, 52 629 pessoas foram presas em grandes distúrbios que explodiram em 257 cidades dos Estados Unidos. Em maio de 1968, no rescaldo do assassinato de Martin Luther King, o FBI informou secretamente o governo sobre prováveis "rebeliões em suas áreas urbanas nos meses por vir".[3]

O hip-hop — uma das formas culturais dominantes no planeta hoje — nasceu desse pesadelo urbano do Bronx, nos anos 1970. "*Don't push me, 'cause I'm close to the edge*" [Não me provoque, pois estou quase surtando], diz o rap em staccato de "The Message". Era um hino de sobrevivência e desafio — e um aviso.

O hip-hop emergiu como voz da juventude negra marginalizada, presa nos desolados centros pós-industriais. O gênero, expressão positiva de grande destreza lírica, era em parte uma resposta exuberante a um ambiente urbano sombrio, mas também uma réplica aos que haviam estigmatizado aquela juventude, classificando-a como criminosa e viciada. Era a música oferecendo uma alternativa às gangues e uma válvula de escape criativa numa cidade desoladora.

Tendo início como música efêmera de festas de bairro e clubes noturnos, o hip-hop e o rap se tornaram comerciais em 1979. Nas décadas seguintes, passaram a ser parte do *mainstream* cultural, transformando a música pop e deixando sua marca na moda, no design e na arte. "The Message" é de grande importância na história do hip-hop, sinalizando seu movimento em direção à música de protesto e à crítica social. Esse sucesso global meteórico conferiu dignidade ao gueto, mas também marcou na consciência do público a imagem de certas áreas urbanas negligenciadas que convinha evitar.

Em fins dos anos 1980, o Queensbridge Houses — o inovador e célebre conjunto habitacional inaugurado em 1939 e mencionado aqui no capítulo 11

— havia se tornado um inferninho urbano de pobreza e degradação, centro do comércio do crack. Cenário de guerra entre gangues, contava mais assassinatos do que qualquer outro bairro em Nova York. Mas era também um dos focos de inovação do hip-hop, sob direção de Marley Marl. DJ de rádio, Marl revolucionou o som do hip-hop e ajudou a fundar a Juice Crew em 1983, coletivo de artistas que unia alguns dos talentos emergentes dos anos 1980, incluindo Roxanne Shanté, Biz Markie e Big Daddy Kane. A energia criativa daquele bairro problemático inspiraria um desertor escolar: Nas, "o sábio poético de Queensbridge", que se tornou um dos rappers de maior sucesso dos anos 1990. "Em Queensbridge", relembrou Nas em 1998, "eram o Marley Marl e a Juice Crew que davam esperança a caras como eu — esperança de que havia outra vida para além daquele lugar. [...] Marl nos fazia crer que, embora viéssemos daquelas ruas selvagens, ainda tínhamos uma chance de mudar de vida."[4]

Enraizado nos sons e no sentimento das ruas, o hip-hop é informado pelas especificidades do lugar de onde emerge. É também versátil, incorporando jogos de palavras e gírias, bravata descarada, voos líricos da imaginação, ironia, ativismo social e protesto, tudo isso numa moldura autobiográfica. Essa conexão íntima com um lugar específico, junto à variedade de formas, ajudou a fazer do hip-hop um movimento global — o grande meio de articulação das frustrações experimentadas em centros urbanos dilapidados do mundo todo. *Illmatic* (1994), álbum de estreia de Nas, lançado quando o artista contava apenas vinte anos, é uma narrativa em primeira pessoa detalhando a experiência de um adolescente crescendo em um dos *projects* — bairros de moradia popular — mais notórios dos Estados Unidos. "Quando fiz *Illmatic*, eu era um garotinho de Queensbridge, preso no gueto", lembrou o rapper alguns anos depois. "Minha alma estava presa ali."[5]

Nas, com seus fluxos de consciência, tornou-se o poeta-cronista do seu mundo. As letras que escreveu se entrelaçam à sua autobiografia e à fisicalidade de Queensbridge, citando nomes de ruas, gangues e amigos; as gírias que o rapper usa são específicas daquele cantinho de Nova York. "Eu quero que você saiba quem eu sou: como são as ruas, qual o gosto, qual o cheiro", ele disse. "Quero que saiba como os policiais falam, como eles andam, como pensam. O que os usuários de crack fazem — eu quero que você sinta o cheiro disso tudo, quero que sinta. Para mim, era importante contar essa história desse jeito, pois, na minha cabeça, se eu não a contasse, ninguém contaria."[6]

Illmatic é uma denúncia eloquente do experimento habitacional modernista utópico, infligido a populações do mundo todo. Como outros discos de hip-hop, ele atesta a decadência não apenas da cidade na segunda metade do século xx, mas o esfoliamento do próprio ideal urbano. O adolescente Nas sonha em fugir, mas não pode.

Nova York — exemplo supremo de metrópole do século xx — estava em decadência. A Feira Mundial de Nova York de 1964 (cujo slogan vazio anunciava "Os feitos do homem em um globo que encolhe em um universo em expansão") foi um fracasso dispendioso e constrangedor, símbolo de uma cidade em perigo. Nos anos 1970, Nova York andou perto da falência. Sua estrutura decaía, as ruas estavam infestadas de bandidos, traficantes e desabrigados. Nos anos 1990, uma pesquisa com os nova-iorquinos revelou que 60% deles prefeririam viver em outro lugar.

A maré virou violentamente contra a cidade nos anos que se seguiram à Segunda Guerra Mundial, deixando milhares de pessoas à deriva. As indústrias que haviam garantido a vida na cidade tinham se retirado. E milhões de pessoas fizeram o mesmo, sugando a força vital dos velhos bairros.

Para onde foram todos? Para um novo tipo de metrópole.

"A Cidade do Amanhã Hoje": assim chamavam Lakewood, que começava a emergir de 1416 hectares de campos de feijão, no sul do condado de Los Angeles, em 1950. Todos os dias, 4 mil trabalhadores finalizavam pelo menos cinquenta casas, em uma gigantesca linha de montagem a céu aberto. Isso representava, em média, uma habitação concluída a cada dez minutos. Os trabalhadores dividiam-se em trinta equipes diferentes, cada uma responsável por uma tarefa específica. Em um ponto, eles preparavam concreto; em outro, carpinteiros armavam paredes e vigas pré-fabricadas. Enquanto os telhados eram fixados, os pintores davam os últimos retoques no interior.[7]

Em 1953, 17500 modestos bangalôs de estuque, com aspecto de rancho, servidos por 225 quilômetros de estradas, haviam sido construídos; naquele momento, os residentes de Lakewood — em geral, jovens famílias — totalizavam 70 mil pessoas. No coração do empreendimento, o Lakewood Center, um shopping center gigantesco, cercado por um estacionamento com vagas para 10 mil automóveis.

Era, de fato, a cidade do amanhã. Os jovens casais aderiram a um estilo de vida moderno, centrado na privacidade de uma casa particular, com seu próprio jardim, e no entretenimento aliado ao consumismo. Ali, envoltos por um clima ensolarado, com um éthos geral de relaxamento, com acesso fácil a praias, ao campo e às montanhas, tendo à disposição boas escolas, comida saborosa e empregos bem remunerados, os casais receberam como proposta um novo éden — e, claro, aceitaram sem pestanejar.

O fascínio da Califórnia atraiu para Lakewood famílias de todo o país — e, em números menores, de lugares como Canadá, Alemanha e Reino Unido. De acordo com um documentário da época, "as pessoas amavam o modo como as casas e as ruas eram dispostas com perfeição ao redor dos shopping centers supermodernos, com grandes áreas de estacionamento. Todo aquele padrão de vida, entre trabalho e compras, se tornou o padrão do subúrbio idílico moderno. Para muitos, Lakewood era o paraíso".

O modelo Lakewood de moradias produzidas em massa, ancoradas no grande shopping center, foi replicado por todo o condado de Los Angeles, por todos os Estados Unidos e, no fim, pelo mundo todo. Nas duas décadas depois do aparecimento de Lakewood em 1950, as maiores cidades americanas receberam 10 milhões de novos residentes, enquanto os subúrbios receberam 85 milhões. O êxodo das cidades continuou: durante a Segunda Guerra Mundial, só 13% dos americanos eram suburbanos; já nos anos 1990, mais da metade da população total o era. Igualmente significativas eram as realidades geográficas desse tipo de vida. Enquanto as populações urbanas e suburbanas dos Estados Unidos cresceram 75%, a área construída de metrópoles urbanas e suburbanas expandiu-se em 300%. O urbanismo do automóvel criou um novo tipo de cidade, revolucionando estilos de vida. A civilização americana agora se plasmava em torno do reino privado da residência unifamiliar, já não da vida pública da cidade.[8]

Mas não foi apenas em termos de estrutura física, estilo de vida e aspirações sociais que Lakewood foi pioneira. Em 1953, uma cidade próxima, Long Beach, decidiu anexar o novo empreendimento. Temendo que Long Beach sobrecarregasse sua utopia com indústrias e projetos habitacionais de que eles não gostavam, os residentes transformaram Lakewood em município.

Sob o novo arranjo, Lakewood contratava os serviços de manutenção de estradas, educação, saúde e policiamento do condado de Los Angeles, mas recebia uma porção dos impostos recolhidos das vendas dos shopping centers, preservando também o controle sobre o zoneamento. Em outras palavras, Lakewood tornou-se uma cidade que se autogovernava, capaz de recusar indústrias e habitações baratas e, consequentemente, pessoas indesejadas que acompanhavam essas coisas. Ao assegurar o poder sobre empreendimentos habitacionais futuros, Lakewood podia excluir a figura do locatário, que tendia a depender de auxílios governamentais; além disso, ao decretar o tamanho dos lotes e o projeto de novas residências, podia determinar indiretamente que os preços continuassem altos o suficiente para garantir exclusividade.

Esse poder sobre o ambiente físico se tornou, junto com as oportunidades de seu estilo de vida, uma das grandes atrações de Lakeside. Cidade dentro de outra cidade, era um mundo voltado para si mesmo, cheio de pessoas que pensavam do mesmo modo: trabalhadores brancos, de uma classe média "modesta", mas bem pagos. Estudado atentamente por todos os Estados Unidos, o Plano de Lakewood se tornou modelo para centenas de comunidades. Na bacia de Los Angeles, pipocaram dezenas de municípios autônomos, com fronteiras ferozmente protegidas, cobrindo centenas de quilômetros quadrados de áreas outrora rurais com inúmeros hectares de casas idênticas e shopping centers.[9]

Lakewood e as cidades que nela se modelaram pretendiam banir qualquer mudança em seu paraíso. Os pioneiros originais que se estabeleceram na terra virgem fugiam *para* um mundo de novos começos e estilos de vida invejáveis. Contudo, também fugiam *de* alguma coisa: a velha cidade desgastada, com suas indústrias poluentes, sujeira, crime, imoralidade, superpopulações e mescla poliglota de etnias. Famílias de classe média e da classe trabalhadora de ascendência europeia que vinham dos distritos congestionados de Nova York, Chicago, Houston, St. Louis e outras localidades em busca de um estilo de vida idílico à sombra das palmeiras na Califórnia não queriam que a cidade transbordante de vícios as perseguisse até a sua nova Shangri-lá, então trataram de pôr travas e bons cadeados na porta.

Hoje, setenta anos desde sua fundação, Lakewood substituiu seu lema futurístico da década de 1950. Dirigindo pelo Del Amo Boulevard numa manhã de agosto, fui saudado por um cartaz numa passarela de pedestres em que se lia: "Lakewood. O tempo passa. Valores, não". O slogan ganha realidade quando dirijo pelas ruas residenciais da Lakewood do século XXI. É bonito: avenidas tranquilas e sombreadas revelam bangalôs bem-arrumados, um após o outro, a maioria com cercas de estacas, gramados imaculados e plantas abundantes lindamente cuidadas. Muitas casas ostentam a bandeira dos Estados Unidos; suvs e picapes enormes são onipresentes. E assim, décadas depois de seus primeiros sonhos utópicos, a área é a quintessência da América suburbana de classe média, fiel a seu espírito original.

Hoje falamos de mundo urbano. Mas a verdade é que, para a maior parte de nós, trata-se de um mundo suburbano — o subúrbio em expansão.

Desde o fim da Segunda Guerra Mundial, a cidade, tal como era conhecida por milênios, passou por mudanças velozes e radicais. No final do século xx, previa-se que a cidade tradicional se dissolveria em metrópoles eternamente em expansão. A conglomeração urbana colossal da Grande Los Angeles, que hoje se espalha por uma área de quase 90 mil quilômetros quadrados no sul da Califórnia, é, em muitos sentidos, a metrópole, ou a cidade-mãe, do crescimento descontrolado.

A vista aérea da bacia de Los Angeles é um dos cenários mais impactantes do planeta, uma concentração gigantesca de pessoas, atividades e energia. Maior do que a República da Irlanda e com uma população de 19 milhões de habitantes, não é uma cidade, mas todo um universo metropolitano: uma constelação de cidades, áreas residenciais hipertrofiadas, zonas industriais, shopping centers, blocos de escritórios, centros de distribuição, tudo conectado por quilômetros e quilômetros de rodovias que parecem não ter fim. Para muitos visitantes nos anos de pós-guerra, essa região de megacidade agigantada era uma coisa monstruosa e repulsiva, incompreensível para aqueles acostumados à cidade compacta e tradicional em torno de um centro definido.

No século xx, contudo, cidades desse tipo, e regiões urbanas nessa escala, são lugares comuns em todos os continentes habitados. As potências da economia global já não são cidades, mas 29 megarregiões urbanas de áreas metropolitanas mescladas; juntas, essas conurbações produzem mais da metade da riqueza do mundo. Há o corredor Boston-Nova York-Washington (BosWash), com 47,6 milhões de habitantes e um rendimento de 3,6 trilhões de dólares; na Grande Tóquio, são 40 milhões de indivíduos e 1,8 trilhão de dólares; em Hong-Shen (Hong Kong e Shenzhen), são 19,5 milhões de residentes e 1 trilhão de dólares. Hong-Shen, por sua vez, é parte do delta do rio das Pérolas, uma densa rede de cidades com mais de 100 milhões de pessoas. A China planeja construir uma rede ferroviária de alta velocidade que ligará mais aglomerados citadinos em vastas regiões hiperurbanas. Em 2014, o governo chinês anunciou a criação de Jing-Jin-Ji, megacidade com mais de 340 mil quilômetros quadrados, englobando Beijing, Hebei e Tianjin e contendo 112 milhões de pessoas. Bem-vindos à cidade infinita.

O sul da Califórnia vivenciou primeiro esse fenômeno — a descentralização da metrópole. E se essa revolução histórica tem um lar espiritual no oceano sem fim das áreas residenciais de Los Angeles, esse lar é a cidade de Lakewood, a mais ou menos trinta quilômetros ao sul do centro de LA.

Diz-se que Dorothy Parker certa vez brincou que Los Angeles era composta de "72 subúrbios em busca de uma cidade". É uma percepção de Los Angeles repetida de muitas formas por seus muitos detratores. Mas isso só seria verdade se Los Angeles fosse uma cidade tradicional, com um coração industrial e comercial cercado por anéis de subúrbios residenciais. Muito antes de Lakewood ser construída, Los Angeles foi desenvolvida deliberadamente como um novo tipo de cidade para o século XX: a cidade descentralizada.

Com uma população abaixo de 10 mil habitantes em 1870, Los Angeles tornou-se metrópole global num momento em que novas tecnologias remodelavam o mundo urbano — em particular as tecnologias de mobilidade. Nos anos 1920, a Grande Los Angeles tinha o sistema ferroviário interurbano mais desenvolvido do mundo: 1770 quilômetros de linhas conectando centenas de cidades, pequenos municípios e vilas, numa rede urbana regional. O sistema lançava seus tentáculos também em áreas pouco desenvolvidas, sua vasta teia de aranha operando como esqueleto da cidade ainda por vir. Por essa época, um habitante da região era quatro vezes mais propenso a ter um automóvel do que qualquer outro americano. Já era uma cidade baseada na mobilidade, e não na concentração, como nas cidades tradicionais. E as indústrias que sustentavam a metrópole — a indústria do petróleo, da borracha, dos automóveis e aviões, do entretenimento — precisavam de espaço considerável.

Por sua natureza, essas fábricas gigantes, famintas por espaço, dispersavam-se. As inúmeras cidades que compunham Los Angeles tinham mesmo um ar suburbano e não estavam em busca de uma cidade central. Os empregos não estavam concentrados em uma área específica, mas dispersos. A região da Grande Los Angeles não era uma coleção de subúrbios alimentando um núcleo, mas um mosaico de cidades inter-relacionadas que começavam a se fundir. A cidade de South Gate, a onze quilômetros ao sul do centro de Los Angeles, cresceu como subúrbio de trabalhadores, com uma fábrica da General Motors e bairros residenciais planejados. South Gate tinha um ar rural, com domicílios de construção barata e jardins com galinheiros e hortas. Usando as linhas ferroviárias e o sistema de estradas metropolitano, os residentes da classe trabalhadora podiam se locomover para empregos no setor industrial por toda a região.[10]

Los Angeles não explodiu como resultado da expansão irrefletida ou de acréscimos suburbanos descerebrados. Sua expansão foi ditada pelas indústrias que a sustentavam — mas também por uma concepção utópica do que deveria ser a cidade moderna.

De acordo com Dana Bartlett, pastor congregacionalista que chegou em Los Angeles em 1896, "clima vale dinheiro". E valia dinheiro porque atraía turistas endinheirados para o "parquinho de diversão nacional". "Mas para ninguém mais o clima tem tanto valor quanto para o trabalhador", escreveu Bartlett em seu livro *The Better City* [A melhor cidade]. O clima do sul californiano lhe dá saúde, protege-o das contas altas de energia e combustível no inverno e lhe permite construir sua casinha barata, cultivar vegetais e flores e criar galinhas. "Aqui, até mesmo o pobretão vive como um rei."

Escrevendo em 1907, quando Los Angeles era ainda muito pequena, Bartlett imaginava um futuro em que famílias da classe trabalhadora passariam o tempo livre nas montanhas ou nas praias; teriam suas próprias casas, com jardim e tudo, e trabalhariam em fábricas dispersas pela região. A isso o pastor chamava de "uma vida mais nobre", onde a beleza e a saúde coexistiam numa cidade sem uma superpopulação opressiva. Bartlett articulava aí uma ideia largamente compartilhada sobre como Los Angeles deveria se desenvolver, vislumbrando um futuro urbano semelhante àquele entrevisto pelo inglês Ebenezer Howard, cujo livro *Cidades-jardins de amanhã*, de 1902, se consagrou como uma das obras mais influentes sobre planejamento urbano. Cidades-jardins de tamanho mediano seriam construídas na zona rural, cercadas por campos e florestas, um antídoto para o veneno da cidade industrial contemporânea. As metrópoles dispersas e semirrurais imaginadas para o século XX eram respostas diretas às Babilônias viciosas e letais do século XIX, como Chicago, Manchester, Nova York e tantas outras.

Sob a direção do engenheiro-chefe William Mulholland, Los Angeles construiu o aqueduto mais longo do mundo, transportando água a 375 quilômetros de distância do Owens Valley até a cidade. A profusão de água abria grandes áreas para cultivo produtivo, gerava eletricidade e, mais importante, superava a demanda da cidade. A oferta de água barata permitiu que Los Angeles se expandisse, anexando comunidades vizinhas. Em 1909, Los Angeles conquistou um porto, arrematando Wilmington e San Pedro e criando um corredor da cidade até o mar. A partir daí, anexou Hollywood em 1910 e o Vale de San Fernando em 1915. Nas décadas de 1920 e 1930, vieram Sawtelle, Hyde Park, Eagle Rock, Venice, Watts e Tujunga. Nos anos 1890, a cidade de Los Angeles ocupava 72,5 quilômetros quadrados, com uma população abaixo dos 100 mil habitantes; em 1932, havia inchado para 1215 quilômetros quadrados (um crescimento de 1575%, alcançando a mesma área de Nova York), englobando 1,3 milhão de residentes (comparados aos 7 milhões de nova-iorquinos que ocupavam a mesma porção de terra). Sua extensão e baixa densidade populacional se explicam pelo fato de que dois terços dos angelinos viviam em casas particulares isoladas, uma proporção extraordinária para uma cidade daquele tamanho — em Nova York, o número era de 20%, e na Filadélfia, 15%. A área do condado de Los Angeles coberta por gramados de bangalôs suburbanos agora crescera para 246 quilômetros quadrados, quatro vezes o tamanho de Manhattan. E isso sem contar os grandes clubes de campo, áreas de golfe e estacionamentos. O estilo de vida ideal demanda muito espaço. A suburbanização foi, portanto, uma das coisas da expansão; e a expansão, por sua vez, levava à suburbanização, à medida que as pessoas buscavam se aproximar dos sempre desejados arrabaldes semirrurais.[11]

Na primeira metade do século xx, Los Angeles cultivou a imagem da cidade do futuro, onde a natureza e as atividades humanas coexistiam e os problemas que afligiam a metrópole industrial estavam resolvidos. Com seu trânsito de massa, carros, rodovias, indústrias dispersas e residências unifamiliares, a Grande Los Angeles parecia pressagiar o futuro de todas as metrópoles. Mas isso ia de encontro às noções do urbanismo futurista da época. Afinal, a cidade do amanhã não deveria ser vertical, um arranjo cintilante de arranha-céus? Aparentemente não. Tudo apontava para cidades horizontais.

"Uma cidade com a personalidade de um copo descartável", zombou Raymond Chandler ao falar de Los Angeles. O centro da cidade ia decaindo à medida que as pessoas procuravam empregos e lares em outras partes da região. O que muitos viam como uma expansão abissal, sem graça, outros viam como uma fuga oportuna para longe do confinamento de cidades decadentes. Mesmo crescendo, grandes partes do condado de Los Angeles pareciam se manter fiel ao mito da cidade como Arcádia. O fascínio de ter uma casa própria numa vizinhança agradável levou mais de 2 milhões de pessoas para Los Angeles antes da Segunda Guerra Mundial para trabalhar em suas indústrias, produzindo aviões de combate, automóveis, combustíveis e borracha.

Graças ao grande aqueduto de Mulholland, o imenso Vale de San Fernando, parte da cidade desde 1915, transformou-se de campo ressecado em paraíso verdejante, emergindo como um mosaico de cidades suburbanas, áreas bem irrigadas, ranchos, bosques, hortas e campos de golfe, conectados ao resto da cidade por linhas de trem. O esplendor rural do vale, com seus penhascos e formações rochosas, ofereceu o cenário para muitos dos filmes de faroeste que encantaram as telas de cinema nas décadas de 1920 e 1930; seus ranchos foram avidamente adquiridos pelas estrelas de Hollywood. A historiadora Catherine Mulholland escreveu sobre sua infância à época: "Quando penso no Vale de San Fernando nos anos 1930, penso em solidão: o som isolado do apito do trem rompendo a calmaria do campo, o uivo do coiote, a lebre cruzando às pressas meu caminho enquanto eu seguia de bicicleta para a escola por estradinhas de terra esburacadas".[12]

O esplendor rural não poderia durar. Um maremoto de desenvolvimento suburbano inundou o Vale de San Fernando a partir da década de 1940: dezenas de milhares de bangalôs californianos de ar rancheiro substituíram os ranchos de verdade, as estradas de terra e as lebres. Era isso, então, o "Subúrbio Americano", um mundo fantasioso de piscinas, limoeiros, shopping centers, cinemas drive-in, famoso globalmente como a manifestação final do sonho californiano e o epicentro da cultura jovem atrelada ao automóvel. A megarregião suburbana deu à luz o estereótipo da "Valley Girl", a "Menina do Vale", materialista e cabeça-oca, cujo acento exagerado ao final de cada frase ficou famoso no mundo todo.

Naquele momento, o Vale de San Fernando era a região de crescimento mais acelerado nos Estados Unidos. À medida que os monótonos bairros residenciais de casas rigorosamente iguais se expandiam pela área, sua população dobrou nos anos 1940 e dobrou de novo nos anos 1950, ultrapassando 1 milhão de habitantes na década de 1960.

Britânicos e americanos nunca se apegaram às cidades como os asiáticos ou os europeus. A tendência tem sido escapar da metrópole tão logo possível, buscando refúgio instintivamente nos arrabaldes semirrurais. A capacidade de fazê-lo atrelava-se à riqueza. Só aqueles que podiam bancar um longo trajeto de casa para o trabalho é que conseguiam fugir da superpopulação, do crime, da doença e da poluição dos grandes centros urbanos. No século XIX, bondes e trens criaram subúrbios pitorescos e caros nas margens das cidades para os endinheirados.

Tendo início na Grã-Bretanha, os subúrbios deram partida no século XIX e dispararam no século XX, mudando a própria natureza da cidade. Depois da Primeira Guerra Mundial, a voga dos "lares para os heróis" e o desejo de dar cabo das favelas criaram vastas áreas suburbanas nas margens das grandes cidades britânicas. Manchester construiu Wythenshawe, cidade-jardim-satélite planejada para 25 mil residências que abrigariam 100 mil pessoas. Por sua vez, o Conselho Regional de Londres desenvolveu oito lotes com pequenas "casas de campo" nos anos 1920, para onde os "favelados" seriam realocados. O Becontree Estate, em Dagenham, tornou-se o maior empreendimento habitacional do mundo, com 25 769 unidades semiautônomas e uma população de 116 mil pessoas em 1939. A oeste de Londres, a Metropolitan Railway Company criou ao longo de suas linhas uma série de bairros idílicos para residentes de classe média. Caracterizada por moradias que parodiavam elementos da arquitetura Tudor, essa extensa área suburbana nos arredores de Londres ficou conhecida como "Metrolândia". Essa Metrolândia londrina do entreguerras, sempre em expansão, era o exemplo mais pronunciado de uma cidade que se espraiava cada vez mais em busca de um sonho arcadiano, nisso devorando vorazmente campos e vilas. Embora a população de Londres entre 1921 e 1931 tenha crescido apenas 10%, sua área ocupada cresceu 200%. Em Los Angeles, o Vale de San Fernando repetiu o mesmo processo — mas dessa vez sob o efeito de esteroides, com o monstro suburbano devorando com avidez justamente as coisas que ele mais amava.

O sonho da vida suburbana — a casa própria numa área semirrural — era compartilhado em todo o mundo anglo-americano. O desejo profundamente arraigado de fugir do leviatã inflado que era a metrópole moderna existia por todo o mundo industrializado. Mas a forma que o subúrbio do pós-guerra tomou era ditada por forças poderosas e, muitas vezes, invisíveis.

Em grande parte, o sul da Califórnia dedica-se ao ramo da fabricação de sonhos, tecendo seus próprios mitos. É a capital global dos valores relaxados, dos estilos de vida alternativos e da cultura praieira despreocupada. Mas a Los Angeles moderna é uma criação da guerra. Uma boa proporção das pessoas que viviam em Lakewood trabalhava nas instalações da Douglas Aircraft Company, em torno de Long Beach. Lá se montavam jatos militares, incluindo o Skyknight (há um desses num pedestal de concreto num parque público no coração da comunidade). Também no Vale de San Fernando havia uma concentração de indústrias bélicas. A Lockheed Aircraft Company tornou-se a maior empregadora da região durante a Segunda Guerra Mundial, fabricando milhares de Flying Fortresses e aviões de combate. Depois da guerra, dedicou-se aos avançados aviões a jato, produzindo, entre outros, o avião de espionagem U2.

Podia não parecer, mas a utopia suburbana desvelada em Lakewood era o produto da Guerra Fria, dormitório para os milhares de corpos necessários para construir os artefatos bélicos modernos. Os pioneiros suburbanos de Lakewood não só tinham casas invejáveis, como também desfrutavam de pacotes salariais bem acima da média nacional.[13]

De fato, eles se beneficiavam da Guerra Fria, mas também estavam na linha de frente. Como centro de pesquisa e produção de tecnologia militar, Los Angeles era um dos principais alvos para os mísseis nucleares russos. As cidades suburbanas do Vale de San Fernando tipificavam as aspirações e mudanças sociais dos anos 1950; contudo, enquanto crianças passeavam pelas ruas de bicicleta e adolescentes iam aos cinemas drive-in, a tranquilidade era frequentemente interrompida por estrondos sônicos quando Lockheed testava aviões hiperavançados sobre os céus do subúrbio. O éden verdejante dos anos 1950 era defendido por baterias de mísseis SAM equipados com bombas nucleares nos campos de mísseis que cercavam a Grande Los Angeles — era o chamado "Anel de Aço Supersônico", que fazia de Los Angeles uma das cidades mais fortificadas do mundo.[14]

A expansão suburbana e a era atômica estavam intimamente conectadas. A literatura e o cinema de temática apocalíptica dos anos 1950 lançavam sobre a vida nas cidades uma sombra assustadora; ao mesmo tempo, imbuíam subúrbios, exúrbios e cidades-dormitórios de um sentimento de segurança psicológica, dada a distância que estavam de qualquer núcleo metropolitano. Mas foi o governo federal que deu ímpeto ao processo de êxodo. Os estrategistas militares e urbanistas começaram a acreditar que uma política de dispersão da população e das indústrias para longe de cidades compactas e vulneráveis era uma forma preventiva de defesa contra os ataques nucleares. Em um país democrático, dispersar uma cidade à força era impossível. Mas era algo que se podia fazer de modo indireto. Assim, incentivos fiscais determinavam onde as indústrias se estabeleciam; simultaneamente, grandes projetos de construção de estradas permitiam que novas áreas residenciais surgissem em lugares antes considerados remotos demais. Por fim, havia o controle do governo federal sobre o mercado imobiliário.[15]

Casais à procura de um lar talvez acreditassem que estavam tomando suas próprias decisões, mas o caminho que os guiava para o subúrbio era predeterminado nos altos escalões. Os subúrbios americanos, com seu aspecto peculiar, não eram uma manifestação do gosto nacional ou de escolhas individuais; eram, em grande parte, uma criação do Estado. Fundada durante a Grande Depressão, a Agência Federal de Habitação (FHA, na sigla em inglês) injetava bilhões de dólares no mercado hipotecário. Antes dos anos 1930, quem desejasse adquirir um empréstimo teria de fornecer um depósito inicial de quase 50% do valor do imóvel, a hipoteca tendo de ser liquidada em dez anos. A enorme rede de segurança garantida pela FHA mudou tudo. Agora os depósitos iniciais eram mínimos ou nulos; as taxas de juros eram baixas; e o prazo da hipoteca podia ser estendido para trinta anos. O mercado hipotecário explodiu, oferecendo acesso fácil à casa própria para todos com uma renda familiar média típica dos anos 1950: 4 mil dólares.[16]

Só que a FHA não financiaria qualquer casa. A agência dava prioridade para unidades autônomas novas em ruas largas e *cul-de-sacs*. Determinava um recuo de pelo menos 4,5 metros e exigia que a casa fosse inteiramente rodeada por um jardim. Incentivava empreendimentos habitacionais homogêneos e desaprovava distritos de uso misto, com lojas e comércio. Preferia expansividade em vez de densidade, e rejeitava propriedades para aluguel ou a presença de casas velhas, crendo que tais coisas "acelerariam a tendência para a ocupação pelas classes baixas". Favorecia também lugares próximos das estradas arteriais em vez do transporte público. Os empréstimos eram, afinal, padronizados e fungíveis, negociados em um mercado nacional; portanto, havia a necessidade de domicílios igualmente padronizados e fungíveis.[17]

Em outras palavras, você podia ter a casa que bem quisesse, contanto que fosse especificamente um bangalô novinho em folha nos subúrbios. Se preferisse morar na cidade, sofreria para conseguir financiamento. Mas nada disso era óbvio para os compradores. Os agentes imobiliários e corretores apontavam sempre a casa ideal da FHA, que ficava tipicamente em um novo bairro residencial, fora da cidade. Os subúrbios explodiram nos anos 1950, portanto, graças à vontade do governo, que os subsidiou com bilhões de dólares. A empresa que construiu Lakewood o fez sabendo que tinha de entregar casas acessíveis às pessoas que ganhavam o salário médio. Seus bangalôs rancheiros de três quartos eram vendidos por 8255 dólares, podendo ser comprados por meio de financiamentos de trinta anos a cinquenta dólares por mês, sem entrada. Construir de acordo com essas limitações, e competir no lucrativo mercado hipotecário, implicava produzir casas pré-fabricadas em massa, numa velocidade recorde. Casas uniformes — com os mesmos acabamentos, os mesmos materiais, utensílios domésticos e maquinaria — tornavam possível às empreiteiras alavancar economias de escala. Lakewood, por exemplo, recebeu 200 mil portas interiores idênticas. Quando se passeia por Lakewood ou pelo Vale de San Fernando, a uniformidade habitacional é esmagadora. E assim o é não porque as pessoas o desejaram dessa forma, mas porque aquelas eram habitações subsidiadas pelo governo federal, muito embora esse fato ficasse oculto dos potenciais compradores desfrutando da ilusão de liberdade.

A maravilhosa vida suburbana foi celebrada em incontáveis filmes e programas de TV, tornando-a altamente desejável, até idealista. Mas a estética real dos subúrbios era ditada pelas políticas de investimento da FHA e por considerações de segurança nacional relacionadas à "dispersão defensiva". A Lei de Habitação de 1954 obrigava as agências federais, incluindo a FHA, a promover a redução da vulnerabilidade das cidades a ataques inimigos. Na prática, isso significava dispersão pela suburbanização. A lei também estabelecia que os empréstimos só deveriam ser concedidos a habitações que estivessem "sujeitas às normas de defesa urbana". Quando vários tipos de casas foram expostos a explosões de testes atômicos durante a Operação Cue no deserto de Nevada, descobriu-se que o bangalô de estilo rancheiro se saía melhor. E mais: os domicílios com venezianas sofriam danos menores em seus interiores. Não por coincidência, nove de cada dez novas casas no sul da Califórnia nos anos 1950 eram bangalôs rancheiros com venezianas.[18]

Os anárquicos subúrbios operários de South Gate, onde os trabalhadores construíam suas próprias casas desde a fundação, deram lugar aos gramados bem aparados de uma Lakewood uniforme, subsidiada pela FHA. Subúrbio passou a significar conformidade — uma conformidade imposta pelo mercado imobiliário e pelas prioridades políticas, não necessariamente pela escolha individual. Mas a proposta era imbatível. Pagar parcelas mensais de cinquenta dólares por um bangalô de três quartos nos subúrbios era consideravelmente mais barato do que alugar um apartamento dilapidado no centro da cidade. Tornar-se dono de uma casa própria também colocava o "bom cidadão" a caminho da segurança financeira.

Tais políticas governamentais eram explicitamente elaboradas para transferir as pessoas do coração urbano para a periferia suburbana. A enorme riqueza dos Estados Unidos a partir da Segunda Guerra Mundial foi investida no crescimento do subúrbio automobilístico. Os anos 1950 são muitas vezes descritos como um período de "fuga" por parte da população branca, que se retira de centros urbanos confusos e etnicamente mistos para Shangri-lás suburbanas racialmente segregadas. Mas não é tão simples assim. O fato é que havia uma política de dispersão deliberada das cidades para os subúrbios; uma política que, sim, harmonizava-se ao desejo genuíno das pessoas de ter sua própria casa e construir uma família longe de cidades que — como lhes diziam constantemente — encolhiam-se sob a sombra da guerra nuclear e da ameaça generalizada de "ruína urbana".

As políticas federais de habitação aceleraram a rápida expansão para fora das áreas metropolitanas, sugando populações dos núcleos urbanos. Quando pensamos na abundância dos Estados Unidos dos anos 1950, pensamos automaticamente em ruas suburbanas ladeadas de árvores e imaculados valores familiares suburbanos. E essa imagem é esmagadoramente branca e de classe média. O estereótipo se confirma no mundo real: barreiras de segregação entrecortavam Los Angeles, como em outras cidades americanas em expansão horizontal. Até 1948, os proprietários nos novos bairros suburbanos podiam se recusar a vender casas para famílias negras; naquele ano, porém, a decisão da Suprema Corte no caso Shelley versus Kraemer proibiu convênios restritivos que impedissem o acesso das minorias por compra ou aluguel. Mas havia outras maneiras de garantir a "brancura" dos subúrbios. Os corretores fugiam das minorias. A FHA usava seu poder para favorecer empreendimentos que fossem racial e socialmente homogêneos, criando subúrbios com rendas e compleições raciais predominantemente similares. A mera presença de algumas poucas famílias sem ascendência europeia em um distrito suburbano era suficiente para derrubar o preço das casas, pois a FHA se recusava a garantir hipotecas em vizinhanças racialmente mistas. Diante desse fato econômico bruto — acrescido ao já endêmico racismo —, pouco surpreende que, em muitas áreas suburbanas de Los Angeles, residentes negros ou latinos em prospecção fossem intimidados por gangues de proprietários vigilantes armados.

Os subúrbios idílicos eram da cor do lírio-branco e segregados por classe: em termos sociais e raciais, eram tão monótonos quanto suas casas padronizadas. Em 1960, Lakewood contava sete pessoas negras entre seus 70 mil residentes. No Vale de San Fernando, enquanto a população saltou de 300 mil para 700 mil nos anos 1950, sua parcela afro-americana declinou de 1100 para novecentas pessoas. O que não surpreende: embora o governo federal tenha dedicado 120 bilhões de dólares para novas moradias até 1960, só 2% disso se destinaram a cidadãos não brancos. Os tribunais podem ter decretado que a segregação era ilegal, mas o mercado imobiliário a tornou mais feroz do que nunca.[19]

À medida que famílias de classe média — ou mais humildes — de origem europeia desertavam da cidade, seus lugares eram ocupados por novas levas de migrantes. Durante a Segunda Grande Migração, mais de 5 milhões de afro-americanos mudaram-se do sul rural para as cidades do nordeste, do meio-oeste e do oeste dos Estados Unidos. Enquanto a América branca se tornava em larga medida suburbana, 80% dos negros americanos passaram a habitar centros urbanos. As cidades para as quais se mudaram encontravam-se em frangalhos. Boa parte da velha estrutura habitacional estava marcada para demolição: seria substituída por grandes arranha-céus e rodovias. As moradias populares foram espremidas em antigos distritos favelizados. Quase não se conseguiam hipotecas e seguros nessas áreas. O emprego era escasso, uma vez que as indústrias haviam acompanhado o êxodo para longe das cidades. Na Inglaterra, na França, na Holanda e em outras partes, o cenário era parecido: o centro decadente das cidades tornava-se o lar de comunidades de imigrantes, com a classe média e a classe trabalhadora retirando-se para subúrbios mais salubres, cidades-satélites e novas cidades planejadas.

357

Em Los Angeles, como em outras cidades dos Estados Unidos, os migrantes afro-americanos ficavam confinados a uma pequena área central, em prédios envelhecidos e grandes conjuntos habitacionais precarizados — South Central, South Side e Watts —, numa época em que a região metropolitana como um todo fervilhava sob o efeito da suburbanização. A decadência do centro da cidade — com moradias de baixa qualidade, desemprego, violência e crime — devia-se em parte à suburbanização desenfreada, o que, por sua vez, dava combustível para o crescimento ilimitado dos subúrbios, visto que mais e mais pessoas queriam fugir da armadilha da urbe. O pesadelo urbano também deixava as pessoas em comunidades como Lakewood mais determinadas do que nunca a preservar o paraíso que haviam criado, barrando as influências "impuras" do centro urbano com cercas virtuais e reais contra os "indesejados".

O subúrbio americano: a própria expressão é carregada de significado. Na literatura, na música e no cinema, os subúrbios americanos são o espaço antiurbano, o polo oposto da complexidade, da liberdade e da energia da cidade: uma vastidão artificial de uniformidade suprema, conformidade estupidificante, alienação vazia, consumismo compulsivo e monótona branquidão burguesa. O tédio e a sonolência dos subúrbios eram parte de sua atração: um espaço seguro, longe do tumulto da cidade caótica; uma Qualquerlândia separada da história em um perigoso mundo de armas nucleares. "Conhece a rua onde eu moro — Ellesmere Road, em West Bletchley?", pergunta o protagonista do romance *Um pouco de ar, por favor* (1939), de George Orwell. "Não importa, você conhece umas cinquenta iguaizinhas. Ruas assim se proliferam por esses subúrbios afora. Longas fileiras de casas geminadas. [...] A fachada de estuque, o portão com óleo de creosoto, a sebe de alfena, a porta de entrada verde. Sempre iguais. Laurels, Myrtles, Hawthorns, Mon Abri, Mon Repos, Belle Vue."

Há uma longa tradição literária descrevendo a atmosfera paralisante, as ambições intelectuais medíocres e os valores prosaicos da vida suburbana: de *O diário de um ninguém* (1892), de George e Weedon Grossmith, a *Revolutionary Road* [Foi apenas um sonho] (1961), de Richard Yates, e *Casais trocados* (1968), de John Updike; de *O buda do subúrbio* (1990), de Hanif Kureishi, a *As correções* (2001), de Jonathan Franzen. Os subúrbios têm sido a musa amada também dos cineastas, atraídos pelo que de sombrio parece pairar por trás da esterilidade e da redundância superficiais. *Veludo azul* (1986), de David Lynch, *Beleza americana* (1999), de Sam Mendes, e *Esposas em conflito* (1975), de Bryan Forbes, vêm à mente de imediato como clássicos indiscutíveis do gênero. E filmes de terror fazem a festa nos subúrbios com um prazer quase indecente: *A hora do pesadelo* (1984), *O despertar dos mortos* (1978). É um lugar que esconde conflitos domésticos, mistérios e crime — *Desperate Housewives*, *Família Soprano*. Ao contrário da vida citadina, a vida suburbana acontece a portas fechadas, oferecendo escopo para uma miríade de narrativas, mas as tornando, ao mesmo tempo, frustrantemente irresolvíveis. O que é que se passa de verdade por trás dos lindos gramados?

Os subúrbios foram representados inúmeras vezes como paraísos que se transformam num inferno. Eles servem à crítica, por exemplo, por aprisionarem as mulheres num claustro doméstico, enquanto os maridos partem para o trabalho. Para os artistas, são um prato cheio: toda aquela perfeição, as hierarquias familiares rígidas e a uniformidade têm de ser uma grande fachada para o alcoolismo, os antidepressivos, as festas de swing e tudo mais, certo?

Mas é na música pop que os subúrbios levam a sova mais sistemática e sem nuance. Numa canção de 1962 de Malvina Reynolds, os subúrbios são descritos como "caixinhas" feitas de material de quinta categoria. E, como seus monótonos domicílios, as pessoas que são postas nas tais "caixas" têm a mesma origem, a mesma educação, os mesmos empregos e os mesmos passatempos.

O tédio, o conformismo, a homogeneidade e a hipocrisia dos subúrbios são alvos naturais da música pop. E como não seriam? Tendo como audiência os adolescentes, a música pop fala de seus cotidianos enfadonhos em um ambiente deliberadamente higienizado e seguro, e esse discurso lhes dá uma sensação de liberdade. Na obra-prima do Green Day, "Jesus of Suburbia" (2005), o subúrbio é um constructo apocalipticamente vazio e artificial, existindo ao fim de uma estrada esquecida, outra Qualquerlândia. É um lugar de hipócritas, terapia e antidepressivos, onde o centro do mundo é a loja de conveniências.

"Suburbia" (1986), dos Pet Shop Boys, trata do tédio da vida suburbana: tudo que há para fazer é se entregar a noitadas de pichações como válvula de escape. No videoclipe, os monótonos bangalôs de Los Angeles são justapostos às igualmente monótonas casas geminadas em estilo Tudor de Londres: a experiência global dos subúrbios é cambiável. Nessa mesma linha, em "Suburban Dreams" (1980), Martha and the Muffins capturam a experiência universal da vida moderna adolescente, vagando sem rumo sob a iluminação fluorescente de um shopping center, bebendo shakes artificiais e evitando as cantadas desajeitadas de garotos do ensino médio. A vida adulta nos subúrbios é toda feita de conversas idiotizadas sobre a previsão do tempo, sobre quem comprou uma piscina nova ou o carro mais moderno, enquanto adolescentes niilistas escutam heavy metal e passeiam pelo shopping center.

Todos os adolescentes querem fugir de casa e se perder no mundo; os adultos desejam justamente o contrário. Os subúrbios, assim, marcam uma linha de conflito natural entre adolescentes e pais, uma disputa entre valores e aspirações. A única opção é fugir. Mas para onde? Na assombrosa "Sprawl II", de *The Suburbs*, álbum de 2010 do Arcade Fire, os subúrbios se espalharam tanto que cobriram o mundo inteiro; fuja se quiser, mas o mundo é o mesmo em toda parte. O que são o rock e o punk, senão uivos de rancor contra a conformidade e o consumismo? Chocar os valores burgueses é o que todo adolescente faz, e atacar o subúrbio — o paradigma do estilo de vida convencional — é um tema recorrente do pop.

Contudo, apesar dessa percepção popular firmemente enraizada, os próprios subúrbios, nos últimos setenta anos, têm sido lugares dinâmicos. Enquanto os centros das cidades mantiveram-se estáveis, os subúrbios passaram por uma evolução veloz e momentosa. É neles que a história tem acontecido desde a Segunda Guerra Mundial. Se um passeio por Lakewood parece um retorno aos anos 1950, trata-se de uma ilusão cuidadosamente construída. As marés da história banharam esses lugares, remodelando tudo. Para entender o urbanismo moderno, para compreender como a metrópole vem evoluindo, é preciso sair do centro da cidade — que hoje é uma espécie de museu ou ponto turístico — e se aventurar por suas margens misteriosas.

Embora o percurso de carro de Lakewood a Compton só leve dez minutos, é uma viagem para outro universo. As habitações se parecem: mais bangalôs. Mas Compton é um dos endereços mais mal-afamados do mundo. Sua notoriedade global deve-se à estreia do grupo de hip-hop N.W. A. (Niggaz Wit Attitudes), *Straight Outta Compton* (1988), álbum seminal de *gangsta rap*, que mergulhava na violência entre gangues e na brutalidade de uma das vizinhanças mais barras-pesadas de Los Angeles. Mesmo sem presença no rádio ou exposição na MTV, o álbum rapidamente conquistou disco de platina.

O incrível sucesso comercial de *Straight Outta Compton* devia-se em grande parte ao fato de que os membros do N.W. A. se diziam participantes ativos das guerras entre gangues de Los Angeles, não meros cronistas. Imensamente populares entre adolescentes brancos dos subúrbios de classe média (80% de sua base de fãs, de acordo com a gravadora), o álbum — com sons de disparos de arma e sirenes, letras explícitas e ódio à polícia — chocou a América. O N.W. A. se vangloriava de seus carrões tanto quanto de suas metralhadoras automáticas. No single "Fuck Tha Police", Ice Cube ataca a brutalidade e o racismo da polícia de Los Angeles. Ice Cube vomita raiva e fantasias de vingança contra policiais que o prenderam por tráfico, injustamente, só porque ele andava com joias caras e um pager. O refrão repete o título explícito da faixa.

O impacto de *Straight Outta Compton* relacionava-se em parte ao fato de que o disco oferecia a adolescentes suburbanos um encontro voyeurístico com o gueto, e também por expressar seu ódio ao que certas regiões de Los Angeles haviam se tornado nos anos 1980. Ao mesmo tempo, o sucesso do grupo elevou o distrito de Compton a símbolo internacional da decadência urbana e do niilismo. A mídia se referia a Compton como "favela", e a notoriedade depois de *Straight Outta Compton* fez do local uma área a ser evitada.

O que se via ali era uma guerrilha entre gangues encenando-se já não nos sombrios blocos de prédios modernistas de Queensbridge, mas no que um dia havia sido um plácido subúrbio. A Segunda Grande Migração levou milhares de famílias afro-americanas para o sul da Califórnia durante e logo após a Segunda Guerra Mundial. Encalhadas em habitações precárias em South Central e Watts, elas aspiravam a um lar agradável nos subúrbios como todo mundo.

As barreiras para realizar esse sonho eram tão grandes para os afro-americanos, e a vida em South Central era tão desagradável, que eles se dispunham a pagar mais do que os brancos da classe trabalhadora pagavam por uma casa em lugares como Compton ou Crenshaw. Em fins dos anos 1940 e durante os anos 1950, como a maioria dos subúrbios, Compton era branca. (Por um breve período, foi o lar de George H. W. Bush e família em 1949, quando o futuro presidente trabalhou como vendedor nas Dresser Industries.) Alguns proprietários brancos apanharam de seus vizinhos também brancos por terem listado seus imóveis com corretores que negociavam com potenciais compradores negros. Quando Alfred e Luquella Jackson estavam descarregando a mudança em Compton em maio de 1953, o casal foi atacado por uma turba branca. Então, precisaram se defender com um par de pistolas Colt .45 e uma espingarda calibre 12. Em outras partes, gangues de vigilantes brancos queimavam cruzes nos gramados, vandalizavam casas e espancavam afro-americanos que visitavam residências à venda.[20]

Tão logo afro-americanos se mudavam para uma vizinhança em Los Angeles, uma dinâmica peculiar entrava em ação. A ideia de que compradores afro-americanos derrubavam os preços das propriedades se tornava uma profecia autorrealizável, pois os moradores brancos entravam em pânico e começavam a vender suas residências. Isso, por sua vez, abria mais oportunidades de compra para famílias negras que desejavam fugir dos bairros decadentes dos centros das cidades. Em 1960, afro-americanos compunham 40% dos residentes de Compton. Os observadores apavorados encaravam isso como uma "expansão do gueto", como se os horrores do centro urbano passassem a penetrar seus enclaves brancos. Mas era o oposto: para os afro-americanos, tanto quanto para os brancos da classe trabalhadora, Compton significava uma fuga dos bairros dilapidados dos centros das cidades. Eram profissionais liberais e clérigos, artesãos, enfermeiras e operários de fábrica. Seus filhos frequentavam as escolas integradas e seguiam para universidades como UCLA e Berkeley. Suas casas eram espaçosas, com bonitos jardins; tal como os vizinhos brancos, tendiam a ter barcos a motor ou uma van para viagens. Para o espanto genuíno de muitos residentes e visitantes brancos, os suburbanos negros se comportavam como quaisquer outros suburbanos. Nos anos 1960, Compton demonstrou o que um subúrbio misto poderia ser, numa época em que 95% das pessoas vivendo nos subúrbios americanos eram de descendência europeia. "Pelo menos dessa vez", disse um afro-americano em Compton, "o negro não se mudou para uma favela; pelo menos dessa vez, conseguiu uma boa moradia."[21]

O histórico dos fundadores do N.W. A. é admirável. O pai de Arabian Prince era escritor, e a mãe, professora de piano. A mãe de Eazy-E era diretora escolar, e o pai, carteiro. O pai do MC Ren era dono de uma barbearia. A mãe de Ice Cube era secretária em um hospital, e, antes de se tornar rapper, ele estudou arquitetura. Todos eram o produto de um subúrbio afro-americano bem-sucedido, mas escreviam sobre guerras de gangues e colapso urbano menos de três décadas depois de Compton ter sido descrita como a "Beverly Hills do Cinturão Negro". O que deu errado?[22]

A natureza mista de Compton chegou a um fim abrupto em 1965. Na vizinha Watts, o abuso policial trouxe à tona o crescente descontentamento da população afro-americana com o policiamento pesado e as condições precárias. Os distúrbios no distrito somaram 34 mortes, com prejuízos de 40 milhões de dólares, contabilizando 977 edifícios incendiados ou destruídos. A violência acarretou o êxodo dos residentes brancos e dos afro-americanos afluentes, que levaram consigo suas rendas e negócios, transformando o distrito comercial de Compton numa cidade-fantasma. Esse desastre se deu justo quando as indústrias estavam se realocando para novos sítios ainda mais distantes. No início dos anos 1980, a maior parte das grandes companhias manufatureiras tinha ido embora, deixando ali um rastro de desemprego em massa e uma base tributária erodida.[23]

Easy-E, Ice Cube, MC Ren e Arabian Prince eram filhos dos anos 1960. Quando nasceram, mais da metade da população de Compton tinha menos de dezoito anos. Eles assistiram à dilapidação da cidade e de suas escolas, com seus pais sendo dispensados, tornando-se dependentes de auxílios governamentais. O colapso do transporte público, por sua vez, impedia que a população saísse em busca de trabalho. Os subúrbios utópicos deram lugar rapidamente a uma zona de desastre onde não havia esperança de se conseguir um bom emprego; o comércio fechava as portas, os serviços públicos despencavam. Sem perspectivas, jovens afro-americanos juntaram-se às gangues de rua. Os Crips se formaram na Freemont High School, em South Central, em 1969. Seus inimigos de morte, os Bloods, eram de Compton, tomando a cor vermelha emprestada da escola de ensino médio local. Gangues filiadas aos Crips e aos Bloods proliferaram, seus membros totalizando algo em torno de 70 mil e 90 mil criminosos e traficantes. Os conflitos territoriais se intensificaram nos anos 1980, impulsionados pelas fortunas provenientes da epidemia de crack.

De Beverly Hills negra nos anos 1960, Compton se tornou o centro das violentas guerras de gangues do condado de Los Angeles, onde ataques-surpresa e conflitos armados passaram a ser terrivelmente comuns. Segundo o rapper Ice-T, na Los Angeles dos anos 1980, crack e grana faziam vidas não valerem nada. O hip-hop jogava com o fascínio das gangues da cidade, o suposto glamour da rua e os conflitos com a polícia, mas também representava os perigos e o desespero daquela vida. A batida ameaçadora e as letras pesadas do hip-hop da Costa Oeste refletiam a realidade sombria em Compton, ainda que as histórias fossem todas inventadas. Era uma música que falava a uma geração criada desde os anos 1960 em um ambiente saturado de violência casual, vidas caracterizadas por uma luta diária brutal pela sobrevivência. "Colors" (1988) denuncia vividamente a atmosfera bélica das ruas de Los Angeles, uma batalha pela sobrevivência que está além da compreensão da maioria dos americanos. O efeito das drogas e da violência é brutalizante. O que resta, senão um desejo niilista por violência?

Faixas como "Fuck Tha Police" eram gritos de angústia e dor, bem como um alerta sobre o que acontecia quando os subúrbios se tornavam guetos urbanizados. Eram ataques contra os abusos da polícia e suas batidas militarizadas. Quatro anos depois, após a absolvição dos policiais que espancaram Rodney King em um distrito suburbano do Vale de San Fernando, Los Angeles explodiu em distúrbios mais uma vez.

A sombra que caiu sobre Compton sublinhou uma questão pouco discutida nos anos 1980. À época, 8,2% dos suburbanos americanos (7,4 milhões de pessoas) viviam abaixo da linha da pobreza; nas duas décadas seguintes, o número duplicou, e os suburbanos empobrecidos já ultrapassavam o número de pobres nos centros urbanos. Nas cidades americanas, houve uma redução de 16,7% no número de assassinatos, que, contudo, cresceram 16,9% nos subúrbios. Como Compton (mas em menor medida), muitos subúrbios se viram afligidos por problemas típicos dos centros urbanos. Já não eram o polo oposto das cidades, entrelaçando-se agora ao tecido da metrópole em expansão, o que ficava claro pela difusão do crime, das drogas e do desemprego. Eles se tornaram progressivamente mais diversos em termos étnicos, espelhando a trajetória das cidades tradicionais. A distinção entre o urbano e o suburbano começou a se dissolver, o que significava a criação de um novo tipo de metrópole.[24]

Na sequência de abertura de *Família Soprano*, Tony Soprano emerge do Lincoln Tunnel. No espelho retrovisor, vê-se os arranha-céus de Manhattan. À medida que Tony avança pelo New Jersey Turnpike, a cidade vai desaparecendo. Como todo mundo que faz aquele trajeto do trabalho para casa, repisando o mesmo trecho de estrada, Tony, com certo mau humor, recolhe o bilhete do pedágio. E, como todo mundo, mal repara no cenário em volta: blocos de escritórios, indústrias decadentes, espirais de rodovias, o aeroporto, ruas comerciais de cidadezinhas suburbanas, casas dos anos 1950 em processo de desaparecimento. As construções antigas dão lugar a fileiras e fileiras de habitações suburbanas mais modernas, até que Tony finalmente estaciona na espaçosa mansão de sua família, que parece ter sido cravada ali no campo naquele exato momento.

Esse percurso é o que geógrafos urbanos chamam de *transecto*, uma tira que vai do centro da cidade para a periferia, revelando uma amplidão de ambientes físicos e sociais. A viagem de Tony pela expansão suburbana é um passeio por várias camadas de história. Toda cidade pode ser lida dessa maneira, uma paisagem que revela a passagem da história recente, em um fluxo constante e violento.

No dia de agosto em que visitei Lakewood e Compton, dirigi por uma paisagem citadina que havia sido feita e refeita muitas vezes durante o turbulento século XX. Lakewood, antes bairro de trabalhadores brancos por excelência, é agora um dos subúrbios mais racialmente equilibrados dos Estados Unidos: 41% de brancos não hispânicos, 8,7% de afro-americanos, 16% de asiáticos e 30% de latinos.

A história de Lakewood foi modelada pela geopolítica da segunda metade do século XX. Trazida à vida pelo boom econômico dos anos 1950 e sustentada por pesados investimentos federais em defesa durante a Guerra Fria, a queda do Muro de Berlim levou ao fim dos bons empregos na indústria bélica. O espectro do desemprego caiu sobre toda a Grande Los Angeles como resultado do colapso soviético, o que foi sentido agudamente em Lakewood. A cidade ganhou fama como utopia suburbana nos anos 1950. Em 1993, tornou-se mais uma vez notória, mas agora como símbolo da distopia suburbana: na ocasião, uma gangue de adolescentes de ensino médio conhecida como Spur Posse foi presa por vários crimes sexuais e estupros. De repente, com a repercussão nos programas televisivos sensacionalistas, Lakewood tornou-se símbolo do colapso social nos subúrbios, representando as famílias disfuncionais, os adolescentes bestiais e a promiscuidade sexual.[25]

Lakewood reflete a montanha-russa americana desde a Segunda Guerra Mundial — booms econômicos, crises, desindustrialização, diversidade e o desgastado idealismo suburbano. A topografia urbana de Los Angeles é como um organismo em evolução, adaptando-se aos estímulos externos da geopolítica e da globalização. Ou como uma praia gigante, onde o ir e vir das marés remodela continuamente a costa, criando um mosaico de comunidades em constante transformação. A força dessas marés poderosas fica evidente na paisagem suburbana. As consequências da desindustrialização do Ocidente global, do desmantelamento da União Soviética e da ascensão da Ásia são visíveis da janela do carro.

Compton, estereotipada como gueto afro-americano, viu um crescimento maciço em sua população de origem latina na década de 1980, que veio a se tornar majoritária no final dos anos 1990. Dirigindo-se mais para o norte até Huntington Park, as placas exibem o idioma espanhol, refletindo a drástica transição da população entre 1975 e 1985, de quase inteiramente da classe trabalhadora branca para 97% latina. Muitos dos que se mudaram para Huntington Park vieram dos *barrios* de East Los Angeles e dos conjuntos habitacionais no centro da cidade, buscando uma vida melhor como suburbanos de casa própria. A variedade de negócios atendendo as comunidades latinas é um exemplo notável de empreendedorismo.

Nisso há um padrão: o fluxo contínuo de pessoas retirando-se de subúrbios decadentes para novos subúrbios, buscando melhorar sua posição socioeconômica e conquistar um nível de vida mais elevado. Afro-americanos partiram de lugares como Compton para subúrbios etnicamente diversos que ofereciam melhores oportunidades, como no Vale de San Fernando, em San Bernardino ou em Riverside. O vazio que deixaram nos subúrbios mais centrais do pós-guerra foi ocupado por novas levas de migrantes, atraídos, desde os anos 1960, como tantos antes deles, para Los Angeles: gente do México, da América Central e da América do Sul.

Tudo isso se fez possível graças às mudanças que reverberaram pela economia global. Los Angeles tornou-se o centro da economia do Pacífico Asiático, operando como sede das corporações financeiras globais. À medida que sua indústria manufatureira decaía, as indústrias de serviços e de alta tecnologia alçavam voo, e os portos de Los Angeles e Long Beach tornaram-se corredores para a importação de carros, componentes eletrônicos e plásticos da China, Hong Kong, Japão, Vietnã, Coreia do Sul e Taiwan. Na economia pós-industrial, a estrutura social da cidade tomou a forma de uma ampulheta: muita gente rica no topo, pouca gente pelo meio, e uma vasta população imigrante de baixos salários na base. A nova economia demandava mão de obra barata, de baixa qualificação e não sindicalizada: jardineiros, faxineiras, motoristas, babás e trabalhadores de fábricas de tecido. No censo de 2010, 47,7% da população do condado de Los Angeles era hispânica, e brancos não hispânicos somavam apenas 27,8%.[26]

As mudanças que remodelaram a população de Los Angeles não eram exclusivas da cidade. Por todos os Estados Unidos, os subúrbios tornavam-se mais diversos. Ao fim do século xx, as populações suburbanas em crescimento mais acelerado eram as dos latinos, dos afro-americanos e dos asiáticos. Além disso, 50% dos imigrantes saltaram direto para os subúrbios. Em outras palavras, os subúrbios desenvolveram um caráter mais urbano, refletindo a diversidade da metrópole globalizada.

A paisagem metropolitana é esculpida pelos vários povos que a ocuparam, que nela viveram e que dela partiram. No fim do século xx, esse processo gradual tornou-se mais frenético. A viagem é curta de Huntington Park para Monterey Park, no Vale de San Gabriel. Essa área tranquila, de baixa densidade, tem o charme de cidadezinha de muitos subúrbios americanos; mas seu aspecto familiar guarda uma importância crítica para entender as mudanças velozes sofridas pelas cidades. Monterey Park — e a maior parte do Vale de San Gabriel — representa um microcosmo não apenas de nossa revolução urbana contemporânea, mas da globalização moderna.

Como tantos subúrbios, Monterey era majoritariamente branca nos primeiros anos do pós-guerra. Mas, durante a década de 1960, essa composição decaiu de 85% para 50%, com os latinos representando 34%, e os asiáticos, 15%. Muitos dos novos residentes de origem asiática eram famílias em ascensão, retirando-se de tradicionais enclaves urbanos centrais — Little Tokio e Chinatown — em busca de um padrão de vida mais elevado nos subúrbios. Nas duas décadas seguintes, o jovem investidor do mercado imobiliário Frederic Hsieh valeu-se da modesta presença asiática para promover o subúrbio para possíveis imigrantes asiáticos como a "Beverly Hills Chinesa".[27]

Hsieh percebeu o potencial de Monterey Park. Próximo ao centro de Los Angeles, o local oferecia acesso fácil ao distrito financeiro numa época em que os negócios tendiam para a economia do Pacífico Asiático. Hsieh comparava as montanhas do Vale de San Gabriel a Taipei, divulgando o subúrbio em jornais asiáticos como sinônimo de sucesso na América. Até o código postal da cidade à época — 818 — ajudava, pois na numerologia chinesa acredita-se que o 8 traz riqueza. E funcionou: durante os anos 1970 e 1980, dezenas de milhares de migrantes afluentes e bem instruídos de Hong Kong, Taiwan, Vietnã e China começaram a comprar propriedades na região. Em 1990, Monterey tornou-se o único distrito de maioria asiática nos Estados Unidos — ou, como alguém disse, a "Primeira Chinatown Suburbana".[28]

Mas esse rótulo era enganoso. Monterey Park diferia das Chinatowns monoétnicas ao redor do mundo. Embora pessoas de origem chinesa representassem 63% da população asiático-americana, agora majoritária, elas eram oriundas de várias partes da China, bem como de Hong Kong e Taiwan, vivendo ainda ao lado de famílias do Japão, do Vietnã, da Coreia, das Filipinas e de outras partes do Sudeste Asiático. E havia também uma forte presença latina (30%), enquanto o componente branco era de 12%. Poucos subúrbios mudaram tão rápido — e tão visivelmente. Muitos dos novos suburbanos chineses eram profissionais altamente qualificados — engenheiros, programadores, advogados —, capazes de comprar propriedades em dinheiro vivo.[29]

Como as gerações precedentes de profissionais americanos brancos, eles foram atraídos para Monterey Park porque a área oferecia um estilo de vida atrativo, residências acessíveis e oportunidades profissionais em um subúrbio bem conectado às maiores rodovias do sul da Califórnia. Significantemente, esses empreendedores ignoraram o centro da cidade e saltaram direto para o subúrbio, rompendo com a tendência histórica de imigrantes que se estabelecem, de início, em cidades portuárias ou grandes cidades.

Nos Estados Unidos dos anos 1970 e 1980, os subúrbios ofereciam o melhor lugar para começar um negócio ou investir em propriedades. Como resultado do influxo não só de pessoas, mas de dinheiro, Monterey Park mudou rapidamente, para angústia de muitos dos seus residentes mais antigos. Uma loja de *donuts* local e uma borracharia tornaram-se bancos chineses; os mercadinhos familiares e pequenos shopping centers foram substituídos por lojas e supermercados asiáticos. Restaurantes americanos tradicionais mudaram de dono e passaram a servir uma excelente culinária oriunda de Cantão, Szechuan, Shanxi, Shanghai e Taiwan. No início da década de 1990, havia mais de sessenta restaurantes chineses dentro dos vinte quilômetros quadrados do distrito; shopping centers suburbanos tornaram-se a meca das comidas. Caracteres chineses apareciam em abundância na Garvey Avenue, o centro comercial da cidade, anunciando contadores, advogados, corretores, salões de beleza, especialidades médicas, supermercados, agentes de viagens e, claro, restaurantes chineses. Tais negócios serviam a comunidade local e revitalizaram a cidade durante uma época de desindustrialização, certamente, mas também ofereciam uma oportunidade para que pessoas fugindo de incertezas políticas em Hong Kong, Taiwan e na China trouxessem dinheiro da Ásia para os Estados Unidos. Mas o significado disso ia muito além.

Numa época em que o mundo pessoal e comercial vivenciava uma revolução tecnológica, algo em torno de 65% dos produtos relacionados a computadores pessoais importados para os Estados Unidos passavam por Los Angeles. A maioria das companhias chinesas que montavam e distribuíam computadores tinha sede no Vale de San Gabriel. À medida que o fluxo internacional de pessoas, capitais e produtos se intensificava no fim do século xx, as cidades suburbanas na região brilhavam vigorosamente. O Vale de San Gabriel — na superfície, mera área suburbana, tradicional e discreta — estava no centro da globalização, contando não apenas com indústrias de alta tecnologia, mas serviços financeiros e jurídicos e seguradoras administrando as ondas de capital e os bens de consumo fluindo entre a Ásia e os Estados Unidos. A pulsante economia da orla do Pacífico tinha seu ponto focal entre os tradicionais bangalôs californianos. Sabemos tudo sobre a cidade global, mas o subúrbio global é muito menos celebrado.[30]

A vitalidade econômica do Vale de San Gabriel nos anos 1980 e 1990, enquanto centro de tecnologia computacional, era um microcosmo do que acontecia em muitas outras áreas metropolitanas. Até o último quarto do século xx, a maioria das cidades era como vórtices gigantes, sugando trabalhadores, dinheiro, negócios e consumidores todos os dias. Mas as coisas se reverteram subitamente à medida que as cidades começaram a copiar as tendências centrífugas de Los Angeles.

Na década de 1980, mais de 50% das empresas americanas haviam se transferido para as periferias, e mais de 80% dos empregos agora estavam longe dos antigos centros comerciais. As décadas do pós-guerra viram as cidades serem viradas do avesso. Como a indústria da informática no Vale de San Gabriel, os subúrbios passaram de dormitórios a áreas de negócios, erodindo qualquer distinção simplista entre cidade e subúrbio. Alguns subúrbios se transformaram nos chamados "tecnobúrbios", assim nomeados pelo fato de que as tecnologias modernas — tais como carros, telefones e computadores — liberaram os subúrbios-satélites da dependência em relação a seu respectivo planeta natal urbano. Esses subúrbios começaram a se parecer com cidades. Nisso, tornavam inúteis muitas das coisas que fizeram os densos centros urbanos tão indispensáveis ao longo da história: contato cara a cara, provisão de serviços especializados e a necessidade de concentrá-los em uma distância passível de ser percorrida a pé. Como exemplo, tomemos a cidade de Atlanta, na Geórgia. Em 1960, 90% de seus escritórios estavam concentrados no centro. Em 1980, essa porção desabou para 42%, com quase cem parques industriais proliferando nas periferias. Hoje, Atlanta é a metrópole menos densa do mundo, com apenas 630 pessoas por milha quadrada (Daca, capital de Bangladesh, a cidade mais densamente povoada do mundo, empilha 115 mil almas por milha quadrada, a média global sendo 14 mil). Por todo o mundo, as cidades se tornaram mais como Los Angeles: lugares amorfos, com vários centros, onde os negócios e as funções urbanas se dissipam. Por natureza, os tipos de empreendimentos da economia globalizada pós-industrial — serviços e pesquisa de alta tecnologia — preferem as áreas suburbanas em vez dos distritos centrais.

O exemplo mais famoso, claro, é a constelação de cidades no norte da Califórnia, entre San Jose e San Francisco, centradas em torno da Universidade Stanford. Área nenhuma no mundo teve tanto impacto sobre nossa vida nas últimas décadas. Essa faixa de subúrbios, campi de pesquisa e parques comerciais é o lar de empresas como Google, Apple, Twitter, Meta, Netflix, Yahoo, Uber, Airbnb, Oracle, eBay e LinkedIn. O Vale do Silício não é uma cidade, mas também não é subúrbio. Com seu poder global sem precedentes, epitomiza a cidade moderna disforme e descentralizada.

Voltando para Los Angeles, é preciso dizer que a história do Vale de San Gabriel não é apenas a história de empresários internacionais da China e Taiwan forjando conexões transpacíficas. Os imigrantes em Monterey Park incluíam tanto ricos com formação superior quanto pobres sem treinamento especializado. É também a velha história da resistência branca às incursões de estrangeiros no subúrbio. Não faltaram tentativas de banir sinalizações em chinês, decretando o inglês como a língua oficial da cidade. A linha de frente da batalha, contudo, foi o humilde bangalô californiano. Os asiáticos afluentes recém-chegados queriam converter os velhos bangalôs amadeirados, destinados a famílias nucleares, em grandes residências que refletissem a riqueza, o status e a extensão da família. Ao mesmo tempo, a fim de acomodar imigrantes solteiros e de baixa renda, os especuladores também começaram a construir blocos de apartamentos nos subúrbios. Com isso, enfrentaram a resistência de grupos conservacionistas locais que, numa última tentativa desesperada de reter o caráter original do lugar, desejavam defender o que entendiam ser a herança suburbana, agora ameaçada pela febre asiática por mansões e pela urbanização.[31]

Dirigindo na direção leste através do Vale de San Gabriel, os subúrbios do período anterior à guerra dão lugar, primeiro, a bangalôs modestos e ecléticos da mesma época, e depois aos subúrbios mais uniformes dos pós-guerra. Em fins do século xx, Los Angeles se tornou a área urbana mais densa dos Estados Unidos, com 6 mil pessoas por milha quadrada (o que ainda não é muito denso: a Grande Londres e Shanghai, por exemplo, têm uma densidade de 14500 pessoas por milha quadrada; a região central de Paris tem mais de 52 mil). Enquanto os subúrbios no leste dos Estados Unidos eram caracterizados por grandes espaços abertos, Los Angeles ocupou a maior parte de sua área, deixando pouco espaço para parques ou campos. Tal como as famílias brancas e afro-americanas haviam pulado de subúrbio em subúrbio, as famílias asiáticas enriquecidas também cruzavam o vale na direção leste. Os bairros antigos ficavam mais cheios, mais decadentes — e mais imprensados por novos empreendimentos habitacionais —, e todos buscavam o sonho das margens distantes, a sempre mítica área semirrural nos arrabaldes.

O avanço rumo ao leste, em direção a subúrbios sempre mais ricos, também espelha o reequilíbrio da economia global a favor da Ásia. Chineses começaram a se mudar para alguns dos distritos suburbanos mais exclusivos de Los Angeles, como San Marino e Arcadia, belas cidadezinhas à sombra dos carvalhos, sob as montanhas de San Gabriel. Antes ocupadas por ceos e executivos americanos brancos, essas cidades passaram a ter uma população majoritariamente asiática desde o começo do século xxi. Esses recém-chegados asiáticos não são homens de negócios que fizeram suas fortunas em Los Angeles, mudando-se à medida que suas rendas cresciam; são, sim, novos multimilionários e bilionários chineses — ceos e oficiais do governo — que vieram direto de Shanghai ou Beijing para Arcadia.

Esses indivíduos buscam o mesmo sonho de seus predecessores suburbanos: um lar grande e prestigioso numa vizinhança agradável, onde as escolas são boas e o shopping center está sempre repleto de artigos luxuosos — e onde se pode atrelar seu dinheiro com segurança a ativos americanos. Arcadia, a cidadezinha arquetípica da classe média alta americana, transbordando luxo em cada rua ladeada de carvalhos, já não é um subúrbio simplesmente de Los Angeles ou Pasadena, mas de um mundo globalizado. Muitos dos antigos bangalôs californianos dos anos 1940, de dois andares e com amplos jardins, foram comprados e demolidos, dando lugar a mansões chinesas extravagantes, repletas de candelabros de cristal, interiores em mármore, grandes adegas, cozinhas *wok*, rotatória de acesso e tudo mais que uma família expatriada chinesa super--rica poderia desejar.[32]

Durante todos os anos da década de 2010, algo entre 150 e 250 casas de 185 metros quadrados dos anos 1940 se tornaram megamansões de 1115 metros quadrados. Essas monstruosidades extravagantes impondo-se sobre as residências tradicionais restantes simbolizam o poder que os gostos e o dinheiro dos chineses têm sobre o mundo moderno. E também demonstram o poder do subúrbio americano: por muitas gerações, milhões de pessoas mudaram-se para o sul da Califórnia, gente de todas as origens e condições, atraídos pelo canto da sereia da vida suburbana.

As megamansões milionárias de Arcadia contam uma história da globalização. A coisa é diferente quando viajamos mais para o leste, um percurso de quarenta minutos por entre uma expansão contígua de subúrbios, até as deprimentes "McMansões" de Eastvale, nova cidade no Vale de Jurupa. Poucos anos atrás, essa planície semideserta e empoeirada era ocupada por fazendas de gado e vinícolas. Agora é um vasto subúrbio planejado. Já não faz parte de Los Angeles — que fica a 74 quilômetros a oeste —, mas do chamado Inland Empire. É, contudo, parte da expansão interminável da região da megacidade da Grande Los Angeles, sul da Califórnia.

Os subúrbios gigantescos e sem vida nessa região são a versão século XXI de Lakewood — milhares de casas suburbanas pré-fabricadas, construídas nos últimos anos ao redor de shopping centers. Eastvale, como Lakewood na década de 1950, é emblemática de uma suburbanização extrema e descontrolada dos Estados Unidos e de outras partes do mundo na virada do milênio. As casas cresciam, penetrando campo adentro; subdivisões se expandiam ao longo de rodovias e interseções; planos de hipotecas vantajosos tornavam essas habitações acessíveis para mais pessoas. Eastvale, como tantos outros lugares, tem quase o tamanho de uma cidade, mas carece de muitas coisas que enriquecem a vida urbana: um centro com lojas, cafés e restaurantes; ruas animadas pelas quais se pode caminhar; diversidade de arquitetura; vida noturna.

Em todo o caso, noções tradicionais de urbanização e suburbanização caíram por terra. O que temos agora são "cidades periféricas" ou "cidades furtivas" — áreas que oferecem moradia e emprego, mas que não são urbanas. O fim do século xx viu a criação de "boombúrbios" nos Estados Unidos — vastos subúrbios com mais de 100 mil pessoas, com crescimento populacional a longo prazo na casa dos dois dígitos. O crescimento populacional e a vitalidade econômica desses lugares superam muitas cidades. Mesa, um subúrbio de Phoenix, Arizona, por exemplo, tem uma população de mais de meio milhão de pessoas, o que o torna maior do que Miami, St. Louis e Minneapolis. Tem comércio e indústrias, mas não tem um centro definido. Eastvale compartilha dos mesmos traços típicos: é uma cidade que não quer ser cidade.[33]

A população de Eastvale aumentou na primeira década do milênio de 6 mil para 53 668, enquanto o vale rural foi inundado por um dilúvio de habitações padronizadas. Mesmo assim, esta Qualquerlândia anônima já está saturada de história. Eastvale surgiu durante uma avalanche de novas moradias nos Estados Unidos: em todo o país, só entre 2003 e 2006, foram construídas 6,3 milhões de unidades habitacionais de baixa densidade (equivalente ao tamanho de toda a área metropolitana de Los Angeles). Essa explosão maciça foi possível devido a investimentos — em grande parte provenientes da China — fluindo para o mercado imobiliário dos Estados Unidos e arrematando títulos lastreados em hipotecas. Durante esse período de crédito fácil, grandes mansões suburbanas de luxo tornaram-se disponíveis para pessoas que normalmente não podiam pagá-las. (Há mais do que estradas conectando as mansões chinesas de Arcadia às "McMansões" de Eastvale.) Eastvale foi construída pela indústria de hipotecas *subprime*, e seus novos residentes foram particularmente atingidos quando a bolha imobiliária americana estourou em 2008, vendo o valor de suas propriedades superfaturadas cair pela metade. Embora com apenas alguns anos de existência, Eastvale deixou de ser um subúrbio novo e reluzente para se tornar uma cidade-fantasma semideserta, com imensas casas abandonadas. Nos anos que se seguiram à crise financeira, as gangues entraram em cena, transformando "McMansões" em laboratórios de metanfetamina e hortas de maconha.

As pessoas foram para Lakewood na década de 1950 para trabalhar nas indústrias mais modernas e mais politicamente turbinadas da época, fabricando aviões e mísseis para a Guerra Fria. As pessoas de Eastvale têm empregos não menos avançados e moram perto de algumas das construções mais aterrorizantes do mundo.

Por quilômetros e quilômetros, megagalpões em formato de caixote — alguns do tamanho de uma cidade pequena ou de uma aldeia — se espalham por terras onde ainda é possível avistar videiras lutando para crescer. Eles ostentam nomes famosos no mundo todo: UPS, FedEx, Costco, Walmart, Amazon. São depósitos gigantescos de quase 100 mil metros quadrados, situados entre fazendas de gado, laticínios e vinícolas abandonadas, no centro de uma complexa teia de rodovias, aeroportos, ferrovias e subúrbios. Aqui, durante a década de 2010, quase 2 milhões de metros quadrados de depósitos foram alugados, ano após ano. Trata-se de um grande e moderno "porto" interiorano, onde milhões de toneladas de produtos baratos importados da Ásia são armazenados e redistribuídos pelos Estados Unidos para cumprir a fatídica promessa de entrega no prazo de 24 horas. Milhões de cliques de mouse ou toques de dedos em telas de smartphones mantêm a máquina em movimento. A importância desse porto é disfarçada pelo ar pacato de subúrbio que envolve a área.[34]

Eastvale é um subúrbio que existe porque está ligado ao mercado global. As forças que levaram milhões de latino-americanos para Los Angeles, milhares de empresários taiwaneses para o Vale de San Gabriel e centenas de novos milionários e bilionários chineses para Arcadia atraíram multidões também a Eastvale, onde desempenhariam um novo capítulo do sonho suburbano. Elas vivem na encruzilhada da economia do século XXI, assim como as pessoas na modorrenta Lakewood viveram no epicentro da Guerra Fria. E, tal qual seus predecessores suburbanos em Lakewood e Compton, essas pessoas são vulneráveis a mudanças na geopolítica, na economia global e na tecnologia: se a torrente de carregamentos que chega ao tal porto interiorano secar, ou quando a automação assumir o controle, os empregos desaparecerão.[35]

Enquanto os caminhões fluíam em direção a essa imensa área de depósitos ao longo da rodovia, carregando contêineres de smartphones, brinquedos de plástico, roupas íntimas, peças de automóveis, frigideiras, ferramentas e dispositivos eletrônicos, tudo feito a 20 mil quilômetros de distância, eu tomei a direção oposta, seguindo de volta para o sudoeste, uma jornada de cem qui-

374

lômetros passando por mais empreendimentos habitacionais de casas tediosamente idênticas, cruzando Lakewood e Compton, até o porto de Long Beach, uma das principais portas de entrada da Ásia para o mercado americano. Meu loop de quase 260 quilômetros (sem contar os desvios) circum-navegou uma paisagem rica em história e significado, uma narrativa que teve início na era atómica dos anos 1950 e terminou no marco zero da globalização do século XXI. A mesmice monótona dos subúrbios, que parece apagar as marcas da história, embora ocultasse a magnitude da narrativa que apresentamos aqui, também a dramatizava. Às vezes a história se desenrola em lugares chatos. Mas, reparando bem, muitas vezes esses lugares acabam não sendo tão chatos assim.

Em Long Beach, os gigantescos navios porta-contêineres descarregavam suas mercadorias. São eles que conectam a megarregião de Los Angeles e do sul da Califórnia a outros grandes entroncamentos da economia global, megalópoles mercantis que vêm crescendo desde a década de 1970: a área da grande baía de Guangdong-Hong Kong-Macau, onde vivem 55 milhões de almas; a megalópole do delta do rio Yangtzé (Shanghai, Nanjing, Hangzhou, Suzhou, Jinjiang, Wuxi), com 88 milhões de pessoas; Seul-Incheon, com 25 milhões; e Mega-Manila, com 41 milhões. Ali na beira da água em Long Beach, em meio ao fluxo de bens e capitais, contemplamos as forças que urbanizaram — e suburbanizaram — áreas incalculáveis de terra em todo o mundo.

Nossa época é definida por gigantes urbanos monstruosos em contínua expansão. Embora este capítulo tenha se centrado em Los Angeles e sua região urbana contígua, trata-se aqui de uma história que se aplica a cidades do mundo todo que se transformaram em enormes megalópoles policêntricas. A história de Los Angeles não é a história da suburbanização, mas de como a nítida divisão entre subúrbio e cidade desapareceu e como a cidade assumiu uma nova forma, seguindo, contudo, um processo contínuo de metamorfose.

À medida que se tornaram mais complexos e economicamente vitais, os subúrbios se expandiram de maneira cada vez mais rápida, abocanhando incríveis 17,4 milhões de hectares da zona rural americana (o tamanho do estado de Washington) entre 1982 e 2012. Durante o boom imobiliário de 2002, os Estados Unidos perderam por minuto quase um hectare de terras agrícolas, florestas e espaços abertos por causa da expansão suburbana.[36]

De Los Angeles a Atlanta, de Phoenix a Kansas City, os Estados Unidos foram o principal exemplo de expansão urbana de baixa densidade, tendo por base o automóvel, no final do século xx. Com a popularização dos automóveis e a presença de espirais de rodovias, dinheiro solto, combustíveis fósseis abundantes, terra de sobra, centros urbanos em declínio, indústrias dispersas e população em crescimento, não era difícil satisfazer o desejo das pessoas por casas próprias fora da cidade, em áreas de baixa densidade. Talvez ainda mais significativo tenha sido a vasta fortuna gasta pelo governo central, subsidiando a expansão com incentivos fiscais, hipotecas e 110 mil quilômetros de via expressa. Assim, extensos subúrbios sob o reinado do automóvel — a característica definidora do urbanismo americano no século xx — se tornaram o modelo para outras sociedades em urbanização acelerada. Em cidades asiáticas como Bangcoc, Jacarta, Manila e Kuala Lumpur, a avidez entre a crescente classe média por empreendimentos suburbanos ao estilo californiano era evidente na década de 1980. Em Tóquio, o aumento dos preços das moradias forçou 10 milhões de pessoas a trocarem o centro da cidade pelos subúrbios entre 1975 e 1995.

Na China, por outro lado, eram poucas as famílias que tinham carro na década de 1980; caminhada, bicicleta e ônibus eram os principais meios de locomoção, e as cidades permaneciam compactas. É fácil associar a rápida urbanização da China aos seus arranha-céus atraentes. Mas a verdadeira história aí não é vertical, mas horizontal, com as cidades chinesas fundindo-se no campo. Na década de 1990, a suburbanização começou para valer com o aumento da frota de automóveis. Os grandes centros urbanos expandiram sua presença em uma média de 450 quilômetros quadrados desde 1978. Cerca de 60% das novas moradias de classe média foram construídas nos subúrbios mais distantes, e 70% das moradias baratas nos subúrbios mais próximos do centro. A China parecia seguir o mesmo processo que se dera nos Estados Unidos — um processo impulsionado por forças semelhantes.

A suburbanização em massa ocorreu em duas frentes. Numa delas, as populações de bairros *lilong* e *hutong*, incrivelmente densos e animados, em Beijing e Shanghai, centrados em teias de becos e vielas, foram obrigadas a se transferir para conjuntos monótonos de superblocos suburbanos. A reorientação da economia chinesa para os mercados de exportação exigia o mesmo tipo de reestruturação que virou Los Angeles — e cidades de todo o mundo — do avesso. Assim, parques de negócios de alta tecnologia e indústrias voltadas para a exportação foram dispersos em zonas de desenvolvimento suburbanas; shopping centers e outlets cresceram rapidamente. A correlação entre globalização e suburbanização é intensa. Na outra frente, a crescente classe média da China mudou-se para luxuosas comunidades suburbanas de baixa densidade. Alguns nomes atestam a fantasia que inspirava o fluxo: Orange County, Park Springs e Longbeach (fora de Beijing) ou Rancho Santa Fe (Shanghai) foram construídos com réplicas de casas suburbanas do sul da Califórnia. O estilo de vida dos sonhos oferecido pelos subúrbios americanos (como antes os arranha-céus nova-iorquinos) tem sido uma força poderosa, alardeado como é, globalmente, por uma das maiores indústrias de Los Angeles: a indústria do cinema e da televisão.[37]

O afã pela vida suburbana, que devora terras e deseja sempre mais espaço, tornou-se evidente em todos os lugares. Na Grã-Bretanha, o espaço construído dobrou nas últimas duas décadas do século xx, embora a população tenha crescido muito modestamente. Esses anos foram caracterizados por todo tipo de expansão. Entre 1980 e 1990, a população urbana dos países em desenvolvimento aumentou de 972 milhões para 1,385 bilhão. Em 1950, apenas Londres e Nova York eram megacidades com mais de 8 milhões de habitantes, e havia 83 cidades com 1 milhão ou mais. Em 1990, já havia vinte megacidades e 198 metrópoles com mais de 1 milhão de residentes. A velocidade com que cresceram muitas cidades asiáticas, africanas e sul-americanas forçou milhões de migrantes rurais pobres para favelas suburbanas. Como em cidades mais ricas, o movimento foi para fora, não para cima. Lagos, uma das cidades de crescimento mais acelerado, passou de 762 418 habitantes em 1960 para mais de 13 milhões no final do século. Ao mesmo tempo, sua área urbana passou de 321 para 1834 quilômetros quadrados.

Em nenhum momento da história humana as cidades e a vida urbana passaram por mudanças tão radicais. A megacidade global policêntrica em contínua expansão que se tornou aparente em Los Angeles na década de 1950 conquistou o mundo. Impulsionada pelo capitalismo do pós-guerra, a metrópole suburbana levou ao limite tanto o conceito de cidade quanto a relação da humanidade com o mundo natural.

O subúrbio é um monumento apropriado ao triunfo do capitalismo e da globalização. Sua expansividade luxuosa reflete nossa cultura de consumo feroz, que promete satisfazer todos os nossos desejos e opera com base no princípio do crescimento ilimitado, transformando o ambiente natural em um espaço artificial controlado. Na era de ouro dos subúrbios do pós-guerra, Los Angeles apontou o caminho, inclusive no crescimento surpreendente de sua indústria de jardinagem. Jacarandás nativos da Amazônia eram populares em Lakewood por conta de sua incrível floração. Os moradores de Lakewood também plantavam dicondra em vez de grama em seus jardins, pois aquela não demandava muitas podas. Esses são dois exemplos entre uma abundância de árvores, plantas, flores, arbustos, gramíneas e frutas importados de todos os cantos do planeta e plantados em Los Angeles, transformando o subúrbio em uma paisagem criada inteiramente pelo homem e mantida por milhões de regadores e galões de pesticidas.[38]

O que poderia ser uma expressão mais eloquente do mundo no alvorecer do terceiro milênio do que o jardim suburbano? É um microcosmo da forma como dominamos o planeta. Mas o perigo real da expansão não é a reorganização de nosso ambiente imediato. A rejeição da cidade compacta em favor de um espaço de vida suntuoso resultou em metrópoles insaciavelmente ávidas por energia elétrica, gás, petróleo, água, concreto e sistemas rodoviários. A expansão consome o campo, disso não há dúvida, e também gasta recursos em uma escala monumental. O urbanismo moderno, tendo em seu centro o automóvel, tirou a vida das ruas da cidade e encorajou a expansão de baixa densidade, devoradora da natureza. O carro sempre foi o grande inimigo do urbano. Ele demanda mais espaço do que qualquer outra coisa, sendo responsável por mais de 50% do uso do solo na maioria das cidades, e muito mais em Los Angeles. Nós, de fato, remodelamos nossas cidades em torno das necessidades do carro.

A metrópole em sua versão dispersa exige muita gasolina para que a naveguemos; o resultado é congestionamento e poluição sempre piores. À medida que as áreas metropolitanas se espraiavam, a distância percorrida anualmente pelo indivíduo americano médio se alongava para quase 20 mil quilômetros; o tempo de deslocamento, por sua vez, triplicou entre a década de 1960 e o final do século. Ao mesmo tempo, a proporção da renda familiar gasta com carros dobrou para 20%. Durante um período de suburbanização e expansão aceleradas, descobriu-se que, só entre 1990 e 1995, o tempo que as mães passavam dirigindo aumentou 11%; as horas ao volante superavam a soma das horas dedicadas a vestir, dar banho e alimentar os bebês americanos. Cerca de 87% das viagens são feitas de carro, uma estatística pouco surpreendente em um país onde o automóvel é rei e governa a cidade. O preço a pagar são 40 mil fatalidades todos os anos em acidentes rodoviários. E também se paga na constituição física dos americanos: na década de 1970, um em cada dez americanos era obeso; agora, um em cada três. As mortes por asma triplicaram desde a década de 1990. Longe dali, Lagos também é palco de engarrafamentos diários, com os passageiros gastando em média trinta horas por semana presos no trânsito lento. Na Cidade do México, 200 mil novos carros chegam às ruas todos os anos. Tanto Lagos quanto a Cidade do México vivem sob a ameaça de um colapso ambiental catastrófico. A partir da década de 1990, com a China se tornando uma nação também marcada pela expansão, pela suburbanização e pelo carro próprio, o problema passou a ser global.

A expansão urbana de baixa densidade, as cidades centradas no automóvel e os estilos de vida que acompanham esses fenômenos resultam do preço baixo do petróleo e dependem inteiramente dele. É, portanto, um modelo metropolitano finito. Nesse ínterim, contudo, a dependência do carro transformou a cidade moderna em um motor de poluição venenosa, fragmentação ambiental e mudança climática.

14. Megacidade

Lagos, 1999-2020

A cidade está cheia de predadores. É um ambiente mais propício para os durões, aptos a se adaptar e prosperar, triunfando no mundo urbano mais do que no campo. Mas, ao mesmo tempo, a vida na cidade os domestica, garantindo um refúgio para os mais fracos, que assim também podem sobreviver na metrópole.

Talvez isso seja verdade com relação aos seres humanos, mas é algo observável em todo o ecossistema urbano. Coiotes, raposas, guaxinins, certas aves de rapina, entre outros animais, podem atingir densidades populacionais maiores nas cidades do que em seu hábitat natural. Parece que a cidade é "boa" para eles. Reintroduzido no Reino Unido há apenas 25 anos, o milhafre-real é agora um visitante urbano comum no sudeste da Inglaterra. Acostumados a se empoleirar em penhascos, valendo-se das alturas para mergulhar sobre as presas, a paisagem escarpada de Nova York é ideal para falcões-peregrinos. Um casal dessa ave mudou-se para lá em 1983; hoje, a cidade tem a maior população de falcões-peregrinos. Observável em cidades de todo o mundo, essa espécie se reinventou como ave urbana.

Não obstante, apesar do aumento de mamíferos caçadores e das aves de rapina, as populações de pequenos animais e pássaros que eles atacam também crescem. Esse fenômeno é conhecido como o "paradoxo da predação" urbana.

Desfrutando da superabundância de comida desperdiçada por humanos, os predadores deixam de lado os pequenos mamíferos e ninhos de passarinhos e voltam sua atenção para locais de piquenique, lixeiras e carcaças resultantes de atropelamentos. As demais espécies — como pássaros canoros — se beneficiam das novas fontes de alimento no ambiente antrópico e da folga em relação às pressões predatórias. Até os gatos urbanos caçam menos. O efeito de ilha de calor da cidade e o paradoxo da predação atuam como um ímã para andorinhas e melros que buscam calor e segurança. Desde a década de 1980, as fortunas gastas por habitantes urbanos e suburbanos em ração para pássaros — mais de 200 milhões de libras por ano no Reino Unido e 4 bilhões de dólares nos Estados Unidos — aumentaram a população de aves, atraindo novas espécies para o caldeirão urbano. A toutinegra euro-asiática, por exemplo, alterou sua rota habitual de migração da Europa Central para a Espanha e o norte da África, optando por rumar a oeste a fim de desfrutar dos banquetes abundantes nos jardins suburbanos britânicos. As populações de pássaros urbanos aumentaram e se diversificaram. Não admira que o falcão-peregrino, observando os cânions de concreto do alto dos arranha-céus, goste tanto de seu novo ambiente.[1]

Os animais se comportam de maneira muito diferente nas cidades. As espécies que conseguem se adaptar a um ambiente totalmente distinto prosperam. Essas são conhecidas como espécies sinantrópicas — aquelas que se beneficiam da associação com populações humanas. Os guaxinins urbanos de Chicago, com um conjunto abundante de fontes confiáveis de alimento em latas de lixo, reduzem a amplitude de suas áreas de perambulação e geram mais descendentes. Em Los Angeles, os leões-da-montanha conseguiram se limitar a 65 quilômetros quadrados em vez dos 960 a que estão acostumados no deserto. Os coiotes de Chicago aprenderam a atravessar a estrada com segurança. Como no caso do falcão-peregrino, a cidade lhe oferece refúgio contra os caçadores. A expectativa de vida média de um coiote nas áreas rurais dos Estados Unidos é de dois anos e meio; nas cidades, eles podem viver até os doze ou treze anos e criar mais filhotes. Babuínos chacma na Cidade do Cabo, langures em Jodhpur, saguis em Medellín e macacos em Kuala Lumpur estão entre as muitas espécies de símios que adotaram o estilo de vida urbano, com seus telhados convidativos, humanos esbanjadores e ausência de predadores. Os flamingos começaram a migrar para Mumbai na década de 1980, atraídos pela abundância de algas verde-azuladas decorrentes dos esgotos; em 2019, seu número chegou a

120 mil, criando manchas rosadas em meio aos arranha-céus. Nos assentamentos informais ao redor de Mumbai, leopardos se aproveitam discretamente da densa selva urbana para caçar cães ferozes na calada da noite.[2]

O desafio do ambiente construído pelo humano força os animais a adquirirem novos comportamentos. Eles aprendem, por assim dizer, o jeitinho das ruas. Em algum momento da década de 1980, um corvo na cidade japonesa de Sendai percebeu que as rodas de um carro movendo-se lentamente são ideais para quebrar nozes. Corvos por toda a cidade passaram a fazer o mesmo. Em Viena, aranhas que superaram a própria preferência pela escuridão e teceram teias em seções de uma ponte iluminada por lâmpadas fluorescentes capturaram quatro vezes mais presas. Os guaxinins urbanos norte-americanos são mais rápidos na solução de problemas — como abrir portas e janelas — do que seus primos do interior. Em experimentos de laboratório, fringilídeos capturados em cidades mostraram-se mais hábeis em abrir tampas ou puxar gavetas para obter comida do que em ambientes rurais. Animais criados na cidade são visivelmente mais ousados e mais curiosos. Por viverem em densidades maiores, alguns também são menos agressivos. Animais que vivem em lugares barulhentos e cheios de energia — como ratos perto de linhas de trem subterrâneas — silenciam suas respostas ao estresse. Um estudo envolvendo pequenos mamíferos urbanizados, como musaranhos, ratazanas, morcegos e esquilos, descobriu que esses bichos tinham cérebros maiores, em um fenômeno parecido com o dos cérebros dos motoristas de táxi de Londres, que têm maior massa cinzenta no hipocampo posterior, como resultado de anos navegando o complexo labirinto da cidade.[3]

As cidades assumiram o controle da evolução de seus animais de maneiras surpreendentes e rápidas. É conhecido o caso da mariposa salpicada (*Biston betularia*), que escureceu em resposta à poluição da Revolução Industrial. No metrô de Londres, há uma espécie inteiramente nova de mosquito que evoluiu em tempos recentes em áreas subterrâneas ricas em sangue humano. E segue evoluindo: os mosquitos da linha Piccadilly são geneticamente diferentes dos da linha Bakerloo. O efeito da ilha de calor urbana permite que os melros deixem de migrar no inverno, a ponto de se tornarem uma espécie separada do melro da floresta, acasalando-se mais cedo, desenvolvendo um bico mais curto — dada a abundância de alimentos facilmente obtidos — e cantando em um tom mais agudo, a fim de ser ouvido no trânsito. A seleção natural tem favorecido pássaros de asas mais curtas que podem desviar do tráfego, bem como mamíferos menores, peixes mais gordos e insetos maiores, capazes de viajar mais longe em busca de fontes de alimento fragmentadas. Em Tucson, Arizona, tentilhões domésticos estão desenvolvendo bicos mais longos e mais grossos, pois sua principal fonte de alimento agora vem dos frascos que alimentam pássaros de jardim. Nas cidades porto-riquenhas, os dedos das patas dos lagartos evoluíram para agarrar tijolos e concreto.[4]

A evolução é algo que deve acontecer em ritmo glacial, ao longo de milhões de anos. A incrível história da adaptação dos animais a ambientes radicalmente alterados é uma das muitas consequências da crescente urbanização nas últimas décadas. A população urbana global passou de 1 bilhão em 1960 para mais de 4 bilhões em 2020. As taxas de crescimento da área urbana foram mais rápidas do que o crescimento populacional, num período em que a expansão de baixa densidade se tornou endêmica. Entre 1970 e 2000, as cidades consumiram 58 mil quilômetros quadrados do planeta; até 2030, devorarão mais 1,2 milhão de quilômetros quadrados, triplicando a área urbana, enquanto a população urbana dobrará. Isso implica acrescentar uma área urbana maior do que Manhattan à superfície terrestre todos os dias. Em 2030, 65% do ambiente construído do mundo terá sido construído desde 2000. A nova cidade global construída nessas três décadas, se agrupada, cobrirá uma área do tamanho da África do Sul. De fato, estamos vivendo em uma época de convulsão planetária.[5] A penetração das cidades em hábitats selvagens e ecossistemas anteriormente intocados aumentou a probabilidade de transmissão de doenças infecciosas de animais para humanos. Das periferias em expansão das cidades, novas doenças zoonóticas são trazidas para metrópoles densamente povoadas e transmitidas pela rede global para outras cidades, onde causam enormes estragos.

Embora a proporção terrestre do planeta coberta por cidades permaneça baixa — cerca de 3% —, o ponto-chave é *onde* estamos nos urbanizando. O fato é que tendemos a construir nossas cidades precisamente nos lugares preferidos de animais e plantas — lugares exuberantes e bem irrigados, perto de costas, deltas, rios, pastagens e florestas. O crescimento urbano atual e o projetado concentram-se nos 36 pontos críticos de biodiversidade do mundo, locais com as ecologias mais ricas, como as florestas guineenses da África Ocidental, o domínio afromontano oriental, os Gates Ocidentais na Índia e as regiões costeiras da China, de Sumatra e da Mata Atlântica, na América do Sul. Cerca de 423 cidades de rápido crescimento estão se espalhando nesses pontos críticos, ameaçando gravemente os hábitats de mais de 3 mil espécies em risco de extinção.[6]

Megacidades e megarregiões urbanas também vêm abocanhando grandes nacos das terras agrícolas mais férteis do mundo. A urbanização, por natureza, libera quantidades massivas de carbono por meio do desmatamento e da perda da biomassa da vegetação, sobretudo quando se dá em núcleos de biodiversidade ecologicamente vitais e regiões agrícolas férteis. As cidades mudam os padrões do clima de seus arredores; seus sistemas de estradas, irradiando-se, fragmentam espécies e paisagens locais. E some-se a isso o fato de que o impacto ecológico de uma cidade é muito maior do que a própria cidade, que precisa de eletricidade, comida, água e combustível. A quantidade de espaço necessário para sustentar Londres — sua "pegada ecológica" — é 125 vezes maior do que o tamanho da cidade em si.[7]

Os sucessos de espécies que se adaptam à vida urbana — como guaxinins, passarinhos de jardim e falcões-peregrinos — são raros. Todos os anos, entre 100 milhões e 600 milhões de aves migratórias morrem colidindo contra os arranha-céus em metrópoles americanas — um microcosmo dos danos ecológicos causados pelas cidades. O crescimento urbano desenfreado tem sido responsável por mudanças climáticas, extinção de espécies e danos irreparáveis à biodiversidade. Embora contenham 50% da espécie humana, as cidades são responsáveis por 75% das emissões de carbono. As estrondosas rodovias de Los Angeles impedem o fluxo genético entre comunidades de linces e leões-da--montanha perto da Ventura Freeway. Um lince vivendo de um lado da rodovia agora é geneticamente diferente do que vive do outro lado, pois a endogamia se torna comum em grupos encurralados pela expansão urbana. À medida que as cidades se espalham pelos preciosos pontos críticos de biodiversidade do planeta, mais espécies ameaçadas sofrerão o destino do lince de Los Angeles, seu fundo genético encolhendo sob a ação da espécie invasiva mais perigosa do mundo: o *Homo urbanus*.[8]

Nada representa melhor o choque de nossa urbanização vertiginosa e repentina do que as transformações nas formas corporais de alguns animais, em luta para se adaptar ao novo mundo, com suas composições genéticas sofrendo como resultado do distúrbio em seu hábitat.

Damos boas-vindas aos nossos novos vizinhos — os animados falcões--peregrinos, o discreto leopardo, as multidões de flamingos, novas espécies de pássaros, texugos imigrantes — com deleite e espanto. Aqui, contra todas as probabilidades, temos a natureza compartilhando conosco a cidade artificial; a vida na extensão de concreto. Notícias sobre melros em evolução, coiotes sabidos e raposas espertas nos dizem que as cidades fazem parte do ecossistema, não estando separadas dele. Mais importante ainda, é um lembrete de que é possível compartilhar a cidade com a natureza, apesar dos danos que causamos, se fizermos modificações em nosso ambiente construído.

Até bem recentemente, víamos a cidade e o campo como coisas distintas e incompatíveis. Afinal, havia muita natureza e não muita cidade. Durante grande parte da história, o urbano foi visto como inimigo do natural, uma força destrutiva que engolia o campo. O choque da urbanização em massa e as mudanças climáticas resultantes alteraram essa percepção psicológica; agora, a cidade passa a dominar a natureza. Isso modificou a forma como enxergamos a metrópole. É surpreendente que áreas verdes representem 47% de Londres, que contém dentro de seus limites a maior floresta urbana do mundo: há tantas árvores quanto pessoas (mais de 8 milhões), e elas cobrem 21% do território da cidade. Além disso, Londres tem pelo menos 14 mil espécies de plantas, animais e fungos e 1500 sítios de importância ecológica, com 10% de sua área metropolitana designada para a conservação da natureza. Bruxelas tem 50% das espécies florais encontradas na Bélgica; a Cidade do Cabo, por sua vez, é responsável por preservar 50% dos tipos de vegetação criticamente ameaçados de extinção da África do Sul. Singapura, embora muito urbanizada, é um dos lugares de maior biodiversidade no planeta: metade de seus 716 quilômetros quadrados é dedicada a florestas, reservas naturais e redes de corredores verdes que conectam hábitats. É uma cidade ávida por mais folhagem, com centenas de telhados verdes exuberantes e jardins verticais cascateando do alto dos arranha-céus.[9]

Estamos apenas começando a atentar para o fato de que as cidades sustentam uma rica biodiversidade e que essa ecologia é vital para nossa sobrevivência. Cidades tropicais emergindo agora nos pontos críticos de biodiversidade do planeta podem proteger espécies de plantas e animais, caso seus cidadãos se planejem para isso, como ocorre em Singapura. Na verdade, a história evolutiva recente de animais e plantas na cidade pode representar um vislumbre do futuro não apenas da biodiversidade do planeta, mas da própria cidade.

Todos os dias, 60 mil pessoas caminham ao longo de um riacho urbano margeado de verde no coração de uma das maiores metrópoles do mundo. No início deste século, o mesmo local era marcado por uma horrenda autoestrada que cortava Seul; sobre ela os carros cruzavam a cidade, enquanto na parte de baixo as pessoas jogavam lixo e criminosos se reuniam. Entre 2002 e 2005, a autoestrada Cheonggyecheon foi demolida, e um riacho que estava enterrado sob o concreto foi recuperado. Agora é mais difícil dirigir até o centro de Seul, sem dúvida. Mas isso não é ruim — a perda da autoestrada encorajou o uso e o investimento em transporte público. Hoje, o riacho Cheonggyecheon é um notável oásis verde no meio da cidade, reduzindo os níveis de poluição do ar e mitigando o efeito de ilha de calor, com temperaturas 5,9°C mais baixas do que em outras partes da metrópole. E o que é mais importante: sua folhagem aumenta a biodiversidade e melhora a qualidade de vida humana em Seul.[10]

O projeto Cheonggyecheon foi caro e polêmico, custando centenas de milhões de dólares. No entanto, hoje é um símbolo internacional de renovação urbana verde. Um dos aspectos definidores do urbanismo moderno é a busca por um equilíbrio entre as cidades e a natureza de uma forma nunca antes contemplada. Em parte, isso se dá porque a presença da natureza é boa para a saúde humana e para o bem-estar mental. Cidades têm parques, árvores e espaços abertos há séculos, claro. Mas hoje muitas cidades começam a perceber que a natureza não precisa estar isolada em áreas específicas; ela pode ser costurada ao tecido urbano. Nem todos os projetos devem ser grandiosos como o megaprojeto Cheonggyecheon. O nível micro é ainda mais importante para a biodiversidade local. A criação de corredores verdes ligando ramais ferroviários, bermas de estradas, pequenos parques, espaços vazios, jardins particulares e áreas abertas já faz parte do planejamento urbano em todo o mundo. E, à medida que as pessoas se tornam mais conscientes do ecossistema urbano, incentivar polinizadores e preservar as abelhas também passam a ser prioridades nas cidades.

Assim como os falcões-peregrinos, as abelhas têm considerado a metrópole do século XXI um ambiente agradável, pois a diversidade de plantas na cidade faz dela um paraíso nutritivo em comparação com terras intensamente cultivadas onde prevalece a monocultura. A análise do mel mostrou que uma abelha urbana em Boston, Massachusetts, obtém pólen de 411 espécies diferentes de plantas em comparação com as abelhas de áreas rurais próximas, cujo mel apresentava vestígios de apenas 82 plantas. Que outras espécies podem prosperar sob essas mudanças nas condições urbanas? E como elas vão evoluir? Uma grande metrópole pode se tornar uma colcha de retalhos de micro-hábitats quase imperceptíveis existindo ao lado de parques públicos maiores, capazes de atrair colonizadores para a cidade.[11]

A Cidade do México instalou mais de 20 mil metros quadrados de jardins nas coberturas de edifícios desde 2008. Barcelona, uma das metrópoles mais densamente povoadas da Europa, tem criado corredores ecológicos pela cidade, com uma rede de parques interligados, jardins variados, árvores, coberturas verdes, jardins verticais e trepadeiras que vão enfiar mais 161 hectares de área verde na cidade. A pequena e densa Singapura conseguiu criar um espaço verde suspenso equivalente ao tamanho do Regent's Park em Londres — 161 hectares —, valendo-se de coberturas, paredes e varandas. Os esforços da Cidade do México, Barcelona e Singapura são exemplos de como uma cidade pode acrescentar vegetação sem necessariamente abrir espaço no tecido urbano. Talvez o resultado mais impressionante no sentido de tornar uma cidade mais verde seja a rua Gonçalo de Carvalho, em Porto Alegre, Brasil. Ali, os grandes jacarandás, com suas copas suntuosas, cortam uma faixa verde no ambiente urbano. A rua é um dos setenta túneis verdes da cidade.[12]

A vista da rua Gonçalo de Carvalho pode muito bem ser um vislumbre da metrópole por vir. É melhor que assim seja. As pessoas não estão plantando árvores aos milhões em cidades ao redor do mundo por motivos puramente estéticos ou para beneficiar abelhas e borboletas. Os humanos, ao que parece, não valorizam nada que não tenha uma etiqueta de preço, então é preciso conferir os números da chamada economia verde. A presença de árvores pode aumentar o preço de uma propriedade em 20%. A Cidade do Cabo avaliou que sua ecologia urbana vale algo entre 5,13 bilhões e 9,78 bilhões de dólares. A floresta urbana de 2789 hectares em Lanzhou fornece um serviço econômico à cidade estimado em 14 milhões de dólares por ano. As árvores de Nova York garantem benefícios anuais estimados em 120 milhões de dólares. Onde antes as árvores urbanas eram vistas como ornamentais, agora são consideradas essenciais. Uma grande árvore pode sugar 150 quilos de carbono da atmosfera.

Elas também filtram os poluentes transportados pelo ar (entre 20% e 50% das concentrações de partículas) e baixam a temperatura de cidades superaquecidas entre 2°C e 8°C, reduzindo o uso do ar-condicionado em 30%. Se as árvores podem ter esse efeito, elas serão vitais não tanto para deter as mudanças climáticas, mas para nos ajudar a sobreviver aos seus efeitos. Desde 2000, com o aumento das temperaturas urbanas, o uso do ar-condicionado dobrou — e triplicará até 2050. A energia necessária para resfriar nossas salas será igual à demanda *total* de eletricidade dos Estados Unidos e da Alemanha combinada — 10% de todo o consumo global. Se os jardins suspensos da Cidade do México e as paredes verdes no Cairo podem reduzir a temperatura de edifícios, então elas oferecem uma alternativa à nossa dependência autodestrutiva em relação ao ar-condicionado.[13]

Ao monetizarmos a natureza, começamos a ver seu valor. Sem isso, aprendemos da maneira mais difícil que nossas cidades dependem de sua ecologia. New Orleans pagou caro pela perda de seus pântanos, quando sofreu inundações catastróficas em 2005. No mesmo ano, Mumbai lamentou a destruição de quarenta quilômetros quadrados de florestas de mangue — uma barreira natural entre a terra e o mar —, quando também se viu inundada. Durante a rápida urbanização de Bangalore, a temperatura subiu 2,5°C, e agora a cidade sofre inundações frequentes como resultado da destruição de 88% de sua vegetação e de 79% de seus charcos. Louisville, no Kentucky, é uma das cidades que mais sofrem com estresse climático nos Estados Unidos: as temperaturas no centro da cidade podem ser 10°C mais altas do que nos subúrbios, em grande parte porque a cobertura vegetal no centro urbano é miseravelmente baixa (cerca de 8%). Louisville precisa plantar centenas de milhares de árvores por ano para conter suas temperaturas galopantes; até agora, o setor privado tem relutado em tomar qualquer medida nesse sentido.

Tendo à frente um futuro de supertempestades, a vasta camada de concreto impermeável das cidades modernas as tornou incapazes de absorver o excesso de água. Chicago, Berlim e Shanghai estão aprendendo (ou reaprendendo) a imitar a hidrologia natural, numa estratégia urgente de prevenção contra enchentes. Nisso, as árvores são vitais, pois são capazes de absorver grandes quantidades de água. Mas, como no distrito de Lingang, em Shanghai, as cidades também estão se valendo de jardins suspensos, pântanos urbanos, calçadas porosas, biovaletas e jardins abertos como esponjas gigantes que absorvem o excesso de água da chuva, liberando-a gradualmente. A água é filtrada para aquíferos e rios, ou então evapora-se na atmosfera, resfriando a cidade.

O objetivo é livrar-se da água das enchentes; os subprodutos disso são mais árvores e canteiros de flores, mais recursos hídricos e pântanos urbanos, benéficos para o bem-estar humano e a biodiversidade. Em muitas partes do mundo em desenvolvimento, a biodiversidade foi, até certo ponto, mantida por uma expansão da agricultura urbana, que acompanhou o crescimento das cidades, particularmente onde a produção rural de alimentos não seguiu o ritmo das mudanças. Em Havana, 90% das frutas e vegetais são cultivados em duzentos organopônicos, fazendas urbanas orgânicas, estabelecidas desde a queda do bloco soviético em 1991, que resultou em um colapso das importações de alimentos e fertilizantes em Cuba. Os organopônicos ocupam 12% da área metropolitana, muitas vezes encravados entre blocos de prédios em partes densamente povoadas da cidade.[14]

Em todo o mundo, existem de 100 milhões a 200 milhões de agricultores urbanos, dos quais 65% são mulheres, operando em todo tipo de espaço: de quintais, terrenos baldios e coberturas de edifícios até fazendas urbanas estabelecidas. As Nações Unidas estimam que, hoje, algo entre 15% e 20% da produção de alimentos vem de áreas metropolitanas. Nas cidades do Quênia, 29% das famílias trabalham na agricultura; nas cidades vietnamitas e nicaraguenses, 70% das famílias ganham algum tipo de renda com produção de alimentos.[15]

Desde a virada do milênio, a agricultura urbana tornou-se parte das estratégias de sobrevivência da população em megacidades de rápido crescimento na África, na Ásia e na América Latina. Milhões de pessoas cultivam frutas e vegetais simplesmente para ganhar o suficiente para se manterem vivas. As fazendas urbanas nunca irão satisfazer as necessidades de uma cidade, mas são importantes para as economias locais e ainda mais para incrementar o ambiente urbano e sua biodiversidade, fornecendo hábitat para uma variedade de artrópodes, micróbios, aves e pequenos mamíferos.

A ideia de uma cidade mais verde parece utópica. Mas está acontecendo das mais variadas maneiras ao redor do mundo, às vezes sem que notemos sua presença. Em Seattle, espécies invasivas estão sendo substituídas por espécies nativas perenes, que são melhores na retenção das águas pluviais. Entre 2007 e 2015, a cidade de Nova York plantou 1 milhão de árvores. A cobertura de árvores de Shanghai aumentou de 3% em 1990 para 13% em 2009 e 23% em

2020; seu último plano diretor promete levá-la a 50% até meados deste século. Em Salvador, Brasil, um grande lixão está sendo transformado em uma extensa floresta urbana, usando como fertilizante o lodo tratado do sistema de esgoto. Em Amsterdam, agora que 1500 vagas de estacionamento são eliminadas a cada ano, ruas antes áridas e entupidas de carros vêm sendo transformadas com a chegada de árvores, jardins, roseirais, compostores e equipamentos de recreação. Desde 2011, Los Angeles — uma cidade pobre em parques — transformou lotes abandonados e construções hipotecadas em pequenos parques. Há também novos *parklets*, pequenas extensões verdes, da calçada para a rua, que retomam para os pedestres o que antes eram vagas de estacionamento.

Em Los Angeles, o *parklet* é uma pequena vitória simbólica em uma cidade que já foi chamada de "autopia" — uma metrópole construída em torno do automóvel. Os carros não serão uma característica permanente de nossas cidades: a história ensina que, cedo ou tarde, as tecnologias são superadas. As cidades já lutam contra o automóvel, restringindo e tributando seus direitos de acesso. Como em Amsterdam, árvores e plantas podem tomar o lugar dos carros, sempre espaçosos. Num gesto impressionante, Chennai alocou 60% de seu orçamento de transporte para pedestres e ciclistas. Nos Estados Unidos, há planos para converter várias rodovias urbanas de múltiplas faixas — os monstrengos imensos que devastaram os bairros na década de 1960, isolando-os e condenando-os ao declínio terminal — em avenidas arborizadas, com parques ao centro. Um exemplo vívido dessa transição dos carros para a vegetação é o Seoullo 7017, movimentadíssimo viaduto em Seul, fechado ao tráfego em 2015 e convertido em jardim panorâmico para pedestres, com um quilômetro de extensão e 24 mil plantas e árvores.

As cidades são sistemas adaptativos complexos. Como mostra a história, elas sabem sobreviver. O enverdecimento das cidades no século XXI é um aspecto desse velho instinto de autopreservação — um instinto defensivo e preventivo tal como um dia foram muralhas, torres de vigia, cidadelas e abrigos antiaéreos. As cidades são os principais agentes no combate às mudanças climáticas, mais do que os Estados-nações. Shanghai, Osaka, Lagos, Cidade de Ho Chi Minh, Daca e Miami contam-se entre as muitas cidades que ficarão submersas com uma elevação de um metro e meio no nível do mar. Hoje, dois terços das metrópoles com população superior a 5 milhões de pessoas localizam-se em áreas que não estão mais do que dez metros acima do nível do mar. Se as cidades estão na vanguarda do combate às mudanças climáticas é porque estão na linha de frente.

Em 2017, foram investidos 394 bilhões de dólares em tecnologia verde em todo o mundo e quase 2 trilhões de dólares em energia renovável. San Francisco, Frankfurt, Vancouver e San Diego estão a caminho de se tornarem cidades que extraem 100% de sua eletricidade de energia renovável. Empresas em cidades como Newark e Singapura vêm fazendo experimentos computadorizados com agricultura hidropônica. Esses edifícios-fazendas utilizam apenas 10% da água necessária na agricultura convencional, quase sem nitratos e pesticidas.

Os construtores de cidades do século XXI têm nomes familiares: Google, Cisco, Apple, Microsoft, Panasonic, IBM, Siemens, Huawei. Fiéis às suas origens, essas empresas veem a metrópole do século XXI como um sistema que pode se tornar mais eficiente — e, portanto, mais sustentável —, usando big data e inteligência artificial. Assim como se adaptaram às mudanças tecnológicas — como a Revolução Industrial e o motor de combustão interna —, as cidades se remodelarão a partir do computador.

Nessa visão da cidade do futuro, sensores são embutidos em todos os lugares, enquanto smartphones enviam sua avalanche de dados para um computador central que auxilia a cidade a monitorar em tempo real os fluxos de tráfego e transporte público, o uso de energia e os níveis de poluição, além de detectar crimes e acidentes. No Rio de Janeiro, uma força de quatrocentos funcionários toca o centro de controle operacional da cidade, monitorando desde congestionamentos e poluição até o fluxo de câmeras de CFTV e as palavras-chave sendo usadas nas mídias sociais locais.

Santander, a cidade mais inteligente da Europa, já conta com 20 mil sensores vigiando eternamente as atividades da colmeia humana. Os aparelhinhos nas lixeiras reportam aos caminhões de lixo quando estas precisam ser esvaziadas; já os instalados nos parques monitoram a umidade do solo, ligando e desligando os borrifadores de acordo com a necessidade. A iluminação pública diminui ou aumenta em resposta ao volume de pedestres e tráfego. Se usada dessa forma, a inteligência artificial pode reduzir os custos de energia e água em 50%. E também pode tornar a cidade mais eficiente de outras maneiras. Por exemplo, sensores acústicos detectam as sirenes de uma ambulância se aproximando e se conectam aos semáforos, abrindo caminho numa emergência. Calcula-se que 30% do tempo de condução são gastos procurando um lugar para estacionar; sensores sem fio podem identificar um espaço não utilizado e direcionar o motorista diretamente para ele.

Tendo por base o fluxo de dados, esse modelo tem vários nomes — "cidades IoT" ("IoT" é a sigla em inglês para "Internet das Coisas"), "cidade ubíqua", "cidade senciente" —, mas é mais conhecido por "cidade inteligente", uma cidade onde as informações são continuamente devoradas pela inteligência artificial, buscando modelos preditivos e a capacidade de resposta em tempo real. A metanálise do uso do smartphone, por exemplo, pode ser utilizada para conferir como e quando os cidadãos se movem pela cidade, mudando as rotas de ônibus a partir disso. Também pode servir para rastrear a propagação de doenças infecciosas por meio da vigilância digital obrigatória, abarcando populações urbanas inteiras. O monitoramento do comportamento na metrópole, feito em nome da eficiência e da gestão de crises, certamente se tornará uma das características marcantes da vida urbana no presente século.

O autoritarismo implícito nas cidades inteligentes, reforçado pelo medo de pandemias mortais, é profundamente preocupante. No entanto, enquanto as metrópoles costuram tecnologias digitais em sua infraestrutura, um dos aspectos mais atraentes e significativos do urbanismo contemporâneo são as formas como começamos a entender as cidades como parte de seus ecossistemas, não como lugares isolados do mundo natural. De fato, podemos apreciar de que forma árvores e amplos espaços abertos, manguezais e pântanos, abelhas e pássaros interagem com o ambiente urbano, tornando-o mais saudável e versátil. Aos poucos, estamos começando a ver nossas cidades como ambientes tanto naturais quanto artificiais, onde todas as suas facetas — incluindo transporte, gestão de resíduos, moradia, água, alimentação, biodiversidade, espaços silvestres, vida de insetos, brejos, demandas por combustível e assim por diante — fazem parte de ecossistemas complexos e mutuamente dependentes.

Em um mundo instável, é cada vez mais urgente que outras cidades, sobretudo naquelas áreas em desenvolvimento localizadas em pontos críticos de biodiversidade, evitem os erros cometidos durante a história da urbanização de cidades mais maduras. Nesse ponto, Curitiba é uma fonte de inspiração. Desde os anos 1970, essa cidade brasileira em crescimento acelerado adicionou ao seu ecossistema 1,5 milhão de árvores, quase quatrocentos quilômetros quadrados de parques e vários lagos artificiais, construindo também um corredor ecológico ao longo do rio Barigui. Enquanto sua população triplicou, a quantidade de espaço verde passou de meio metro quadrado por pessoa para cinquenta metros quadrados. Curitiba não apenas plantou árvores; a cidade desenvolveu um plano que integrava políticas de sustentabilidade em praticamente todos os aspectos do planejamento urbano.

Enquanto cidades nos anos 1960 e 1970 desmantelavam suas áreas centrais e abriam mais vias para automóveis, Curitiba fez o oposto, preservando seu núcleo histórico e tornando suas ruas acessíveis aos pedestres. A cidade desenvolveu uma extensa e inovadora rede integrada de transporte público, com ônibus de trânsito rápido (BRT), usada por 70% da população, apesar de ter mais carros por pessoa do que qualquer outra cidade brasileira. Copiado por 150 cidades ao redor do mundo, o BRT diminuiu o tráfego em 30%, fazendo com que a cidade alcançasse níveis excepcionalmente baixos de poluição do ar. Curitiba também foi pioneira do "escambo verde", em que o lixo reciclável era trocado por alimentos e bilhetes de ônibus; hoje, 70% do lixo é reciclado. A mescla de planejamento urbano e ambientalismo teve seu impacto na economia: a taxa de crescimento econômico de Curitiba em trinta anos é de 7,1%, ao passo que a média nacional é de 4,2%, e sua renda per capita é 66% mais alta. No entanto, uma proporção grande e crescente da população vive em favelas. Não obstante, seus sucessos demonstram como políticas criativas de baixo custo, que conectam ecossistemas artificiais e naturais, podem transformar uma cidade.

Uma "cidade inteligente" não é apenas uma cidade com milhares de sensores e uma infraestrutura digital. É aquela projetada para fornecer um hábitat humano e natural resiliente. O esforço para aumentar a biodiversidade das cidades não é uma questão de sermos gentis com a natureza; é uma estratégia de sobrevivência. Imaginar a cidade do futuro é sempre um exercício inútil. Mas tomando por base as tendências atuais, essa cidade será menos como a Los Angeles de *Blade Runner* e mais como a Singapura dos dias de hoje, com jardins verticais escorrendo pelos arranha-céus, jardins suspensos, florestas e fazendas urbanas, ruas verdes, corredores de biodiversidade, reservas naturais nas áreas centrais, vida animal e copas de árvores. Até pode parecer um cenário agradável, mas é uma consequência direta de nossa luta para nos adaptarmos às mudanças climáticas causadas pelo ser humano.

Uma solução para nossa presente crise é evidentemente trazer a natureza de volta para a cidade. Por mais paradoxal que pareça, é também imperativo tornar o mundo mais urbano.

Não há lugar mais urbano do que Lagos e demais megacidades com imensos assentamentos informais abarrotados — Mumbai, Manila, Cidade do México, São Paulo, Daca. São ecossistemas humanos complexos — talvez as sociedades mais complexas já criadas por nossa espécie. Para muitos, elas são o locus do desastre que se avizinha, demonstrando um mundo que deu muito errado. Para outros, contudo, essas cidades atestam nossa incrível capacidade de adaptação ao ambiente urbano, fazendo dele nosso lar, por mais inóspito e sombrio que seja. Elas revelam a capacidade humana de auto-organização e sobrevivência, nossa força diante da desordem extrema.

Em Lagos, uma população quase três vezes maior do que a de Londres se aperta numa área que representa apenas dois terços da capital inglesa. Prevê-se que Lagos se tornará a maior região metropolitana do mundo em meados do século XXI, sua população dobrando para mais de 40 milhões de pessoas por volta de 2040, para seguir crescendo num ritmo fenomenal. Em 2018, o número de nigerianos urbanos ultrapassou o de nigerianos rurais. Até 2030, a África será o último continente habitável a se tornar majoritariamente urbano — um momento seminal e memorável em nossa história como espécie.

Vasta, imensurável, barulhenta, suja, caótica, lotada, energética, perigosa: Lagos representa os piores traços da urbanização moderna. Mas também evoca alguns dos melhores.

Qualquer que seja o caso, o que se passa em Lagos e em outras megacidades em desenvolvimento é importante, pois essas cidades abrigam porções inéditas da humanidade. Elas levam tudo ao limite — a resiliência humana, bem como sua própria sustentabilidade numa era de instabilidade climática.

Essa vasta megacidade africana é conhecida por suas favelas sem fim, pela corrupção e pelo crime, com uma infraestrutura lamentável e o pior trânsito do mundo. A visão dos caminhões enfileirados por semanas a fio em ruas esburacadas, esperando para descarregar e coletar contêineres no porto, é impressionante. Ainda mais notável são os petroleiros e navios de contêineres ao largo, à espera de uma vaga nas docas do porto Apapa. Muitas embarcações param de funcionar muito antes de ancorarem; a costa é repleta de cargueiros abandonados e naufrágios. Na terra, o som quintessencial de Lagos é o grito incessante de geradores de eletricidade particulares à noite. A expansão da cidade para dentro dos pântanos, mangues e deltas provocou severos distúrbios na hidrologia natural, deixando os pobres numa situação ainda mais vulnerável a chuvas e tempestades cada vez mais intensas. É uma cidade que já não pode garantir à população o abastecimento contínuo de eletricidade e água, e que já não sabe o que fazer com as 10 mil toneladas de lixo que produz todos os dias.

Nesse reino urbano incalculavelmente denso, poucos são os carros sem marcas de batida ou arranhões. Para cada carro por quilômetro de estrada em Nova York, há dez vezes mais em Lagos. Sucateados, lutando por espaço no caos das ruas, como se numa guerra sem fim, os carros lagosianos são símbolos em movimento do estresse da vida na megacidade (mesmo se só raramente possam circular em alta velocidade) e do princípio vicioso da sobrevivência dos mais fortes, embutido na experiência diária de Lagos. Certo dia, enfrentando as ruas abrutalhadas, um amigo lagosiano me pediu desculpas por sua exasperação. Se, disse ele, toda essa massa confusa de motoristas pudesse ser transplantada para uma cidade inglesa, toda a raiva se dissiparia, e o país se tornaria "civilizado". Com amargura e frustração na voz, ele disse que é a cidade que os faz tão raivosos e agressivos.

Ele tinha certa razão: Lagos acabara de ser classificada como a segunda pior cidade do mundo para se viver, atrás apenas de Damasco, então destroçada pela guerra. Logo perguntei às pessoas no carro — todas tinham passado extensos períodos de tempo trabalhando no exterior, tanto nos Estados Unidos quanto na Europa — por que elas adoravam viver em Lagos. A resposta coletiva foi instantânea e inequívoca: "É a cidade mais divertida do mundo!".

Era sábado à noite, e foi difícil discordar. À medida que a noite caía, o trânsito crescia, a música começava a ressoar, havia comida por todas as ruas, e milhões de pessoas emergiam da colmeia urbana, transformando Lagos na maior festa do planeta.

Não há dúvida de que esse desejo pela vida é uma reação e uma fuga da dureza da cidade e das demandas de sua energia maníaca. Dois terços da população de Lagos vivem em duzentos assentamentos informais. O mais visível para todos os que visitam a cidade é Makoko, uma grande favela "flutuante" abrigando algo entre 100 mil e 300 mil pessoas, com barracos de madeira empoleirados sobre estacas na lagoa malcheirosa. No romance *The Carnivorous*

City [A cidade carnívora] (2016), o autointitulado "prefeito de Lagos", Toni Kan, escreve:

> Lagos é um monstrengo de patas nuas, com um apetite voraz por carne humana. Caminhe por seus bairros, dos condomínios fechados de Ikoyi e de Victoria Island a Lekki, indo além, até o viveiro confuso das ruas e becos em terra firme, e você verá que esta é uma cidade carnívora. A vida não é apenas dura — é curta. [...] No entanto, como mariposas malucas desdenhando o calor da chama, continuamos gravitando em direção a Lagos, compelidos pela mesma força centrífuga que desafia a razão e a vontade.[16]

Essas palavras, trocando-se os nomes, poderiam ser escritas sobre Uruk no terceiro milênio a.C., ou sobre Bagdá no século X, ou sobre Manchester e Chicago no século XIX, ou sobre milhares de cidades ao longo da história humana. Grandes, brutais e perigosas, as cidades sempre atuaram como ímãs, ainda que pouco se importem com seu combustível humano. E há muitas razões pelas quais um nigeriano quereria morar em Lagos. É uma cidade rica em petróleo, uma potência financeira, comercial e bancária, o principal centro manufatureiro da Nigéria e — com três portos e um dos maiores aeroportos internacionais da África — um núcleo pelo qual 70% do comércio exterior penetra o país, ainda que de forma lenta e congestionada. Se Lagos fosse um país, seria o quinto mais rico da África.

Essa única cidade gera mais de um terço do produto interno bruto da Nigéria, e a renda per capita é o dobro da média nacional: não surpreende, portanto, que as pessoas cheguem aos milhares todos os dias. A Lagos de 2020 é bem diferente da Lagos de 2000, quando a cidade parecia rumar para o desastre. A economia hoje é vibrante, assim como a música, a moda, o cinema, a literatura e as artes. Nollywood, sediada em Lagos, é a segunda maior indústria cinematográfica do mundo em termos de produção, atrás apenas de Bollywood. Na última década, um inovativo setor de startups de tecnologia também se estabeleceu na cidade. O investimento estrangeiro cresceu bastante no "Vale do Yabacon" — nome derivado do centro de startups de Lagos, no distrito de Yaba. Gigantes como Google e Meta veem a cidade como a porta de entrada para "o próximo bilhão": jovens de países mais pobres, ainda por aderir à internet móvel. Sendo uma cidade dominada por jovens (60% da população tem menos de trinta anos), a cultura e o empreendedorismo da juventude de Lagos criaram um enorme mercado para a música, o entretenimento, a moda e a tecnologia. Mega em todos os sentidos, Lagos pulsa com uma energia maluca; seu dinamismo é inebriante. Nas palavras de um jornalista nigeriano, um passeio num *danfo* — icônico micro-ônibus amarelo, principal meio de locomoção da cidade — é um microcosmo de Lagos: "É uma coisa alucinante e engraçada, emocionante e curiosa; e, claro, arriscadíssima".[17]

Sentimos o peso e a energia de 25 milhões de pessoas nos pressionando quando paramos ao lado da via Ahmadu Bello, no extremo sul de Victoria Island, e olhamos por entre uma cerca de arame para uma vasta extensão de areia e cascalho. É uma área só recentemente recuperada do oceano Atlântico; fica atrás da "Grande Muralha de Lagos": 100 mil blocos de concreto de cinco toneladas que a defendem do mar agitado. Alguns arranha-céus já começaram a brotar da areia, os primeiros de uma cidade futurista inteligente e sustentável chamada Eko Atlantic, que tem sido alardeada como a versão nigeriana de Pudong, em Shanghai, ou de Dubai — uma Manhattan africana que catapultará a megacidade da Nigéria ao status de capital financeira da África e importante centro global.

É surreal imaginar os arranha-céus reluzentes, os resorts de luxo e as marinas cheias de grandes iates que emergirão ali, na ponta de uma das maiores, mais pobres e mais disfuncionais cidades do planeta, onde a maioria sobrevive pelo trabalho informal, ganhando um dólar por dia. É o melhor lugar possível para sentar e contemplar as forças que remodelaram nossas metrópoles nos últimos anos. Eko Atlantic é uma versão exagerada do que está acontecendo ao redor do mundo.

Ao final do século XX, supunha-se que a cidade tal como a conhecíamos estava morta, ou pelo menos em estado avançado de degeneração. A suburbanização a havia virado do avesso; a internet arremataria o processo, tornando obsoleta a necessidade de proximidade física. Mas o que aconteceu foi o oposto. Revoluções paralelas nas finanças globais e na economia do conhecimento encorajaram não a dispersão, mas a concentração de dinheiro, ativos, ideias, talento e poder em um pequeno grupo de metrópoles globais turbinadas.[18]

Tudo isso, claro, para intensificar algo que sempre se passara nas cidades. Uruk se desenvolveu rapidamente como primeira cidade da humanidade muito porque seus artesãos se aglomeraram em seus bairros, compartilhando saberes, especialidades e ferramentas. Juntos, eles podiam criar economias de escala e redes de informação sem precedentes. A complexidade desconcertante da vida urbana levou à codificação do conhecimento pela escrita. Do mesmo modo, a cultura dos cafés da Londres do século XVIII oferecia pontos de encontro informais e troca de conhecimento para mercadores, artesãos, cientistas, exploradores, banqueiros, investidores e escritores, que, juntos, por meio de fluidas associações, forjaram a primeira grande economia capitalista. Na Nova York do século XX, por sua vez, a concentração de importantes bancos, pequenas firmas de investimento, escritórios de advocacia, seguradoras e anunciantes fomentava a competição intensa e, por consequência, a rápida inovação no mercado. Em todos esses casos — e em muitos mais ao longo da história, por todo o mundo —, a cidade, com seu dinamismo e suas redes complexas e interligadas, assumiu a função ordenadora de uma grande corporação ou universidade, fornecendo a estrutura para divisões — e subdivisões — informais do trabalho, para a partilha de conhecimento, o networking e as economias de escala.

A economia do conhecimento do século XXI é igualmente urbana. As companhias e setores que impulsionam o mundo moderno — startups, empresas de tecnologia, pesquisa e desenvolvimento, mídia, moda, fintechs, publicidade — concentram-se e agrupam-se de maneira ainda mais intensa, banqueteando-se com a proximidade física que apenas uma cidade pode oferecer, mesmo em uma era de conectividade digital super-rápida. A criatividade é algo gerado, em grande parte, pela espontaneidade e por encontros fortuitos, estando relacionada à interação entre trabalho e sociabilidade.

Se no século XX as forças que levaram a urbanização a cabo foram centrífugas, impelindo as limalhas de ferro a se dispersarem, no século XXI elas são intensamente centrípetas, puxando as limalhas de volta para o ímã. Um punhado de regiões urbanas espalhadas pelo mundo — contendo pouco menos de 20% da população mundial — gera 75% da produção econômica global. Essas mesmas cidades monopolizam novas patentes tecnológicas, digitais e farmacêuticas, inovações relacionadas a software, entretenimento, finanças, seguros e pesquisa. Com grande parte da riqueza do globo concentrada em poucas áreas urbanas, as cidades tornaram-se mais uma vez os motores da prosperidade global.

No passado, cidades como Lisboa, Lübeck, Bagdá ou Amsterdam prosperavam quando conseguiam atrair rotas comerciais para dentro de sua órbita;

hoje, as cidades se sagram incrivelmente bem-sucedidas quando são capazes de atrair, e de continuar atraindo, o intangível: indivíduos talentosos, startups de tecnologia, serviços financeiros, fluxos de dados e investidores do mercado imobiliário. A energia que impulsiona a economia do século XXI vem da conectividade — da velocidade de seus downloads e da capacidade de seus aeroportos, que determinam o acesso de uma cidade aos lucrativos e inconstantes fluxos globais de conhecimento, pessoas, capital e dados. Um dos lugares mais poderosos do planeta é o Vale do Silício, que prospera por causa das mentes, não das coisas. E o que o torna bem-sucedido é o empreendedorismo gerado pelo contato cara a cara e pelo networking. Apesar de o Vale do Silício produzir tecnologias de comunicação virtual de longa distância, o ciberespaço não suplantou o espaço da cidade.

A competição por talentos exigiu que as cidades criassem um ecossistema urbano adaptado especificamente à economia do conhecimento. Elas precisam ser capazes de oferecer cafés e restaurantes de primeira qualidade, internet rápida e aeroportos eficientes; precisam de boutiques, comida de rua, vitalidade cultural, feiras de agricultores, eventos esportivos de alto nível, entretenimento ininterrupto e uma vida noturna vibrante; e devem oferecer bairros elegantes, uma bela paisagem urbana, boas escolas, transporte eficiente, ar puro e universidades dinâmicas. As cidades devem ter uma estratégia publicitária agressiva que as venda como lugares desejáveis e estimulantes para se viver e trabalhar, exibindo seus ativos em fotos brilhantes, vídeos promocionais e filmes, tudo isso para obter a maior de todas as mercadorias: o capital humano.

O espetacular renascimento urbano de hoje também está escrito no horizonte de arranha-céus. A surpreendente velocidade do crescimento urbano da China foi propalada ao mundo em uma série de cidades icônicas repletas de arranha-céus, construídas explicitamente como representações visuais da história de sucesso urbano do país. As torres reluzentes dizem ao mundo que aquela cidade é membro do clube de elite das potências globais. São como ímãs para atrair capital, investimentos e recursos humanos. É uma estratégia publicitária que as cidades chinesas pegaram emprestado de lugares como Tóquio, Kuala Lumpur, Hong Kong e Dubai, e que foi transmitida para Londres e Lagos.

A Eko Atlantic está sendo construída sobre o que já foi a praia mais popular de Lagos. O espaço público foi retirado das pessoas para que se projetasse uma cidade dentro da cidade para 250 mil pessoas. E será uma cidade privada, destinada a sedes de bancos, companhias financeiras, escritórios de advocacia e outras corporações multinacionais, abrigando também arranha-céus para os apartamentos dos super-ricos e hotéis de luxo para turistas de elite: uma pequena Dubai em uma megacidade africana.

Eko Atlantic representa em termos bastante explícitos o desejo de escapar da cidade caótica para um bastião privado bem protegido, mesmo que para isso seja necessário colonizar o oceano, numa aposta contra a elevação do nível do mar. A impaciência entre os ricos e a classe média para transformar Lagos na "megacidade-modelo da África, centro global, econômico e financeiro" é aguda. A prioridade parece ser esculpir seções da cidade de acordo com suas aspirações. Em 2017, alegou-se que vários assentamentos aquáticos informais na lagoa — os lares de 300 mil pessoas — haviam sido ou estavam prestes a ser evacuados, com o governo citando preocupações ambientais e questões de segurança. O verdadeiro motivo veio à tona quando os locais desses antigos assentamentos foram transformados em luxuosos apartamentos à beira-mar. Da mesma forma, o famoso e barulhento mercado de Oshodi foi demolido e substituído por uma rodovia com várias pistas e um terminal de transporte. Bem visível para os visitantes, estando perto do aeroporto, as atividades expansivas do mercado representavam o tipo de caos urbano espontâneo que entrava em conflito com o desejo oficial por organização. Os pobres parecem ser uma afronta à nova imagem que estão criando para Lagos.

O ponto aqui não é necessariamente criticar a Eko Atlantic ou Lagos, mas apenas argumentar que o que se passa ali é parte do quadro mais amplo de como as cidades estão mudando no início deste século. A urbanização na África, assim como na China e em toda a Ásia, resultou na rápida expansão da classe média. O renascimento urbano não está sendo compartilhado igualmente em termos de renda ou localização geográfica. Os arranha-céus das cidades refletem as divisões que atravessam as metrópoles contemporâneas, em que aqueles que podem ocupam enclaves residenciais exclusivos ou se retiram para suas ilhas no céu.

Lagos também atesta outra característica do urbanismo moderno: o incrível sucesso das megacidades. Sua expansão, saltando de 288 mil habitantes em 1950 para mais de 20 milhões em 2020, é, sob qualquer ponto de vista, extraordinária. É uma metrópole plasmada pela revolução urbana que engolfou o mundo. Lagos demonstra como fortunas individuais e nacionais estão intimamente conectadas à urbanização em massa. O sucesso da cidade foi transformador para a Nigéria e para milhões e milhões de pessoas que escaparam das misérias da pobreza rural. Mas, como em muitas outras cidades, o crescimento vertiginoso ultrapassou em muito a capacidade de construir a infraestrutura necessária ou de abrigar os recém-chegados. Sua expansão veio logo após o fim do controle imperial britânico e de seu resultado imediato: desordem civil, ditaduras militares, corrupção e instabilidade política. A divisão de classes de Lagos hoje é um legado, em grande parte, da segregação racial sob o colonialismo.

Essa divisão é, sem dúvida, a maldição das megacidades no mundo em desenvolvimento. Ela bloqueia o fluxo do sangue vital correndo pelas artérias das metrópoles; todo tipo de mobilidade fica impedida. Em Lagos, o trajeto diário de casa para o trabalho é conhecido como "Go Slow" (vá devagar). Ele começa às quatro horas da manhã, quando as pessoas partem para um percurso relativamente curto até o local de trabalho, mas que pode levar até três horas, no ritmo de lesma dos congestionamentos. Em 2010, estimou-se que, todos os anos, 3 bilhões de horas de trabalho são perdidas nos engarrafamentos, e é provável que, passada uma década, esse número seja muito maior. É uma quantidade imensa de energia desperdiçada em filas. As tentativas de conectar a cidade por meio de VLT e BRT titubearam. Os congestionamentos são o sintoma mais gritante de um problema muito mais amplo que asfixia a cidade. O desenvolvimento metropolitano é retardado pelo fracasso em infraestrutura, educação, saúde e policiamento e pela ausência de serviços básicos e seguridade social. Essas congestões reais e metafóricas no sistema circulatório urbano neutralizam uma das maiores vantagens da megacidade: sua magnitude e densidade inigualáveis.[19]

Lagos é uma cidade de milhões de empreendedores e milhares de microeconomias florescendo entre as rachaduras. Por toda a cidade, as pessoas negociam incessantemente, tocando a vida, sobrevivendo, estabelecendo redes intrincadas para além do controle e da supervisão da economia formal. Em Lagos, entre 50% e 70% das pessoas ganham a vida no setor informal, atendendo às necessidades multifacetadas da metrópole de crescimento mais rápido do planeta. Há cerca de 11 milhões de "microempresas" em Lagos. Os mais óbvios são os ambulantes. Quando o tráfego empaca, eles surgem do nada, vendendo de tudo, desde o imediatamente útil — refrescos, amendoim, inhame, pão de Agege, milho torrado, cartões telefônicos e carregadores — até artigos mais oportunistas e, não raro, bizarros: porta-chapéus, brinquedos infláveis, colchões infláveis, tábuas de passar roupa, vassouras, jogos de tabuleiro. O trânsito "vá devagar" de Lagos é um pesadelo para muitos, mas para outros — muitas vezes migrantes recém-chegados em busca de uma renda para começar a vida na cidade — é uma tremenda oportunidade de negócios. As ruas de Lagos são como um shopping drive-thru, servido por ambulantes onipresentes e incontáveis mercados de beira de estrada, barracas, quiosques e carrinhos de churrasco.

Uma vez que as cidades têm atraído bilhões de novos residentes, 61% dos trabalhadores do mundo — 2 bilhões de pessoas — agora atuam em microempresas ou por conta própria, sobrevivendo à megacidade como podem. A empresa A. T. Kearney estima que a quantidade de dinheiro gerada informalmente no mundo seja de 10,7 trilhões de dólares por ano — ou 23% do PIB global. Essa economia extraoficial é vital para o mundo urbano, proporcionando renda (ainda que precária) para migrantes recém-chegados. As oportunidades disponíveis, mesmo na base da pirâmide, são melhores do que para aqueles que vivem na pobreza rural. O setor do "faça você mesmo" satisfaz hoje 75% das necessidades das cidades africanas. É ele que alimenta e transporta Lagos. Lá, milhares de *danfos* — os famosos micro-ônibus amarelos, surrados e perigosos — percorrem as rotas da cidade, circulando em padrões complexos que não poderiam ser reproduzidos por um serviço regular e centralizado de ônibus. Como um motorista disse a um jornal nigeriano, os *danfos* "vão às profundezas de Lagos para pegar as pessoas" e levá-las para onde elas precisam estar.[20]

As pessoas sempre migraram para cidades e ganharam a vida na "zona cinzenta" do trabalho informal; a diferença hoje é a magnitude e a intensidade do fenômeno. Onde milhões de pessoas vivem juntas, a escala de atividade e inovação aumenta exponencialmente. Favelas em Lagos, Mumbai, Manila, Daca, Rio de Janeiro e outros lugares contam-se entre os ecossistemas humanos mais inovadores e criativos do planeta. É uma questão de sobrevivência: ninguém vai ajudá-los.

O símbolo das favelas de Lagos, Makoko, com seus barracos equilibrando-se em varas acima da lagoa poluída, parece terrível, e é usado para ilustrar inúmeros artigos sobre distopia urbana. Mas poucos sabem que Makoko abriga um lucrativo mercado de transporte de madeira e várias serrarias. Sua localização na água tem uma razão: fazer valer uma oportunidade de negócio. Um serrador disse ao *Guardian* nigeriano: "Muitos de nós construímos casas, mandamos os filhos para a universidade, temos jipes". Muitos mais são inacreditavelmente pobres, tendo migrado há pouco para a cidade; mas as serrarias de Makoko lhes oferecem ao menos um caminho para a cidade e um lugar onde podem viver.[21]

Um dos melhores exemplos da vitalidade do setor informal é a sensacional Vila de Informática de Otigba, um labirinto de ruas no distrito de Ikeja, perto do aeroporto Murtala Muhammed, uma área claustrofóbica de um quilômetro quadrado, repleta de camelôs, comerciantes, trambiqueiros, técnicos, engenheiros de software, especialistas em TI, carros, *danfos*, ambulantes e pilhas de teclados, espirais de cabos e montanhas de telas. À primeira vista, é igual a qualquer outro mercado informal da África. Mas é muito mais do que isso.

Nessa efervescente vila tecnológica livre de regulamentações — o maior mercado de gadgets da África Ocidental —, mais de 8 mil empresas de grande e pequeno porte e 24 mil comerciantes e geeks vendem os mais recentes smartphones, laptops e acessórios afins, além de dispositivos restaurados e redirecionados. Ali reparam telas, atualizam seu software, recuperam dados e consertam placas-mãe. A competição é incrivelmente feroz: as grandes empresas de tecnologia disputam com artesãos e comerciantes autônomos para oferecer os melhores preços e capturar uma fatia do faturamento anual do mercado, que chega à impressionante marca de 2 bilhões de dólares. A atividade empresarial transborda dos escritórios e barracas para a rua a fim de captar a atenção da multidão de clientes com ofertas e pregões criativos. Há salas de exposição de última geração ao lado de pequenas lojas, estandes improvisados sob guarda--chuvas e técnicos que, se necessário, ajustarão seu dispositivo em cima do capô de um carro. Os clientes vêm de toda Lagos, de toda a Nigéria e de toda a África; a pechincha é sempre intensa, seja em torno do iPhone mais recente ou de um mouse antigo.[22]

Ninguém planejou a Vila de Informática de Otigba e, certamente, ninguém previu seu impressionante volume de negócios, envolvendo mais de 5 milhões de dólares por dia. Anteriormente uma área residencial, Otigba atraiu profissionais que trabalhavam consertando máquinas de escrever nos anos 1990. Esses técnicos deram o salto para a TI no final da década. O efeito da concentração de cabeças disparou na virada do milênio, com multidões aparecendo por lá para trocar gadgets, softwares e ideias. Com o crescimento dos computadores pessoais e a chegada do Sistema Global para Comunicações Móveis (GSM, na sigla em inglês) à Nigéria em 2001, o mercado explodiu.

As multinacionais de GSM não podiam competir com os malandros de Ikeja ou com a indústria local de reparos e atualizações — uma indústria composta de jovens empreendedores que, de posse de poucas ferramentas, farejaram uma bela oportunidade de negócios com o boom das comunicações móveis. O mercado de Otigba conseguia adquirir materiais por preços mais baratos, com isso firmando a informática de alto nível como coisa também do comércio de rua, não apenas das corporações. Nesse ponto, outro combustível em Otigba era o dilúvio de lixo eletrônico proveniente do mundo desenvolvido. Se você por acaso já se perguntou para onde vai seu laptop ou seu telefone antigo, é bem possível que o destino seja Otigba. A devassidão do Ocidente e a cultura do descarte implicaram um boom para negociantes de lixo eletrônico em Lagos, que importam dispositivos de refugo. Não falamos muito sobre isso, mas nossos elegantes e brilhantes dispositivos, que parecem tão limpos e inocentes, produzem uma das formas de lixo que mais crescem e mais poluem no mundo.

Todos os meses, meio milhão de aparelhos eletrônicos usados e peças entram na Nigéria, oriundos dos Estados Unidos, da Europa e da Ásia, boa parte ilegalmente. Os técnicos autônomos e autodidatas se põem a trabalhar, aplicando suas habilidades para colocá-los à venda no mercado. A maioria não serve para nada, de modo que o descarte de eletrônicos criou outros ramos de negócio. Os catadores compram carrinhos cheios de dispositivos quebrados, que eles desmontam a fim de vender peças e materiais a fabricantes. O que sobra segue para locais como o enorme lixão de Olusosun — um dos maiores do mundo —, onde outros catadores reviram montanhas de lixo, queimando cabos em busca de fios de cobre e extraindo materiais preciosos das carcaças dos computadores. Nesse processo, grandes quantidades de chumbo e mercúrio são liberadas no solo e no sistema de água.[23]

A Vila de Informática de Otigba não é uma operação regulamentada, mas tem suas próprias associações comerciais, seu governo interno e seu sistema jurídico. Ela funciona por meio de colaborações. E o que é mais valioso: os comerciantes e técnicos mais experientes — muitos dos quais começaram como geeks itinerantes no início da era da tecnologia móvel, antes de comprar suas próprias lojas e showrooms — contratam aprendizes. Quando se "graduam", esses jovens abrem seus próprios negócios com seus próprios aprendizes em

Otigba ou em vilas e cidades em outros lugares da Nigéria. A história é pareci-da no enorme Mercado Internacional de Alaba, onde centenas de milhares de empreendedores vendem e distribuem produtos importados de todo o mundo para 1 milhão de clientes diários da Nigéria, Gana, Benim, Togo e outros lu-gares. Esse congestionado mercado informal, com faturamento anual de 4 bilhões de dólares, é frequentemente descrito como o maior empregador da Nigéria e um dos maiores centros comerciais da África. Possui administração própria, conselho eleito, fiscais sanitários, seguranças, gestão de trânsito, setor para reclamações, tribunais, seção de relações públicas e um programa para aprendizes. Em torno do mercado surgiu um ecossistema de serviços coope-rativos envolvendo transações bancárias e seguros, empresas de microfinan-ciamento, contadores, artesãos e técnicos. Entre os catadores e vendedores de sucata no lixão de Olusosun, observavam-se os mesmos princípios. Os 4 mil trabalhadores autônomos construíram sua própria comunidade, com cinema, barbearias e lanchonetes; os regulamentos e o sistema de confiança mútua eram supervisionados por um presidente eleito.[24]

Esse urbanismo do "faça você mesmo" que mantém Lagos funcionando mostra como os humanos são bons em construir cidades a partir do zero; o que parece caótico costuma se organizar de uma forma intrincada e invisível. O fato é que o setor informal ocupa o vácuo deixado pelo Estado. Todos os domingos, Lagos se transforma naquela que é talvez a cidade mais bem-vestida do mundo, com a população descendo pelas ruas esburacadas, contornando poças de lama a caminho de mesquitas e, acima de tudo, megaigrejas, muitas das quais abrigam dezenas de milhares de pessoas ao mesmo tempo. Muitas das igrejas pentecostais são empreendimentos que arrecadam verdadeiras for-tunas, transformando seus pastores em estrelas multimilionárias. Quando as pessoas são largadas à própria sorte, não surpreende que empreendimentos de todos os tipos apareçam para preencher o vazio. Os pastores lucram com a ausência do Estado. Por outro lado, as igrejas forjam comunidades em uma cidade onde a coesão cívica é escassa. Criações da fé e do livre mercado, elas oferecem religião, mas também outras coisas em falta: solidariedade, análise política, treinamento para capacitação de líderes, consultoria empresarial e re-des de contatos.

Quando os seres humanos se unem, eles são capazes de organizar, de uma forma ou de outra, sociedades funcionais. Mas, em cidades ambiciosas como

Lagos, os assentamentos informais e a economia informal são frequentemente vistos como vergonhosos, uma prova de atraso que precisa ser abafada. A cidade oficial vive numa guerra perpétua com sua contraparte não oficial. Um jornal atacou a "audácia da anarquia" que assola a cidade. Os milhões de vendedores ambulantes de Lagos enfrentam meses de prisão como prêmio por seu empreendedorismo. Mercados improvisados e "vilas de mecânicos" informais, onde técnicos e artesãos se aglomeram, são invadidos e demolidos. Dezenas de milhares de lagosianos que ganhavam a vida revirando lixeiras em busca de materiais recicláveis perderam seu sustento quando empresas privadas assumiram o controle. O símbolo não oficial de Lagos — o *danfo* malcheiroso que mantém a população em movimento — está sendo eliminado gradualmente, a ser substituído por um suposto "sistema de transporte de massa de primeira classe". Para o governador do estado de Lagos, Akinwunmi Ambode, os *danfos* representam tudo o que ele odeia na cidade caótica e na imagem que ela apresenta ao mundo: "Meu sonho de garantir que Lagos se torne uma verdadeira megacidade não se concretizará com a presença desses ônibus amarelos por nossas ruas".[25]

Mesmo a Vila de Informática de Otigba, com toda a sua inovação, está sob risco de fechamento: o governo estadual prefere realocar suas funções para um parque comercial insosso fora da cidade, perto de uma via expressa, como convém a uma cidade global. Fela Kuti, grande estrela do afrobeat e um dos heróis de Lagos, cantou sobre a profunda desconfiança das elites da Nigéria: "Elas destroem, sim, elas roubam, sim, elas saqueiam, sim". Isso é algo que se sente ainda hoje, particularmente no que diz respeito à atitude do Estado em relação ao empreendedorismo dos lagosianos comuns. Por que confiar no Estado para controlar a oferta de ônibus quando ele é incapaz de fornecer eletricidade ou água de forma eficaz? Como disse um motorista de *danfo*: "Sou CEO por conta própria, tendo trabalhado por conta própria por dez anos; pedir que eu trabalhe para alguém, especialmente o governo, não seria palatável". Ou como reclamou um vendedor de acessórios de telefone na vila de computadores: "*Wetin you want make I talk now? Government nor dey do wetin we like. Na wetin dem like dem dey give us*" ("O que quer que eu diga? O governo não faz o que queremos. O que eles querem, sim, é o que nos dão").[26]

Ao longo da história, houve sempre uma profunda desconfiança em relação aos que constroem a cidade de baixo para cima da parte dos que pretendem impor a ordem de cima para baixo. É como se temessem que a cidade desmorone, caso não seja mantida sob controle rígido. O dinamismo da economia informal de Lagos sugere o contrário. E mostra também como as megacidades em todo o mundo podem se desenvolver na era da urbanização em massa. Isso pode acontecer quando os assentamentos informais e o setor informal não são vistos como problemas, mas como reservatórios de talento e engenhosidade.

A energia e a criatividade de Lagos emergem em grande parte de seu aparente caos e da engenhosidade de seu povo, inovando para escapar das armadilhas da cidade. "*I no come Lagos com count bridge!*", diz uma expressão lagosiana: "Não vim a Lagos contar pontes!". É uma referência jocosa à figura do imigrante que acabou de descer do ônibus e que não consegue esconder o espanto diante do grande número de pontes em Lagos. Mas seu real sentido é outro: "Não vim para Lagos perder tempo; vim ganhar dinheiro". A busca incessante por riqueza em todos os níveis da sociedade ajuda a criar um ecossistema urbano que incuba a inovação. Foi o ambiente competitivo das ruas e barracas de mercado de Otigba que desencadeou a revolução tecnológica da Nigéria, não o Estado ou o capital de risco. A vibrante cultura de startups na cidade origina-se em grande parte dos usuários de primeira hora que se agarraram à tecnologia e ao software tão logo chegaram ao mercado no início deste milênio. Da mesma forma, o sucesso comercial de Nollywood ganhou vida nas ruas de Surulere, em Lagos, recorrendo à tecnologia básica e muito engenho. São os mercados da cidade e as costureiras domiciliares que impulsionam a indústria da moda em Lagos, de sucesso global. O hip-hop e a dança, extraindo seu idioma peculiar e sua energia animada da cultura de rua dos distritos continentais da megacidade, se tornaram uma força global, influenciando a cara e o estilo do rap em todos os lugares, inclusive nos Estados Unidos.

A interação entre as economias formal e informal, entre grupos de diferentes atividades dispersos pela cidade, produz esse tipo de criatividade. Um dos principais problemas são as barreiras que impedem que isso aconteça. Sem dúvida, existe a barreira do transporte, mas há também outras menos visíveis, como a corrupção e a escassez de serviços, que dificultam a mobilidade e a conectividade dentro da cidade. E existe a mais impenetrável de todas as barreiras: a da insegurança e da falta de acesso ao direito de propriedade. Assim, tirar proveito dos recursos das ruas não pode ser simplesmente um exercício em que se saqueia o que há de melhor, descartando-se o resto; o movimento tem de ser bidirecional.

Em todo o mundo — China, Indonésia, Índia, América do Sul e em outros lugares —, as megacidades têm lutado com os problemas da urbanização em massa acelerada. As megacidades em desenvolvimento olham com inveja para a China, com sua taxa milagrosa de crescimento econômico de 9,5% — um crescimento impulsionado pelas cidades — nas últimas três décadas, com um saldo de quase 1 bilhão de pessoas (até agora) retiradas da pobreza. Por toda a África, o dinheiro chinês vem sendo despejado em projetos de infraestrutura, e é o modelo chinês que vai se tornando supremo, neste que é o continente de urbanização mais acelerada da história da humanidade, onde os governantes sonham em converter suas megacidades caóticas em Shanghais africanas. Não é difícil encontrar, por todo o continente, conjuntos habitacionais que parecem ter sido transplantados diretamente dos subúrbios de uma cidade chinesa. Há também Zonas Econômicas Especiais — cidades dentro de cidades, de alta tecnologia, como Lekki e Eko Atlantic em Lagos — construídas com dinheiro e arquitetos chineses.

E há bons motivos para olhar para a nova grande superpotência do mundo em busca de inspiração. As cidades chinesas, com seus projetos colossais de infraestrutura e forte controle burocrático centralizado, evitaram muitas das armadilhas do crescimento acelerado. E há o sistema draconiano *hukou*, que determina estritamente onde as pessoas vão viver. Foram suas regulamentações que permitiram que Shanghai limitasse sua população a 25 milhões de habitantes e Beijing a 23 milhões, redistribuindo o crescimento urbano por aglomerados de cidades e megarregiões. A forte autoridade central resultou em cidades bem-ordenadas, com impressionantes horizontes de arranha-céus nos distritos financeiros rodeados por blocos habitacionais uniformes.

A transformação econômica e a urbanização instantâneas da China são um caso único na história mundial, não apenas pela escala estupenda, mas por sua coreografia. Contudo, países com sistemas políticos democráticos, propriedade privada e Estado de direito não podem organizar a urbanização em massa à maneira chinesa. Em todo o caso, Estados com autoridade central fraca e corrupção sofrem bastante em sua tentativa de levar a cabo um desenvolvimento urbano sistemático.

Já a urbanização igualmente dramática da América Latina, na segunda metade do século XX, oferece à África outro modelo — e muitos alertas. Como é sabido, a segunda maior metrópole da Colômbia, Medellín, foi a cidade mais violenta do mundo na década de 1980: a capital global do comércio de cocaína. O traficante Pablo Escobar extraía sua força das *comunas* da cidade — favelas que se agarram às encostas íngremes. Escobar prometeu aos excluídos e desprezados uma "Medellín Sem Favelas", propondo-se a resgatá-los do "inferno de lixo" em que viviam. O pesadelo de Medellín foi o exemplo mais notório do que acontece quando o tecido social das cidades é destruído. Para muitos membros da pobreza urbana, os cartéis do tráfico que governavam a maior parte da cidade eram as únicas coisas que ofereciam emprego, proteção e esperança. Escobar opôs a cidade informal à cidade formal em uma violenta guerra civil intraurbana, guerra que continuou muito depois de sua morte em um telhado de Medellín em 1993.

Hoje, após anos de operações militares subjugarem a força dos cartéis, a cidade é um modelo de recuperação urbana. Sob a liderança de Sergio Fajardo, eleito prefeito em 2004, Medellín começou a romper a linha divisória que separa a cidade formal da informal. Os cidadãos tinham que ver seus vizinhos mais pobres como membros da cidade em pé de igualdade; as autoridades precisaram conquistar a confiança dos marginalizados. Os residentes das *comunas* receberam certo grau de controle sobre o planejamento e a organização de seus bairros. A erosão de barreiras imaginárias acompanhou a demolição de barreiras físicas, com a cidade repensando radicalmente seu espaço público. Assim, edifícios públicos de relevância arquitetônica, como bibliotecas e centros comunitários, foram construídos nas *comunas*, como forma de afirmar, de maneira cabal, que elas eram dignas dos mesmos direitos. Esses assentamentos informais e marginalizados foram integrados à cidade por meio de linhas de ônibus e teleféricos. A Comuna 13, antes o bairro mais perigoso da cidade mais perigosa do mundo, foi conectada ao resto da cidade por uma escada rolante. Seus jovens moradores receberam tintas e sprays, sendo incentivados a ornar sua comunidade com grafite e arte de rua. Medellín não resolveu todos os seus problemas, longe disso. Mas seu "urbanismo social" radical, combinado ao urbanismo ecológico, a tornou mais próspera, mais pacífica e mundialmente famosa.

O sucesso de Medellín dependeu da mudança de atitude em relação aos pobres da cidade e ao financiamento para a construção de uma nova infraestrutura, tendo como norte dar às pessoas o controle sobre a própria vida e vizinhanças. É uma lição vital para as cidades africanas, que lutarão contra o crescimento descontrolado nas próximas três décadas. À medida que a África passa a ser o último continente habitado a se tornar majoritariamente urbano nos próximos anos, suas megacidades terão muito a realizar, e isso com apenas uma fração dos recursos de que a China dispunha para resolver o problema. Se as cidades africanas são pobres em capital e infraestrutura, a intensa energia e a engenhosidade de suas populações podem ser seus ativos mais valiosos diante do crescimento descontrolado.

O exemplo chinês da urbanização ordenada de cima para baixo fascina legisladores. Mas simplesmente demolir assentamentos informais e remover pessoas para superblocos é a maneira mais segura e comprovada de obliterar o precioso capital social e o dinamismo que prospera no ecossistema urbano. Existe um modelo alternativo para o crescimento e a resiliência das megacidades. Há menos de três gerações, Tóquio era um gigantesco entulho de edifícios bombardeados. Hoje é a maior região metropolitana do mundo, com quase 40 milhões de habitantes — a megacidade de maior sucesso já criada. Em grande parte, Tóquio floresceu graças a seus cidadãos, que reconstruíram sua cidade destruída na esteira da Segunda Guerra Mundial, marcando um triunfo da auto-organização contra o planejamento de cima para baixo que predominou na Europa, na América e, posteriormente, na China.

Nos primeiros anos do pós-guerra, Tóquio parecia uma imensa favela, com moradias improvisadas e serviços escassos. Hoje, grande parte do seu núcleo urbano — denso e de poucos edifícios, com sua mistura de comércios e moradias disputando espaço em ruas estreitas e labirínticas — ainda guarda uma leve semelhança com uma favela de Mumbai, embora seus habitantes sejam muito mais ricos. Para a maioria das pessoas no Ocidente — e, mais recentemente, em países como a China —, a experiência urbana atual é muito ordenada e higienizada; áreas de indústria, varejo, empresas, lazer e habitação são separadas e classificadas pelos planejadores em zonas distintas e descontínuas. Em certo sentido, o ecossistema urbano selvagem torna-se uma espécie de zoológico monitorado, esvaziado do dinamismo gerado pela desordem. Tóquio (como Lagos ou Mumbai) parece caótica, uma verdadeira bagunça aos olhos ocidentais. Mas o que vemos ali é uma urbanização "informal" ou orgânica em sua forma mais bem-sucedida e vital.[27]

Com isso refiro-me a uma mistura de espaços residenciais, comerciais e industriais, espaços de varejo e alimentação, que fazem das ruas coisas vivas e em evolução. Os bairros informais e não planejados de Tóquio permaneceram sob o controle de seus habitantes, não de urbanistas olímpicos. A cidade se assemelha a um conjunto de vilas — vilas interconectadas, sim, mas autossustentáveis, com funções econômicas, sociais e residenciais mistas. Ali, pequenos negócios, restaurantes administrados por famílias, lavanderias, minúsculos bares *izakaya*, estabelecimentos de artesãos, oficinas mecânicas e mercados de rua pareiam-se com bancos e escritórios reluzentes, e casas alternam-se com arranha-céus. O desenvolvimento urbano de Tóquio — a transição de uma enorme favela destruída pela guerra para uma megacidade hipermoderna — ocorreu de forma incremental, à medida que os edifícios eram progressivamente reconstruídos, atualizados e reaproveitados. Assim, bairros individuais e autônomos foram aos poucos se mesclando à cidade mais ampla, sem perder seu caráter local e a diversidade das atividades nas ruas.[28]

Contudo, Tóquio não é uma cidade anárquica e totalmente não planejada. Só que seu crescimento nunca foi gerido por um plano diretor, como em Singapura ou Shanghai. E seu sistema de transporte intraurbano, o mais extenso e intensivo do mundo, junto com outras infraestruturas vitais, foi instalado em torno da cidade que existia, e não o contrário. Os distritos da classe trabalhadora contam com os mesmos serviços e comodidades urbanas de primeira classe que vemos em outros bairros. Ou seja, a prefeitura fornecia e cuidava do sistema circulatório — as artérias, veias e nervos da metrópole —, deixando que o tecido conjuntivo se desenvolvesse de forma independente.

Em contraste com a ideia ocidental de uma cidade como um lugar de coisas permanentes, no Japão os edifícios têm vida curta. O efeito é o que se costuma chamar de alta taxa de metabolismo urbano, um processo contínuo de metamorfose de toda a cidade. A metrópole é, portanto, reconceituada como provisória — ou como um palimpsesto, cujas palavras originais permanecem legíveis mesmo após contínuo apagamento e reescrita. Ou pode ser vista como um organismo em constante evolução, nunca alcançando sua configuração final, mas crescendo, encolhendo, mudando de forma e aparência em resposta a estímulos ambientais externos.

As metáforas são importantes não apenas em como *vemos* a cidade, mas também em como a planejamos, como a administramos e como vivemos nela. A ideia de uma cidade em fluxo é significativa. As metrópoles mais dinâmicas são como Tóquio nas décadas do pós-guerra: operam em um estado de incessante metamorfose. Esse tipo de flexibilidade e adaptabilidade inerentes permite que as cidades respondam bem a mudanças nas condições econômicas e aos distúrbios externos. Em seu período de crescimento explosivo, Uruk demolia e reconstruía com frequência, com estruturas maiores e melhores se valendo dos escombros das antigas. Cidades como Roma e Londres também cresceram gradativamente, o que lhes proporciona a camada de memória histórica que as torna tão vivas e fascinantes. Tóquio, como outras cidades asiáticas, é, nesse ponto, de relevância crítica, pois passou por esse processo histórico numa velocidade assombrosa, recuperando-se da destruição quase total e da pobreza terrível de sua população de 3,5 milhões em 1945 para se tornar uma megacidade futurista, a potência econômica que ela é hoje. Sua rápida taxa metabólica lhe permitiu absorver todas essas mudanças, permanecendo fundamentalmente a mesma. De acordo com o arquiteto Kisho Kurokawa,

> Tóquio é um aglomerado de trezentas cidades [...]. De início, não parece haver nenhuma ordem, mas a energia, a liberdade e a multiplicidade que vêm de suas partes estão lá. A criação dessa nova hierarquia é um processo que se vale de forças que ocorrem espontaneamente. Por isso, talvez seja mais correto dizer que, hoje, Tóquio [...] encontra-se em algum ponto entre o verdadeiro caos e uma nova ordem oculta.[29]

Numa época em que o planejamento urbano se tornou fundamental, o desenvolvimento de Tóquio nos quarenta anos desde a Segunda Guerra Mundial é tanto uma reprise da história maior da urbanização dos últimos 7 mil anos quanto uma lição para megacidades do mundo todo. Quer falemos de Amsterdam no século XVII, de Londres no século XVIII ou de Nova York no século XX, as metrópoles prosperam quando há uma interação dinâmica entre a cidade informal não planejada e a cidade oficial planejada — onde há espaço para espontaneidade e experimentação. As metáforas de uma cidade como sistema metabólico ou organismo em evolução são mais do que apenas simpáticas: elas nos lembram de que as cidades são lugares que se transformam rapidamente à medida que economias explodem e decaem, novas tecnologias chegam, guerras estouram e o clima muda. Assim, estimular a auto-organização local dá à cidade ferramentas para responder a mudanças violentas de uma maneira que o planejamento estritamente formal não dá conta. Foi a vitalidade dos bairros informais de Tóquio que garantiu as precondições para o seu impressionante crescimento econômico.[30]

Em Lagos, a bagunça da cidade informal é muitas vezes vista como um sinal de pobreza e vergonha. Mas essa bagunça é algo a ser acolhido, especialmente numa cidade em rápido crescimento: trata-se de uma característica dinâmica do desenvolvimento urbano. Portanto, tentar regular e formalizar essa atividade pode ter um efeito deletério na criatividade. Ao garantir as condições e a infraestrutura para que os mais pobres construíssem suas próprias comunidades, Medellín e Tóquio tiveram êxito integrando assentamentos informais à cidade mais ampla e investindo em seu capital social. Isso implica parar de olhar para as economias e assentamentos informais como parte do problema, vendo-os antes como essenciais para solucionar o gerenciamento da hiperurbanização. A prestação de serviços básicos, juntamente com a segurança do direito de propriedade, são fundamentais para transformar áreas disfuncionais e marginalizadas em ativos funcionais.[31]

Tóquio está situada em um dos lugares mais perigosos do mundo. Ao longo de sua história, a cidade foi destruída não apenas por fogo e bombas, mas também por violentos distúrbios sísmicos. Por isso, a autossuficiência e a auto-organização são características há muito gravadas em seu DNA. Nesse sentido, construir a cidade da rua para cima, e não de cima para baixo, trouxe inúmeros benefícios. Os cidadãos de Tóquio têm sido capazes de absorver todos os desastres, sempre se recuperando. No século atual, é provável que muitas das incipientes megacidades do sul global passem por catástrofes semelhantes. A resiliência que vem de suas comunidades é uma das defesas mais seguras contra os desastres.

Somos muito bons em viver em cidades, mesmo em circunstâncias extremas de quase destruição ou superlotação. A história mostra bem isso. Em termos básicos, concentrar cérebros humanos é a melhor maneira de deflagrar ideias, arte e mudança social. Nossa extraordinária capacidade de criar assentamentos de complexidade desordenada significa que estamos nos tornando uma espécie inteiramente urbanizada.

Nosso livro começou pela sensualidade das cidades — as delícias da sociabilidade e da intimidade que as animavam, conferindo-lhes poder coletivo.

A vida na cidade era boa por conta do sexo, da comida, do comércio, do que havia para olhar, dos perfumes, dos banhos, o prazer de caminhar, as festas. Os rituais da vida urbana aconteciam em ágoras, mercados, *souks* e bazares, nas esquinas, praças e casas de banho, em cafés, pubs, parques e estádios. Os capítulos posteriores trataram das concentrações de poder que permitiram que cidades relativamente pequenas mudassem o mundo ao seu redor. A história das cidades a partir do século XVIII, por sua vez, mostrou as formas pelas quais os humanos aprenderam a conviver com as vicissitudes da existência urbana moderna.

Desde Uruk, o ecossistema urbano está em constante evolução. De fato, construímos nosso ambiente para atender às nossas necessidades, mas logo ele começa a nos moldar em um processo multigeracional de interação entre nós, nossas edificações e nossas camadas de história. Uruk é um exemplo particularmente bom. A primeira cidade — e uma das mais duradouras —, seu aspecto e a vida de seus cidadãos foram moldados por mudanças climáticas que ocorreram ao longo de milênios. Diante das intempéries — os pântanos que baixavam, os padrões de chuva que se alteravam, as temperaturas que subiam e os sistemas fluviais que se tornavam imprevisíveis —, Uruk adaptava-se. Sua durabilidade e adaptabilidade, e a cultura urbana que ela forjou, foram notáveis.

O aumento das temperaturas e as tempestades imprevisíveis já estão mudando as cidades no terceiro milênio, que têm se mostrado visivelmente mais verdes e mais biodiversas. Nas últimas décadas, o movimento Novo Urbano tem argumentado que precisamos combater a expansão atrelada ao carro, e para isso é necessário tornar as cidades e os subúrbios mais compactos, mais amigáveis para pedestres e ciclistas e mais diversificados economicamente. Em anos ainda mais recentes, o movimento verde passou a abraçar a cidade como uma solução no combate às mudanças climáticas, em vez de tratá-la como inimiga. Cidades construídas para a vida nas ruas e com sistemas avançados de mobilidade, não submetidas aos carros, reduzem o tráfego motorizado. Famílias em subúrbios dispersos têm uma pegada de carbono entre duas e quatro vezes maior do que aquelas em centros urbanos densamente povoados. Pessoas que vivem em bairros urbanizados — onde você caminha ou usa transporte público e não mora em casas luxuosas — emitem menos carbono, consomem menos recursos como água e combustível, produzem menos lixo e são mais eficientes em termos energéticos. À medida que a população mundial chega a 10 bilhões, faz mais sentido agrupar as pessoas, tirando a pressão do mundo natural.

Cidades menores e compactas, ordenadas em torno das pessoas e não dos carros, também são comprovadamente melhores para os humanos e para o meio ambiente. Quanto mais perto você mora do centro da cidade, menos obeso você é. E você também se sente mais feliz. De acordo com pesquisas científicas, pessoas que moram em casas e sobrados geminados e apartamentos, em bairros por onde podem caminhar e socializar, têm melhor saúde física e mental do que as pessoas nos subúrbios, mesmo nos mais ricos. O carro nos permitiu escapar da cidade quando a industrialização e a desindustrialização levaram o mundo urbano a um ponto de ruptura; mas agora o carro — com seus custos pessoais, sociais e ambientais — vem degradando a qualidade de vida nos subúrbios. Não se trata tanto aqui de um novo urbanismo, mas de um urbanismo ancestral. Nós nos mudamos para a cidade há 5 mil anos por boas razões — proximidade, oportunidades, sociabilidade e prazeres que a cidade oferece — e continuamos o processo ao longo dos milênios.[32]

As cidades vão mudar. Mas não por conta de idealismos, e sim por necessidade. Cidades não são apenas resilientes; são também sistemas adaptativos. Se e quando enfrentarmos uma crise de recursos ou uma catástrofe ecológica que force a alta dos preços no setor energético, as cidades mudarão, como sempre fizeram. Com menos carros, menos vans e caminhões, as áreas urbanas provavelmente retornarão a densidades mais altas e terão ruas mais movimentadas — ou seja, voltarão a ser como eram durante a maior parte da história.

Isso não significa que, de súbito, nos aglomeraremos mais uma vez nas cidades ou nos fixaremos em arranha-céus, ocupando pouco espaço. Também não construiremos novas cidades apressadamente. O caminho é tornar o próprio subúrbio mais urbano, oferecendo locais para passeio e socialização, compras e trabalho. Não se trata do sonho utópico da vizinhança de luxo; é uma descrição de como as pessoas e os lugares respondem às mudanças. Quando já não se pode dirigir até a cidade, até o shopping center ou a áreas de lazer, você tem que trazê-los para perto de sua casa. Nos Estados Unidos já existe um movimento em direção ao que é chamado de "urbanobúrbios" (*urbanburbs*): bairros compactos que oferecem aos *millennials* um estilo de vida mais metropolitano nos próprios subúrbios, com vida nas ruas, cafés, restaurantes, bares, parques e escolas a curta distância. Somos uma espécie urbana: nosso desejo de viver em comunidade continuará evoluindo e assumindo novas formas.[33]

Essa nova forma metropolitana fará parte de muitos — e não de poucos — centros urbanos locais: uma cidade de vilas autossuficientes. É irônico que uma das cidades que melhor exemplifica isso seja Los Angeles. Los Angeles se desenvolveu como uma metrópole quintessencial do século xx. Não era apenas uma cidade de baixa densidade, voltada para os automóveis e projetada para facilitar a mobilidade; sua complexidade era também organizada. Ou seja, foi concebida como antídoto para a metrópole caótica e bagunçada da Revolução Industrial, em que habitação, indústria, comércio, varejo e lazer seriam separados em zonas monolíticas bem-ordenadas; uma metrópole plasmada em torno da rodovia e da casa particular. A amorfia que os críticos detectaram aí foi resultado dessa tendência — de modo algum confinada a Los Angeles — de higienizar as cidades, desembaralhando a confusão.

Mas, de porta-estandarte da urbanização no século xx, Los Angeles vem se tornando, de maneira muito curiosa, a pioneira das mudanças na cidade do século xxi. Muitos de seus subúrbios se tornaram cada vez mais urbanos e densos. Isso não foi algo decretado pelas autoridades; foi, sim, o resultado de uma atividade informal no nível da rua e do bairro.

Na segunda década do século xxi, Los Angeles tornou-se majoritariamente latina. Os milhões de novos residentes trouxeram consigo uma concepção muito diferente de como habitar uma cidade. As taxas de imigrantes latino--americanos e seus descendentes que possuem automóvel são significativamente mais baixas em relação ao restante da população. Há também da parte deles uma ênfase muito maior na vida pública de rua e na sociabilidade. Eles se adaptaram a Los Angeles, sim, mas adaptaram seus bairros às suas próprias necessidades. O urbanismo latino, como é chamado, transformou porções de Los Angeles em áreas com sabor de espaço público ao ar livre, onde as pessoas passeiam, conversam e se reúnem. Esse tipo de urbanismo se manifesta nos jardins das residências, que passam a fazer parte do convívio social da rua, transformando o introvertido bangalô californiano em uma extrovertida casa latinizada, que funciona como espaço de interação entre o público e o privado. E encontra expressão também nas coloridas lojas de descontos pelas ruas, na arte dos grafites e murais, nas barraquinhas de taco, nos *loncheros* e nas festas pelos parques. Há 50 mil vendedores informais em Los Angeles, que transformam ruas e parques em mercados públicos improvisados ou praças — lugares onde as pessoas querem parar e ver a vida.[34]

O urbanismo latino perturba noções estabelecidas de como Los Angeles deveria ser, e tem sido combatido por ser supostamente bagunçado. Mas a energia que ele trouxe obrigou o governo da cidade a reformular seu planejamento urbano, dando maior ênfase ao pedestre e ao comércio informal. Isso fez com que as pessoas percebessem que as ruas não implicam apenas mobilidade. Além de serem lugares por onde se passa, são também espaços para habitar e brincar. São a alma da cidade. De maneira quase invisível, os princípios teóricos do Novo Urbanismo — com sua defesa de cidades compactas, dos bairros de alta densidade, da rua animada e de uso misto — estavam sendo postos em prática em Los Angeles e em uma série de outras cidades dos Estados Unidos por residentes latinos, respondendo à vida urbana ao seu modo, não raro desafiando a desaprovação oficial. É uma tendência tão bem-sucedida que alguns desses bairros vêm sendo gentrificados, atraindo pessoas mais ricas por conta de seu caráter urbano e sociável.

O urbanismo latino é um exemplo do que pode ser chamado de "urbanismo bagunçado", um lembrete de como as cidades eram no passado. E mostra a forma como o caráter informal da megacidade do sul global pode se afirmar — como de fato vem se afirmando — por todo o planeta. A reconstrução de microcomunidades nas cidades e subúrbios é um dos aspectos mais importantes do que tornará as cidades mais resilientes e sustentáveis no futuro. Como tivemos que nos confinar em casa ou às nossas redondezas durante o lockdown global de 2020, ter fontes confiáveis de alimentos, remédios e necessidades diárias em nosso entorno tornou-se algo extremamente vital, bem como a presença de locais de recreação e ar fresco. A saúde da nossa vizinhança, em todos os sentidos, se revestiu de uma importância renovada. Por esse tempo, cidades em todo o mundo viram sociedades de ajuda mútua emergindo espontaneamente dentro das comunidades, com as pessoas reafirmando o valor da conexão humana e da sociabilidade da vizinhança, mesmo sob condições rigorosas de distanciamento social.

Da Uruk de alguns milhares de pioneiros a Lagos, com seus mais de 20 milhões de habitantes, os princípios básicos da vida urbana não mudaram tanto. Por milênios a fio, as pessoas sonharam utopias urbanas. Não raro, tais visões da cidade perfeita se traduziram em experiências trágicas, impostas a pessoas que viram suas comunidades sendo destruídas. Mas, como mostram os empreendedores da Vila de Informática de Otigba em Lagos ou os latinos de Los Angeles, os humanos são muito bons em construir suas próprias comunidades, improvisando a ordem. A história revela essa tensão constante entre aqueles que prosperam na bagunça da cidade humana e aqueles que desejam impor-lhe algum tipo de coerência artificial.

Nossa sobrevivência como espécie depende do próximo capítulo de nossa odisseia urbana. Essa história não se passará em reluzentes cidades globais. E não será traçada por tecnocratas divisando respostas digitais para nossos problemas ou por planejadores urbanos oficiais que, recolhidos no Olimpo, reviram a cidade do avesso. A história será feita — e vivenciada da forma mais aguda — por bilhões de pessoas nas megacidades e metrópoles em crescimento acelerado dos países em desenvolvimento. A maioria dos humanos viverá em assentamentos informais e trabalhará por conta própria, como tem sido o caso de inúmeros urbanitas nos últimos 5 mil anos. São essas pessoas que constroem as cidades e que as mantêm funcionando, sobrevivendo de sua própria engenhosidade e recursos e respondendo às mudanças globais. Quando faltar energia e as cidades se tornarem mais quentes e mais inóspitas, elas improvisarão soluções, se assim lhes permitirem.

A história, se podemos tomá-la por guia, nos diz que essas pessoas triunfarão.

Agradecimentos

Gostaria de agradecer a generosidade, as observações preciosas e a imensa gentileza das seguintes pessoas: Claire Ashworth, Clare Conville, Suzanne Dean, Chijioke Dozie, Jeff Fisher, Wade Graham, Bea Hemming, Sanjeev Kanoria, Mark Lobel, David Maxwell, David Milner, Natasha Moreno-Roberts, Birgitta Rabe, Roisin Robothan-Jones, Nicholas Rose, Charmaine Roy, Nishi Sehgal, Daisy Watt, Marney e Chris Wilson.

Notas

INTRODUÇÃO — O SÉCULO METROPOLITANO [pp. 9-21]

1. UN Habitat, *State of the World's Cities 2008-9: Harmonious Cities* (Londres, 2008), p. 11; ID., *State of the World's Cities 2012-3: Prosperity of Cities* (Nova York, 2013), p. 29.

2. Jaison R. Abel, Ishita Dey e Todd M. Gabe, "Productivity and the Density of Human Capital", Relatórios da Equipe do Banco da Reserva Federal de Nova York, v. 440 (mar. 2010); OECD, *The Metropolitan Century: Understanding Urbanisation and Its Consequences* (Paris, 2015), pp. 35 ss.; Maria P. Roche, "Taking Innovation to the Streets: Microgeography, Physical Structure and Innovation", *Review of Economics and Statistics*, 21/08/2019, <https://www.mitpressjournals.org/doi/abs/10.1162/rest_a_00866>.

3. Jonathan Auerbach e Phyllis Wan, "Forecasting the Urban Skyline with Extreme Value Theory", 29/10/2018, <https://arxiv.org/abs/1808.01514>.

4. A. T. Kearney, *Digital Payments and the Global Informal Economy* (2018), pp. 6, 7.

5. Janice E. Perlman, "The Metamorphosis of Marginality: Four Generations in the *Favelas* of Rio de Janeiro", *Annals of the American Academy of Political and Social Science*, v. 606 (jul. 2006), p. 167; Sanni Yaya et al., "Decomposing the Rural — Urban Gap in the Factors of Under--Five Mortality Rate in Sub-Saharan Africa? Evidence from 35 Countries", *BMC Public Health*, v. 19 (maio 2019); Abhijit V. Banerjee e Esther Duflo, "The Economic Lives of the Poor", *Journal of Economic Perspectives*, v. 21, n. 1 (inverno 2007), tabela 9; Maigeng Zhou et al., "Cause-Specific Mortality for 240 Causes in China during 1990-2013: A Systematic Subnational Analysis for the Global Burden of Disease Study 2013", *Lancet*, v. 387 (jan. 2016), pp. 251-72.

6. Karen C. Seto, Burak Güneralp e Lucy R. Hutyra, "Global Forecasts of Urban Expansion to 2030 and Direct Impacts on Biodiversity and Carbon Pools", PNAS, v. 109, n. 40 (out. 2012).

7. Edward Glaeser, *The Triumph of the City: How Urban Space Makes Us Human* (Londres, 2012), p. 15.

1. O ALVORECER DA CIDADE — URUK, 4000-1900 A.C. [pp. 22-49]

1. Andrew George (org. e trad.), *The Epic of Gilgamesh* (Londres, 2013), tábua I, pp. 101 ss.

2. Paul Kriwaczek, *Babylon: Mesopotamia and the Birth of Civilisation* (Londres, 2012), p. 80; Mary Shepperson, "Planning for the Sun: Urban Forms as a Mesopotamian Response to the Sun", *World Archaeology*, v. 41, n. 3 (set. 2009), pp. 363-78.

3. Jeremy A. Black et al., *The Literature of Ancient Sumer* (Oxford, 2006), pp. 118 ss.

4. P. Sanlaville, "Considerations sur l'évolution de la basse Mésoptamie au cours des derniers millénaires", *Paléorient*, v. 15, n. 5 (1989), pp. 5-27; N. Petit-Maire, P. Sanlaville e Z. W. Yan, "Oscillations de la limite nord du domaine des moussons africaine, indienne, et asiatique, au cours du dernier cycle climatique", *Bulletin de la Societé Géologique de France*, v. 166 (1995), pp. 213-20; Harriet Crawford, *Ur: The City of the Moon God* (Londres, 2015), pp. 4 ss.; Guillermo Algaze, *Ancient Mesopotamia at the Dawn of Civilization: The Evolution of the Urban Landscape* (Chicago, 2008), pp. 41 ss.; Hans J. Nissen, *The Early History of the Ancient Near East, 9000-2000 BC* (Chicago, 1988).

5. Gwendolyn Leick, *Mesopotamia: The Invention of the City* (Londres, 2001), pp. 2-3, 8-9, 19 ss.

6. Ibid., pp. 35 ss., 50, 54.

7. Thomas W. Killion, "Nonagricultural Cultivation and Social Complexity: The Olmec, Their Ancestors, and Mexico's Southern Gulf Coast Lowlands", *Current Anthropology*, v. 54, n. 5 (out. 2013), pp. 569-606; Andrew Lawler, "Beyond the Family Feud", *Archaeology*, v. 60, n. 2 (mar./abr. 2007), pp. 20-5; Charles Higham, "East Asian Agriculture and Its Impact", em Christopher Scarre (org.), *The Human Past: World Prehistory and the Development of Human Societies* (Londres, 2005), pp. 234-63; Roderick J. McIntosh, "Urban Clusters in China and Africa: The Arbitration of Aocial Ambiguity", *Journal of Field Archaeology*, v. 18, n. 2 (verão 1991), pp. 199-212.

8. Jennifer Pournelle e Guillermo Algaze, "Travels in Edin: Deltaic Resilience and Early Urbanism in Greater Mesopotamia", em H. Crawford (org.), *Preludes to Urbanism: Studies in the Late Chalcolithic of Mesopotamia in Honour of Joan Oates* (Oxford, 2010), pp. 7-34.

9. H. Weiss, "The Origins of Tell Leilan and the Conquest of Space in Third Millennium North Mesopotamia", em H. Weiss (org.), *The Origins of Cities in Dry-Farming Syria and Mesopotamia in the Third Millennium BC* (Guilford, CT, 1986).

10. Guillermo Algaze, "The Uruk Expansion: Cross-CulturalExchange in Early Mesopotamian Civilisation", *Current Anthropology*, v. 30, n. 5 (dez. 1989), p. 581.

11. William Blake Tyrrell, "A Note on Enkidu's Enchanted Gate", *Classical Outlook*, v. 54, n. 8 (abr. 1977), p. 88.

12. Guillermo Algaze, "Entropic Cities: The Paradox of Urbanism in Ancient Mesopotamia", *Current Anthropology*, v. 59, n. 1 (fev. 2018), pp. 23-54; Florian Lederbogen et al., "City-Living and Urban Upbringing Affect Neural Social Stress Processing in Humans", *Nature*, v. 474 (2011), pp. 498-501; Leila Haddad et al., "Brain Structure Correlates of Urban Upbringing, an Environmental Risk Factor for Schizophrenia", *Schizophrenia Bulletin*, v. 41, n. 1 (jan. 2015), pp. 115-22.

13. George, tábua XI, pp. 323-6.

14. Leick, pp. 1 ss., 29.

15. Geoff Emberling e Leah Minc, "Ceramics and Long-Distance Trade in Early Mesopotamian States", *Journal of Archaeological Science*, Relatórios, v. 7 (mar. 2016); Giacomo Benati, "The Construction of Large-Scale Networks in Late Chalcolithic Mesopotamia: Emergent Political Institutions and Their Strategies", em Davide Domenici e Nicolò Marchetti, *Urbanized Landscapes in Early Syro-Mesopotamia and Prehispanic Mesoamerica* (Wiesbaden, 2018).

16. Hans J. Nissen, Peter Damerow e Robert K. Englund, *Archaic Bookkeeping: Early Writing and Techniques of Economic Administration in the Ancient Near East* (Chicago, 1993), p. 36.

17. Leick, pp. 89 ss.

18. Ibid., p. 106.

19. Kriwaczek, p. 162.

20. Ibid., pp. 161-2.

21. Leick, pp. 139, 146, 268.

2. O JARDIM DO ÉDEN E A CIDADE DO PECADO — HARAPPA E BABILÔNIA, 2000-539 A.C. [pp. 50-78]

1. Jean-Jacques Rousseau, *Politics and the Arts: Letter to M. D'Alembert on the Theatre*, trad. de A. Bloom (Ithaca, 1968), pp. 58-9.

2. Victoria E. Thompson, "Telling 'Spatial Stories': Urban Space and Bourgeois Identity in Nineteenth-Century Paris", *Journal of Modern History*, v. 75, n. 3 (set. 2003), p. 542.

3. Jon Adams e Edmund Ramsden, "Rat Cities and Beehive Worlds: Density and Sesign in the Modern City", *Comparative Studies in Society and History*, v. 53, n. 4 (out. 2011), pp. 722-56.

4. Le Corbusier, *The City of Tomorrow and Its Planning* (Nova York, 1987), p. 244; Ebenezer Howard, *Garden Cities of Tomorrow* (Londres, 1902), p. 18.

5. Jonathan M. Kenoyer, *Ancient Cities of the Indus Valley Civilization* (Oxford, 1998); R. K. Pruthi, *Indus Civilisation* (Nova Delhi, 2004); Andrew Robinson, *The Indus: Lost Civilisations* (Londres, 2015).

6. Asko Parpola, *Deciphering the Indus Script* (Cambridge, 1994), p. 21; ver Dilip K. Chakrabarti (org.), *Indus Civilisation Sites in India: New Discoveries* (Mumbai, 2004), p. 11, e Hans J. Nissen, "Early Civilisations in the Near and Middle East", em Michael Jansen, Máire Mulloy e Günter Urban (orgs.), *Forgotten Cities in the Indus: Early Civilisation in Pakistan from the 8th to the 2nd Millennium BC* (Mainz, 1991), p. 33.

7. Robinson, p. 47.

8. Liviu Giosan et al., "Fluvial Landscapes of the Harappan Civilization", *Proceedings of the National Academy of Sciences*, v. 109, n. 26 (2012), E1688-E1694; Peter D. Clift e Liviu Giosan, "Holocene Evolution of Rivers, Climate and Human Societies in the Indus Basin", em Yijie Zhuang e Mark Altaweel (orgs.), *Water Societies and Technologies from Past and Present* (Londres, 2018); Liviu Giosan et al., "Neoglacial Climate Anomalies and the Harappan Metamorphosis", *Climate of the Past*, v. 14 (2018), pp. 1669-86.

9. Cameron A. Petrie et al., "Adaptation to Variable Environments, Resilience to Climate

Change: Investigating Land, Water and Settlement in Indus Northwest India", *Current Anthropology*, v. 58, n. 1 (fev. 2017), pp. 1-30.

10. Arunima Kashyap e Steve Weber, "Starch Grain Analysis and Experiments Provide Insights into Harappan Cooking Practices", em Shinu Anna Abraham, Praveena Gullapalli, Teresa P. Raczek e Uzma Z. Rizvi (orgs.), *Connections and Complexity: New Approaches to the Archaeology of South Asia* (Walnut Creek, 2013); Andrew Lawler, "The Mystery of Curry", Slate.com, 29/01/2013, <https://slate.com/human-interest/2013/01/indus-civilization-food-how-scientists-arefiguring-out-what-curry-was-like-4500—years-ago.html>.

11. Will Doig, "Science Fiction No More: The Perfect City Is underConstruction", Salon.com, 28/04/2012.

12. "An Asian Hub in the Making", *New York Times*, 30/12/2007.

13. William Thomas, *The History of Italy (1549)* (Nova York, 1963), p. 83.

14. Terry Castle, "Eros and Liberty at the English Masquerade", *Eighteenth-Century Studies*, v. 17, n. 2 (inverno 1983-4), p. 159; Stephanie Dalley, *Myths from Mesopotamia: Creation, The Flood, Gilgamesh, and Others* (Oxford, 1989), p. 305.

15. Simon Szreter, "Treatment Rates for the Pox in Early Modern England: A Comparative Estimate of the Prevalence of Syphilis in the City of Chester and Its Rural Vicinity in the 1770s", *Continuity and Change*, v. 32, n. 2 (2017), pp. 183-223; Maarten H. D. Larmuseau et al., "A Historical-Genetic Reconstruction of Human Extra-Pair Paternity", *Current Biology*, v. 29, n. 23 (dez. 2019), pp. 4102-7.

16. Leick, pp. 59-60.

17. James Boswell, *Boswell's London Journal* (1952), pp. 249-50, 257, 320.

18. Farid Azfar, "Sodomites and the Shameless Urban Future", *Eighteenth Century*, v. 55, n. 4 (inverno 2014), pp. 391-410.

19. Randolph Trumbach, "London's Sodomites: Homosexual Behaviour and Western Culture in the Eighteenth Century", *Journal of Social History*, v. 11, n. 1 (outono 1977), pp. 1-33; Gavin Brown, "Listening to the Queer Maps of the City: Gay Men's Narratives of Pleasure and Danger in London's East End", *Oral History*, v. 29, n. 1 (primavera 2001), pp. 48-61.

20. Leick, p. 59.

21. Vern L. Bullough, "Attitudes towards Deviant Sex in Ancient Mesopotamia", *Journal of Sex Research*, v. 7, n. 3 (ago. 1971), pp. 184-203.

22. Leick, p. 264.

23. Brian Cowan, "What Was Masculine about the Public Sphere? Gender and the Coffee House Milieu in Post-Restoration England", *History Workshop Journal*, v. 51 (primavera 2001), p. 140.

24. *The Collected Writings of Thomas De Quincey*, v. 1, p. 181.

25. H. Brock, "Le Corbusier Scans Gotham's Towers", *New York Times*, 03/11/1935; Le Corbusier, *The Radiant City: Elements of a Doctrine of Urbanism to Be Used as the Basis of our Machine Age Civilization* (Londres, 1967), p. 230.

3. COSMÓPOLIS — ATENAS E ALEXANDRIA, 507-30 A.C. [pp. 79-103]

1. "Old Oligarch", *The Constitution of the Athenians*, 2.7-8.

2. Demetra Kasimis, *The Perpetual Immigrant and the Limits of Athenian Democracy* (Cambridge, 2018), p. 22.

3. Edith Hall, *The Ancient Greeks: Ten Ways They Shaped the Modern World* (Londres, 2016), introdução e cap. 3.

4. Ibid., cap. 3.

5. Mogens Herman Hansen, "The Hellenic *Polis*", em Hansen (org.), *A Comparative Study of Thirty City-State Cultures: An Investigation Conducted by the Copenhagen Polis Centre* (Copenhague, 2000), pp. 141 ss.

6. Ibid., pp. 146 ss.

7. Ibid., p. 145.

8. Stavros Stavrides, "The December 2008 Youth Uprising in Athens: Spatial Justice in an Emergent 'City of Thresholds'", *Spatial Justice*, v. 2 (out. 2010); Ursula Dmitriou, "Commons as Public: Re-Inventing Public Spaces in the Centre of Athens", em Melanie Dodd (org.), *Spatial Practices: Modes of Action and Engagement with the City* (Abingdon, 2020); Helena Smith, "Athens' Unofficial Community Initiatives Offer Hope after Government Failures", *Guardian*, 21/09/2016.

9. Hussam Hussein Salama, "Tahrir Square: A Narrative of Public Space", *International Journal of Architectural Research*, v. 7, n. 1 (mar. 2013), pp. 128-38; Joshua E. Keating, "From Tahrir Square to Wall Street", *Foreign Policy*, 05/10/2011, <https://foreignpolicy.com/2011/10/05/from-tahrir-square-to-wall-street/>.

10. Jeffrey Hou, "(Not) Your Everyday Public Space", em Hou (org.), *Insurgent Public Space: Guerrilla Urbanism and the Remaking of Contemporary Cities* (Londres, 2010), pp. 3-5.

11. R. E. Wycherley, *The Stones of Athens* (Princeton, 1978), pp. 91-2.

12. Judith L. Shear, *Polis and Revolution: Responding to Oligarchy in Classical Athens* (Cambridge, 2011), pp. 113 ss.; Gabriel Herman, *Morality and Behaviour in Democratic Athens: A Social History* (Cambridge, 2006), pp. 59 ss.

13. Shear, pp. 178 ss.

14. Ibid., p. 50.

15. James Watson, "The Origin of Metic Status at Athens", *Cambridge Classical Journal*, v. 56 (2010), pp. 259-78.

16. Justin Pollard e Howard Reid, *The Rise and Fall of Alexandria, Birthplace of the Modern World* (Londres, 2006), pp. 1 ss., 24-6.

17. Abraham Akkerman, "Urban Planning and Design as an Aesthetic Dilemma: Void Versus Volume in City-Form", em Sharon M. Meagher, Samantha Noll e Joseph S. Biehl (orgs.), *The Routledge Handbook of Philosophy of the City* (Nova York, 2019).

18. Dio Chrysostom, *Discourses*, 32, p. 36.

4. MEGACIDADE IMPERIAL — ROMA, 30 A.C.-537 D.C. [pp. 104-27]

1. Fikret K. Yegül, *Baths and Bathing in Classical Antiquity* (Cambridge, MA, 1995), p. 31.

2. Richard Guy Wilson, *McKim, Mead e White Architects* (Nova York, 1983), pp. 211-2.

3. Garret G. Fagan, *Bathing in Public in the Roman World* (Ann Arbor, 1999), pp. 34-5.

4. Yegül, p. 30.

5. Ibid., p. 32.

6. Seneca, *Moral Letters to Lucilius*, 86, pp. 4-12.

7. Fagan, p. 317.

8. Janet Smith, *Liquid Assets: The Lidos and Open-Air Swimming Pools of Britain* (Londres, 2005), p. 19.

9. Ronald A. Davidson e J. Nicholas Entrikin, "The Los Angeles Coast as a Public Place", *Geographical Review*, v. 95, n. 4 (out. 2005), pp. 578-93.

10. Michèle de la Pradelle e Emmanuelle Lallement, "Paris Plage: 'The City Is Ours'", *Annals of the American Academy of Political and Social Sciences*, v. 595 (set. 2005), p. 135.

11. Peter Ackroyd, *Thames: Sacred River* (Londres, 2007), p. 339; *The Works of the Rev. Jonathan Swift* (Londres, 1801), v. 15, p. 62; *The Times*, 24/06/1865.

12. *Pall Mall Gazette*, 13/07/1869.

13. Andrea Renner, "A Nation that Bathes Together: New York City's Progressive Era Public Baths", *Journal of the Society of Architectural Historians*, v. 67, n. 4 (dez. 2008), p. 505.

14. Jeffrey Turner, "On Boyhood and Public Swimming: Sidney Kingsley's Dead End and Representations of Underclass Street Kids in American cultural Production", em Caroline F. Levander e Carol J. Singley (orgs.), *The American Child: A Cultural Studies Reader* (New Brunswick, 2003); Marta Gutman, "Race, Place, and Play: Robert Moses and the WPA Swimming Pools in New York City", *Journal of the Society of Architectural Historians*, v. 67, n. 4 (dez. 2008), p. 536.

15. Marta Gutman, "Equipping the Public Realm: Rethinking Robert Moses and Recreation", em Hilary Ballon e Kenneth T. Jackson (orgs.), *Robert Moses and the Modern City: The Transformation of New York* (Nova York, 2007).

16. Gutman (2008), p. 540; Smith (2005), p. 30.

17. Jeff Wiltse, *Contested Waters: A Social History of Swimming Pools in America* (Chapel Hill, 2007), p. 94.

18. Edwin Torres, *Carlito's Way: Rise to Power* (Nova York, 1975), pp. 4-6.

19. Fagan, p. 32.

20. Jeremy Hartnett, *The Roman Street: Urban Life and Society in Pompeii, Herculaneum, and Rome* (Cambridge, 2017), p. 1.

21. Juvenal, *Satire*, III, pp. 190-204.

22. Cicero, *Ad Attica*, 14.9; Strabo, V, III, p. 235; Mary Beard, *SPQR: A History of Ancient Rome* (Londres, 2015), pp. 455 ss.; Jerry Toner, *Popular Culture in Ancient Rome* (Cambridge, 2009), pp. 109 ss.

23. Louise Revell, "Military Bathhouses in Britain: A Comment", *Britannia*, v. 38 (2007), pp. 230-7.

24. Ian Blair et al., "Wells and Bucket-Chains: Unforeseen Elements of Water Supply in Early Roman London", *Britannia*, v. 37 (2006), pp. 1-52.

25. Fagan, p. 188; Piers D. Mitchell, "Human Parasites in the Roman World: Health Consequences of Conquering an Empire", *Parasitology*, v. 144, n. 1 (jan. 2017), pp. 48-58; A. M. Devine, "The Low Birth-Rate in Ancient Rome: A Possible Contributing Factor", *Rheinisches Museum für Philologie* (1985), pp. 313 ss.

26. David Frye, "Aristocratic Responses to Late Roman Urban Change: The Examples of Ausonius and Sidonius in Gaul", *Classical World*, v. 96, n. 2 (inverno 2003), pp. 185-96.

27. Yegül, p. 314.

28. Matthew Kneale, *Rome: A History in Seven Sackings* (Londres, 2017), p. 40.

29. Ibid., pp. 94-5.

5. GASTRÓPOLES — BAGDÁ, 537-1258 [pp. 128-53]

1. Regina Krahl, John Guy, J. Keith Wilson e Julian Raby (orgs.), *Shipwrecked: Tang Treasures and Monsoon Winds* (Singapura, 2010); Alan Chong e Stephen A. Murphy, *The Tang Shipwreck: Art and Exchange in the 9th Century* (Singapura, 2017).

2. Ver Krahl et al. e Chong e Murphy.

3. Justin Marozzi, *Baghdad: City of Peace, City of Blood* (Londres, 2014), p. 92.

4. Hugh Kennedy, "From Polis to Madina: Urban Change in Late Antiquity and Early Islamic Syria", *Past and Present*, v. 106 (fev. 1985), pp. 3-27.

5. Ibid.; Besim Hakim, "Law and the City", em Salma K. Jayyusi (org.), *The City in the Islamic World* (Leiden, 2008), pp. 71-93.

6. Marozzi, p. 92.

7. Lincoln Paine, *The Sea and Civilisation: A Maritime History of the World* (Londres, 2015), p. 265.

8. Xinru Liu, *The Silk Road in World History* (Oxford, 2010), p. 101.

9. Nawal Nasrallah, *Annals of the Caliphs' Kitchens: Ibn Sayyar al-Warraq's Tenth-Century Baghdadi Cookbook* (Boston, MA, 2007), p. 35.

10. David Waines, "'Luxury Foods' in Medieval Islamic Societies", *World Archaeology*, v. 34, n. 3 (fev. 2003), p. 572.

11. International Labour Office, *Women and Men in the Informal Sector: A Statistical Picture* (Genebra, 2002); "Mumbai Street Vendors", *Guardian*, 28/11/2014; Henry Mayhew, *London Labour and the London Poor*, 4 v. (Londres, 1861-2), v. 1, pp. 160, 165.

12. Omiko Awa, "Roasted Corn: Satisfying Hunger Returns Good Profit", *Guardian* (Nigéria), 21/09/2015.

13. Mayhew, v. 1, p. 158.

14. Charles Manby Smith, *Curiosities of London Life; or, Phrases, Physiological and Social of the Great Metropolis* (Londres, 1853), p. 390.

15. Teju Cole, *Every Day Is for the Thief* (Londres, 2015), p. 57.

16. S. Frederick Starr, *Lost Enlightenment: Central Asia's Golden Age from the Arab Conquest to Tamerlane* (Princeton, 2013), pp. 132 ss.

17. Marozzi, p. 65.

18. Starr, pp. 167 ss.

19. Ibid., pp. 37 ss., 62 ss.

20. Georgina Herman e Hugh N. Kennedy, *Monuments of Merv: Traditional Buildings of the Karakum* (Londres, 1999), p. 124.

21. Starr, pp. 28-9.

22. Ibid., pp. 162-3.

23. Hyunhee Park, *Mapping the Chinese and Islamic Worlds: Cross-Cultural Exchange in Pre-Modern Asia* (Cambridge, 2012), p. 77.

24. Glen Dudbridge, "Reworking the World System Paradigm", *Past and Present*, v. 238, Suplemento 13 (nov. 2018), pp. 302 ss.

25. Pius Malekandathil, *Maritime India: Trade, Religion and Polity in the Indian Ocean* (Delhi, 2010), pp. 39 ss.

26. Paine, p. 273.

27. Ibid., p. 306.

28. Kanakalatha Mukund, *Merchants of Tamilakam: Pioneers of International Trade* (Nova Delhi, 2012), pp. 164-6.

29. Dashu Qin e Kunpeng Xiang, "Sri Vijaya as the Entrepôt for Circum-Indian Ocean Trade: Evidence from Documentary Records and Materials from Shipwrecks of the 9th-10th Centuries", *Étudies Océan Indien*, v. 46-7 (2011), pp. 308-36.

6. CIDADES DA GUERRA — LÜBECK, 1226-1491 [pp. 154-77]

1. Horst Boog, *The Global War: Germany and the Second World War*, v. 6 (Oxford, 2015), p. 565.

2. Paine, p. 332; Helmond von Bosau, *Slawenchronik*, org. de H. Stoob (Darmstadt, 1983); A. Grassmann (org.), *Lübeckische Geschichte* (Lübeck, 2008), pp. 1-123; H. Stoob, *Lübeck* (Altenbeken, 1984).

3. Bosau, p. 304; David Abulafia, *The Boundless Sea: A Human History of the Oceans* (Oxford, 2019), p. 424.

4. Peter Johanek, "Seigneurial Power and the Development of Towns in the Holy Roman Empire", em Anngret Simms e Howard B. Clarke (orgs.), *Lords and Towns in Medieval Europe: The European Historic Towns Atlas Project* (Londres, 2015), p. 142.

5. Roger Crowley, *City of Fortune: How Venice Won and Lost a Naval Empire* (Londres, 2011), p. 66.

6. *O City of Byzantium: Annals of Niketas Choniates*, trad. de Harry J. Magoulias (Detroit, 1984), p. 317.

7. M. Schmidt, *Veröffentlichungen zur Geschichte der Freien und Hansestadt* Lübeck (Lübeck, 1933), v. 12, pp. 42-3; Ernst Deecke, *Der Lübeckischen Gesellschaft zur Beförderung gemeinnütziger Thätigkeit* (Lübeck, 1939), p. 33.

8. Rhiman A. Rotz, "The Lubeck Uprising of 1408 and the Decline of the Hanseatic League", *Proceedings of the American Philosophical Society*, v. 121, n. 1 (fev. 1977), pp. 17 ss., 24.

9. Ibid., p. 31.

10. J. Kathirithamby-Wells, "The Islamic City: Melaka to Jogjakarta, *c.*1500-1800", *Modern Asian Studies*, v. 20, n. 2 (1986), pp. 333-51.

11. Johanek, pp. 146-8; Athanasios Moulakis, *Republican Realism in Renaissance Florence: Francesco Guicciardini's Discorso di Logrogno* (Lanham, 1998), p. 119.

12. Manuel Eisner, "Interactive London Medieval Murder Map", Universidade de Cambridge: Instituto de Criminologia (2018), <https://www.vrc.crim.cam.ac.uk/vrcresearch/london-medievalmurder-map>.

13. Dante Alighieri, Inferno: Comédia. Trad. de Emanuel França de Brito, Maurício Santana Dias, Pedro Falleiros Heise. São Paulo: Companhia das Letras, 2021, p. 111.

7. CIDADES DO MUNDO — LISBOA, MALACA, TENOCHTITLÁN, AMSTERDAM, 1492--1666 [pp. 178-204]

1. Judith B. Sombré (trad.), "Hieronymus Munzer: Journey through Spain and Portugal", <http://munzerama.blogspot.com/2017/04/hieronymous-munzer-journey-through.html>.

2. Roger Crowley, *Conquerors: How Portugal Seized the Indian Ocean and Forged the First Global Empire* (Londres, 2015), p. 4.

3. Ibid., p. 19.

4. Ibid., pp. 64-5.

5. E. G. Ravenstein (trad.), *A Journal of the First Voyage of Vasco da Gama, 1497-1499* (Londres, 1898), pp. 48 ss.

6. William Brooks Greenlee, *The Voyage of Pedro Álvares Cabral to Brazil and India* (Londres, 1937), pp. 83-5.

7. Gaspar Corrêa, *The Three Voyages of Vasco da Gama, and His Viceroyalty* (Londres, 1896), p. 295; Crowley, cap. 7.

8. Ibid., pp. 131 ss.

9. Ibid., p. 128.

10. Tomé Pires, *The Suma Oriental*, 2 v., org. e trad. de Armando Cortesão (Londres, 1944), p. 285.

11. Ibid., p. 287.

12. Barry Hatton, *Queen of the Sea: A History of Lisbon* (Londres, 2018), pp. 55 ss.

13. Annemarie Jordan Gschwend e Kate Lowe, "Princess of the Seas, Queen of the Empire: Configuring the City and Port of Renaissance Lisbon", em Gschwend e Lowe (orgs.), *The Global City: On the Streets of Renaissance Lisbon* (Londres, 2015).

14. Annemarie Jordan Gschwend, "Reconstructing the Rua Nova: The Life of a Global Street in Renaissance Lisbon", em Gschwend e Lowe (orgs.).

15. Hatton, pp. 71 ss.

16. Michael Wood, *Conquistadors* (Berkeley, CA, 2000), p. 53.

17. Georgia Butina Watson e Ian Bentley, *Identity by Design* (Amsterdam, 2007), p. 74.

18. Anne Goldgar, *Tulipmania: Money, Honour, and Knowledge in the Dutch Golden Age* (Chicago, 2007), p. 10.

19. William Temple, *The Works of Sir William Temple*, 2 v. (Londres, 1731), v. 2, p. 60.

20. *The Philosophical Writings of Descartes: Volume III, the Correspondence*, trad. de John Cottingham, Robert Stoothoff, Dugald Murdoch e Anthony Kenny (Cambridge, 1991), p. 32.

21. Joseph de la Vega, *Confusion de Confusiones* (Boston, MA, 1957), p. 21.

22. Ibid., p. 11.

23. Ibid., p. 28.

24. R. E. Kistemaker, "The Public and the Private: Public Space in Sixteenth- and Seventeenth-Century Amsterdam", em Arthur K. Wheelock Jr. e Adele Seeff, *The Public and Private in Dutch Culture of the Golden Age* (Newark, 2000), p. 22.

25. Ibid., p. 21.

26. *The Travels of Peter Mundy, in Europe and Asia, 1608-1667*, org. de Sir Richard Carnac Temple (Londres, 1914), v. 4, pp. 70-1.

27. Simon Schama, *The Embarrassment of Riches: An Interpretation of Dutch Culture in the Golden Age* (Berkeley, CA, 1987).

8. A METRÓPOLE SOCIÁVEL — LONDRES, 1666-1820 [pp. 205-27]

1. Bryant Simon, "Consuming Third Place: Starbucks and the Illusion of Public Space", em Miles Orvell e Jeffrey L. Meikle (orgs.), *Public Space and the Ideology of Place in American Culture* (Amsterdam, 2009), pp. 243 ss.; Howard Schultz e Dori Jones, *Pour Your Heart into It: How Starbucks Built a Company One Cup at a Time* (Nova York, 1997), p. 5.

2. Jee Eun Regina Song, "The Soybean Paste Girl: The Cultural and Gender Politics of Coffee Consumption in Contemporary South Korea", *Journal of Korean Studies*, v. 19, n. 2 (outono 2014), pp. 429-48.

3. Seyed Hossein Iradj Moeini, Mehran Arefian, Bahador Kashani e Golnar Abbasi, *Urban Culture in Tehran: Urban Processes in Unofficial Cultural Spaces* (e-book, 2018), pp. 26 ss.

4. W. Scott Haine, "'Café Friend': Friendship and Fraternity in Parisian Working-Class Cafés, 1850-1914", *Journal of Contemporary History*, v. 27, n. 4 (out. 1992), pp. 607-26; W. Scott Haine, *The World of the Paris Café: Sociability among the French Working Class, 1789-1914* (Baltimore, 1998), pp. 1, 9; Barbara Stern Shapiro e Anne E. Havinga, *Pleasures of Paris: From Daumier to Picasso* (Boston, MA, 1991), p. 123.

5. John Rewald, *History of Impressionism* (Nova York, 1946), p. 146.

6. Rowley Amato, "Brokers Are Now Opening Their Own Coffee Shops in Harlem", *Curbed New York*, 16/08/2014, <https://ny.curbed.com/2014/8/16/10059746/brokers-are-nowopening-their-own-coffee-shops-in-harlem>.

7. Markman Ellis, *The Coffee-House: A Cultural History* (Londres, 2004), pp. 7-8.

8. Ibid., pp. 29-32; Uğur Kömeçoğlu, "The Publicness and Sociabilities of the Ottoman Coffeehouse", *The Public*, v. 12, n. 2 (2005), pp. 5-22; A. Caksu, "Janissary Coffee Houses in Late Eighteenth-Century Istanbul", em Dana Sajdi (org.), *Ottoman Tulips, Ottoman Coffee: Leisure and Lifestyle in the Eighteenth Century* (Londres, 2007), p. 117.

9. Ellis, pp. 32-3.

10. Ibid., p. 42; Steve Pincus, "'Coffee Politicians Does Create': Coffee Houses and Restoration Political Culture", *Journal of Modern History*, v. 67, n. 4 (dez. 1995), pp. 811-2.

11. C. John Sommerville, *The News Revolution in England: Cultural Dynamics of Daily Information* (Nova York, 1996), p. 77.

12. Pincus, pp. 814-5.

13. Ibid., p. 824.

14. Ellis, pp. 157-8; Larry Stewart, "Other Centres of Calculation, or, Where the Royal Society Didn't Count:Commerce, Coffee-Houses and Natural Philosophy in Early Modern London", *British Journal for the History of Science*, v. 32, n. 2 (jun. 1999), pp. 133-53.

15. Stewart, pp. 133-53.

16. Pincus, p. 833.

17. Paul Slack, "Material Progress and the Challenge of Affluence in Seventeenth Century England", *Economic History Review*, v. 62, n. 3 (ago. 2009), pp. 576-603; Ian Warren, "The English Landed Elite and the Social Environment of London, *c.*1580-1700: The Cradle of an Aristocratic Culture?", *English Historical Review*, v. 126, n. 518 (fev. 2011), pp. 44-74.

18. Farid Azfar, "Beastly Sodomites and the Shameless Urban Frontier", *Eighteenth Century*, v. 55, n. 4 (inverno 2014), p. 402.

19. Anônimo, *A Trip through the Town: Containing Observations on the Customs and Manners of the Age* (Londres, 1735), p. 1.

20. R. H. Sweet, "Topographies of Politeness", *Transactions of the Royal Historical Society*, v. 12 (2002), p. 356.

21. Ibid., pp. 355-74; Lawrence E. Klein, "Coffee House Civility, 1660-1714: An Aspect of Post-Courtly Culture in England", *Huntington Library Quarterly*, v. 59, n. 1 (1996), pp. 30-51; Lawrence E. Klein, "Liberty, Manners, and Politeness in Early Eighteenth-Century England", *Historical Journal*, v. 32, n. 3 (set. 1989), pp. 583-605.

22. Markku Peltonen, "Politeness and Whiggism, 1688-1732", *Historical Journal*, v. 48, n. 2 (jun. 2005), pp. 396-7.

23. Peter Borsay, "Culture, Status, and the English Urban Landscape", *History*, v. 67, n. 219 (1982), p. 12; Lawrence E. Klein, "Politeness and the Interpretation of the British Eighteenth Century", *Historical Journal*, v. 45, n. 4 (dez. 2002), pp. 886 ss.; Warren, pp. 49 ss.

24. "A Letter from a Foreigner to His Friend in Paris", *Gentleman's Magazine*, n. 12, ago. 1742.

25. Jerry White, *London in the Eighteenth Century: A Great and Monstrous Thing* (Londres, 2012), pp. 322-3.

26. Ben Wilson, *Decency and Disorder: The Age of Cant* (Londres, 2007), p. 17.

27. Darryl P. Domingo, "Unbending the Mind: Or, Commercialized Leisure and the Rhetoric of Eighteenth-Century Diversion", *Eighteenth-Century Studies*, v. 45, n. 2 (inverno 2012), p. 219.

28. White, p. 130.

29. Paul Langford, "The Uses of Eighteenth-Century Politeness", *Transactions of the Royal Historical Society*, v. 12 (2002), p. 330.

30. [Robert Southey], *Letters from England: By Don Manuel Alvarez Espriella*, 2 v. (Nova York, 1808), v. 1, p. 39; Helen Berry, "Polite Consumption: Shopping in EighteenthCentury England", *Transactions of the Royal Historical Society*, v. 12 (2002), pp. 375-94.

31. Ford Madox Ford, *Provence: From Minstrels to the Machine*, org. de John Coyle (Manchester, 2009), p. 24.

32. Ellis, pp. 205-6.

33. Ibid., pp. 177-80, 212-4.

9. OS PORTÕES DO INFERNO? — MANCHESTER E CHICAGO, 1830-1914 [pp. 228-54]

1. *The Life and Opinions of General Sir Charles James Napier*, 4 v. (Londres, 1857), v. 2, p. 57.

2. Alexis de Tocqueville, *Journeys to England and Ireland* (Nova York, 2003), p. 106; Frederika Bremmer, *England in 1851; or, Sketches of a Tour to England* (Boulogne, 1853), p. 15.

3. Frederika Bremmer, *The Homes of the New World: Impressions of America*, 2 v. (Nova York, 1858), v. 1, p. 605.

4. Isabella Bird, *The Englishwoman in America* (Londres, 1856), p. 156; Paul Bourget, *Outre--Mer: Impressions of America* (Londres, 1895), p. 117.

5. Tocqueville, p. 108.

6. Donald L. Miller, *City of the Century: The Epic of Chicago and the Making of America* (Nova York, 1996), p. 217.

7. Frederic Trautmann, "Arthur Holitischer's Chicago: A German Traveler's View of an American City", *Chicago History*, v. 12, n. 2 (verão 1983), p. 42; Miller, p. 493; Simon Gunn, "The Middle Class, Modernity and the Provincial City: Manchester, *c.*1840-80", em Alan Kidd e David Nicholls (orgs.), *Gender, Civic Culture and Consumerism: MiddleClass Identity in Britain, 1800--1940* (Manchester, 1999), pp. 112 ss.

8. Miller, pp. 301 ss.

9. Friedrich Engels, *The Condition of the Working Class in England* (Londres, 1958), pp. 61, 63, 64.

10. M. Leon Faucher, *Manchester in 1844: Its Present Condition and Future Prospects* (Manchester, 1844), pp. 67-8; John M. Werly, "The Irish in Manchester, 1832-49", *Irish Historical Studies*, v. 18, n. 71 (mar. 1973), p. 348.

11. Miller, p. 123.

12. Ibid., p. 136; Josiah Seymour Currey, *Chicago: Its History and Builders* (Chicago, 1912), v. 3, p. 177.

13. Miller, p. 122.

14. Gunn, p. 118.

15. Miller, pp. 273 ss.

16. Angus Bethune Reach, *Manchester and the Textile Districts in 1849* (Rossendale, 1972), p. 61.

17. Andrew Davies, *The Gangs of Manchester: The Story of Scuttlers, Britain's First Youth cult* (Preston, 2008), cap. 2.

18. Ibid.; Jenny Birchall, "'The Carnival Revels of Manchester's Vagabonds': Young Working-Class Women and Monkey Parades in the 1870s", *Women's History Review*, v. 15 (2006), pp. 229-52.

19. Davies, passim; Mervyn Busteed, *The Irish in Manchester, c.1750-1921: Resistance, Adaptation and Identity* (Manchester, 2016), cap. 2.

20. M. A. Busteed e R. I. Hodgson, "Irish Migrant Responses to Urban Life in Early Nineteenth-Century Manchester", *Geographical Journal*, v. 162, n. 2 (jul. 1996), p. 150.

21. Richard Junger, *Becoming the Second City: Chicago's News Media, 1833-1898* (Chicago, 2010), p. 22.

22. Miller, p. 137; Frederic M. Thrasher, *The Gang: A Study of 1,313 Gangs in Chicago* (Chicago, 1936).

23. Richard C. Lindberg, *Gangland Chicago: Criminality and Lawlessness in the Windy City* (Lanham, 2016), p. 22.

24. James Phillips Kay, *The Moral and Physical Condition of the Working Classes Employed in the Cotton Manufacture in Manchester* (Londres, 1832), p. 72.

25. Engels, p. 137.

26. Zubair Ahmed, "Bombay's Billion Dollar Slum", <http://news.bbc.co.uk/1/hi/business/3487110.stm>.

27. Janice E. Perlman, "The Metamorphosis of Marginality: Four Generations in the *Favelas* of Rio de Janeiro", *Annals of the American Academy of Political and Social Science*, v. 606

(jul. 2006), p. 167; Sanni Yaya, Olalekan A. Uthman, Friday Okonofua e Ghose Bishwajit, "Decomposing the Rural-Urban Gap in the Factors of Under-Five Mortality Rate in Sub-Saharan Africa? Evidence from 35 Countries", *BMC Public Health*, v. 19 (maio 2019); Abhijit V. Banerjee e Esther Duflo, "The Economic Lives of the Poor", *Journal of Economic Perspectives*, v. 21, n. 1 (inverno 2007), tabela 9; World Bank [Banco Mundial], "Employment in Agriculture", <https://data.worldbank.org/indicator/SL.AGR.EMPL.ZS>.

28. Hippolyte Taine, *Notes on England* (Londres, 1957), pp. 290 ss.

29. John Burnett (org.), *Destiny Obscure: Autobiographies of Childhood, Education and Family from the 1820s to the 1920s* (Londres, 1982), p. 107; Frank Norris, *The Pit: A Story of Chicago* (Nova York, 1920), pp. 149 ss.

30. Miller, p. 277.

31. Emma Griffin, *Liberty's Dawn: A People's History of the Industrial Revolution* (New Haven, 2013), pp. 240 ss.

32. Faucher, p. 52.

33. John B. Jentz, "The 48ers and the Politics of the German Labor Movement in Chicago during the Civil War Era: Community Formation and the Rise of a Labor Press", em Elliot Shore, Ken Fones-Wolf, James P. Danky (orgs.), *The German-American Radical Press: The Shaping of a Left Political Culture, 1850-1940* (Chicago, 1992), pp. 49 ss.

34. Chicago, Departamento de Zoneamento e Planejamento, "Vorwaerts Turner Hall, 2421 W. Roosevelt Rd.: Final Landmark Recommendation Adopted by the Commission on Chicago Landmarks, September 3, 2009", <https://www.chicago.gov/content/dam/city/depts/zlup/Historic_Preservation/Publications/Vorwaerts_Turner_Hall.pdf>.

35. Royal L. Melendy, "The Saloon in Chicago (II)", *American Journal of Sociology*, v. 6, n. 4 (jan. 1901), pp. 433-4.

36. Eric L. Hirsch, *Urban Revolt: Ethnic Politics in the Nineteenth-Century Chicago Labor Movement* (Berkeley, CA, 1990), p. 163.

37. Sandra Burman (org.), *Fit Work for Women* (Abingdon, 2013), pp. 100 ss.

38. Gertrud Pfister, "The Role of German *Turners* in American Physical Education", em Pfister (org.), *Gymnastics, a Transatlantic Movement* (Abingdon, 2011); Gerald Gems, "The German *Turners* and the Taming of Radicalism in Chicago", em Pfister (org.); Gerald Gems, *Windy City Wars: Labor, Leisure, and Sport in the Making of Chicago* (Lanham, 1997).

39. Dagmar Kift, *The Victorian Music Hall: Culture, Class and Conflict*, trad. de Roy Kift (Cambridge, 1996), p. 1.

40. Harvey Warren Zorbaugh, *The Gold Coast and the Slum: A Sociological Study of Chicago's Near North Side* (Chicago, 1929), p. 3.

10. SÍNDROME DE PARIS — PARIS, 1830-1914 [pp. 255-80]

1. Caroline Wyatt, "'Paris Syndrome' Strikes Japanese", BBC News, 20/12/2006, <http://news.bbc.co.uk/1/hi/6197921.stm>; Katada Tamami, "Reflections on a Case of Paris Syndrome", *Journal of the Nissei Hospital*, v. 26, n. 2 (1998), pp. 127-32.

2. Sigmund Freud, *Life and Work: The Young Freud, 1885-1900*, org. de Ernest Jones (Londres, 1953), p. 200.

3. Emma Willard, *Journals and Letters from France and Great Britain* (Nova York, 1833), p. 30.

4. David P. Jordan, *Transforming Paris: The Life and Labors of Baron Haussmann* (Nova York, 1995), pp. 92-3; Victoria E. Thompson, "Telling 'Spatial Stories': Urban Space and Bourgeois Identity in Nineteenth-Century Paris", *Journal of Modern History*, v. 75, n. 3 (set. 2003), p. 540.

5. Anônimo, *Ten Years of Imperialism in France: Impressions of a Flâneur* (Londres, 1862), p. 30.

6. Harvey Levenstein, *Seductive Journey: American Tourists in France from Jefferson to the Jazz Age* (Chicago, 1998), p. 57; David Harvey, *Paris: Capital of Modernity* (Nova York, 2006), pp. 32-3.

7. Gregory Shaya, "The *Flâneur*, the *Badaud*, and the Making of a Mass Public in France, *circa* 1860-1910", *American Historical Review*, v. 109, n. 1 (fev. 2004), p. 50; T. J. Clark, *The Painting of Modern Life: Paris in the Art of Manet and His Followers* (Londres, 1990), p. 33.

8. Anna Jameson, *Diary of an Ennuyée* (Boston, MA, 1833), p. 6; Shaya, passim.

9. Christopher E. Fort, *The Dreyfus Affair and the Crisis of French Manhood* (Baltimore, 2004), p. 107; Honoré de Balzac, *The Physiology of Marriage*, parte 1, reflexão 3; Charles Baudelaire, *The Painter of Modern Life and Other Essays*, trad. de Jonathan Mayne (Nova York, 1986), p. 9.

10. Thompson, p. 532, n. 34; Shaya, p. 51; Balzac, 1, 3.

11. Anônimo, *Ten Years of Imperialism*, prefácio; Susan Sontag, *On Photography* (Londres, 1979), p. 55.

12. Jordan (1995), pp. 50 ss., 166-7; David H. Pinkney, "Napoleon III's Transformation of Paris: The Origins and Development of the Idea", *Journal of Modern History*, v. 27, n. 2 (jun. 1955), pp. 125-34.

13. Patrice de Moncan, *Le Paris d'Haussmann* (Paris, 2002), p. 28.

14. Jordan (1995), pp. 186 ss.

15. Colin Jones, "Theodore Vacquer and the Archaeology of Modernity in Haussmann's Paris", *Transactions of the Royal Historical Society*, 6 séries, v. 17 (2007), p. 167; Anônimo, *Ten Years of Imperialism*, p. 7; David P. Jordan, "Baron Haussmann and Modern Paris", *American Scholar*, v. 61, n. 1 (inverno 1992), pp. 105 ss.

16. Jordan (1995), pp. 265, 290.

17. Ibid., pp. 198 ss.

18. Donald L. Miller, *City of the Century: The Epic of Chicago and the Making of America* (Nova York, 1996), pp. 124-7.

19. Jordan (1995), p. 274.

20. Moncan, p. 107.

21. Elaine Denby, *Grand Hotels: Reality and Illusion* (Londres, 1998), p. 84.

22. Michael B. Miller, *The Bon Marché: Bourgeois Culture and the Department Store, 1869-1920* (Princeton, 1981); Meredith L. Clausen, "Department Stores and Zola's 'Cathédrale du Commerce Moderne'", *Notes in the History of Art*, v. 3, n. 3 (primavera 1984), pp. 18-23; Robert Procter, "Constructing the Retail Monument: The Parisian department Store and Its Property, 1855-1914", *Urban History*, v. 33, n. 3 (dez. 2006), pp. 393-410.

23. *Galignani's New Paris Guide* (Paris, 1860), p. 13.

24. Jan Palmowski, "Travels with Baedeker: The Guidebook and the Middle Classes in Victorian and Edwardian Britain", em Rudy Koshar (org.), *Histories of Leisure* (Oxford, 2002).

25. London & Partners, "London Tourism Report, 2014-2015", <https://files.londonand-partners.com/l-and-p/assets/our-insight-london-tourism-review-2014-15.pdf>.

26. Pierre Larousse, *Grand Dictionnaire universel* (Paris, 1872), v. 8, p. 436.

27. Robert L. Herbert, *Impressionism: Art, Leisure and Parisian Society* (New Haven, 1988), p. 21.

28. Jordan (1995), p. 348; Clark, pp. 34-5; Herbert, p. 15.

29. Clark, p. 29.

30. Ibid., p. 207; Herbert, pp. 33, 58, 66.

31. Ibid., p. 35.

32. Katherine Golsan, "The Beholder as *Flâneur*: Structures of Perception in Baudelaire and Manet", *French Forum*, v. 21, n. 2 (maio 1996), p. 183.

33. Herbert, pp. 50 ss.

34. Clark, p. 253.

35. Ibid., pp. 72 ss.

36. Aruna D'Souza e Tom McDonough (orgs.), *The Invisible Flâneuse? Gender, Public Space, and Visual Culture in Nineteenth Century Paris* (Manchester, 2006).

37. Clark, p. 208; Ruth E. Iskin, "Selling, Seduction, and Soliciting the Eye: Manet's *Bar at the Folies-Bergère*", *Art Bulletin*, v. 77, n. 1 (mar. 1995), p. 35.

38. Markman Ellis, *The Coffee-House: A Cultural History* (Londres, 2004), pp. 201-11; Krista Lysack, *Come Buy, Come Buy: Shopping and the Culture of Consumption in Victorian Women's Writing* (Athens, OH, 2008), pp. 19 ss.

39. Anne Friedberg, "Les Flâneurs du Mal(l): Cinema and the Postmodern Condition", *PMLA*, v. 106, n. 3 (maio 1991), p. 425.

40. Louis Aragon, *Paris Peasant*, trad. de Simon Watson Taylor (Boston, MA, 1994), p. VIII.

41. *The Notebooks of Henry James*, org. de F. O. Matthiessen e Kenneth B. Murdock (Chicago, 1947), p. 28.

42. Rebecca Solnit, *Wanderlust: A History of Walking* (Londres, 2001), p. 204; Mary Higgs, *Glimpses into the Abyss* (Londres, 1906), p. 94; Deborah Epstein Nord, *Walking the Victorian Streets: Women, Representation and the City* (Ithaca, 1995); Judith R. Walkowitz, *City of Dreadful Delight: Narratives of Sexual Danger in Late-Victorian London* (Chicago, 1992); Lynda Nead, *Victorian Babylon: People, Streets and Images in Nineteenth-Century London* (New Haven, 2000).

43. Janet Wolff, "The Invisible *Flâneuse*: Women and the Literature of Modernity", em *Feminine Sentences: Essays on Women and Culture* (Cambridge, 1990); Jane Rendell, Barbara Penner e Iain Borden (orgs.), *Gender Space Architecture: An Interdisciplinary Introduction* (Londres, 2000), p. 164.

44. Lily Gair Wilkinson, *Woman's Freedom* (Londres, 1914); Kathy E. Ferguson, "Women and the Politics of Walking", *Political Research Quarterly*, v. 70, n. 4 (dez. 2017), pp. 708-19.

45. Janice Mouton, "From Feminine Masquerade to *Flâneuse*: Agnès Varda's *Cléo in the City*", *Cinema Journal*, v. 40, n. 2 (inverno 2001), pp. 3-16.

11. ALMAS DE ARRANHA-CÉU — NOVA YORK, 1899-1939 [pp. 281-304]

1. Jason M. Barr, *Building the Skyline: The Birth and Growth of Manhattan's Skyscrapers* (Oxford, 2016).

2. *Architectural Record*, jan./mar. 1899; Henry Blake Fuller, *The Cliff-Dwellers*, org. de Joseph A. Dimuro (Peterborough, ON, 2010), p. 58.

3. Nick Yablon, "The Metropolitan Life in Ruins: Architectural and Fictional Speculations in New York, 1909-19", *American Quarterly*, v. 56, n. 2 (jun. 2004), pp. 308-47.

4. Gail Fenske, *The Skyscraper and the City: The Woolworth Building and the Making of Modern New York* (Chicago, 2008), pp. 25 ss.

5. Keith D. Revell, *Building Gotham: Civic Culture and Public Policy in New York City, 1898--1939* (Baltimore, 2003), pp. 185 ss.

6. Merrill Schleier, "The Empire State Building, Working-Class Masculinity, and *King Kong*", *Mosaic: An Interdisciplinary Journal*, v. 41, n. 2 (jun. 2008), p. 37.

7. Carol Willis, "Zoning and 'Zeitgeist': The Skyscraper City in the 1920s", *Journal of the Society of Architectural Historians*, v. 45, n. 1 (mar. 1986), pp. 53, 56.

8. Hugh Ferriss, "The New Architecture", *New York Times*, 19/03/1922.

9. Kate Holliday, "Walls as Curtains: Architecture and Humanism in Ralph Walker's Skyscrapers of the 1920s", *Studies in the Decorative Arts*, v. 16, n. 2 (primavera-verão 2009), p. 50; Daniel Michael Abramson, *Skyscraper Rivals: the AIG Building and the architecture of Wall Street* (Princeton, 2001), p. 191.

10. Holliday, pp. 46 ss.

11. Ibid., pp. 59, 61-2, 39.

12. James Sanders, *Celluloid Skyline: New York and the Movies* (Londres, 2001), p. 106.

13. Ibid., pp. 105 ss.

14. *Shanghai Star*, 11/11/2002.

15. *Washington Post*, 24/03/2015.

16. Deyan Sudjic, *The Language of Cities* (Londres, 2017), cap. 3.

17. Alfred Kazin, *A Walker in the City* (Orlando, 1974), p. 11.

18. "Bull Market Architecture", *New Republic*, 08/07/1931, p. 192.

19. Gabrielle Esperdy, *Modernizing Main Street: Architecture and Consumer Culture in the New Deal* (Chicago, 2008), p. 53.

20. Lucy Fischer, "City of Women: Busby Berkeley, Architecture, and Urban Space", *Cinema Journal*, v. 49 (verão 2010), pp. 129-30.

21. Sanders, p. 97.

22. Ibid., pp. 156 ss.

23. Ibid., pp. 161 ss.

24. Ibid., pp. 165 ss.

25. Ibid., pp. 161 ss.

26. Paul Goldberger, "Robert Moses, Master Builder, Is Dead at 92", *New York Times*, 30/07/1981.

27. *New York Times*, 03/03/1945.

12. ANIQUILAÇÃO — VARSÓVIA, 1939-45 [pp. 305-39]

1. W. H. Auden e Christopher Isherwood, *Journey to a War* (Nova York, 1972), p. 240.

2. John Faber, *Great Moments in News Photography: From the Historical Files of the National Press Photographers Association* (Nova York, 1960), p. 74.

3. Auden e Isherwood, p. 240.

4. Richard Overy, *The Bombing War: Europe, 1939-1945* (Londres, 2013), cap. 1, pp. 19 ss.

5. Alexandra Richie, *Warsaw, 1944: Hitler, Himmler and the Crushing of a City* (Londres, 2013), pp. 125 ss.; Ancient Monuments Society, "The Reconstruction of Warsaw Old Town, Poland", *Transactions of the Ancient Monuments Society* (1959), p. 77.

6. Hugh Trevor-Roper, *The Last Days of Hitler* (Londres, 1982), p. 81.

7. Joanna K. M. Hanson, *The Civilian Population and the Warsaw Uprising of 1944* (Cambridge, 1982), p. 6.

8. T. H. Chylinski, "Poland under Nazi Rule" (relatório confidencial da Agência Central de Inteligência, 1941), pp. 49 ss.

9. Ibid.

10. Ibid., p. 5.

11. Richie, pp. 133 ss.

12. Hanson, p. 23.

13. Ibid., p. 26.

14. Chylinski, p. 10.

15. Ibid., p. 9.

16. Peter Fritzsche, *An Iron Wind: Europe under Hitler* (Nova York, 2016), pp. 144, 357.

17. David Cesarani, *Final Solution: The Fate of the Jews, 1933-49* (Londres, 2016), p. 333.

18. Ibid., p. 435.

19. Ibid., p. 348.

20. *Time*, v. 34, n. 2 (1939), p. 45.

21. Williamson Murray, *Military Adaptation in War: With Fear of Change* (Cambridge, 2011), p. 183.

22. Stephen A. Garrett, *Ethics and Airpower in World War II: The British Bombing of German Cities* (Londres, 1993), pp. 32-3.

23. Overy, pp. 287-8.

24. Ibid., pp. 337, 433, 436.

25. Ibid., p. 400.

26. Ibid., pp. 172, 478-9.

27. Ibid., pp. 638-9.

28. Max Hastings, *Nemesis: The Battle for Japan, 1944-45* (Londres, 2007), p. 320.

29. Henry D. Smith, "Tokyo as an Idea: An Exploration of Japanese Urban thought until 1945", *Journal for Japanese Studies*, v. 4, n. 1 (inverno 1978), pp. 66 ss.; Fujii Tadatoshi, *Kokubo fujinkai* (Tóquio, 1985), pp. 198-203.

30. Hiroshima Peace Media Centre, "Hiroshima, 70 Years after the Atomic Bomb: Rebirth of the City", parte 1 (3): "Workers Labored to Give the City Light Amid A-Bomb Ruins", <http://www.

hiroshimapeacemedia.jp/?p=47982>; parte 1 (4): "Workers Take Pride in Uninterrupted Water Supply", <http://www. hiroshimapeacemedia.jp/?p=47988>.

31. Ibid., parte 1 (5): "Post Office Workers Struggle to Maintain Mail Service in Ruined City", <http://www.hiroshimapeacemedia.jp/?p=48210>.

32. Grigore Gafencu, *The Last Days of Europe: A Diplomatic Journey in 1939* (New Haven, 1948), p. 78.

33. Max Hastings, *All Hell Let Loose: The World at War, 1939-1945* (Londres, 2011), p. 170.

34. Anna Reid, *Leningrad: The Epic Siege of World War II* (Londres, 2011), pp. 134-5.

35. Ibid., p. 172; Reid, pp. 167 ss., 182 ss.

36. Reid, pp. 176 ss., 233, 288.

37. Anthony Beevor e Luba Vinogradova (org. e trad.), *A Writer at War: Vasily Grossman with the Red Army, 1941-1945* (Londres, 2005), p. 151.

38. Georgii Zhukov, *The Memoirs of Marshal Zhukov* (Londres, 1971), p. 353.

39. Fritzsche, pp. 18-9.

40. Cesarani, pp. 340 ss.

41. Ibid., pp. 342, 345-6.

42. Ibid., pp. 342, 487.

43. Ibid., pp. 493 ss.

44. Ibid., pp. 605 ss.

45. Richie, pp. 193-4.

46. Ibid., pp. 241 ss.

47. Ibid., pp. 44 ss., 249-50, 252 ss.

48. Ibid., pp. 275 ss., 305 ss.

49. Ibid., pp. 591-2.

50. Fritzsche, pp. 357-8.

51. Reid, pp. 617 ss.

52. Stanislaw Jankowski, "Warsaw: Destruction, SecretTown Planning, 1939-44, and Post-War Reconstruction", em Jeffry M. Diefendorf (org.), *Rebuilding Europe's Bombed Cities* (Nova York, 1990), pp. 79-80.

53. H. V. Lanchester, "Reconstruction of Warsaw", *The Builder* (1947), p. 296; Robert Bevan, *The Destruction of Memory: Architecture at War* (Londres, 2006), p. 97.

54. Reid, p. 639.

55. Ibid.

56. Beevor e Vinogradova (org. e trad.), pp. 312-3.

57. Richard J. Evans, "Disorderly Cities", *London Review of Books*, 05/12/2013, pp. 27-9.

58. Jankowski, pp. 79 ss.; Jerzy Elzanowski, "Manufacturing Ruins: Architecture and Representation in Post-Catastrophic Warsaw", *Journal of Architecture*, v. 15 (2010), pp. 76-9.

59. Marian Nowicki, *Skarpa Warszawska*, v. 1 (out. 1945), citado em Magdalena Mostowska, "Post-War Planning and Housing Policy: A Modernist Architect's Perspective", *European Spatial Research and Policy*, v. 12, n. 2 (2005), p. 98.

60. Mostowska, p. 97.

61. André Sorensen, *The Making of Urban Japan: Cities and Planning from Edo to the Twenty-first Century* (Abingdon, 2002), p. 149; C. Hein, J. Diefendorf e I. Yorifusa (orgs.), *Re-*

building Japan after 1945 (Nova York, 2003); Matias Echanove, "The Tokyo Model: Incremental Urban Development in the Post-War City" (2015), <http://www.urbanlab.org/TheTokyoModel-Echanove.02.2015.pdf>.

13. SONS DO SUBÚRBIO — LOS ANGELES, 1945-99 [pp. 340-79]

1. Marshall Berman, "Among the Ruins", *New Internationalist*, 05/12/1987.

2. Ibid.; Francesca Russello Ammon, "Unearthing 'Benny the Bulldozer': The Culture of Clearance in Postwar Children's Books", *Technology and Culture*, v. 53, n. 2 (abr. 2012), pp. 306-7.

3. Conor Friedersdorf, "When the Army Planned for a Fight in US Cities", *The Atlantic*, 16/01/2018; William Rosenau, "'Our Ghettos, Too, Need a Lansdale': American Counter-Insurgency Abroad and at Home in the Vietnam Era", em Celeste Ward Gventer, M. L. R. Smith e D. Jones (orgs.), *The New Counter-Insurgency Era in Critical Perspective* (Londres, 2013), pp. 111 ss.

4. William Jelani Cobb, *To the Break of Dawn: A Freestyle on the Hip Hop Aesthetic* (Nova York, 2007), p. 142; <https://web.archive.org/web/20110728100004/>; <http://hiphop.sh/juice>.

5. Michael Eric Dyson e Sohail Daulatzai, *Born to Use Mics: Reading Nas's Illmatic* (Nova York, 2009).

6. NPR Interviews, "Nas on Marvin Gaye's Marriage, Parenting and Rap Genius", 20/07/2012, <https://www.npr.org/2012/07/22/157043285/nas-on-marvin-gayes-marriage-parenting-and-rapgenius>.

7. D. J. Waldie, *Holy Land: A Suburban Memoir* (Nova York, 2005).

8. Censo dos Estados Unidos, *Patterns of Metropolitan and Micropolitan Population Change: 2000 to 2010* (2012).

9. Martin J. Schiesl, "The Politics of Contracting: Los Angeles County and the Lakewood Plan, 1954-1962", *Huntington Library Quarterly*, v. 45, n. 3 (verão 1982), pp. 227-43.

10. Becky M. Nicolaides, *My Blue Heaven: Life and Politics in the Working-Class Suburbs of Los Angeles, 1920-1965* (Chicago, 2002).

11. Christopher C. Sellers, *Crabgrass Crucible: Suburban Nature and the Rise of Environmentalism in Twentieth-Century America* (Chapel Hill, 2012), p. 156.

12. Laura R. Barraclough, "Rural Urbanism: Producing Western Heritage and the racial Geography of Post-War Los Angeles", *Western Historical Quarterly*, v. 39, n. 2 (verão 2008), pp. 177-80; Catherine Mulholland, "Recollections of a Valley Past", em Gary Soto (org.), *California Childhood: Recollections and Stories of the Golden State* (Berkeley, CA, 1988), p. 181.

13. Wade Graham, "The Urban Environmental Legacies of the Air Industry", em Peter J. Westwick, *Blue Sky Metropolis: The Aerospace Century in Southern California* (Los Angeles, 2012); Martin J. Schiesl, "City Planning and the Federal Government in World War II: The Los Angeles Experience", *California History*, v. 59, n. 2 (verão 1980), pp. 126-43.

14. Mark L. Morgan e Mark A. Berhow, *Rings of Supersonic Steel: Air Defenses of the United States Army, 1950-197: An Introductory History and Site Guide* (Bodega Bay, 2002), pp. 105 ss.

15. Robert Kargon e Arthur Molella, "The City as Communications Net: Norbert Wiener, The Atomic Bomb, and Urban Dispersal", *Technology and Culture*, v. 45, n. 4 (out. 2004), pp. 764-77; Kathleen A. Tobin, "The Reduction of Urban Vulnerability: Revisiting the 1950s American

Suburbanization as Civil Defence", *Cold War History*, v. 2, n. 2 (jan. 2002), pp. 1-32; Jennifer S. Light, *From Warfare to Welfare: Defense Intellectuals and Urban Problems in Cold War America* (Baltimore, 2003).

16. Kenneth Jackson, *Crabgrass Frontier: The Suburbanization of the United States* (Nova York, 1985), cap. 11; Tom Hanchett, "The Other 'Subsidized Housing': Federal Aid to Suburbanization, 1940s-1960s", em John Bauman, Roger Biles e Kristin Szylvian (orgs.), *From Tenements to Taylor Homes: In Search of Urban Housing Policy in Twentieth-Century America* (University Park, 2000), pp. 163-79.

17. Jackson, p. 207.

18. Tobin, p. 25.

19. Waldie, p. 162; William Fulton, *The Reluctant Metropolis: The Politics of Urban Growth in Los Angeles* (Baltimore, 1997), p. 10; David Kushner, *Levittown: Two Families, one Tycoon, and the Fight for Civil Rights in America's Legendary Suburb* (Nova York, 2009), p. 190.

20. Josh Sides, "Straight into Compton: American Dreams, Urban Nightmares, and the Metamorphosis of a Black Suburb", *American Quarterly*, v. 56, n. 3 (set. 2004), pp. 583 ss.

21. Richard Elman, *Ill at Ease in Compton* (Nova York, 1967), pp. 23-4; Sides, p. 588.

22. Emily E. Straus, *Death of a Suburban Dream: Race and Schools in Compton, California* (Filadélfia, 2014), p. 107.

23. Edward Soja, Rebecca Morales e Goetz Wolff, "Urban Restructuring: An Analysis of Social and Spatial Change in Los Angeles", *Economic Geography*, v. 59, n. 2 (1983), pp. 195-230; Sides, pp. 590 ss.

24. Judith Fernandez e John Pincus, *Troubled Suburbs: An Exploratory Study* (Santa Mônica, 1982); Elizabeth Kneebone e Alan Berube, *Confronting Suburban Poverty in America* (Washington, DC, 2013), pp. 8 ss.; "Crime Migrates to the Suburbs", *Wall Street Journal*, 30/12/2012.

25. Joan Didion, "Trouble in Lakewood", *New Yorker*, 19/07/1993; Graham, pp. 263 ss.

26. Edward Soja, *Postmodern Geographics: The Reassertion of Space in Critical Theory* (Londres, 1989), pp. 197 ss.; Edward W. Soja, *Thirdspace: Journeys to Los Angeles and Other Real and Imagined Places* (Cambridge, MA, 1996); Mike Davies, *City of Quartz: Excavating the Future in Los Angeles* (Nova York, 1990); Roger Waldinger, "Not the Promised Land: Los Angeles and Its Immigrants", *Pacific Historical Review*, v. 68, n. 2 (maio 1999), pp. 253-72; Michael Nevin Willard, "Nuestra Los Angeles", *American Quarterly*, v. 56, n. 3 (set. 2004), p. 811.

27. Timothy Fong, *The First Suburban Chinatown: The Remaking of Monterey Park, California* (Filadélfia, 1994); John Horton (org.), *The Politics of Diversity: Immigration, Resistance, and Change in Monterey Park, California* (Filadélfia, 1995); Leland T. Saito, *Race and Politics: Asian Americans, Latinos, and Whites in a Los Angeles Suburb* (Chicago, 1998), p. 23; Wei Li, "Building Ethnoburbia: The Emergence and Manifestation of the Chinese Ethnoburb in Los Angeles's San Gabriel Valley", *Journal of Asian American Studies*, v. 2, n. 1 (fev. 1999), pp. 1-28.

28. Fong, passim; Saito, pp. 23 ss.

29. Saito, p. 23.

30. Wei Li, *Ethnoburb: The New Ethnic Community in Urban America* (Honolulu, 2009), pp. 103 ss., 118, 153; Yu Zhou, "Beyond Ethnic Enclaves: Location Strategies of Chinese Producer Service firms in Los Angeles", *Economic Geography*, v. 74, n. 3 (jul. 1998), pp. 228-51.

31. Denise Lawrence-Zúñiga, "Bungalows and Mansions: White Suburbs, Immigrant As-

pirations, and Aesthetic Governmentality", *Anthropological Quarterly*, v. 87, n. 3 (verão 2014), pp. 819-54.

32. Christopher Hawthorne, "How Arcadia Is Remaking Itself as a Magnet for Chinese Money", *Los Angeles Times*, 03/12/2014.

33. Robert Fishman, *Bourgeois Utopias: The Rise and Fall of Suburbia* (Nova York, 1987); Joel Garreau, *Edge City: Life on the New Urban Frontier* (Nova York, 1991); William Sharpe e Leonard Wallock, "Bold New City or Built-Up 'Burb? Redefining Contemporary Suburbia", *American Quarterly*, v. 46, n. 1 (mar. 1994), pp. 1-30; Robert E. Lang e Jennifer Lefurgy, *Boomburbs: The Rise of America's Accidental Cities* (Washington, DC, 2009).

34. Jim Steinberg, "2015 a Big Year for Warehouse Development in the Inland Empire", *San Bernardino Sun*, 06/06/2015.

35. Robert Gottleib e Simon Ng, *Global Cities: Urban Environments in Los Angeles, Hong Kong, and China* (Cambridge, MA, 2017).

36. Elizabeth Becker, "2 Farm Acres Lost per Minute, Study Says", *New York Times*, 04/10/2002; A. Ann Sorensen, Julia Freedgood, Jennifer Dempsey e David M. Theobald, *Farms under Threat: The State of America's Farmland* (Washington, DC, 2018); Centro de Informação sobre Terras Agrícolas, Estatísticas Nacionais, <http:// www.farmlandinfo.org/statistics>.

37. Thomas J. Campanella, *The Concrete Dragon: China's Urban Revolution* (Nova York, 2008), cap. 7.

38. Sellers, pp. 139 ss.

14. MEGACIDADE — LAGOS, 1999-2020 [pp. 380-418]

1. Jason D. Fischer et al., "Urbanisation and the Predation Paradox: The Role of Trophic Dynamics in Structuring Vertebrate Communities", *BioScience*, v. 62, n. 9 (set. 2012), pp. 809--18; Amanda D. Rodewald et al., "Anthropogenic Resource Subsidies Decouple Predator-Prey Relationships", *Ecological Applications*, v. 12, n. 3 (abr. 2011), pp. 936-43; Alberto Sorace, "High Density of Bird and Pest Species in Urban Habitats and the Role of Predator Abundance", *Ornis Fennica*, v. 76 (2002), pp. 60-71.

2. Suzanne Prange, Stanley D. Gehrt e Ernie P. Wiggers, "Demographic Factors Contributing to High Raccoon Densities in Urban Landscapes", *Journal of Wildlife Management*, v. 67, n. 2 (abr. 2003), pp. 324-33; Christine Dell'Amore, "How Wild Animals Are Hacking Life in the City", *National Geographic*, 18/04/2016; Christine Dell'Amore, "Downtown Coyotes: Inside the Secret Lives of Chicago's Predator", *National Geographic*, 21/11/2014; Payal Mohta, "'A Double-Edged Sword': Mumbai Pollution 'Perfect' for Flamingos", *Guardian*, 26/03/2019; Alexander R. Braczkowski et al., "Leopards Provide Public Health Benefits in Mumbai, India", *Frontiers in Ecology and the Environment*, v. 16, n. 3 (abr. 2018), pp. 176-82.

3. Menno Schilthuizen, *Darwin Comes to Town: How the Urban Jungle Drives Evolution* (Londres, 2018); Jean-Nicolas Audet, Simon Ducatez e Louis Lefebvre, "The Town Bird and the Country Bird: Problem Solving and Immunocompetence Vary with Urbanisation", *Behavioral Ecology*, v. 27, n. 2 (mar./abr. 2016), pp. 637-44; Jackson Evans, Kyle Boudreau e Jeremy Hyman, "Behavioural Syndromes in Urban and Rural Populations of Song Sparrows", *Ethology*, v. 116,

n. 7 (jul. 2010), pp. 588-95; Emile C. Snell-Rood e Naomi Wick, "Anthropogenic Environments Exert Variable Selection on Cranial Capacity in Mammals", *Proceedings of the Royal Society B*, v. 280, n. 1769 (out. 2013); E. A. Maguire, K. Woollett e H. J. Spiers, "London Taxi Drivers and Bus Drivers: A Structural MRI and Neuropsychological Analysis", *Hippocampus*, v. 16, n. 12 (2006), pp. 1091-101.

4. Schilthuizen; Thomas Merckx et al., "Body-Size Shifts in Aquatic and Terrestrial Urban Communities", *Nature*, v. 558 (07/05/2018), pp. 113-8.

5. Karen C. Seto, Burak Güneralp e Lucy R. Hutyra, "Global Forecasts of Urban Expansion to 2030 and Direct Impacts on Biodiversity and Carbon Pools", *PNAS*, v. 109, n. 40 (out. 2012), pp. 16083-8; "Hot Spot Cities", <http://atlas-for-the-endof-the-world.com/hotspot_cities_main. html>; B. Güneralp e K. C. Seto, "Futures of Global Urban Expansion: Uncertainties and Implications for Biodiversity Conservation", *Environmental Research Letters*, v. 8, n. 1 (2013).

6. Seto et al.

7. Christopher Bren d'Amour et al., "Future Urban Land Expansion and Implications for Global Croplands", *PNAS*, v. 114, n. 34 (ago. 2017), pp. 8939-44; Mathis Wackernagel et al., "The Ecological Footprint of Cities and Regions: Comparing Resource Availability with Resource Demand", *Environment and Urbanization*, v. 18, n. 1 (2006), pp. 103-12.

8. Scott R. Loss, Tom Will, Sara S. Loss e Peter M. Marra, "Bird-Building Collisions in the United States: Estimates of Annual Mortality and Species Vulnerability", *The Condor*, v. 116, n. 1 (fev. 2014), pp. 8-23; Kyle G. Horton et al., "Bright Lights in the Big Cities: Migratory Birds' Exposure to Artificial Light", *Frontiers in Ecology and the Environment*, v. 17, n. 4 (maio 2019), pp. 209-14; Laurel E. K. Serieys, Amanda Lea, John P. Pollinger, Seth P. D. Riley e Robert K. Wayne, "Disease and Freeways Drive Genetic Change in Urban Bobcat Populations", *Evolutionary Applications*, v. 8, n. 1 (jan. 2015), pp. 75-92.

9. Greenspace Information for Greater London, "Key London Figures", <https://www.gigl. org.uk/keyfigures/>; Londongov.uk, "Biodiversity", <https://www.london.gov.uk/what-we-do/ environment/parksgreen-spaces-and-biodiversity/biodiversity>; Secretariat of the Convention on Biological Diversity, *Cities and Biological Diversity Outlook* (Montreal, 2012), pp. 9, 24.

10. Lucy Wang, "How the Cheonggyecheon River Urban Design Restored the Green Heart of Seoul", <https://inhabitat.com/how-the-cheonggyecheon-river-urban-design-restored-the-greenheart-of-seoul/>.

11. Claire Cameron, "The Rise of the City Bee", <https://daily.jstor.org/rise-city-bee-urbanites-built-21st-century-apiculture/>.

12. Sam Jones, "Can Mexico City's Roof Gardens Help the Metropolis Shrug Off Its Smog?", *Guardian*, 24/04/2014; Ajuntament de Barcelona, Barcelona Green Infrastructure and Biodiversity Plan 2020, <https://ajuntament.barcelona.cat/ecologiaurbana/sites/default/files/Barcelona%20green%20infrastructure%20and%20biodiversity%20plan%202020.pdf>; Grace Chua, "How Singapore Makes Biodiversity an Important Part of Urban Life", Citylab, <https://www. citylab.com/environment/2015/01/how-singapore-makes-biodiversity-an-important-part-of-urbanlife/384799/>.

13. *Cities and Biological Diversity*, pp. 26, 28; Amy Fleming, "The Importance of Urban Forests: Why Money Really Does Grow on Trees", *Guardian*, 12/10/2016; Agência Internacional de Energia, *The Future of Cooling: Opportunities for Energy-Efficient Air Conditioning* (Paris, 2018).

14. Andrew J. Hamilton et al., "Give Peas a Chance? Urban Agriculture in Developing countries: A Review", *Agronomy*, v. 34, n. 1 (jan. 2014), pp. 54 ss.

15. Organização das Nações Unidas para a Alimentação e a Agricultura, *FAO Statistical Yearbook 2012* (Roma, 2012), p. 214; Francesco Orsini et al., "Urban Agriculture in the Developing World: A Review", *Agronomy for Sustainable Development*, v. 33, n. 4 (2013), p. 700.

16. Toni Kan, *The Carnivorous City* (Abuja, 2016), p. 34.

17. David Pilling, "Nigerian Economy: Why Lagos Works", *Financial Times*, 24/03/2018; Robert Draper, "How Lagos Has Become Africa's Boom Town", *National Geographic* (jan. 2015); "Lagos Shows How a City Can Recover from a Deep, Deep Pit: Rem Koolhaas Talks to Kunlé Adeyemi", *Guardian*, 26/02/2016; "Lagos: The Next Silicon Valley", *Business Year*, <https://www.thebusinessyear.com/nigeria-2018/nurturing-entrepreneurs/interview>; Oladeinde Olawoyin, "Surviving the Inner Recesses of a Lagos Danfo Bus", *Premium Times*, 17/02/2018.

18. Saskia Sassen, *The Global City: New York, London, Tokyo* (Princeton, 2001).

19. Unidade de Inteligência Econômica, Ministério de Orçamento e Planejamento Econômico, "The Socio-Economic Costs of Traffic Congestion in Lagos", *Working Paper Series*, v. 2 (jul. 2013), p. 7.

20. A. T. Kearney, *Digital Payments and the Global Informal Economy* (2018), pp. 6, 7; Ifeoluwa Adediran, "Mixed Feelings for Lagos Danfo Drivers as Phase-Out Date Approaches", *Premium Times*, 15/09/2018.

21. *Guardian* (Nigéria), 16/07/2017.

22. Victor Asemota, "Otigba:The Experiment That Grew into a Tech Market", *Guardian* (Nigéria), 15/03/2017.

23. Jack Sullivan, "Trash or Treasure: Global Trade and the Accumulation of E-Waste in Lagos, Nigeria", *Africa Today*, v. 61, n. 1 (outono 2014), pp. 89-112.

24. T. C. Nzeadibe e H. C. Iwuoha, "Informal Waste Recycling in Lagos, Nigeria", *Communications in Waste & Resource Management*, v. 9, n. 1 (2008), pp. 24-30.

25. "Lapido Market and Audacity of Anarchy", *Guardian* (Nigéria), 24/05/2019; Tope Templer Olaiya, "Fear Grips Danfo Drivers Ahead of Proposed Ban", *Guardian* (Nigéria), 20/02/2017.

26. Adediran; Ifeanyi Ndiomewese, "Ethnic Bias and Power Tussle Surround Appointment of New Leadership in Computer Village, Ikeja", *Techpoint Africa*, 13/05/2019, <https://techpoint.africa/2019/05/13/computer-villageiyaloja/>.

27. Manish Chalana e Jeffrey Hou (orgs.), *Messy Urbanism: Understanding the "Other" Cities of Asia* (Hong Kong, 2016); Rahul Srivastava e Matias Echanove, "What Tokyo Can Teach Us about Local Development", *The Hindu*, 16/02/2019.

28. Matias Echanove, "The Tokyo Model: Incremental Urban Development in the Post-war City" (2015), <http://www.urbanlab.org/TheTokyoModel-Echanove.02.2015.pdf>; Ken Tadashi Oshima, "Shinjuku: Messy Urbanism at the Metabolic Crossroads", em Chalana e Hou (orgs.), pp. 101 ss.

29. Kisho Kurokawa, *New Wave in Japanese Architecture* (Londres, 1993), p. 11.

30. Oshima; Jan Vranovský, *Collective Face of the City Application of Information Theory to Urban Behaviour of Tokyo* (Tóquio, 2016); Zhongjie Lin, *Kenzo Tange and the Metabolist Movement: Urban Utopias of Modern Japan* (Abingdon, 2010).

31. Echanove (2015); Matias Echanove e Rahul Srivastava, "When Tokyo Was a Slum",

Nextcity.org, 01/08/2013, <https://nextcity.org/informalcity/entry/when-tokyo-was-a-slum>; Matias Echanove e Rahul Srivastava, *The Slum Outside: Elusive Dharavi* (Moscou, 2013).

32. Chinmoy Sarkar, Chris Webster e John Gallacher, "Association between Adiposity Outcomes and Residential Density: A Full-Data, Cross Sectional Analysis of 419562 UK Biobank Adult Participants", *Lancet Planetary Health*, v. 1, n. 7 (out. 2017), e277-e288; "Inner-City Living Makes for Healthier, Happier People, Study Finds", *Guardian*, 06/10/2017.

33. Devajyoti Deka, "Are Millennials Moving to More Urbanized and Transit-Oriented Counties?", *Journal of Transport and Land Use*, v. 11, n. 1 (2018), pp. 443-61; Leigh Gallagher, *The End of the Suburbs: Where the American Dream Is Moving* (Nova York, 2013); Ellen Dunham-Jones e June Williamson, *Retrofitting Suburbia: Urban Design Solutions for Redesigning Suburbs* (Hoboken, 2009).

34. Vanit Mukhija e Anastasia Loukaitou-Sideris (orgs.), *The Informal American City: from Taco Trucks to Day Labor* (Cambridge, MA, 2014); Jake Wegmann, "The Hidden Cityscapes of Informal Housing in Suburban Los Angeles and the Paradox of Horizontal Density", *Building's Landscapes: Journal of the Vernacular Architecture Forum*, v. 22, n. 2 (out. 2015), pp. 89-110; Michael Mendez, "Latino New Urbanism: Building on Cultural Preferences", *Opolis: An International Journal of Suburban and Metropolitan Studies* (inverno 2005), pp. 33-48; Christopher Hawthorne, "'Latino Urbanism' Influences a Los Angeles in Flux", *Los Angeles Times*, 06/12/2014; Henry Grabar, "Los Angeles Renaissance: Why the Rise of Street Vending Reveals a City Transformed", Salon.com, 18/01/2015, <https://www.salon.com/2015/01/18/los_angeles_food_ truck_renaissance_why_the_rise_of_street_vending_reveals_a_city_transformed>/; Clara Irazábal, "Beyond 'Latino New Urbanism': Advocating Ethnurbanisms", *Journal of Urbanism*, v. 5, n. 2-3 (2012), pp. 241-68; James Rojas, "Latino Urbanism in Los Angeles: A Model for Urban Improvisation and Reinvention", em Jeffrey Hou (org.), *Insurgent Public Space: Guerrilla Urbanism and the Remaking of Contemporary Cities* (Abingdon, 2010), pp. 36 ss.

Créditos das imagens

Uma reconstituição moderna de Uruk, 2012 (© artefacts-berlin.de; Material: Instituto Arqueológico Alemão).

Interior da Penn Station, Nova York, fotografia, 1911 (Geo. P. Hall & Son/ The New York Historical Society/ Getty Images).

Adolescentes mergulhando no East River, Nova York, fotografia, 1937 (*New York Times*).

Hester Street, Nova York, diapositivo de "lanterna mágica", 1903 (National Archives and Records Administration).

A Cidade Velha de Bukhara ao pôr do sol, fotografia (Adam Jones).

Cenas de Tamerlane, Amir Timur Museum, Tashkent, painel (Eddie Gerald/ Alamy Stock Photo).

Lübeck e Hamburgo, 1588, *Civitates Orbis Terrarum*, de Franz Hogenberg e Georg Braun, Nuremberg, 1572-1616 (akg-images).

Mapa de Tenochtitlán, *Hernán Cortés' Letters*, Nuremberg, 1524 (Lanmas/ Alamy Stock Photo).

Pieter de Hooch, *Interior com mulheres ao lado de um guarda-roupa*, óleo sobre tela, 1663 (Bridgeman Images).

Samuel S. Greeley, Hull House (Chicago, Ill.), Greeley-Carlson Company e Thomas Y. Crowell Company, "Mapa de salários n. 1 — da Polk Street à rua Doze, da Halsted Street até a Jefferson Street, Chicago", mapa, 1895 (Norman B. Leventhal Map e Education Center).

Cena de rua em Newcastle, diapositivo de "lanterna mágica", *c.* 1900 (coleção do autor).

Violet Carson, Manchester, fotografia, 1966 (ITV/ Shutterstock).

Vincent van Gogh, *Arredores de Paris*, óleo sobre cartão, 1866 (© Christie's Images/ Bridgeman Images).

Gustave Caillebotte, *Rua de Paris, dia chuvoso*, óleo sobre tela, 1877 (Charles H. e Mary F. S. Worcester/ Bridgeman Images).

Édouard Manet, *Um bar no Folies-Bergère*, óleo sobre tela, 1882 (Bridgeman Images).

Édouard Manet, *A ameixa*, óleo sobre tela, *c.* 1877 (Bridgeman Images).

Shanghai à noite (Siyuan/ Unsplash).

Skyscraper Souls [*Almas de arranha-céu*], cartaz do filme, 1932 (Warner Bros.).

Dead End, still, 1937 (World History Archive/ Ann Ronan Collection/ Agefotostock).

Queensbridge Houses à sombra da Queensboro Bridge, fotografia, 1939 (Nova York Daily News Archive/ Getty Images).

Visitantes da exposição *Futurama*, General Motors, fotografia, 1939 (Getty Images/ Bettmann).

H. S. Wong, *Sábado sangrento* fotografia, 1937 (National Archives and Records Administration).

Henry N. Cobb, "Varsóvia, agosto de 1947", fotografia, 1947 (Henry N. Cobb).

Judge Harry Pregerson Interchange, Los Angeles, fotografia, 2018 (Denys Nevozhai/ Unsplash).

Cheonggyecheon, Seul, fotografia, 2008 (Michael Sotnikov/ Unsplash).

Rua Gonçalo de Carvalho, Porto Alegre, fotografia, 2012 (Adalberto Cavalcanti Adreani/ flickr: www.flickr.com/photos/adalberto_ca/8248042595/).

Tóquio, fotografia, 2017 (Erik Eastman/ Unsplash).

Shinjuku, Tóquio, fotografia, 2018 (Bantersnaps/ Unsplash).

Comuna 13, Medellín, fotografia, 2011 (imageBROKER/ Alamy Stock Photo).

Lagos, fotografia, 2018 (Alan van Gysen).

Índice remissivo

A. T. Kearney (empresa de consultoria empresarial), 402
abássidas (califado abássida), 130, 134, 137, 143, 149, 153
abelhas, 10, 208, 386-7, 392
Abissínia, 186; *ver também* Etiópia
Acádia, 46-7, 50, 53; Império Acádio, 46-7
Ácio, Batalha de (31 a.C.), 102
Acre (Israel), 157
Addams, Jane, 247-8
Aden, 186
Adis Abeba, 13
Adolfo II de Holsácia, duque, 155
Adriático, mar, 173
Afeganistão, 33, 53, 95, 145
África, 11, 15, 17-8, 31, 98, 105, 125, 130, 133-50, 178-80, 182, 184, 186, 188-9, 201, 384, 389, 394, 396-7, 400, 403, 405, 408, 410; Chifre da, 98; norte da, 82, 103, 105, 125, 127, 132, 179, 381; Ocidental, 134, 189, 384, 403; Oriental, 133, 149, 182, 184; *ver também* Lagos
África do Sul, 19, 383, 385

afro-americanos, 115, 357-8, 361-3, 365-7, 371
afrobeat, 406
Afrodite (deusa grega), 66, 102
Agência Federal de Habitação *ver* FHA (Federal Housing Administration, EUA)
aglomeração, 15, 271
ágora, 88-90, 92-5, 97-8, 132-3, 203, 211, 414; *ver também* Atenas
Agostinho, Santo, 72, 74
agricultura, 25-6, 32, 46, 131, 196, 241, 389, 391; hidropônica, 191, 391; organopônicos, 389; origens da, 25-6, 32; urbana, 389
Agripa, Marco Vipsânio, 106, 109, 125
água encanada, 56, 122
água, conservação de, 56
aids, epidemia da (anos 1980), 65
Ai-Khanoum, 95
Aitken, William, 242-3
Alaba, Mercado Internacional de (Lagos), 405
Alarico, 125
Albuquerque, Afonso de, 185, 187-8
álcool, 236, 250; banhos romanos e, 106-7; ci-

447

dades industriais do século xix e começos do século xx e, 237, 243; cultura da bebida em Londres, 139, 221; "Dionísia" (festival ateniense) e, 91-2, 99

Alemanha, 113, 141, 154, 156-7, 164, 190, 232, 311-2, 314-5, 320-1, 333, 338, 345, 388

alemão, idioma: baixo-alemão médio, 162-3

Aleppo, 207-8

Alexandre i, tsar, 322

Alexandre, o Grande, 71, 95-6, 98

Alexandre Severo, imperador romano, 106

Alexandria (Egito), 64, 79, 96, 98-103, 109-10, 131, 136, 143, 145, 147, 180, 188; Biblioteca de, 100-1

Alexandria Bucéfala (no atual Paquistão), 96

Alexandria do Indo, 96

Alexandria Eschate (no atual Tadjiquistão), 96

Alexandria Niceia (no atual Punjab), 96

Alexandria Prophthasia (no atual Afeganistão), 96

alfabetização, 124, 143, 177, 196

alfabeto fenício, 82

Alfredo, o Grande (rei da Inglaterra), 159

algoristas (seguidores de al-Khwarizmi), 144

algoritmos, 144

alienação, 240, 252, 266, 272-3, 279, 303, 358

al-Jahiz, 134

al-Khwarizmi, Muhammad ibn Musa, 144-5

Allen, Woody, 281

al-Ma'mun, califa, 137-8

al-Mansur, califa, 130, 134-5

Almas de arranha-céu (filme), 295, 297

al-Muqaddasi, 145-6; *As melhores classificações para o conhecimento das regiões*, 146

al-Mutawakkil, califa, 137

al-Tajir, Sulaiman, 147

al-Yaqubi, Ahmad, 135

Amalfi, 157

Amarelo, rio (China), 31, 54

Ambode, Akinwunmi, 406

Américas, 17, 31, 177, 181, 190, 201; América Central (Mesoamérica), 11, 75, 89, 97, 174, 179, 193, 366; América do Sul, 366, 384, 408; América Latina, 18, 389, 408; descoberta das, 177, 181

amoritas, 47-8

Amsterdam, 60, 66, 70, 79, 163, 177-8, 195-8, 200-3, 208, 210, 212, 390, 398, 412; bolsa de valores de, 198-200; casas e arquitetura em, 201; Companhia Holandesa das Índias Orientais (Vereenigde Oostindische Compagnie, voc), 197-8, 200; consumismo e individualismo, 203; criação dos sistemas financeiro e bancário moderno em, 198; *grachengordel* (canais) de, 200; judeus em, 195; liberdades políticas em, 200; pintura holandesa do século xvii e, 202-3; primeiro jornal moderno do mundo em, 200; *schuitpraatje* ("conversa de barca") em, 196, 200; sociedade de consumo em, 204; tornando-se uma cidade mais verde, 390

Amsterdamsche Wisselbank (Banco de Câmbio de Amsterdam), 198

Anaxágoras, 93

Andaluzia, 159

Andaman, mar de, 129

andorinhas, 381

Anfiteatro de Astley (Lambeth), 219

Angel Meadow (favela de Manchester), 232-3, 237, 239, 248

Aníbal (general cartaginês), 109

animais, 24, 26, 28, 34-6, 40, 51, 53, 99, 119, 145, 170, 189, 220, 223, 231, 234, 308, 321, 380-6; espécies sinantrópicas, 381; extinção de espécies, 384; "paradoxo da predação" urbana, 380-1; penetração das cidades em hábitats selvagens, 383; *ver também* biodiversidade

anonimato, 59, 62, 65, 240, 279

ansiedade, 35, 113, 197, 213, 239, 270, 272, 304

Antioquia, 109, 131, 157

antiurbanismo, 18, 51, 72

Antuérpia, 73, 190, 195, 198

Anu (deus mesopotâmico), 23, 30

Apolo (deus grego), 95

aquedutos, 56, 109, 125-7, 193, 350-1

Arábia, 33, 98, 129-31, 135, 148, 150, 184; árabes, 129, 132, 144-5, 147, 149, 173, 182, 184; Império Árabe, 133; península Arábica, 135

Aragon, Louis: *O camponês de Paris*, 275

aranhas, 228, 382

Arbeiterverein (clube dos trabalhadores alemães de Chicago), 244-5

Arcade Fire (banda): "Sprawl II" (canção), 360

Arcadia (Los Angeles), 371-4

ar-condicionado, 388

áreas verdes, 300, 385, 387; arborização, 35, 58, 387, 390; florestas urbanas, 387, 390; *ver também* árvores; parques

arenque, 155, 165, 167-8, 171-2, 198

Aristides, Élio, 103

Aristófanes, 89, 92, 98; *As aves*, 98; *As nuvens*, 89

Aristóteles, 84, 93, 96, 100, 176

Arles, 124

Arquimedes, 99

arquitetura, 16, 30, 32, 46, 52-3, 60, 73, 95, 98-9, 105, 145-6, 151, 155, 159, 161, 163, 172, 174, 179, 188, 215, 232, 289, 302, 337-9, 352, 362, 373; "arquitetura total", 338

arranha-céus, 13-4, 18-9, 23, 53, 58, 69, 76-8, 130, 152, 163, 232, 235, 252, 259, 281-98, 301-4, 329, 336, 350, 357, 364, 376-7, 381-2, 384-5, 393, 397, 399-400, 408, 411, 415

Arranha-céus de Nova York vistos a partir do North River, 10 de maio de 1903 (documentário), 282

Arranha-céus de Nova York, Os (filme de 1906), 283

Arras, 165

Arsenal de Veneza, 159

artesãos (classe artesanal), 32-3, 38, 54, 93, 150, 152, 161, 169-70, 173, 189, 200, 203, 221, 362, 397-8, 403, 405-6, 411

artilharia, 120, 152, 174, 176-7, 181, 184, 187, 307, 312, 321, 331-3

árvores, 77, 85, 201, 216-7, 259, 262, 300, 301, 314, 356, 378, 385-90, 392-3; *ver também* áreas verdes

Asgard (cidade celestial na mitologia nórdica), 320

Ásia, 15, 17-8, 39-40, 59, 80-2, 84, 93, 95, 105, 127, 131, 135-6, 148-52, 177, 179, 182, 186, 188-90, 197-8, 201, 240, 271, 292, 366, 369, 371, 374-5, 389, 400, 404; Central, 53, 96, 103, 129-30, 132-3, 135-6, 143-5, 152, 169; Menor, 82, 93, 105, 131; Sudeste Asiático, 75, 129-30, 133, 147, 173-4, 368

assentamentos informais, 78, 239-40, 339, 382, 394-5, 400, 406-7, 409-10, 413, 418; *ver também* favelas

Assíria, 180; assírios, 48

astecas, 192; Império Asteca, 191, 193

Atenas, 16-7, 79-80, 84-6, 89-97, 99-101, 131, 143, 191; ágora, 88-90, 92-5, 97-8, 132-3, 203, 211, 414; "Dionísia" (festival), 91-2, 99; Hipódamo de Mileto e planejamento de, 97; imigração para, 94; Kerameikos (bairro pobre), 93; metecos (estrangeiros livres residentes na pólis), 94; mulheres em, 94; ocupação do parque Navarinou, 85-6; Panateneias (festival), 91; Péricles e, 91-4, 96; Pireu (distrito portuário), 80, 94, 97; Platão e, 80, 96; Pnyx (espaço de reunião), 90; sociedade tribal da Ática, 89; Sócrates e, 92-3

Atlanta, 13-4, 370, 376

Atlântico, oceano, 82, 132, 179-82, 184, 208, 229, 397

Auckland, 79

Auden, W. H., 305-6

Augsburgo, 156

Augusto, Otávio, imperador romano, 102-3, 109, 124, 126

Auschwitz (campo de concentração e extermínio), 326, 332

Austrália, 159, 205

Áustria, 121, 141

autocracia (regimes autocráticos), 87, 98

automação, 374

Autun (Gália), 124

Babilônia, 23, 48, 50, 60-1, 66-77, 82, 89, 95, 98, 213, 252, 279, 291, 300, 319; a cidade moderna e o mito da, 16; Babel (nome hebraico para Babilônia), 50, 60, 69, 72-3, 76, 291; como metáfora do pecado e da fraqueza, 71-2; Esagil (templo), 69; Etemenanki (zigurate), 69; Império Babilônico, 61; no imaginário ocidental, 71; portão de Ishtar, 68; prostituição cultual na, 61, 67; Torre de Babel, 69, 73, 76, 291; traçado urbano da, 68

babuínos chacma, 381

bacalhau, 165, 168, 171

Bach-Zelewski, Erich von dem, 330

Backere, Gilles de, 190

Baçorá, 135, 148

badauds de Paris, 257-8, 265, 272

Baedeker Blitz (ataques aéreos nazistas), 154

Bagamoyo, 152

Bagdá, 23, 128-30, 134-7, 143-8, 153, 159, 396, 398; Bayt al-Hikmah (Casa da Sabedoria), 143; comércio entre Bagdá e Guangzhou, 129; comida de rua em, 137; "encruzilhada do universo", 143; explosão científica e intelectual em, 145; fabricação de papel e letramento em, 143; fundação de, 143; Grande Mesquita, 134; imigrantes em, 135; mercados em, 136; riqueza e poder de, 143; traçado urbano da antiga, 135-6

Bahrein, 33

Bairro Alto (Lisboa), 189

Bálcãs, 95, 124, 153

Baldwin, Faith: *Skyscraper*, 295

Balkh, 144-5, 153

Báltico, mar, 156, 164-7, 169, 172-3, 197

Balzac, Honoré de, 256-8

Banco da Inglaterra, 41, 210, 220

Banco do Japão, 318

bancos, 87, 210, 243, 283, 368, 398, 400, 411; invenção holandesa de procedimentos bancários modernos, 198, 200; *ver também* capitalismo; finanças

Bangalore, 15, 388

bangalôs, 344, 346, 350, 355-6, 359-60, 369-72; californianos, 351

Bangcoc, 60, 66, 256, 264, 292, 376

Bangladesh, 79, 370

banheiros públicos, 65, 193

banhos (casas de banho), 64, 106-7, 109, 127, 203, 414; Banhos Adriânicos (Lepcis Magna, Tunísia), 120; banhos públicos, 110, 118, 120, 124, 127; em Londres, 122; em Roma, 106, 116; *hammams* (banhos públicos de cidades islâmicas), 127; mulheres em, 107, 127; no Japão, 127; Pier Head, Termas de (Liverpool), 124; poetas romanos sobre, 107; *sentos* (banhos públicos japoneses), 127; Termas de Caracalla (Roma), 104-6, 118, 125-6; Termas de Conimbriga (Portugal), 120-1; Termas Galo--Romanas de Cluny (Paris), 121

Bank of Manhattan Trust Building (Nova York), 294

Barcelona, 387

Barclay-Vesey Building (Nova York), 287, 290

barcos, 27, 29-30, 33, 40, 58, 112, 114, 135, 181, 189, 194, 216, 229, 262, 282, 315, 321, 362

Barigui, rio (Curitiba), 393

Barmecida, 143, 145, 153

Bartlett, Dana: *The Better City* [A melhor cidade], 349

Bashkirtseff, Marie, 277

Basílica de Netuno (Roma), 109

Basílica de Santa Maria degli Angeli e dei Martiri (Roma), 126

Basílica de São Marcos (Veneza), 159

Batávia (atual Jacarta), 194, 198

Batman (personagem), 303-4

Baudelaire, Charles, 258, 267, 273, 275, 277

Bayt al-Hikmah (Casa da Sabedoria de Bagdá), 143

Bazalgette, Joseph, 261

bebidas alcoólicas *ver* álcool

Becker, Lydia, 246

Becontree Estate (Dagenham), 352

Behaim, Martin, 181

Beijing, 14, 78, 134, 152, 179, 348, 371, 376-7, 408; *ver também* Zhongdu (atual Beijing)

beisebol, 114, 250-2, 288, 340

Bel Geddes, Norman, 301

Belitung (navio), 128-30, 143, 150-1

Bengala, baía de, 129

Benim, 405

Benjamin, Walter, 272, 275

Bergen, 168-9, 172

Berlim, 68, 290, 312, 314, 326, 333-4, 388; Muro de Berlim (1989), queda do, 365; Museu Pergamon, 68

Berman, Marshall, 341

Betsy Head Recreation Center (Brooklyn), 114-5

Biala, Janice, 225

Białystok, 326

Bíblia, 50-2, 61, 68, 71, 75-6, 81; Antigo Testamento, 51, 313; Gênesis, 50; hebraica, 50-1, 61, 71, 76

Biblioteca de Alexandria, 100-1

Biblos, 80-2

Bielorrússia, 325

big data, 391

biodiversidade, 19, 25, 383-6, 389, 392-3; *ver também* animais

Birmânia, 149-50, 186

Biston betularia (mariposa salpicada), 382

Biuro Odbudowy Stolicy (Departamento para a Reconstrução da Capital, Varsóvia), 335

Bizâncio, 23; Império Bizantino, 158; *ver também* Constantinopla

Blade Runner (filme), 291, 393

Blake, William, 74

"blasé", 268-9, 272

Blitzkrieg (Segunda Guerra Mundial), 305, 324

Bobruisk, 325

Boccaccio, Giovanni, 176

Bold, Edna, 242

bomba atômica, 326

Bombaim (atual Mumbai), 194; *ver também* Mumbai

bombardeios aéreos, 305, 313, 319, 322, 325

Bon Marché, Le (Paris), 263

Bonaparte, Napoleão, 322-3

Bordeaux, 195

bordéis, 63, 125; *ver também* prostituição

Bór-Komorowski, Tadeusz, 329

borough (divisão administrativa municipal), 159-60

Boston, 58, 208, 347, 387; BosWash (corredor Boston-Nova York-Washington), 347

Boswell, James, 63, 222

Braem, Renaat, 338

Brasbridge, Joseph, 222

Brasil, 184, 188, 240, 387, 390

Bremen, 166, 311, 313

Bremer, Fredrika, 228-9

Breton, André, 275

Britânia (província romana), 120-1

Bronx: Cross Bronx Expressway (rodovia), 340-1

Bronx (Nova York), 341-2

Brooklyn (Nova York), 114-5, 286, 294, 301

Bruegel, Pieter (o Velho), 73, 75

Bruges, 165-6, 168-9, 190

Brunsvique, 156

Bruxelas, 79, 319, 385

Buda, 95, 153

Budapeste, 326

budistas, 129, 132, 147, 149, 151, 173, 183

Bukhara, 136, 152

bullae (esferas mesopotâmicas de argila), 41

burgos, 159-60

burguesia, 162, 239, 258, 270; etimologia da palavra "burguês", 159-60

Burj Khalifa (arranha-céu de Dubai), 294

Burney, Fanny: *Evelina*, 223-4

Bush, George H. W., 361

Butler, Samuel, 209

Cabral, Pedro Álvares, 184

Cabrini-Green (projeto de habitação pública em Chicago), 233
caçadores-coletores, 25-6
Cádis, 82-3
cafés (cafeterias), 13, 17-8, 64-6, 142, 199, 205-17, 221, 224-7, 244, 251, 257-8, 263, 266, 270-1, 273, 279, 295, 327, 373, 398-9, 414-5
Caffa, 169
Caillebotte, Gustave, 265-7, 269, 273; *Rua de Paris, dia chuvoso* (tela), 265
Caim (personagem bíblico), 50
Cairo, 86, 147-8, 159, 185-6, 188, 207, 388
Calcutá, 194
Calhoun, John B., 51, 77-8
Calicute, 181-6, 194
Califórnia, 345-8, 353, 356, 361, 368, 370, 372, 375, 377; bangalôs californianos, 351; *ver também* Los Angeles
Calímaco, 100
calmimilocatl (planejador urbano de Tenochtitlán), 192
Camboja, 150
camelos, 99, 133
caminhar, 17-8, 21, 36, 51, 58, 227, 261-2, 270, 274-5, 277, 280, 373, 414-5; literatura sobre, 275; *ver também flâneur*
Campo de Cebada (Madri), 87
Camuloduno ("O Forte de Câmalo", Essex), 120
Canadá, 203, 345
Canaletto, 52
cananeus, 81, 253
Cantão, 129, 179, 368
capitalismo, 168, 198, 203, 210-1, 232-3, 239, 245, 268, 272, 284-5, 292, 298, 377, 398; de livre mercado, 215, 245, 285, 405; *ver também* bancos; finanças
Capitolino, monte (Roma), 108
Caracalla, imperador romano, 104
Caracalla, Termas de (Roma), 104-6, 118, 125-6
Caracas, 277
Carataco, rei dos catuvelaunos, 120

caravelas (naus portuguesas), 174, 180-1
carbono, emissões de, 20-1, 384, 387, 414
Carcóvia, 320
Carlos IV, sacro imperador romano-germânico, 172
Carlos V, sacro imperador romano-germânico, 176, 188
carnavais, 60, 171-2, 236
carracas (naus portuguesas), 174
carros (automóveis), 18, 20, 58, 60, 87, 98, 133, 207, 279, 282, 291, 301, 303, 309, 334, 344, 348, 350-1, 366, 370, 374, 376, 378-9, 386, 390, 393, 395, 403, 414-6; *ver também* estacionamentos; tráfego
Cartago, 81, 109, 319
casas isoladas, 350
Cáspio, mar, 95
Cassiodoro, 126
Castor e Pólux (gêmeos da mitologia greco-romana), 108
Castorp, Hinrich, 167
Çatalhöyük (Turquia), 27, 39
catedrais góticas, 105, 263
Catedral de São Paulo (Londres), 122, 212, 220
catuvelaunos, tribo dos, 120
cavaleiros teutônicos, 156
Ceilão, 186, 198
cérebro, 35; córtex cingulado anterior perigenual, 35; córtex pré-frontal dorsolateral, 35, efeitos da cidade sobre o, 382
César *ver* Júlio César
Ceuta, 180
Chandler, Raymond, 350
Changsha, tigelas de, 128
Chaplin, Charlie, 273
Chennai, 150, 390
Cheonggyecheon (projeto verde em Seul), 386
Chester, 62
Chicago, 12, 16, 35, 228-9, 231-9, 241-5, 247-8, 250, 252, 254, 261-2, 265-6, 276, 288, 346, 349, 381, 388, 396; *Arbeiterverein* (clube dos trabalhadores alemães), 244-5; bair-

ros degradados de, 244; Cabrini-Green (projeto de habitação pública), 233; Comiskey Park, 250; como "cidade do choque" (séc. xix), 232, 254, 266; Conley's Patch (favela), 234; consumo de álcool na Chicago industrial, 237, 244; criminalidade em, 234; esporte de massa aos domingos em, 250; "estuário" (áreas centrais da cidade), 252; fábricas de empacotamento de carne em, 234; frigoríficos de, 231; Grande Incêndio (1871), 232, 235, 242; Hull House, 247; imigrantes alemães em, 244; imigrantes irlandeses em, 233-4, 237, 245; Kilgubbin (distrito irlandês), 234; Lager Beer Riot (1855), 236; Little Hell (favela), 233, 276; Loop (distrito comercial), 235; máfia em, 233, 238; Monadnock, 232; Packingtown, 234, 236, 248; *Turnverein* ("clube de ginástica", movimento alemão) em, 244-5, 248

Chicago White Sox (time de beisebol), 250

Chicago White Stockings (depois Chicago Cubs, time de beisebol), 250

China, 10-1, 14-5, 19, 31, 37, 54, 75, 78, 89, 95-6, 98, 128-30, 132-6, 143-4, 147-8, 150-2, 170, 174, 183, 186, 188, 190-1, 288, 292, 305, 348, 366, 368-70, 373, 376-7, 379, 384, 399-400, 408, 410; área da grande baía de Guangdong-Hong Kong-Macau, 375; cidades chinesas, 19, 152, 170, 177, 292, 376, 399, 408; confucionismo, 87; expansão urbana de baixa densidade, 376; fabricação de papel na, 143; feng shui (na construção de cidades chinesas), 96-7; Genghis Khan e, 152; Grande Peste e, 169; guerra entre Japão e, 305; imigração chinesa para Los Angeles, 372-4; "Iniciativa Rota e Cinturão" (Nova Rota da Seda), 19, 151; Nova Área de Lanzhou, 19; picos de montanhas decepados na, 19; porcelana chinesa, 129, 187, 203; primeiras cidades na, 31, 37; Rota da Seda, 153, 168-9; *ver também* Beijing; Shanghai

Chmielewski, Jan, 335

Chrysler Building (Nova York), 294, 299

Chuikov, Vassili, 324

chuvas, 31, 46, 56-7, 221, 239, 265-6, 395, 403

Chylinski, Thaddeus, 308

Cícero, 92-3

Cidade Bela (movimento), 253

Cidade de Ho Chi Minh (Vietnã), 390

Cidade do Benim (Nigéria), 179

Cidade do Cabo, 194, 198, 381, 385, 387

Cidade do México, 17, 138, 191, 194, 379, 387-8, 394

"Cidade Nova" (Cartago), 81

cidades: celestiais, 52, 72, 320; Cidade Jardim (movimento), 253; "cidade livre", 155; "Cidade Radiante" (conceito), 77; "cidade senciente", 392; "cidade ubíqua", 392; cidade--estrela, 11; "cidades de chegada", 19; cidades-Estados, 44, 46, 48, 53-4, 80-1, 83, 85, 95, 132, 148-51, 157, 164, 166, 173-4, 186, 190, 193; cidades-jardins, 52, 349, 352; como lugares de perigos e de atenção indesejada para mulheres, 277; "como matar uma cidade", 306, 311, 314-5, 319, 326; descentralizada, 348; dispersão das, 10, 355-6; distópicas, 52; e as origens da guerra organizada, 44; efeito de ilha de calor, 381-2, 386; efeitos da cidade sobre o cérebro, 382; etimologia da palavra "civilização", 121; europeias, 17, 115, 155, 161, 170, 174, 177, 179, 191, 193-4, 198, 212, 224, 226, 250, 305, 314; expansão urbana de baixa densidade, 376, 379; felicidade e, 289, 415; feng shui (na construção de cidades chinesas), 96-7; individualidade atomizada nas, 268-9; industriais, 62, 168, 235; inteligentes, 151, 392-3; IoT ("Internet das Coisas") e, 392; islâmicas, 127, 133, 159; Manchester e Chicago como "cidades do choque" (séc. xix), 232, 254, 266; megacidades, 11, 14, 138, 377, 384, 389, 394, 400-1, 407-8, 410, 412-3, 418; metabolismo urbano, 411; microclima urbano, 24; no livro do Gênesis,

50; Novo Urbanismo (movimento), 417; ordem geométrica, 96; "paradoxo da predação" urbana, 380-1; penetração das cidades em hábitats selvagens, 383; "periféricas" (ou "cidades furtivas"), 373; Platão sobre, 95; população urbana global, 232; portuárias, 80-1, 150, 152, 157, 368; residentes estrangeiros em, 11, 79; revolução urbana, 32, 231-2, 367, 400; Santo Agostinho e, 72, 74; sistemas adaptativos complexos, 390; superpopulação, 349, 352; temperaturas urbanas, 388; troca de informações, 200, 211-2, 224; urbanismo latino, 416-7; urbanismo utópico, 53; Uruk como primeira cidade do mundo, 24-5; verticalização, 13; vila autossuficiente, 72; "zona cinzenta" (trabalho informal), 402

Cipião Africano, 109-10, 319

Circo Máximo (Roma), 118-9, 126

Cirene, 100

Ciro, o Grande (imperador persa), 70-1

civilidade, 142, 212, 214, 216, 221

"civilização", etimologia da palavra, 121

classe média, 202, 213, 224, 226, 235, 239-40, 242, 245-6, 249, 251, 258, 267, 271, 277-8, 303, 308, 346-7, 352, 357, 361, 372, 376-7, 400

classe trabalhadora, 77, 113-5, 130, 140, 190, 206, 219-20, 230, 233, 235, 237, 239, 242-52, 260-1, 270, 278, 295-6, 300, 303, 346, 349, 356-7, 361-2, 366, 411

Cláudio, imperador romano, 120

Cléo das 5 às 7 (filme), 279

Cleópatra, 101-2, 109

Clerkenwell (Londres), 220

Clístenes, 89-90, 92, 95

Cluny, Termas Galo-Romanas de (Paris), 121

cocaína, 409

cocas (cargueiros hanseáticos), 168, 174

Cochim, 185, 188, 190

Código de Hamurabi (primeiro código jurídico escrito), 67

coiotes, 351, 380-1, 385

Colchester, 120-1, 154

Cole, Teju: *Every Day Is for the Thief* [Todo dia é dia do ladrão], 142

cólera, 12, 237, 241, 256; asiática, 235; como "febre irlandesa", 237

Coliseu (Roma), 105, 118-9, 126

Colne, rio, 120

Colômbia, 408-9

Colombo, Cristóvão, 11, 152, 180-1

Colônia (Alemanha), 313-4

Colonial Park, piscina do (Harlem), 114-5

colonialismo, 151, 401

comida de rua, 13, 17-8, 137-42, 150, 190, 399

Comiskey Park (Chicago), 250

Cômodo, imperador romano, 106

Companhia Ferroviária de Lancashire e Yorkshire, 249

Companhia Holandesa das Índias Orientais (Vereenigde Oostindische Compagnie, VOC), 197-8, 200

comportamento cívico, 214

Compton (Los Angeles), 360-6, 374-5

Conão de Samos, 99

Coney Island (Nova York), 111

confucionismo, 87

Congo, 180

Coniates, Nicetas, 158

Conimbriga, Termas de (Portugal), 120-1

Conley's Patch (favela de Chicago), 234

Conselho Regional de Londres, 352

Constantino, imperador romano, 106

Constantinopla, 131, 134, 153, 157-9, 195, 207-8; *ver também* Bizâncio; Istambul

consumismo, 203, 263, 345, 358, 360; sociedade de consumo, 204

contadores, 42, 369, 405; de Uruk, 42

Cook, Thomas, 263

Cooper, Merian C., 297

Cooper, Selina, 246

Copacabana, praia de (Rio de Janeiro), 111

Copenhague, 167, 169

Corbett, Harvey Wiley, 291

Córdoba, 129, 134, 159, 185

Coreia (antiga), 87-8, 147

Coreia do Sul, 59, 205, 366; *ver também* Seul

Corinto, 109, 131

Cornelys, Teresa, 225

corrupção, 51, 61, 75, 77, 238, 253, 394, 401, 407-8

Cortés, Hernán, 191, 193-4

cortiços, 113-4, 117-8, 126, 283, 298-300, 302, 304, 336-7, 341

corvos, 321, 382

cosmopolitismo, 46, 60, 101, 148, 152, 173, 191, 194, 241; "cosmopolita", uso do termo, 84

Courante uyt Italien, Duytslandt, &c. (jornal de Amsterdam), 200

Covent Garden (bairro de Londres), 123, 142, 208, 212, 223-4

Covent Garden Theatre (Londres), 217-8

Coventry, 312, 314, 335

covid-19, pandemia de, 12, 20

Cracóvia, 153, 335

Crane, Hart: *A ponte*, 65

Crasso, Marco Licínio, 109

Crenshaw (Los Angeles), 361

Crescente Fértil, 25-7

Creta, 80-1

Crimeia, 83, 169

criminalidade, 10, 51, 175, 220, 238-9, 271, 335, 365, 391

crise financeira global (2008), 141, 373

cristianismo, 70, 156; Cristandade, 157, 161, 180; cristãos, 71, 124, 132, 147, 159, 180-1, 183, 186; cristãos-novos, 194

Cross Bronx Expressway (rodovia), 340-1

Cruzadas, 155-8, 163-4, 177

Cuba, 389

cultura urbana, 23, 111, 127, 130, 144, 200, 206, 213, 317, 414

"cultura", etimologia da palavra, 121

cuneiforme, escrita, 42, 71, 82

Curitiba (PR), 392-3

Da Vinci, Leonardo, 52

Daca, 370, 390, 394, 402

Dácia (província romana), 121

Dagenham, 352

Damasco, 127, 135, 207, 395

danfo (micro-ônibus nigeriano), 397, 402-3, 406

danse macabre, 169-70

Dante Alighieri, 176

Danzig, 163, 171

dar al-Islam ("lar do islã"), 132

Datini, Francesco, 173

De Quincey, Thomas, 73-5, 77; *Confissões de um comedor de ópio*, 75

Dead End (filme de 1937), 299-300

Dead End (peça), 113-4

Décio, imperador romano, 106

Defoe, Daniel: *Moll Flanders*, 223

Degas, Edgar, 207, 267, 269

Delacroix, Eugène: *A morte de Sardanápalo* (tela), 71

Delvau, Alfred: *Les Plaisirs de Paris*, 257-8, 266

Demétrio de Falero, 100

Demócrito, 84

densidade populacional, 11, 51, 58, 78, 283, 350; baixa, 20, 350, 367, 373, 376-7, 383, 416

"desabitação", política de (Segunda Guerra Mundial), 313, 315

Descartes, René, 196

descoberta das Américas, 177, 181

desigualdade, 73, 224, 328

desmatamento, 384

Desperate Housewives (série de TV), 359

Dharavi (favela de Mumbai), 15-6, 18, 21, 240, 284

Dholavira, 53, 56

dhows (navios árabes), 129, 149-50, 185

Dias, Bartolomeu, 180, 182

Díaz del Castillo, Bernal, 191-2

Dicearco, 92

Dickens, Charles, 74, 140, 274; *As aventuras do sr. Pickwick*, 140

Dinamarca, 156, 167, 177

dinamismo, 18, 30, 33, 79, 93, 133, 177, 397-8, 407, 410

dinheiro, invenção do, 40

Dinócrates de Rodes, 96

Diocleciano, imperador romano, 105-6, 125-6

Diógenes, 80

Dion Crisóstomo, 99

"Dionísia" (festival ateniense), 91-2, 99

Dioniso (deus grego), 91-2, 98-9, 102

direitos das mulheres, 66, 245-6

Dirlewanger, Oscar, 330; Brigada Dirlewanger, 330-2

dispersão das cidades, 10, 355-6

Disraeli, Benjamin, 231

distópicas, cidades, 52

DJ Kool Herc, 340

Djenné-Djenno, 31

Doações de Alexandria (proclamações imperiais), 102

doenças, 12, 16, 20-1, 35, 37, 122, 239, 247, 251, 259, 311, 328, 392; zoonóticas, 383

Douglas Aircraft Company, 353

Dresden, 314

drogas, 13, 186, 238, 247, 340, 364; tráfico de, 341, 361, 409

Du Huan, 136

Dubai, 79, 94, 130, 292, 397, 399-400; Burj Khalifa (arranha-céu), 294

duction shares (ações subdivididas), 199

Dwan, Allan, 286

Eanna ("Casa do Céu", templo de Uruk), 30, 44

East Side, West Side (filme), 287-8, 297

Eastvale (Los Angeles), 372-4

Ebling, 163

ecologia: "pegada ecológica", 384; urbana, 387

economia: do conhecimento, 10, 14, 21, 397-9; do Pacífico Asiático, 366; informal, 14, 138, 224, 401-2, 406

ecossistema urbano, 380, 385, 407, 410, 414

Edelmeton, Walter le Clerk de, 175

Edessa, 157

Edwards, Daniel, 208

Éfeso, 83, 100, 131

Egito, 25, 31, 54, 80-1, 84, 89, 96-8, 102-3, 133, 150, 334; *ver também* Alexandria

Eiffel, Gustave, 263

Eisenhower, Dwight D., 333

Eko Atlantic (Lagos), 397, 399-400, 408

elamitas, 47

eletricidade, 207, 232, 244, 314, 318, 321, 329, 350, 378, 384, 388, 391, 395, 406

elitismo, 12

Emerson, Ralph Waldo, 206

Empire State Building (Nova York), 288, 294-5, 297, 299

empreendedorismo, 177, 240, 300, 366, 397, 399, 406

enchentes, 29, 317, 388-9

energia renovável, 391

Engels, Friedrich, 232-3, 239, 241, 247, 268; *A situação da classe trabalhadora na Inglaterra*, 233

engenharia hidráulica, 57

Enki (deus mesopotâmico), 29, 35

Enkidu (personagem mitológico), 22-3, 33-5, 62

Enlil (deus mesopotâmico), 35

Enoque (personagem bíblico), 50

En-pap X (escravo sumério), 44

épicos sânscritos, 96

Epopeia de Gilgamesh, A (poema sumério), 23-4, 33-7, 42-6, 62

Equitable Building (Nova York), 285-6

Era do Gelo, 25

Eratóstenes de Cirene, 99

Erdapfel (globo terrestre de Behaim), 181

Ereque (Uruk), 50; *ver também* Uruk

Eridu, 28-32, 61-2, 69, 71; *ver também* Babilônia

Ermen & Engels (empresa de fiação de algodão), 232

Esagil (templo babilônico), 69

Escandinávia, 153, 164, 168

Escânia (Suécia), 165

Escobar, Pablo, 409

Escócia, 208-9, 222
Escola de Chicago (sociologia), 276
Escola de Manchester (capitalismo de livre mercado), 245
escorbuto, 182, 321
escravidão, 44, 54, 60, 136, 180, 186, 189, 231, 319
escrita, invenção da, 23, 36, 42-3, 45, 193, 398; alfabeto fenício, 82
esgoto, sistema de, 55-6, 78, 109, 113-4, 234, 261, 390
Esmirna, 208
espaços públicos, 19, 86-8, 91, 94, 100, 108, 111-2, 116, 132, 175, 205, 209, 211, 217, 221, 223, 233, 270, 284, 399, 409, 416
Espanha, 85, 132, 134, 140, 176, 179, 182, 194-5, 197, 381; conquistadores espanhóis na América, 191; Guerra Civil Espanhola (1936-9), 305; Império Espanhol, 176, 195
especiarias, comércio de, 125, 129, 136-7, 139, 148-50, 157-8, 164, 168, 180-5, 188-90, 194, 197-8
Espinosa, Baruch, 196
esportes, 83, 107, 119, 222, 244, 248, 251
Ésquilo, 92
Essen, 311, 313
Estácio (poeta romano), 104
estacionamentos, 19, 86, 142, 337, 350; ver também carros (automóveis)
Estados Unidos, 13, 18, 72, 75, 77, 113, 157, 159, 205, 225, 229, 233-4, 243, 250-1, 271, 288, 298, 301, 313, 341-3, 345-7, 351, 356-8, 365, 367-9, 371-6, 381, 388, 390, 395, 404, 407, 415, 417; distúrbios (anos 1960), 342-3; esporte de massa aos domingos nos, 250; Guerra Civil Americana (1861-5), 245; New Deal, 114, 300; obesidade nos, 379; Pânico de 1907 (crise financeira), 294; Partido Democrata, 245; Segunda Grande Migração, 357, 361; Sociedade da Temperança, 236
Estela dos Abutres (Suméria), 45
Estocolmo, 172

Etemenanki (zigurate babilônico), 69
Etiópia, 180, 184, 207
etruscos, 83
Eubulo, 89
Euclides, 99-100, 134
Eufrates, rio, 24-5, 27-8, 30, 33-4, 46, 48, 54, 68-9, 123, 180
Eugênio III, papa, 155
Eurípides, 92, 95
Europa, 18, 72, 75, 80, 103, 134, 159, 164, 168, 170, 179-80, 186, 225, 250, 271, 329, 338, 404; Central, 157, 381; cidades europeias, 17, 115, 155, 161, 170, 174, 177, 179, 191, 193-4, 198, 212, 224, 226, 250, 305, 314; Leste Europeu, 140-1, 330; nascimento da, 81; norte da, 103, 124, 154-5, 163-6, 168, 172, 179, 195-6; Ocidental, 108, 123, 151, 158, 164, 208, 225, 311
Europa (personagem mitológica), 80
Evangelho Social (movimento norte-americano), 231
evento climático de 4200 a.p., 46
evolução, 382-3, 385; seleção natural, 382-3
Exército Russo de Libertação Nacional, 331
Exército Vermelho (União Soviética), 324-6, 330, 332-3
expectativa de vida, 15, 35, 57, 170, 235, 381
Exposição Universal de Paris, 262-4

"faça você mesmo", economia e urbanismo, 14-5, 402, 405
Fajardo, Sergio, 409
falcão-peregrino, 381
Família Soprano (série de TV), 359, 364
Farringdon (Londres), 220
favelas, 14-6, 55, 77, 92, 113, 118, 195, 219-20, 232-7, 239-42, 246-8, 251-2, 265, 276, 299, 337, 352, 361-2, 377, 393-5, 402, 409-11; ver também assentamentos informais
fazendas urbanas, 389, 393
FBI (Federal Bureau of Investigation), 342
Fela Kuti (músico nigeriano), 406
felicidade, cidades e, 289, 415

feminismo, 246, 252, 271, 278

feng shui (na construção de cidades chinesas), 96-7

Fenícia, 81; alfabeto fenício, 82; fenícios, 81-3, 99, 101

Ferriss, Hugh: *The Metropolis of Tomorrow*, 289-91

FHA (Federal Housing Administration, EUA), 354-7

Fielding, Henry, 217

Filadélfia (Pensilvânia), 208, 350

Fildes, Mary, 245

Filipe da Macedônia, 95

Filipinas, 79, 87, 368

film noir, 301

finanças, 21, 41, 43, 76, 172, 212, 224, 284, 397-8; crédito, 159, 211, 373; crise financeira global (2008), 141, 373; *duction shares* (ações subdivididas), 199; especulação, 199-200, 210, 215, 284-5, 295, 371; indústria de hipotecas *subprime*, 373; invenção do dinheiro, 40-1; mercados financeiros, 168, 186, 226; poupança, 243, 296; sistema financeiro, 41, 200; *ver também* bancos; capitalismo

Finlândia, 166

flamingos, 381, 385

Flandres, 157, 160-1, 166, 168, 173, 188-90

flâneurs, 258-9, 265, 267-9, 272-3, 277-8

Florença, 23, 158-9, 169, 174-6

florestas urbanas, 385, 387, 390

Foceia, 82-3

food trucks, 141

Ford, Ford Madox, 225

Fórum Romano, 108

França, 83, 121, 157, 160-1, 169, 176, 188, 190, 260, 262, 264, 337, 357; *ver também* Paris

Francisco I, rei da França, 176, 188

Franco, Francisco, 305

Frank, Hans, 308

Frankfurt, 336, 391

Franklin, Benjamin, 112

Freud, Sigmund, 255, 280

futebol, 111, 119, 242, 249, 251-2; Liga Inglesa de Futebol, 249-50

Gal Sal (dono de escravos sumérios), 44

Gália (província romana), 121, 123-4; *ver também* França; Paris

Galileu Galilei, 196

Gama, Vasco da, 181-5

Gana, 134, 405

Gandhi, Mahatma, 72

gangues, 220, 233-4, 237-9, 249, 281, 340-3, 357, 360-3, 373

Ganweriwala, 53

García Bravo, Alonso, 194

Gaskell, Elizabeth: *Mary Barton*, 273

gatos, 321, 381

Gauda, 179

Gay, John: "Trivia, ou a arte de caminhar pelas ruas de Londres", 274

gays, 64

Gazette des Femmes, La (jornal feminista), 271

Geber (Abu Musa Jabir ibn Hayyan), 146

Gênesis, Livro do, 50

Genghis Khan, 152

Gênova, 157-9, 169, 173, 176, 180, 184

Germânia (província romana), 121, 123

Gershwin, George, 281, 294

Gestapo, 308-10

Gezi, parque (Istambul), 86-7

Ghent, 165

Gildas: *On the Ruin of Britain*, 123

Gilgamesh (rei lendário de Uruk) *ver Epopeia de Gilgamesh, A* (poema sumério)

globalização, 366-7, 369, 372, 375, 377

Goa, 185, 188, 190

Göbekli Tepe ("Colina do Umbigo", Turquia), 25-6, 28

Goldstein, Bernard, 310-1

Golias (tanques de guerra), 331-2

Gomorra *ver* Sodoma e Gomorra (cidades bíblicas)

Gonçalo de Carvalho, rua (Porto Alegre), 387

Google, 370, 391, 396

Górgias, 93

Göring, Hermann, 315

gótico, estilo, 160-1, 163, 179; catedrais góticas, 105, 263; gótico de tijolos, 160-1, 163

Gotlândia, 156

Grã-Bretanha, 62, 114, 119-21, 123, 140, 154,
205, 210, 231, 235, 242-3, 352, 377; ver
também Inglaterra; Reino Unido

grachengordel (canais de Amsterdam), 200

Granada (Espanha), 159, 192

Grand Hôtel du Louvre (Paris), 262

Grande Depressão (anos 1930), 113, 294, 297-
9, 301, 304, 354

"Grande Muralha de Lagos", 397

Grandmaster Flash & The Furious Five (grupo
de rap): "The Message" (canção), 340, 342

grands magasins, 263

Grécia, 80-2, 84, 93, 95, 124; Jogos Olímpicos,
91; ver também Atenas

greco-báctrio, reino, 95

Green Day (banda): "Jesus of Suburbia" (canção), 359

Greenwich Village (Nova York), 60

Greifswald, 163

grelha, forma de (traçado urbano), 68, 96-7,
101, 120, 192, 216

Grigoropoulos, Alexandros, 85

Grito na noite, Um (filme), 295

Groenlândia, 122, 124, 165

Grossman, Vassili, 334

GSM (Global System for Mobile Communications — Sistema Global para Comunicações Móveis), 404

Guangdong, 375

Guangzhou, 129, 134, 147-8, 179

guaxinins, 380-2, 384

Guernica, 305

Guerra Anglo-Hanseática (1470-4), 167

Guerra Civil Americana (1861-5), 245

Guerra Civil Espanhola (1936-9), 305

Guerra Fria, 353, 365, 374

guerra organizada, origens da, 44

Guicciardini, Francesco, 174

guildas mercantis, 160-1, 163, 172, 186, 214

Guiné, golfo da, 178, 180-1

gútios (povo mesopotâmico), 46-7

Gwadar, 151

Hacienda (boate de Manchester), 249

Haiderabade, 15

Halles, Les (Paris), 142

Hambantota, 151

Hamburgo, 164, 166-7, 195, 311, 313-5, 333,
335

hammams (banhos públicos de cidades islâmicas), 127

Hamurabi, rei da Babilônia, 67

Hangzhou, 179, 375

Harappa, 17, 50, 53-5, 57, 59; civilização harappeana, 57

Harlem (Nova York), 114-5, 207, 299; East
Harlem, 114-5

Harlem River Houses (Nova York), 300, 302

Harris, Sir Arthur, 312

Hartlib, Samuel, 208

Haussmann, Georges-Eugène, 259-66

Havana, 389

Haywood, Eliza: The Female Spectator [A es-
pectadora], 219

Hayyan, Abu Musa Jabir ibn (Geber), 146

Heaton, Annie, 246

Hebei, 14, 348

Hecateu, 84

hedonismo, 60, 65

Hélade (mundo grego), 85; ver também Grécia

Henrique II, rei da Inglaterra, 63

Henrique III, rei da Inglaterra, 166

Henrique, o Leão (duque da Saxônia e da Baviera), 156

Henrique, o Navegador (infante d. Henrique
de Portugal), 180

Henry, O.: "Psyche and Pskyscraper" [A mente e o arranha-mente], 284

Heródoto, 61, 68, 84, 92-3

Herófilo da Calcedônia, 99-100

459

hidropônica, agricultura, 191, 391

hieróglifos, 82

Higgs, Mary, 277

Himmler, Heinrich, 307, 330-2

hindus, 147, 184-6; cálculo hindu, 144; hinduísmo, 151, 173, 182-3; *ver também* Índia

hiperdensidade, 133

hip-hop, 252, 340, 342-4, 360, 363-4, 407; *gangsta rap*, 360

Hípias, 89

Hipócrates, 70, 93

Hipódamo de Mileto, 97

hipotecas, 357, 372-3, 376; *subprime*, 373

Hiroshima, 317-9, 326

hititas, 48

Hitler, Adolf, 154-5, 307-8, 311-2, 319-23, 325-6, 328, 330-1, 333

Hobbes, Thomas, 196

Hockley-in-the-Hole (Clerkenwell, Londres), 220

Hodgson, James, 211

Hogarth, William: *A Harlot's Progress* [O progresso de uma meretriz] (tela), 223

Holanda, 62, 171, 195-7, 311, 357; República Holandesa, 196-7, 201; Revolta Holandesa (1568-1648), 195

Holbein, Hans, 167

Hollywood (Los Angeles), 66, 75, 77, 282, 298-300, 350-1

Holoceno, 28, 31

Homero, 82, 84, 96, 100; *Ilíada*, 95-6; *Odisseia*, 82, 96

homossexualidade, 64, 67-8

Hong Kong, 20, 87, 166, 194, 289, 292, 347, 366, 368, 375, 399; Hong-Shen (Hong Kong e Shenzhen), 347-8

Hooke, Robert, 145, 211

Horácio, 117

Horino, Kuro, 318

Hospital do Espírito Santo (Lübeck), 162

Hospital Real de Todos-os-Santos (Lisboa), 189

Houston, 14, 346

Howard, Sir Ebenezer: *Cidades-jardins de amanhã*, 349

Hoyer, Hermann, 166

Hsieh, Frederic, 367

Hugo, Victor, 265

Huitzilopochtli (deus asteca), 192

Hull House (Chicago), 247

Humbaba (personagem mitológico), 34

Hume, David, 213

Hungria, 121

Huntington Park (Los Angeles), 366-7

Hye-ch'o (monge budista coreano), 147

Iatrebe (hoje Medina), 131

Ibéria (província romana), 121

Ibérica, península, 82, 127, 165, 169, 173

Ice-T (rapper), 363

"Idade das Trevas": da Europa, 134; da Grécia Antiga, 81

Idade do Bronze, 50, 54

Idade Média, 11, 16, 52, 63, 72, 128, 130, 134, 144, 147-9, 154, 160-1, 165, 168, 173, 175, 256, 259-61

igrejas, 125-6, 135, 158, 164, 167, 203, 215, 220, 249, 260, 273, 277, 333, 405; megaigrejas em Lagos, 405

ilha de calor, efeito de, 381-2, 386

Ilhas das Especiarias (Molucas, Indonésia), 148, 186, 188

Ilíada (Homero), 95-6

Illinois, Lei das Fábricas de, 247

imigração/imigrantes, 66, 79-80, 87, 93, 94, 108, 115, 119, 138, 140-1, 145, 148, 161, 163, 190, 193, 195-7, 200, 215, 234, 238, 242, 244, 246, 250, 252, 276, 290, 294, 357, 367-8, 370-1, 385, 416

Império Acádio, 46-7

Império Árabe, 133

Império Asteca, 191, 193

Império Babilônico, 61

Império Bizantino, 158

Império Espanhol, 176, 195

460

Império Inca, 192
Império Otomano, 176
Império Persa, 95, 131
Império Romano, 102, 121-2, 127, 131-2; do Ocidente, 132; do Oriente, 102, 127; *ver também* Roma
Império Serivijaia, 149
Império Teotihuacán, 193
impressionismo, 207, 266-7, 269, 272
Inanna (deusa mesopotâmica), 23-4, 29-30, 62, 66, 69
incas, 192
Índia, 33, 47, 53, 72, 79, 95, 130, 132-3, 136, 143, 147-8, 169, 184, 186, 188, 198, 239, 241, 320, 384, 408; *ver também* hindus; Mumbai
Índico, oceano, 129, 131, 135, 147, 149, 164, 173, 180, 182-6, 188
individualidade atomizada, 268-9
Indo, vale do, 53-5, 57-8, 95
Indonésia, 148, 197-8, 408
Inglaterra, 13, 105, 157, 159, 162, 166-9, 173-4, 177, 190, 196, 208-9, 217, 231, 233, 237-8, 246-7, 312-6, 338, 357, 380; Banco da Inglaterra, 41, 210, 220; Colchester como primeira cidade da, 120-1; dívida nacional, 210; Guerra Anglo-Hanseática (1470-4), 167; Liga Inglesa de Futebol, 249-50; *oppida* (assentamentos protegidos), 120; peixe com batata frita (comida da classe trabalhadora britânica), 140; presença romana na, 120; Revolução Industrial, 112, 174, 231-2, 250, 382, 391, 416; Stonehenge, 25; *ver também* Londres; Manchester
"Iniciativa Rota e Cinturão" (Nova Rota da Seda), 19, 151
Inquisição, 194
inteligência artificial (IA), 13, 391
Inter caetera (bula papal), 181
internet, 10, 396-7, 399; IoT ("Internet das Coisas"), 392
IoT ("Internet das Coisas"), 392
Irã, 25, 33, 38-9, 47, 95, 130, 132, 135

Iraque, 23, 25, 28, 39, 49, 132
Irlanda, 208, 233, 237, 241, 243, 347; imigrantes irlandeses em Manchester e Chicago, 233-4, 237, 245
Irmãos Livônios da Espada, 156
irrigação, 27-8, 32, 37, 44, 48, 56
Irving Trust Company (Nova York), 290
Isaías, profeta, 81
Isherwood, Christopher, 305-6
Ishtar (deusa babilônica), 61, 66, 68-9
Ísis (deusa egípcia), 99, 102
islã, 130-3, 145, 157, 159, 180; cidades islâmicas, 127, 133, 159; *dar al-Islam* ("lar do islã"), 132; expansão islâmica, 132; *ummah* (comunidade muçulmana), 132-3; *ver também* muçulmanos
Islândia, 165
Israel, 25, 81
Istambul, 86-7; parque Gezi, 86-7; *ver também* Bizâncio; Constantinopla
Itália, 82-3, 93, 121, 124, 158, 161, 176, 179, 189-90; repúblicas italianas, 157-8, 174; *ver também* Roma

Jacarta, 20, 194, 198, 376
Jackson, Alfred e Luquella, 362
Jacobs, Jane, 18, 88
Jaffa, 157
James, Henry, 227, 277-9
Jameson, Anna, 258
Japão, 127, 186, 188, 190, 198, 305, 316, 366, 368, 411; Banco do Japão, 318; guerra entre China e, 305
Jardim do Éden, 37, 57, 320
Jardins de Vauxhall (Londres), 216-7, 222-3
jardins suspensos, 388, 393
Java, ilha e mar de, 128-9, 148-50, 186, 198
Jefferson, Thomas, 72, 115
Jerde, Jon, 271
Jeremias, profeta, 61, 70
Jericó, 26-7, 39
Jerônimo, são, 124-5

Jerusalém, 61, 70, 72, 136, 157; Templo de Salomão, 61
"Jesus of Suburbia" (canção), 359
Jiang Zemin, 292
Jin, dinastia, 152
Jing-Jin-Ji (aglomerado de cidades chinesas), 14, 348
Jinjiang, 375
Joanesburgo, 11
João I, d. (rei de Portugal), 180
João II, d. (rei de Portugal), 180-1
João, são, 61
Jodhpur, 381
Jogos Olímpicos (Grécia Antiga), 91
Jordânia, 25
Joseon (dinastia coreana), 88
judaísmo, 194
judeus, 68, 70, 99, 115, 132, 135, 140-1, 145, 147, 157, 173, 178-9, 181, 183, 194-5, 198, 238, 294, 310-1, 320, 328-30, 334, 338; asquenaze, 140; sefarditas, 140, 195
Juice Crew (coletivo de artistas do hip-hop), 343
Júlio César, 101-2, 109
Just Imagine (filme), 291
Juvenal, 117

Kan, Toni: The Carnivorous City [A cidade carnívora], 395-6
Kanchipuram, 150
Kaplan, Chaim, 328
Karl-Gerät (morteiros), 331
Kaváfis, Konstantinos, 64-5
Kazin, Alfred, 294
Kelley, Florence, 247
Khorasan, 135, 144
Kiev, 153, 335
Kilgubbin (distrito irlandês de Chicago), 234
Kilwa, 148, 184-6
King Kong (filme), 297-8
King, Martin Luther, 342
King, Rodney, 364
Kish, 39, 46

komos (procissão noturna grega), 91
Königsberg, 163, 326
kontor (entreposto comercial hanseático), 167-8
Korgas, 151
Kuala Lumpur, 294, 376, 381, 399
Kuibyshev, 322
Kulaba, templo de (Uruk), 30
Kurokawa, Kisho, 412
Kushim (burocrata sumério), 42-4
Kyauk Phyu, 151

La Guardia, Fiorello, 115
Lacroix, Auguste de (escritor), 258
Lagash, 39, 45-6, 53
Lager Beer Riot (Chicago, 1855), 236
Lagos, 11, 13, 15, 17, 20-1, 78, 138-9, 142, 239, 277, 377, 379-80, 390, 394-408, 410, 413, 417-8; afrobeat, 406; assentamentos informais em, 395; crime e corrupção em, 394; danfo (micro-ônibus), 397, 402-3, 406; dinamismo de, 397; divisão de classes em, 400-1; economia informal em, 401; Eko Atlantic, 397, 399-400, 408; "Grande Muralha de Lagos", 397; igrejas pentecostais em, 405; Makoko (favela), 395, 402-3; megaigrejas em, 405; Mercado Internacional de Alaba, 405; "microempresas" em, 401; Nollywood, 396; Oshodi (mercado), 400; tamanho e crescimento de, 394; tráfego de, 394, 397; "Vale do Yabacon", 396; Vila de Informática de Otigba, 15, 21, 403-7, 418; "zona cinzenta" de, 402
Lakewood (Los Angeles), 344-6, 348, 353, 355-8, 360, 365, 372, 374, 378
Lang, Fritz, 252, 290
langures, 381
Lanzhou, 19, 151, 387
lápis-lazúli, 24, 33, 40, 42, 53, 68, 150
Las Vegas, 60, 66
latim, 82-3, 101, 106, 121, 162
Lazare, Louis, 265
Le Corbusier, 52, 58, 76-7, 302

Lei das Fábricas (Illinois), 247

Lei de Zoneamento (Nova York, 1916), 286, 288-9

Leipzig, 323

Leningrado, 320-3, 325

leões-da-montanha, 381, 384

leopardos, 99, 190, 382

Levante, região do, 80-1, 130-1, 173, 197

Líbano, 25, 34, 80-1; monte Líbano, 34, 81

Líbia, 125

lidos (piscinas), 114

Liga Hanseática, 166-8, 172, 177, 195-6; Assembleia Hanseática (1669), 177; Guerra Anglo-Hanseática (1470-4), 167; Hansetag (Assembleia Hanseática de 1356), 166; mercadores da, 164, 167; *ver também* Lübeck

Ligúria, mar da, 173

linces, 384

Lisboa, 82, 178-81, 183-4, 188-92, 194-5, 201, 398; Bairro Alto, 189; comércio e riqueza de, 179-81; cristãos-novos em, 194; estilos arquitetônicos em, 179; Hospital Real de Todos-os-Santos, 189; Inquisição em, 194; judeus em, 195; Mosteiro dos Jerônimos, 179, 189; origens fenícias de, 82; Paço da Ribeira, 188; rua Nova dos Mercadores, 179, 189; sensualidade e exotismo de, 179; Torre de Belém, 179, 189

literatura, 52, 64, 70, 100, 143, 202, 213, 215, 253, 259, 274-5, 280, 307, 353, 358, 396; francesa, 257; grega, 82, 84, 95-6, 100; primeiras obras literárias do mundo surgidas na Mesopotâmia, 45, 70; sânscrita, 96; sobre a caminhada, 275; urbana, 274-5

Little Ireland (favela de Manchester), 233

Lívio, Tito, 176

livre mercado, 215, 245, 285, 405

lixo, 15, 23, 55, 58, 113, 116, 162, 170, 215, 220, 232-4, 240, 247, 281, 327, 381, 386, 391, 393, 395, 404, 409, 415; reciclagem, 15, 58, 240

Lloyd, Harold, 304

Lloyd's Café (Londres), 210-1, 226

Locke, John, 145, 196

Lockheed Aircraft Company, 353

Łódź, 335

lojas de departamento, 216, 263, 270-2, 283

loncheros, 141-2, 416

Londinium (Britânia), 121-3

Londres, 10, 13, 17, 48, 52, 55, 58, 60, 63-4, 66, 72-6, 79, 112, 114, 123, 138-40, 142, 145, 167-8, 175, 205, 208-27, 235, 261-2, 264, 271, 273-5, 277-8, 288, 293, 312, 319, 335, 341, 352, 359, 371, 377, 382, 384-5, 387, 394, 398-9, 412; banhos em, 122; bolsa de valores de, 210, 226; bordéis em, 63; catedral de São Paulo, 122, 212, 220; Clerkenwell, 220; Conselho Regional de, 352; coração da cidade de, 167, 208; Covent Garden (bairro), 123, 142, 208, 212, 223-4; Covent Garden Theatre, 217-8; criminalidade em, 220; cultura da bebida em, 221; efeito da aglomeração em, 15; era de ouro sociabilidade urbana (séc. XVIII), 221; Farringdon, 220; fazendo compras em, 221, 224; floresta urbana de, 385; Grande Incêndio (1666), 220; Jardins de Vauxhall, 216-7, 222-3; *lidos* (piscinas), 114; Lloyd's Café, 210-1, 226; Lyons' Corner Houses, 271; mercados financeiros, 226; metrô de, 382; "Metrolândia", 352; Metropolitan Railway Company, 352; origens romanas de, 121-3; "pegada ecológica" de, 384; polidez e civilidade em, 214, 221; Royal Exchange, 210, 226; Royal Society, 145, 211-2; sociedade do consumo em, 204; Soho, 15, 58, 66, 220, 225; Southwark, 63, 66; St. Giles-in-the-Fields, 219; turismo em, 256; Westminster, 63, 208-9, 273

Long Beach (Los Angeles), 345, 353, 366, 375

Long, Edwin: *O mercado de casamento da Babilônia* (tela), 71

Los Angeles, 15, 17, 66, 72, 79, 111, 141-2, 271, 277, 291, 340, 346, 348-53, 356-9, 361-7,

369-78, 381, 384, 390, 393, 416-7; afro-americanos em, 362; aqueduto de, 350; Arcadia, 371-4; bacia de, 347; baixa densidade de, 350; centro da economia do Pacífico Asiático, 366; como cidade descentralizada, 348; comportamento cívico em, 214; Compton, 360-6, 374-5; condado de, 344-5, 350-1, 363, 367; Crenshaw, 361; distúrbios (anos 1960 e 80), 363-4; Eastvale, 372-4; food trucks em, 141; gangues de, 361; Grande Los Angeles, 347-8, 350, 353, 365, 372; hipotecas *subprime*, 373; Huntington Park, 366-7; Lakewood, 344-6, 348, 353, 355-58, 360, 365, 372, 374, 378; latinos em, 416-8; Long Beach, 345, 353, 366, 375; Monterey Park, 367-8, 370; *parklets* em, 390; polícia de, 361, 364; San Marino, 371; South Gate, 349, 356; Spur Posse (gang), 365; urbanismo latino, 416-7; Vale de San Fernando, 66, 350-3, 357, 364, 366; Vale de San Gabriel, 367, 369-71, 374; Watts, 350, 358, 361, 363

Louisville, 388

Lower East Side (Nova York), 113, 140-1, 283, 287, 299

Lübeck, 17, 154-6, 160-73, 176-7, 190, 313, 336, 398; *Burspraken* (cerimônia), 162, 172; carnavais de, 171; casas mercantis de, 163; "cidade livre", 155; *danse macabre*, 169; Grande Peste em, 169; Hospital do Espírito Santo, 162; ideal cívico corporativo, 160; leis de, 161-3; Marienkirche, 160, 163, 169; mercadores da Liga Hanseática e, 167; origens eslavas de, 155; Rathaus (câmara municipal), 160-1, 165-6; Ratsweinkeller (adega municipal), 161; Zirkelgesellschaft (Sociedade do Círculo), 161

Lublin, 153, 326

Luca (Itália), 174

Luftflotte IV (frota aérea nazista), 324

Luftwaffe (força aérea nazista), 312

Lugal (ou Homem Grande, líder sumério), 45

Lugalzaguesi, rei de Umma, 46

Lundenwic (vilarejo saxão), 123

Lüneburg, 165

Lyons' Corner Houses (Londres), 271

M69 (bomba incendiária), 316

macacos, 24, 189, 261, 381

Macau, 166, 190, 375

Macedônia, 95, 98

Machen, Arthur: *O aventureiro de Londres, ou a arte de passear*, 274-5

Madri, 86-7; Campo de Cebada, 87

máfia, 233, 238, 299

maias, 37, 97, 193

Makoko (favela de Lagos), 395, 402-3

Malaca, 17, 129, 148, 178, 186-8, 190, 194, 197

Malaia, península, 148-9

Malásia, 130, 150, 198, 294

Mali, 31

Malin, Joseph, 140

Malindi, 182

Manchester, 35, 55, 228-9, 231-3, 235-7, 239, 241-7, 249-52, 254, 259, 265-6, 268, 273, 349, 352, 396; Angel Meadow (favela), 232-3, 237, 239, 248; como "cidade do choque" (séc. XIX), 232, 254, 266; compensações do trabalhador de, 241; Conselho Escolar de, 247; consumo de álcool na Manchester industrial, 237, 243-4; "Cottonopolis" ("metrópole do algodão"), 229; Engels em, 232; Escola de Manchester (capitalismo de livre mercado), 245; Hacienda (boate), 249; imigrantes irlandeses em, 237; industrial, 268; Liga Inglesa de Futebol, 249-50; Little Ireland (favela), 233; Massacre de Peterloo (1819), 245-6; Palace Theatre of Varieties, 249; Partido Trabalhista fundado em, 245; Pentecostes (1850), 249; pioneira da cultura popular, 249; primeira estação ferroviária para passageiros (1830), 235; primeiro serviço de ônibus (1824), 235; radicalismo político em, 246; sistema fabril em, 232, 242; times de futebol em, 251; Trades Union Congress (Congresso dos Sindicatos, 1868), 245; West Gorton, 249; Women's Social and Political Union (União Social e Política das Mulheres), 246; Wythenshawe, 352

Manchester City Football Club, 249, 251

Manchester Female Reform Society (Sociedade Feminina pela Reforma de Manchester), 245

Manchester Ladies Anti-Slavery Society (Sociedade Abolicionista das Senhoras de Manchester), 246

Manchester Society for Women's Suffrage (Sociedade pelo Sufrágio Feminino de Manchester), 246

Manchester United Football Club, 249, 251

Manchester Unity Friendly Society Independent Order of Oddfellows, 243

Manet, Édouard: *A ameixa* (tela), 270; *Num canto de um café-concerto* (tela), 267-8; *Um bar no Folies-Bergère* (tela), 267-8

mangues, 19, 148, 388, 392, 395

Manhattan, 14, 58, 88, 97, 198, 281-3, 285-7, 289, 291, 293-4, 296-8, 350, 364, 383, 397; Nova Amsterdam (1624), 198; *ver também* Nova York

Manhattan (curta-metragem de 1902), 282

Manhattan (filme), 281

Manila, 376, 394, 402; Mega-Manila, 375

Manimekalai (épico tâmil), 150

Manuel I, d. (rei de Portugal), 181, 184, 188-90, 194

manuelino, estilo arquitetônico, 179, 188

Maomé, profeta, 131

Maquiavel, Nicolau, 176

Mar Proth (monge cristão sírio), 147

Mar Sabor (monge cristão sírio), 147

Marchione, Bartolomeu, 189

Marcial (poeta romano), 107, 118

Marco Antônio, 102, 109

Marco Aurélio, imperador romano, 122

Marduk (deus mesopotâmico), 69

mariposa salpicada (*Biston betularia*), 382

Marley Marl, 343

Marrocos, 82, 179, 182

Marselha, 83, 169, 195

Marsh, Julian, 298

Martha and the Muffins (banda): "Suburban Dreams" (canção), 359

Martin, John: *A queda da Babilônia* (tela), 75

Marx, Karl, 239, 263

marzipã, 155, 165

mascaradas, 60, 219

matemática, 42-3, 98, 100, 144, 146, 211

materialismo, 60, 72

Mayhew, Henry, 139-40

Meca, 130-1, 135, 183, 186, 188, 207

Medellín, 381, 408-9, 413

medieval, mundo *ver* Idade Média

Medina, 131, 207

Mediterrâneo, mar, 46, 76, 80-3, 94, 97-8, 101, 103, 108, 120-2, 130-3, 135, 157, 164-5, 168, 180, 319

megaigrejas em Lagos, 405

megarregiões, 14, 347, 384, 408

Meière, Hildreth, 290

Melbourne, 194

melros, 381-2, 385

Mênfis (Egito), 31

Mercado Internacional de Alaba (Lagos), 405

Merv, 144-5, 153

Mesa (subúrbio de Phoenix), 373

Mesoamérica, 11, 75, 89, 97, 174, 179, 193, 366

Mesopotâmia, 9, 11, 16, 23-4, 26-8, 31-2, 34, 37-9, 44-8, 50, 53-4, 67, 70, 76, 80-2, 89, 97, 133-4, 191, 193, 231, 233; primeiras obras literárias do mundo, 45, 70; *ver também* Babilônia; Uruk

mesquitas, 135-6, 151, 182, 185-6, 188, 405

"Message, The" (canção), 340, 342

Meta (Facebook), 370, 396

metabolismo urbano, 411

metecos (estrangeiros livres residentes na pólis), 94

"Metrolândia" (Londres), 352

Metrópolis (filme), 252-3, 290-1, 303

Metropolitan Life Insurance Company (Nova York), 285, 294

Metropolitan Railway Company (Londres), 352

"metropolitano", uso do termo, 12, 84

metrôs, 65, 133, 227, 255, 274, 292, 317, 341; de Londres, 382

mexicas (povo), 191, 193

México, 31, 191-3, 366; golfo do, 31

Miami, 373, 390

Mianmar, 151

micênica, civilização, 81

Michelangelo, 126

microclima urbano, 24

microempresas, 15, 401-2

Midler, Helena, 334

Mil e uma noites, As (contos árabes), 136, 142

Milão, 52, 174, 176

Mileto, 83

milhafre-real, 380

Minneapolis, 373

minoicos (civilização minoica), 81

Minsk, 320, 325, 335

Mishima, Yukio: *Cores proibidas*, 65

Moçambique, 182

modernismo, 207, 253, 302

moedas, 120, 148, 159, 210

Mogadíscio, 148

Mogilev, 325

Mohenjo-Daro, 53-8

Moldávia, 121

Moloch (deus cananeu), 253

Mombaça, 148, 182, 185, 194

Monadnock (Chicago), 232

monarquia(s), 85, 87, 102, 108, 201

monções, comércio das regiões das, 56, 148-9, 151, 157, 183, 185-6

Monet, Claude, 207, 267

mongóis, 152-3

Mongólia, 152

Monterey Park (Los Angeles), 367-8, 370

Montezuma II, tlatoani (governante asteca), 191

Montmartre (Paris), 60, 259

moradia popular, 301, 341, 343

More, Thomas, 52

Morneweg, Bertram, 162

Morneweg, Gertrud, 162

Morneweg, Hermann, 162

Morrison, Herbert, 114

mortalidade infantil, 15, 241, 247

Moscou, 11, 13, 153, 320-3, 336

Moses, Robert, 302

mosquitos, 116, 234, 382; do metrô de Londres, 382

Mosteiro dos Jerônimos (Lisboa), 179, 189

Mozart, Wolfgang Amadeus, 217

Mubarak, Hosni, 86

muçulmanos, 132-3, 135, 147, 157, 173, 179, 183-5, 188, 330; *ummah* (comunidade muçulmana), 132-3; *ver também* islã

mudanças climáticas, 20-1, 28, 31-2, 46, 48-9, 56, 379, 384-5, 388, 391, 393, 414

Mukai, Tetsuro, 318

mulheres: cidades como lugares de perigos e de atenção indesejada, 277; direitos das, 66, 245-6; em Atenas, 94; em banhos públicos, 107, 127; feminismo, 246, 252, 271, 278; movimentos pelo sufrágio feminino, 246; na Babilônia, 61, 67; na Grécia Antiga, 94; na Mesopotâmia, 67; na sociedade holandesa do século XVII, 203; nas cidades industriais do século XIX (Manchester e Chicago), 229, 243, 246-7; repressão das mulheres em Atenas, 94; virgindade, 61, 67; *Women's Suffrage Journal*, 246

Mulholland, Catherine, 351

Mulholland, William, 350-1

Mumbai, 14-5, 17, 78, 138, 142, 148, 194, 219, 240-1, 284, 381-2, 388, 394, 402, 410; Dharavi (favela), 15-6, 18, 21, 240, 284

Mundy, Peter, 202

Munique, 156, 314

Münzer, Hieronymus, 178-9, 181

múrex (caramujo), 82

Murmester, Hinrich, 167

Muro de Berlim (1989), queda do, 365

Museu das Civilizações Asiáticas (Singapura), 128, 150-1
Museu Nacional Romano, 126
Museu Pergamon (Berlim), 68
music halls, 249

N.W.A. (Niggaz Wit Attitudes, grupo de hip--hop), 360-1; "Fuck Tha Police" (canção), 361, 364; *Straight Outta Compton* (álbum do N.W.A), 360-1
Nabopolassar, rei da Babilônia, 319
Nabucodonosor II, rei da Babilônia, 98
Nabucodonosor, rei da Babilônia, 68
Nações Unidas, 14, 389
Nairóbi, 14
Nałkowska, Zofia, 310, 332
Nanjing, 179, 292, 375
Napier, Charles, 228, 232
Napoleão III, imperador francês, 259-60
Nas (rapper): *Illmatic* (álbum), 343-4
natação, 112-3
Navarinou, parque (Atenas), 85-6
Nebelwerfer (lança-foguetes), 332
Negro, mar, 85, 173
Neolítico (revolução neolítica), 26
Nero, imperador romano, 106, 109
New Deal, 114, 300
New Orleans, 264, 388
New York Times, The (jornal), 302-3
Newark, 391
Newton Heath (atual Manchester United Football Club), 251
Níger, rio, 31, 54
Nigéria, 11, 179, 239, 396-7, 401, 403-7; *ver também* Lagos
Nilo, rio, 25, 31, 54, 98, 136
Nîmes, 124
Nimrod (personagem bíblico), 50
Nínive, 48, 60, 75, 82, 319
Nippur, 39
Nishapur, 153
nível do mar, aumento do, 28, 390-1
Nollywood (Lagos), 396

Normandia, 157
Norris, Frank, 242
Norte, mar do, 164, 167-8
Noruega, 156, 165-6, 168
Notke, Bernt, 169, 172
Nova Amsterdam (atual Nova York), 198
Nova Área de Pudong (Shanghai), 15
Nova dos Mercadores, rua (Lisboa), 179, 189
Nova Jerusalém (conceito bíblico de cidade ideal), 52, 58, 77, 253-4, 300
Nova Rota da Seda ("Iniciativa Rota e Cinturão"), 19, 151
Nova York, 10, 12, 17, 20, 23, 53, 60, 65, 76-7, 79, 86, 105, 111, 113-4, 138, 140, 142, 194, 208, 239, 254, 264, 281-95, 297-8, 300-3, 340, 343-4, 346-7, 349-50, 377, 380, 387, 389, 395, 398, 412; *Almas de arranha-céu* (filme), 295, 297; *Arranha-céus de Nova York vistos a partir do North River, 10 de maio de 1903* (documentário), 282; Bank of Manhattan Trust Building, 294; Barclay--Vesey Building, 287, 290; Batman e Super-Homem e, 303-4; Betsy Head Recreation Center, 114-5; BosWash (corredor Boston-Nova York-Washington), 347; Bronx, 341-2; Brooklyn, 114-5, 286, 294, 301; Chrysler Building, 294, 299; Coney Island, 111; *Dead End* (filme de 1937), 299-300; *Dead End* (peça), 113-4; East Harlem, 114-5; *East Side, West Side* (filme), 287-8, 297; Empire State Building, 288, 294-5, 297, 299; Equitable Building, 285-6; especulação financeira em, 284; Feira Mundial (1939), 301; Feira Mundial (1964), 344; Greenwich Village, 60; Harlem, 114-5, 207, 299; Harlem River Houses, 300, 302; hip-hop e, 340, 342-4; Irving Trust Company, 290; *Just Imagine* (filme), 291; *King Kong* (filme), 297-8; Lei de Zoneamento (1916), 286, 288-9; Lower East Side, 113, 140-1, 283, 287, 299; *Manhattan* (filme) e, 281; *Metrópolis* (filme), 252-3, 290-1, 303;

Metropolitan Life Insurance Company, 285, 294; Nova Amsterdam (origens), 198; Occupy Wall Street (movimento), 86; *One--Third of a Nation* (filme), 300-1; *Os arranha-céus de Nova York* (filme de 1906), 283; Pennsylvania Station, 105; plano urbanístico de, 302; Queensbridge Houses, 301-3, 342-3, 361; Red Hook Houses, 300, 302; *Rua 42* (filme), 298; Sears Tower, 294; *Shock Punch, The* (filme), 287; Singer Tower, 284, 294; *Street Scene* (filme), 298, 300; Stuyvesant Town-Peter Cooper Village, 302; Thomas Jefferson Park, 114-5; *To New Horizons* (filme), 301; *Um grito na noite* (filme), 295; Wall Street, 86, 290, 299; Williamsburg Houses, 300, 302; Woolworth Building, 285, 294; Zuccotti Park, 86-7

Novgorod, 162, 168-9, 172

Novo Urbanismo (movimento), 417

obesidade, 379, 415

Occupy Wall Street (movimento), 86

Odisseia (Homero), 82, 96

Offenbach, Jacques, 256

olmecas, 31, 193

Omã, 136, 148

One-Third of a Nation (filme), 300-1

ônibus, 227, 235, 273-4, 317, 376, 392-3, 397, 402, 406-7, 409

Operação Bagration (ofensiva russa em 1944), 325, 329

Operação Barbarossa (operação militar nazista, 1941), 320, 330

Operação Caso Azul (Segunda Guerra Mundial, 1942), 323

Operação Cue (testes atômicos nos EUA), 355

Operação Gomorra (Segunda Guerra Mundial), 313

Operação Sonata ao Luar (incursão contra Coventry, Segunda Guerra Mundial), 312

Operação Tufão (ataque a Moscou, Segunda Guerra Mundial), 322

operários *ver* classe trabalhadora

oppida (assentamentos britânicos), 120

ordem geométrica, 96

Ormuz, 185-6, 188

Orsha, 325

Orwell, George: *Um pouco de ar, por favor*, 358

Osaka, 390

Oshodi (mercado em Lagos), 400

Osíris (deus egípcio), 99

Osthusen, Johannes, 167

ostrogodos, 126

Otigba, Vila de Informática de (Lagos), 15, 21, 403-7, 418

Ovídio, 107

Packingtown (Chicago), 234, 236, 248

Paço da Ribeira (Lisboa), 188

Padana (planície italiana), 83

Países Baixos, 157, 195; *ver também* Amsterdam; Holanda

Palácio da Cultura e Ciência Joseph Stálin (Varsóvia), 336

Palácio Ducal (Veneza), 159

Palatino, monte (Roma), 83, 108, 119

Palembang, 149-50, 153, 186

Palestina, 25

Panateneias (festival ateniense), 91

pandemias, 12, 20-1, 123, 392; *ver também* covid-19, pandemia de

Pânico de 1907 (crise financeira nos EUA), 294

Pankhurst, Christabel, 246

Pankhurst, Emmeline, 246

Pankhurst, Sylvia, 246

Panônia (província romana), 121

Panteão (Roma), 104, 109, 126

papel, fabricação de, 143

Paquistão, 33, 38, 53, 55, 79, 95-6, 151, 241

"paradoxo da predação" urbana, 380-1

Paris, 12, 23, 48, 51, 53, 55, 60, 111-2, 121, 123, 142, 169-70, 174-5, 179, 191, 206, 208, 254-67, 269-72, 275, 277, 279-80, 291, 319, 324, 341, 371; *Arredores de Paris* (tela de Van Gogh), 266; *badauds*, 257-8, 265, 272; cafés de, 207; capital cultural do século XIX, 206; *danse macabre*, 170; Exposição Universal de, 262-4; Freud em, 255; Grand Hôtel du Louvre, 262; Grande Peste em, 169; *grands magasins*, 263; Le Bon Marché, 263; Les Halles, 142; Montmartre, 60, 259; panorama de, 259; Paris Plages (praias urbanas), 112; reforma de, 260, 272; *Rua de Paris, dia chuvoso* (tela de Caillebotte), 265; Síndrome de Paris (anticlímax e solidão), 255, 257, 272, 279; tamanho de, 13; teatralidade das ruas de, 257; Torre Eiffel, 259, 264; turismo em, 256-7

parklets, 390

Parmênides, 93

parques, 17, 58, 65, 77, 86-7, 113-4, 118-9, 215, 221, 248, 257, 262-3, 266, 301-3, 308, 337, 370-1, 377, 386-7, 390-1, 393, 414, 416-7; *ver também* áreas verdes; florestas urbanas

Partido Democrata (EUA), 245

Partido Trabalhista (Inglaterra), 245

Partido Trabalhista Independente (Inglaterra), 247

pássaros, 60, 96, 202, 290, 380-3, 385, 392

Paulus, Friedrich, 324-5

Paunchard, Robert, 175

Pavlov, Yakov (sargento soviético), 324

peixe com batata frita (comida da classe trabalhadora britânica), 140

Pennsylvania Station (Nova York), 105

Penso de la Vega, José: *Confusão das confusões*, 198

Pepys, Samuel, 209, 212

Péricles, 91-4, 96

"periféricas", cidades (ou "cidades furtivas"), 373

Pérolas, rio das (China), 147, 347

Pérsia, 70, 95, 129-31, 135, 143, 184; Império Persa, 95, 131

Pérsico, golfo, 25, 28, 31, 46, 54, 129, 146-7, 186

pestes, 12, 131, 170; Grande Peste, 169-71, 177

Pet Shop Boys (banda): "Suburbia" (canção), 359

Peterloo, Massacre de (Manchester, 1819), 245-6

Petronas Towers (Kuala Lumpur), 294

Pforzheim, 314

Philip de Ashendon, 175

Phoenix (Arizona), 373, 376

Phra Nakhon Si Ayutthaya (metrópole tailandesa), 320

Piazza della Repubblica (Roma), 126

PIB global, 402

Pier Head, Termas de (Liverpool), 124

pimenta-do-reino, 147, 166, 182, 188-9

Pires, Tomé, 186-7

Pireu (distrito portuário de Atenas), 80, 94, 97

Pisa, 157, 174

piscinas, 17, 87, 106, 110-1, 113-6, 123-4, 127, 248, 351; do Thomas Jefferson Park (Nova York), 114-5; *lidos*, 114

Pisístrato, 89

planejamento urbano, 20, 53, 55-7, 132, 161, 215, 283, 293, 317, 349, 386, 393, 412, 417

Platão, 52, 83, 95-6, 100; *A República*, 80

Plínio, o Jovem, 105

Plutarco, 101-2

Pnyx (espaço de reunião da assembleia ateniense), 90

pobreza, 13, 15, 35, 140, 221, 240-1, 248, 250, 276, 288, 335, 341, 343, 364, 401-2, 408-9, 412-3

poços, 56, 234

Poe, Edgar Allan: "O homem da multidão", 275

pólis, 11, 84-5, 88-91, 93, 95-7, 196; sinecismo (criação de uma pólis), 84; *ver também* Atenas

Polônia, 39, 156, 177, 306, 308, 326, 332, 334-5, 338

poluição, 16, 56, 122, 124, 233-5, 240, 251, 291, 352, 378-9, 382, 386, 391, 393

pombos, 153, 321

Pompeia, 75

Pompeu (cônsul romano), 109
população urbana global, 232
porcelana chinesa, 129, 187, 203
Porto (Portugal), 189
Porto Alegre (RS), 387
portuárias, cidades, 80-1, 150, 152, 157, 368
Portugal, 121, 140, 166, 179-80, 183, 188, 194-5, 197; monopólios comerciais globais de, 188; *ver também* Lisboa
Posídipo, 85
Potsdam, 314
povos do mar, 81
praias, 111, 116, 182, 184, 327, 345, 349, 366, 399
Preste João, 180
Primcock, A.: *The Touchstone* [A pedra de toque], 218
Primeira Guerra Mundial, 306, 320, 352
proletariado *ver* classe trabalhadora
prostituição, 34, 61-2, 66-7, 73-4, 78, 93-4, 139, 222-3, 228, 234, 238, 247, 268, 270, 299, 301, 328; *ver também* bordéis
Protágoras, 93
protestantes, 196, 231
Prússia, 168, 177
Ptolomeu I Sóter (rei do Egito), 98, 100
Ptolomeu II Filadelfo (rei do Egito), 98
Ptolomeu, Cláudio (astrônomo), 100
Ptolomeus, dinastia dos, 100-1
pubs, 64, 66, 221, 224, 236, 249, 251-2, 273, 414
Puerto del Sol, praça (Madri), 86
"púrpura tíria" (tinta), 82
Purroy, John, 285

Queensbridge Houses (Nova York), 301-3, 342-3, 361
Quênia, 389
Quilon (atual Coulão, Índia), 147-8

racismo, 214, 357, 361; segregação racial, 401
Rakhigarhi, 53
raposas, 380, 385

ratos, 51, 77-8, 233-5, 239, 309, 324, 334, 340, 382
Rattenkrieg ("guerra de ratos" na Segunda Guerra Mundial), 324
Reach, Angus Bethune, 236
reciclagem, 15, 58, 240
Reconquista da Península Ibérica, 159
Red Hook Houses (Nova York), 300, 302
Reino Unido, 159, 240, 345, 380-1; *ver também* Grã-Bretanha; Inglaterra
Renânia, 163, 165, 311
Renascimento, 72, 188, 190
Renoir, Auguste, 267, 269
Reval (Tallinn), 166
Revolta Holandesa (1568-1648), 195
Revolução Industrial, 112, 174, 231-2, 250, 382, 391, 416
revolução neolítica, 26
revolução urbana, 32, 231-2, 367, 400
Reynolds, Malvina, 359
"Rhapsody in Blue" (canção), 281
Riga, 162-3, 166, 172
Rio de Janeiro (RJ), 14, 111, 194, 391, 402
Roberts, Robert: *The Classic Slum*, 242
roda, invenção da, 39-40
Roe, William, 175
Roma, 23, 71-3, 76, 82-3, 98, 101-10, 116-7, 119, 121-7, 138, 143, 176, 191, 201, 212, 319, 412; álcool e, 106-7; banhos romanos, 105-7; Basílica de Netuno, 109; Basílica de Santa Maria degli Angeli e dei Martiri, 126; Circo Máximo, 118-9, 126; Coliseu, 105, 118-9, 126; declínio de, 125-6; descrita por poetas romanos, 117; Fórum Romano, 108; fundação de, 83; Império Romano, 102, 121-2, 127, 131-2; *insulae* (blocos habitacionais), 117; jogos e atletismo em, 106, 118; monte Capitolino, 108; monte Palatino, 83, 108, 119; Museu Nacional Romano, 126; Panteão, 104, 109, 126; Piazza della Repubblica, 126; população de, 125; Templo de Júpiter Optimus Maximus, 108;

Termas de Caracalla, 104-6, 118, 125-6; Touro Farnese (escultura), 106

Romênia, 121

Roosevelt, Franklin D., 244, 298

Roper, Esther, 246-7

Rosée, Pasqua, 208-9

Rostock, 163, 166

Rota da Seda (China Antiga), 153, 168-9

Rotterdam, 311

Rousseau, Jean-Jacques, 51

Royal Air Force (RAF, Força Aérea Real britânica), 154, 312

Royal Exchange (Londres), 210, 226

Royal Society (Londres), 145, 211-2

Rua 42 (filme), 298

Rússia, 156, 164, 166, 168, 172, 320, 323, 325; Exército Russo de Libertação Nacional, 331; *ver também* União Soviética

rusticitas, 121

Sacro Império Romano-Germânico, 160, 172, 176

saguis, 381

Salamanca, 192

Salvador (BA), 390

Samarcanda, 129, 144, 152

samorim de Calicute, 183-5

San Diego, 271, 391

San Francisco, 60, 65, 370, 391

San Jose, 370

San Lorenzo (México), 31

San Marino (Los Angeles), 371

Sand, George (escritora francesa), 270, 279

Sandys, George (poeta inglês), 208

sânscritos, 96

Santander, 391

São Paulo (SP), 11, 394

Sardenha, 125

Sardes, 131

Sargão, rei da Acádia, 46, 319

Sartre, Jean-Paul, 289

saúde: física, 415; mental, 12, 415; pública, 113, 240, 345, 401

Saxônia, 156, 163

Saymur, 148

Schmidt, Klaus, 25

schuitpraatje ("conversa de barca" em Amsterdam), 196, 200

Schuyler, Montgomery, 284

Sears Tower (Nova York), 294

Seattle, 389

segregação racial, 401

Segunda Grande Migração (EUA), 357, 361

Segunda Guerra Mundial, 77, 154, 292, 305, 307, 319, 325, 344, 347, 351, 353, 356, 360-1, 365, 410, 412; Baedeker Blitz (ataques aéreos nazistas), 154; Blitzkrieg, 305, 324; bombardeios aéreos, 305, 313, 319, 322, 325; como guerra total, 319, 338; Exército Vermelho, 324-6, 329-30, 332-3; Operação Bagration (ofensiva russa em 1944), 325, 329; Operação Barbarossa (operação militar nazista, 1941), 320, 330; Operação Caso Azul (1942), 323; Operação Gomorra, 313; Operação Sonata ao Luar (incursão contra Coventry), 312; Operação Tufão (ataque a Moscou), 322; política de "desabitação", 313, 315; *Rattenkrieg* ("guerra de ratos"), 324

seleção natural, 382-3

Selêucia, 71

Selwyn, Edgar, 295

Senaqueribe, rei da Assíria, 319

Sendai, 382

Sêneca, 106, 109-10

sentos (banhos públicos japoneses), 127

Serivijaia, 149-50; Império Serivijaia, 149

"Sete Irmãs" (arranha-céus de Moscou), 336

Seul, 14, 88, 292, 375, 386, 390; avenida Jong-ro, 88; Cheonggyecheon (projeto), 386; Pimagol ("rua para evitar cavalos"), 88; Seoullo 7017 (viaduto), 390; Seul-Incheon, 375

Shakespeare, William, 118, 319; *Coriolano*, 319

Shamat, 22-3, 34

Shang, dinastia, 31

Shanghai, 13-5, 17, 20, 23, 78, 194, 214-5, 239, 264, 288, 291-4, 305-6, 368, 371, 375-7, 388-90, 397, 408, 411; civilidade em, 214; *Como ser um shanghainês agradável* (publicação do governo), 214; Concessão Internacional de, 305; efeito da aglomeração em, 15; Nova Área de Pudong, 15; "Sete coisas que não se deve fazer" (lista de 1995), 215

Shanghai Tower, 292, 294

Shelley versus Kraemer (caso judicial nos EUA), 356

Shenzhen, 130, 347; Hong-Shen (Hong Kong e Shenzhen), 347-8

Shock Punch, The (filme), 287

shopping centers, 10, 17, 86, 216, 271-2, 291, 344-7, 351, 360, 368, 372, 377, 415

Shuruppak, 39

Sicília, 82, 125, 238

Sidon, 81-2

Siena, 174

Sila (cônsul romano), 109

sila (medida mesopotâmica de valor), 40

Simmel, Georg, 268-9, 272, 279; "A metrópole e a vida mental", 268; "O estrangeiro", 269

Simônides, 93

Sinclair, Upton: *The Jungle* [A selva], 234

Síndrome de Paris (anticlímax e solidão), 255, 257, 272, 279

sinetes cilíndricos (Mesopotâmia), 40-1

Singapura, 17, 79, 128, 150-1, 166, 186, 194, 292-3, 385-7, 391, 393, 411; Museu das Civilizações Asiáticas, 128, 150-1

Singer Tower (Nova York), 284, 294

Siraf, 130, 148

Síria, 25, 38-9, 47, 81, 133-5, 137, 147, 180

sistemas adaptativos complexos, cidades como, 390

Skryabina, Elena, 321

smartphones, 58, 374, 391-2, 403

sociabilidade e socialização, 21, 33, 88, 107, 114, 127, 141-2, 203, 205, 207, 210, 212-6, 221, 224, 226-7, 240, 242, 271, 273, 300, 398, 413, 415-7; era de ouro sociabilidade urbana (séc. XVIII), 221; rede social, 200, 207

Sociedade da Temperança (EUA), 236

sociedade de consumo, 204

Sociedade Nacional de Manchester pelo Sufrágio Feminino, 246

Sociedade Real de Londres para a Promoção do Conhecimento Natural *ver* Royal Society

Sócrates, 92-3, 100

Sodoma e Gomorra (cidades bíblicas), 60, 68, 72, 75-6, 313

Sófocles, 92, 95

Soho (Londres), 15, 58, 66, 220, 225

solidão, 22, 65, 222, 266, 269, 272, 279, 303, 351

Somália, 148

Songdo, 59

souks (mercados árabes), 17, 127, 133, 135-6, 143, 159, 186-7, 414

South Gate (Los Angeles), 349, 356

Southwark (Londres), 63, 66

"Sprawl II" (canção), 360

Spur Posse (gang de Los Angeles), 365

Sri Lanka, 79, 148, 150-1

ss (Schutzstaffel), 329-32

St. Giles-in-the-Fields (Londres), 219

St. Louis (Missouri), 346, 373

Staets, Hendrick Jacobszoon, 200

Stálin, Ióssif, 322-4

Stalingrado, 323-6, 331-2

Stamp, Sir Josiah, 111

Stanford, Universidade, 370

Stange, Elert, 170-1

Starbucks, 205

Staunford, Alexander de, 175

Stephen, Sir James, 231

Stettin, 163, 166

Stonehenge (Inglaterra), 25

Straight Outta Compton (álbum do N.W.A), 360-1

Stralsund, 163-4, 166

Street Scene (filme), 298, 300
Strong, Josiah, 231
Sturmpanzer iv (canhão), 331
Sturmtiger (canhão), 331-2
Stuyvesant Town-Peter Cooper Village (Nova York), 302
"Suburban Dreams" (canção), 359
"Suburbia" (canção), 359
subúrbios, 10, 12-4, 20-1, 35, 112, 127, 228, 235-6, 239, 251-2, 254, 265, 272, 283, 309, 318, 345, 348, 352, 354-78, 388, 408, 414-7; estilos de vida suburbanos, 19; hip-hop e, 340-3, 407; pegada de carbono dos, 414; suburbanização, 19, 227, 254, 350, 355, 358, 372-3, 375-9, 397; vida suburbana, 352, 355, 358-9, 372, 377
Sudeste Asiático, 75, 129-30, 133, 147, 173-4, 368
Suécia, 156, 165, 177
sufrágio feminino, movimentos pelo, 246
Sukkalgir (escravo sumério), 44
Sumatra, 130, 148-9, 384
Suméria, 45, 48; sumérios, 23, 26-7, 36-7, 47
Super-Homem (personagem), 303-4
superpopulação, 349, 352
supertempestades, 388
Suprema Corte (eua), 226, 356
Susa, 95
Suzhou, 375
Swift, Jonathan, 112
Sydney, 79
Syrkus, Szymon e Helena, 337
Szpilman, Władysław, 334

Tabriz, 179
Taccoen, Jan, 189-90
Tadjiquistão, 95-6
Tahrir, praça (Cairo), 86-7
Tailândia, 130, 149-50, 186, 198
Taine, Hippolyte, 231, 241
Taiwan, 198, 366, 368-70
Talib, Ali ibn Abi, 130
Tâmisa, rio, 63, 112-4, 216

Tang, dinastia, 149
Tanzânia, 148, 152
Tarquínio, Lúcio (o Soberbo, rei de Roma), 108
teatros, 63, 66, 91, 99, 108-9, 118-9, 125, 139, 215-8, 225, 257-8, 263, 266, 327
Teerã, 206
Tell Brak, 39
temperaturas urbanas, aumento das, 388
tempestades de fogo (ataques incendiários), 313
Templo de Júpiter Optimus Maximus (Roma), 108
templos, 23, 26, 29-30, 34, 37, 39-41, 44, 47-8, 54, 56, 61, 67-9, 95, 97, 99, 109, 125, 127, 151, 179, 182-3, 186, 191-2, 203
Tenochtitlán, 178-9, 191-4, 201; Templo Mayor, 192
tentilhões, 383
Teodoro (matemático grego), 93
Teotihuacán, 23, 193; Império Teotihuacán, 193
tepanecas, 193
Termas de Caracalla (Roma), 104-6, 118, 125-6
Termas de Conimbriga (Portugal), 120-1
Termas de Pier Head (Liverpool), 124
Termas Galo-Romanas de Cluny (Paris), 121
Tessalônica, 195
texugos, 385
Thomas A. Edison Inc., 282
Thomas Jefferson Park (Nova York), 114-5
Tianjin, 14, 348
Tibre, rio, 83, 116, 127
tigelas: de borda chanfrada, 40-1; de Changsha, 128
Tigre, rio, 25, 27-8, 46, 48, 54, 71, 135
Tikal, 193
Tiro, 75, 81-2, 157
Tito, imperador romano, 106
Tlacopan, 193
To New Horizons (filme), 301
Tocqueville, Alexis de, 228-9
Togo, 405

Toledo (Espanha), 159

toltecas, 193

Tóquio, 14, 18, 65, 127, 142, 289, 292, 316-7, 335, 339, 376, 399, 410-3; como maior megalópole do mundo, 14; cultura gay do pós-guerra, 65; Grande Tóquio, 347; *sentos* (banhos públicos), 127; tamanho e densidade de, 14; Tsukiji (mercado de peixes), 142; urbanização "informal" ou orgânica, 410

Tordesilhas, Tratado de, 182

Toronto, 79

Torre de Belém (Lisboa), 179, 189

Torre Eiffel (Paris), 259, 264

Torres, Edwin: *Carlito's Way*, 115

Toscana, 83

Touro Farnese (escultura romana), 106

toutinegra euro-asiática, 381

Trácia, 84

Trades Union Congress (Congresso dos Sindicatos, Manchester, 1868), 245

tráfego, 13, 88, 112, 117, 213, 220, 257, 271, 302, 341, 383, 390-1, 393-4, 401, 414; *ver também* carros (automóveis)

tráfico de drogas, 341, 361, 409

Trajano, imperador romano, 106, 118

transporte público, 13, 21, 214, 274, 283, 354, 363, 386, 391, 393, 414; *ver também* metrôs; ônibus

Treblinka (campo de extermínio), 328-9

Trier, 123-4

Trípoli, 157

troca de informações, cidades e, 200, 211-2, 224

Troia, Guerra de, 81

Trzebiński, Andrzej, 310

Tucson, 383

Tula, 193

Tunísia, 81, 120, 182-3

Turcomenistão, 95

turismo, 256, 262-4, 280

Turnverein ("clube de ginástica", movimento alemão), 244-5, 248

Turquia, 25, 27, 39, 81, 83, 180

Twitter, 370

Tyers, Jonathan, 216-7, 222

Ucrânia, 39, 320

Umma (cidade mesopotâmica), 39, 45-6

ummah (comunidade muçulmana), 132-3

União Soviética, 320-2, 324-6, 329, 333, 336, 338, 365-6, 389; Exército Vermelho, 324-6, 329-30, 332-3; *ver também* Rússia

Universidade das Terras Ocidentais (Varsóvia), 326

Ur, 39, 46-8, 53-4, 69

"urbanidade", etimologia de, 121

urbanismo utópico, 53

Uruk, 17, 22-5, 30-46, 48-50, 53-4, 62-3, 66-7, 69, 149, 271, 396-7, 412, 414, 417; catástrofe ambiental em, 48; centro de invenções tecnológicas, 25, 43; como primeira cidade do mundo, 24-5; como representação do triunfo da humanidade sobre a natureza, 24; contadores de, 42; declínio de, 48; Eanna ("Casa do Céu", templo), 30, 44; etimologia do nome, 24; "ferraria dos deuses", 32; influência cultural de Uruk em seu tempo, 40; povo de, 30, 34; redescoberta (1849), 48; retratada na *Epopeia de Gilgamesh*, 24; Templo Branco de Anu, 23; templo de Kulaba, 30; templos em, 30; traçado urbano de, 24; *ver também Epopeia de Gilgamesh, A* (poema sumério)

Ürümqi, 151

Uta-napíshti (personagem mitológico), 35-6

Utrecht, 167, 311

Uzbequistão, 95, 144

Vale de San Fernando (Los Angeles), 66, 350-3, 357, 364, 366

Vale de San Gabriel (Los Angeles), 367, 369-71, 374

Vale do Silício (Califórnia), 15, 370, 399

Vale do Yabacon (Lagos), 396

Valette, Charles, 264

Van Gogh, Vincent: *Arredores de Paris* (tela), 266

Vancouver, 79, 391

vândalos (povo), 125

Varda, Agnès, 279

Varma, Udaya Marthanda (rei tâmil), 147

Varsóvia, 305-12, 320, 326, 328-39, 341; gueto de, 325, 327-8; libertação e reconstrução de, 336-7; ocupação nazista de (1939-45), 335-6; Palácio da Cultura e Ciência Joseph Stálin, 336; sublevação (1944), 329-32; Universidade das Terras Ocidentais, 326

Vauxhall Pleasure Gardens (Londres), 216-7, 222-3

Veneza, 23, 52, 59, 157-9, 169, 171, 173-7, 183-8, 190-1, 195, 197, 208, 225; Arsenal de, 159; basílica de São Marcos, 159; Grande Peste e, 169; Palácio Ducal, 159

Ventura Freeway (Califórnia), 384

Vermelho, mar, 146, 157

verticalização, 13

Vestfália, 163

Viena, 208, 382

Vietnã, 130, 148, 150, 198, 342, 366, 368

Vijayanagara, 179, 320

vikings, 155, 159

vila autossuficiente, 72

Vilnius, 326

virgindade, 61, 67

visigodos, 72, 123, 125

Vitebsk, 325

Vizinho, José, 181

Wagner, Robert F., 300

Walker, Ralph, 289-90

Wall Street (Nova York), 86, 290, 299

Washington, 276, 347, 375; BosWash (corredor Boston-Nova York-Washington), 347

Watts (Los Angeles), 350, 358, 361, 363

Wehrmacht (forças armadas da Alemanha Nazista), 307, 320, 322-4

Wells, H. G., 76, 78; *A guerra no ar*, 76

West Gorton (Manchester), 249

Westminster (Londres), 63, 208-9, 273

Wilkinson, Lily Gair, 278-9

Willard, Emma, 256

Williamsburg Houses (Nova York), 300

Wilson, Richard Guy, 105

Wismar, 163, 166

Wolstenholme, Elizabeth, 246

Women's Social and Political Union (União Social e Política das Mulheres — Manchester), 246

Women's Suffrage Journal, 246

Wong, H. S., 306

Woolf, Virginia: "Street Haunting", 273, 278-9

Woolworth Building (Nova York), 285, 294

Wordsworth, William, 74

World Trade Center (Nova York), 294

Wren, Sir Christopher, 52, 145, 220

Würzburg, 314

Wuxi, 375

Wythenshawe (Manchester), 352

Yangtzé, rio, 375

Yijing (monge chinês), 147

Ypres, 165

Zacuto, Abraão, 181; *Almanach perpetuum*, 181

Zagros, cordilheira de, 29, 46

Zenão, 93

Zenódoto, 100

Zeus (deus grego), 80, 95, 99

Zhongdu (atual Beijing), 152; *ver também* Beijing

zigurates, 47, 54, 69, 71, 75-6, 288-9

Zola, Émile, 207, 270; *O paraíso das damas*, 270

"zona cinzenta" (trabalho informal), 402

zoneamento, 286, 288, 346

zoonoses (doenças zoonóticas), 383

Zorbaugh, Harvey Warren: *The Gold Coast and the Slum*, 251, 276

zoroastrismo, 95, 132, 144, 151

Zuccotti Park (Nova York), 86-7

ESTA OBRA FOI COMPOSTA PELA SPRESS EM MINION E IMPRESSA EM OFSETE
PELA LIS GRÁFICA SOBRE PAPEL PÓLEN NATURAL DA SUZANO S.A.
PARA A EDITORA SCHWARCZ EM JANEIRO DE 2024

A marca FSC® é a garantia de que a madeira utilizada na fabricação do papel deste livro provém de florestas que foram gerenciadas de maneira ambientalmente correta, socialmente justa e economicamente viável, além de outras fontes de origem controlada.